Cofiant Jim
Griffiths
Arwr Glew y Werin

Cofiant **Jim Griffiths**

Griffiths

Arwr Glew y Werin

D. BEN REES

y Lolfa

Argraffiad cyntaf: 2014

Dymuna'r cyhoeddwyr gydnabod cymorth ariannol
Cyngor Llyfrau Cymru

Llun y clawr trwy ganiatâd y Llyfrgell Brydeinig
Cynllun y clawr: Y Lolfa

Rhif Llyfr Rhyngwladol:
978 1 84771 901 0 (clawr meddal)
978 1 84771 990 4 (clawr caled)

Cyhoeddwyd ac argraffwyd yng Nghymru gan
Y Lolfa Cyf., Talybont, Ceredigion SY24 5HE
gwefan www.ylolfa.com
e-bost ylolfa@ylolfa.com
ffôn 01970 832 304
ffacs 832 782

Cynnwys

Diolchiadau

Ni all neb ysgrifennu cofiant swmpus fel hwn heb fod yn ddyledus i lawer un. Ac mae fy nyled pennaf i James Griffiths ei hun gan fy mod wedi darllen dro ar ôl tro ei hunangofiant *Pages From Memory*. Mae'r gyfrol honno yn rhoddi'r canllawiau o'i enedigaeth yn y Betws i ddiwedd ei yrfa fel Aelod Seneddol. Ond er mor ddifyr ydyw fel cyfrol nid yw hi o bell ffordd yn cyflwyno'r James Griffiths roeddwn i yn bersonol yn gyfarwydd ag ef. Mae'n amlwg fod Dent, y cyhoeddwr, am iddo ganolbwyntio yn bennaf ar ei gyfnod fel Dirprwy Arweinydd y Blaid Lafur, yn hytrach na'i gyfraniad fel Cymro Cymraeg. Dyna pam fy mod wedi mynd ar ôl ei lawysgrifau a'i lythyrau a'i nodiadau ar gyfer y gyfrol.

Bu'r Archif yn y Llyfrgell Genedlaethol yn drysor. Yno y ceir gwybodaeth berthnasol. Ond braf oedd cael hyd i bapurau eraill a nodir yng nghwrs y gyfrol sydd yn y Llyfrgell Genedlaethol ac mewn casgliadau a llyfrgelloedd eraill y bûm dros y blynyddoedd yn eu trin a'u trafod. Bu Huw Walters yn garedig iawn yn anfon aml i erthygl a welodd yn y papur lleol, naill ai wedi eu hysgrifennu gan James Griffiths neu gan ei frawd Amanwy oedd yn taflu goleuni pellach ar y maes. Cefais fodd mawr o draethawd ymchwil PhD Ioan Matthews, Caerfyrddin, a darllenodd ef y deipysgrif gan baratoi adroddiad i ysgogi cyhoeddi'r gwaith ar fyrder. Ysgolhaig arall mae arnaf ddyled iddo yw John Graham Jones a bu yntau yn ôl ei arfer yn garedig ei gefnogaeth gan ddarllen y cyfan yn fanwl. Buddiol oedd cael sgwrs gyda Syr Deian Hopkin ac yn arbennig drafodaeth ar fater oedd yn anodd ei drin, ond na ellid ei anwybyddu gan fod y deunydd ym mhapurau Douglas Hughes yn y Llyfrgell Genedlaethol. Diolchaf hefyd i Ifan James, Penrhyn-coch am y goeden deulu a'r wybodaeth bellach am fam y gwleidydd.

Rwyf hefyd yn ddyledus iawn i'r canlynol am eu cymorth trwy atgof, sgwrs, llythyr neu air ar y ffôn: Denzil Davies, Tam Dalyell, Miles Holroyd, Gwyn Jenkins, yr Arglwydd Elystan Morgan, yr Arglwydd John Morris, yr Arglwydd Ted Rowlands, yr Athro J. Beverley Smith. Diolchaf hefyd i Huw Walters ac i'r

Parchedig Derwyn Morris Jones am gysylltu ag aelodau o'r teulu yn arbennig Mrs Nia Mathews, merch Mrs May Harris, er mwyn cael lluniau prin ar gyfer y gyfrol, ac i Donald Williams, Bancffosfelen am wybodaeth bwysig. Ond mae fy nyled pennaf i'r Arglwydd Gwilym Prys Davies, gŵr a gafodd cystal adnabyddiaeth ohono â neb sydd ar dir y byw o gyfnod olaf ei fywyd pan ddaeth yn ddatganolwr. Darllenodd ef y tri drafft a baratois gan fynd yn fanwl drwy bob tudalen ac rwyf yn ddyledus iawn iddo am dynnu fy sylw at wallau a'r angen i ailystyried yr hyn a luniais. Roedd yn gefn, a'i ganmoliaeth a'i feirniadaeth yr un mor werthfawr. Roedd ef yn credu y dylai James Griffiths fod wedi ysgrifennu ei atgofion yn y ddwy iaith a mynegodd hynny fwy nag unwaith mewn llythyr at y gwron. Ac felly roedd yn dra bodlon fy mod am ysgrifennu'r cofiant hwn yn iaith cartref James Griffiths yn y Betws. Roedd Gwilym yn drylwyr yn ei fynych sylwadau a'i lythyron a chawsom oriau lawer o gysylltiad ar y ffôn a chyfle i drafod yn fanwl bob un o'r penodau heb sôn am yr ymweliad braf â'i gartref yn Nhon-teg.

Diolchaf i'r cyhoeddwyr am roddi diwyg a graen ar y cyfan. Diolch yn arbennig i Meinwen sydd wedi gwarchod y teulu a minnau am hanner can mlynedd, a hoffwn gyflwyno'r gyfrol iddi gan ei bod hithau yn meddwl y byd o James Griffiths. Braint ydyw cael cyfle i adnabod Lefi Gruffudd o wasg y Lolfa a diolch am aml i sgwrs fuddiol. Bu'r wasg honno'n ofalus a graenus, yn arbennig Elin Angharad, yn yr adran olygyddol. Roeddwn yn dra awyddus i gydweithio â hwy a chefais fy nymuniad.

D. Ben Rees

Lerpwl

Mai 2014

Cyflwyniad

Cyfrannodd James Griffiths yn hael i fywyd Cymru. Bu'n is-lywydd ac yn llywydd llwyddiannus Ffederasiwn Glowyr De Cymru mewn cyfnod enbyd o galed yn hanes y 'Ffed' a de Cymru'n gyffredinol, mewn gwirionedd. Yna, bu'n Aelod Seneddol Llafur etholaeth Llanelli (1935–70) ac o fewn pum mlynedd o'i ethol fe'i dyrchafwyd i fod yn ysgrifennydd y Blaid Seneddol Gymreig. Ef a Henry Morris-Jones fu'n cynnal y trafodaethau anodd gydag Adran yr Arglwydd Ganghellor a arweiniodd at basio Deddf Llysoedd Cymru 1942, yn deddfu bod hawl gan y Cymry i ddefnyddio'r Gymraeg yn y llysoedd barn yng Nghymru. Roedd yn ddirwestwr o argyhoeddiad a bu'n flaenllaw yn y mudiad dirwest yng Nghymru ac yn Lloegr ac yn yr ymgyrchoedd dros gadw'r tafarndai ar gau ar y Sul. Yn ddiddorol iawn, er bod y mudiad dirwest erbyn yr ymgyrch olaf wedi colli'r gafael fu ganddo ar feddwl y wlad, fe ddaliodd James Griffiths i roi o'i amser a'i egni i'w gefnogi.

Yn ddigwestiwn ei brif gyfraniad i Gymru oedd ei frwydr galed a llwyddiannus, o ddiwedd y pumdegau, i argyhoeddi'r Blaid Lafur i fabwysiadu datganoli fel rhan hanfodol o'i pholisi i gwrdd â'r ymateb i'r 'cwestiwn cyfansoddiadol' oedd wedi codi yng Nghymru. Nid gormod yw dweud ei bod yn amhosib gorbwysleisio'r cyfraniad hwnnw gan mai dyna arweiniodd at sefydlu Ysgrifenyddiaeth Cymru yn 1964 (ac yntau oedd y cyntaf i'w benodi i'r swydd) ac wedi hynny, at Gynulliad Cenedlaethol Cymru yn 1998. Yn wir, heb y cyfraniad hwn, ni fuasai Cymru'r hyn ydyw heddiw.

Roedd penodi James Griffiths i fod yn Ysgrifennydd cyntaf Cymru, ac yntau eisoes wedi byw bywyd llawn, yn rhagluniaethol oherwydd roedd ganddo adnoddau eithriadol werthfawr ar gyfer y swydd: pe na bai ond am y parch mawr oedd gan aelodau cyffredin y Blaid Lafur a'r Undebau tuag ato; y profiad o sefydlu'r Weinyddiaeth Yswiriant Gwladol (1945–50); ei brofiad fel Ysgrifennydd y Trefedigaethau (er ei fod wedi tynnu cenedlaetholwyr Cymreig i'w ben wrth dderbyn y swydd) ac fel aelod o'r Cabinet (1950–51); ei allu i siarad ac ysgrifennu Cymraeg, a chanddo gariad at Gymru a'r Gymraeg a ddaeth iddo'n etifeddiaeth oddi wrth gapel Gellimanwydd (Rhydaman), magwrfa nodedig cymaint o bregethwyr a gweinidogion Ymneilltuol y cyfnod, ac aelwyd ei rieni yn y Betws. Gwelir ei fod yn ŵr a allai bontio rhwng de a gogledd Cymru.

Rhoddodd James Griffiths bwys mawr ar deyrngarwch yr aelodau i'r Blaid Lafur a'r Undebau Llafur (ac yn wir i'r holl fudiadau a chyfeillion a fu â rhan yn ei fywyd). Iddo ef, roedd teyrngarwch yn rhinwedd anhepgor. Ond mae'n deg dweud, hefyd, iddo ef ei hun ar drothwy'r Ail Ryfel Byd benderfynu cefnu ar yr heddychiaeth y bu'n ei choleddu ag argyhoeddiad am dros chwarter canrif hyd at hynny. Fel llawer o ddynion ifanc a deallusion y tridegau, newidiodd ei feddwl a chefnogodd fynd i ryfel i orchfygu bygythiad cynyddol y Natsïaid a'r Ffasgwyr i werthoedd gwledydd gwâr. Ond roedd y gefnogaeth selog a roddodd i'r Ail Ryfel Byd yn destun beirniadaeth lem ar y pryd gan leiafrif bychan o'i gyd-Gymry.

Yn ei henaint, hoffai sgwrsio am yr arweinwyr newydd yn y cyn-drefedigaethau Prydeinig oedd wedi arwain eu gwledydd tuag at annibyniaeth. Hoffai sôn hefyd am hen gymeriadau difyr y Betws neu am y Ffed, neu Dŷ'r Cyffredin. Nid wy'n cofio ei glywed erioed yn siarad yn ddirmygus am ei wrthwynebwyr (ac eithrio'r un gŵr hwnnw y soniais amdano yn *Cynhaeaf Hanner Canrif*). Mae un peth arall i'w ddweud am ei sgyrsiau. Er nad oedd fel ei frawd Amanwy, yn fardd, gallai adrodd degau o linellau o farddoniaeth Gymraeg a Saesneg ar ei gof.

Cefais y fraint o ddod i'w adnabod yn dda ac i fod yn agos ato ac i gydweithio ag ef yn ystod dau ddegawd olaf ei fywyd – degawdau pur ddramatig yn hanes Cymru. Treuliais benwythnos gydag ef a Mrs Griffiths yn eu cartref yn Llundain. Diolchaf am ei gefnogaeth a'i gyngor i'r sawl yn rhengoedd Llafur a oedd yn dymuno cael ei help i weithredu er lles Cymru.

Fel pawb ohonom, nid oedd James Griffiths heb ei ffaeleddau. Ym marn datganolwyr, bu'n dawedog yn rhy hir cyn dangos ei ochr, ond nid yw'r rhesymau am yr oedi, os bu oedi o gwbl, eto'n glir. Efallai fod ganddo rai obsesiynau: ai obsesiwn ar ei ran oedd mynnu llunio'r polisi o blannu tref newydd yng nghanolbarth Cymru, efallai? Mae hwn yn gwestiwn sy'n anodd ei ateb, a chofiwn fod arweinwyr heddiw yn galw fwyfwy am gryfhau seiliau economaidd Cymru wledig i gadw'r Gymraeg yn fyw.

Dyna fraslun anghyflawn iawn o hanes bywyd James Griffiths, a syniad am rai o'r problemau dyrys a wynebodd. Eisoes cawsom draethawd meistraidd ar y dylanwadau cynnar a fu'n llunio'i argyhoeddiadau gwleidyddol gan yr Athro Beverley Smith – dylanwadau nad oedd rhai o'r adolygwyr yn Lloegr yn gynefin â nhw. Ceir yr astudiaeth honno yn y gyfrol *James Griffiths – and his times*, a gyhoeddwyd gan Blaid Lafur Cymru yn 1978.

Bellach, ac yn agos i ddeugain mlynedd er pan fu farw James Griffiths, dyma gofiant sylweddol y mae angen amdano gan y Parchedig D. Ben Rees. Mae hwn yn gofiant disgybl edmygus i'w athro. Fy mraint a'm hanrhydedd yw cyflwyno'r gwaith i sylw'r cyhoedd, ac yn arbennig i bawb sy'n ymddiddori yn hanes Cymru fodern. Mae gwreiddiau'r awdur yn ddwfn yn nhir Ymneilltuaeth de-orllewin Cymru, yr Ymneilltuaeth honno a fu'n ddylanwad mor amlwg ar fywyd James Griffiths. Mae'r gyfrol yn ffrwyth blynyddoedd o waith er nad yw dweud hynny yn rhoi syniad o'r gweithgarwch egnïol ar ran yr awdur: teithio o'i gartref i gasglu gwybodaeth yn y Llyfrgell Genedlaethol, yn Archifau Cyngor Sir Caerfyrddin, yn Llyfrgell Undeb y Glowyr ym Mhrifysgol Abertawe, yn yr Archifau Cenedlaethol yn Kew, ger Llundain, ac yn Archifau'r Blaid Lafur ym Manceinion. Bu hefyd yn cloddio yn llenyddiaeth a chofnodion pwyllgorau'r Blaid Lafur a Chymdeithas y Ffabiaid ac yn gohebu a sgwrsio ag ysgolheigion, cyfeillion a pherthnasau cydweithwyr James Griffiths. Felly, mae'r wybodaeth a geir o fewn y gyfrol hon yn syfrdanol ac eang am ddigwyddiadau, cyflawniadau a chymeriadau. Rwyf innau'n ddiolchgar am y cyfle a gefais i ddarllen y cofiant yn ei ffurf gynnar, i godi nifer o gwestiynau a ystyriwn yn berthnasol ac i awgrymu rhai ffynonellau newydd o wybodaeth. Mae maint ein dyled yn enfawr i'r Parchedig Ben Rees am ei lafur, ei ddycnwch a'i egni creadigol yn darparu'r ffenestr hon ar fywyd James Griffiths.

Cymeradwyaf y cofiant hwn o'i eiddo yn galonnog iawn. Mae'n gyfraniad pwysig i'n dealltwriaeth o sut y tyfodd James Griffiths i fod y mwyaf dylanwadol o ddigon o'r arweinwyr a frwydrodd o fewn y Blaid Lafur dros ddatganoli llywodraeth Cymru i Gynulliad Etholedig i Gymru.

Gwilym Prys Davies

Rhestr o Luniau

1. Jim Griffiths ar lwyfan yr Eisteddfod Genedlaethol yn Llanelli, 1962.
2. Jim Griffiths yn llawenhau gydag aelodau o gôr ar eu buddugoliaeth.
3. Dathlu llwyddiant ar faes y Brifwyl.
4. Sgwrs rhwng Hywel D. Roberts, Jim Griffiths ac Ifor Bowen Griffith yn Eisteddfod Caerdydd, 1960.
5. Cliff Prothero yn paratoi'r meic ar gyfer huodledd Jim.
6. Cynan, Syr D. Hughes Parry a Syr T. H. Parry-Williams, tri Marchog yn gwrando ar arwr y werin yn ei hwyl yn annerch ym mhafiliwn y Brifwyl.
7. Ysgrifennydd Gwladol cyntaf i Gymru.
8. Amanwy, brawd Jim.
9. Gyda'i chwiorydd a'i frawd o flaen drws y cartref yn y Betws.
10. Jim Griffiths yn Rhydychen yn 1938.
11. Jim ar ôl cael ei apwyntio yn Asiant y Glowyr.
12. Jim cyn gadael Rhydychen am y Coleg Llafur. O'r chwith i'r dde (rhes gefn) Tommy Thomas, Gwilym Jones, Dai Price, J. Ll. E. (yn eistedd) Jim ac Arthur Davies.
13. Jim a'i briod Winnie a dau o'r plant, Jeanne a Harold.
14. Jim a'i nith, May Harris (1905-76), Rhydaman: 'Roedd ei Christnogaeth a'i sosialaeth yn cydgordio'n berffaith.

Cydnabyddiaeth Lluniau
Llyfrgell Genedlaethol Cymru, rhifau 1–6.
National Portrait Gallery, rhif 7.
Casgliad Personol yr Awdur, rhif 8.
Lluniau teuluol, rhifau 9–14.

Coeden Deulu David Griffiths

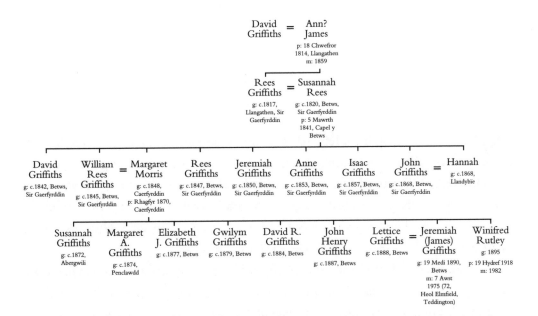

David = Ann?
Griffiths   James
p: 18 Chwefror
1814, Llangathen
m: 1859

Rees = Susannah
Griffiths   Rees
g: c.1817,   g: c.1820, Betws,
Llangathen, Sir   Sir Gaerfyrddin
Gaerfyrddin   p: 5 Mawrth
                    1841, Capel y
                    Betws

David Griffiths — g: c.1842, Betws, Sir Gaerfyrddin

William Rees Griffiths — g: c.1845, Betws, Sir Gaerfyrddin = Margaret Morris — g: c.1848, Caerfyrddin p: Rhagfyr 1870, Caerfyrddin

Rees Griffiths — g: c.1847, Betws, Sir Gaerfyrddin

Jeremiah Griffiths — g: c.1850, Betws, Sir Gaerfyrddin

Anne Griffiths — g: c.1853, Betws, Sir Gaerfyrddin

Isaac Griffiths — g: c.1857, Betws, Sir Gaerfyrddin

John Griffiths — g: c.1868, Betws, Sir Gaerfyrddin = Hannah — g: c.1868, Llandybie

Susannah Griffiths — g: c.1872, Abergwili

Margaret A. Griffiths — g: c.1874, Penclawdd

Elizabeth J. Griffiths — g: c.1877, Betws

Gwilym Griffiths — g: c.1879, Betws

David R. Griffiths — g: c.1884, Betws

John Henry Griffiths — g: c.1887, Betws

Lettice Griffiths — g: c.1888, Betws = Jeremiah (James) Griffiths — g: 19 Medi 1890, Betws m: 7 Awst 1975 (72, Heol Elmfield, Teddington)

Winifred Rutley — g: 1895 p: 19 Hydref 1918 m: 1982

Coeden Deulu James Griffiths

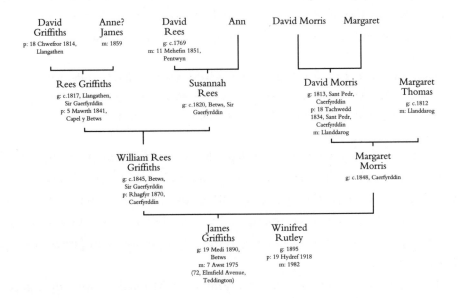

David Griffiths — p: 18 Chwefror 1814, Llangathen

Anne? James — m: 1859

David Rees — g: c.1769 m: 11 Mehefin 1851, Pentwyn

Ann

David Morris

Margaret

Rees Griffiths — g: c.1817, Llangathen, Sir Gaerfyrddin p: 5 Mawrth 1841, Capel y Betws

Susannah Rees — g: c.1820, Betws, Sir Gaerfyrddin

David Morris — g: 1813, Sant Pedr, Caerfyrddin p: 18 Tachwedd 1834, Sant Pedr, Caerfyrddin m: Llanddarog

Margaret Thomas — g: c.1812 m: Llanddarog

William Rees Griffiths — g: c.1845, Betws, Sir Gaerfyrddin p: Rhagfyr 1870, Caerfyrddin

Margaret Morris — g: c.1848, Caerfyrddin

James Griffiths — g: 19 Medi 1890, Betws m: 7 Awst 1975 (72, Elmfield Avenue, Teddington)

Winifred Rutley — g: 1895 p: 19 Hydref 1918 m: 1982

Rhagair

Ymae arnom gyfrifoldeb fel Cymry Cymraeg i baratoi a chyhoeddi astudiaethau a chofiannau yn Gymraeg ar ein harweinwyr gwleidyddol a chenedlaethol. Wrth edrych ar y cynnyrch oddi ar ddechrau'r Ail Ryfel Byd, gwelwn yn amlwg ein methiant i gynhyrchu corff o lenyddiaeth a fyddai'n adlewyrchu ein bywyd gwleidyddol. Yn Saesneg yr ydym wedi elwa yn fawr o gyfrolau Thomas Jones, John Grigg a J. Graham Jones.

O ran y Blaid Lafur bûm yn ymwybodol iawn ein bod heb wneud cyfiawnder o gwbl â'r cewri Sosialaidd, yn arbennig Aneurin Bevan a James Griffiths. Credaf fod cyfrol Gwilym Prys Davies, *Cynhaeaf Hanner Canrif: Gwleidyddiaeth Gymreig 1945–2005* yn rhoddi arweiniad gwerthfawr i ymdrechion prif benseiri polisi Cymreig y Blaid Lafur – o James Griffiths i Cledwyn Hughes a John Morris, tri a wnaeth waith arbennig ond gwahanol iawn.[1] Roedd hi'n agoriad llygad mai'r unig astudiaeth yn Gymraeg ar James Griffiths yw'r ail a'r drydedd bennod o *Cynhaeaf Hanner Canrif*. Rhoddwyd i'r ail bennod y teitl, 'O Waith Isa'r Betws i'r Swyddfa Gymreig', a rhaid cydnabod ei bod hi'n bennod odidog:

> Rhaid cydnabod, fel sy'n amlwg, fod arnaf ddyled bersonol i Jim Griffiths ond ni chredaf y byddwn ymhell o'm lle trwy honni mai efe fu'r gwladweinydd Cymraeg amlycaf a mwyaf dylanwadol yn hanes y Blaid Lafur hyd yn hyn.[2]

Cyfrol arall yn y Gymraeg sy'n haeddu cyfeiriad arbennig ati ydyw cofiant Huw T. Edwards.[3] Mae *Prif Weinidog Answyddogol Cymru: Cofiant Huw T. Edwards* gan Gwyn Jenkins yn gwbl allweddol i ddeall mawrion Cymreig y Blaid Lafur. Wedi'r cyfan, yn rhengoedd y Blaid Lafur roedd Huw T. Edwards yn arweinydd, ac yn un o'r Undebwyr a berchid yn fawr gan James Griffiths a Cledwyn Hughes.[4]

Croesawn astudiaeth ar David Thomas a'r Mudiad Llafur yng ngogledd Cymru gan ei wyres, Angharad Tomos. Pleser oedd darllen y gyfrol *Hiraeth am Yfory: David Thomas a Mudiad Llafur Gogledd Cymru.*[5] Roedd David Thomas yn ŵr allweddol yn hanes y Blaid Lafur yng Nghymru yn arbennig o ran yr agwedd Gymreig a'r alwad am Senedd i Gymru.[6] Ni ellir ysgrifennu cofiannau teg i James Griffiths, Goronwy Roberts na Cledwyn Hughes heb astudio ei gyfraniad ef. Ceir nifer o gyfeiriadau at James Griffiths yng nghorff y gyfrol *Hiraeth am Yfory.* Y cyfeiriad pwysicaf yw'r un am siomedigaeth fawr David Thomas am i'r Llywodraeth Lafur benderfynu sefydlu Cyngor Cymru a Mynwy yn 1948.[7] Ysgrifennodd David Thomas lythyr cryf, nad oedd yn nodweddiadol ohono, at James Griffiths, gan mai ef oedd y gwleidydd Cymraeg ei iaith pwysicaf yn y Llywodraeth. Nododd yn glir na fu ef mwy na Huw T. Edwards o blaid Ysgrifennydd Gwladol i Gymru na Statws Dominiwn, ond ei fod yn credu bod gan Gymru hawl foesol i Senedd. Atebodd James Griffiths ar 19 Rhagfyr 1948 yn ei ffordd garedig yn nodi nad oedd Cyngor rhanbarthol y Blaid Lafur yng Nghymru a charfan o Aelodau Seneddol Llafur yn bleidiol i Ysgrifennydd Gwladol ac nad oedd modd cael dim byd arall. Awgrymaf nad oedd Angharad Tomos fel cymaint o ysgrifenwyr eraill yn yr iaith Gymraeg wedi gweld mor anhepgor oedd arweiniad James Griffiths ym myd materion Cymreig, a welai ymhell er na weithredai bob amser fel y dymunai ei thaid.[8]

Nid yw yn ei anwybyddu fel ffigur pwysig, ond nid yw chwaith yn sylweddoli mai ef oedd yr un a welodd yn glir fod yn rhaid troedio'n araf i gyrraedd y nod ar y gorwel a pherswadio Cyngor Llafur Cymru ac Aelodau Seneddol Llafur oedd yn wrthwynebus i unrhyw fath o ddatganoli i newid eu safbwynt at anghenion y genedl Gymraeg. Roedd safbwyntiau David Thomas a James Griffiths yn agos iawn at ei gilydd.[9]

O ystyried mai digon prin yw'r deunydd ar fywyd a gwaith James Griffiths sydd ar gael yn yr iaith Gymraeg fy ngobaith yw y bydd y gyfrol hon yn help i lenwi bwlch pwysig yn ein dealltwriaeth o ŵr a feddai ar gonsýrn arbennig am anghenion Cymru fel gwlad a chenedl. Roedd ganddo ef hefyd gonsýrn am y tlawd a'r difreintiedig ar bum cyfandir. Gwelodd mor glir â neb effaith tlodi ar drigolion ei wlad ei hun. Sylweddolodd fod yr amgylchedd yn medru creu trafferthion o ran tywydd a phrinder cartrefi cysurus, a bod afiechyd fel y ddarfodedigaeth yn difa teuluoedd oherwydd tlodi y cymunedau Cymraeg yng Ngwynedd a Dyfed. Deuthum i'r casgliad mai Sosialydd Cristnogol a gwladgarwr Cymreig ydoedd a dderbyniai fudd o'r emynau cyfoethog oedd ar ei dafod leferydd, a dylanwad y pulpud a fu'n ganllaw i'w yrfa fel areithydd grymus. Derbyniodd waddol o'i ddyddiau cynnar yn ei gartref, ym mhentref y Betws, yn yr Efail ac yng nghapel Gellimanwydd, Rhydaman. Gwelodd werth Ymneilltuaeth Gymraeg a'i chyfraniad i ddiogelu'r iaith a sylweddolodd fel Aelod Seneddol Llanelli fod cyfle ganddo i barchu'r etifeddiaeth honno trwy weithio i adfer yr Iaith Gymraeg yn llysoedd Cymru, ac i gefnogi'r Urdd, yr Eisteddfod Genedlaethol ac yn ystod ei gyfnod fel Ysgrifennydd Gwladol Cymru i balmantu'r ffordd tuag at gydnabod 'cydraddoldeb y Gymraeg a'r Saesneg'.

Edmygid James Griffiths yn fawr gan bob carfan o gymdeithas yn y gwledydd trefedigaethol. Ymwelodd â nifer o wledydd newydd Asia ac Affrica. Yn 1952 cyhoeddwyd cyfrol *Equator Story: Life and Events in Kenya Colony 1949–1952* gan John Kenneth Holroyd. Bûm mewn cysylltiad â'i fab Miles Holroyd ynglŷn â Gweinidog y Trefedigaethau. Ysgrifennodd y tad, Ken Holroyd, deyrnged iddo fel dyn serchus a allai gydweithio â phobl o bob cefndir.[10]

Llefara'r deyrnged y gwirionedd amdano. Dyna oedd tystiolaeth ei wrthwynebwyr yn y brwydrau gwleidyddol a dyna'r prif reswm pam na ellid ei ddiorseddu chwaith o Bwyllgor Gwaith y Blaid Lafur Brydeinig hyd yn oed pan oedd canlynwyr Aneurin Bevan yn ysgubo popeth o'u blaen yn y pumdegau. Ni chollodd ei ysbryd hawddgar, gostyngedig a chyfeillgar, a mawr obeithiaf y bydd y cofiant hwn yn adlewyrchu ei ddynoliaeth braf, ei barch i'w ddeulu a'i gymdogaeth, ei bartneriaeth ef a'i briod, Winifred, a'i wroldeb wyneb yn wyneb â phrofiadau digon anodd a welodd ar gyfandir Ewrop. Dyna'r adeg y trodd o fod yn heddychwr i fod yn gredwr mewn defnyddio grym gan mai hynny'n unig yn ei farn ef a allai orchfygu ymosodiadau Natsïaid yr Almaen o dan gyfarwyddyd Hitler. Ni laesodd ddwylo hyd y diwedd.

Dywed rhai pobl iddo barhau i gynrychioli etholaeth Llanelli yn y Senedd yn hirach nag y dylai am fod Harold Wilson yn ofni y byddai sedd y gwladweinydd mewn perygl o'i cholli i Blaid Cymru gan fod ymgeisydd y Blaid, Carwyn James, mor adnabyddus ym myd rygbi. Dywedodd mwy nag un hynny.[11] Ni welais unrhyw dystiolaeth o hyn ar wahân i lwyddiant Plaid Cymru yn isetholiadau Sir Gaerfyrddin, Gorllewin y Rhondda a Chaerffili (1966–1968). Y ffaith yw nad oedd modd i neb ennill Llanelli tra byddai James Griffiths yno am fod iddo edmygedd di-ben-draw ymhlith yr etholwyr, ac yn arbennig gan y glowyr a'r cyn-lowyr a'u teuluoedd. Mae'n wir pe bai James Griffiths wedi rhoddi'r gorau i'w etholaeth yn 1968 y byddai peth perygl i Lafur golli'r sedd mewn isetholiad. Ni fu isetholiad, ond dangosodd buddugoliaeth Denzil Davies, ei olynydd yn Etholiad Cyffredinol 1970, mai stori ddi-sail oedd y stori a ledaenwyd.[12]

O ddiwinyddiaeth newydd y cyfnod ac angerdd geiriau'r Sosialwyr cynnar, fel Keir Hardie, y cafodd yr ysbrydoliaeth i weithio yn ddygn i sefydlu a throsglwyddo ei weledigaeth, ac ennill eraill i'r Blaid Lafur Annibynnol. Arloeswr Sosialaeth Dyffryn Aman, Asiant y Glowyr yn ardal y glo Carreg, arweinydd Glowyr y Ffed, Aelod Seneddol cydwybodol Llanelli, pensaer y wladwriaeth les a phrif ysgogydd datganoli i Gymru a Llefarydd dros y difreintiedig yn Cenia, Uganda a Biaffra ydoedd. Ond bu'n ymgyrchwr dros fudiadau amrywiol o'r Ffabiaid a Socialist Unity i'r elusen War on Want. Mawr yw ein gwerthfawrogiad ni o'i fywyd amlochrog a gwerthfawr.[13]

Y ddihareb Gymraeg a oedd yn gyson yn ei feddwl oedd, 'Deuparth gwaith yw ei dechrau'. Gall y ddihareb hon grynhoi i'r dim ei symudiadau a'i weithgarwch, yn wir ei weledigaeth am fywyd. Diben tasg yw ei dechrau, ac mewn amser fe ddatblyga hynny yn weithred a ddaw yn ffaith. Oni ddigwyddodd hyn yn ei gyfraniad helaeth ef ac Aneurin Bevan a llu o rai eraill i sefydlu'r Wladwriaeth Les? Nid ef a ddechreuodd y symudiad ond ei gyd-Gymro David Lloyd George, ond llywodraeth Attlee a roddodd sylw digonol y Wladwriaeth Les i lwfans plant, a diogelwch i deuluoedd o ran iechyd, yswiriant a budd-daliadau. Nid ef a feddyliodd am ddatganoli ond ef a ysgogodd ei Blaid Lafur pan oedd ganddo gyfle i weithredu'r weledigaeth honno, ac a gafodd yr anrhydedd yn 1964 o fod yn Ysgrifennydd Gwladol cyntaf Cymru ac o sefydlu'r Swyddfa Gymreig. Flynyddoedd yn ddiweddarach arweiniodd hyn, ar ôl ei ddyddiau ef, at y Cynulliad Cenedlaethol yng Nghaerdydd.

D. Ben Rees
Lerpwl
Mai 2014

Magwraeth
yn y Betws a Rhydaman

Ydiwydiant glo oedd yn bennaf gyfrifol am dyfiant pentrefi ardaloedd diwydiannol sir Gaerfyrddin o Frynaman i Cross Hands. Derbyniodd Cwm Aman fel Cwm Gwendraeth fendithion amlwg yn natblygiad y maes glo a'r gweithfeydd alcam. Ceid y glo carreg gorau ym Mhrydain yn sir Gaerfyrddin. O dan fryniau'r sir roedd y gwythiennau glo gyda'r enwau hardd Cymraeg fel y Wythïen Goch, ac ym mhwll glo Betws y Wythïen Fach. Agorwyd glofeydd ar dir ffermydd fel Cae'r Bryn a Phantyffynnon erbyn saithdegau'r bedwaredd ganrif ar bymtheg, a thyfodd pentref bychan gwledig fel Cross Inn yn ganolfan pwysig o dan yr enw Rhydaman, neu Amman Ford ar dafod leferydd.[1] Prif sylfaenydd Rhydaman oedd Henry Herbert, diwydiannwr a suddodd byllau glo'r Betws. Roedd yr ardal yn drwyadl Gymreig a pharhaodd felly am genedlaethau, yn arbennig pentref y Betws. Yng nghyfrifiad 1961 roedd 79% o boblogaeth y Betws yn siarad Cymraeg. Un o deuluoedd y Betws oedd y Griffithsiaid, gwehelyth y gwleidydd adnabyddus.[2]

Safai Cwm Aman o fewn cylch maes y glo carreg, a thyrrodd pobl o orllewin Cymru, o Forgannwg, ac o ardaloedd y chwareli fel Blaenau Ffestiniog a Bethesda yn Arfon i weithio yn y pyllau glo ac i fyw yn y pentrefi glofaol. Agorwyd gwaith glo Isa'r Betws yn 1890; ac yn wahanol i'r drefn arferol ym maes y glo carreg, nifer o Saeson fu'n gyfrifol am agor y lofa. Deuai'r ddau berson pwysicaf yn y fenter o Ganolbarth Lloegr, sef Alfred Hewlett a John Darlington. Gwaith Isa'r Betws fu'n gyfrifol am dyfiant pentref y Betws a saif ar ochr ddeheuol i'r afon Aman. Rhwng 1895 a 1900 dylifodd nifer o lowyr o Dreorci a Blaenrhondda i weithio yn y lofa. A bu dyfodiad y bobl hyn a'u plant yn gyfrifol am gryn newid yn arferion y pentref, yn arbennig o du gwleidyddiaeth y chwith.

Yng nghartref ei rieni, bwthyn to gwellt yn y Betws, ar 19 Medi 1890 y ganwyd y gwleidydd a alwyd yn Jeremiah (mabwysiadodd yr enw 'James' yn ddiweddarach). Roedd y fam Margaret wedi rhoddi genedigaeth i naw plentyn yn barod a dyma un arall ar y ffordd i ychwanegu at ei gwaith a'i chyfrifoldebau enfawr. Am naw o'r gloch, clywodd y teulu oedd yn rhoi cymorth iddi, gri y degfed plentyn.

Ar yr aelwyd roedd y tad William Rees Griffiths, a elwid ar lafar gwlad yn Wil, yn llywodraethu â llaw gref. Nid oedd ar unrhyw adeg yn barod i'r plant redeg yn wyllt a chambihafio ac nid gwaith hawdd o gwbl oedd cadw trefn mewn cartref â chymaint o blant i ofalu amdanynt. Ni oddefai William Rees Griffiths gwerylon teuluol, na geiriau cas o enau un o'r plant. A phan ddaeth y newydd fod un arall wedi cyrraedd yr aelwyd yn fyw ac yn iach mynnodd William Griffiths iddynt ddiolch i Dduw. Roedd y rhieni yn gytûn mai'r baban hwn fyddai'r olaf iddynt. Bu farw dau frawd ar enedigaeth a bu hynny yn destun siom a galar mawr ond roedd tri mab a phedair merch wedi eu harbed a dyma fab arall i gyfoethogi'r aelwyd. Roedd yr aelwyd yn llawen ddigon i groesawu'r cyw melyn olaf gan fawr obeithio, efallai, y byddai'r olaf hwn yn gwisgo mantell pregethwr a phroffwyd ym mhulpudau yr Annibynwyr Cymraeg.[3]

Roedd William Rees Griffiths yn gryn gymeriad a chafwyd portread cofiadwy ohono gan y llenor crefftus, D. J. Williams, yn ei gyfrol *Yn Chwech ar Hugain Oed*, un o glasuron hunangofiannol ein llenyddiaeth. Dyma ddisgrifiad D. J. Williams ohono: 'darn o ddyn tywyll ei groen, a du ei flewyn, gan ddwyn ar gof i ni heddiw rywsut, y llun o Joseph Stalin a fu'n dra phoblogaidd ar un adeg':

> Gyrrwr peiriant ar y lein ydoedd yn ei ddydd, ond wedi hen ymddeol cyn i mi ddod i'r
> lle, a chodi gweithdy bach hwylus iddo'i hun ar fin y ffordd gerllaw ei dŷ, i'w ddifyrru
> ei hun yn ei grefft gyntaf o of, yn gymaint â dim, yn ddiau, ac ennill hefyd dipyn o
> arian dybaco drwy wneud rhyw fân swyddi, megis rhoi hoelion a phedolau o dan
> esgidiau, fel y gwnâi'r balchaf yn yr adeg bell yn ôl honno o oes y cerrig.[4]

Dysgasai William Rees Griffiths yn drwyadl grefft y gof gan ei dad yn y Betws. Mantais fawr plant William a Margaret Griffiths oedd cael cyfle i dreulio oriau lawer ar aelwyd eu mam-gu Susannah Rhys. Cafodd Jeremiah Griffiths a'i holl frodyr a chwiorydd y fraint o adnabod eu Mam-gu Pontaman yn dda. Bu farw y tad-cu Rees Griffiths flynyddoedd cyn ei briod ac ni chofiai yr ŵyr, Jeremiah, ef o gwbl gan mai dwyflwydd ydoedd pan fu farw'r patriarch o of.

Cafodd ei weddw Susannah Griffiths fyw i'r oedran teg o 95 mlwydd oed, a chlywodd ei ŵyr ieuengaf gryn lawer am ei bywyd caled a'r nerth braich oedd ganddi. Deuai hi a chymeriad lleol arall, Twmi Hopkin, yn gyson gyda'r nos i gartref ei mab a'i deulu i sôn am yr hen ddyddiau. Bu ef yn gweithio gyda'i gŵr yng ngwaith haearn Ystalyfera yn gwneud arfau ar gyfer Rhyfel y Crimea. Cerddai'r ddau ddeuddeng milltir i Ystalyfera gan ddod adref am y Sul unwaith y mis. Soniai Susannah amdani yn cerdded yn achlysurol o'r Betws i Ferthyr Tydfil i bwrcasu haearn a'i gludo yn ôl i'r efail, taith o hanner can milltir. Byddai hi'n sôn byth a beunydd am fedrusrwydd ei phriod Rees, gan ddweud wrth yr ŵyr Jeremiah: 'Os ei di byth mor bell ag Ynyscedwyn edrych ar giatiau Capel Sardis a byddi yn falch o'th dad-cu,' gan mai gwaith ei ddwylo ef oeddynt.[5] Roedd Susannah Griffiths yn meddu ar ddawn meddyg gwlad. Teithiai pobl am filltiroedd i'r Betws i chwilio am feddyginiaeth ganddi ar gyfer afiechydon a llosgiadau gan ddŵr poeth neu dân. Gallai wneud eli gwyrthiol a fyddai'n lliniaru'r briw ac yn gwella'r llosg. Trosglwyddodd gyfrinach yr eli i'w mab, Jeremiah (Jerry) Griffiths, ei ewythr a fu'n gweithio am hanner can mlynedd ac am ran helaeth o'r cyfnod hir hwn yn is-swyddog cyfrifol ym mhwll glo'r Emlyn, ger Penygroes, ac a fu'n gaffaeliad mawr fel meddyg gwlad i'r trigolion. Bu galw mawr am 'eli Jerry'. Cafodd William Rees Griffiths waith fel gorsaf feistr yn Abergwili. Yno y cyfarfu â Margaret Morris ac fe'u priodwyd yn 1870. Ganwyd eu plentyn cyntaf, Susannah, yn Abergwili; yna symudodd i swydd gyffelyb ym Mhenclawdd lle ganwyd yr ail ferch Margaret. Dychwelodd y teulu i'r Betws yn 1877, y flwyddyn y ganwyd y drydedd ferch Elizabeth. Cafodd waith yng nglofa Glyn-moch, rhwng Cwmaman a Rhydaman, fel gof, cyn agor ei efail ei hun ar dir Pentwyn yn y Betws yn 1880. Erbyn hynny roedd mab wedi ei eni i'r aelwyd yn 1879, sef Gwilym, a ganwyd brawd iddo, David Rees Griffiths yn 1882, a brawd arall, John yn 1886 a merch arall, Lettice yn 1887.[6]

Hanai ei briod Margaret Griffiths o Landdarog, ger Caerfyrddin. Roedd ei thad a'i thad-cu yn wehyddion. Daeth gwlanenni teulu Morysiaid Llanddarog a Chaerfyrddin yn gyfarwydd a derbyniol i bobl a fynychai ffeiriau Llangyfelach, Caerfyrddin a Llandeilo. Yn blentyn bach treuliai Jeremiah ei wyliau gyda brodyr ei fam yng Nghaerfyrddin a phentref Llanddarog.[7] Er hynny, ychydig o sylw a roddodd ef i deulu ei fam yn ei ysgrifau a *Pages from Memory*, ac yn anffodus nid yw'n rhoi unrhyw syniad i ni o'r berthynas oedd rhyngddo ef a'i dad. Ni welais lawer o sôn am William Rees Griffiths gan ei frawd hynaf Amanwy er ei fod yn barod iawn yn ei ysgrifau i enwi cymeriadau'r Betws a'r cyffiniau a fyddai'n mynychu'r Efail yn gyson.

Pentref bychan tawel oedd y Betws ym mhlentyndod Jeremiah Griffiths gyda dwsin o dai gwyngalchog a thair tafarn, er nad oedd y dafarn yn ganolfan i holl drigolion y fro. Mewn gwirionedd y ganolfan boblogaidd i ddirwestwyr a'r rhai oedd yn hoff o'r ddiod feddwol oedd yr Efail. Disgrifiodd Amanwy yr Efail fel hyn:

> Cofio'r Efail, a 'Nhad wrth gorn y fegin, a glowyr ac amaethwyr y fro yn troi i mewn am fwgyn a sgwrs ar bob awr o'r dydd, nes imi synnu lawer tro pa fodd ar y ddaear y gellid cyflawni gwaith o gwbl yno. Bu'r Efail yn barliament y pentref dros hir amser, a phawb yn dod â'i stori a'i drafferthion yno.[8]

Un o selogion a fynychai'r Efail oedd Dafydd Lloyd, crefftwr a fyddai'n galw ar y ffermydd o'r gwanwyn i'r hydref. Prin oedd y gwaith yn y gaeaf a threuliai oriau lawer bob dydd yn yr Efail ar ddiwrnodau gwlyb yn sgwrsio yn braf. Deuai dynion i'r Efail o Rydaman hefyd, yn aml iawn pobl oedd yn deall gwleidyddiaeth ac yn trin a thrafod problemau'r dydd. Bu'r Efail yn fagwrfa ardderchog i Jeremiah yn ei lencyndod. Un o'r bobl fwyaf huawdl yn yr Efail oedd Henry Davies, y saer o Rydaman. Tori rhonc oedd ef ac ni fyddai'n dawel o gwbl er mai William Rees Griffiths oedd y gwestywr. Dywed Amanwy:

> Roedd ef i'r gof fel dŵr a thân i'w gilydd. Byddai'r sgwrs yn dechrau yn hyfryd, heb yr un gair angharedig, ond ymhen amser disgynnai gwreichion annisgwyl ar y lludw hanner marw, a dyna'r sgwrs yn terfynu mewn terfysg gwyllt. Ond ymhen wythnos neu ddwy, byddai'r Tori a'r Radical yn rhannu eu rhin gwleidyddol drachefn. Ni fachludodd yr haul ar eu digofaint erioed.[9]

Efail William Rees Griffiths felly oedd canolfan gymdeithasol y Betws wedi'r flwyddyn 1880, er bod ei dad Rees Griffiths yn cyflawni'r un grefft yn yr un fro hyd ei farwolaeth yn 1892. Daeth y mab hynaf David, hen lanc, i weithio yn efail ei dad yn 1875. Ni sonia James Griffiths am yr ewythr hwn yn ei hunangofiant *Pages from Memory* ond ymysg ei bapurau dywed mai ef oedd dafad ddu'r teulu. Roedd Dai yn grefftwr da ac yn garedig i'w fam ond yn tueddu ar nos Sadyrnau i ymorchestu yn Nhafarn y Mount trwy dderbyn sialens i ymladd ar ôl cael llond bol o gwrw. Un noson pan oedd ef am unwaith ar golli'r ornest rhedodd un o fechgyn y fro i ddweud hynny wrth ei fam. Daeth Susannah ar eu hunion yno a rhoddi cerydd go iawn i'r ddau ohonynt. Nid anghofiodd Dai Griffiths y noson honno tra bu fyw. Yn 1891 dychwelodd brawd arall, y trydydd mab Rees Griffiths, i'r Betws i gynorthwyo yn yr efail. Gelwid efail William Griffiths yn Senedd y Betws a'r gof ei hun 'y Nailer' am ei fod ef yn gwneud hoelion esgidiau gwaith i'w gosod yn esgidiau'r glowyr wrth eu gwaith yn y lofa. Dyma ddisgrifiad D. J. Williams:

> Ac i'r senedd-dy hwn, yn fynych y cynnullai [sic] nifer o'r 'gwŷr dydd', fin hwyr, ac o'r 'gwŷr nos' ben bore, i drin eu materion; a'r Neiler hirben, tywyll, bob amser, yn brifweinidog sobr ei wedd, gan nad pwy a fyddai yno, – ac yn 'chwythwr tân' pwyllog a rhyfeddol o ddeheuig, fel na byddai yno byth brinder gwres.[10]

Ond cydnabyddai D. J. Williams mai Senedd un blaid, oedd y duedd, sef Plaid y Neiler ei hun. Nid un i ddioddef ffyliaid mohono, ac yn ôl D. J. Williams, 'dynion bach neis, neis' oedd yn cael y derbyniad gorau gan y Neiler. Ond nid yw hynny yn hollol deg chwaith. Un o aelodau amlycaf y Senedd-dŷ oedd Rhys Jenkins, y Gilfach, gŵr tebyg o ran gwedd i Abraham Lincoln, tal a thenau; siaradai yn ofalus er nad oedd ganddo air da i'r bobl a alwai yn 'grachach'. Nid dyn neis, neis mo Rhys Jenkins.

Rhyddfrydwyr pybyr oedd William Griffiths a Margaret Griffiths, ac Ymneilltuwyr cadarn o blith yr Annibynwyr Cymraeg. Yr arwyr oedd William Gladstone, Tom Ellis, David Lloyd George a J. Towyn Jones, yn y drefn yna. Roedd William Rees Griffiths wedi ennill ei le yn y pentref erbyn diwedd oes Fictoria. Dywed William Evans mewn ysgrif goffa iddo:

> Roedd yn garictor glân. Roedd tri pheth ynddo a edmygwn yn fawr; roedd yn ffyddlon yn ei gapel, yn ofalus o'i glwb, ac yn gyson wrth ei alwedigaeth. Annibynnwr cadarn oedd yn ei broffes, Gladstonian liberal mewn gwleidyddiaeth, a dinesydd teilwng a gwyliadurus yn ei ardal.[11]

Canodd y bardd-löwr John Harries (Irlwyn) gerdd o dan y teitl 'Pentre'r Betws' yn 1898 a chyfeiria yn niwedd un pennill at:

> Ac efail William Griffiths
> I gadw'n traed yn iawn.[12]

Cafodd y mab ieuengaf weld yr Efail ar ei gorau adeg Rhyfel y Boeriaid gyda David Lloyd George yn amlwg yn ymladd ar ddau ffrynt, yn erbyn aelodau o'i Blaid ei hun a'r gelyn traddodiadol, y Toriaid. Dilynodd carfan dda o Gymry arweiniad Lloyd George o gydymdeimlo â'r ffermwyr Calfinaidd yng ngweriniaethau'r Boeriaid yn Ail Ryfel De Affrig o 1899 i 1902. Yn 1900 ym Merthyr collodd y Rhyddfrydwr imperialaidd ei sedd seneddol i'r Sosialydd Keir Hardie yn bennaf am ei fod o blaid y Rhyfel yn Ne Affrig. Dadleuai Jeremiah yr Efail yn gryf adeg trafod Deddf Addysg Balfour (1902), yn arbennig yn erbyn yr anghyfiawnder fod disgwyl i ymneilltuwyr dalu treth at ddibenion addysg ysgolion yr eglwyswyr. Trefnwyd gorymdaith a chyfarfod protest yn Rhydaman a chafodd Jeremiah yr hyfrydwch o wrando ar un o areithwyr gorau ei ddydd, David Lloyd George, yn annerch y dyrfa.[13] Rhaid cofio hefyd fod y glowyr yn mynnu cael eu cyfle yn yr Efail. Fel y dywed Amanwy amdanynt:

> Gyda brig y nos, deuai'r glowyr i mewn, a minnau'n dal y gannwyll rhwng cwsg ac effro. Roedd sŵn brwydrau gwleidyddol yn y gwynt yr adeg honno, a sôn am undeb y glowyr yn cynnau fflam yn llygaid yr hen gedyrn. Pobl ragorol oeddynt.[14]

Dyna ran o fagwraeth Amanwy a Jeremiah fel plant yn yr Efail. Wedi'r cyfan treuliai oriau yn yr efail gan y deuai'r glowyr â'u celfi i gael min gan y gof. Rhoddid gwaith i bob un o'r plant, yn arbennig i ddal y gannwyll pan fyddai'r tad yn hogi'r arfau ar yr engan. Ac ar y Sadwrn byddai'n rhaid i'r plant alw yng nghartrefi'r glowyr i gasglu'r dyledion am y gwaith a gyflawnwyd yn yr Efail.

Bu Jeremiah Griffiths mewn dwy ysgol yn y Betws a Rhydaman sef yr ysgol fwrdd yn y pentref a hefyd yr Ysgol Sul yng nghapel Gellimanwydd yn y dref. Hanai prifathro'r ysgol fwrdd, John Lewis, o Lannarth yng Ngheredigion; roedd yn hynod o boblogaidd a deuai'r plant yno o gylch eang i dderbyn eu haddysg. Cyfrifid ef yn ŵr caredig a bonheddig. Disgwylid i rieni'r plant dalu am addysg hyd 1912. Yng nghyfnod Jeremiah Griffiths ceid plant o Lanaman, y Garnant, a hyd yn oed o odre'r Mynydd Du yn ddisgyblion yn Ysgol Fwrdd y Betws.

Credai'r Prifathro John Lewis y dylid defnyddio'r wialen fedw i gadw trefn, ac eto i gyd roedd yn ŵr naturiol garedig. Dysgodd y plant i fod yn gwrtais ac yn onest. Canmolai Jeremiah yn gyson wrth ei dad gan ei alw yn 'ddisgybl da'. Eglwyswr pybyr ydoedd John Lewis ac ni chlywodd plant yr Efail mohono'n siarad Cymraeg o fewn muriau'r ysgol. Meddai Jeremiah: 'John Lewis spoke no

Welsh'. Yn dilyn ffasiwn yr oes dysgai gerddi sentimental Saesneg i'r plant fel 'Home Sweet Home' a hefyd Anthem Genedlaethol Lloegr.

Yn ystod blwyddyn olaf Jeremiah Griffiths bu newid mawr yn yr ysgol pan gafwyd gŵr o'r fro i helpu yno, sef Rhys Thomas, cerddor a Chymro o argyhoeddiad. Siaradai'r iaith Gymraeg ar bob cyfle. Ond rhaid cydnabod mai'r Eglwyswr John Lewis fu'n mowldio James Griffiths a holl blant yr Efail.[15] Dyma deyrnged Amanwy i John Lewis: 'Cardi oedd y Mishtir, – un o'r bonheddwyr mawr naturiol hynny sy'n gadael ei argraff arnoch am byth.'[16] Disgrifia ef fel cymeriad cryf a chadarn ac yn 'gredwr cryf' yn y wialen: 'John Lewis, y Mishtir oedd y dylanwad mwyaf ar y plant ac ar y fro'.

Nid oedd angen pryderu am yr iaith Gymraeg. Siaradai hi'n wastadol yn y cartref, ar yr heol, ac yn yr Ysgol Sul lle dysgid Cymraeg am awr a hanner bob wythnos. Llwyddai hen athrawon yr Ysgol Sul i ddysgu'r Gymraeg heb drafferth yn y byd i'r plant gan mai'r Gymraeg oedd iaith feunyddiol y fro. Gwyddent enwau'r adar, y planhigion a'r blodau gwylltion a daearyddiaeth Palesteina. Ond y tair 'R' fyddai'n cael sylw'r prifathro John Lewis ac ni fyddai neb yn gadael yr ysgol heb allu cyfrif ac yn y dosbarth uchaf X-7 dysgid algebra a mesuroedd hyd yn oed. Gofalai John Lewis fod y plant yn gallu darllen Saesneg ac ysgrifennu yn syml. Rhaid cofio yr enynnwyd ynddynt gariad at lyfrau yn yr iaith Saesneg. Gan fod John Lewis yn rhoddi amser penodol iddynt ddarllen, dau o'i hoff lyfrau oedd *Coral Island*, Robert Michael Ballantyne a *Mr Midshipman Easy*, Frederick Marryat. Ar wahân i'r ffaith na ddysgid y Gymraeg, na hanes Cymru na hanes lleol, diffyg mawr arall yn addysg Ysgol y Betws cyn dyfodiad Rhys Thomas oedd methiant i gynnal traddodiad cerddorol y fro. Ni roddid sylw dyladwy i gerddoriaeth cyn i Rhys Thomas (arweinydd y band pres lleol) greu Côr Plant Ysgol y Betws. Cafodd Jeremiah gyfle i fod yn aelod ohono yn ystod ei fisoedd olaf yn yr ysgol.

Yr ysgol addysgol arall a fu'n hynod bwysig yn hanes y bachgen hwn oedd yr Ysgol Sul a'r Gobeithlu. Yr Ysgol Sul sy'n cael y clod mwyaf ganddo am fagu'r awydd i ddarllen y Beibl yn uchel, i ddysgu ar ei gof yr emynau a'r adnodau ac i ehangu ei ddealltwriaeth o'r byd a'i anghenion. Tyfodd yn ddarllenwr mawr. Ond rhaid hefyd roi clod i'w dad gan fod llyfrau yn bwysig iddo ef. Darllenai ar gyfer yr Ysgol Sul bob wythnos esboniadau Beiblaidd a derbyniai gylchgronau radical nas enwir gan ei fab. Daeth darllen yn bwysig i'r pedwar mab, gan ddilyn esiampl eu tad. Roedd gan ei frawd Amanwy nifer dda o lyfrau barddoniaeth a rhyddiaith Gymraeg. Yn yr awyrgylch darllengar roedd hi'n naturiol i Jeremiah fynd ati i gasglu llyfrynnau Robert Blatchford, y Ffabiaid a llenyddiaeth sosialaidd y dydd. Pan weithiai yng nglofa'r Betws, galwai gwerthwr llyfrau yng nghartrefi'r plwyf â chyfrolau o bob math ar ran cwmni cyhoeddi Waverley. Dywedodd y gŵr hwnnw un diwrnod wrth Willie Rees, teiliwr pentref Betws:

> Do you know of a young man from Betws called Jim Griffiths? It will pay you to watch his progress. He mixes among the aristocrats of literature.[17]

Ffrwyth Ysgol y Betws ac Ysgol Sul Gellimanwydd a'i gartref ydoedd hyn. Addolai'r teulu yng nghapel Annibynnol Gellimanwydd, yn nhref Rhydaman, gan mai capel y Methodistiaid Calfinaidd oedd yr unig gapel Cymraeg yn y Betws. Magwyd y mab ieuengaf yn Gymro uniaith hyd nes iddo ddechrau yn yr ysgol bob dydd. Yn ogystal â'r Ysgol Sul a'r Gobeithlu byddent yn cyfarfod yn gyson yn y capel ar noson waith i ddysgu ar gyfer y Gymanfa, y Gwyliau Cristnogol a'r Cyngherddau. Dywed Jeremiah Griffiths fod ei holl atgofion cynnar yn codi o'r Ysgol Sul a'r Gobeithlu, yn arbennig trwy ddylanwad John Evans, gorsaf feistr ac arweinydd carismatig y Gobeithlu.[18]

Meddai John Evans ar allu arbennig i gyfathrebu â'r plant, a thawelai bob storm ac anghydfod yn y Festri o dan ei gyfaredd. Dywedir yn *Pages from Memory* mai ei gyfarchiad cyntaf bob amser iddynt yn y Gobeithlu fyddai 'Nawr te mhlant i.' Cychwynnid y cyfarfod trwy ganu emyn y plant, 'Mae Iesu Grist yn derbyn plant bychain fel nyni.' Dysgid iddynt gymryd rhan yn gyhoeddus a magu hunanhyder yn ogystal â chyflwyno cynghorion iddynt ar ymwrthod â'r ddiod feddwol a byw yn rhinweddol. Rhoddodd ei ddisgybl Jeremiah gefnogaeth oes i'r Mudiad Dirwestol.

Pan fu farw John Evans ym mis Tachwedd 1918 yn ŵr canol oed lluniwyd teyrnged ddidwyll a dwys iddo yn Saesneg yn y papur lleol gan James Griffiths sy'n dangos tynerwch ei bersonoliaeth. Rhydd ddarlun cofiadwy o'r athro penigamp:

> What a wonderful way he had with us children. How potent his influence upon us. He had only to raise his hand and he would transform a vestry full of rowdy children like unto an angelic host singing the praise of that Saviour of children whose Love and Spirit, John Evans had partaken so richly... And we believed him, and sang for him, because in our childlike way we felt that it was true, this story of Jesus, for was it not John Evans who told us? And we knew he loved us.[19]

Priodol hefyd yw rhoddi sylw i gyfraniad gweinidog capel Gellimanwydd yn y cyfnod hwn, sef y Parchedig Isaac Cynwyd Evans (1845–1910), gŵr na chafodd fanteision addysg ar wahân i ddiwylliant ei gartref a dylanwad ei dad John Evans, un o sylfaenwyr capel Tabernacl, Aberafan. Treuliodd chwarter canrif yn weinidog ar deulu William Rees Griffiths.[20] Dylanwadodd yn fawr ar blant yr Efail. Ni fyddai'r un ohonynt yn cael colli oedfa bore Sul a rhoddid pwysigrwydd anghyffredin i Oedfa Gymun ac Oedfa Fedydd. Byddai'r fam yn eu deffro o waelod y grisiau: "Codwch blant, mae'n fore Sul. Cymundeb heddiw."[21]

Nid oedd pardwn i neb aros yn ei wely ar fore Sul y Cymundeb neu fore Sul y Bedydd. Disgwylid iddynt ymateb ar y Suliau eraill hefyd. Byddai'n rhaid codi a gwisgo amdanynt y dilledyn gorau a feddent. Gwisgai'r dynion ddillad o frethyn Cymreig a'r gwragedd glogyn sidan a boned gron. Aent gyda'i gilydd i ymyl yr afon Aman ac ymlwybro dros y bompren. Yna ar ôl dod i Ivy Cottage arhosent i'r gweinidog ymddangos ac ymuno gyda hwy, ef wedi'i wisgo mewn ffrog-côt a het silc. Wedi dychwelyd i'w gartref ar ôl oedfa'r bore byddai William Griffiths yn galw ar Jeremiah i adrodd peth o'r bregeth wrth ei fam, a fyddai wedi aros gartref i baratoi cinio i'r teulu. Y rhyfeddod i'r holl deulu fyddai gweld ei fod yn cofio air am air gymaint o neges y gweinidog neu bregethwr dieithr oedd yn arwain yr addoliad. Fel y dywedodd Derwyn Morris Jones:

> Amlygai – gyda pheth balchder yn ddiau – yn y dyddiau cynnar hynny ddawn i gofio manylion. A chydol ei fywyd byddai'n cofio pobol a'u hamgylchiadau unigol a hanes eu teuluoedd.[22]

Bu'r cof cyhyrog a feddai yn blentyn o fantais fawr iddo ar hyd ei oes a gallai gofio yn ddi-ffael ffeithiau ac ystadegau oedd yn syndod i'w gyd-Aelodau Seneddol.

Edrychai'r plant gan gynnwys Jeremiah Griffiths ymlaen at fynychu cyfarfodydd yr wythnos, y Cyfarfod Gweddi, y Seiat a Dosbarth Beiblaidd y gweinidog. Yn yr Ysgol Sul ac wedi hynny yng Nghymdeithas y Bobl Ieuanc y dysgodd Jeremiah sut i saernïo araith, i gasglu ei ddadleuon, a threchu'r gwrth-ddadleuon, ac i lefaru'n glir yn gyhoeddus, mewn ystafell yn llawn o aelodau ifanc fel yntau. Nid rhyfedd i'r Parchedig Isaac Cynwyd Evans, a'i cymhellodd i gymryd rhan yn gyhoeddus, fagu saith o weinidogion yn ei gyfnod fel bugail y capel. Ond mae'n syndod iddo, am ryw reswm, ymatal rhag annog y bachgen talentog yn dwyn enw proffwyd rhag dilyn yn eu llwybrau. Fel y sonia T. J. Morgan, 'roedd fel petai hawl gan fachgen galluog i ddisgwyl cael y gefnogaeth.'[23] Gellir dadlau fel y gwna T. J. Morgan fod diwylliant Cymraeg wedi ei feddiannu yn gyfan gwbl gan y capel erbyn dechrau'r ugeinfed ganrif, a bod unrhyw Gymro sy'n ymwadu â'i gefndir capelyddol yn anwybyddu rhan dda o'i etifeddiaeth Gymraeg.[24]

Creodd Ymneilltuaeth *élite* newydd o fewn bywydau gwerin gwlad, sef pobl y sêt fawr a'r pulpud. Roedd gan bobl y sêt fawr a elwid gan y Presbyteriaid yn flaenoriaid a gan y Bedyddwyr a'r Annibynwyr yn ddiaconiaid, gryn ddylanwad mewn ardaloedd lle'r oedd y Gymraeg ac Ymneilltuaeth yn bwysig i fwyafrif y bobl. Yn y Betws cafodd cyw melyn olaf y Griffithsiaid bob rhyddid fel bachgennyn. Yn ystod gwyliau'r ysgol cerddai a chwaraeai gyda'r plant eraill ar Fynydd y Betws. Ceir golygfeydd gwych o'r mynydd-dir ac yn arbennig wrth fynd dros Fynydd y Gwair am Bontarddulais. Weithiau âi ar gefn y beic yng nghwmni ei frawd Amanwy, a'u cefnder, Camber Griffiths. Byddai ym misoedd yr haf yn nofio yn yr afon Aman. Hanner addolai ei ddau frawd hynaf Gwilym a David Rees. Profodd y brawd bach hiraeth mawr yn 1900 pan benderfynodd David Rees fynd gyda rhai o'i ffrindiau i grwydro drwy gymoedd diwydiannol Mynwy gan weithio am gyfnodau mewn ardaloedd fel Abertyleri ac Aber-carn. Rhoddodd Jeremiah groeso mawr i'r ail frawd pan ddychwelodd adref. [25]

Golygai rygbi a chriced lawer iddo ef a'i ffrindiau. Daeth yn Ysgrifennydd Clwb Rygbi Bechgyn y Betws tua 1906 a gwnaeth ei waith yn raenus. Soniodd am allu arbennig rhai o'i gyfoedion ar y maes chwarae fel mab y meddyg, Percy Lloyd a enillodd ei le yn nhîm Cymru ac a fu'n gaffaeliad mawr i dîm rygbi Llanelli rhwng 1910 a 1914. Dau o'i ffrindiau pennaf oedd Gwyn Coslett a Thomas Gwyn Evans. Roedd mam Thomas yn perthyn i deulu Coslett a phriododd â morwr. Gadawodd y ddau Ysgol y Betws am y gwaith glo fel yntau ond ar ôl tymor aeth Thomas i'r môr. Ar ei ail fordaith ac wedi cyrraedd porthladd Rotterdam, syrthiodd i howld y llong a'i ladd yn gelain. Teimlodd Jeremiah Griffiths y golled a'r brofedigaeth am fisoedd lawer. Nid âi diwrnod heibio heb iddo gofio ffrind bore oes a fu farw cyn cael cyfle mewn bywyd. Ysigwyd ef i'r byw. Ac yntau bellach yn dair ar ddeg oed cafodd Jeremiah Griffiths lwyddiant yn ei efrydiau yn Ysgol y Bwrdd yn y Betws gan iddo ddod i frig y sefydliad, ac aeth i ddosbarth X-7.

Ymhell cyn haf 1904 clywai sibrwd yn y cartref am ei ddyfodol. Gallai fynd i weithio i'r felin ddur, i'r pwll glo, neu fynd i ysgol arall. Roedd un o'i ddosbarth yn yr ysgol wedi cael ei dderbyn i Ysgol Ganolraddol Llandeilo a dotiai Jeremiah at lifrai'r ysgol honno yn arbennig y cap a'r got. Fel un oedd yn ddarllenwr mawr mae'n anodd peidio â meddwl mai dilyn rhagor o gwrs addysg mewn Ysgol Ganolraddol fyddai'r ffordd orau iddo. Ond rhaid cadw mewn cof fod gweld ei ffrindiau yn mynd i'r lofa yn ei wneud yntau yn eiddigeddus o'r bywyd hwnnw.[26] Mae'n debyg mai'r gwir yw, fel y dywed yn bendant yn ei hunangofiant, y coleddai ei dad gynllun ar ei gyfer ef.[27] A'r cynllun oedd iddo gael profiad o ryw flwyddyn yn y lofa ac wedyn iddo wneud cais am le yn Academi'r Gwynfryn, ysgol a sylfaenwyd gan y bardd-bregethwr Watcyn Wyn ar gyfer paratoi bechgyn talentog y werin bobl, yn bennaf i wasanaethu'r capeli ymneilltuol. Soniodd y Cynghorydd Tom Lake yng Nghyfarfod Anrhegu James Griffiths yn ei hen gapel yn 1934 fod diaconiaid a phobl eraill amlwg yng Nghapel Gellimanwydd wedi cael eu beirniadu am na wnaethant ei gymell ar lwybr y weinidogaeth. Dyma ddywedodd Tom Lake ddeng mlynedd ar hugain yn ddiweddarach:

> Deacons and those connected with the Christian Temple had been criticised because they had not induced him to enter the ministry. [28]

Dyna'r llwybr i fab ieuengaf William Rees Griffiths felly: Ysgol y Betws yna blwyddyn yn y pwll glo ac i Ysgol y Gwynfryn ac yna i'r pulpud.[29] Ond i ddechrau dylai dreulio rhyw flwyddyn fel bachgen o golier i fagu profiad am fywyd dynion. Dyna sut y cychwynnodd Jeremiah Griffiths ar ei fywyd llawn fel glöwr, gan ei uniaethu ei hun yn llwyr ag Undeb y Glowyr am y deng mlynedd ar hugain nesaf.

Pennod 2

Gweithio dan Ddaear

Soniodd Jim Griffiths yn ei atgofion am yr unigrwydd a ddaeth i'w ran ar ôl tymor y Pasg pan sylweddolodd fod ei ffrindiau ysgol i gyd wedi gadael y dosbarth am fyd gwaith a chyfrifoldeb.[1] Roedd y bechgyn o fynydd y Betws, 'cryts y mynydd' fel y galwai hwy, wedi aros gartref i ffermio a rhoddi help llaw i'w teuluoedd. Roedd bechgyn pentref y Betws, 'cryts y pentref', naill ai wedi cael cyfle mewn pwll glo neu mewn gwaith tun, ac un o leiaf yn lifrai hardd Ysgol Ramadeg Llandeilo lle, fe gredwn, y dylai yntau fod. Bellach roedd ei ffrindiau o'r pwll glo yn byw mewn byd gwahanol iawn. Gwisgent drywsusau hir a chrafat am eu gyddfau. Gwelid sigarennau Cinderella yn hongian o'u gwefusau. Sonient wrtho byth a beunydd am ddyddiau gwaith, a dyna'r diwn gron pan gerddent yn gwmni dros bont y Betws i fwynhau eu hunain ar sgwâr Rhydaman. Ceiniog oedd ym mhoced y bachgen ysgol tra bod chwe cheiniog ym mhocedi cryts y gwaith glo a sied yr alcam. Wedi'r cyfan roedd y teulu i gyd ond ef yn rhan o fyd gwaith a gorchwyl. Gwelid dau o'i frodyr ar yr aelwyd yn lowyr, a'r hynaf o'r tri yn gweithio yn y gwaith tun. Y brawd nesaf ato o ran oedran oedd Shoni, ac ef a'i Dad a glensiodd y ddadl iddo.

Ben bore dydd Llun ym Mehefin 1904, ac yntau yn dal yn dair ar ddeg oed, cychwynnodd Jeremiah Griffiths weithio yng Ngwaith Isa'r Betws fel 'crwt bach'. Mae'r dystiolaeth yn awgrymu'n gryf iawn mai dyna pryd y dewisodd newid ei enw i James neu Jim, yn lle'r Jeremiah Beiblaidd.[2] Os cymerodd y cam hwn ar ei liwt ei hun, mae'n anodd meddwl na lwyddodd i gael cydsyniad ei rieni. Cydsyniad anfoddog efallai, ond mae'n amlwg ei fod yn gydsyniad serch hynny i osgoi embaras, efallai, ymhlith ei gyd-lowyr.

Priodol yw cofnodi yma bod William Rees Griffiths wedi sicrhau bod Jim ar ei ddydd cyntaf yn y lofa yn ymaelodi ag Undeb Glowyr De Cymru, y 'Ffed' fel y gelwid ef trwy gymoedd de Cymru. Roedd y weithred hon yn ei osod ar drothwy gyrfa nodedig a fyddai'n ei godi o ris i ris, i fod yn Arweinydd Glowyr De Cymru ac wedyn yn Aelod Seneddol. Disgrifiodd Jim Griffiths bwysigrwydd y cam hwn:

> To belong to the Union was regarded as one of the 'musts' of the collier's life. The Lodge (Branch) includes all those employed except the officers. The lodge meeting place was at one of the village locals – the Crown Keys – and it was there that the committee met once a month…Generally day to day business would be conducted at the pithead at the end of the shift. The contribution to the Union then was 6d a fortnight (to correspond with the fortnightly pay). Boys under 18 paid 3d a fortnight. We were allowed to attend pit and lodge meetings but not to vote until we became full members. However the 'boys' would have their special claims and grievances and on one occasion we had a boys strike – and we won our claim – it was one of the few in which the strikers won a 100% victory.[3]

Cafodd Jim Griffiths hyfforddiant trylwyr gan John Davies yng nghrefft y colier. Hanai ef o Geredigion a pherchid ef yn fawr ym mhwll glo Gwaith Isa'r Betws. Fel y digwyddodd roedd angen 'crwtyn bach' arno. Roedd Jim Griffiths yn gysurus ei fyd. John Davies ei hunan a dalai'r bechgyn a weithiai iddo, y 'cryts' fel y'u gelwid. Rhaid oedd gofalu bod ar ben y pwll i fynd lawr yn y caets am hanner awr wedi chwech y bore. Y glowyr profiadol a ddisgynnai'n gyntaf, a'r ceffylau'n dilyn. Prynodd ei fam grysau a dillad pwrpasol iddo, cafodd drowsus cryf a sychai'r gwlybaniaeth ac i ddal caledi'r gwaith sef crys gwlanen Gymreig, a hen got â phocedi mawr i osod y bocs bwyd a'r botel o ddŵr ynddynt.[4] Darparodd ei dad sgidiau cryf ar ei gyfer a gwregys cryf o amgylch ei ganol. Cychwynnodd y crwt bach a'i frawd Shoni am chwech o'r gloch y bore ar eu taith i Waith Isa'r Betws, er mwyn cyrraedd yno erbyn chwarter wedi. Gwyddai fod yn rhaid iddo alw yn y lle cyntaf yn y swyddfa i lofnodi'r cytundeb gwaith rhyngddo ef a Chwmni Ammanford Colliery Co Ltd, perchenogion y pwll. Nid lamp ddiogel Davy a gariai ond lamp olew agored yn hongian o'i wregys ar weiren. Ar ôl cyrraedd y lle gwaith, gan ddal y lamp yn ei law aeth i lawr i ffas John Davies. Wedi cyrraedd talcen y glo aeth i helpu ei feistr. Ar ôl hanner awr dda tynnodd ei got a'i wasgod a'u hongian ar yr hoelion ac yna rhoddodd yn ei ddwylo yr hyn a elwid yn bar dwbl. Cafodd gyfle wedyn i gael yr hyn a elwid yn 'Mwgyn', er mwyn cynefino â'r tywyllwch dudew.

Roedd gwaith y dydd yn dechrau iddo am saith y bore. Ei dasg gyntaf oedd llenwi'r glo i'r 'curling box' a'i gario i'r tram. Ar ôl gwacáu'r bocs i'r tram dychwelai am ragor o lo, ac am ragor fyth o lo. Esboniodd ei frawd Shoni yr enwau am y gwahanol arfau a ddefnyddid yn y lofa, mandrelau, Cam a Cwt, gordd ac erfyn a'r teclyn mwyaf astrus i grwt ifanc, sef Tro-wr i osod tyllau yn y glo gan adael marciau ar gesail y morddwyd. Roedd hi'n ddiwrnod hir o naw awr a hanner i'r 'crwt bach'; gallai'r gymdeithas o dan y ddaear fod yn brofiad rhyfeddol o unig i fachgen tair ar ddeg oed er bod y gwmnïaeth yn hynod o ddiwylliedig gan amlaf.

Daeth ymwared i Jim Griffiths pan ddaeth yr amser penodedig i gael ei ginio yng nghwmni'r cryts bach o'r corau eraill. Eithaf tebyg oedd lluniaeth pob un ohonynt – bara menyn a chaws gyda thomato i ddilyn a dŵr haidd perlog. Cynghorai Shoni o'i brofiad y dylid yfed haidd perlog i dorri syched. Ac o'r diwedd am hanner awr wedi pedwar roedd hi'n amser i roddi'r cyfan heibio ac ymuno â'r glowyr hŷn ar y siwrnai yn ôl i'w cartrefi. Yr unig eithriad oedd dydd Sadwrn pan ddeuent i fyny am hanner awr wedi un. Pen draw y drefn hon oedd na welai Jim Griffiths na'r glowyr eraill oleuni haul yn ystod y gaeaf ond ar bnawn Sadwrn a'r Sul rhwng yr oedfaon a'r Ysgol Sul. Byddai gwledd, fodd bynnag, yn ei ddisgwyl adref bob prynhawn. Darparai ei fam a'i chwiorydd groeso arbennig, twb o ddŵr cynnes i ymolchi a'r cyw melyn olaf yn cael y fraint am gyfnod o ymolchi gyntaf.[5]

Ac roedd y Griffithsiaid bellach wedi cael cartref newydd, sef Bryn Villa, tŷ nobl i deulu mawr fel yr awgryma'r enw. Prynodd ei dad yr hen fwthyn ac adeiladu tŷ newydd ar ei safle. Adeiladwyd y tŷ newydd o'r cerrig oedd yng ngwely'r afon Aman, cerrig oedd wedi eu cludo gan lifogydd o'r Mynydd Du. Bu'n rhaid i'r gof dalu swllt i'r meistr tir am bob llwyth o gerrig yr afon. Costiodd y tŷ newydd y swm o £150 a chafodd brydles am 99 mlynedd. Lleolwyd yr Efail yn yr un man.

Ar ôl i'r tri brawd orffen roedd hi'n adeg i eistedd o amgylch y bwrdd i ginio'r glowyr, sef cawl cig a thatws, pwdin reis a chwpaned o de. Ar ambell i noson waith, a bob amser ar y Sul, byddai cig blasus o siop y bwtsiar; ar ddiwrnodau eraill byddai'r fam yn defnyddio'r cig moch a'r ham oedd yn hongian yn y gegin. Deuai'r tatws o'r ardd, er bob blwyddyn, byddai rhych yn cael eu plannu ar fferm gyfagos. Byddent hwy fel bechgyn yn rhoddi help llaw adeg y cynhaeaf yn dâl am y ffafr honno. Gofalai'r fam a'r merched bobi bara a theisennau a choginio teisen-lap. Dyna'r bwyd iach, a digon ohono oedd i'w gael yn Bryn Villa.

Am unwaith ar ôl gorffen ei ginio ar ei ddiwrnod cyntaf yn y gwaith rhuthrodd yr ieuengaf o'r pedwar brawd i ymuno â'i ffrindiau yng Nghae'r Ynys, ger yr Aman am gêm o griced. Y noson honno roedd ef yn un ohonynt hwy. Prynodd ar ei ffordd adref becyn o sigarennau, ac ar nos Sadwrn, gallai ymffrostio fod pishyn chwe cheiniog yn ei boced, oherwydd enillasai'r swm o swllt a thair ceiniog am ei shifft gyntaf. Roedd yn arian da pan delid y swm allan bob pythefnos. Gwyddai Jim Griffiths fod John Davies, y Cardi twymgalon, yn rhoddi i'w fechgyn ecstra os oeddynt yn mynd o amgylch eu gwaith o ddifrif, yn ymddwyn yn gydwybodol, ac yn trosglwyddo'r cyflog i gyd i ddwylo'r fam. Dyna sut y cerddodd Jim Griffiths ar fore Llun heulog ym Mehefin 1904 i mewn i gymdeithas y glowyr yng Ngwaith Isa'r Betws a fu'n ennyn cymaint o edmygedd ynddo.

Symudodd o fewn blwyddyn i lofa Gwaith Ucha'r Betws i weithio gyda'i frawd Amanwy. Yno daeth yn ffrindiau agos gyda Rufus Evans: roeddynt wedi bod gyda'i gilydd yn ysgol y Betws, yn chwarae yn y pentref, yn aelodau o gapel Gellimanwydd, ac yn perthyn i'r un gyfrinfa yn y lofa. Dyma atgof Jim Griffiths yn 1949 yn ei deyrnged i'r papur lleol am ei ffrind:

> When I heard of his passing–memory took me back to Gwaith Ucha' and to the district known as Tŷ'n y cwm. I once said in parliament that part of my education consisted of the debates on the 'spell', and had in mind the spell on the Tŷ'n y Cwm double parting. We were the usual mixture, with our variety of interests, from politics to pugilism. The presiding genius at Tŷ'n y Cwm in those days was Dafydd Thomas (Wernwgan), the collier's philosopher, and under his guidance we argued about all the controversies of the day.[6]

Parhaodd Jim Griffiths i weithio yng Ngwaith Ucha'r Betws, ar wahân i ychydig o fisoedd yn 1914 pan weithiodd ym mhwll glo Pantyffynnon, am weddill ei ddyddiau fel colier. Diau mai ef yw'r glôwr enwocaf a fu ar lyfrau gweithle Gwaith Ucha'r Betws, a bwriodd ei brentisiaeth fel gwleidydd yng nghyfarfodydd y Gyfrinfa. Disgwylid disgyblaeth ddiwyro ac ymlyniad wrth egwyddorion brawdgarwch a pharch dynion tuag at ei gilydd. Nid oedd cefnogaeth o gwbl i iaith anweddus, i dymer wyllt yng nghwmni'r rheolwr, nac unrhyw fath o drais tuag at gyd-löwr, nac at eiddo'r cwmni. Peth pwysig iawn yng ngolwg swyddogion y gyfrinfa oedd cadw enw da y colier. Dyna'r safonau a dderbyniodd Jim Griffiths yng Ngwaith y Betws.

Roedd ef yn löwr yn nhrydydd cyfnod y diwydiant glo, sef 1850 i 1919. Ysgrifennodd ef yn ddiddorol am y cyfnod hwn yn ei gyfrol Gymraeg *Glo* (1945). Yn 1893 roedd cyfanswm cynnyrch glo Prydain Fawr yn 171 miliwn tunnell, ond erbyn 1913 codasai i 1,287 miliwn, a nifer y gweithwyr yn y glofeydd yr un cyfnod wedi codi o 631,000 hyd at 1,106,884.[7] Cynyddodd poblogaeth Gwent, Morgannwg a Sir Gaerfyrddin yn aruthrol. Tyrrodd miloedd dros Glawdd Offa i Forgannwg a Gwent a bu hynny yn sioc ddiwylliannol i'r capel a'r gymdeithas Gymraeg ond stori wahanol oedd hi yn Sir Gaerfyrddin. Ni phrofodd cymoedd y glo carreg, sef cymoedd Nedd, Dulas, Tawe, Aman a Gwendraeth y mewnfudiad aruthrol o Loegr a lifodd dros gymoedd y Rhondda, Cynon, Ogwr, Ebwy a Tyleri.

Tyfodd y pentrefi glofaol yn Nyffryn Aman a'r Gwendraeth yn rhyfeddol ond roedd y mewnfudwyr yn siarad y Gymraeg ac wedi eu magu yn ardaloedd gwledig Sir Gaerfyrddin, ac o Geredigion a'r gorllewin. Pwysleisia Jim Griffiths fel y cadwodd y glowyr yn ardal y glo carreg eu gwreiddiau gwledig Cymreig. Disgrifiodd ef weithgarwch bywyd y cymoedd hyn yn gofiadwy:

> Cyfeillach y capel a swyn y côr, sbri y dafarn a chynddaredd yr ymladdfeydd; a chymrodoriaeth y ffas lo yn toddi'r cwbl ac yn gwneud cymdogaeth wresog ar waetha'r llwch a'r tarth. Perygl beunydd a beunos y pwll, cyflafan y danchwa yn clymu pobl wrth ei gilydd, ac Undeb a'r streic yn gwau drwy'r cwbl. Yn wir roedd i fywyd y cwm ei gyfaredd.[8]

Roedd hynny yn wirioneddol wir, yn arbennig ym myd diwylliant y capel a'i gyfarfodydd amrywiol, o'r oedfaon ar y Sul a'r Ysgol Sul, ac i bob math o ddarpariaeth yn ystod yr wythnos. Nid oes amheuaeth na fu dylanwad y capel ar syniadaeth y glowyr yn amlwg iawn ym maes glo carreg.[9] Ymladdodd yr Undeb frwydrau lawer oedd yn gyson â safbwynt y capelwyr. Cyfeirir at ddwy ymgyrch yn arbennig. Yr un gyntaf oedd yr ymgyrch i gadw Gwener y Groglith yn ddiwrnod a fyddai'n rhydd o gyfrifoldeb y lofa, a llwyddwyd. Yr ail ymgyrch oedd yr hawl i lowyr fynychu angladdau eu cydweithwyr a laddwyd yn y lofa. Caniatawyd hynny hefyd.

Byddai bywyd cymdeithasol Cymraeg y cymoedd yn troi i raddau helaeth o amgylch y capel. Roedd pedwar sefydliad o fewn y capel yn hynod o bwysig i deulu Jim Griffiths, yn gyntaf y cyrddau mawr, yn ail y Gymanfa Ganu (a'r cymanfaoedd eraill a ddeilliodd yn sgil twf Ymneilltuaeth fel Cymanfa Dirwest, Cymanfa'r Plant a Chymanfa Bwnc), ac yn drydydd y strwythurau fel arholiadau ysgrifenedig a dysgu ar y cof oedd ynghlwm â'r Ysgol Sul; ac yna yn bedwerydd y mudiad eisteddfodol oedd yn ddyledus i gyfarfodydd cystadleuol a gynhelid ym mhob capel. Cynhelid yn gyson yn y capeli eisteddfodau ac weithiau eisteddfodau ar gyfer cylch o gapeli. Y penllanw oedd cystadlu a mynychu'r Eisteddfod Genedlaethol a gynhelid gan amlaf yn ystod plentyndod Jim Griffiths ar ddechrau Medi.

Ond i deulu Griffiths y Betws y Cyfarfod Pregethu blynyddol a hefyd yr hanner-blynyddol oedd y digwyddiad pwysicaf yng nghalendr capel Gellimanwydd. Yn y cyfarfodydd hyn roedd elfen o boblogeiddio a cheid huodledd gorfoleddus yn y pregethu. Roedd y pregethau yn cyffroi ac yn ysgwyd cynulleidfaoedd fel corwynt ac yn eu gorfodi i drafod neges y bregeth am wythnosau. Daeth y math hwn o bregethu i'w lawn dwf yn rhan gyntaf y bedwaredd ganrif ar bymtheg ond fe'i ceid yng nghyfnod plentyndod Jim Griffiths, ac yn wir parhaodd hyd at yr 1960au. Mae'n debyg fod y Bedyddiwr Jubilee Young, gweinidog Capel Seion, Llanelli yn un o'r rhai olaf o'r pregethwyr dathliadol yn y pulpud Cymraeg. Diolchai Jim Griffiths am iddo gael cyfle i fynychu'r cyfarfodydd hyn fel y diolchai am Gymdeithas Ddadlau'r Bobl Ieuanc yng nghapel Gellimanwydd. Dywed aml un a glywodd Jim Griffiths ar lwyfan yr Eisteddfod Genedlaethol a hefyd mewn ralïau gwleidyddol ei fod ef yn etifedd y pregethu dathliadol. Gellir dadlau yn gryf fod ei areithiau yntau wedi eu modelu ar bregethu ei weinidog, y Parchedig Isaac Cynwyd Evans. Dywed Amanwy amdano yn y deyrnged hon:

Eithr y Parch Isaac Cynwyd Evans, gweinidog Christian Temple, oedd yr enghraifft ryfeddaf a glywsom erioed o bregethwr yn defnyddio'r hwyl Gymreig. Nid oedd yn ysgolhaig na diwinydd mawr efallai, ond drwy rym a melyster ei ''hwyl'' llwyddodd i lanw pulpud un o eglwysi mwyaf ei enwad gydag anrhydedd. Ond i ni a faged yn swyn a sŵn yr hwyl honno nid oedd mo'i hafal. Ymaith â'n hetiau i Weinidog ein ieuengoed.[10]

Un canlyniad i fywyd y capel a'i ddiwylliant oedd magu ynddo'r awch am ddysg, yr awch a gafodd bob cyfle yn Ysgol y Betws gan y Prifathro John Lewis. Soniodd ef fod y glöwr o'r maes glo carreg yn ymhyfrydu yn ei lyfrau. Tŷ tlawd oedd tai mwyafrif trigolion y cymoedd ond tŷ tlotach fyth oedd y tŷ lle na cheid llyfr ar ei gyfyl. Dywedodd glöwr wrtho am löwr arall: 'Paid â gwrando arno fe – Jim bach – dyw e ddim wedi darllen dim ond papurau pae a llyfr siop erioed yn ei fywyd.' Nid oedd gan y glowyr blaengar amser o gwbl i ddynion na werthfawrogent werth llyfr a diwylliant na chwaith bersonau oedd yn gybyddlyd ac yn anghofio cynorthwyo'r anghenus yn eu plith. Y cwestiwn a benderfynai'r cyfan yn y diwedd o fewn fframwaith y capel a'r lofa oedd y frawddeg: 'Ydy e yn ddyn egwyddorol?' Ni ddylid manteisio ar eraill, a dylid arddangos teyrngarwch i gyd-ddyn ac i'r Undeb a pheidio cynffonna i'r perchennog, bod yn gynhaliaeth ddibynadwy i'r wraig ac yn barod i aberthu dros eu plant a chefnogi eu cymunedau. Dyna oedd athroniaeth rhan helaeth o'i gyd-lowyr. Roedd y pyllau glo yn Sir Gaerfyrddin yn gymharol fychan. Ar gyfartaledd cyflogid dau i dri chant o ddynion a bechgyn ynddynt ac roedd modd dod i adnabod mwyafrif y cydweithwyr. Roedd Jim Griffiths am inni ddeall nad oedd neb yn y gwaith yn ddieithr, ond pawb ar delerau da ac yn cyfeillachu â'i gilydd.

Pan fyddai'r pyllau glo am rai misoedd bob blwyddyn yn segur, teithiai'r glowyr yn grwpiau i chwilio am waith ym mhyllau glo Morgannwg. Ansicrwydd y fasnach lo a chystadleuaeth ryngwladol galed oedd yn peri hyn, a disgrifiodd Jim Griffiths yr anawsterau lu oedd ar ei lwybr ef a'i gyd-lowyr. Dyma'i eiriau: 'Ansicrwydd ydyw partner cyson y glöwr. Mae'r danchwa, yr anhap a'r afiechyd fel cwmwl du, dros ei ben bob dydd o'i fywyd.' Ni allai ddibynnu y byddai diwrnod heb ei drafferthion. Soniodd am yr anawsterau a welodd fel llencyn ifanc: 'cwymp ar y ffordd o dan ddaear, rhaff wedi torri a phoced o nwy wedi casglu yn beryglus ac yn bygwth tanchwa.'[11] Byddai disgwyl i'r glöwr fod yn berson dibynadwy a fyddai bob amser yn gwneud ei orau i sicrhau na fyddai'n cymryd un cam gwag, na bod yn esgeulus trwy golli awr o waith. Roedd cosb yn disgwyl glöwr a lithrai. Rhyfeddod yn ei ddyddiau ef oedd pae llawn.

Roedd gan y farchnad lo ei phroblemau yn tarddu o gystadleuaeth nad oedd iddi reolaeth ac a oedd yn aml yn ddireswm. Problem gynyddol oedd anghydfod rhyngwladol neu hyd yn oed sôn am ryfel ac nid oedd hi'n syndod cael gwybod ar ddiwedd prynhawn, 'nid oes gwaith ar eich cyfer yfory.'[12]

Yn y maes glo carreg, gan fod y perchenogion bron i gyd yn perthyn i hen deuluoedd y fro, byddai penaethiaid y pyllau glo yn ysgwyddo cyfrifoldebau fel blaenoriaid a diaconiaid yn y capeli Ymneilltuol. Rhydd ein gwrthrych enghraifft dda o hyn yn ei bapurau personol pan sonia am berchennog pwll glo Brynhenllys yn ardal Cwmtwrch yn cymryd rhan mewn seiat ac yn cyflwyno'r emyn, 'Yn dy waith y mae fy mywyd' i'w ganu. Ac un o'i weithwyr, rebel go iawn, yn troi at löwr arall ac yn sibrwd yn ei glust: 'Clyw, dyw e ddim wedi ymlacio, yn y gwaith mae o hyd.'

Ac roedd hi'n anodd ymryddhau ar ddiwedd dydd o gymdeithas a gwaith lle'r oedd brawdgarwch naturiol rhwng yr ifanc a'r hen lowyr. Caled oedd y gwaith. At hyn cymhleth oedd y tâl a roddid am y llafur a'r chwys. Cynhwysai'r cyflog ddwy ran, sef, 'y cyflog safonol' a'r 'canran' a ychwanegid ato, ond rhaid sylwi y byddai'r cyflog safonol yn amrywio o wythïen i wythïen yn ôl y 'bris-restr' y cytunwyd arni. Nid yw Jim Griffiths ei hun yn glir iawn wrth geisio egluro'r sustem gymhleth yn y paragraff hwn:

> Eithr papur pae y glöwr – y torrwr glo – sydd yn drysu pawb. Setlir pris-restr ar
> bob gwythien. Prisiau safonol fyddant bob un, ac yn cario'r percentage am y tro yn
> ychwaneg.[13]

Ceid pris am dorri tunnell o lo a'i lanw, a phris gwahanol am dorri'r garreg uwchben neu oddi tan y wythïen, a phris arall eto am naddu a gosod pâr o goed i ddal y to. Sylwais fod rhwng ugain i ddeugain o brisiau gwahanol ar y bris-restr ac yn aml gosodid ei 'hanner ar yr un papur pae.' Fodd bynnag daeth y bachgen o löwr o'r Betws yn arbenigwr ar y sustem gymhleth iawn:

> Cefais y fraint am un mlynedd ar ddeg o gymryd rhan flaenllaw yn y gwaith o setlo
> pris-restri, gwaith sydd yn gofyn am amynedd Job ac ymennydd colier. Setlir y safonau
> hyn ar y percentage ym mhob dosbarth. Mae ugain dosbarth ym Mhrydain, a dau
> ohonynt yng Nghymru.[14]

Bu ei brentisiaeth a'i gyfnod fel glöwr ifanc yn y Betws yn baratoad anhepgor iddo ysgwyddo cyfrifoldeb fel Asiant y Glowyr ym maes glo carreg Gorllewin Morgannwg. Yng Ngwaith Isa'r Betws y dysgodd ei grefft ac yr aeddfedodd ei fedrusrwydd, ac yno y gwelodd gyni ei gydweithwyr, yn arbennig y rhai a weithiai am arian bach fel labrwyr. Ni soniodd Jim Griffiths fel y gwna D. J. Williams am yr is-oruchwyliwr gormesol a ofalai am Waith Isa'r Betws.[15]

Gwelodd D. J. Williams ei gyfle a gadawodd Waith Isa'r Betws am bwll arall oedd yn cael ei agor yn ymyl Pantyffynnon. Mae Jim Griffiths yn dawedog am yr is-oruchwyliwr, er iddo yntau o fewn blwyddyn symud o Waith Isa'r Betws, ond mae'n debyg gen i mai penderfynu ei anwybyddu a wnaeth. Roedd Jim Griffiths o'i lencyndod yn gweld y gorau ym mhob person. Dyma oedd un o'i gryfderau pennaf. Ond dysgodd hefyd oblygiadau'r brawdgarwch a welodd yn y lofa a gosodwyd hyn yn glir iawn gan yr ysgolhaig Cymraeg Hugh Bevan yn y paragraff hwn o'i hunangofiant:

> Estynnai'r teimlad o frawdgarwch y tu hwnt i derfynau'r ffederasiwn ei hun, oblegid
> 'roedd gwedd gydwladol i'r sosialaeth a goleddai'r arweinwyr, a meithrinai gerwindeb
> yr alwedigaeth deyrngarwch i weithwyr fel gweithwyr ym mha le bynnag y gofynnent
> am gefnogaeth neu gymorth. Hynny sy'n esbonio anfon arian at weithwyr Awstria
> a Sbaen, protestio am fod arweinwyr yr Undebau Llafur yn cael eu carcharu yn yr
> Almaen, llongyfarch Undeb y Sofiet am ddathlu'i ben-blwydd yn ugain oed, rhoi
> anrheg Nadolig i aelodau'r International Brigade ac i'w teuluoedd, cyfrannu tuag at y
> llong fwyd a anfonid i Sbaen, trefnu cymorth hael i un o weithwyr y Rhos a glwyfwyd
> yn y rhyfel yn erbyn Ffranco, a chasglu i'w goffáu pan fu farw o'i glwyfau.[16]

Roedd Sir Aberteifi yn atyniadol i deulu Bryn Villa adeg gwyliau'r haf. Byddai llawer o deuluoedd Cwm Aman, beth bynnag fo'u statws cymdeithasol, yn dewis treulio eu gwyliau haf yn un o drefi neu bentrefi glan y môr ym Mae Ceredigion. A thua Bae Ceredigion yr âi rhai o Griffithsiaid Bryn Villa. Llifai hefyd weithwyr Cwm Tawe a Dyffryn Aman, glowyr y Rhondda a gweithwyr alcam Pontarddulais a Gorseinon i Aberaeron bob Awst. Y cyntaf i fynd o'r Betws oedd Band y Betws ac Amanwy a'i ddau ffrind, Ben Cathan Davies a George Fowler.[17] Ond yn fuan, teithient fel teulu o'r Betws i dref Aberaeron yn nechrau mis Awst a threulio pythefnos cynta'r mis ar aelwyd Marged Jones, y Cei. Ceid trên i Lanbedr Pontsteffan a cherbyd oddi yno i Aberaeron. Cofiai Jim Griffiths amdano ef a mintai o bobl Rhydaman yn cerdded i gapel y Methodistiaid Calfinaidd ym mhentref Llwyncelyn, rhyw ddwy filltir o Aberaeron, un noson o Awst yn 1904 i glywed y Parchedig Joseph Jenkins, Ceinewydd yn traddodi pregeth angladdol. Dywed Amanwy am yr oedfa honno: 'Cawsom bregeth oedd yn eirias ganddo ar 'Rhaid eich geni chwi drachefn'. Ni chlywsom nemor air am y ferch a fu farw.'[18] Ac o Geredigion hefyd y daeth y corwynt crefyddol a brofodd Rhydaman a'r glöwr ifanc yn nhymor hydref 1904. Daeth y corwynt o gyfeiriad Aberaeron a Cheinewydd, Castellnewydd Emlyn a Blaenannerch, a chlywid gryn lawer yn y Betws am bobl y diwygiad, gweinidogion fel John Thickens, Aberaeron a'i nai Joseph Jenkins, Ceinewydd, teulu Evan Phillips, Castellnewydd Emlyn a'r myfyriwr ifanc oedd yno, Evan Roberts, cyn-löwr o Gasllwchwr.[19]

Dywed Jim Griffiths mewn ysgrif yn ei lawysgrifen ei hun ar Evan Roberts a Keir Hardie mai hwy yn negawd gyntaf yr ugeinfed ganrif oedd y ddau berson mwyaf dylanwadol yn y cymoedd a bod y ddau ohonynt yn gynnyrch glofa a chapel. Credai Jim Griffiths fod Evan Roberts wedi braenaru'r tir ar gyfer neges eirias a phwrpasol Keir Hardie.

Dylanwadodd y Diwygiad yn gryf ar deulu Griffithsiaid y Betws a thystiodd yr ieuengaf ohonynt: 'troes ein cartref yn gapel'.[20] Fel y dywedodd: 'This was a homespun revival inspired by a young coal-miner.'[21] Ond fel y cawn weld daeth y glöwr ifanc hwn i fesur a phwyso'r Diwygiad Crefyddol 1904–5 mewn modd llawer mwy gwrthrychol.

Tanchwa Ysbrydol a Glofaol

Brawd Jim Griffiths, Amanwy, oedd yr aelod o'r teulu a ddaeth gyntaf i gysylltiad â'r Diwygiwr ifanc, Evan Roberts, y cyn-löwr o Gasllwchwr. Roedd Amanwy yn awyddus i weld ac os yn bosibl gefnogi'r glöwr ifanc oedd am weddnewid crefydd Cymru. Teithiodd ef a thri chyfaill o lowyr i Gorseinon ar ddydd Llun Mabon yn 1904 i weld a chlywed y ffenomenon o fyfyriwr oedd yn ganolbwynt y symudiad crefyddol a siglodd Gymru i'w seiliau am gyfnod byr. Nid oedd tri o'r pedwar glöwr yn gefnogwyr y Diwygiad. Eu hagwedd yn syml oedd: 'Twt, twt, fe aiff y tipyn terfysg hwn heibio, fel cawod o law mân, cyn pen fawr o amser.'[1]

Cerddodd y pedwar o orsaf y rheilffordd i gapel yr Annibynnwyr Cymraeg, Brynteg, Gorseinon a rhyfeddu fod saith o bobl ieuanc yn gweddïo ar draws ei gilydd. Ond ar ôl ymgynghori dyma fentro i mewn i'r capel ac eistedd yn agos at y drws. Dywed Amanwy:

> Edrychem ar ein gilydd yn fud heb yngan gair. Tua thri o'r gloch, yng nghanol y
> canu, daeth Evan Roberts i mewn i'r sêt fawr. Aeth ar ei ddeulin o dan y pulpud ar
> unwaith, ac unodd ugeiniau i gyd-weddio ag ef yn dawel a defosiynol. Hyfryd oedd y
> distawrwydd ar ôl y gorfoleddu mawr.[2]

Disgrifiodd y myfyriwr ifanc yn esgyn i'r pulpud, a syllodd ar 'ei ddau lygad du a oedd yn llawn o dân dieithr.' Yna clywyd geiriau Evan Roberts wrth fyseddu'r Beibl yn barchus, nerfus ac yn dawel hamddenol.

Disgynnodd ysbryd o barchedigaeth ar Amanwy a'i gyfeillion, a dywedodd am y profiad fod yno 'rywbeth anneffiniol' yn bresennol yng nghapel Brynteg, 'rhyw ddylanwad dieithr, annirnadwy, a oedd yn pwyso ar galon dyn fel plwm.'

Ychwanegodd, 'Nid oedd fawr o hwyl ar siarad y noson honno. Roedd ein profiadau yn rhy ddieithr a chysegredig i'w dweud hyd yn oed wrth ein ffrindiau agosaf.'[3]

Ddiwedd yr wythnos honno roedd Rhydaman ym mhair y Diwygiad a chapel y Methodistiaid Calfinaidd, Bethany, yn ganolfan bwysig. Wedi'r cyfan roedd gweinidog ifanc Bethany, W. Nantlais Williams, yn hynod o gefnogol a daeth yn gynnar o dan ddylanwad y Diwygiad.[4] Cafodd ei gyd-weinidog yng Nghapel Newydd y Betws, y Parchedig Evan S. Davies, yntau ei ddylanwadu gan bwerau grymus y Diwygiad, a bu'r Parchedig Joseph Jenkins ym Methany.

Torrodd yr argae yng nghapel Bethany a chofia D. J. Williams amdano ar y galeri yn clywed Annie Price o Brechfa yn cymryd meddiant o'r oedfa mewn gweddi ddwys ger y pulpud. A bu yno le rhyfedd yn ôl Amanwy, y canu a'r moli a'r diolch a'r tystio yn torri allan yma a thraw, ac o hyd ac o hyd, o blith y gynulleidfa.

Trysorodd Jim Griffiths atgofion y Diwygiad ar hyd ei oes. Profwyd grym anghyffredin y Diwygiad fel y dywed yn y cartref, yn y pentref a'r capel ac yn y lofa. Dywed, 'Daeth bywyd i gyd yn gyfarfod diwygiadol.' Cafodd Gwilym, brawd hynaf Jim, ei lwyr argyhoeddi yn y Diwygiad:

> … cofiaf amdano'n dweud wrthyf ryw fore ar y ffordd adref o'r gwaith mai'r peth a hoffai ef yn fwy na dim y prynhawn hwnnw fyddai cael cyfle i siarad â'r bobl ar Sgwâr Ammanford a dweud wrthynt yr hyn oedd yn llosgi yn ei galon ef.[5]

Daeth Amanwy hefyd o dan ddylanwad y Diwygiad er na allai ddygymod â haerllugrwydd rhai o eithafwyr y Diwygiad. Ond fel y cyfeiriodd:

> Ond yn sydyn, neidiodd un gŵr ar ei draed, gan herio'r hen weinidog, a thaeru na wyddai ef ddim am y Bywyd oedd yng Nghrist Iesu. Eisteddodd Cynwyd Evans yn ôl yn ei gadair fel petai'r her wedi ei syfrdanu.[6]

Bu Jim Griffiths yn gwrando ar Evan Roberts yn annerch yng nghapel Bethany, a meddai hefyd ar atgofion melys o gyfraniad glöwr o'r enw Dan P. Williams, a adnabyddid fel Dan Bryncwar, a gafodd ei ddal yn rhwyd y Diwygiad. Daeth Dan P. Williams ("Pastor Dan") yn ffigur pwysig ac yn sylfaenydd Eglwys Apostolaidd â'i phencadlys ym mhentref Penygroes. Dywedodd y seiciatrydd, Dr David Enoch, Caerdydd amdano yn 2010 mewn ysgrif ar ffolineb pregethu:

… ar y cyfan mor aneffeithiol, ar wahân i'r ychydig eithriadau prin megis Pastor Dan Williams, Penygroes, y pregethwr mwyaf a glywais i erioed, a'r gŵr a ddechreuodd yr Eglwys Apostolaidd a ymledodd dros y byd.[7]

Cydnabu Jim Griffiths i'r Diwygiad dreiddio i holl gymoedd Morgannwg a Chaerfyrddin, a bu ei ddylanwad yn gryf ar lowyr y maes glo carreg. Cynhelid cyfarfodydd yr Undeb mewn tafarnau hyd ddyddiau'r Diwygiad, yna symudwyd aml i gyfarfod yn ardal y glo carreg i gaffi dirwestol. Yn wir gofalodd ei weinidog y byddai Jim Griffiths yn rhan gadarnhaol o'r cyffro. Cymerodd Isaac Cynwyd Evans y dasg o harneisio brwdfrydedd pobl ieuanc Gellimanwydd. Cychwynnodd gyfres o gyfarfodydd gweddi ym mythynnod a ffermdai llethrau mynydd y Betws. Dringai Jim Griffiths, ei frodyr a'i ffrindiau i fynydd y Betws yn fintai bob wythnos am fisoedd gan ganu emynau'r Diwygiad ar y ffordd i unigrwydd y bryniau. Soniodd yn ei hunangofiant am y gwasanaethau a gynhelid yn y pyllau glo, ac fel y daeth ei gartref a'r lofa yn gyfystyr â chapel. Sŵn emynau a glywid ym mhobman. Roedd y glöwr ifanc yn canu emynau wrth drin y glo â'i fandrel. Cynhelid Dosbarthiadau Beiblaidd a Chyfarfodydd Gweddi yn y gwaith o dan y ddaear ac ar y Sul clywai yr angen am gynnal y Diwygiad yn yr oedfa ac wrth drafod y Gair yn yr Ysgol Sul. Pennaf ddiddordeb Jim Griffiths a'i gyfoedion am gyfnod o flwyddyn gron a rhai misoedd oedd hynt a helynt y Diwygiad. Nid oedd timau pêl-droed na rygbi lleol yn cael blaenoriaeth dros y cyfarfodydd diwygiadol.

Fel D. J. Williams, Abergwaun teimlai Jim Griffiths syndod ar ôl yr holl weithgarwch ysbrydol o weld y Diwygiad wedi dwy flynedd yn cilio o'r tir gan adael gwagle enbyd ar ei ôl. I D. J. Williams roedd rheswm da am ddiflaniad y Diwygiad:

Syrthiasai'r had yn rhy fynych ar dir bas y teimlad, heb ddyfnder daear cred ac ymarfer, fel ag i egin y bywyd newydd dyfu i aeddfedrwydd cymeriad.[8]

Dyna oedd byrdwn y Parchedig Isaac Cynwyd Evans yn y cyfarfod tymhestlog hwnnw yng nghapel Bethany:

Cofiwch bobl ifanc annwyl, mai nid gweddïo a gorfoleddu yw'r cwbl sydd yn y bywyd Cristnogol. Mae'n fwy o lawer na hynny. 'Rwy'n ofni fod llawer ohonoch yn chwarae ar y traeth – teimladrwydd arwynebol, heb wybod fawr ddim am y "bywyd helaethach" sydd yng Nghrist Iesu. Mentrwch i'r môr, fy mhlant i, mentrwch i'r môr, lle mae trysorau gras Duw.[9]

Credai Jim Griffiths fod Evan Roberts wedi braenaru'r tir i lwyddiant y Mudiad Llafur ac yn arbennig wedi atgyfnerthu dylanwad y proffwyd, Keir Hardie. Sylweddolai hefyd fod gweinidogion profiadol eraill fel Watcyn Wyn, sylfaenydd Ysgol y Gwynfryn, ac ysbryd eangfrydig ond defosiynol Isaac Cynwyd Evans yn coleddu'r efengyl gymdeithasol. Yn wir gosodwyd eu disgyblion, llawer ohonynt yn bobl ieuanc capel Gellimanwydd, yn ddisgyblion Ysgol y Gwynfryn ac yn aelodau o'r Blaid Lafur Annibynnol ar bedestal uchel gan y Sosialydd o Genedlaetholwr, D. J. Williams.

Y gwŷr ifanc blaengar hyn, disgyblion ysbrydol Keir Hardie, wedi eu tanio gan y syniad o frawdoliaeth dyn ac arlliw o weledigaeth Mazzini am gydraddoldeb cenhedloedd, a fu halen y ddaear fel arloeswyr y Blaid Lafur yn ei dyddiau cynnar. Dioddefasant garchar yn ddiweddarach, nifer ohonynt fel gwrthwynebwyr cydwybodol yn ystod y Rhyfel Byd Cyntaf, ond digon oeraidd fu llawer o'r crefyddwyr yn yr eglwysi tuag atynt. Er nad yw D. J. Williams yn ei enwi gellid yn hawdd meddwl am Jim Griffiths, fel un 'o'r gwŷr ieuainc blaengar hyn.'[10]

Sonia Jim Griffiths am ei oes ei hun yn dechrau teimlo nad oedd iachawdwriaeth bersonol a bwysleisid yn y Diwygiad yn cynnig ateb i holl broblemau'r byd oedd o'i amgylch. Nid oedd ef ei hun ond llanc, a go brin iddo weld yn ddigon clir na fu Diwygiad Evan Roberts yn gam hanfodol ar lwybr cynifer o'i genhedlaeth at sosialaeth. Bu J. H. Howard yng nghanol y Diwygiad a bu ef hefyd yn Academi'r Gwynfryn a daeth yn un o brif Sosialwyr Cristnogol y Methodistiaid Calfinaidd yn ddiweddarach yn y dauddegau, ond er cymaint ei barch at Evan Roberts, gwelai ddiffygion yn y neges a gyhoeddwyd yn y cyfarfodydd. Emosiwn ac nid rheswm oedd yn cario'r dydd dro ar ôl tro.

Roedd y Diwygiad wedi cynnig ffordd o ymwared, yn wir o ddihangfa rhag anghenion y byd, ond iddo ef a llawer o'i gyd-lowyr y wir sialens oedd hefyd newid y byd. Yr hyn oedd ei angen oedd crefydd a fyddai'n trawsnewid cymdeithas, a ffydd wleidyddol yn y weledigaeth am drefn wahanol i'r gyfundrefn gyfalafol a fodolai.

Roedd yna feddylwyr crefyddol yn ymateb yn Gymraeg i ddyheadau Jim Griffiths. Ymysg y Cymry ceid y Parchedig Robert Silyn Roberts, gweinidog capel y Methodistiaid Calfinaidd Cymraeg, Lewisham o 1901 i 1905.[11] Astudiodd Silyn o dan gyfarwyddyd y Sosialydd deallusol, Sidney Webb, a mynychai gyfarfodydd y Ffabiaid. Meddyliai Jim Griffiths yn fawr o Silyn Roberts, yn arbennig ar ôl Etholiad 1906 pan ddaeth yn bropagandydd i'r Blaid Lafur.[12]

Un arall oedd yn uchel ei barch gan Jim Griffiths a'i frodyr oedd John Gwili Jenkins, cynorthwyydd Watcyn Wyn yn Ysgol y Gwynfryn o 1897 hyd 1905, ac wedi hynny yn bennaeth yr Academi tan iddi gau ei drysau ar ddechrau'r Rhyfel Byd Cyntaf. Un o'r Hendy ydoedd Gwili, yn Fedyddiwr o ran enwad ac yn meddu ar syniadau blaengar, sosialaidd. Bu dylanwad J. Gwili Jenkins ar Jim Griffiths a'i frawd Amanwy yn hynod o bwysig. Bu'n gefn iddynt.[13] Roedd T. Rhondda Williams yn Sosialydd Cristnogol pwysig arall ac yn gefnogwr mawr i'r Ddiwinyddiaeth Newydd a ddaeth fel corwynt i ysbrydoli llu o bobl ieuanc yn sgil Diwygiad 1904–5.[14]

Gwelodd Jim Griffiths ddatblygiad yn agwedd ei deulu agos ef ei hun. Yn fuan cafodd dau gylchgrawn newydd groeso ar yr aelwyd. Un oedd yr *Examiner* (a hynny mae'n debyg am fod ynddo bob wythnos bregeth) o eiddo gweinidog capel City Temple yn Llundain, sef y Parchedig R. J. Campbell. Y cylchgrawn arall oedd *Great Thoughts*, ac ynddo roedd R. J. Campbell yn cyhoeddi oblygiadau cymdeithasol y ffydd Gristnogol.[15]

Ond bu 1908 yn drobwynt tyngedfennol i'r glöwr ifanc o'r Betws am dri rheswm. Yn gyntaf y drasiedi fawr yn hanes ei deulu yn y danchwa ar fore dydd Mawrth, 28 Ionawr 1908 yng nglofa Pantyffynnon. Roedd dau gant o lowyr yn gweithio yn y lofa ac yn eu plith ei ddau frawd, Gwilym ac Amanwy. Mewn dogfen yn y Llyfrgell Genedlaethol ceir disgrifiad hynod o fanwl gan Jim Griffiths am ddyddiau olaf Gwilym yn marw o'i losgiadau.[16] Efallai'n wir ei fod yn rhy breifat i sôn amdano yn *Pages from Memory* a gallwn ddeall hynny'n hawdd.

Ceir yr hanes fodd bynnag yn gryno yn y *South Wales Daily News* ar 29 Ionawr 1908. Anafwyd chwe glöwr yn ddifrifol, ac Amanwy yn eu plith, a bu farw dau löwr o'u llosgiadau. Nid oedd hi'n hawdd ar y teulu – colli Gwilym a'r pryder a'r gofid am fywyd Amanwy.[17] Gadawodd Gwilym ei lyfrgell i'w frodyr, sef casgliad o gyfnodolion Saesneg, cyfres lawn o *The Examiner* a *Great Thoughts*, gweithiau'r Albanwr Henry Drummond a barddoniaeth Saesneg gyfoes.

Yn ystod yr wythnosau o orffwys yn dilyn y danchwa bu Amanwy yn ffodus o gael ymweliadau gan rai o'i gydweithwyr llengar o lofa Pantyffynnon. Ymwelent ag ef yn gyson i'w galonogi i feithrin ei ddoniau fel bardd a llenor.

Un diwrnod ym mis Mai 1908 teithiodd Jim Griffiths a chriw o'i ffrindiau i gapel yr Annibynwyr, Panteg, Ystalyfera mewn *horse-brake* i wrando ar R. J. Campbell, arwr mawr iddo ef a'i ddiweddar frawd Gwilym a hefyd i Amanwy.[18] Roedd capel eang Panteg lle'r oedd Ben Davies yn weinidog ac yn gefnogwr i'r mudiad Llafur yn gyfforddus lawn a llygaid pawb ar y gŵr nodedig o Lundain. Roedd nifer o lofeydd yng nghymoedd Tawe, Twrch ac Aman wedi cau am y dydd, er hwylustod i'r glowyr i fynd i groesawu a gwrando ar y pregethwr o Lundain ac aelod o'r Blaid Lafur Annibynnol. Gwisgai R. J. Campbell glogyn du yn y pulpud, rhywbeth oedd yn ddieithr i Anghydffurfwyr y dydd. Apeliodd yn rymus ar Gristnogion i weithio gyda'i gilydd i greu trefn newydd yn seiliedig ar foesoldeb ac etheg Gristnogol. Apêl ydoedd ar i Ymneilltuaeth dorri'n rhydd oddi wrth hualau'r Blaid Ryddfrydol gan fod y bartneriaeth honno, yn ei dyb ef, wedi goroesi ei defnyddioldeb. Rhyddfrydiaeth radicalaidd Gymreig oedd prif nodwedd gwleidyddiaeth cyfran helaeth o'r glowyr yn y cyfnod hwnnw, yr un math o wleidyddiaeth a goleddid gan eu harweinydd Mabon. Teimlai R. J. Campbell fod angen cenhadaeth newydd i addasu egwyddorion Cristnogol i gwrdd â phroblemau anodd cymdeithas. Pe na baent yn llwyddo i gyflawni'r genhadaeth honno fe fyddai'r eglwys ar ei cholled ac yn methu cyfathrebu â'r ogwydd ddemocrataidd a amlygai ei hun yn y Mudiad Sosialaidd a'r Blaid Lafur.

Ychydig wythnosau yn ddiweddarach roedd Jim Griffiths yn yr un cwmni, yn teithio y tro hwn i Neuadd y Glowyr yng Ngwaun-Cae-Gurwen i groesawu ac i wrando ar Aelod Seneddol Merthyr Tudful, James Keir Hardie.[19] Os oedd R. J. Campbell, meddai, yn edrych fel gweledydd, roedd Keir Hardie yn edrych fel proffwyd. Atodiad i anerchiad R. J. Campbell a gafwyd a'i bwyslais ar i weithwyr y diwydiant glo uniaethu eu hunain â'r Mudiad Llafur.

Ffrwyth cyfarfodydd Ystalyfera a Gwaun-Cae-Gurwen oedd ysbrydoliaeth i weithio dros y 'grefydd newydd' fel y galwai Jim Griffiths ddiwinyddiaeth Campbell a radicaliaeth Hardie. Roedd Keir Hardie mor wahanol i'r mwyafrif o arweinwyr gwleidyddol eraill y mudiad Llafur. Gwyddai Hardie yn ei flynyddoedd cynnar am dlodi ar ei aelwyd, am anhawster i gael cynhaliaeth i helpu ei fam ac fel yr edrychai swyddogion y Blaid Ryddfrydol yn yr Alban arno fel tipyn o niwsans. Coleddai ef athroniaeth feiddgar a alwai am ddatblygu cymdeithas, parchu'r gwan a'r ferch yn arbennig, a gweithio i ennill yr hawl i gael pleidlais.

O fewn wythnos i gyfarfod Hardie ar y Waun ffurfiwyd cangen o'r Blaid

Lafur Annibynnol yn Rhydaman. Yn Hydref 1908 daeth Victor Grayson, Aelod Seneddol Sosialaidd dros Colne Valley, i annerch ym Mrynaman, a chafodd Jim Griffiths dipyn o sioc ar ddiwedd y cyfarfod pan ofynnodd y siaradwr iddo ef a'i ffrindiau i'w hebrwng i dafarn gerllaw er mwyn iddo gael glasiaid o wisgi. Ni sylweddolai Victor Grayson fod pob un o sosialwyr cangen y Blaid Lafur Annibynnol yn Rhydaman yn llwyrymwrthodwyr.[20] Erbyn diwedd 1908 Jim Griffiths oedd ysgrifennydd y gangen hon. Deuai'r sosialwyr ieuanc hyn i aelwyd Jim Griffiths – ei ffrindiau mynwesol fel Edgar Bassett, Harri Arthur, Harri Griffiths, John Henry Matthews, Harri John Davies, Tomi Thomas, David Henry Rees a Tom Dafen Williams.

Y gwir oedd fod rhaglen y Blaid Lafur Annibynnol yn gwneud mwy o apêl at ddelfrydau crefyddol Jim Griffiths na'r Ffederasiwn Sosialaidd Farcsaidd (Social Democratic Federation). Ni allai ef uniaethu ei hun â'r ffederasiwn honno o gwbl nid yn gymaint am nad oedd ef yn farcsaidd o ran ideoleg ond am fod yr arweinwyr at ei gilydd yn wrth-grefyddol.

Ceisiodd Tom Dafen Williams berswadio William Rees Griffiths droeon i ymuno â'r Blaid Lafur Annibynnol, mudiad oedd yn apelio at ei fab ieuengaf. Câi'r un ateb bob tro: 'Gadewch i Towyn bach roi'r twls heibio gyntaf, ac fe gawn weld shwd beth fydd hi wedyn.' Galwai Towyn Jones yn ei dro yn yr Efail am sgwrs ac er mwyn cefnogi Rhyddfrydiaeth y ffyddloniaid a ddeuai yno i seiadu.[21]

Cafodd Keir Hardie gyfnod llewyrchus fel Arweinydd y Blaid Lafur Annibynnol o 1893 i 1899, pryd y trosglwyddodd yr arweinyddiaeth i Albanwr arall, gŵr digon tebyg iddo o ran ei grefydd, sef Bruce Glasier. Ar ôl iddo golli sedd West Ham uchelgais Hardie o hyd oedd cynrychioli'r werin bobl yn y Tŷ Cyffredin. Daeth yr ail gyfle yn 1900, dros etholaeth Merthyr Tudful, er iddo ef wamalu gan gredu fod gwell cyfle ganddo fel ymgeisydd dros ddinas Preston yn Sir Gaerhirfryn. Yn y dyddiau hynny roedd hi'n bosibl sefyll mewn dwy etholaeth yn yr un etholiad. Ac felly yn Etholiad Cyffredinol 1900 collodd Hardie yn Preston a chafodd ei ethol yn un o ddau Aelod Seneddol dros Ferthyr. D. A. Thomas oedd yr Aelod Seneddol arall ac ef fyddai ar frig y pôl bob tro. Rhyddfrydwr a pherchennog pyllau glo oedd D. A. Thomas ond gyda chryn dipyn o feddwl o Hardie. Cydweithredai'r ddau yn rhyfeddol ym Merthyr, hen sedd y bu'r heddychwr Henry Richard yn ei chynrychioli o 1868 i'w farwolaeth yn 1888. Roedd etholaeth Merthyr yn cynnwys hefyd Gwm Aberdâr lle y ceid nythaid o sosialwyr brwd, er bod carfan gref o'r glowyr yn dal i gefnogi'r Rhyddfrydwyr. Roedd llenyddiaeth sosialaidd Robert Blatchford wedi treiddio i gartrefi llawer o'r glowyr a gwerthfawrogid erthyglau Hardie ar y cymoedd yn y cylchgrawn *Labour Leader*. Teimlai Hardie mai Cymro Cymraeg o Sosialydd a ddylai ymladd ym Merthyr dros y Blaid Lafur Annibynnol ac nid Albanwr fel ef. Y gwir oedd nad oedd neb yn lleol yn meddu ar yr egni a'r ymroddiad ac yn sicr neb yn meddu ar y tân oedd ym mynwes Hardie. Credai Hardie fod pob Celt yn 'sosialwr o ran greddf'. Ysgrifennodd yn delynegol am ei brofiad yn clywed glowyr yr etholaeth yn canu emyn ar y dôn 'Aberystwyth' gydag eneiniad. 'Beth sydd yn fwy godidog na chlywed iaith y genedl fach,' meddai, 'a safodd yn erbyn grym Rhufain ddwy fil o flynyddoedd yn ôl, sydd wedi dioddef concwest ar ôl concwest, a chael profi gormes ar yr iaith, ond sydd yn dal i'w llefaru hyd ein dyddiau ni?'[22]

Dadleuai Hardie dros hunanlywodraeth i Gymru. Coleddai genedlaetholdeb a sosialaeth. Ei arwyddair mawr yn ôl y Parchedig Thomas Evan Nicholas ('Niclas y Glais') oedd Y Ddraig Goch a'r Faner Goch. Ac ar ôl iddo gael ei ethol dros Ferthyr daeth yn arwr i'r glowyr a'r chwarelwyr, gweinidogion a lleygwyr a ddaeth o dan gyfaredd diwinyddiaeth Campbell, ac yn eu plith roedd y gŵr ifanc o'r Betws.

Roedd rhaglen y Blaid Lafur Annibynnol yn tanio dychymyg ac egni y criw ifanc yn Rhydaman, ac yn arbennig weinidogion yr Efengyl ac arweinwyr deallus o fewn Ymneilltuaeth.[23] Teimlai Jim Griffiths fod gan y Blaid Lafur Annibynnol ddau nod i ymgyrchu atynt, yn gyntaf, ennill yr Undebau Llafur i'w gwersyll, ac yn ail, berswadio etholaethau i ddewis ymgeiswyr seneddol tebyg i Keir Hardie. Dyma'r amcanion fyddai'n llenwi ei fryd ar ôl gwaith caled y pwll glo, o hyn allan. Roedd y Diwygiad crefyddol wedi gadael gwacter mawr. Fel hyn y mynegodd Jim Griffiths y dilema:

> The younger people began to feel that individual salvation was not the answer to every problem nor did it fill every need. For it left the social arena unchallenged and the great world outside went on as if nothing had happened. All the Revival had done was to offer a way of escape from the world, but we wanted to change the world.[24]

Dyna'r cyfnod y tyfodd yn Sosialydd er mwyn trawsnewid y byd a chael cwmni ychydig o wŷr ifanc oedd ar yr un trywydd ag ef. Byddai un ohonynt, Harry John Davies, yn hoff iawn o ddyfynnu pennill clo *In Memoriam* Alfred Tennyson tra dywed Jim Griffiths mewn teyrnged i Edgar Bassett:

We were only a few, and perhaps because we were only a small circle, we came to mean so much to each other. We spent well nigh all our leisure time in each other's company.[25]

Roedd Sosialwyr fel Jim Griffiths yn gallu impio syniadaeth y Blaid Lafur Annibynnol, yr ILP, ar foncyff diwylliant cynhenid Gymraeg a Chymreig, diwylliant y capeli Ymneilltuol. Roedd yr ILP yn ategu ac yn cryfhau ei athroniaeth am fywyd. Bu 1908 yn flwyddyn gymysg, gwelodd y da a'r anodd. Gwelodd y gorau yn ei gyd-lowyr yn eu gofal am ei frawd clwyfedig a'u cydymdeimlad mawr â'i deulu wedi marwolaeth Gwilym. Yn y cyfnod o 1893 i 1913, fe gollodd 23,325 o lowyr eu heinioes ym mhyllau glo de Cymru. Dywed Jim Griffiths: 'Y mae nifer y clwyfedigion bron yn ddirifedi.'[26] Felly erbyn diwedd 1908, o ganlyniad i farwolaeth ei frawd Gwilym, fe argyhoeddwyd Jim Griffiths y byddai'n rhaid iddo gysegru ei fywyd i sosialaeth y Blaid Lafur Annibynnol. O ganlyniad i brofiad dirdynnol y danchwa, a diwinyddiaeth R. J. Campbell, mynegodd y llanc ifanc Jim Griffiths ei fod yn mynd i ddilyn efengyl sosialaeth yn ogystal ag efengyl y Testament Newydd.[27] Daeth hi'n amser iddo ymgyrchu ar y llwyfan gwleidyddol i adeiladu Cymru newydd ond yn debycach i'r Gymru roedd Lloyd George yn ymgyrchu tuag ati. Roedd Lloyd George yn un o arwyr mawr ei dad ac i raddau helaeth weddill y teulu. Pan siaradodd Lloyd George yn Rhydaman yn 1903 daeth deng mil o bobl i wrando arno ac yn eu plith Jim Griffiths.[28] Cyflawnodd y dewin Cymraeg o Lanystumdwy wyrthiau yng ngolwg teulu'r Efail erbyn 1908. Gellir dadlau iddo balmantu'r ffordd i raglen gynhwysfawr y Blaid Lafur ar ddiwedd yr Ail Ryfel Byd. Cofiwn eiriau Donald McCormick yn ei gofiant i Lloyd George:

Ll. G. did the spade work for the Labour Party in those days; it was a more effective spade than that wielded by the mystical and fastidious Mr Ramsay MacDonald.[29]

Gofalodd Lloyd George am bensiwn i'r henoed yn Neddf Pensiynau'r Henoed a bu'r Ddeddf honno'n garreg sylfaen y Wladwriaeth Les. Yn 1908 roedd y glöwr ifanc deunaw oed yn awyddus i ddilyn troed Keir Hardie fel Sosialydd i Senedd Prydain Fawr. Bu'n rhaid aros wyth mlynedd ar hugain ond ni phylodd yr awydd a ddaeth ym mlwyddyn fawr ei ieuenctid, ac yn areithiau R. J. Campbell a Keir Hardie trawyd tant na chollodd ei wefr am weddill ei oes.

Pennod 4

Arloeswr y Mudiad Llafur

Mae cyfraniad Jim Griffiths i dyfiant y Mudiad Llafur ym maes y glo carreg yn un hynod o bwysig. Rhaid cofio bob amser bod gafael y Blaid Ryddfrydol ar etholwyr Cymru yn solet rhwng oes Gladstone a diwedd tymor Lloyd George fel Prif Weinidog. Sut y daeth y Blaid Lafur i ddiorseddu'r Blaid Ryddfrydol yng nghymunedau glo de Cymru o fewn dau ddegawd? Wrth gwrs mae llu o resymau yn gyfrifol am y ddaeargryn wleidyddol hon. Mae bywyd Jim Griffiths a'i deulu yn ddrych o'r gwrthdaro a'r newid a fu.

Roedd Jim Griffiths ei hun wedi'i fagu mewn cartref oedd yn arddel gwerthoedd ac athroniaeth y Blaid Ryddfrydol. Er mai cartref gwerinol yn coleddu gwerthoedd yr Annibynwyr Cymraeg, yn derbyn yr wythnosolyn *Y Tyst*, eto cyfrifid yr uchel-Eglwyswr pybyr, William Ewart Gladstone, fel un o arwyr pennaf y teulu. Cafodd William Rees Griffiths ei lwyr gyfareddu gan huodledd Gladstone pan deithiodd, yn un o 60,000, i Abertawe yn 1887 i wrando arno. Gwnaeth yr alwad i greu Plaid Seneddol Gymreig argraff arno a bu'n ei ganmol a'i glodfori am wythnosau wedi'r araith. Erbyn dechrau nawdegau'r bedwaredd ganrif ar bymtheg, teimlai William Rees Griffiths yn gwbl fodlon fod mantell Gladstone ar ysgwyddau Tom Ellis, Aelod Seneddol Meirionnydd. Bu ei farw cynamserol yn dristwch i deulu'r Efail, ond erbyn hynny daeth Cymro arall, David Lloyd George, i ysbrydoli'r gof a chynnal y dystiolaeth.

Y mater pwysig yng ngolwg William Griffiths fel Anghydffurfiwr oedd Datgysylltiad yr Eglwys yng Nghymru, ac roedd y Blaid Ryddfrydol yn gefnogol. Mater arall a drafodwyd yn Senedd yr Efail oedd y Deddfau a drosglwyddodd lywodraeth leol, sef sir, dosbarth a phlwy, o'r Ustusiaid Heddwch i gynrychiolwyr etholedig y bobl. Gwyddai Jim Griffiths am Ddeddf Addysg Ganolraddol Cymru 1889 a Deddf Llywodraeth Leol Cymru 1894 gan iddynt roddi cyfle gwell i'r werin bobl, ac yn sicr bu trafod yn yr Efail ar y deddfau hyn. Daeth Cyngor Plwy y Betws yn bwysig ac roedd etholiadau Byrddau Ysgol yn creu cynnwrf ym mhob bro. Bu gwrthwynebiad ffyrnig yng Nghymru i Ddeddf Addysg 1902 o dan arweiniad Lloyd George. Gwrthododd holl gynghorau sirol Cymru weithredu'r Ddeddf, a oedd yn rhoi'r baich o gynnal Ysgolion yr Eglwys ar y dreth.

Ond roedd William Rees Griffiths yn ei gartref yn wynebu ar wleidyddiaeth wahanol. Cofier i Amanwy ddweud: 'Roeddwn yn Sosialydd cyn i Jim dorri ei ddannedd gwleidyddol.'[1]

Yn ei dyb ef, roedd y weithred o sefydlu plaid wleidyddol annibynnol i gynrychioli'r dosbarth gweithiol yn fwy na phrotest yn erbyn anghyfiawnder a thlodi, rhyfel a thrais, yn fwy na beirniadaeth ddeifiol ar y cyfalafwyr a lywodraethai dros fywydau'r bobl gyffredin. Yn wir roedd hi'n fater o droi cefn ar y ddiwinyddiaeth uniongred Galfinaidd.[2] Roedd hefyd yn weledigaeth am gymdeithas well a newydd, gan ddenu ysbrydoliaeth o ddysgeidiaeth y Testament Newydd.[3] Y 'Bregeth ar y Mynydd' yn yr Efengylau oedd cnewyllyn y weledigaeth, ond ceid goleuni newydd yn yr anerchiadau a draddodid ar lawr gwlad.[4]

Gwnaeth y Blaid Lafur Annibynnol gryn argraff ar y glowyr a hefyd ar weithwyr y diwydiannau trwm yn ne Cymru o 1905 i 1914. Mabon oedd arwr mawr y glowyr ym maes y glo carreg,[5] ac mae ganddo le anrhydeddus yn hanes undebaeth Sir Gaerfyrddin a gorllewin Morgannwg. Roedd arweinwyr y glowyr yn y rhanbarth hwnnw bob amser o'i blaid yn arbennig pan godai gwrthwynebiad yn erbyn ei arweinyddiaeth. Roedd Mabon a hwythau o'r un brethyn a chefndir o ran credo gwleidyddol a chrefyddol. Blaenoriaid a diaconiaid y capeli Ymneilltuol oedd mwyafrif arweinwyr gweithwyr maes y glo carreg, gan gynnwys cadeiryddion y Dosbarth ac atalbwyswyr y pyllau glo. Yr atalbwyswr oedd y swyddog etholedig ym mhob glofa, ac ef oedd yn gyfrifol am fuddiannau'r glowyr yn unol â galwadau'r Ffed. Ar ddydd Gŵyl Mabon, câi'r glowyr gyfle i gynnal cyfarfodydd a chymdeithasu â glowyr ardaloedd eraill, a hefyd caent gyfle i gynnal yr eisteddfod a'r gymanfa ganu, i blannu'r ardd yn y gwanwyn ac i gynaeafu gwair eu tyddynnod yn yr haf. Felly collwyd mwy nag wyth awr o seibiant y mis pan gipiwyd Gŵyl Mabon oddi ar y glowyr. Roedd dros 100,000 o lowyr yn aelodau o ffederasiwn Glowyr De Cymru pan oedd Mabon ar frig ei boblogrwydd. Ffurfiwyd y Ffed yn 1898 a daeth Undeb y Glo Carreg yn aelod ohono y flwyddyn ganlynol.

Roedd cyfarfodydd Undeb y Glo Carreg yn debycach i gyfarfod misol y

Methodistiaid Calfinaidd, sef enwad Mabon, gan eu bod yn disgwyl 'ymddygiad gweddaidd' oddi wrth bob cynrychiolydd, a gofelid diarddel pob aelod oedd o dan ddylanwad y ddiod feddwol. Perthynai y tri arweinydd a lywiai weithgareddau'r Undeb i'r Blaid Ryddfrydol, sef William Abraham (Mabon) y Llywydd, William Brace yr Is-lywydd a Tom Richards yr Ysgrifennydd Cyffredinol. Pan etholwyd Mabon yn Aelod Seneddol Cwm Rhondda yn 1885, ef oedd y glöwr cyntaf i'w ethol o dde Cymru, a hynny fel Rhyddfrydwr. Uniaethodd ei hun â'r elfen radicalaidd yn y Blaid Ryddfrydol, ond ei brif ddiddordeb yn ei oriau hamdden oedd yr eisteddfodau a bywyd capeli'r Methodistiaid Calfinaidd. Gan ei fod wedi'i ddonio â llais tenor clir, canai yn gyson i'r cynulleidfaoedd a phan godai storm mewn cynhadledd neu gyfarfod y glowyr, dechreuai ganu emyn neu'r Anthem Genedlaethol.

Roedd Hardie yn feirniadol ohono, ac ni allai ddeall safbwynt Mabon ac arweinwyr eraill y glowyr, yn arbennig ym maes y glo carreg, oedd yn dal i fod yn gefnogol i'r Blaid Ryddfrydol. Yn etholaeth dwyrain Caerfyrddin, cynrychiolydd seneddol y Blaid Ryddfrydol er 1890 oedd Abel Thomas, bargyfreithiwr a mab i weinidog.[6] Rhyddfrydwr cymedrol ydoedd fel y mwyafrif a gynrychiolai etholaethau Cymru yn y Senedd y pryd hynny a heb lawer o arlliw Cymraeg yn perthyn iddynt, a chaent eu dewis am eu bod yn ddigon cyfforddus eu byd. Nid oedd blaenoriaeth i broblemau a wynebai Cymru. Daliai Abel Thomas ei afael ar yr etholaeth oherwydd bod ganddo asiant gweithgar ym mherson y Parchedig Josiah Towyn Jones, Annibynnwr amlwg. Ef oedd Ysgrifennydd y Blaid Ryddfrydol yn yr etholaeth, ac yng ngolwg pobl Rhydaman a'r cyffiniau roedd Towyn Jones yn ymgorfforiad perffaith o werthoedd y capeli a'r Blaid Ryddfrydol.

Pan sefydlwyd Cyngor Plwyf y Betws yn 1894 etholwyd Towyn Jones yn Gadeirydd cyntaf y Cyngor. Erbyn 1904 cynrychiolai Ddyffryn Aman fel Rhyddfrydwr ar Gyngor Sir Caerfyrddin, cam pwysig arall yn ei hanes. Roedd Datgysylltu'r Eglwys Wladol yn fater creiddiol yn ei olwg ac roedd ganddo gysylltiad agos â Tom Ellis ac yn arbennig Lloyd George. Ceid ambell awgrym y dylai ei olynydd fod yn ŵr cryf o blaid y gweithiwr a'r Mudiad Llafur. Ond nid oedd hyn yn debygol am dri rheswm. Yn gyntaf rhaid cofio gafael y teuluoedd bonedd fel teulu Gelli Aur yn ardaloedd Llandeilo a Llanymddyfri a thaeogrwydd llawer o'r Cymry i'r teuluoedd hyn. Roedd gan y Blaid Geidwadol a'r Blaid Ryddfrydol gefnogaeth gref yn yr ardaloedd gwledig. Yn ail, er bod yr elfen lafurol yn gref bellach, roedd glowyr y glo carreg at ei gilydd yn tueddu i fod yn wyliadwrus o eithafwyr gwleidyddol ac yn deyrngar iawn i'r Blaid Ryddfrydol. Er bod yna arweinwyr glofaol a allai sefyll yn enw'r Blaid Lafur newydd a'r Blaid Ryddfrydol, fel David Morgan, ni chafodd y gefnogaeth y gobeithiai Jim Griffiths amdani. Ac felly, yn drydydd, roedd y glowyr yn amharod i herio Cymdeithas Ryddfrydol yr etholaeth yn gyhoeddus, yn arbennig os oedd yr Aelod Seneddol Rhyddfrydol yn awyddus i dreulio tymor pellach yn y Senedd. Ceid parch ymysg y mwyafrif o arweinwyr y glowyr yn nwyrain Caerfyrddin at yr Aelod Seneddol Rhyddfrydol a ddisgrifid ganddynt fel 'cyfaill y glowyr', neu 'cyfaill llafur'.[7]

Nid oedd Jim Griffiths yn cytuno o gwbl â phenderfyniad ei gyd-lowyr. Gwelid y potensial oedd ynddo a soniodd aml un am hynny yn y degawd a ddilynodd. Sonia ef mewn ysgrif ymhlith ei bapurau am y rhwyg a welai ef yn dechrau amlygu ei hun rhwng y capeli Ymneilltuol a'r Mudiad Llafur oedd yn dechrau ennill tir yn ardaloedd maes y glo carreg. Gwelai ef agendor yn agor a dadleuai fod nifer o resymau am hyn.[8] Profodd ef ei hun wrthwynebiad fel aelod o'r Blaid Lafur Annibynnol yn bennaf o du arweinwyr Rhyddfrydol a berthynai i'r capeli am fod y mudiad hwnnw yn coleddu y ddiwinyddiaeth newydd yn hytrach na'r ddiwinyddiaeth Galfinaidd.

Gellir awgrymu bod diwinyddiaeth R. J. Campbell a elwid yn ddiwinyddiaeth newydd, yn meddu ar lu o elfennau pwysig ac yn adlewyrchu'r newid deallusol a ddigwyddai o fewn y gymdeithas ym Mhrydain yn sgil darganfyddiadau gwyddoniaeth a syniadaeth Charles Darwin a'i ganlynwyr, yn arbennig ei ddamcaniaeth o esblygiad. Syniadau oedd y rhain o eiddo athronwyr a diwinyddion hynod o feiddgar ac ysgolheigaidd o'r Almaen. Bu dylanwad Georg Wilhelm Friedrich Hegel yn bwysig iawn ar ddatblygiad meddwl Karl Marx, a bu hefyd yn destun ysgrifau gan nifer o bregethwyr Cymru; mae'n debyg mai gweinidog Cymraeg yr Annibynwyr yn Lerpwl, David Adams, oedd y mwyaf galluog ohonynt oll.[9] Lluniodd Adams erthygl bwysig ar y testun 'Y Parchedig R. J. Campbell a'r Ddiwinyddiaeth Newydd' i'r *Geninen*. Lluniodd hefyd draethodau ar esblygiad ac ar feddwl cymhleth Hegel.

Sonia Jim Griffiths yn ei ysgrif yn benodol am isetholiad yn 1910 yn etholaeth Canol Morgannwg. Ffefryn y glowyr heb amheuaeth oedd Vernon Hartshorn, gŵr a fagwyd ymhlith y Methodistiaid Primitif yn ardal Pont-y-waun, Sir Fynwy ac Asiant yn rhanbarth Maesteg oddi ar 1905. Roedd ef am i'r Blaid Lafur Annibynnol sefyll ar ei phen ei hun yn rhydd o afael y Blaid Ryddfrydol. Aflwyddiannus fu ei ymgais yn isetholiad 1910 ond yr hyn a gythruddodd James Griffiths oedd y modd y bu arweinwyr a gwŷr amlwg y Blaid Ryddfrydol yn amharchus o Hartshorn. Pardduwyd ef heb gyfiawnhad. Caniataodd y Rhyddfrydwyr i'r Cynghrair Gwrth-Sosialaidd (Anti-Socialist League) ddylanwadu arnynt ym Maesteg a'r cyffiniau gan ddefnyddio sloganau i fychanu'r ffydd Sosialaidd. Haerwyd bod Sosialaeth yn wrth-Gristnogol.

Un o'r Ymneilltuwyr mwyaf rhagfarnllyd a gwrth-Sosialaidd yn y cyfnod hwnnw oedd William Francis Phillips. Diddordeb pennaf Phillips oedd y Blaid Ryddfrydol. Ymladdodd fel ei hymgeisydd yn etholaeth Gŵyr yn etholiad 1910, a chael ei adnabod fel penboethyn ei blaid. Ef oedd wrthi'n pardduo'r Sosialwyr cymedrol fel Vernon Hartshorn ac yn ysgrifennu i'r wasg Gymraeg i ddinoethi Sosialaeth fel cred wrth-Gristnogol.

Nid oedd gan W. F. Phillips unrhyw barch o gwbl at y Sosialwyr Cristnogol fel Niclas y Glais, R. Silyn Roberts, T. M. Roderick (Cwm-gors), W. D. Roderick (Rhiw-fawr) na Gwili Jenkins. Galwodd hwy'n 'ddisgyblion Jiwdas Iscariot'.

Cydnabu Jim Griffiths fod y Parchedig W. F. Phillips wedi dod yn llais hynod o fedrus i'r Ymneilltuwyr Rhyddfrydol a wawdiai Sosialwyr o fewn y capeli. Deuai yn ei dro i Gwm Aman a Rhydaman a'r pentrefi glofaol i ymosod ar ganghennau'r Blaid Lafur Annibynnol ac i greu gwrthwynebiad tuag atynt o du ffyddloniaid y capeli.

Cydnabu Jim Griffiths yn *Pages From Memory* fod y Parchedig W. F. Phillips yn gallu cyffroi'r Ymneilltuwyr gyda'i gri: 'Dewiswch Grist neu Sosialaeth.' Gwna osodiad diddorol a phwysig mai yng nghyfnod Phillips y dechreuodd y dirywiad yn nylanwad Ymneilltuaeth fel grym gwleidyddol ym mywyd Cymru:

> From this time dates the beginning of the decline of nonconformity as a political force in Wales.
>
> The older, and more orthodox, clung to the Liberal Party, and especially to David Lloyd George. And when in later years the bitter conflict within the Liberal Party led to its downfall, the political power which nonconformity had enjoyed for nearly a century in Wales vanished with it. If only nonconformity had aligned itself with the new political forces which soon were to become all-powerful in the valleys the subsequent history of both Chapel and Socialism might have been different.[10]

Llwyddodd W. F. Phillips i ddinoethi ideoleg yr eithafwyr oedd yn anffyddwyr megis Robert Blatchford ac E. Belfort Bax. A daeth gweinidogion Anghydffurfiol oedd yn bleidiol i'r mudiad newydd o dan ei lach megis James

Nicholas, Tonypandy, a Herbert Morgan. Dadleuai W. F. Phillips fod glowyr ifanc a dderbyniai'r gred Sosialaidd yn troi eu cefnau yn ddi-ffael ar y grefydd draddodiadol, a gwnaeth hi'n eglur ddigon ei bod hi'n hawdd i'w ffydd ddirywio hyd yn oed o fewn addoliad yr eglwys.[11]

Gwyddai'r criw bach o lowyr, fel John James, Cwm-gors a phobl ieuanc meddylgar fel Jim Griffiths, a berthynai i gapeli Ymneilltuol, am gyfraniad y papur wythnosol, *Llais Llafur*, a sefydlwyd yn Ystalyfera gan Ebenezer Rees yn 1898. Daeth ef a John James yn wŷr blaenllaw yn y Mudiad Llafur a bu *Llais Llafur* yn gaffaeliad yn y dasg o sefydlu canghennau o'r Blaid Lafur Annibynnol.[12] Cyfunai *Llais Llafur* rethreg wleidyddol y blaid Sosialaidd gyda newyddion lleol a chafodd gylchrediad eang ymhlith glowyr a gweithwyr alcam gorllewin Morgannwg a dwyrain Caerfyrddin. Ymgyrchodd gydag afiaith i argyhoeddi'r glowyr a'r gweithwyr i anwybyddu safbwynt Rhyddfrydol y capeli. Rhoes y papur lwyfan i Sosialwyr blaenaf y genedl Gymreig fel David Thomas, awdur *Y Werin a'i Theyrnas*, Silyn ac R. J. Derfel. Trasiedi oedd marwolaeth Ebenezer Rees yn 1908 gan i'w feibion, David James Rees ac Elwyn Rees, gyfaddawdu'n ormodol ar fater yr iaith Gymraeg. Ar ôl 1908 glastwreiddiwyd yr ymroddiad i'r Blaid Lafur Annibynnol. Newidiwyd ei enw o *Llais Llafur* i *Labour Voice* yn 1915.

Adlewyrchid penderfyniad i gefnogi'r safbwynt Llafur-Rhyddfrydol mewn papur Cymraeg arall, *Tarian y Gweithiwr*, ond nid oedd yn meddu ar ysbryd cenhadol *Llais Llafur* yn nyddiau Ebenezer Rees.

I lawer o'r Sosialwyr roedd yr iaith Gymraeg yn fater a godai ei ben yn gyson. Credai John James, Cwm-gors ac Asiant y Glowyr ei bod hi'n bwysig i'r Mudiad Llafur ddefnyddio'r iaith Gymraeg ar bob cyfle posibl.[13] Ceisiodd ef ac eraill, fel Dai Dan Davies o Waun-Cae-Gurwen, ymgyrchu dros yr angen i gael trefnydd i'r BLA a fyddai'n canolbwyntio ar genhadu trwy'r Gymraeg yn ardal y glo carreg, ac erbyn 1911 credai fel David Thomas y dylid 'gosod sylfeini cangen Gymreig gref o'r Blaid Lafur Annibynnol,' breuddwyd a gafodd ei bregethu yn gyson yn ardaloedd y chwareli yn Sir Gaernarfon.[14] Byddai David Thomas a Silyn Roberts yn teithio yn achlysurol i orllewin Morgannwg a dwyrain Caerfyrddin i hyrwyddo Sosialaeth.[15] Gwerthid ei gyfrol enwog *Y Werin a'i Theyrnas* (1910) yn y canghennau a derbyniai lythyrau yn gyson gan Sosialwyr y de yn archebu'r gyfrol ac yna yn ei chanmol am ei neges.[16]

John James, eilun i Jim Griffiths, a ofynnodd ym maes y glo carreg yng Nghaerfyrddin yn 1911, 'sut y gellid cymhwyso neges y Blaid Lafur Annibynnol i gwrdd ag amodau anniddigrwydd Cymreig a Chymraeg?'. Credai'r bardd T. Gwynn Jones y 'dylid Cymreigio'r Mudiad Llafur'. Daeth ugain o ddynion ieuainc, brwdfrydig o blaid diwylliant a'r iaith Gymraeg i Gynhadledd y Sosialwyr ar faes Eisteddfod Genedlaethol Caerfyrddin yn 1911 a Jim Griffiths yn eu plith, er na sonnir i Amanwy ddod gydag ef chwaith. Anodd deall hynny o gofio bod Irlwyn, glöwr a bardd arall o Rydaman, yn bresennol. Derbyniwyd ymddiheuriad oddi wrth Vernon Hartshorn, Gwili, Henry Davies (Cwmafan), Silyn, Mark Harcombe (Rhondda), T. Hudson Williams (Caernarfon), Rhys J. Davies (Manceinion) a Thomas Jones (Rhymni). Galwodd y cynadleddwyr am sefydlu adran Gymreig o fewn y BLA ac am lenyddiaeth Sosialaidd yn Gymraeg.[17] Aeth John James cyn belled â dadlau bod y mudiad Sosialaidd yn dioddef yn enbyd yng Nghymru oherwydd methiant y Sosialwyr yn yr Alban a Lloegr i ddeall gogwydd meddwl a diwylliant Cymraeg y genedl. Teimlai sosialwyr Eisteddfod Caerfyrddin fod gwahaniaeth o ran iaith a diwylliant yn fater na ellid byth ei anwybyddu.

Roedd cynnal y cyfarfod pwysig hwn yn garreg filltir i arloeswyr y Mudiad Llafur yng Nghymru, ond yn anffodus ni ddaeth dim ohono. Credai Jim Griffiths ei hun mai 'nid ar chwarae bach y ceid y gefnogaeth i ddwy alwad y Gynhadledd'. Ac roedd yn llygad ei le, er mai syndod o'r mwyaf iddo mai ei arwr, Keir Hardie, o bawb oedd y gwleidydd a daflodd ddŵr oer dros Gymreigio'r Blaid Lafur Annibynnol.[18] Pe bai gwelidigaeth John James, David Thomas, T. Gwynn Jones a Jim Griffiths wedi'i gwireddu, byddai'r Blaid Lafur wedi bod yn llawer mwy cydnaws ag angerdd pennaf y Cymry.

Roedd y Blaid Ryddfrydol yng Nghymru yn nwylo diwygiwr cymdeithasol o'r radd flaenaf, David Lloyd George. Dewiswyd ef yn Llywydd y Bwrdd Masnach yn Llywodraeth Ryddfrydol Campbell-Bannerman, ac yn 1908 yn Ganghellor y Trysorlys, yr ail swydd bwysicaf yn y Llywodraeth. Meddai ar ddylanwad ysgubol yn y cyfnod hwn fel y sylweddolai Jim Griffiths gystal â'i dad. Sonia Jim Griffiths am ei lawenydd pan benderfynodd y Llywodraeth Ryddfrydol yn 1908 gyfyngu oriau gwaith y glowyr i wyth awr ac am weithred Lloyd George yn rhoddi pensiwn i'r henoed am y tro cyntaf erioed, sef pum swllt yr wythnos i bob person dros 70 mlwydd oed. Sefydlwyd cyfnewidfeydd llafur yn 1909, a chyflwynodd Lloyd George Gyllideb Robin Hood fel y gelwid hi yn Lloegr a Chyllideb y Bobl yng Nghymru. Yn 1911 pasiodd Ddeddf Yswiriant a roddai driniaeth ddi-dâl gan feddyg teulu i weithwyr a'u teuluoedd. Rhoddwyd y dôl hefyd i rai gweithwyr am y tro cyntaf o ganlyniad i'r ddeddf. Er y datblygiadau pwysig hyn roedd Jim

Griffiths am fod yn annibynnol o'r Blaid Ryddfrydol ym myd gwleidyddiaeth. Ar ôl i'r Ffed uniaethu ei hun yn swyddogol â'r Blaid Lafur yn 1908, bu'n rhaid i Aelodau Seneddol o blith y glowyr wneud penderfyniad digon anodd, a oeddynt i droi eu cefnau ar hen gyfeillion yn y Blaid Ryddfrydol a hybu buddiannau'r Blaid Lafur newydd-anedig?

Daeth y pedwar Aelod Seneddol o Gymru a noddwyd gan y glowyr, sef Mabon yn y Rhondda, John Williams yng Ngŵyr, William Brace yn ne Morgannwg a Tom Richards yng ngorllewin Mynwy yn gefnogol i'r Blaid Lafur. Etholwyd hefyd naw o Lafurwyr eraill i'r Senedd, ond go brin y tyfai'r Blaid Lafur mor gyflym ag y gobeithiai Jim Griffiths oherwydd dyfarniad arall gan yr Uchel Lys. Achos Osborne yw'r achos hwnnw. Dyfarnwyd yn 1909 na allai'r Undebau Llafur yn gyfreithlon drosglwyddo unrhyw gyfran o dâl aelodaeth eu haelodau i goffrau'r Blaid Lafur. Golygodd hyn fod y Blaid Lafur yn mynd i golli incwm sylweddol dros nos. Aeth hi bron yn amhosibl iddi ymladd unrhyw etholiad seneddol gan fod swydd Aelod Seneddol yn un ddi-dâl ac felly byddent yn dibynnu ac yn byw ar eu hadnoddau ariannol eu hun.

Ni chafwyd felly ymgeisydd yn nwyrain Caerfyrddin dros fuddiannau Llafur yn yr Etholiad Cyffredinol a gynhaliwyd ym mis Ionawr 1910. Ond roedd aelodau cangen y Blaid Lafur Annibynnol yn Rhydaman yn anfodlon bod cyfle arall wedi'i golli heb ymgeisydd yn enw Llafur yn sefyll yn yr etholaeth. Roedd arian yn brin iawn, ond meddent ar argyhoeddiadau cryf a digon o frwdfrydedd, llawer mwy nag oedd gan y Rhyddfrydwyr. Yn y blynyddoedd hyn (1908–1914) byddai'r Sosialwyr ifanc fel David George, Edgar Bassett a Jim Griffiths yn cyhoeddi ar Sgwâr Rhydaman neges eirias yr ILP.

Daeth cyfle i Jim Griffiths fynychu dosbarthiadau a gynhelid o dan nawdd y Coleg Llafur Canol gan ddau löwr o diwtor, Jack Griffiths o Gwm-twrch a David Rees Owen, y Garnant. Trefnodd y ddau ddosbarthiadau yn Rhydaman a'r cyffiniau mewn Economeg a Marcsiaeth. Lluniodd Noah Ablett o'r Rhondda *Easy Outline of Economics* fel llyfr gosod i'r dosbarthiadau. Felly gwyddai aelodau'r Blaid Lafur Annibynnol yn Rhydaman am y syniadau amrywiol oedd yn sylfaen i Sosialaeth.

Penderfynodd cangen Rhydaman o'r Blaid Lafur Annibynnol fod yn rhaid sefyll yn ail Etholiad Cyffredinol 1910. Dim ond £50 oedd ganddynt wrth law ond roeddynt yn frwdfrydig, yn gweithio'n galed ac yn barod i ddosbarthu'r llenyddiaeth. Y pamffledyn mwyaf effeithiol yn gyffredinol oedd yr un a luniwyd gan Keir Hardie o dan y teitl, *Can a Man be a Christian on a Pound a Week?* Cristnogaeth oedd sail gwleidyddiaeth Jim Griffiths ac nid syndicaliaeth na Marcsiaeth. Iddo ef ar hyd ei fywyd un o'r gelynion mawr oedd y bragwyr. Perthynai nifer dda o'r Sosialwyr cynnar i'r mudiadau dirwestol fel y Rechabiaid a'r Temlwyr Da. Ac un o ddirwestwyr pennaf yr etholaeth oedd meddyg teulu ym Mhorth Tywyn, y Dr J. H. Williams, gŵr a oedd yn hynod o awyddus i chwifio baner y Blaid Lafur Annibynnol. Teimlai nifer dda o weinidogion y cylch fel W. D. Roderick, B. D. Davies a J. Edryd Jones, mai'r meddyg o ddirwestwr oedd yr union ymgeisydd dros y mudiad gwleidyddol newydd.

Er y llafurio caled ni chafodd J. H. Williams gefnogaeth mwyafrif y glowyr na'r gweithwyr, ond o leiaf gwelwyd bod yna garfan fechan yn barod i bleidleisio dros y Blaid Lafur Annibynnol:

Abel Thomas (Rhyddfrydwr)	5,825	62.6%
Mervyn Peel (Ceidwadwr)	2,315	24.8%
J. H. Williams (Y Blaid Lafur Annibynnol)	1,176	12.6%

Nid oedd dewis gan y Sosialwyr ond dal ati i ddosbarthu llenyddiaeth, cynnal cyfarfodydd ac annerch ar sgwâr Rhydaman fel cynt, ar gyfer y tro nesaf. Daeth y cyfle hwnnw yn gynharach nag y disgwylid.

Bu farw Abel Thomas yn sydyn ym mis Gorffennaf 1911. Nid oedd cefnogwyr y pleidiau yn barod i'r frwydr. Enwebwyd Mervyn Peel unwaith yn rhagor gan y Ceidwadwyr. Enwebwyd John James gan y glowyr gyda'r bwriad o adeiladu cefnogaeth i'r Blaid Lafur Annibynnol yn yr Etholiad Cyffredinol a gynhelid mewn dwy i dair blynedd. Yn y gwersyll Rhyddfrydol roedd dwy farn pwy ddylai gynrychioli'r blaid, gyda'r gefnogaeth fwyaf i Towyn Jones. Meddai Towyn Jones ar fantais fawr: ef oedd ysgrifennydd y Blaid Ryddfrydol yn yr etholaeth.

Cyfrifid ef yn un o bobl mwyaf cymeradwy Dyffryn Aman, ac yn arbennig ymhlith y glowyr, y gweithwyr alcam, ac aelodau'r capeli. Ar ddiwrnod y pleidleisio gwelid baner anferth y tu allan i lofa Gelliceidrim gyda'r slogan 'Pleidleisiwch i Towyn'. Yn ôl yr adroddiadau yn y wasg leol roedd ei gyfarfodydd etholiadol fel cyfarfodydd diwygiad. Cydnabu *Llais Llafur* ei fod ef yn 'wleidydd solet yn ôl safonau'r Rhyddfrydwyr' a bod y canlyniad yn ddiogel yn ei ddwylo.

Roedd y gwersyll Llafurol mewn trafferthion fel y cyfeiriwyd eisoes a bu'n rhaid i John James, arweinydd y glowyr, ildio yr ail dro. Gwnaeth hynny yn fonheddig gan sylweddoli mai ofer oedd gwrthwynebu Towyn Jones. Felly caniataodd i J. H. Williams sefyll am yr eildro yn enw'r Blaid Lafur Annibynnol. Ond nid oedd John James yn barod i gefnogi ymgeisydd nad oedd yn apelio at yr holl lowyr. Felly dim ond carfan fechan o selogion oedd yn cefnogi J. H. Williams.

Ni ellid dweud bod ymgeisydd y Blaid Lafur Annibynnol yn un i roddi cynulleidfa ar dân. Nid oedd yn yr un byd â'r pregethwr. Beirniadwyd ef yn llym yn y wasg. Cefnogai *Tarian y Gweithiwr* J. Towyn Jones, a beirniadwyd Dr Williams am feiddio sefyll yn wyneb penderfyniad y glowyr a John James. Teimlai *Llais Llafur* fod holl 'rym Ymneilltuaeth Gymraeg wleidyddol' yn ei erbyn a bod hyd yn oed y gweinidogion lleol a gefnogai Sosialaeth yn amharod i'w gefnogi. Gellir deall hynny hefyd. Y gweinidogion a ddaeth o dan lach *Llais Llafur* oedd J. Edryd Jones a Rhys J. Huws. Ymatebodd Rhys J. Huws a oedd newydd symud o Arfon i Lanaman: 'Brwydr cydraddoldeb a chenedlaetholdeb yw hon yn benaf [*sic*], a chan fy mod yn Gymro ac Ymneilltuwr yr wyf yn gobeithio y caiff Mr Towyn Jones fwyafrif llethol.'[19]

Gan mai Datgysylltiad yr Eglwys Esgobol yng Nghymru oedd prif destun J. Towyn Jones, nid oedd gan Mervyn Peel na J. H. Williams obaith cystadlu ag ef. Datgysylltiad oedd ei obsesiwn, ac felly y teimlai cefnogwyr y Blaid Ryddfrydol yn yr etholaeth. Ychydig o ddylanwad a gafodd J. H. Williams yn y maes glo. Cipiwyd pleidlais y glowyr gan y Rhyddfrydwyr. Credai'r mwyafrif, fel y gwnâi'r papur lleol, *Llanelly Mercury*, fod 'yr achos Llafurol yn gynwysedig yn y neges Ryddfrydol.' Nid oedd y glowyr at ei gilydd wedi'u cyfareddu gan Sosialaeth fel yr oedd Jim Griffiths. Ac yn goron ar y cyfan, roedd personoliaeth ddynamig, garismatig a huodledd J. Towyn Jones, yn denu cefnogaeth. Ef a enillodd yr isetholiad:

Parchedig J. Towyn Jones (Rhyddfrydwr)	6,082	57.8%
Mervyn Peel (Ceidwadwr)	3,354	31.9%
J. H. Williams (Plaid Lafur Annibynnol)	1,089	10.3% [20]

Gwnaeth yr ymgeisydd Ceidwadol yn dda gan ennill pleidleisiau'r Rhyddfrydwyr oherwydd radicaliaeth ymosodol Towyn Jones. I Lafur roedd hi'n noson ddiflas gan y disgynnodd ei phleidlais o 1,176 i 1,089. Mae'n amlwg fod ymgeisiaeth heb gefnogaeth Undeb y Glowyr yn benodol yn wendid. Dibynnai'r meddyg, mae'n debyg, ar gefnogaeth o Gwm Gwendraeth a Phorth

Tywyn ac oddi wrth deuluoedd ei bractis. Mae'n sicr na chafodd ddim ond llond dwrn o gefnogaeth yng nghefn gwlad ar wahân i ambell dref fel Llandeilo a Llanymddyfri, ac ni cheir tystiolaeth fod yna lawer o ymgyrchu wedi bod yn yr ardaloedd gwledig. Yno roedd cadarnle'r Ceidwadwyr. Ni fu cymorth y merched milwriaethus o fudiad y swffragetiaid o gymorth mawr i'r Blaid Lafur Annibynnol ar wahân i'r cymorth ariannol ganddynt. Bu canlyniad y terfysg llafurol yn Llanelli y flwyddyn gynt yn faen tramgwydd i bobl efengylaidd y cymunedau glofaol. Roedd hi'n amlwg mai etholaeth Lafur-Rhyddfrydol oedd hi a sonia y *Llanelly Mercury* 'na anfonodd un Aelod Seneddol Llafur nac arweinyddion yr Undebau lythyr o gefnogaeth nac ymweld â'r etholaeth.'

Yn ei hunangofiant rhydd Jim Griffiths yr argraff i'r 'Isetholiad' roddi hyder pellach, ond mae'n amheus a oedd ef yn teimlo hynny yn 1911. Er hynny mae pob lle i gredu iddo daro'r hoelen ar ei phen yn y frawddeg: 'We brought down upon us the wrath of the elders of nonconformity for daring to oppose Towyn.'[21] Fel y sylwodd y glöwr ifanc a bleidleisiodd yn yr isetholiad i ymgeisydd y BLA nid oedd iddo'r un croeso yn y Deml yng Ngellimanwydd lle y bu mor ffyddlon i'r moddion. Methai ei dad a'r to hŷn ddeall dynion ieuainc fel Jim Griffiths oedd yn barod i ymgyrchu dros y meddyg o Borth Tywyn yn hytrach na thros eicon Cwm Aman. Pellhaodd y berthynas rhwng y ddwy genhedlaeth, yn wir oerodd y berthynas rhwng Jim Griffiths a'i dad.

Roedd un Sosialydd Cristnogol fodd bynnag yn cadw Jim Griffiths rhag troi ei gefn ar yr etifeddiaeth grefyddol ymneilltuol a hwnnw oedd R. Silyn Roberts. Dywed Jim Griffiths amdano: 'Roedd i'w ddyfodiad ef arwyddocâd arbennig i ni ieuenctid deheudir Cymru. Roedd ef yn ddolen yn cydio'r hen a'r newydd, ac roedd gan yr hen eto ddigon o afael arnom i beri inni deimlo fod eisiau dolen i'n cydio wrtho.' Silyn oedd y ddolen. Pregethai Dduw a Datblygiad. Roedd yn weinidog ac yn Sosialydd.[22]

Llwyddodd Jim Griffiths mae'n amlwg i gadw perthynas dda gyda'i rieni trwy gyfeirio at gyfraniad Silyn, arwr mawr i lowyr a Chymry'r cymoedd. A llwyddodd Silyn i'w gadw yntau heb suro at gapel Gellimanwydd fel y gwnaeth ei gyfaill mynwesol Edgar Bassett. Trodd ef ei gefn yn gyfan gwbl ar gymdeithas capel Ebeneser y Bedyddwyr yn Rhydaman, er gofid i'w dad, oedd yn weinidog gyda'r enwad yng Nghwm Aberdâr.

Ac yn ystod y cyfnod hwn o groesdynnu a chamddealltwriaeth gwelwyd sefydlu rhwydwaith o ddosbarthiadau nos i esbonio'r athroniaeth Sosialaidd.

Cyfeiriwyd eisoes at ddosbarthiadau Jack Griffiths a D. R. Owen ac am y cynllun o anfon y galluocaf ohonynt am flwyddyn neu ddwy i Goleg Ruskin yn Rhydychen. Arweiniodd y gwrthdaro rhwng y chwith a'r dde wleidyddol yng ngholeg Ruskin at rwyg enbyd. Dadleuodd Noah Ablett a Frank Hodges, dau fyfyriwr o dde Cymru â'r Prifathro Dennis Hird am yr angen i sefydlu coleg mwy cydnaws ag anghenion y gwŷr ieuainc milwriaethus. Sefydlwyd coleg yn Llundain a'i alw'n Central Labour College. Daeth y ddau rebel yn ôl i'r maes glo yn arwyr ac yn fuan cafwyd cefnogaeth swyddogol Ffederasiwn Undeb Glowyr De Cymru ac Undeb Gwŷr y Rheilffordd i'r coleg newydd.

Gweithiodd Noah Ablett yn y Rhondda lle bu streic y Cambrian yn gatalyst iddo ef a'i ddau brif gefnogydd Noah Rees a W. F. Hay i alw nifer o sosialwyr y chwith i ystyried y diwydiant glo. Cyfarfu'r grŵp yn gyson rhwng 29 Gorffennaf a 18 Tachwedd gyda W. H. Mainwaring yn ysgrifennydd y gweithgor.[23] Lluniwyd dogfen a'i chyhoeddi yn 1911 o dan y teitl *The Miners' Next Step*. Galwai am ddiwygio'r Ffed fel ei bod yn datblygu yn Undeb milwriaethus i ddymchwel cyfalafiaeth yn yr ugeinfed ganrif. Teimlai Ablett a Rees yn benodol mai rhith oedd y llwybr seneddol.[24] Twyllwyd y glöwr ar hyd y llwybr hwnnw. Ond beth oedd ymateb Jim Griffiths i'r pamffledyn, y pwysicaf a luniwyd gan y mudiad llafur hyd nes y down at y polisi datganoli roedd ef yn gysylltiedig ag ef? Y gwir yw mai ychydig iawn sydd ganddo i'w ddweud am y maniffesto yn *Pages*. Gallwn fentro dweud nad oedd ef yn coleddu ideoleg syndicaliaeth yn y Betws. Roedd ef fel y mwyafrif o lowyr maes glo y de yn dilyn arweinyddiaeth Hartshorn.[25] Ni allai Vernon Hartshorn gefnogi *Miners' Next Step*. Mae'n sicr fod un o'i edmygwyr pennaf wedi deall ei safbwynt. Fel gŵr ieuanc dwy ar hugain oed deallodd Griffiths bwysigrwydd y pamffledyn ac arwyddocâd sefydlu yr Unofficial Reform Committee yn y Rhondda Fawr, ac ni fyddai'r alwad o Donypandy yn diflannu yn hanes y Ffed am rai blynyddoedd. Ei farn yn ei hunangofiant oedd: 'Thus was born one of the forces which were to survive the War of 1914–1918 and to continue to influence the Miners' Union in the industrial conflicts of 1921 and 1926.'[26]

Am y pymtheng mlynedd nesaf bu'r Coleg Llafur Canolog a chefnogwyr y *Miners' Next Step* yn swcro talent o fewn maes glo de Cymru i dderbyn hyfforddiant pellach. Yn cyd-fynd â'r trefniant hwnnw daeth y coleg a'i adnoddau at ddefnydd dosbarthiadau i drwytho'r dosbarth gweithiol yn y ddysgeidiaeth Farcsaidd. Arweinid y dosbarthiadau hyn yn ddi-feth gan diwtoriaid a addysgwyd yn y Coleg Llafur Canolog yn Llundain. Gofidiai'r cylchgrawn *Welsh Outlook* am ddylanwad dosbarthiadau'r Coleg Llafur Canolog. Yn ôl y cylchgrawn pwysig hwn, oedd o dan afael Rhyddfrydwyr a Llafurwyr fel Silyn, 'troir o leiaf dwy fil o lowyr ieuanc yn elynion anghymodlon i gyfalafiaeth.'

Ond bu trefniant pwysig arall a fu'n gartref gwleidyddol ac addysgol a chymdeithasol i'r mudiad Llafur yn Rhydaman. Ymysg cefnogwyr ariannol y Coleg Canolog yn Llundain roedd gŵr lliwgar ei wisg a chyfoethog ei fyd o'r enw George Davison.[27] Daeth yn ŵr hynod o bwysig ym myd ffotograffiaeth, yn arbennig trwy ei gysylltiad â chwmni adnabyddus Kodak. Ymgyfoethogodd yn fawr, ond gan fod ganddo gydwybod effro teimlai y dylai ddefnyddio'r cyfoeth i hybu mudiadau addysgol o blaid sosialaeth ac undebaeth. Un noson yn 1914 cerddodd Davison yn dalog i ddosbarth economeg a gynhelid o dan nawdd y Coleg Llafur yn Rhydaman o dan hyfforddiant D. R. Owen, un o gyn-fyfyrwyr y Coleg Llafur.[28] Cynhelid y dosbarth bywiog hwn mewn ystafell anghyfleus a llwm ei gwedd, ac wedi clywed meistrolaeth D. R. Owen ar ei bwnc a diddordeb amlwg y glowyr a gweithwyr y gaib a rhaw yn y testun addunedodd Davison y byddai'n darparu gwell man cyfarfod ar eu cyfer.

Yr adeg honno roedd tŷ helaeth ar werth yn Stryd Fawr, Rhydaman a fuasai unwaith yn Ficerdy. Prynodd George Davison yr adeilad ac aeth ati i'w addasu yn ganolfan i'r Sosialwyr. Addaswyd nifer o'i ystafelloedd yn ystafelloedd darlithio, trefnodd hefyd i sefydlu llyfrgell a neuadd yno ar gyfer achlysuron arbennig. Rhoddwyd yr enw trawiadol 'The White House' (Tŷ Gwyn) ar y ganolfan newydd, a hynny am fod yr adeilad wedi'i beintio, ar orchymyn Davison, yn wyn.[29] Cymerai Davison ddiddordeb mawr yn athroniaeth anarchiaeth a gofalodd bwrcasu cyfrolau lladmeryddion yr ideoleg honno. Dyma sut y glaniodd cymaint o gyfrolau Peter Kropotkin a Gustave Hervy yn llyfrgell y Tŷ Gwyn.

Daeth y Tŷ Gwyn yn ganolfan i weithgarwch sosialaidd Cwm Aman. Yno cynhelid dosbarthiadau addysgol i oedolion bron bob nos o'r wythnos, ac ar nos Sul, ar ôl oedfaon y capeli a'r eglwysi, byddai darlithiau arbennig o dan nawdd Fforwm y Gweithwyr. Gwahoddwyd gwŷr a gwragedd amlwg o blith y Sosialwyr Cristnogol fel y Parchedig James H. Jenkins, offeiriad Eglwys Anglicanaidd Cilrhedyn i annerch, Sosialydd Cristnogol a fu'n ddylanwadol iawn yn Nyffryn Teifi.

Un a ddeuai o bentref y Glais yng Nghwm Tawe i'r Tŷ Gwyn oedd y Parchedig T. E. Nicholas. Cofiai Jim Griffiths amdano'n annerch cyfarfod cyhoeddus ar 'Deled ein Teyrnas', o dan nawdd y Blaid Lafur Annibynnol yn Rhydaman ym mis Mawrth 1915. Edrychid ymlaen bob amser at groesawu'r ddau Farcsydd arall, awduron *Miners' Next Step*, sef Noah Ablett a W. H. Mainwaring o'r Rhondda. Ffefryn arall oedd yr ysgolfeistr diwylliedig o dref Llanelli, Dan Griffiths, a gollodd ei swydd fel athro yn ystod y Rhyfel Byd Cyntaf am ei fod yn wrthwynebydd cydwybodol. Yr unig ferch a ddeuai i annerch oedd Minnie Pallister o Fryn-mawr, athrawes oedd bellach yn drefnydd gwleidyddol i'r Blaid Lafur Annibynnol yng nghymoedd y de.[30]

Bu'r Tŷ Gwyn yn bwysig ryfeddol ei ddylanwad ym mywyd y Blaid Lafur a Chymru trwy wŷr fel Jim Griffiths, Irlwyn, Glyn Evans ac eraill y soniwyd amdanynt. Dyma'r unig beth a ddywed Jim Griffiths:

> My father had his own plan for me. To the coal-mine for a year or so, and then to the Gwynfryn, a school established by Watcyn Wyn, our poet-preacher, to prepare students for the nonconformist ministry. [31]

Iddo ef, Watcyn Wyn oedd y gŵr mwyaf amryddawn a welsai Dyffryn Aman, ac efallai fod ei farwolaeth yn 1905 wedi gwneud i'r glöwr ifanc benderfynu peidio â mynd i'r Academi er bod Gwili yn dal i ddysgu yno.[32] Nid yw'n sôn amdano yn gwrando ar Silyn fel y bu iddo wrando ar Campbell a Hardie er i Silyn annerch yn yr ardal. Mae hyn yn codi eto yr un gofid na fyddai Jim Griffiths wedi egluro'n fanylach am bwysigrwydd ac ymwybyddiaeth o'i hunaniaeth Gymreig.

Pennod 5

Heddychwr a'r Glöwr yn y Rhyfel Byd Cyntaf

Siom aruthrol i'r Sosialydd brwd a'r heddychwr diamod oedd gweld Ewrop yn mynd i ryfela yn ystod haf 1914. Erbyn 3 Awst y flwyddyn honno roedd yr Almaen ac Awstria-Hwngari yng ngyddfau Ffrainc a Rwsia, a'r diwrnod canlynol ymunodd Prydain ar ochr yr hen elyn, sef Ffrainc.

Fel aelod o'r Blaid Lafur Annibynnol roedd Jim Griffiths ymhlith pobl a blediai heddychiaeth. Oherwydd ei agwedd tuag at y Rhyfel teimlai'r llanc ifanc yn y Betws yn gysurus yn rhengoedd y Blaid Lafur Annibynnol, plaid oedd yn rhan gyfansoddiadol o'r Blaid Lafur oddi ar 1906. Plaid addysgu yn bennaf ydoedd y Blaid Lafur Annibynnol er hyrwyddo egwyddorion Sosialaeth a heddwch rhwng y cenhedloedd.[1] Roedd hyn yn golygu cymaint i Jim Griffiths. Onid oedd ei enwad ef ei hun, yr Annibynwyr Cymraeg, wedi datgan yn groyw yn 1913 fod 'pob rhyfel yn groes i ysbryd Crist, er iddynt newid agwedd o fewn dwy flynedd'?[2] Ac onid oedd safbwynt y Mudiad Llafur yn agos iawn at y safbwynt a goleddai'r Annibynwyr ar gychwyn y gyflafan? Byth oddi ar y Gynhadledd Sosialaidd Ryngwladol yn 1907 roedd y Blaid Lafur Annibynnol a'r Blaid Lafur ac yn wir yr Undebau llafur yn gytûn i rwystro rhyfel cymaint ag y gellid. Wedi'r cyfan heddychwr pybyr oedd Keir Hardie a chymaint o'i gefnogwyr pennaf yng nghymoedd y de.

Yn ychwanegol at hyn roedd gan Jim Griffiths ddiddordeb gwirioneddol yn y Blaid Sosialaidd rymus a welid ar y pryd yn yr Almaen – y fwyaf yn y byd; ac edmygai safbwynt ei harweinydd August Bebel, a'i wrth-filitariaeth gadarn. Roedd Ffrainc hefyd yn meddu ar Blaid Sosialaidd o dan arweiniad Jean Jaurès ac roedd hithau yn ysbrydoliaeth i bob un â chalon ryngwladol yn curo yn ei fynwes. Ac ym Mhrydain ei hun roedd Sosialaeth o dan arweiniad yr Albanwyr Keir Hardie a Ramsay MacDonald yn meddu ar lais cyffelyb.

Ond ar 4 Awst 1914, er dirfawr syndod a gofid enfawr a siom i Sosialwyr y Tŷ Gwyn megis i Sosialwyr ledled Ewrop, torrodd y Rhyfel Mawr. Bu'n rhaid i August Bebel gyfaddef fod hil a chenedlaetholdeb yn drech na brawdgarwch y dosbarth gweithiol, ac yn Ffrainc llofruddiwyd Jean Jaurès a rhwygwyd ei blaid. Ym Mhrydain gwelwyd rhwyg ymhlith y Sosialwyr a'r Llafurwyr: 'y Sosialwyr, bron yn ddieithriad' yn mynnu tystio i rym heddychiaeth. Roedd Rhyddfrydwyr a Llafurwyr y dde wleidyddol a berthynai i'r Undebau yn barod i gefnogi'r alwad i fynd i ryfel ac i wrando ar apêl arweinwyr y byd a'r eglwys. Dadleuai y ddau ryddfrydwr dylanwadol o Gymry, David Lloyd George a John Williams, Brynsiencyn fod yn rhaid amddiffyn Prydain Fawr.[3] Trwy gryn lawer o wewyr bodlonodd y Blaid Lafur cyn diwedd mis Awst i hyrwyddo ymgyrch y rhyfel. Gwelwyd amryw o areithwyr huawdl Sosialaidd yn troi dros nos i fod yn bleidwyr mor jingoistaidd â'r Rhyddfrydwyr amlycaf, ond nid oedd eu hapeliadau yn argyhoeddi'r heddychwr Jim Griffiths.

Yn yr argyfwng gwelodd fod llawer o'i gyd-lowyr yn hapus i adael y maes glo am ffosydd Fflandrys i frwydro dros y Brenin a'r Ymerodraeth. Siom arw iddo oedd gweld deugain mil o lowyr de Cymru yn ymuno o'u gwirfodd â'r lluoedd arfog a gwybod y byddai carfan uchel ohonynt yn cael eu haberthu yn y gyflafan erchyll. Aeth ei frawd ei hun John, neu Sioni y glöwr fel y gelwid ef yn aml, i ymladd dros ei wlad, a blynyddoedd ar ôl hynny wrth dalu teyrnged i William Rees Griffiths ni ddywedodd William Evans un gair yn y papur lleol am Jim yr heddychwr, er iddo sôn am John y milwr.

Roedd yn dda gan bawb ei weld yn dychwelyd yn ddiogel, a bu'n gysur ac yn gefn i'w rieni yn eu henaint.[4] Gwawdiwyd Jim Griffiths a'i gyd-Sosialwyr heddychlon yn Rhydaman fel y gwawdiwyd yr arwr Keir Hardie yn ei etholaeth yn nwyrain Morgannwg. Torrodd Hardie ei galon a bu farw yn annhymig ynghanol ei genhadaeth ac yntau'n ddim ond 59 mlwydd oed.[5] Yn yr isetholiad ym mis Tachwedd 1915 a ddilynodd ei farwolaeth gwelwyd difrod 'ysbryd y rhyfel' yng nghwm Aberdâr a thref Merthyr. Teithiodd Jim Griffiths i'r etholaeth i gynorthwyo James Winstone, ymgeisydd swyddogol y Blaid Lafur yn yr isetholiad a llywydd Ffederasiwn Glowyr De Cymru. Ond nid oedd modd i Winstone gael y llaw drechaf yn erbyn rhethreg filitaraidd C. B. Stanton. Enillodd Stanton fel Llafurwr Annibynnol a chefnogwr y Rhyfel 10,286 o bleidleisiau tra derbyniodd Winstone 6,080.

Beirniadwyd Jim Griffiths a Sosialwyr Rhydaman a wrthodai ildio eu heddychiaeth. Ond safai ef yn gadarn fel y gwnâi eraill o'r un cefndir ag ef – fel y brodyr Evan ac Edgar Bassett, meibion y Parchedig David Bassett, gweinidog eglwys y Bedyddwyr yn y Gadlys, Aberdâr.

Gwaethygodd sefyllfa'r heddychwyr yn 1916. Mynegodd Sosialwyr y Tŷ Gwyn eu gwrthwynebiad llwyr i orfodaeth filwrol pan ddaeth yn ddeddf gwlad ym mis Ionawr y flwyddyn honno. Roedd gorfodaeth filwrol yn heresi flin i Ryddfrydwr yn y traddodiad radicalaidd Cymreig, a phan sylweddolwyd mai Lloyd George a'i gynghreiriaid Torïaidd oedd y tu ôl i Fesur Gorfodaeth Filwrol 1916 dadrithiwyd aml i wleidydd Rhyddfrydol. Efallai mai'r gwleidydd mwyaf huawdl yng Nghymru yn erbyn y mesur oedd William Llewelyn Williams, Aelod Seneddol Bwrdeistrefi Caerfyrddin er 1906. Pleidleisiodd ef yn erbyn y mesur. Condemniodd yn y modd mwyaf miniog frwdfrydedd David Lloyd George o blaid consgripsiwn. O 1916 hyd ei farw cynnar yn 1922 nid ildiodd y Cymro hwn o gefn gwlad Sir Gaerfyrddin mo'i 'ffrewyll oddi ar gefn Lloyd George.' Roedd Lloyd George wedi bradychu ei gefndir radicalaidd.

Derbynnid misolyn heddychwyr Cymraeg Cymdeithas y Cymod, *Y Deyrnas*, yn y Tŷ Gwyn yn niwedd 1916, a darllenai'r Sosialwyr olygyddol y diwinydd a'r Prifathro Thomas Rees. Ceid llawer o ruddin yn y dystiolaeth o blaid heddychiaeth ym marddoniaeth un arall o blant y Preselau, sef Niclas y Glais.[6] Pleidleisiodd Jim Griffiths ym mis Ionawr 1916 o blaid streic y glowyr pe deuai Mesur Gorfodaeth Filwrol yn ddeddf. Pan wireddwyd hynny penderfynodd Ffederasiwn Prydeinig y Glowyr ymatal rhag cytuno â glowyr mwy chwyldroadol cymoedd de Cymru. Ond roedd anniddigrwydd mawr ym maes glo Cymru. Roedd y perchenogion yn anystwyth a'r glowyr yn gorfod brwydro dros well cyflogau ac amodau gwaith. Ni allai'r Marcsiaid ymhlith arweinwyr y glowyr, Noah Ablett o Ferthyr, A. J. Cook o'r Porth, Arthur Horner o Ferthyr ac S. O. Davies o'r Tymbl fod yn ddistaw, a chododd y rhain eu lleisiau yn ddi-daw pan glywyd am y chwyldro comiwnyddol yng ngwlad fawr Rwsia yn 1917. Canai glowyr Rhydaman eiriau fel y rhain:

Workers of the Vale of Amman!
Echo Russia's mighty thrust.

Clywid tinc o frwdfrydedd o blaid y Chwyldro yn lleferydd yr heddychwr Jim Griffiths ei hun. Fel ysgrifennydd ifanc Cyngor Undebau Rhydaman croesawodd ef y Chwyldro mewn geiriau ymfflamychol: 'mae'r wawr wedi torri o'r diwedd, a'r nenfwd coch o'r dwyrain yn ein harwain.'[7] Yn Rhydaman gorymdeithiodd Jim Griffiths gyda'i gymrodyr o'r maes glo, pum mil ohonynt, i ddathlu'r chwyldro Comiwnyddol. Canwyd ar dôn 'Mendelssohn' i gyfeiliant bandiau Rhydaman, Cwmaman a Thŷ-croes, 'Gwerin Cymru sydd yn deffro / I orchfygu meibion trais':

> Y mae Llafur byd yn curo
> Y mae heddiw'n codi 'i lais
> Trwy y cwm mae ysbryd newydd –
> Bywyd y chwyldroad mawr;
> Rhaid i Lafur fynd i fyny,
> Rhaid i ormes ddod i lawr.[8]

Ac erbyn 20 Gorffennaf 1917 cytunodd y Fed i gysylltu â'r mudiad llafur yn yr Almaen er mwyn creu undeb a barn gadarnhaol ymhlith y dosbarth gweithiol ar draws y byd ar destun mor flaengar yng nghefndir yr ymladd, y lladd a'r dinistrio ar gyfandir Ewrop. Bu'r rhyfel yn ysgytwad i seiliau pob cymuned, a theimlai'r glowyr fod angen sefydlu rhwydwaith o gynghorau ar batrwm y sofietau. Teithiodd Tom Dafen Williams a Jim Griffiths gyda dau gant eraill o gynrychiolwyr o'r maes glo i'r gynhadledd a drefnwyd gan y glowyr ar 29 Gorffennaf 1917 yn Abertawe. Ond gofalodd Llywodraeth Lloyd George na fu llewyrch ar y gynhadledd. Yn wir roedd y Llywodraeth wedi'i sigo gan ymddygiad brwdfrydig glowyr y de, gan mai hwy oedd y mwyaf dylanwadol o'r holl weithwyr trwy Brydain i gyd. Bu streiciau cyson yn ne Cymru oherwydd anniddigrwydd am y rhyfela a methiant Llywodraeth Prydain i groesawu gwareiddiad newydd ar dir Rwsia.

Sefydlodd Lloyd George gomisiwn yn 1918 i ymholi i'r anghydfod diwydiannol. Lluniodd y ddau gomisiynydd o Gymru, E. L. Chappel a D. Lleufer Thomas, adroddiad pwysig. Daeth y comisiwn i'r casgliad bod 'gelyniaeth i gyfalafiaeth bellach yn rhan o gredo mwyafrif y glowyr'. Diau bod Jim Griffiths yn cytuno â'r farn honno. Daeth y Comisiwn i'r casgliad hefyd fod y 'mudiad llafur yn ei grynswth yn cael ei dreiddio'n gyflym gan bropaganda grŵp bach o ddynion difrifol'. Ond ni ellir bod yn sicr beth oedd barn Jim Griffiths ar hyn. Tra credai rhai yn Rhydaman fod hynny'n wir nid oedd Jim Griffiths wedi coleddu Marcsiaeth fel y gwnaeth Noah Ablett ac S. O. Davies ond roedd yn argyhoeddedig o bwyslais cyson y Blaid Lafur Annibynnol ac yn perthyn felly i'r chwith yn wleidyddol. Yn fwy na dim, roedd wedi darllen yn eang ac yn barod i feithrin meddwl agored tuag at y syniadau amrywiol oedd o dan faner Sosialaeth y dydd. Dysgodd Jim Griffiths gryn lawer yn ystod y blynyddoedd rhwng 1910 ac 1919 drwy ei brofiad ymhlith arweinwyr Undeb gweithwyr y glo carreg.[9] Yn y rhanbarth hwn roedd gwŷr cadarn wrth y llyw.

Mynychodd Jim Griffiths Gynhadledd Glowyr Maes y Glo Carreg fel cynrychiolydd Gwaith Ucha'r Betws am y tro cyntaf pan oedd yn ugain oed. Fe'i cynhaliwyd yn Festri Capel yr Undodiaid Saesneg yn y Stryd Fawr, Abertawe. Perthynai trigain o byllau glo i'r maes glo carreg o Bwll Glo y Graig (Rock Colliery) yn Nyffryn Nedd i bwll glo Hook ger Saundersfoot yn Sir Benfro. Ar y llwyfan ceid arweinwyr y maes glo carreg, sef Tom Morris, o bwll glo Gelliceidrim, Glanaman yn Gadeirydd ac ar y naill law iddo, Asiant y Glowyr, John D. Morgan, Ystalyfera ac ar y llaw arall gŵr o'r enw Dafydd Morgan o bwll glo Rhos, Tŷ-croes ger Rhydaman. Yn ei ymyl ef eisteddai Trysorydd yr Undeb, John D. Morgan, Cwm-gors. Yn y rhes flaen, nesaf at y llwyfan, eisteddai cefnogwyr Mabon, 'ceidwaid y ffydd' o ran Undebaeth ac yn gefnogwyr y pwyslais Rhyddfrydol-Llafur tra ceid yr arweinwyr ieuengach a mwy ymosodol fel Jim Griffiths yn eistedd ar gadeiriau yn y neuadd. Roedd pob un yn siarad yn Gymraeg yn y cyfarfodydd hyn. Cymraeg oedd iaith undebaeth y maes glo adeg y Rhyfel Byd Cyntaf.[10] Dechreuai pob siaradwr fel hyn, 'Mistar Cadeirydd, Barchus Oruchwyliwr (gan gyfeirio at Asiant y Glowyr) a chyd-gynrychiolwyr'. Pwysleisiai'r arweinwyr y slogan, 'Gan bwyll mae mynd yn bell'. Dyma'r tri mater a ddeuai ger bron yn gyson y pryd hynny:

i) Pris y powdwr i danio'r graig;

ii) Gostyngiad pump y cant yng nghyflog y glöwr;

iii) Pwysigrwydd a blaenoriaeth y glowyr a oedd wedi gwasanaethu hiraf yn y lofa.

Syr William Thomas (Arglwydd Merthyr), perchennog glofeydd, oedd yn gyfrifol am yr ail eitem uchod, a dyfynnai Jim Griffiths ac eraill yr adeg hynny y cwpled:

Pan aiff Syr Wil i'r bedd
Yr hen golier – ddaw i'w hedd.

Pennill bach arall a ddyfynnai oedd hwn:

Wythawr i weithio,
Wythawr yn rhydd,
Wythawr i gysgu,
Wyth swllt y dydd.

Teimlai ef ac eraill mai'r pennill hwn oedd siarter y glowyr.

Cafwyd sefydliad newydd gan y gweithwyr yn ardal Rhydaman yn 1917 i hyrwyddo buddiannau Undebaeth a Llafur, sef Cyngor Crefftau a Llafur Rhydaman a Llandybïe. Etholwyd Tom Dafen Williams yn Gadeirydd, Evan Bevan, pwyswr glo yng nglofa'r Rhos, yn Drysorydd, ac etholwyd Jim Griffiths yn Ysgrifennydd a hynny yn ddiwrthwynebiad. Mab Evan Bevan oedd y beirniad llenyddol a darlithydd yn y Gymraeg yng Ngholeg Prifysgol Cymru, Abertawe, Hugh Bevan. Gallai Jim Griffiths ddweud am Evan Bevan ei fod ef yn un o'r dynion 'y mae gennyf ymddiriedaeth lwyr ynddo.' Perthynai Cyfrinfeydd deg o byllau glo i'r Cyngor, yn ogystal â changhennau lleol o'r gwahanol Undebau Llafur eraill.

Cynhelid Cyfarfodydd Cyhoeddus y Cyngor Crefft a Masnach ar nos Sul (ar ôl oedfa'r capeli) yn Theatr y Palas yn Rhydaman. Daeth i fod yn un o'r digwyddiadau pwysicaf ym mywyd diwydiannol a gwleidyddol Cwm Aman. Un o siaradwyr mwyaf poblogaidd y mudiad llafur oedd George Lansbury. Sosialydd Cristnogol yn nhraddodiad Keir Hardie oedd Lansbury ac ymserchodd Jim Griffiths yn fawr yn ei syniadaeth. Credai Lansbury fod pob heddychwr nad oedd yn Sosialydd mewn cyfyng-gyngor gan fod cyfalafiaeth iddo ef wedi'i sylfaenu ar drachwant ac elw. Gair arall am gydweithrediad oedd Sosialaeth i Lansbury. Roedd ef yn heddychwr diamod ac felly ni welai unrhyw werth, na rheswm, nac esgus dros gyfiawnhau barbareiddiwch rhyfel ar unrhyw adeg. Dywedodd Lansbury yn glir yn Rhydaman yn 1917 y dylai'r Cristion a'r Sosialydd gydnabod bod pob rhyfel yn rhyfel cartref, hynny yw, yn rhyfel rhwng brodyr a'i gilydd. Roedd rhesymeg George Lansbury yn apelio yn fawr at Jim Griffiths a'r Sosialwyr ifanc eraill yn Rhydaman.

Daeth dwy fil o bobl ynghyd yn Rhydaman i wrando ar Sylvia Pankhurst yn condemnio'r rhyfela. Bu Philip Snowden a'i briod Ethel yn annerch yn Rhydaman a hefyd Margaret Bondfield, y ferch gyntaf o blith Llafurwyr i eistedd yn niwedd y dauddegau yng Nghabinet Llywodraeth Lafur Ramsay

MacDonald.[11] Cyflwynai Lansbury a Snowden heddychiaeth fel un o werthoedd pwysicaf y Mudiad Llafur.

Roedd cyfarfodydd cyhoeddus y Cyngor Crefftau a Llafur yn y traddodiad crefyddol. Ceid taflen o emynau optimistaidd gan y Sosialwyr Cymraeg Elfed a Watcyn Wyn fel 'Rwy'n gweld o bell', a hefyd emynau Saesneg gan John Oxenham a J. W. Chadwick i'w canu ar ddechrau a diwedd y cyfarfodydd ar nos Sul.

Bonws yn y cyfarfodydd oedd yr unawdau a genid gan löwr o Ystradgynlais, Gwilym Jones. Bariton o'r radd uchaf oedd Gwilym Jones ac ni flinai Jim Griffiths wrando arno'n canu 'Go down Moses – let my people go.' Atgyfnerthid ffydd y gweithwyr yn y cyfarfodydd hanner-crefyddol a hanner-gwleidyddol hyn.

Yn yr ad-drefniad etholaethol yn 1917 sylweddolodd Jim Griffiths gymaint o newid oedd ar y gorwel. Penderfynwyd yn y Senedd ddiddymu rhai etholaethau fel bwrdeistref Caerfyrddin, a rhoddi pleidlais i ferched dros 30 mlwydd oed. Canlyniad yr ad-drefnu oedd cysylltu tref Llanelli a'r cyffiniau gyda rhan ddiwydiannol etholaeth dwyrain Caerfyrddin a chreu etholaeth Llanelli. Roedd anniddigrwydd yn y gwersyll Rhyddfrydol gan y byddai'n llawer mwy anodd wedi'r ad-drefniad i gadw'r sedd gan y byddent yn colli asgwrn cefn eu Plaid sef ardaloedd a thrigolion cefn gwlad.

Aelod Seneddol Bwrdeistrefi Caerfyrddin oedd W. Llewelyn Williams. Roedd hi'n ofynnol iddo bellach gystadlu am y sedd newydd yn erbyn y Parchedig Towyn Jones, cefnogwr brwd Lloyd George. Collodd Llewelyn Williams yr enwebiad, a chlywodd Jim Griffiths y si y byddai'r bargyfreithiwr ac awdur *Gwilym a Benni Bach* a *Gŵr y Dolau* yn ddigon parod i sefyll yn enw'r Blaid Lafur er ei fod yn ddigon oriog ei deyrngarwch ac yn feirniadol o athroniaeth y Sosialwyr. Yn wir aiff yr hanesydd R. T. Jenkins cyn belled â dweud amdano: 'Rhyddfrydwr o'r hen stamp oedd ef; nid oedd ganddo unrhyw olwg ar sosialaeth.'[12] Ond o leiaf roedd un Sosialydd yn y Betws a fyddai'n ddigon parod i'w gefnogi ond sylweddolai ef, fel eraill, fod y meddyg o Borth Tywyn yn awyddus i sefyll am y trydydd tro yn ymgeisydd Llafur, a chan fod teyrngarwch yn rhinwedd fawr ymhlith Undebwyr Llafur, penderfynwyd yn y diwedd gefnogi J. H. Williams. Rhoddodd W. Llewelyn Williams sêl ei fendith ar ymgeisiaeth y meddyg yn lliwiau Llafur. Ar ôl i'r Torïaid lleol glywed mai Towyn Jones oedd i gynrychioli'r Rhyddfrydwyr, penderfynwyd peidio â chyflwyno eu hymgeisydd eu hunain ond cefnogi'r pregethwr huawdl am dymor pellach yn Senedd San Steffan. Wedi'r cyfan bu Towyn yn un o gefnogwyr pennaf Lloyd George drwy'r Rhyfel. Nid heddychwr mohono.

Daeth y Cynghrair rhwng y Rhyddfrydwyr a'r Toriaid yn rhan o'r patrwm gwleidyddol ar gyfer Etholiad Cyffredinol 1918. Am ganrif, y Toriaid oedd gelyn gwerin gwlad, ac yn yr etholiadau o 1906 ymlaen, beirniadwyd y Sosialwyr am rwygo'r bleidlais flaengar. Yn awr yn 1918 yn etholaeth radicalaidd Llanelli gydag un o weinidogion amlycaf Ymneilltuaeth yn ymgeisydd, bodlonai'r Rhyddfrydwyr ymladd o dan faner yr hen elyn. Cythruddwyd yr arweinwyr deallusol ymhlith y Rhyddfrydwyr yn fawr iawn. Roedd y Rhyddfrydwyr fel y capel wedi bradychu holl frwydrau'r hen radicaliaid. Pan gynhaliwyd yr etholiad ar 14 Rhagfyr 1918, rhoddwyd y bleidlais i bob dyn dros 21 oed. Cynhaliwyd yr etholiad 34 diwrnod wedi'r Cadoediad, a siomwyd y milwyr a frwydrodd mor galed, i weld Lloyd George yn eu hanwybyddu.[13] Grym gwleidyddol oedd yn bwysig yn ei raglen ef. Dioddefodd yr ymgyrchu mewn llawer etholaeth yn sgil yr ysbryd rhyfelgar.[14] Y Ceidwadwyr oedd gryfaf o ddigon yn y coalisiwn.

Yng Nghymru cafodd Lloyd George fuddugoliaeth ysgubol. Enillwyd 25 sedd gan ei ddilynwyr. Henry Haydn Jones, a gynrychiolai Sir Feirionnydd, oedd unig aelod Seneddol Rhyddfrydwyr Asquith. Roedd Deddf Diwygio'r Senedd wedi dyblu nifer etholaethau'r maes glo ac wedi estyn y bleidlais i weithwyr ac i ferched. Er hynny ni chafwyd y cynhaeaf a obeithid. Roedd gafael Lloyd George fel y Prif Weinidog a enillodd y Rhyfel ac ysbryd y fuddugoliaeth wedi treiddio i bob haen o gymdeithas. Nid oedd modd i'r Blaid Lafur wrthsefyll yr emosiwn a gynhyrchid yn y cyfarfodydd etholiadol heb sôn am y Blaid Lafur Annibynnol a'i heddychiaeth.

Gwelodd Jim Griffiths ddylanwad ysbryd y rhyfel yn Rhydaman. Ef oedd Asiant yr ymgeisydd llafur yng Nghwm Aman. Trodd y gwahaniaethau gwleidyddol yn ymosodiadau personol ffiaidd. Cafodd arweinwyr y Tŷ Gwyn amser enbyd a'u cyhuddo o fod yn gefnogwyr y Kaiser. Ymosododd y jingoistiaid ar siaradwyr Llafur gan greu chwerwedd enbyd.

Sylweddolodd heddychwyr sosialaidd fel Jim Griffiths mai hwy ac nid y Rhyddfrydwyr bellach fyddai'r wrthblaid i'r Toriaid. Roeddynt hwy wedi dangos eu bod yn barod i gyfaddawdu ar eu hegwyddorion creiddiol yn y glymblaid ond byddai hyn yn creu trafferth iddynt yn y dyfodol. Methodd y Blaid Lafur ag elwa am i'r etholiad gael ei gynnal ar frys, a chadwyd etholaethau lle roedd gobaith torri trwodd, fel Merthyr, Pontypridd a Llanelli, i'r Blaid Ryddfrydol. Ond nid oedd Jim Griffiths yn gwbl ddedwydd gyda'r ymgyrch leol yn Llanelli yn etholiad 1918. Nid J. H. Williams oedd ei ffefryn fel ymgeisydd. Dewiswyd S. O. Davies fel ymgeisydd ond daeth cyfle iddo symud yn ôl i ardal Dowlais fel asiant y glowyr a syrthiodd y fantell ar J. H. Williams oedd bob amser yn barod i ymladd dros Sosialaeth. O ystyried hynny ac ymddygiad rhai o gefnogwyr mwyaf brwdfrydig y meddyg yn Llanelli, gwnaeth gystal â'r disgwyl. Credai Jim Griffiths fod y penboethiaid o dref Llanelli wedi bod yn gyfrifol am iddo golli'r sedd.[15] Dyma'r canlyniad:

J. Towyn Jones (Coalisiwn)	16,344	53.1%
J. H. Williams (Llafur)	14,409	46.9%
Mwyafrif	1,935	6.2%

Roedd Jim Griffiths yn gweld y rhagolygon yn flodeuog. Bellach roedd gan y Blaid Lafur ddeg sedd yng Nghymru. Mater o amser fyddai i'r deg dyfu'n ugain. Ond yr un mor bwysig iddo oedd fod Cyngor Sir Morgannwg wedi'i ennill gan Gynghorwyr Llafur. Yr un oedd y sefyllfa lwyddiannus yng Nghyngor Dosbarth y Rhondda. Ond blinder pennaf Jim Griffiths oedd amharodrwydd y werin i goleddu heddychiaeth. Doedd y gweithiwr cyffredin ddim yn barod o gwbl i arddel heddychiaeth adeg rhyfel. Pobl yn meddu ar werthoedd diwylliannol a chrefyddol cryf oedd yn cael eu denu i'r mudiad heddwch, pobl yn perthyn i'r dosbarth canol yn hytrach na'r dosbarth gweithiol.

Mis cyn etholiad 1918 priododd Jim Griffiths â merch o'r enw Winifred Rutley o bentref Overton yn swydd Hampshire.[16] Mae cefndir y briodas hon yn anghyffredin. Yn 1916 aeth ffrind Jim, sef Edgar Bassett y Co-op, i weithio yn siop gydweithredol Basingstoke, nid nepell o Overton. Ysgrifennodd yn fuan ar ôl dechrau ar ei waith at ei ffrind yn Betws yn gofyn, ar ran merch ifanc, a allai anfon rhai llyfrau ati. Yr adeg honno roedd Edgar a Jim a dau ffrind arall, Tommy Thomas a Luther Isaac, wedi darganfod cyfrol y nofelydd Ffrengig a'r diwygiwr cymdeithasol, Émile Édouard Charles Antoine Zola, sef *Germinal* a gyhoeddwyd yn 1885. Darganfuwyd llenorion eraill o ogwydd Sosialaidd, yn arbennig H. G. Wells a George Bernard Shaw, a fyddai'n lledu eu gorwelion. Arweiniodd un at y llall – darganfod gwaith Anatole France, oddi yno at Henri Barbusse, yna at Jack London ac wedyn at Zola. Ysgrifennodd Jim lythyr ati gan ei chyfarch, braidd yn stiff ac yn nodweddiadol o'r amseroedd, '*Dear Comrade*', a '*Yours Fraternally*.'[17] Aeth Winnie yn 1916 i ymweld â'r teulu yn y Betws. Pryderai ei fam o glywed fod ei mab o ddifrif yn caru Saesnes. Ond ar ôl ei chyfarfod ymddengys iddi roi sêl ei bendith ar y garwriaeth trwy ddweud, 'mae hi yn dda iawn – o gysidro.' Ac mae hynny'n dweud llawer iawn, gan na wyddom ddim byd bron am berthynas y fam-yng-nghyfraith a'i merch-yng-nghyfraith ar ôl iddynt briodi. Hawdd credu y byddai presenoldeb y ferch-yng-nghyfraith ar yr aelwyd yn gorfodi sgwrs yr aelwyd i droi yn Saesneg – rhywbeth go chwithig mae'n debyg.

Ganwyd Winifred yn 1896. Teulu o Fethodistiaid oeddynt. Cefnogai carfan o'r Methodistiaid Wesleaidd a'r Annibynwyr Saesneg yn Overton yr achos Sosialaidd a heddychiaeth. Priodwyd Jim a Winnie yng Nghapel yr Annibynwyr yn Overton ar 20 Hydref 1919 a threuliwyd y mis mêl yn Reading. Sefydlwyd eu haelwyd gyntaf yn Rhydaman yng nghartref Edgar Bassett a'i briod, ac wedyn yn Llanelli a Phorth Tywyn.[18] Roedd y ddau yn rhannu'r un delfrydau a balch oeddynt o weld yr ysbryd jingoistaidd a nodweddai wythnosau olaf 1918 yn cilio. Roedd gobaith o hyd am fyd gwell fel y sylweddolodd Jim a Winnie Griffiths ar ddechrau eu bywyd priodasol yng Nghwm Aman ar ôl cyfnod anodd y Rhyfel Mawr. Gallwn fod yn eithaf sicr fod eu bywyd priodasol wedi bod yn hollol lwyddiannus. Sonia ef yn gyson am y gefnogaeth a dderbyniai ganddi ac am ei pharodrwydd mawr i aberthu fel y gallai deithio yn fynych oddi cartref. Hwyrach nad ydym yn sylweddoli gymaint fu dylanwad Winnie ar fywyd Jim Griffiths.

Pennod 6

Dyddiau Coleg

Dau gwestiwn nad oes, hyd y gwn i, ateb boddhaol iddynt: Pam na chafodd Jim Griffiths fynediad i Ysgol Sir Llandeilo na chwaith fynd yno yn ôl dymuniad ei dad ar ôl blwyddyn o weithio yn y lofa i academi'r Gwynfryn? Ond mae'n ddigon tebygol fod ei brofiad ym myd undebaeth wedi mynd â'i holl fryd. Daeth bywyd y lofa a chenadwri'r Blaid Lafur Annibynnol i lenwi ei oriau hamdden yn gyfan gwbl. Credaf fod Ioan Matthews yn agos at ateb y cwestiynau hyn yn ei sylwadau diddorol am Undeb y Glowyr yn y maes glo carreg: 'Gyda thwf undebaeth bu'r cyfle i weithio yn y mudiad llafur yn gyfrwng i ddisodli'r weinidogaeth fel llwybr i'w ddilyn gan nifer o arweinwyr a ystyrid yn addawol. Yn sicr cododd penderfyniad yr undeb i sefydlu ysgoloriaethau i Ruskin yn y lle cyntaf yn sgil yr awydd am addysg a wnâi iddynt anfon glowyr i'r Gwynfryn.'[1]

Roedd mwyafrif llethol cenhedlaeth Jim Griffiths yng Nghymru heb gyfle o gwbl i fynd i Ysgol Ramadeg. Hyd yn oed ar ôl sefydlu ysgolion Sir lleiafrif bychan o'r plant a dderbyniai addysg yn niwedd y bedwaredd ganrif ar bymtheg. Fel cyw melyn ola'r teulu cafodd Jim barhau am flwyddyn ychwanegol yn yr ysgol gynradd a chael mynd i'r pwll glo gyda bwriad ei dad iddo fynd i Academi Gwynfryn yn Rhydaman. Ar ôl iddo ddechrau yn y lofa a dod yn aelod o'r Undeb ymddengys iddo newid ei agwedd. Gwelodd Jim Griffiths werth yng ngweledigaeth Albert Mansbridge (1876–1952) a roddai'r pwys mwyaf ar hyfforddi'r dosbarth gweithiol ym Mhrydain i ddeall democratiaeth a dinasyddiaeth.

Sefydlodd Albert Mansbridge Fudiad Addysg y Gweithwyr yn 1905 am ei fod yn credu yng ngwerth trafodaeth wedi'i seilio ar wybodaeth yn ogystal â brawdgarwch. Ysbrydolwyd ei brif gefnogwyr gan yr un delfrydau, ond bu hi'n anodd ar y mudiad i dyfu yn ne Cymru.[2] Un o'i gefnogwyr pennaf oedd William

Temple a fu yn ystod yr Ail Ryfel Byd yn Archesgob Caergaint. Dywedodd yr Esgob J. W. C. Wand am Temple:

> To him his work with the WEA was not just another job; it was not even just an outlet for a laudable desire to help his fellow-men or to spread the light of learning. It was a genuine expression of his religion, and the thought of it in religious terms.[3]

A byddai'r tri brawd o'r Betws, Gwilym, Amanwy a Jim yn barod i ategu'r dyfyniad o eiddo'r Esgob am un o arweinwyr mwyaf nodedig yr Eglwys yn yr ugeinfed ganrif. Sefydlwyd dosbarthiadau o Fudiad Addysg y Gweithwyr yn yr ardaloedd poblog yn ne Cymru yn y cyfnod rhwng y Diwygiad a'r Rhyfel Byd Cyntaf. Wedi ymuno â'r Blaid Lafur Annibynnol yn ddeunaw mlwydd oed agorwyd ei lygaid i fyd economeg a hanes diwydiannol. Roedd un o aelodau yr ILP wedi clywed am fodolaeth y WEA a llwyddwyd i sefydlu dosbarth yn Rhydaman yn 1908 dan gyfarwyddyd William King i ganolbwyntio ar wleidyddiaeth ac economeg. Y maes llafur oedd cyfrol Henry Clay, *Economics: an Introduction for the General Reader* (1916). Gosodid traethawd i'r disgyblion ei baratoi bob wythnos. Derbyniai Jim gefnogaeth gref gan William King a threfnodd iddo ddilyn cwrs gohebol o dan nawdd Coleg Ruskin yn Rhydychen. Dechreuodd freuddwydio am gael bod yn fyfyriwr preswyl yng ngholeg Ruskin. Ond wedyn fe ddaeth diflastod yn hanes Ruskin a daeth Coleg newydd i fodolaeth, sef y Coleg Llafur Canolog wedi'i leoli yn Llundain. Dyna'r pryd y penderfynodd Cyfrinfa Rhydaman Rhif 1 gefnogi Jim Griffiths i sefyll arholiad a gynhelid yn Abertawe i ennill lle i'r Coleg Llafur.[4] Erbyn hyn teimlai ei briod fel yntau fod yn rhaid iddo ystyried pob cyfle i ehangu ei ddysg. Pe enillai yr ysgoloriaeth roedd hi'n barod i fynd gydag ef i Lundain a gallai hi chwilio am waith i'w chynnal a bod o help iddo.

Enillodd Jim Griffiths ysgoloriaeth, yn un o wyth o dde Cymru, i astudio yn y Coleg Llafur yn Llundain.[5] Dosbarth y Glo Carreg oedd un o'r cyntaf o holl ardaloedd de Cymru i gefnogi ysgoloriaethau ar gyfer y glowyr i fynd i Goleg Ruskin ac ar ôl hynny i'r Coleg Llafur Canolog. Ef oedd y cyntaf o lowyr Gwaith Ucha'r Betws i ennill ysgoloriaeth i'r Coleg Llafur ac ymfalchïai yn ei gamp. Noson i'w chofio oedd honno yn Rhydaman ar ôl i'r newydd am ei lwyddiant gyrraedd y dref. Cynhaliwyd cyngerdd, a threfnwyd bwyd i'r gwahoddedigion a chyflwynwyd rhoddion iddo gan y Gyfrinfa fel y gallai brynu llyfrau ar gyfer y cyrsiau. Aeth i'r Coleg Llafur ym Medi 1919. Yn y coleg ni bu raid iddo deimlo'n

unig gan fod o leiaf hanner y myfyrwyr yn dod o gymoedd glo de Cymru ac
yn fechgyn o'r un cefndir ag yntau. Lleolid y Coleg yn Rhif 11 a 13 Penywern
Road, dau dŷ a addaswyd yn goleg, yn ardal Earl's Court.

Yn hen ŵr cofiai yn dda amdano ym mis Medi 1919 yn mynd yn llawn
balchder i'r Coleg.[6] Cafodd Winnie waith gyda chwmni o lanhawyr. Ar y diwrnod
cyntaf yn y Coleg roedd 29 ohonynt, dynion ieuanc, pob un yn ei ugeiniau, gyda
blynyddoedd o weithio yn y lofa neu'r melinau dur neu ar y rheilffordd yn rhan
o'u profiad, a dwy flynedd o ddarlithiau, astudio, ysgrifennu traethodau, dadlau
a chymdeithasu o'u blaen. Roedd y Coleg yn llawn gyda deugain o fyfyrwyr a'r
mwyafrif helaeth ohonynt o feysydd glo de Cymru, Durham a Northumberland.
Roeddynt yn fechgyn hynod o dalentog.[7] Mae'n debyg mai'r un mwyaf carismatig
ohonynt i gyd oedd Aneurin Bevan o Dredegar.

Serch hynny ymddengys i Bevan gael ei fygu yn y Coleg Llafur, ond roedd
Jim Griffiths yn ei atgofion yn llawer mwy gwerthfawrogol na'r rebel o löwr o
Dredegar. Gwnaeth yn fawr o'r addysg a dderbyniodd yno.

Sosialydd arall o'r de a enillodd ysgoloriaeth yr un adeg oedd Ness Edwards
(1897–1968), Aelod Seneddol Llafur Caerffili o 1939 hyd ei farwolaeth yn 1968.[8]
Fel Aneurin a Jim cafodd ei drwytho yn ei ieuenctid yn yr Ysgol Sul a'r Capel.[9]
Gadawodd yr ysgol elfennol fel hwythau yn dair ar ddeg oed a chafodd waith yng
nglofa Six Bells. Fel Jim Griffiths roedd disgwyl gan rai y byddai'n ymateb i alwad
y Weinidogaeth Ymneilltuol. Pan dorrodd y Rhyfel Mawr, safodd Ness Edwards
fel gwrthwynebydd cydwybodol ar dir heddychiaeth ac fel aelod o'r Blaid Lafur
Annibynnol. Ymaelododd â'r mudiad 'No Conscription Fellowship' a gysylltid â
Fenner Brockway. Am ei safiad fe'i carcharwyd yn 1917 yn Dartmouth ac ar ôl
hynny yn Wormwood Scrubs. Yn 1919 enillodd ysgoloriaeth Undeb y Glowyr i
astudio yn y Coleg Llafur Canolog, a manteisiodd yn fawr ar ei amser yno.

Ni ellir gorbwysleisio dilysrwydd yr ymlyniad wrth Sosialaeth Ryngwladol
ar ran y gwŷr talentog hyn. Gellir dadlau mai'r genhedlaeth hon yn bennaf a
gadwodd y pwyslais hwnnw yn fyw am flynyddoedd lawer yn y tridegau adfydus
ac ymlaen i'r chwedegau.

Yn ei bapurau yn y Llyfrgell Genedlaethol rhydd Jim Griffiths werthfawrogiad
rhagorol o gyn-Brifathro'r Coleg, Dennis Hird, fel addysgydd a gyflwynai'r
pwyslais rhyngwladol yn gryf. Galwodd Jim Griffiths ef yn ffrind, yn gydymaith ac
yn ysbrydoliaeth, un oedd yn deall 'arwyddion yr amserau.' Erbyn i Jim Griffiths
gyrraedd y Coleg roedd Hird mewn gwth o oedran ac yn dibynnu'n helaeth ar

W. W. Craik a ddaeth yn Brifathro llwyddiannus i'r Coleg yn sesiwn 1919.[10] Athro arall yno ar y pryd oedd W. H. Mainwaring, a fu'n ddylanwadol yn hanes gwleidyddol y Rhondda yn anterth ei nerth.

Disgwylid i'r myfyrwyr gyfansoddi traethodau gwleidyddol i annerch cyfarfodydd ac i arwain a dysgu mewn dosbarthiadau ar hyd a lled Llundain. Rhoddai Craik fel prifathro gryn lwyth o gyfrifoldeb ar y myfyrwyr a bu Jim Griffiths yng ngofal tri dosbarth o dan nawdd y coleg, un yn Battersea, un yn Mitcham a'r trydydd yn Luton. Disgwylid iddo ef, fel ei gyd-fyfyrwyr, bob wythnos, annerch yn yr awyr agored ar faterion y dydd yng ngoleuni'r gredo Sosialaidd. Cynhaliwyd cyfarfodydd o'r fath yn Peckham Rye a Camberwell. Deuai cyfle i'r myfyrwyr gyfarfod â Sosialwyr amlwg yn Llundain a threfnid cyfle i fynychu'r Tŷ Cyffredin i wrando ar wleidyddion yn trafod pynciau'r dydd.

Athro arall dawnus yn y Coleg oedd Alec Robertson, ysgolfeistr o Glasgow. Darlithiai Robertson ar Gymdeithaseg, Hanes Diwydiannol a Gwleidyddol, ac Economeg. Derbyniodd myfyrwyr y cyfnod hwn gymdeithas a dysg Alfred J. Hacking, ysgolhaig a addysgwyd yng Ngholeg Exeter, Rhydychen. Hwy oedd athrawon sefydlog y coleg.

Mwynhaodd Jim Griffiths ei gyfnod yn y coleg, y cyfle i ddarllen yn eang, yn arbennig ym maes athroniaeth, er iddo gwyno bod yr athrawon ar brydiau yn tueddu i'w trin fel bechgyn pymtheg oed yn hytrach nag Undebwyr cyfrifol, ac yn ei achos ef yn ŵr priod. Penderfynodd Jim Griffiths sefyll am swydd Asiant y Glowyr yng Nghwm Gwendraeth ynghanol ei astudiaethau yn 1920 a chael ei feirniadu'n llym gan rai yn yr hen fro am fod mor gyfnewidiol ei feddwl a thaflu'r cyfan a wnaed drosto gan ei gyd-lowyr. Atebodd Griffiths yn yr *Amman Valley Chronicle* mai y glowyr oedd am iddo sefyll yn y lle cyntaf, a bod Prifathro'r Coleg, a'r ddau Gymro oedd yn gysylltiedig â'r sefydliad addysgol, W. H. Mainwaring a Noah Ablett, yn gefnogol dros ben iddo.[11] Ysgrifennodd Ablett fel Cadeirydd y Llywodraethwyr y deyrnged hon i'w chyhoeddi:

> He won with distinction a scholarship at the Labour College. As Chairman of the Governors of that College, I am pleased to be able to say that his work shows him to be one of the brightest students and one for whom there ought to be a very useful future in the new movement. I think he is the right type of man the future of our movement calls for and I heartily recommend him to my fellow miners.[12]

Roedd Jim Griffiths yn un o 28 o ymgeiswyr ac yn y bleidlais gyntaf daeth yn drydydd ar ôl Jack Thomas, atalbwyswr Glofa Diamond yn Ystradgynlais, gyda Rees Morgan o lofa'r Tymbl yn ail.[13] Yn yr ail bleidlais daeth Jim Griffiths yn ail a William Jones o Pum Heol yn drydydd, ond Jack Thomas oedd ymhell ar y blaen.[14] Ysgrifennodd un o lowyr y maes glo y deyrnged hon i Jack Thomas: 'Y mae fel gwyddoniadur yn ei wybodaeth, fel y dur yn ei benderfyniad, yn ymresymwr cadarn, a'i galon bob amser yn gwaedu dros wroniaid y dyfnder.'[15]

Cafwyd y drydedd bleidlais, yn naturiol rhwng Jack Thomas a Jim Griffiths, ac unwaith yn rhagor nid oedd Jim Griffiths yn agos i'r lan. Cafodd Jack Thomas 8,720 o bleidleisiau, sef 55.75% a Jim Griffiths 6,940, sef 44.3% o'r bleidlais.[16] Anodd deall fod Jim Griffiths wedi ymgeisio am swydd asiant y glowyr yng Nghwm Gwendraeth.[17] Ni allwn ddweud llawer am ei ymgeisiaeth ar wahân i'r cyfarfod stormus a gafodd yng Ngwaun-Cae-Gurwen yn ystod yr ymgyrch. Siaradodd am awr am ei weledigaeth am swydd yr Asiant. Ond cafodd ei gornelu yn y cwestiynau a ofynnwyd gan nifer o anarchwyr a Chomiwnyddion. Bu'n brofiad digon annymunol.[18]

Dychwelodd i'r Coleg gydag uchelgais i adael gwaith y glöwr cyffredin am waith mwy atyniadol. Bellach hoffai annerch cyfarfodydd a gwleidydda o fewn y Mudiad Llafur. Aeth ati i ddeall Marcsiaeth, athroniaeth bwysig ar sylabws y Coleg. Er na fu Jim Griffiths yn Farcsydd o argyhoeddiad, derbyniai ddadansoddiad economaidd Marcsiaeth, ond nid yr agweddau gwleidyddol. Cydnabu mewn cyfweliad mai ei gefndir Cymraeg, capelyddol oedd y rheswm am hynny.[19]

Llafuriodd yn galed i ddarllen a deall cyfrol y Marcsydd o'r Almaen, Joseph Dietzgen, *Positive Outcome of Philosophy* (1906), a hefyd ddehongliad sosialaidd Karl Kautsky o gyfrol enwog Thomas More, *Utopia*.

Caent ddarlithiau ychwanegol gan ddarlithwyr gwadd. Yn ôl Jim Griffiths yn ei nodiadau, roedd J. F. Horrabin yn enwog am baratoi mapiau i'r papur dyddiol, *Daily News*, darlithydd meddai, 'whom we all loved'. Un arall a fyddai'n cynorthwyo'r coleg oedd yr athrawes llais, Miss Clara Dunn. Byddai hi wrth ei bodd yn cynorthwyo'r myfyrwyr i daflu llais fel y gallai'r holl gynulleidfa eu clywed. Gwnaeth gamp anhygoel ar Aneurin Bevan. Diolchai Jim Griffiths iddi am ei chyfarwyddyd, er ei fod ef yn cydnabod bob amser iddo ddatblygu yn areithydd huawdl wrth wrando pregethau o bulpud Gellimanwydd.

Cyfoethogwyd Winnie a Jim yn eu horiau hamdden gan fywyd cymdeithasol Llundain. Cafodd gyfle lawer tro i fynd i Neuadd Albert gyda'i briod i gyfarfodydd a gynhelid yno ac aeth i weld yr actores Sybil Thorndike yn y ddrama *The Trojan*

Women gan Euripides. Pleser arall iddo am gost o chwe cheiniog oedd gwylio tîm pêl-droed Chelsea yn chwarae yn Stamford Bridge.[19] Byddai ei wraig ifanc yn dod gydag ef i wylio'r gêmau. Teithiai weithiau i Marble Arch i fwynhau areithwyr ar y bocs sebon a chlywed alltudion Cymraeg yn canu emynau ar nos Sul, a gwrando yn achlysurol ar Dr Orchard, eilun yr Annibynwyr Saesneg, a thro arall ar Elfed yng nghapel Cymraeg King's Cross. Byddai hyn yn ei atgoffa o gymdeithas werinol ei blentyndod yng nghapel Gellimanwydd. Roedd ei fro ei hun a'i diwylliant, y Gymraeg a chynhesrwydd y bobl, ei deulu a'i ffrindiau yn hynod o bwysig iddo bob amser ac yn arbennig yn y cyfnod y bu ef oddi cartref am y tro cyntaf erioed. Deuai hiraeth mawr i'w enaid wrth wrando ac uno yn y canu cynulleidfaol. Nid anghofiodd Jim Griffiths y breintiau a dderbyniodd trwy gyfnod y Coleg. Meddai Gwilym Prys Davies:

> Bu dylanwad y Coleg hwn a'i ddosbarthiadau allanol yn drwm ar brif arweinwyr
> y Mudiad Llafur o dde Cymru am dros hanner canrif. Er hynny, ymddengys fod
> dylanwad Marcsiaeth a Syndicaliaeth y Coleg, ag eithrio'r pwyslais ar gydwladoldeb,
> wedi pylu ym meddwl Griffiths yn weddol fuan.[20]

Perthynai Aneurin Bevan, Morgan Phillips, Bryn Roberts, Ness Edwards, D. J. Williams, J. L. Williams ac yntau i ddiwydiant oedd yn allweddol ym mywyd Cymru. Yn 1920 cyflogid 271,000 ym maes glo'r de. Roeddynt yn anterth eu nerth gwleidyddol. Ganddynt hwy yr oedd yr egni i roi'r haearn yn asgwrn cefn y Blaid Lafur, ac i wireddu'r weledigaeth am wladoli'r diwydiant glo. Nid oedd y glowyr am laesu dwylo yn y frwydr barhaus am well amodau o dan ddaear, codi'r cyflog a gostwng oriau gwaith. Pan lusgodd y perchenogion eu traed, rhybuddiodd y glowyr fod streic ar y gorwel. Ymateb Lloyd George yn 1919 oedd sefydlu Comisiwn Brenhinol i baratoi adroddiad ar fater cyflog ac oriau ac i roddi ystyriaeth bellach i'r achos am wladoli'r diwydiant glo. Argymhellodd y cadeirydd John Sankey a'i Gomisiwn y dylid gwladoli'r diwydiant mewn egwyddor, ond methwyd â chynnig un farn glir ar sut i wneud hynny. Bu hyn yn gyfle da i Lloyd George wrthod y polisi o wladoli'r diwydiant. Bu'r methiant i wireddu un o brif argymhellion Comisiwn Sankey yn faen tramgwydd am y chwarter canrif nesaf. Dychwelodd Jim Griffiths a'i gyd-efrydwyr o'r Coleg Llafur i'w hardaloedd yn fwy argyhoeddedig nag erioed bod yn rhaid gwladoli'r diwydiant glo.

Jim Griffiths a Nun Nicholas o Bontardawe oedd yn gyfrifol am ddosbarth atyniadol Addysg Oedolion yn Ystradgynlais yn y dauddegau. Daeth y glöwr Dai

Dan Evans o Waun-Cae-Gurwen yn aelod, a thrwy'r dosbarth yn Farcsydd brwd
ac yn nes ymlaen yn Ysgrifennydd Ffederasiwn De Cymru o Undeb y Glowyr ac
yn aelod oes o'r Blaid Gomiwnyddol. Siom fawr Jim Griffiths felly oedd gorfod
cytuno â'i gyd-arweinwyr yn y Ffed yn 1929 na ellid parhau i ariannu'r coleg a
fu'n feithrinfa addysgol iddo. Undeb Gweithwyr y Rheilffyrdd oedd yn gyfrifol
am gymryd y cam tyngedfennol gan fod y Ffed yn ddigon parod i ariannu'r
coleg am gyfnod pellach. Ond ni allent fforddio cynnal y coleg heb gymorth
Undeb y Rheilffyrdd. Yn annodweddiadol ohono rhoddodd Jim Griffiths y bai
ar ysgwyddau Cadeirydd y Llywodraethwyr, Noah Ablett, un a fu yn gefnogol
iawn iddo, a hynny mewn llythyr at ysgrifennydd mudiad y NCLC: 'I am sorry
for Ablett as I think he felt it acutely but he has become useless. Had there been
a sober man at the head of the college governors its recent history might have
been different.'[21]

Roedd agwedd gadarn Jim Griffiths ar ddirwest yn llywio ei farn am fethiant
Ablett i lywio'r Coleg trwy gyfnod anodd. Dyna yw ergyd y 'sober man'. Yfai
Ablett yn drwm ac i Jim Griffiths roedd hynny yn wendid affwysol na allai ei
faddau iddo. Ni allai weld Cadeirydd y coleg heb ei sbectol ar ddirwest.

Bu'n rhaid i genhedlaeth Noah Ablett a Jim Griffiths ddewis rhwng
gwahanol agweddau ar y dystiolaeth Lafurol – dewis rhwng syndicaliaeth a
Sosialaeth Gristnogol, rhwng Marcsiaeth a syniadau R. H. Tawney.[22] Dewisodd
Ablett Farcsiaeth glasurol tra cyfunodd Jim Griffiths draddodiad Gellimanwydd
– sef dirwest, heddychiaeth a chariad at yr iaith Gymraeg, ac athroniaeth Keir
Hardie ac R. J. Campbell. Yn ddiweddarach yn y pumdegau daeth o dan
gyfaredd R. H. Tawney gan gryfhau ei bwyslais ar gydraddoldeb, cyfiawnder
cymdeithasol a hawliau'r unigolyn.[23]

Ond gwelir yr ysbryd herfeiddiol oedd wedi meddiannu Jim Griffiths fel
myfyriwr yn ei lythyr ac yn ei ddadl â Fred Thomas, golygydd yr *Amman Valley
Chronicle*, 23 Mawrth 1922 dan y teitl, 'Fflag Jac yr Undeb':

> What does the Union Jack symbolise today? Exploitation of the poor at home, and
> even more ruthless exploitation of the poor in the Colonies. Ask Ireland, Egypt, India
> and the Rand what the Union Jack stands for and you'll get your answer: Black and
> Tans, Dyerism and 'Nigger' driving.[24]

Diwylliant y dosbarth gweithiol oedd ei ddiwylliant, y diwylliant hwnnw
oedd yn meithrin cymeriadau ag argyhoeddiadau cadarn ac yn barod i fynegi

hynny'n rymus ar lwyfan ac yn y wasg. A gwyddom nad y dosbarth gweithiol yn unig a feithrinodd y rhinweddau a enwyd. Bu'r Coleg Llafur Canolog yn Llundain – y dadleuon, y darlithiau, y cymdeithasu yn gyfle i fagu profiad fel cyfathrebwr ac yn gymorth mawr iddo baratoi ei hun i fod yn arweinydd ym myd Undebaeth a'r Blaid Lafur:

> Bu'r Coleg bychan hwn mor ddylanwadol ar y mudiad Llafur ag y bu Coleg Aberystwyth ar fudiad Cymru Fydd.[25]

Pennod 7

Asiant y Blaid Lafur yn Llanelli

Dychwelodd Jim Griffiths o'r Coleg yn 1921. Aeth yn ôl i lwch y lofa, a chafodd ef a'i briod gartref dros dro gydag Edgar a Dolly Bassett yn Heol Las, Rhydaman. Erbyn hyn roedd Edgar Bassett ymhlith y fintai sylweddol o Sosialwyr a gefnodd ar y capeli roedd ei dad a'i frawd wedi ymgysegru iddynt fel gweinidogion y gair.

Cafodd Jim Griffiths ei ethol yn fuan yn Gadeirydd Cyfrinfa Glowyr Gwaith Ucha'r Betws. Golygai'r swydd ei fod yn treulio o leiaf awr ychwanegol bob dydd ar ben y pwll yn delio â phroblemau bob dydd y glowyr a materion eraill. Byddai'n cyrraedd yn ôl o'r gwaith cyn mynd allan i ofalu am ddosbarthiadau nos. Byddai yng ngofal dosbarthiadau yn Rhydaman, Llandybïe, Tŷ-Croes ac yn y Blaenau, ger Llandybïe. Yn ychwanegol at hyn gofalai am fuddiannau'r Blaid Lafur yn etholaeth newydd Llanelli.

Cafodd siom ym mis Ebrill 1921 ym mhenderfyniad Llywodraeth y Coalisiwn i ddad-reoli'r diwydiant glo. Iddo ef canlyniad hyn fu chwarter canrif o dlodi i'r glowyr, anghydfod ac argyfwng yn dilyn ei gilydd a diweithdra. Tri mis heb waith yn 1921, a saith mis yn ddi-waith yn 1926. Yn 1921 bu brwydr arall am dri mis. Ond colli wnaeth y glowyr. Rhaglen y perchenogion yn syml oedd codi oriau gwaith, gostwng cyflogau a cheisio gwerthu'r glo am bris is er mwyn chwyddo'r gwerthiant. Credent y gellid adennill y marchnadoedd gartref a thramor wrth ostwng y pris. Gwrthododd y glowyr dderbyn y rhaglen negyddol hon ac ymladdasant yn galed yn ei herbyn gyda'u dycnwch a'u gwroldeb arferol. Ond nid oedd gobaith argyhoeddi Llywodraeth y Coalisiwn na pherchenogion y diwydiant. Fe godwyd dros nos yr oriau gwaith o saith i wyth awr y dydd, a gostwng cyflogau'r gweithwyr am fwy o oriau o waith. O ganlyniad roedd cyflog glöwr y maes glo carreg yn 1922 yn llai nag oedd yn 1920.

Roedd y glowyr yn gwbl anfodlon ar bolisïau Llywodraeth goalisiwn, yn arbennig wedi iddynt wrthod argymhelliad y Comisiwn Brenhinol o 'ddwyn y diwydiant dan berchenogaeth y wladwriaeth. I Jim Griffiths un gair yn unig oedd yn crynhoi y stori sef brad y perchenogion.

Un newid mawr a welodd ef a'i gyd-lowyr oedd dyfodiad y peiriant torri a chludo glo. Cofiai amdano'i hun yn grwt newydd ddechrau yn y pwll glo yn sôn am ddyfodiad y peiriant i'r ffas i dorri glo yn lle'r glöwr. Nid oedd y glowyr dros hanner can mlwydd oed yn credu o gwbl fod y fath beth yn bosibl:

Pe soniai rhai o'r bechgyn ieuainc am ryw erthygl a ddarllenwyd ganddynt, fe atebai'r hen ddwylo 'Peidiwch â chredu'r fath sothach, dyw e ddim byd ond bragio'r Americaniaid.' Torrai'r hen 'gaffer' ar draws ambell ddadl ar y pwnc … trwy ddweud, 'Peidiwch ag ofni'r *American Devil*, bois bach. Ddaw e byth 'ma cyd â mod i.' Ond ni allai'r glowyr yn y Betws mwy nag yn Bolsover atal cynnydd technoleg yn y diwydiant. Digwyddodd chwyldroad enbyd rhwng 1913 a 1922.[1]

Yr unig blaid wleidyddol oedd â gwir ddiddordeb am fuddiannau'r glowyr yn yr ugeiniau cynnar oedd y Blaid Lafur. Pan benderfynodd Pwyllgor Gwaith y Blaid Lafur yn lleol ethol asiant llawn-amser yn etholaeth Llanelli yn 1922 fe grëwyd swydd oedd yn gweddu'n berffaith i Jim Griffiths.[2] Dechreuodd ar ei ddyletswyddau ddechrau Medi 1922. Meddyliai ef ar y pryd y byddai'r Llywodraeth yn debygol o gwblhau ei thymor arferol o bum mlynedd. Ond nid dyna fel y bu. Blinodd Ceidwadwyr eithafol y dde ar gyfrwystra Lloyd George a chynnal Etholiad Cyffredinol ar unwaith.

Synhwyrai Jim Griffiths fod newid gwleidyddol ar y gorwel yn yr etholaeth ac y gallai J. H. Williams y tro hwn ennill y sedd i Lafur. Erbyn hyn roedd Dr Williams yn ffigur adnabyddus yn yr etholaeth.[3] Safodd bedair gwaith yn lliwiau'r Blaid Lafur Annibynnol a'r Blaid Lafur ac edmygid ef am ei ddycnwch a'i deyrngarwch i fuddiannau'r werin bobl.

Camp Jim Griffiths oedd sylweddoli y byddai ymgyrch lwyddiannus yn galw am:

1) gynhyrchu digon o bosteri i'w dosbarthu ar hyd a lled yr etholaeth;
2) cynnal digon o gyfarfodydd cyhoeddus;
3) perswadio byddin o aelodau a chefnogwyr i ganfasio o dŷ i dŷ â'r neges: 'Llanelli i Lafur'.

Ymhlith y rhai a weithiodd yn galed dros yr achos yr oedd ei wraig ifanc Winnie, er ei bod yn feichiog.[4] 'Penderfynodd Towyn Jones ymddeol fel Aelod Seneddol a dewisiwyd George Clark Williams, bargyfreithiwr ac aelod o deulu Annibynwyr mwyaf adnabyddus Llanelli i gynrychioli'r Blaid Ryddfrydol.'[5] Roedd y byd yn 1922 yn llithro i argyfwng economaidd, y dirwasgiad ar fin dechrau, a phryder yn codi am gostau byw a dyfodol y diwydiannau trwm. Lluniodd Amanwy y slogan ar gais ei frawd, 'Mae'r Doctor sy'n gwella clwyfau dyn yn abl i wella clwyfau'r byd'.[6] Bu'r ymgeisydd Llafur J. H. Williams ei hun yn anhwylus am ran fawr o'r ymgyrch, a threuliodd gyfnod yn Ynysoedd y Canaries yn cryfhau. Ond bu'n ffodus yn ei asiant oedd yn ddigon abl i ysgwyddo'r cyfrifoldeb am yr ymgyrchu. Daeth yr ymgyrch i'w hanterth yn y cyfarfod mawr yn Neuadd y Farchnad yn Llanelli ar drothwy dydd y pleidleisio. Cyhoeddwyd y canlyniad ar falconi Neuadd y Dref o flaen torf anferth:

J. H. Williams (Llafur)	22,213	59.3%
G. Clark Williams (Rhyddfrydwr)	15,947	40.7%
Mwyafrif	7,266	18.6% [7]

Nid anghofiodd Jim Griffiths, mwy na J. H. Williams, y noson fythgofiadwy honno.[8]

Gwyddai Griffiths mai tasg yr asiant yn awr fyddai cadw diddordeb yr aelodau a chyhoeddi rhyw fath o bapur bro ar gyfer yr etholwyr ac i gadw mewn cysylltiad â chymunedau'r etholaeth. Dyma sut y daeth y *Llanelly Labour News* i fodolaeth a chyhoeddwyd ef yn fisol.[9] Paratowyd y papur o bedair tudalen gan y Blaid Lafur yn ganolog yn Llundain – dwy dudalen o ddeunydd Prydeinig, a dwy o ddeunydd lleol. Ef oedd golygydd y tudalennau lleol, ac ef yn bennaf a ysgrifennai'r adroddiadau o'r etholaeth. Ef hefyd fyddai'r gwerthwr a'r dosbarthwr. Llwyddodd i gael nifer o sosialwyr ifanc i'w gynorthwyo fel aelodau o Fwrdd Golygyddol a Phwyllgor Gwaith y papur. Bu'r *Llanelly Labour News* yn arbrawf hynod o lwyddiannus, y newyddion yn flasus, gan gyflwyno manylion am hwn a'r llall, ac adroddiadau am gêmau rygbi o'r Strade. Byddai dyfodiad gweinidog newydd i'r broydd yn sicr o gael sylw a byddai bron yr holl ddeunydd lleol wedi'i ysgrifennu yn Gymraeg. Cododd y cylchrediad i 10,000 ond fel llawer papur arall yn hanes y Blaid Lafur bu'n rhaid rhoi'r gorau i'w gyhoeddi oherwydd diffyg cyfalaf yn ganolog a diffyg hysbysebion yn lleol. Papur Jim Griffiths ydoedd a phan ddaeth ei gyfnod fel asiant i ben nid oedd modd ei gynnal. Ond cyflawnodd *Llanelly Labour News* gryn lawer yn ei ddydd.

Ymladd etholiadau fu gwaith pennaf yr asiant hwn a gwasanaethu'r Aelod Seneddol newydd yn ystod y tair blynedd nesaf. Ond roedd rheidrwydd arno i gael aelwyd iddo ef a'i briod. Symudodd y ddau i fyw i Borth Tywyn yn agos i gartref yr Aelod Seneddol. Yno ar 19 Chwefror 1923 y ganwyd eu plentyn cyntaf o bedwar, Jeanne.[10] Roedd eu byd yn ymgyfoethogi a'r ddau ohonynt yr un mor frwdfrydig â'i gilydd am hyrwyddo peirianwaith y Blaid Lafur. Ni pharhaodd Llywodraeth 1922 yn hir. Bu Etholiad Cyffredinol arall o fewn blwyddyn oherwydd agwedd y Prif Weinidog, Stanley Baldwin. Hawliai Baldwin y dylai gael mandad o blaid ei bolisi o ddiffyndollaeth (protectionism). I lawer un y gwir reswm oedd yr angen i gryfhau'r Blaid Geidwadol yn wyneb bygythiad Lloyd George o greu 'Plaid y Canol'. Galwyd etholiad arall ar 6 Rhagfyr 1923 a thrwy hynny uno rhengoedd y Rhyddfrydwyr o dan arweinyddiaeth wan H. H. Asquith. Ond roedd hi'n amlwg fod dyddiau grym y Rhyddfrydwyr wedi darfod yng nghymoedd de Cymru er nad oedd hynny'n wir yng nghefn gwlad.[11] Daeth y Blaid Lafur i ennill teyrngarwch y boblogaeth ddiwydiannol a chyfyngwyd apêl y Rhyddfrydwyr i etholaethau gwledig y gorllewin, y gogledd a'r canolbarth.[12]

Yn yr etholiad safodd R. T. Evans dros y Rhyddfrydwyr yn etholaeth Llanelli a Major Beaumont Thomas dros y Ceidwadwyr, ond ennill tir wnaeth y Blaid Lafur.[13] Roedd yr asiant Jim Griffiths ei hun yn methu dioddef agwedd ragrithiol R. T. Evans ar fater dirwest. Derbyniodd Evans gefnogaeth gref gan yr Eglwysi Rhyddion trwy'r etholaeth am ei fod yn rhoi'r argraff ei fod yn cefnogi'r safbwynt traddodiadol ar ddirwest er bod yr ymgeisydd Llafur yn ddirwestwr pybyr. Ond rhoddodd R. T. Evans argraff gwbl wahanol pan anerchodd y gweithwyr ym Mragdy Felinfoel. Ysgogodd hyn yr asiant i baratoi taflen Gymraeg o dan y teitl *Shoni bob Ochr* yn dangos y rhagrith. Nid oedd angen i Jim Griffiths ymboeni; roedd y Blaid Lafur yn ddiogel am yr eildro yn olynol:

J. H. Williams (Llafur)	21,063	55.1%
R. T. Evans (Rhyddfrydwr)	11,765	30.7%
Major Beaumont Thomas (Ceidwadwr)	5,442	14.2%
Mwyafrif	9,298	24.4% [14]

Etholwyd i'r Senedd newydd ugain Llafurwr (gan gynnwys yr heddychwr o blith Cymry Lerpwl George M. Ll. Davies), deuddeg Rhyddfrydwr a phedwar Ceidwadwr dros etholaethau Cymru.[15] Roedd y Senedd newydd yn cynnwys 258 o Geidwadwyr, 191 o Lafurwyr a 158 o Ryddfrydwyr. Gan na chafodd Stanley Baldwin ei ddymuniad na'i ffordd ar fater y mandad, penderfynodd H. H. Asquith roddi cyfle i'r Blaid Lafur brofi cyfrifoldeb llywodraeth am y tro cyntaf erioed yn Senedd Prydain.

Roedd hyn yn gam pwysig, trosglwyddo awenau llywodraeth gwlad i bobl oedd yn aml yn dod, neu wedi dod, o gartrefi llwm, na phrofodd erioed foethusrwydd. Cynrychiolai'r Prif Weinidog newydd Ramsay MacDonald etholaeth Aberafan, lle y cyfrifid ef fel Meseia am ei huodledd ar lwyfan.[16] Yn y tymor byr y bu'r Llywodraeth Lafur wrth y llyw cyflawnodd waith graenus ym myd addysg, ac ym myd tai a chartrefi. Gweddnewidiwyd rhannau o ddinasoedd Prydain fel Lerpwl mewn blwyddyn. Ond gan mai plaid leiafrifol oedd Llafur yn y senedd ac yn dibynnu ar gefnogaeth y Rhyddfrydwyr, nid oedd modd iddi fod yn rhy uchelgeisiol. Ni chaniateid unrhyw bolisïau oedd yn sawru o sosialaeth, ond sylweddolodd Lloyd George yn anad neb botensial arweinyddion y Blaid Lafur. Dywed yr hanesydd John Davies: 'Buan y daeth Lloyd George i'r casgliad na fyddai dyfodol i'w fath ef o radicaliaeth pe llwyddai Llafur. Gan hynny, ef oedd prif bensaer cwymp y llywodraeth.'[17]

Ym mis Hydref 1924 daeth Llywodraeth Ramsay MacDonald i ben ei thennyn mewn ysbryd o chwerwedd a dryswch. Roedd J. H. Williams a'i asiant yn llawn sylweddoli fod Llafur yn wynebu etholiad lle byddai eu gwrthwynebwyr yn defnyddio pob ystryw i'w pardduo. Trefnodd Jim Griffiths 61 o gyfarfodydd i'r meddyg eu hannerch dros gyfnod o wyth niwrnod yn yr etholaeth. Y pynciau a bwysleisid gan Lafur yn yr etholaeth oedd heddwch, diweithdra a'r angen am adeiladu rhagor o dai. Cytunodd yr asiant Jim Griffiths yn llwyr â'r nodyn a ymddangosodd yn *Y Cymro* ar 8 Tachwedd 1924 am gyfraniad y capeli yng nghyswllt gwleidyddiaeth Cymru:

> Mae llawer o weinidogion ieuainc Ymneilltuaeth yn dysgu a phregethu hawliau'r bywyd dynol yn ei gyfanrwydd; dangosant yn unol ag ysbryd dysgeidiaeth Crist bod bywyd i'w sancteiddio a'i gysegru yn ei holl agweddau, a rhaid i'r holl bethau eraill fod yn is-wasanaethgar i hawliau cyfreithlon y bywyd dynol.[18]

Nid oedd yn hawdd i weinidogion Cymraeg ymddihatru o afael

Rhyddfrydiaeth ac yn arbennig hud a lledrith Lloyd George ei hun. Un o wŷr mawr capel Llanelli yn y cyfnod oedd y Parchedig Richard Gwylfa Roberts, gweinidog capel Tabernacl yr Annibynwyr Cymraeg. Daeth yn un o enwau pwysicaf Annibynia ac yn ffrind mynwesol i Lloyd George.

Teflir cryn dipyn o oleuni ar gyfeillgarwch y ddau mewn erthygl ddadlennol yn y *Llanelly Guardian* ar 24 Awst 1922, ddeufis cyn i'r Ceidwadwyr gael gwared ar Lloyd George fel Prif Weinidog. Derbyniasai Gwylfa wahoddiad i bregethu yng nghapel Brynbowydd, Blaenau Ffestiniog a theithiodd Lloyd George o'i gartref yng Nghricieth i wrando ar huodledd ei gyfaill.

Pan fu farw Gwylfa yn 64 oed yn 1935 darllenwyd telegram Lloyd George yn yr arwyl: 'Deeply grived to hear of the death of our old friend Gwylfa and hasten to express sincerest sympathy. Wales will be much poorer by his loss.'[19] Trawodd *Y Cymro* nodyn Llafurol wrth ddweud adeg Etholiad 1924: 'Siomedig fod mwyafrif Capeli Ymneilltuol y wlad yn cysylltu eu hunain â Cheidwadaeth ac yn anuniongyrchol yn erbyn y Mudiad Llafur.'[20]

Fe wyddai Jim Griffiths am hanes y gweinidogion yn dda gan gynnwys y rhai oedd y tu allan i'w gylch ef, fel Gwylfa. Llawenydd iddo oedd deall fod y Parchedig E. Curig Davies yn barod i dderbyn galwad i Lwynhendy yn ei etholaeth. Gweithiai ef yn galed yn ei genhadaeth dros Grist ac ar yr un pryd roedd yn barod i arddel perthynas â'r Blaid Lafur.[21]

Pwysleisiai Jim Griffiths ei safbwynt dirwestol yn ei erthyglau yn y *Llanelly Labour News*. Nid dyna oedd agwedd mwyafrif helaeth aelodau'r Blaid Lafur. Er hynny ni laesodd ei ymgyrch yn ystod y 30 mlynedd nesaf. Diddorol yw darllen yn y *Llanelly Labour News* yn Awst 1925 am y tensiwn yn yr etholaeth o dan y pennawd, 'Anghytuno â'r Clybiau Yfed':

> Mae'n dda gennym fod Plaid Llafur yn Rhanbarth Llanelli yn gwrthod plygu glun iddynt.
> Mae'r amser a wastreffir yn y clybiau yma, ynghyd â'r tafarndai, yn golled i Fudiad Llafur.[22]

Bu Etholiad 1924 yn un anghyffredin o anodd.[23] Llwyddodd yr asiant i gael y Prif Weinidog Ramsay MacDonald i ymweld â'r etholaeth ar y nos Sadwrn cyn y pleidleisio. Roedd Jim Griffiths wedi'i gyfarfod ef am y tro cyntaf yng Nghynhadledd Genedlaethol y Blaid Lafur Annibynnol ym Merthyr Tudful yn 1912. Mesmereiddiwyd y gynulleidfa gan ei bersonoliaeth, ei lais cyfareddol a'i acen Geltaidd. Roedd ei safiad dewr yn ystod y Rhyfel Byd Cyntaf yn rheswm arall am yr edmygedd a deimlid tuag ato. Ef oedd arwr y mudiad yn y dauddegau cynnar a gwelid ei lun ar bosteri ym mhob twll a chornel yn etholaeth Llanelli. Ef oedd yr ateb i'r Ceidwadwyr a'r Rhyddfrydwyr.

Defnyddiwyd 'Llythyr Zinoviev', y Llythyr Coch fel y'i gelwid, i bardduo Llafur ac i awgrymu y byddai pleidlais i Lafur yn hybu cynllwyn rhynglwadol y Bolsieficiaid yn Rwsia. Erbyn hyn gwyddom mai celwydd oedd y cyfan, ond ar drothwy'r bleidlais, ymddangosodd y llythyr. Ar brynhawn Sadwrn galwodd llu o ohebwyr a newyddiadurwyr ar ran papurau'r Sul am docynnau i gyfarfod olaf y dydd yn Llanelli. Anfonwyd hwy i Lanelli gan eu bod yn disgwyl i Ramsay MacDonald wneud datganiad am y Llythyr Coch. Cytunwyd i'r asiant drefnu iddynt gael cyfweliad ag ef cyn cyfarfod yr hwyr.

Ond roedd hyn yn amhosibl gan fod Ramsay MacDonald yn annerch o leiaf hanner dwsin o gyfarfodydd. Gwnaeth rhai o'r gohebwyr ymdrech i chwilio amdano, ond yn gwbl ofer. Pan ddaeth hi'n amser cynnal y cyfarfod yn Llanelli roedd y neuadd yn fwy nag orlawn gyda 5,000 yn bresennol, ac yn hwb i gefnogwyr y Blaid Lafur wrth weld cannoedd y tu allan i'r neuadd. Pan gyrhaeddodd Ramsay MacDonald y neuadd canodd y gynulleidfa emyn optimistaidd Watcyn Wyn, 'Rwy'n gweld o bell y dydd yn dod ....' Roedd ei anerchiad mewn cytgord ag emyn Watcyn Wyn, emyn a luniodd wrth feddwl am gyfraniad yr heddychwr mawr o Gymro, Henry Richard. Cafodd y dyrfa fawr eu hysbrydoli, ac ar ôl i'r Prif Weinidog fynd o Lanelli i Aberafan, daliai'r Llafurwyr i ganu caneuon y Ffydd ac emynau'r Cysegr ar strydoedd Llanelli tan oriau mân bore Sul.

Aeth Jim Griffiths i'w swyddfa ar ôl y cyfarfod gan na feddyliai weithio ar y Sul. Ac o fewn ychydig funudau clywodd gnoc ar ddrws yr ystafell a cherddodd newyddiadurwr i mewn â'i wynt yn ei ddwrn. Soniodd ei fod yn aelod o'r Blaid Lafur ac wedi galw am ei fod yn sicr y byddai Ramsay wedi cyflwyno'r cefndir a'i fod yn diswyddo gŵr o'r Swyddfa Dramor o'r enw Gregory, oedd yn gyfrifol am gyhoeddi'r Llythyr Coch. Ef a'i trosglwyddodd i'r wasg a neb arall. Dylai fod wedi condemnio'r llythyr fel llythyr ffug, ond roedd yn rhy hwyr erbyn hynny.[24] Gadawodd yr ystafell heb ddatgelu ei enw i'r asiant. Siomwyd yr asiant yn fawr gan y datganiad ond nid oedd wiw iddo ddatgelu'r sgwrs i neb.

Llwyddwyd i gadw'r sedd i Lafur er i'r mwyafrif leihau yn ddirfawr. Roedd Jim Griffiths yn ymwybodol erbyn hyn fod yna ychydig o weinidogion Ymneilltuol yn wrthwynebus i Lafur. Dywedodd ar 25 Gorffennaf 1925 yn y *Llanelly Labour News*: 'Cwyn gyffredin y dyddiau hyn yw fod ein heglwysi yn mynd yn wag – pa ryfedd; pan mae nifer o Weinidogion law yn llaw â'r cyfalafwyr i ormesu'r gweithwyr.'[25]

Gormodiaith yn sicr, ond yn awgrymu ei fod ef yn siomedig fod gweinidogion yr Efengyl yn medru cyhoeddi'r Efengyl heb yr elfen Sosialaidd a glywsai ef yn ei dröedigaeth ugain mlynedd ynghynt gan Silyn ac R. J. Campbell.

Yn gynharach yn y flwyddyn lluniodd deyrnged hyfryd i un o heddychwyr pennaf Cymru, gŵr a fu'n esiampl ac yn ysbrydoliaeth iddo ef fel heddychwr trwy'r Rhyfel Byd Cyntaf, sef y Parchedig J. Puleston Jones, Pwllheli. Lluniodd y deyrnged hon yn y *Llanelly Labour News* ar ôl clywed am ei farwolaeth: 'Roedd Puleston yn broffwyd; gwêl y wlad heddiw mai'r proffwyd gawsant, sydd heddiw'n wroniaid ac amddiffynwyr y gwirionedd. Mae angen dynion tebyg ar bob mudiad daionus.'[26]

Mater arall y rhoddodd Jim Griffiths sylw iddo yn ei bapur yn 1925 oedd yr ardaloedd oedd yn iach yn y ffydd sosialaidd, lle'r oedd mwyafrif y boblogaeth yn siarad Cymraeg, sef pentrefi Brynaman, Rhosaman, Cefn-Bryn-Brain ac Ystradowen. Ni ellid cael gwell llysgennad i'r Blaid Lafur yn nhyb Jim Griffiths na gwerinwr diwylliedig a Chymraeg ei iaith fel Griff Williams, Brynaman. Galwodd Jim Griffiths gynrychiolwyr o swyddogion a selogion etholaethau Penfro, Sir Aberteifi, Sir Gaerfyrddin a Llanelli ynghyd i dref Caerfyrddin ar 18 Ionawr 1925 i drafod anghenion amlwg y Pwyllgorau Gwaith lleol a pheirianwaith y blaid yn gyffredinol yng ngorllewin Cymru. Cafwyd yr apêl fwyaf cofiadwy yn y cyfarfod hwn gan y Parchedig E. T. Owen, gweinidog gyda'r Annibynwyr Cymraeg ac ymgeisydd Llafur yn Sir Gaerfyrddin, a hynny yn Gymraeg, gan bwysleisio fod gwir angen llenyddiaeth a gwell rhwydwaith ar y Blaid Lafur yng nghefn gwlad Cymru.[27] Apeliodd ar ei gyd-Lafurwyr am ymgyrch fuan i ennill rhagor o siaradwyr Cymraeg fel oedd yn digwydd yn etholaeth Llanelli a hefyd i argyhoeddi'r Blaid Lafur Brydeinig i baratoi llenyddiaeth berthnasol ar gyfer y Cymry Cymraeg, yn Gymraeg. Pwysleisiodd E. T. Owen y neges hon yn Eisteddfod Genedlaethol Caerfyrddin yn 1911.

Er y cynnydd mewn gweithgarwch erbyn haf 1925 roedd hi'n amlwg na allai etholaeth Llanelli gadw asiant amser llawn ar ôl yr hydref. Roedd prinder arian yn amlwg gan eu bod fel Pwyllgor Gwaith wedi gorfod ymladd tri etholiad cyffredinol mewn tair blynedd. Cyn bo hir byddai'n rhaid i'r gŵr a fu wrth y llyw, yn trefnu gweithgareddau'r Blaid Lafur, chwilio am swydd arall. Daeth y cyfle iddo yn Awst 1925 pan welodd hysbyseb am swydd Asiant y Glowyr ym maes y glo carreg. Cynigiodd am y swydd ac fe'i hetholwyd, er siom i lawer o ymgyrchwyr ac aelodau blaenllaw y Blaid Lafur nid yn unig yn yr etholaeth ond trwy dde Cymru. Lleisiwyd y siom mewn llythyr gan Elizabeth Andrews o Gwm Rhondda, un o ymgyrchwyr pennaf y Blaid Lafur yn ne Cymru. Soniodd am gefnogaeth ddibynadwy Jim Griffiths a'i briod. [28]

Yn y tair blynedd y bu'n asiant gwleidyddol roedd wedi profi ei fod yn weinyddwr effeithiol, yn meddu ar ddawn i gyfathrebu ar bapur trwy'r misolyn, ac yn areithydd huawdl ar y llwyfan gwleidyddol. Dangosodd hefyd y ddawn i gael aelodau ei blaid i gydweithio adeg yr etholiadau a'r gallu i arwain ei gydweithwyr. Byddai'n rhaid iddo ganolbwyntio wedi hynny ar ei yrfa fel arweinydd diwydiannol, er iddo wneud addewid i lawer o'i gydweithwyr y byddai'n barod i ddod yn ôl i'r etholaeth fel olynydd J. H. Williams. Roedd yn uchelgeisiol ym myd undebaeth a gwleidyddiaeth; er hynny nid oedd mor uchelgeisiol ag i ymgeisio am sedd ddiogel ymhell o'i gefndir glofaol.

Pennod 8

Asiant ac Arweinydd y Glowyr

Ceir ymhlith papurau Jim Griffiths yn y Llyfrgell Genedlaethol lythyr dyddiedig 14 Hydref 1925 gan ŵr yn galw ei hun yn 'Jack'. Ysgrifennodd yn Gymraeg fel un o lowyr Cwm Gwendraeth, gan ddatgan cefnogaeth i Jim Griffiths fel un o'i gyd-lowyr. Credaf mai'r glöwr hwn oedd Jack Evans, Pen-y-groes, un a ddaeth yn ffigur amlwg ym mywyd y Blaid Lafur yn etholaeth Llanelli ac yn wir yn ymgeisydd Seneddol aflwyddiannus mewn pedwar Etholiad Cyffredinol yng Nghymru a Lloegr.[1] Gwyddai am gais Asiant y Blaid Lafur am swydd Asiant y Glowyr i Gymdeithasfa Glowyr y Glo Carreg (Anthracite Miners' Association). Teimlai John Evans yn obeithiol iawn y llwyddai Jim Griffiths yn ei ymgais. Credai y derbyniai gefnogaeth trwch y glowyr, o leiaf 65%–75% ohonynt. Yr unig un a allai ei guro oedd S. O. Davies, Asiant Glowyr Dowlais er 1918, ac arweinydd llawer mwy ymosodol na Jim Griffiths. Roedd galw mawr am S. O. Davies i areithio yng nghyfarfodydd a rali'au'r Blaid Lafur Annibynnol. Rhannai lwyfan yn wythnosol gyda sêr y Blaid honno, pobl fel Ramsay MacDonald, Noah Ablett a Jim Winstone. Felly, heb amheuaeth byddai curo S. O. Davies am swydd Asiant y Glowyr yn bluen yn het unrhyw löwr. Ond ni adawodd S. O. i'w enw gael ei drafod ar gyfer y swydd newydd, yn hytrach safodd ei frawd Gibbon Davies, Rhydaman am y swydd. Yn ei lythyr addawodd 'Jack' gyflawni'r dasg o ennyn cefnogwyr i Jim Griffiths ym mhwll glo y Mynydd Mawr, Tymbl.

Roedd tiriogaeth Dosbarth y Glo Carreg yn ymestyn o drothwy tref Llanelli i Ddyffryn Dulais.[2] Roedd 73 o byllau glo o'i mewn o dan ofal dau asiant. Adran Cwm Tawe a Chwm Dulais oedd yn chwilio am asiant newydd. Rhoddwyd tri ymgeisydd ar y rhestr fer am y swydd. Wrth ddadansoddi'r pleidleisiau a dderbyniodd Jim Griffiths fesul pwll, gwelir mai yn y pyllau glo o fewn etholaeth Llanelli y cafodd y gefnogaeth fwyaf. Pleidleisiodd 500 iddo yn y Mynydd Mawr,

457 ym Mhentremawr, a 306 ym mhwll glo Trimsaran. Roedd y gefnogaeth iddo yn lleihau yng Nghwm Tawe a Chwm Dulais, yr ardaloedd y byddai ef yn benodol gyfrifol amdanynt. Dim ond chwech a bleidleisiodd iddo ym mhwll glo'r Onllwyn a phedair pleidlais a gafodd ym mhwll glo Blaendulais. Ac ym mhwll glo Ystalyfera ni chafodd yr un glöwr i'w gefnogi.

Enillodd er hynny yn anrhydeddus.[3] Derbyniodd 4,578 o bleidleisiau, cafodd Gibbon Davies 2,893 a J. D. Brazell o Ystalyfera 1,375.[4] Anfonodd Brazell lythyr ato yn ei longyfarch yn fawr ar gael ei ethol.[5]

Daeth llythyrau eraill i'w longyfarch, un diddorol gan Gymro a wasanaethai fel Ysgrifennydd ac Asiant Plaid Lafur etholaeth Nuneaton yng nghanoldir Lloegr, ac yn dweud 'Mae gen i syniad y byddwch yn croesawu'r newid yn fawr.' Gwyddai'r asiant yn Nuneaton nad oedd gweithio ym mheirianwaith y Blaid Lafur yn talu mor dda â hynny, ac y byddai yn derbyn llawer mwy o gefnogaeth gan y glowyr nag a fyddai o fewn rhwydwaith y Blaid Lafur.[6] Ac yn fwy na hynny gwyddai fod swydd Asiant y Glowyr yn un allweddol yn y cymunedau glofaol. Yn wir deallai Jim Griffiths hynny i'r dim:

> It was in December 1925 that I was installed as Miners' Agent. I almost said "ordained". And I would not be far wrong – for in those days the Miners' Agent ranked high in the valleys – coequal with the Doctor and Schoolmaster and with the Preacher. It was the ambition of every Lodge (branch) leader to become a Miners' Agent. For it was a key post which opened the doors to service and responsibility within the Union and the Community – a seat on the council, a place on the magisterial bench – and it could be a seat on the green benches at Westminster.[7]

Cofiodd Mudiad yr NCLC ei longyfarch. Anfonodd W. J. Owen, trefnydd Rhanbarth Rhif 4 y mudiad yn y de, o Blaina ym Mynwy lythyr ar ran y mudiad i'w longyfarch a dymuno'n dda iddo mewn cylch newydd o weithgarwch. Derbyniodd wahoddiad gan John James, Cwmgors (Asiant Glowyr ei hun yn Nyffryn Aman) i alw draw i'w gartref am sgwrs. Derbyniodd y gwahoddiad, a chafodd ganddo un o'r cynghorion doethaf a gafodd erioed:

> Daw pobl atoch am gymorth yn eu trybini. Bydd angen eich cymorth arnynt a'ch braint chwi fydd eu helpu gymaint ag y medrwch. Cofiwch yn fwy na dim mai'r hyn a ddisgwyliant yw eich bod chwi yn barod i rannu eu trafferthion gyda hwy – felly gwrandewch yn amyneddgar ar eu stori hyd y diwedd; dyna fydd y gwasanaeth pennaf y gellwch gyflwyno iddynt.[8]

Nid anghofiodd y geiriau doeth hyn.

Jim Griffiths a John James oedd wynebau amlycaf yr Undeb bellach o Drimsaran i'r Onllwyn.[9] Deuai galwadau i'r ddau Asiant bob dydd: trafferthion ynglŷn ag amodau gwaith; glöwr wedi'i ddiswyddo, neu wedi cael damwain erchyll wrth ei waith; neu weddw glöwr angen help i lenwi rhyw ffurflen swyddogol neu'i gilydd. Glowyr oedd yn haeddu cefnogaeth oedd y rhai a gollodd eu hiechyd oherwydd llwch y garreg ac eraill wedi cael eu claddu gan danchwa, anffodusion a gollodd eu hiechyd am weddill eu dyddiau. Disgwyliai'r rhain iawndal i'w cynnal yn eu gwaeledd ac yn eu hargyfwng. Prin oedd y taliadau ac fel y dywedodd ef lawer tro: 'The word 'compo' is written in blood in the annals of the miners.'[10]

Yn ystod yr oriau a dreulia'r glöwr yn llwch a chrombil y ddaear mae'n 'anadlu awyr marwolaeth'. Pan dderbyniwyd yn 1928 yr egwyddor fod silicosis yn afiechyd diwydiannol, i gael iawndal am hynny byddai'n ofynnol profi bod yr ymgeisydd wedi defnyddio peiriant i dyllu craig yn cynnwys 50% o silica rhydd. Pan wrthodid y cais ar y tir hwnnw byddai'n rhaid i'r Asiant ymweld â'r pwll glo yng nghwmni rheolwr y pwll, i chwilio am y graig silica. Yn ei hunangofiant disgrifia Jim Griffiths pa mor anodd oedd profi fod y cais yn ddilys. Yn aml, byddai'n rhaid iddo fynd o lofa i lofa os digwyddai'r glöwr druan fod wedi cael ei gyflogi mewn mwy nag un pwll glo. A rhaid cofio ymhellach, o holl feysydd glo Prydain, yn neheudir Cymru y ceid y trafferthion mwyaf diflas rhwng perchenogion y pyllau glo a'u gweithwyr.

Ym mis Ebrill 1925, ychydig fisoedd cyn iddo gychwyn ar ei waith fel Asiant, cyhoeddodd Canghellor y Trysorlys, Winston Churchill (roedd ei enw eisoes o dan gwmwl ymhlith glowyr Cymru) fod Prydain yn dychwelyd at y Safon Aur.[11] Golygai hyn ostyngiad yn safon byw y glöwr. Erbyn haf 1925 roedd bron pob rhanbarth o feysydd glo Prydain yn gweithio ar golled. Daeth rhagor o newyddion drwg. Byddai'n ofynnol, meddai'r cyflogwyr, i ostwng y cyflogau, a chafwyd awgrym pellach y dylid anghofio am y diwrnod saith awr y cytunwyd arno chwe blynedd yn gynharach. Roedd gwrthdaro poenus yn dynesu, ond ym maes glo'r gorllewin roedd yna broblem arall oedd yn peryglu'r cymunedau a'r pyllau.

Ar ôl y Rhyfel Byd Cyntaf daeth y mwyafrif helaeth o byllau glo carreg yn eiddo i ddau gwmni mawr a phwerus, sef United Anthracite ac Amalgamated Anthracite. Roedd perchenogion a rheolwyr y cwmnïau hyn wedi gorwario ac yn benderfynol o gael eu ffordd eu hunain er mwyn adennill y cyfalaf. Ond fel y gwelwyd roedd Undeb y Glowyr yn gytûn yn eu bwriad yn ardaloedd y glo carreg i amddiffyn safon byw y glowyr.

Tyfodd casgliad o ddefodau a rheolau dros y cenedlaethau yn y diwydiant glo. Un ohonynt oedd Rheol Flaenoriaeth.[12] Roedd honno yn gwbl hanfodol yng ngolwg Jim Griffiths. Lluniwyd y rheol pan oedd y diwydiant yn ei hanfod yn un tymhorol. Y drefn oedd diswyddo gweithwyr yn yr haf yn ôl y drefn, 'yr olaf i mewn, y cyntaf allan,' neu pan fyddid yn ailgyflogi, 'yr olaf allan, y cyntaf i mewn'. Gwrthododd Rheolwr Pwll Un, Rhydaman lle roedd dylanwad Jim Griffiths yn gryf, gadw at y rheol. Dyma'r fatsien a gyneuodd y tân a ymledodd trwy'r maes glo carreg erbyn canol haf 1925.[13] Cafwyd gwrthdaro enbyd yng Nglyn-nedd a hefyd yn nhref Rhydaman. Cafodd Dirprwy Brif Gwnstabl Sir Gaerfyrddin gurfa gorfforol dost. Am ddeng niwrnod cyfan bu Rhydaman yn llawn gofid a therfysg. Parodd y streic o ddechrau Gorffennaf hyd 24 Awst a chafwyd cefnogaeth ddi-ildio Jim Griffiths i'r frwydr o blaid y Rheol Flaenoriaeth. Cosbodd y llysoedd y glowyr a fu'n amlwg yn eu gwrthwynebiad. Carcharwyd 59 ohonynt, yn cynnwys arweinwyr amlwg fel yr Henadur David Daniel Davies o Waun-Cae-Gurwen. Carcharwyd ef am ddeufis. Un arall a garcharwyd oedd ffrind mawr Jim Griffiths, Tom Dafen Williams o lofa'r Betws.[14] Gwnaed gwerth £670 o ddifrod yn nhref Rhydaman. Sefydlwyd Pwyllgor Glowyr Anghenus Rhydaman a'r cylch gyda gweinidog capel y Methodistiaid Calfinaidd, W. Nantlais Williams yn Drysorydd ac Eddie Morgan yn Ysgrifennydd. Erbyn 25 Awst 1925 gofalai'r Pwyllgor am y dasg o fwydo 350 o blant anghenus Rhydaman a'r cylch bob dydd. Diddorol sylwi ar gefnogaeth gweinidogion amlwg y fro i'r argyfwng. Cyfrannodd y Parch. John Griffiths, gweinidog y Bedyddwyr a'r Parch. T. Roberts, Pen-y-banc y swm o ddeg swllt yr un tra rhoddodd y Parch. D. Tegfan Davies, gweinidog capel Gellimanwydd, gini.[15] Daeth deg swllt yr un oddi wrth Jim Griffiths a'i frawd Amanwy. Casglwyd yn yr un cyfnod naw swllt yng nghapel Gellimanwydd, £1-12-0 yng nghapel MC Elim, Tir-y-dail, a £3-8-7 yng nghapel Nantlais.

Yn ystod y streic yng ngorllewin Cymru gwelwyd arwyddion y gallai'r streic gwmpasu'r holl byllau glo ym Mhrydain. Sylweddolodd y Llywodraeth y dylai weithredu ar fyrder i gwrdd â'r bygythiad hwnnw ac ar 3 Gorffennaf cynigiodd y Prif Weinidog, Stanley Baldwin, ffordd o osgoi neu o leiaf ohirio'r gwrthdaro. Sefydlodd ymchwiliad i'r diwydiant glo o dan gadeiryddiaeth Syr Herbert Samuel, Rhyddfrydwr amlwg, ac i'w gynorthwyo ddiwydiannwr, bancer ac economydd.[16] Rhoddwyd iddynt naw mis i gyflawni'r dasg o fesur a phwyso'r diwydiant ac yn y cyfamser estynnwyd cymorth ariannol i'r diwydiant er mwyn cynnal safon byw y glöwr ac i osgoi unrhyw ostyngiad yn ei gyflog. Hefyd teimlid y dylai'r Llywodraeth yn y cyfamser baratoi o ddifrif ar gyfer bygythiad streicio, yn arbennig ymhlith y glowyr.

Ond yn y maes glo carreg roedd y gwrthdaro yn boenus i arweinwyr crefyddol a gwleidyddol. Cynhaliwyd cyfarfodydd cyhoeddus ledled y maes glo. Bu cyfarfodydd protestio yn Rhydaman a'r Tymbl am garcharu cymaint o ddynion o gymeriad da. Anerchodd dau o arweinwyr y glowyr, John James (Cwm-gors) a Joe Howells, yng nghwmni tri o weinidogion yr Efengyl, sef B. James, Bedyddiwr; M. J. Rees, Methodist Wesleaidd a Tom Nefyn Williams yr efengylwr Presbyteraidd o'r Tymbl. Galwyd am ryddhau'r glowyr a garcharwyd.[17] Bu disgwyl mawr am ryddhau David Daniel Davies o'r Waun am ei fod yn ymgorfforiad o arweinydd gwleidyddol ac yn Henadur ar y cyngor sir. Pan ddaeth ef allan o garchar Abertawe yn 1926 roedd tri band pres yn ei groesawu. Lluniodd gerdd Saesneg yn y carchar, a dyma'r pennill olaf:

> Farewell, ye Swansea prison,
> I leave my friends behind,
> Oh, hear my prayer on parting –
> To them each day be kind,
> The struggles of the toilers
> Are hard to bear outside
> Yet they in days of peril
> Were Britain's greatest pride. [18]

Ar drothwy Nadolig 1925 meddai Jim Griffiths: 'Mae 59 o'n cyfeillion i dreulio'r Nadolig hwn yng ngharchar. Mae gennym ddigon o hyder y gwnaiff y rhan fwyaf ohonynt droi hen garchar Abertawe yn deml ysbrydol.'[19]

Sefydlwyd Cronfa Cynnal Teuluoedd y Carcharion o Lowyr y Glo Carreg, a chafwyd ymateb haelionus. Cyfrannodd y Blaid Lafur Brydeinig swm o £250. Derbyniwyd swm arall o £250 gan Gyngor Undebau Creffau a Llafur Rhydaman, cyfraniadau gan gyfrinfeydd pob un o'r pyllau, a chyfraniadau gan lu o unigolion fel J. H. Williams, yr Aelod Seneddol. Rhoddodd ef £5 a D. R. Grenfell, AS Gŵyr, gini. Trefnwyd dirprwyaeth o faes y glo carreg ddydd Iau, 14 Ionawr 1926 i gyfarfod â'r Prif Weinidog a'r Ysgrifennydd Cartref i drafod cael y glowyr adref ac nid yng ngharchar Abertawe. Llwyddodd Jim Griffiths i gael

Arthur Henderson a Walter Citrine o'r Gyngres Undebau Llafur yn Llundain i arwain y ddirprwyaeth. Clywodd y Prif Weinidog eu consýrn a chanmolodd arweiniad Jim Griffiths fel llais glowyr y Gorllewin. Cafwyd canmoliaeth iddo fel asiant y glowyr ar dudalennau'r *Cymro,* 12 Rhagfyr 1925. Er hynny nid oedd Jim Griffiths, yr athro ar ddosbarthiadau oedolion yr NCLC, wedi dianc rhag amheuon a goruchwyliaeth yr awdurdodau addysgol yn Llundain. Fel hyn yr eglurodd yr hanesydd Dr Peter Stead y sefyllfa:

> Following the violent strike in the Welsh Anthracite coalfield in 1925, a Ministry investigation was held into classes being held by Jim Griffiths, who was an ex-C.L.C. student. These classes had been receiving L.E.A. support but it was now made clear that the classes would only be given further support on the basis of their becoming W.E.A. classes.[20]

Dyna awgrymu fod Jim Griffiths yn gael ei gyfrif mewn rhai cylchoedd fel propagandydd peryglus ymhlith y glowyr. Ac yng nghyfarfod cyntaf pwyllgor gwaith yr Undeb fis Rhagfyr 1925, teimlai yn hollol gartrefol gan iddo gael ei amgylchynu gan nifer a fu yn gyd-fyfyrwyr iddo yn y Coleg Llafur Canolog yn Llundain. Hir fu'r aros am adroddiad Syr Herbert Samuel a'i gymrodyr.

Cyhoeddwyd yr adroddiad ym mis Ebrill 1926. Roedd y Pwyllgor wedi gweithio yn ddygn, ond nid oedd yr adroddiad yn plesio'r glowyr na'u harweinwyr.[21] Roedd y glowyr yn amharod i gymrodeddu ac yn dal i gofio fel y cawsant eu bradychu yn 1919 pan argymhellodd Comisiwn Sankey wladoli'r diwydiant glo. Y tro hwn, nid oedd y Pwyllgor yn argymell gwladoli'r diwydiant ond yn hytrach y dylai'r glowyr ostwng eu safon byw ac aberthu ymhellach. Gwyddai Jim Griffiths am y teimladau cryf a glywid ym mhwyllgor gwaith Undeb y Ffed. Derbyniodd yn y pwyllgor gwaith cyntaf y bu ynddo rwystredigaeth arweinwyr oedd yn teimlo'n flin am y sefyllfa anodd yn y diwydiant. Gwyddai yn dda am safbwynt A. J. Cook o'r Porth, oedd bellach er 1924 yn ysgrifennydd Ffederasiwn Glowyr Prydain Fawr. Nid oedd cymrodeddu yng ngeirfa Cook. Ef oedd piau'r slogan: 'Not a minute on the Day, not a Penny off the Pay.' Cyfrifid Cook gan y chwith gwleidyddol yn arwr. Heidient yn eu miloedd o bob diwydiant i wrando ar ei areithiau huawdl.[22] Safai yn llewys ei grys gan herio holl rym y wladwriaeth yn enw cyfiawnder i'r glöwr. Roedd Cook yn gryn dipyn o arwr i Jim Griffiths ac i lowyr holl feysydd glo Prydain ar wahân i swydd Nottingham.

Safbwynt Syr Herbert Samuel a'i dîm oedd bod ystyfnigrwydd ar y ddwy ochr. Doedd y perchenogion ddim am symud modfedd o dan arweiniad y Cymro o Bontarddulais, Evan Williams, llywydd y Mining Association of Great Britain. Felly hefyd arweinwyr y glowyr. Ond ni allai'r Pwyllgor gytuno ar y feddyginiaeth. Roedd y glowyr yn hawlio gwladoli a chael cynhorthwy ariannol i'r diwydiant.

Credai'r glowyr y gellid dibynnu ar yr undebau eraill a berthynai i Gyngres yr Undebau Llafur i ddilyn eu harweiniad. Ond breuddwyd ddi-sail oedd hynny. Methodd y Llywodraeth â rhoddi arweiniad clir fel y disgwylid a daeth yr holl drafodaethau i ben bron yn ddirybudd ar 2 Mai. Daeth yr hyn a ofnai Jim Griffiths yn ffaith ym mis Mai, sef Streic Gyffredinol. Parhaodd y Streic o 3 i 12 Mai; naw niwrnod o erthyglau helaeth, dadansoddi a bwrw bai. Ond dyma bennod gwbl unigryw yn hanes Undebaeth Lafur y dauddegau. Cysur i'r glowyr adeg y Streic, a syndod i Weinidogion y Goron, oedd fod gweithwyr Cymru wedi sefyll fel un gŵr i atal eu gwasanaeth.. Safodd glowyr maes glo gogledd-ddwyrain Cymru yn solet a chofier fod yn 1926 weithlu mawr o 17,829 o lowyr yn y rhanbarth honno.

Y glowyr oedd y gweithwyr diwydiannol mwyaf cadarn eu safiad yn y Streic gyda gwŷr y rheilffyrdd yn gymrodyr da iddynt. Er bod yna fudiadau dyngarol a chrefyddol yn weithgar o blaid y glowyr a'u teuluoedd yn y gymuned lofaol, y sefydliad mwyaf nerthol a dylanwadol wrth gwrs oedd cyfrinfa'r pwll glo a swyddogion lleol y Ffed. Wedi'r cyfan roedd 236,000 o lowyr yng Nghymru yn 1926. Cawn syniad da am galibr cymeriad asiantau'r glowyr, eu gallu meddyliol a'u hymroddiad yn y cyfnod. Daethant yn y tridegau a'r pedwardegau yn arweinwyr cyhoeddus amlwg mewn llywodraeth lleol, yn Aelodau Seneddol, ac yn Weinidogion y Goron.

Daliodd y glowyr eu tir ond fe aeth y Llywodaeth yn fwy adweithiol fyth trwy ddiddymu Mesur Saith Awr 1919 ac adnewyddu'r Ddeddf Pwerau Arbennig (Special Powers Act). Ar y dechrau doedd neb yn barod i ildio. Ond ym maes glo Dwyrain Canoldir Lloegr roedd y glowyr yn barod i ailgydio yn eu gwaith. Mis yn ddiweddarach llwyddodd George Spencer, ysgrifennydd glowyr Swydd Nottingham, i greu hollt yn yr Undeb a chreu Undeb newydd. Ymledodd yr Undeb hwnnw trwy feysydd glo'r Deyrnas Unedig a denwyd glowyr hyd yn oed mewn rhai pyllau yn ne Cymru i ymaelodi ag undeb Spencer. Tasg yr heddlu oedd eu gwarchod rhag dicter y glowyr a berthynai i'r Ffed. Bu ymrafael yn Ystradgynlais lle'r oedd Jim Griffiths a'i deulu yn byw, a brwydro caled ym mlaenau Cwm Afan. Ond erbyn canol Tachwedd 1926 roedd 35% o lowyr y Deyrnas Unedig yn ôl wrth eu gwaith. Yr unig eithriad oedd de Cymru gyda dim ond 14% yn haeddu eu galw'n fradwyr i achos y glowyr.

Rhoddodd Streic 1926 hwb sylweddol i'r ysbryd milwriaethus yn y maes glo. Roedd yr amgylchiadau yn anodd dros ben yn y cymoedd glo. Ni châi'r glowyr di-waith fudd-dâl y di-waith na chymorth gan warcheidwaid y tlodion. Ond fe allai'r gwarcheidwaid gynorthwyo gwragedd a phlant gyda thaliadau o ddeuddeg swllt yr wythnos i wraig a phedwar swllt i bob plentyn. Gallai'r Awdurdod Addysg roddi cinio ysgol am ddim i'r plant.

Gwelwyd tlodi ar strydoedd y pentrefi glofaol, ac yng nghartrefi'r glowyr a'u teuluoedd.[23] Roedd sefyllfa glöwr dibriod yn enbydus. Ni châi ef ddimai goch gan unrhyw gorff cyhoeddus.[24] Felly, nid oedd dim amdani ond dibynnu ar adnoddau'r Ffed a gyfrannodd swm o £330,000 at gynhaliaeth y glowyr di-waith. Er llawenydd mawr i aelodau'r Blaid Gomiwnyddol (a sefydlwyd yn 1920) daeth rhoddion haelionus oddi wrth lowyr a gweithwyr yr Undeb Sofietaidd. Clywyd glowyr yn canmol y caredigrwydd hwn ac yn eu plith löwr o Abertridwr, John Roberts, disgybl i Niclas y Glais.[25] Siaradodd mor huawdl am eu rhoddion, yn y capel, ar y stryd ac yn yr Undeb, nes cael ei lysenwi yn Jac Rwsia. Daliodd yn ffyddlon i'r athroniaeth Gristnogol-Gomiwnyddol hyd ei fedd. Gwelwyd gweithgarwch gwirfoddol ym mhob cwmwd. Sefydlwyd corau i deithio a chasglu arian. Dangosodd y gwragedd eu medr yn y ceginau cawl, ond hefyd drwy gynnal diwylliant a bywyd gwaraidd y broydd. Ond fel y cydnabu John Davies:

> Erbyn dechrau gaeaf 1926, beichid bron bob teulu glofaol â dyledion enbyd; a llawer
> o blant y cymoedd yn droednoeth, fe'u cludid i'r ysgol ar gefnau eu tadau; roedd
> y gwragedd – a roddai'r cwbl o'r enllyn i'w plant a'u gwŷr – yn llewygu o ddiffyg
> maeth; roedd y gyfradd marw ymhlith babanod yn cynyddu ar garlam. O dan y fath
> amgylchiadau, doedd dim dewis ond ildio.[26]

Pryderai Jim Griffiths ryw ychydig am y sefyllfa wleidyddol a welai'n datblygu gan i aelodaeth y Blaid Gomiwnyddol yn ne Cymru ddyblu yn 1926. Sefydlwyd a datblygwyd Mudiad Lleiafrifol y Glowyr (Miners' Minority Movement), mudiad answyddogol a roddodd gyfle i nifer o lowyr galluog fel Will Paynter ac Arthur Horner, yr amlycaf o Gomiwnyddion Cymreig y cyfnod, gael llwyfan i'w syniadau syndicalaidd.[27] Daeth y ddau ohonynt yn arweinwyr y glowyr yn y de ac wedyn trwy Brydain, gan ganolbwyntio fwy-fwy ar weithgareddau'r Undeb yn hytrach na gwleidyddiaeth plaid. Ar ddiwedd ei oes mynegodd Jim Griffiths ei edmygedd o allu ymroddedig Arthur Horner:

> One wonders what might have happened if Horner had used his influence and devoted his gifts and talents mainly to the organisation of the Communist Party. I think it might have presented a major challenge to the Labour Party in south Wales.[28]

Y Comiwnyddion oedd yr her gyntaf i'r Blaid Lafur yn ne Cymru, ar y ffrynt wleidyddol, ar ôl iddi ennill nifer fawr o etholwyr oddi ar y Blaid Ryddfrydol. Dyna pam mae'n rhaid talu sylw i ddadansoddiad y Rhyddfrydwr Rhys Hopkin Morris fod yr elfen ymneilltuol, a fu mor bwysig yng ngwleidyddiaeth y Rhyddfrydwyr, i'w ganfod bellach yn glir yn y Blaid Lafur yng Nghymru yn 1927: 'It is interesting to note the persistence of the old Nonconformist attitude in the Labour Party in Wales. Like the Liberal representative of the earlier period, the Labour representation of today have for the greater part been nurtured in this tradition.'[29]

Cyffesa Jim Griffiths fod yn rhaid i'r Mudiad Llafur ddarganfod amgenach ffordd na gwrthdaro diwydiannol er mwyn sicrhau cyfiawnder i'r gweithwyr:

> It was a terrible price to pay. There must be a better way than this, I was sure, to win for these brave men the security and living standards their toil and sacrifice deserved... I had shared with the men the ordeal of battle. Like theirs, my savings were exhausted and the future mortgaged. My wife had joined the womenfolk of the valley in their part in the struggle. Our home had become the 'surgery' where the maimed and afflicted came for help and sympathy. The miners looked to me for guidance and leadership and I was resolved to give of my best in their service.[30]

Dyna a wnaeth. Mae'r cymal o *Pages*, 'there must be a better way' yn gymal sydd angen ei drin yn ofalus. Heb amheuaeth ni fyddai neges o'r fath yn dderbyniol o gwbl yn ne Cymru yn y dauddegau ymhlith y Comiwnyddion na phobl y chwith fel A. J. Cook yn y Blaid Lafur. Byddai angen gwroldeb arbennig i'w llefaru yn Rhydaman a mwy fyth yn Abercynon neu Maerdy. Nid oes gennyf dystiolaeth o gwbl fod Jim Griffiths wedi cyflwyno'r neges yn gyhoeddus yn y Ffed nac ar lwyfan Neuadd y Glowyr yn 1926. Hynafgwr ar ddiwedd ei yrfa wleidyddol sy'n siarad yn *Pages from Memory*. Gallaf gredu fod y dywediad, 'There must be a better way than this' yn golygu fod Jim Griffiths yn amlwg wedi newid ei feddwl am gwestiwn sylfaenol ar sut mae ennill awdurdod i greu cymdeithas well. 80 mlynedd yn ddiweddarach bron mae'r undebau llafur yn meddwl ddwywaith cyn penderfynu ar lwybr streic.[31]

Dioddefodd y gymuned gyfan, a bu gostyngiad enbyd yn aelodaeth y Ffed. Cwympodd yr aelodaeth o 124,000 yn 1924 i 73,000 yn 1927. Yn anorfod bu'n rhaid cwtogi cyflogau eu swyddogion, rhoi terfyn ar gyhoeddi cylchgrawn y Ffederasiwn, ac er chwithdod mawr fel y gwyddom i Jim Griffiths, bu'n ofynnol rhoi terfyn ar y nawdd i'r Coleg Llafur Canolog yn Llundain. Gwelwyd hefyd sefydlu Undeb Diwydiannol Glowyr De Cymru ym mhwll Taff-Merthyr ger Aberfan ym mis Rhagfyr 1926. Edrychid arno fel Undeb George Spencer.[32] I Jim Griffiths ac yng ngolwg y Ffed, undeb y cynffonwyr ydoedd, yn bleidiol i'r perchenogion. Ond buan y sylweddolodd fod llawer o'r glowyr a ymunodd ag ef wedi gwneud hynny am nad oedd ganddynt fwy o egni wedi misoedd o ddioddefaint.

Prentis, wrth gwrs, oedd Jim Griffiths ar ddechrau'r Streic, ond o ganlyniad i saith mis o ymrafael a brwydro roedd wedi tyfu'n ŵr profiadol. Roedd, fel y soniwyd yn gynharach, wedi dod i edmygu'r glowyr fel dosbarth o bobl. Fel hwythau, roedd ei aelwyd yn brin o adnoddau bydol, ac yn arbennig ar ôl geni'r ail blentyn, Harold, y flwyddyn honno. Yn Ystradgynlais y ganwyd tri o'r pedwar plentyn. Trodd ei gartref yn gyrchfan cysur a chyngor ymarferol i'r glowyr, defnyddiodd fel y cofiwn y gair syrjeri am ei barlwr. Daeth y trydydd plentyn, Sheila, i'r aelwyd yn 1928 ac yna'r pedwerydd, Arthur, yn 1931. Felly roedd y teulu yn gyfan a llawenydd mawr ar yr aelwyd er gwaethaf canlyniadau y Streic Fawr.

Bu farw ei dad ym mis Chwefror 1928. Yn rhyfedd iawn nid yw Jim Griffiths yn sôn o gwbl am hynny yn ei hunangofiant. Nid yw William Evans, ffrind i'r teulu, chwaith yn ei goffâd i William Griffiths yn y papur lleol, yr *Amman Chronicle*, yn enwi Jim Griffiths, nac yn cyfeirio ato. A yw hyn yn golygu fod Nailer y Rhyddfrydwr a'r Llafurwr o fab wedi pellhau oddi wrth ei gilydd oddi ar y Rhyfel fel y gallai William Evans fentro peidio â chyfeirio ato wrth glodfori bywyd ei dad?[33] Ai y blynyddoedd wedi terfysg Rhydaman 1925, a'r ddwy streic fawr yn 1926 oedd yn bennaf gyfrifol am y dieithrwch a methiant Jim Griffiths yn ei hunangofiant i goffâu ei dad?[34] Sonia William Evans am ei frawd Amanwy ac am John, a wisgodd iwnifform y milwr, a chaiff y merched le anrhydeddus yn ogystal.

John a fu'n dda i'w rhieni yn eu henaint, nid Jim y cyw melyn olaf. Er na wyddom i sicrwydd eu bod wedi pellhau, mae'r coffâd yn awgrymu hynny. Tybiwn mai gwraidd hynny yw fod William Evans yn Rhyddfrydwr a Jim Griffiths yn Llafurwr. Ni wyddom a fu llawer o berthynas rhwng Winifred Griffiths a'i thad a'i mam-yng-nghyfraith. Ond gwyddom i'w briod ymuno'n eiddgar yng ngweithgarwch gwragedd y Blaid Lafur yn Ystradgynlais ac y byddai'n cwrdd ag anghenion gwragedd y glowyr yn ystod argyfwng y Streic.

Yn ystod y Streic ffurfiodd Jim Griffiths gyfeillgarwch cadarn gydag arweinwyr y glowyr yn ne Cymru a glofeydd eraill trwy'r Deyrnas Gyfunol. Un o'r rhai a wnaeth yr argraff ddyfnaf arno oedd Vernon Hartshorn, un a fu'n Asiant y Glowyr cyn ei ethol yn Aelod Seneddol Ogwr yn 1918 a Phostfeistr Cyffredinol yn llywodraeth gyntaf Ramsay MacDonald yn 1924.[35] Mae'n hynod o ddadlennol fod gŵr y chwith fel Jim Griffiths yn barod i roddi enw da i Hartshorn oedd yn perthyn i asgell dde y Blaid Lafur. Mae'n amlwg fod Jim Griffiths yn ansicr o'i safbwynt, ar un llaw yn hanner addoli A. J. Cook ac ar y llaw arall yn edmygu Hartshorn. Ceir teyrnged haeddiannol i Hartshorn gan yr hanesydd Thomas (Tom) Richards a oedd yn un o'i etholwyr ym Maesteg:

> Cuddiad ei gryfder oedd plaendra onest, stôr o synnwyr cyffredin, gwybodaeth drylwyr o fywyd y glöwr, a meistrolaeth drwyadl ar y cefndir. Roedd adroddiadau Sankey a Samuel ganddo ar dafod-leferydd, a gallai ddyfynnu ohonynt gydag arddeliad mewn sgwrs neu ar lwyfan.[36]

Yr hyn am Hartshorn a wnaeth argraff ar Jim Griffiths oedd ei ddealltwriaeth o'r problemau sylfaenol a wynebai'r diwydiant glo. Meddai Tom Richards amdano: 'nid oedd arweinydd Llafur mwy diogel nag ef yn ei gyfnod, na galluocach.'[37]

Rhagwelai Hartshorn y byddai'r galw am lo yn sicr o leihau yn y dyfodol. Roedd glo mewn cystadleuaeth ag olew ac yn gorfod ildio i danwydd glanach fel nwy a thrydan. Collwyd marchnadoedd oherwydd Rhyfel 1914–18. At hynny, roedd y gwladwriaethau newydd a sefydlwyd gan Gytundeb Versailles, fel Pwyl, yn barod i allforio glo ar raddfa fawr a sybsideiddio'r diwydiant. Ym marn arweinwyr y glowyr yr unig ateb fyddai gwladoli'r diwydiant, ond gwyddent nad oedd Comisiwn Samuel wedi cefnogi'r bwriad. Ateb y perchenogion oedd cyflogau llai, oriau hirach a gostwng pris y glo er mwyn adennill y farchnad a gollwyd ym Mhrydain ac yn Ewrop.

Pan alwyd Cynhadledd Genedlaethol y Glowyr yn 1927 i arolygu'r sefyllfa cafwyd yr un stori drist, dorcalonnus o bob rhan o'r meysydd glo: pyllau yn cau, miloedd o lowyr yn segur, dirmyg y perchenogion, a gwŷr amlwg yr undeb yn cael eu beirniadu'n llym gan y wasg geiniog. Ymunodd Jim Griffiths yn y neges a anfonwyd at yr aelodau ac i'r holl wlad:

> Nid yw'r frwydr drosodd. Mae'r amodau a osodwyd arnom gan y perchnogion yn analluog i ddwyn ewyllys da nac ysbryd o gymod. Ni all oriau hirach a chyflogau llai ddwyn heddwch i'r maes glo; ac ni adewir i gytundebau o fewn Dosbarthiadau i falurio ein nerth fel Undeb. Mae ein trefniadaeth yn dal mewn bodolaeth ac yr ydym yn benderfynol o adfer y tir a gollwyd.[38]

Wrth droi yn ôl i Gymru ar ôl y Gynhadledd meddyliai Jim am oblygiadau 'adfer y tir a gollwyd'. Rhagwelai fod yn rhaid canfod ffordd wahanol i ddatrys problemau'r diwydiant. Yn *Pages* defnyddia'r frawddeg hon: 'As we journeyed home my colleagues and I realized that the struggle to recover lost ground must lead to a search for other ways than that of subjecting our men to the burden and tragedy of conflict.'[39]

Dyna'r wers a ddysgodd y flwyddyn flaenorol. Felly roedd Cynhadledd 1927 yn drobwynt canolog ym mywyd Jim Griffiths, ac wedi hyn nid yr ymladdwr a welwn ond y cymodwr. Daeth hyn yn rhan o'i strategaeth o fewn yr Undeb ac yn ddiweddarach o fewn y Blaid Lafur. Er na allodd anghofio tactegau ac ymgyrchoedd A. J. Cook daeth realaeth Hartshorn a ffordd dra gwahanol Tom Richards i'w fyd fel Undebwr.

Rhagwelai y byddai angen cymorth undebau eraill ac adfer drachefn yr undod a gollwyd i raddau helaeth yn Streic 1926. Dywed mai un o'r arweinwyr mwyaf penderfynol o iacháu doluriau 1926 oedd Thomas Richards, Ysgrifennydd Cyffredinol Ffederasiwn Glowyr De Cymru, ac un o gynrychiolwyr y glowyr ar Gyngor Cyffredinol Cyngres yr Undebau Llafur (TUC). Galwodd ar Jim Griffiths i ddod i'w weld yn ei swyddfa yng Nghaerdydd.[40]

Dywedodd ei fod yn awyddus i wella doluriau 1926. Dechreuodd drafod yr angen am wella'r berthynas rhwng y glowyr a Chyngres yr Undebau Llafur, ac wedyn rhoes anogaeth gref ar Jim i ystyried ymgeisio am swydd Ysgrifennydd Cynorthwyol y Gyngres. Derbyniodd ffurflen gais oddi wrth Ysgrifennydd y Gyngres, Walter Citrine,[41] a lluniodd lythyr a'i anfon at A. J. Cook yn gofyn am gefnogaeth.[42] Pam gofyn i Cook am eirda? Mae'n anodd ateb hynny, ond dywed yn *Pages* ei fod ef ei hun yn argyhoeddedig wedi Cynhadledd 1927 bod yn rhaid chwilio am amgenach ffordd. Onid oedd Cook yn meddwl fel Ablett? Roedd Jim Griffiths yn gwbl lawdrwm ar Ablett yn 1928 oherwydd ei oryfed ond ni allai ymddihatru rhag huodledd ysbryd ymosodol Cook. Bu'r ysbryd hwn yn corddi yn ei fynwes ef yn y terfysgoedd a fu yn y maes glo carreg yn 1925 ac yn Streic Fawr 1926. Gall awgrymu naïfrwydd enbyd ar ei ran, ac yn ail, fod Tom Richards wedi rhoddi'r syniad iddo fod swydd o fewn swyddfa'r Gyngres Undebau Llafur ar gael iddo, neu efallai ei fod yn dal i gael ei gyfareddu gan agwedd ddi-ildio yr ymgyrchwr A. J. Cook, neu gymysgedd o'r tri. Yn ei gais am y swydd fe rydd Jim Griffiths reswm arall am yr ymgeisiaeth na cheir yn ei hunangofiant. Y rheswm pwysicaf yn ôl y llythyr hwn oedd fod ei briod Winifred Griffiths yn awyddus iawn i gyfeillachu mwy â'i theulu ac i ymweld yn amlach â'i chynefin yn Hampshire, a byddai Llundain yn rhwyddach teithio iddi o lawer nag Ystradgynlais. Yn ei lythyr yn gofyn am air o gefnogaeth i'w gais am y swydd dywed yr Asiant ei fod yn ymfalchïo yn arweinyddiaeth A. J. Cook. Gwyddai'n dda ei fod yn dioddef poen corfforol enbyd, a achoswyd i ddechrau gan ddamwain a gafodd pan oedd yn gweithio dan ddaear yn y Rhondda ac a waethygodd pan ymosodwyd arno gan nifer o wrthwynebwyr yn ystod Streic 1926. 'Carry on with your protest – you are saving the soul of the movement by your attitude,' meddai Jim Griffiths wrtho.[43] Wyddon ni ddim a werthfawrogwyd y frawddeg hon ym misoedd olaf ei oes fer a chythryblus. Nid yw ateb Cook, os anfonodd lythyr, ymhlith papurau Jim Griffiths.

Aeth Griffiths i Lundain ar brynhawn Mawrth 29 Medi i weld Dr M. I. Cinncane er mwyn cael archwiliad meddygol.[44] Ar ôl llwyddo yn y prawf hwnnw, ymddangosodd fore trannoeth o flaen y panel apwyntio yn un o chwech ar y rhestr fer. Ond nid oedd gobaith ganddo i gael y swydd. Roedd hi'n naturiol fod Walter Citrine, Ysgrifennydd Cyngres yr Undebau Llafur, yn drwgdybio rhywun fel Griffiths gan iddo dderbyn addysg Farcsaidd, ei fod yn amlwg o fewn ei undeb yn caniatáu Comiwnyddion tanbaid i gael swyddi allweddol, ac wedi gofyn i A. J. Cook am destimonial i'w ymgeisiaeth. Onid oedd Citrine wedi llunio erthyglau yn y dauddegau, yn arbennig yn 1927 a 1928, yn erbyn yr hyn a eilw yn 'cancer of Communist influence' o fewn yr Undebau Llafur? Nid rhyfedd ar yr un diwrnod i Walter Citrine anfon llythyr swta, swyddogol i'w hysbysu fod H. Vincent Tewson wedi'i ethol i'r swydd, un a ddaeth yn ddiweddarach yn enw amlwg ym myd undebaeth.[45] Ni ddywedodd Walter Citrine wrtho am ystyried cyfleon eraill a fyddai'n ymddangos o dro i dro. Roedd Jim Griffiths wedi amharu yn fawr ar ei gais trwy ofyn am lythyr o gyflwyniad gan A. J. Cook, gŵr nad oedd yn dderbyniol o gwbl i brif undebwyr y Gyngres Lafur, yn arbennig i Walter Citrine ac Ernest Bevin.

Ni chafodd Winnie ei dymuniad. Roedd yn siom fawr iddi hi, llawer mwy nag i'w gŵr. Ond yn fuan ar ôl methiant ei gais i'r Gyngres Lafur cafodd ei demtio i geisio am Ysgrifenyddiaeth y Ffed.[46] Ni lwyddodd unwaith eto. Pwyswyd arno rai misoedd yn ddiweddarach gan nifer o gyfrinfeydd y maes glo carreg i ystyried sefyll fel Is-Lywydd y Ffed yn ne Cymru fel olynydd S. O. Davies. Nid oes amheuaeth ei fod yn ddewr i ystyried cynnig am y swydd hon ar ôl colli'r bleidlais am yr Ysgrifenyddiaeth gan fod yr Undeb mewn cryn anhawster, yn arbennig o ran ei sefyllfa ariannol. Yn Rhagfyr 1931 roedd 35 % o'r glowyr, 76,917 ohonynt yn ddi-waith ac erbyn Rhagfyr 1932 cynyddodd hynny i 42.6%, sef 93,254. Ni lwyddodd y Ffed i wasanaethu'r glowyr fel y dylai wneud. Roedd hi'n anodd talu cyflogau'r swyddogion yn y dosbarthiadau. Roedd dirfawr angen ad-drefnu a gwelwyd fod gweithredu yn anorfod. Lluniwyd polisi o ad-drefnu a phenderfynwyd ailwampio'r rhwydwaith. Crynhowyd yr adnoddau mewn wyth rhanbarth a chrëwyd pwyllgor gwaith newydd oedd â chyfansoddiad gwahanol. Nid oedd pob Asiant i gael lle ar y pwyllgor gwaith yn rhinwedd eu swydd. Rhoddid cyfle iddynt fodd bynnag i fynegi barn ar unrhyw fater perthnasol i'r Undeb mewn llythyr neu ar lafar i'r Ysgrifennydd neu i un o'r swyddogion. Roedd un asiant yn cynrychioli dros 6,000 o lowyr a chaniateid i'r Llywydd, yr Is-Lywydd a'r Ysgrifennydd Cyffredinol fod yn aelodau wedi'u cyfethol. Cytunodd Jim Griffiths geisio am swydd yr Is-Lywydd ac yn y Gynhadledd Flynyddol ym mis Tachwedd 1932 etholwyd ef i'r swydd honno. Yn 42 mlwydd oed, ef oedd un o'r rhai ieuengaf i'w ethol ac erbyn hyn roedd yr arloeswyr a sefydlodd y Ffed yn ôl yn 1898 wedi ymadael. Un o'r rhai olaf ohonynt oedd y Llywydd Enoch Morrell, o Ferthyr.

Braint i Jim Griffiths oedd cael gweithio gyda Morrell, ond ddwy flynedd yn ddiweddarach penderfynodd ymddeol o'r swydd a daeth Arthur Horner o'r Rhondda Fach yn Asiant y Glowyr yng Nghwm Gwendraeth. Etholwyd Horner yn Nhachwedd 1933 ar ôl brwydr galed gan ei fod yn Gomiwnydd di

gyfaddawd – roedd hyn yn peri poen meddwl i Jim Griffiths. Clywodd hefyd fod ei hen gyfaill o'r coleg, Aneurin Bevan, wedi cysylltu ag Arthur Horner i greu ffrynt unedig ymhlith y glowyr yn erbyn Ffasgaeth.[47] Y bwriad oedd sefydlu mudiad lled filitaraidd a elwid yn Workers Freedom Group i amddiffyn y cymunedau glofaol. Trefnodd y Ffed gynhadledd yn Neuadd Cory, Caerdydd yn 1933 i brotestio yn erbyn Ffasgaeth. Gwahoddwyd Jim Griffiths i fod yn un o'r prif siaradwyr a siaradodd gydag angerdd gan alw am sefydlu Cronfa Ariannol i gyllido'n fanwl i gwrdd â bygythiadau.

Roedd Aneurin Bevan yn gymysglyd ei safbwynt, yn dadlau am fudiad a fyddai'n cofleidio grym milwrol i wynebu'r Ffasgwyr. Yn y Gynhadledd anghytunai Jim Griffiths ag ef am ddau reswm; yn gyntaf fel heddychwr ni allai gytuno â'r ddadl am sefydlu grŵp militaraidd, ac yn ail ni ddylai Sosialwyr weithio y tu allan i rengoedd y Blaid Lafur a'r Undebau Llafur. Derbyniodd Jim Griffiths gefnogaeth gref yn y Gynhadledd oddi wrth H. W. May, Asiant y Glowyr yn rhanbarth Pontypridd. Llefarodd May eiriau sobreiddiol, 'Force has never been any remedy'.[48] Nid Jim Griffiths oedd yr unig un oedd yn flin am ymddygiad Bevan a Horner. Disgrifiwyd Bevan mewn colofn yn y *Western Mail* fel 'the Cymric Hitler'. Ymddengys mai'r unig gylch a roddodd gefnogaeth i Bevan oedd bro ei febyd – tref Tredegar a phentrefi cyfagos fel Pontlotyn. Ni lwyddodd Bevan i ennill cefnogaeth y cynhadledd oherwydd gwrthwynebiad Jim Griffiths yn bennaf fel ceidwad cydwybod y Blaid Lafur yng Nghymru a hwyrfrydigrwydd Horner i gefnogi'r syniad o sefydlu grŵp milwrol yn y maes glo. Roedd Jim Griffiths yn barod i gytuno gyda Horner yn ei feirniadaeth ddeifiol ar berchenogion y glofeydd ond ni allai ei gefnogi yn ei alwad am streic a fyddai'n parlysu de Cymru, gan gefnu ar yr hyn a ddysgodd yn 1926. Sylweddolodd Horner yng Nghwm Gwendraeth fod Jim Griffiths yn ŵr anodd i'w drechu am fod ganddo glust y glowyr a mwy o lowyr o dan ei ofal nag mewn unrhyw ranbarth arall o Brydain.

Daliai llais y Ffed yn ne Cymru yn rymus. Felly roedd bod yn Is-Lywydd Ffederasiwn Glowyr De Cymru yn swydd nerthol, ond roedd swydd llywydd yn fwy dylanwadol fyth. Mewn llythyr at Jim Griffiths gan Oliver Harris, Ysgrifennydd Cyffredinol y Ffed, hysbyswyd fod 68 o gyfrinfeydd wedi'i enwebu yn llywydd ac 18 yn ei enwebu fel is-lywydd.[49] Yn y Gynhadledd Flynyddol ym mis Ebrill 1934 etholwyd ef yn ddiwrthwynebiad yn Llywydd y Ffed, a'r weithred gyntaf a gyflawnodd oedd ymarfer doethineb a thalu teyrnged i Enoch Morrell am ddeng mlynedd o wasanaeth fel llywydd.

Bu dathlu mawr yng nghapel Gellimanwydd ar 2 Mai 1934 wrth i Jim Griffiths dderbyn swydd newydd. Trefnwyd cyfarfod i ddathlu'r newydd da a'i wobrwyo gan ddiaconiaid y capel a'i lywyddu gan un o'i athrawon yn ysgol y Betws, Rhys Thomas. Cyfeiriodd i ddechrau at y ffaith fod Jim Griffiths a'i briod

Winnie yn Ynadon Heddwch ar yr un fainc ag ef yn Ystradgynlais. Roedd y capel yn llawn o bobl, o bob haen o'r gymdeithas, i ddathlu ei ddyrchafiad yn Llywydd y Glowyr yn ne Cymru. Sut y llwyddodd y glöwr i gyraedd y fan hon, oedd y cwestiwn a ofynnodd cadeirydd y cyfarfod dathlu. Cyfeiriodd yn ei ateb at dri dylanwad mawr arno. Yn gyntaf Ysgol y Betws a chyfraniad y prifathro John Lewis yn benodol, un a adawodd ei farc arno. Yn ail y cartref ym Metws a bod hwnnw yn fwy na dim yn gartref lle rhoddid pwys arbennig ar ddarllen – y darllenwr yn dod yn feddyliwr a hwnnw yn esgor ar yr areithydd penigamp. Yn drydydd, y Capel.[50] Pwysleisiodd y Cynghorydd T. J. Parry Jones, un o'r naw a fu'n annerch, ddylanwad y diwylliant Cymreig ar fywyd Llywydd newydd y glowyr. Daeth y diwylliant Cymraeg i'r maes glo carreg fel gwaddol a chyfraniad y capeli, y blychau ennaint a elwir gydag enwau o Balestina fel Bethel.[51] Cyflwynodd un o'r glowyr diwylliedig, Irlwyn, ffon gerdded braf i Jim Griffiths yn y cyfarfod yn Gellimanwydd gydag edmygedd am ei allu i ddadlau, ei wybodaeth a'i ddysg.[52]

Rhaid tynnu sylw at aeddfedrwydd Jim Griffiths cyn ac ar ôl iddo wisgo mantell y Llywydd, oherwydd mynnai atgoffa'r glowyr am y wers a ddysgodd wedi Streic 1926. Iddo ef trafodaeth ac nid brwydr oedd angen y cyfnod hwn yn hanes y glowyr. Soniodd am ddyfarniad y bargyfreithiwr F. P. M. Schiller, cadeirydd y Bwrdd Cyflafareddu (arbitration), yn cyhoeddi ei adroddiad ym mis Mawrth 1931. Bu'n rhaid i'r glowyr fyw gyda'r dyfarniad nes i Jim Griffiths gerdded i gadair y Llywydd yn 1934.[53] Nid oedd y Llywydd newydd yn barod i weld Schiller arall wrth y llyw, yn trin diwydiant na wyddai y nesaf peth i ddim amdano. Paratôdd Jim Griffiths yn drwyadl yr achos am well amodau i'r glowyr i'r Bwrdd Cenedlaethol Diwydiannol, gan ddefnyddio ystadegau dadlennol. Lladdwyd mewn deng mlynedd 2,379 o lowyr, niweidiwyd 330,731 a gostyngodd nifer glowyr de Cymru o 260,502 yn 1920 i 129,719 yn 1933. Dadleuai fod y glowyr wedi'u bychanu gan ddedfryd Schiller. Cytunodd y perchenogion i'r weinyddiaeth sefydlu tribiwnlys annibynnol i ddelio â phroblemau'r diwydiant glo a derbyniwyd hyn gan y Gynhadledd. Gwrthodwyd yn bendant yr alwad filwriaethus i ail-fyw rhyfel dosbarth o eiddo Horner a'i gyd-Gomiwnyddion. Roedd yr arweiniad a roddodd i'r Gynhadledd yn rhoddi hyder newydd i lowyr a welsai eu safon byw yn gostwng mewn cyfnod o dlodi economaidd.

Diddordeb mawr arall y Gynhadledd oedd yr etholiad am yr Is-Lywyddiaeth rhwng yr Henadur Arthur Jenkins o Abersychan a'r Comiwnydd Arthur Horner,

Cwm Gwendraeth. Roedd 13 o ymgeiswyr eraill am y swydd, ac Arthur Jenkins a enillodd o ychydig gannoedd o bleidleisiau.[54]

Yn ei araith gyntaf fel Llywydd ar 11 Ebrill 1935 tynnodd Jim Griffiths sylw at y crebachu yn nifer y gweithlu yn y maes glo. Roedd llai o byllau glo a mwy o beiriannau ac o ganlyniad, llai o lowyr.[55] Cyfeiriodd fod 10,000 o lowyr dros drigain mlwydd oed ac wedi rhoddi rhwng 45 a 50 mlynedd o wasanaeth caled dan ddaear. Dylai'r rhain, yn ei farn ef, allu ymddeol. Yn y pegwn arall ceid 5,000 o fechgyn dan 16 oed yn llafurio yn y pyllau glo. Credai ef y dylai'r rhain fod yn derbyn addysg bellach gan adael i'w brodyr hŷn a'r glowyr eraill oedd yn ddi-waith gael eu swyddi. Nod arall fyddai lleihau oriau gwaith y glowyr.

Fel y disgwylid rhoddodd sylw arbennig i drasiedi erchyll a thorcalonnus y diwydiant glo, ac ysigwyd y Gynhadledd i'w gwraidd. Digwyddodd y drychineb ar ddydd Sadwrn 22 Medi 1934 yng Nglofa Gresffordd ger Wrecsam.[56] Lladdwyd 265 o ddynion, 261 o lowyr, tri aelod o'r timau achub, ac un gweithiwr ar ben y pwll, gan adael 164 o weddwon, 242 o blant heb dadau, ac oddeutu 1,700 o ddynion yn ddi-waith. Roedd y drychineb yn crefu am safonau diogelwch gwell. Roedd Jim Griffiths, yn naturiol, fel pawb arall wedi'i gyffwrdd yn emosiynol gan drychineb Gresffordd. Gwyddom ei fod yn ŵr hynod o deimladwy ac wedi gweld ar ei aelwyd ei hun ganlyniadau tanchwa dan ddaear. Ymwelodd â'r pwll ddiwrnod ar ôl y drychineb, a chyfarfu â hen golier a ddywedodd wrtho fod y glowyr wedi derbyn eu cyflogau o £2 cyn mynd lawr i'r pwll. Cynhaliwyd ymchwiliad i'r drychineb dros gyfnod o 38 diwrnod, a chynrychiolwyd y Ffed gan y bargyfreithiwr a'r gwleidydd Stafford Cripps a'r Aelod Seneddol D. R. Grenfell.

Mater arall oedd yn poeni Jim Griffiths yn ddirfawr oedd presenoldeb Undeb Spencer ym mhwll glo Taff Merthyr.[57] Y cynllun cyntaf oedd ganddo i'w gyflwyno oedd perswadio glowyr pwll glo Taff Vale i ymuno â'r Ffed ac yntau i hysbysu swyddfa weinyddol y pwll nad oeddynt am gyfrannu cyfran o'u cyflogau i Undeb Spencer. Pe caent eu diswyddo am hyn byddai'r Ffed yn eu hamddiffyn. Cyfeiriodd Jim Griffiths ei gamre yn gyntaf at gyfreithwyr y Ffed er ei sefydlu, sef Morgan Bruce a Nicholas. Teimlent mai achos i fargyfreithiwr profiadol ydoedd ac aeth Griffiths a Nicholas i Lundain i ofyn am farn arbenigwr a ffrind da i'r Ffed sef y bargyfreithiwr Mr Upjohn. Cynghorodd Upjohn y byddai'r cynllun yn groes i'r gyfraith. O ganlyniad i'r cyngor ni weithredwyd y cynllun.

Cytunodd perchenogion Taff Merthyr fodd bynnag i gynnal pleidlais i'r glowyr a gyflogid ganddynt a rhoddi dewis rhwng y ddau Undeb. Gwyddai ef yn dda na fyddai mwyafrif llethol glowyr y de na chwaith gyfrinfeydd y glowyr di-waith lle'r oedd aelodau o'r Blaid Lafur Annibynnol yn flaenllaw yn cefnogi Undeb Spencer. Daeth yr helynt i'w uchafbwynt ddydd Sadwrn 12 Hydref 1935 ym mhwll glo Nine Mile Point, Cwmfelin-fach ger y Coed Duon, Gwent.[58] Ar y dydd hwnnw, daeth glowyr Undeb Spencer i fyny'n gyntaf er mwyn arbed y gwrthdaro yn erbyn y glowyr oedd yn deyrngar i'r Ffed a Jim Griffiths. Ond er syndod i swyddogion y cwmni ni ddaeth 78 o aelodau'r Ffed i fyny yn ôl eu harfer. Roedd y Ffed wedi mabwysiadu'r polisi o 'aros i lawr dan ddaear', polisi a fu'n llwyddiannus yng ngwledydd Hwngari a Rwmania, ond dyma'r tro cyntaf i'r undeb ddefnyddio'r erfyn. Gofalwyd peidio a sôn am eu bwriad i aros dan ddaear wrth neb, ac roedd y glowyr yn barod i streicio dan ddaear hyd nes y teflid y bradwyr o'u swyddi. Daeth y glowyr yn arwyr eu cymunedau dros nos. Bu Jim Griffiths ac Arthur Jenkins, ei ddirprwy, yn Cwmfelin-fach ar hyd yr wythnos yn ceisio eu gorau glas i gymrodeddu rhwng y cwmni a'r glowyr. Nid oedd hi'n hawdd o gwbl gan fod awdurdodau'r pwll mor anhyblyg, a hefyd gan fod y Blaid Lafur Annibynnol mor ddylanwadol yn y Gyfrinfa.[59] Yn y Gyfrinfa cafodd Jack Marsden, gyda chefnogaeth aelodau eraill o'r Blaid Lafur Annibynnol, ei ethol yn gadeirydd. Roedd ganddo gryn ddylanwad ar y glowyr. Nid oedd Marsden yn sicr am ei gwneud hi'n hawdd i W. P. Thomas ar ran cwmni'r Ocean nac i Jim Griffiths ar ran yr Undeb. Bu trafodaethau hir a phoenus ar hyd yr wythnos ond ar ôl 76 awr dan y ddaear, penderfynodd y glowyr ganiatáu i'w Llywydd ddod i'w gweld.

Disgynnodd Jim Griffiths i waelod y pwll i drafod telerau'r cyflogwyr, a'r rheiny wedi'u cofnodi'n glir ar bapur. Pwysleisiwyd nad oedd un o'r glowyr i'w erlid nac i golli gwaith ac mai'r Ffed yn unig a gâi drafod anghenion y pwll gyda W. P. Thomas, gŵr amlwg yn Undeb y Bedyddwyr Cymraeg, a Rheolwr Cwmni'r Ocean. Cynhaliodd Jim Griffiths bleidlais dan ddaear ar y telerau hyn ac wedi pleidlais unfrydol o'u plaid, canodd y glowyr emyn William Williams, Pantycelyn a'r esboniwr Peter Williams yn y fersiwn Saesneg, 'Guide me, O thou great Jehovah', a chlywyd 'Bread of Heaven' yn glir gan y dorf oedd ar ben y pwll.[60]

Bellach ar ôl naw niwrnod o dan y ddaear daeth y glowyr, bob un ohonynt â barf ganddo, i lan o'r dyfnder du gyda Llywydd y Ffed i groeso tywysogaidd a byddarol y gymuned gyfan. Roedd hyd yn oed rheolwr cwmni yr Ocean Coal,

W. P. Thomas, yn falch o'u gweld yn hwyliog ac er gwaethaf byw ar frechdanau ar hyd yr wythnos, eto'n iach. Ond y peth godidog i'r glowyr hyn oedd fod Undeb Spencer wedi'i alltudio o Gwmfelin-fach am byth, a diolchwyd yn gynnes i Jim Griffiths, Sydney Jones, Asiant y Glowyr ac Arthur Jenkins am gefnogi'r glowyr hyd yr eithaf. Sbardunodd streic Cwmfelin-fach streiciau tebyg ym maes glo Gwent, yn arbennig ym mhwll glo Risga. Cafwyd protest gyffelyb gan lowyr y Parc a Dâr yn Nhreorci. Daethant hwy i fyny ar 23 Hydref wedi bod 140 o oriau ar waelod y pwll. Croesawyd hwy gan Jim Griffiths a swyddogion eraill y Ffed, yn ogystal â Chor Meibion Glofa Dâr.

Cyfrifoldeb arall a ddaeth i Jim Griffiths yn sgil ei ethol yn Llywydd y Ffed oedd cael bod yn aelod o Bwyllgor Gwaith Undeb Glowyr Prydain. Penderfynodd yr Undeb lansio ymgyrch i godi cyflogau'r glowyr i ddau swllt y dydd. Teimlai'r arweinwyr mai ofer oedd pledio â'r perchenogion na chwaith â'r Llywodraeth, ond cyflwyno eu cais rhesymol ger bron y farn gyhoeddus. Roedd trigolion Prydain wedi cael eu hatgoffa o beryglon y diwydiant glo gan ffrwydrad erchyll Gresffordd.

Yn ôl yn Ystradgynlais teimlai'r Llywydd ei fod wedi cyflawni dau beth pwysig yn y deunaw mis cyntaf o'i dymor. Yn gyntaf, roedd bron pob glöwr a weithiau ym mhyllau glo y de yn aelod o'r Ffed a thelid iddynt gyflog gwell nag a welwyd ers deng mlynedd, ac yn ail enillwyd y frwydr galed yn erbyn Undeb Spencer yn ne Cymru. Pan wellodd y sefyllfa penderfynodd y Llywodraeth Dorïaidd ym mis Rhagfyr 1934 weithredu Deddf Diweithdra a'r Prawf Moddion a oedd yn oblygiedig ynddi. O ganlyniad, am bob dau löwr fu'n llafurio yn y lofa yn Rhagfyr 1934 aeth un yn ddi-waith. Eglurodd Jim Griffiths yr hyn a olygai gweithredu'r ddeddf newydd yn ne Cymru. Cytunodd y Ffed ar argymhelliad Jim Griffiths i arwain ymgyrch gyhoeddus yn erbyn y Prawf Moddion. Trefnwyd Cynhadledd Genedlaethol Gymreig. Yn ôl *Pages from Memory* roedd yn fwy o gyfarfod diwygiadol na chyfarfod o dan nawdd undeb llafur.[61] A gwyddai Jim Griffiths am y miloedd a fu ar hyd a lled y cymoedd yn gwrthdystio. Yn y Rhondda ar 3 Chwefror 1935, cerddodd hyd at 70,000 o bobl fesul deuddeg i Barc De Winton, Tonypandy, gan atal trafnidiaeth y cwm yn gyfan gwbl. Yn Aberdâr cafwyd gorymdaith o 50,000 o bobl, gwrandawodd 20,000 ar Ernest Bevin ym Mhont-y-pŵl a nifer cyffelyb yng Nghoed Duon ar huodledd a dicter Aneurin Bevan. Hefyd penderfynodd y Gynhadledd arwain dirprwyaeth at y Gweinidog Llafur, Oliver Stanley, a gofynnwyd i Jim Griffiths i'w chyd-arwain gyda Mrs

Rose Davies, y wraig gyntaf i'w hethol yn Gynghorydd Llafur ar Gyngor Sir Morgannwg. Cyflwynodd yr arweinwyr y ffeithiau ar gyflwr y di-waith a'u teuluoedd yn ne Cymru yn deg a chytbwys. Diolchodd Oliver Stanley iddynt am y cyflwyniad gan addo ystyried yr hyn a glywodd. Hon oedd yr ymgyrch olaf a arweiniodd Jim Griffiths fel Llywydd Undeb y Glowyr. Ac wrth gwrs, roedd yn falch fod y glowyr wedi llefaru a gweithredu yn gadarnhaol dros bobl Cymru.[62] Pan fu farw J. H. Williams, Aelod Seneddol Llanelli, gosodwyd Jim Griffiths mewn sefyllfa anodd. Dywed hyn yn *Pages*:

> I was torn between the pull of politics and the deep satisfaction I was experiencing
> in my work as miners' leader. If it had been any other constituency than Llanelli my
> decision would have been different. The decision was all the more difficult because my
> wife was anxious for me to stay on in my work for the union.[63]

Cofiwn iddo roddi addewid i'w gyfeillion yn Llanelli yn 1925 y byddai'n ystyried olynu Dr Williams pan ddeuai'r cyfle. Ar yr un pryd câi foddhad mawr yn ei waith fel arweinydd y Ffed. Ystyriodd gyflawni'r ddwy swydd ar yr un pryd, yn union fel y gwnaeth rhai o'r arweinwyr blaenorol fel Mabon. Ond ni allai'r Ffed ganiatáu oherwydd safbwynt Arthur Horner, a'i gefnogwyr o'r Blaid Gomiwnyddol. Roedd gweithgarwch Horner yn mhentref y Maerdy yn Rhondda Fach wedi dangos yn glir y dylanwad oedd ganddo, a chroesodd Jim Griffiths gleddyfau ag ef ar fater Isetholiad Dwyrain y Rhondda yn 1933 pan enillodd W. H. Mainwaring dros Horner ar ôl brwydr galed. Nid oes amheuaeth fod Griffiths wedi sylweddoli yn llwyr fod Horner ar ôl 1933 yn rhoddi ei holl egni i'r dasg o gryfhau ei afael a'i awdurdod yn y Ffed fel Comiwnydd. Bu'n llwyddiannus iawn o fewn y Ffed ar ôl i Jim Griffiths ddewis llwybr y gwleidydd proffesiynol. Ond ni ellir gwadu haeriad Harold Finch yn ei hunangofiant yn 1972 fod y Ffed wedi'i harbed yn awr yr argyfwng gan dri arweinydd, sef Jim Griffiths, Arthur Jenkins ac Oliver Harris.[64] Roedd pob un o'r tri hyn yn gytûn nad oedd ond un blaid wleidyddol a allai adeiladu gwrthglawdd ar faterion pwysig y tridegau: yn gyntaf, Ffasgaeth ac yn ail, y dirwasgiad a diweithdra. Credai llawer mai gan y Blaid Gomiwnyddol oedd yr ateb. Yng Nghymru prin oedd sylwebyddion ieuanc y wasg Gymraeg a welai fod gan y Blaid Genedlaethol, a sefydlwyd yn 1925, unrhyw ateb i'r materion hyn chwaith. Yn wir dywedodd D. Tecwyn Lloyd am y blaid honno:

Ychydig o arweiniad a roddai'r blaid ar yr hyn a ddigwyddai yn Ewrop ac roedd hwnnw pan geid ef, yn un od ac annisgwyl a chroes i'r hyn a dybiem ni y dylesid ei roddi gan genedl a oedd unwaith yn hynod am ei radicaliaeth.[65]

Fel Sosialydd credai Jim Griffiths mai'r frwydr yn erbyn Ffasgaeth oedd brwydr fawr dyngedfennol a chwerwaf cyfalafiaeth i ddiogelu eu buddiannau.[66] Hon oedd y frwydr yng ngolwg Hitler a Mussolini lle'r uniaethid y cyfalafwr â'r wladwriaeth yn yr ymgyrch i ddarostwng y proletariat yn llwyr a lleiafrifoedd fel yr Iddewon oedd yn coleddu syniadau sosialaidd, neu gomiwnyddol a chrefyddol. Dyma'r cyfnod wyneb yn wyneb â gweithredu Hitler a Mussolini iddo ystyried o ddifrif seiliau ei heddychiaeth a fu'n bwysig iddo gydol ei fywyd hyd yn hyn.[67] Ond o leiaf sylweddolai fod yna ddigon o ruddin yn arweinwyr y Blaid Lafur ar fater Ffasgaeth.[68] Yr unig blaid wleidyddol yng Nghymru oedd yn ymboeni am y sefyllfa enbydus yng nghymoedd y de oedd y Blaid Lafur, ac roedd ef bellach am sefyll isetholiad yn lliwiau'r blaid honno. Ond anodd oedd ffarwelio â'i waith fel arweinydd y glowyr.

Un wers a ddysgodd Jim Griffiths oedd honno yn ystod Streic 1926, sef yr angen i'r undebau chwilio am ffordd wahanol, na fyddai'n gofyn am aberth mor ddrud gan y gweithwyr. Ystyriwyd y wers honno fel trobwynt pwysig yn ei ddatblygiad fel person a berchid gan aelodau ei Undeb ac fel arweinydd.[69]

Aelod Seneddol Etholaeth Llanelli (1936–1939)

Gwyddai Jim Griffiths mai ef oedd y mwyaf tebygol i ddilyn J. H. Williams fel Aelod Seneddol etholaeth Llanelli. Bu'n ffrind da i Dr Williams ac yn ei gefnogi er ei ethol yn 1922. Yn wir bu bron i Jim Griffiths gael y cyfle i sefyll yn Etholiad Cyffredinol 1935 gan fod aelodau amlycaf yr etholaeth wedi blino ar eu Haelod Seneddol. Bu bron i Dr Williams orfod roddi'r gorau iddi wrth ennill yr enwebiad ar gyfer yr Etholiad Cyffredinol yn 1935 o un bleidlais.[1] Dywed Jim Griffiths ei fod wedi addo i'w gyfeillion pennaf yn Llanelli pan dderbyniodd swydd Asiant y Glowyr yn 1925 y byddai'n ymgeisio am sedd Llanelli pan ddeuai'r alwad a daeth honno ar ôl marwolaeth J. H. Williams ar 9 Chwefror 1936. Penderfynodd y Ffed y dylai'r sedd fod yn sedd y glowyr, ac roedd hynny wrth gwrs yn fanteisiol i Jim Griffiths.

Cynhaliwyd y cyfarfyddiad cyntaf ar gyfer selogion a swyddogion y Blaid Lafur i baratoi'r ffordd ar gyfer yr enwebiad terfynol a hynny ar 22 Chwefror yn Rhydaman, o dan gadeiryddiaeth y Cynghorydd R. O. Rees, Garnant.[2] Gwnaeth ymchwil am ei radd MA ar Ramadeg Tafodiaith Dyffryn Aman, a gweithredai fel diacon a thrysorydd capel yr Annibynwyr Bryn Seion, Glanaman; dyma'r math o berson oedd yn dechrau cael ei ddenu i rengoedd Plaid Cymru yn y tridegau. Bu ef yn ffrind cywir i Jim Griffiths.

Yn y cyfarfod dewis i lunio'r rhestr fer derbyniodd Jim Griffiths 28 o bleidleisiau; D. R. Owen, Garnant (darlithydd), 6; Dan Griffiths, Llanelli (athro ysgol), 2 a T. Hughes Griffiths (ysgolhaig), 1 bleidlais.[3] Roedd ganddo bythefnos cyn y gynhadledd derfynol ar 3 Mawrth pan gâi canghennau'r undebau, y cymdeithasau Sosialaidd a changhennau'r Blaid Lafur ymgynnull i ddewis yr ymgeisydd. Y tri ar y rhestr fer oedd Jim Griffiths, Frederick Elwyn Jones a Dan Griffiths.[4] Deuai F. Elwyn Jones a Dan Griffiths o dref Llanelli. Yn wir bu Dan Griffiths yn athro ar Elwyn Jones yn yr ysgol elfennol ac yn wrthwynebydd cydwybodol yn ystod y Rhyfel Byd Cyntaf. Mab i weithiwr tun oedd Elwyn Jones, bargyfreithiwr ifanc a wnaeth enw iddo'i hun trwy ymweld â'r Almaen ac Awstria i ddeall y grymusterau a berthynai i Natsïaeth. Priododd ag Iddewes a bu'n flaenllaw yn Nhreialon y Natsïaid yn Nuremberg yn 1947 fel bargyfreithiwr. Cipiodd Jim Griffiths yr enwebiad gyda mwyafrif llethol. Cafodd 158 o bleidleisiau, Dan Griffiths 57 ac F. Elwyn Jones dim ond 3 pleidlais, er yr holl addewid oedd ynddo y deuai cyn diwedd ei yrfa yn Arglwydd Ganghellor.[5]

Yn y cyfamser etholodd y Rhyddfrydwyr Cenedlaethol W. A. Jenkins, cyn Aelod Seneddol Brycheiniog a Maesyfed fel ei hymgeisydd.

Ymladdodd Jim Griffiths yr isetholiad yn bennaf fel glöwr a chynrychiolydd y glowyr. Pwysleisiodd ym mhob man fethiant y llywodraeth goalisiwn i gynorthwyo'r diwydiant glo fel y dylid. Glöwr oedd yn sefyll, un oedd yn cynrychioli mwyafrif gweithwyr yr etholaeth. Dywedai brawddeg yn ei daflen etholiadol y cyfan: 'Vote for Jim Griffiths, the man who has worked with you, suffered with you, and fought for you.' Gwelid ef liw dydd yn yr awyr agored yn iard y pyllau glo, a gyda'r nos yn annerch yn neuaddau'r gweithwyr ac yn ysgoldai'r capeli.[6]

Mantais isetholiad yw bod hi'n bosibl i'r ymgeisydd lleol ddenu gwleidyddion amlwg ac adnabyddus i annerch yn ei gyfarfodydd. Ond yr unig ddau ymwelydd y soniodd Jim Griffiths amdanynt oedd Stafford Cripps a'r sant o wleidydd, George Lansbury, ac yntau newydd ymddiswyddo fel arweinydd y Blaid Lafur Seneddol. Ymddiswyddodd oherwydd ei argyhoeddiadau fel heddychwr a'r ffaith fod Ernest Bevin wedi ymddwyn fel bwli tuag ato yng Nghynhadledd Flynyddol y Blaid Lafur 1935.[7] Nid oedd Lansbury yn bleidiol o gwbl i bobl fel Bevin oedd yn cymell Prydain i droi at y cledd i gywiro'r drwg a wnaeth Mussolini wrth oresgyn Ethiopia.

Dadleuai Lansbury yn yr isetholiad ddyletswydd Prydain i ymgyrchu dros heddwch ar draws cyfandir Ewrop. Gwrandawai cannoedd arno ym mhob cyfarfod a gynhelid yn yr etholiad. Cawr gwleidyddol arall o Sosialydd a ddaeth i gefnogi'r glöwr o'r Betws yn yr isetholiad oedd Syr Stafford Cripps, gwleidydd ar y chwith fel Lansbury, ac yn ymfalchïo yn ei Gristnogaeth a'i heddychiaeth.[8]

Roedd yr ymgyrch yn weddol dawel ond nid yn hawdd o bell ffordd. Sonia'r ymgeisydd yn *Pages* ei fod yn etholiad glân a'r etholaeth bellach ers 14 mlynedd yn ddiogel yn nwylo'r Blaid Lafur. Ond cwynodd ymgeisydd y Rhyddfrydwyr Cenedlaethol, W. A. Jenkins, yn ystod yr ymgyrch fod Jim Griffiths yn 'defnyddio crefydd a'r eglwysi i'r pwrpas o ennill cefnogaeth wleidyddol.'[9] Hawliai ymhellach fod Jim Griffiths yn amlwg yn 'chwarae ar emosiwn grefyddol y Cymry'. Bu'r pleidleisio ar 26 Mawrth a daeth cannoedd ynghyd yn y glaw ar Sgwâr Neuadd y Dref, Llanelli i glywed y canlyniad:

James Griffiths (Llafur)	32,188	66.8%
William A. Jenkins (Rhyddfrydol-Cenedlaethol)	15,967	33.2%
Mwyafrif	16,221	33.6% [10]

Wedi ei ethol pwysleisiodd Jim Griffiths:

a) ei wrthwynebiad i bolisi arfogi'r Llywodraeth;

b) ei wrthwynebiad i'r bygythiad economaidd o du'r cwmnïau anferthol, y 'Combine';

c) ei ddyled i'r cymunedau glofaol am eu teyrngarwch di-ildio i'r Blaid Lafur ac iddo yntau fel ymgeisydd.[11]

Roedd yna ddathlu mawr ym mhob rhan o'r etholaeth fod 'ein Jim ni' wedi ennill gyda mwyafrif llethol. Ac roedd dathlu yng nghalon ac ysbryd Jim Griffiths ei hun, oherwydd bu'n un uchelgeisiol er y dydd yr ymaelododd â'r Blaid Lafur Annibynnol yn 1908. Roedd ei ffiol yn llawn. Golygai treftadaeth Llanelli yn y 19eg ganrif gymaint iddo. Yn *Pages* sonia am dreftadaeth tref Llanelli, a rhydd dudalen gyfan i gyfraniad David Rees, gweinidog Capel Als yn y 19eg ganrif ac un o ymneilltuwyr pennaf ei gyfnod. Sonia hefyd am ddau undebwr llai adnabyddus, sef Tom Phillips (Twm Phil) a Dick Squance, Ysgrifennydd Cyffredinol Undeb y gyrwyr trenau (A.S.L.E.F.). Roedd y tri ymhlith arwyr ei radicaliaeth Gristnogol Gymreig.

Adroddodd ei frawd Amanwy yn ei golofn 'Cerddetwr', yn y papur lleol *Amman Valley Chronicle* ar 9 Ebrill 1936 hanes y diwrnod y cafodd Jim ei gyflwyno i'r Tŷ Cyffredin.[12] Aeth chwech o'i deulu a'i gefnogwyr ar y trên o Lanelli a Chastell Nedd i Lundain. Ymhlith y chwech roedd Jim, ei briod, Winifred, ac asiant newydd yr etholaeth, W. Douglas Hughes, Bili Jenkins ac Amanwy. Ni roddir enw y chweched person yn y grŵp. Yng Nghasnewydd cawsant gwmni difyr Arthur Jenkins, gŵr a ddaeth yn Aelod Seneddol Pont-y-pŵl. Roedd

Arthur Jenkins wrth fodd y cwmni gyda'i sgwrs ddiwylliedig a'i gof anhygoel am farddoniaeth Saesneg.[13] Dyfynnai gerddi niferus. Ar ôl cyrraedd y Senedd cawsant groeso brwd gan chwe Aelod Seneddol oedd yn falch o groesawu Aelod newydd Llanelli.

Y chwech oedd Syr Charles Edwards, Aelod Seneddol Bedwellte a chwip y Blaid Lafur, D. R. Grenfell, Aelod Seneddol Gŵyr a chyn-löwr, Rhys John Davies, genedigol o Langennech ac Aelod Seneddol Llafur Westhoughton, a hefyd Ted Williams, George Dagger ac S. O. Davies.[14] Roedd Rhys Davies yn heddychwr digymrodedd ac yn Gymro Cymraeg o argyhoeddiad. Dyma wleidydd yn San Steffan oedd yn tynnu mor gryf ar dreftadaeth anghydffurfiaeth Cymru. Mae ei gynnyrch yn yr iaith Gymraeg, *Y Seneddwr ar Dramp* (1934), *Pobl a Phethau* (1937) ac *Y Cristion a Rhyfel* (1941) yn amserol o hyd. Y cyfaill nesaf i groesawu Jim Griffiths oedd Edward John Williams, Aelod Seneddol Ogwr ers 1931, a oedd yn adnabod Jim yn dda ers 1919 pan benodwyd ef yn Asiant y Glowyr yn ardal y Garw. Cyn-löwr arall oedd George Dagger, Aelod Abertyleri a gwleidydd miniog ei dafod ond hynod o dderbyniol gan ei etholwyr yng Ngwent. Y chweched oedd S. O. Davies oedd erbyn hyn yn Aelod o'r Senedd dros Ferthyr ac a fu'n cydweithio gyda Jim Griffiths ers y Rhyfel Byd Cyntaf.[15]

Ar ôl i'r Aelod Seneddol newydd gael ei gyflwyno i'r Tŷ arweiniodd Amanwy a Winnie y tri arall am bryd o fwyd, ac yna i'r theatr i weld Charlie Chaplin gan chwerthin yn afreolus ar ei gampau. Dychwelwyd yn ôl i'r Tŷ i wrando ar ragor o anerchiadau a dywedwyd wrth Amanwy fod y bardd Cymraeg, D. Emrys James ('Dewi Emrys') yno.

Mae'n amlwg fod Dewi Emrys wedi dod i'r Tŷ yng nghwmni D. R. Grenfell i chwilio yn bennaf am yr Aelod newydd. Gwelodd Amanwy ef ar y galeri, ei wisg yn drwsiadus, 'ei aeliau'n grychiog a'i wallt ariannaidd llaes dros ei war'. Gwahoddwyd ef i de ar y teras gan Rhys J. Davies. Treuliwyd tair awr yn ei gwmni. A chafodd awdur *Rhigymau'r Ffordd Fawr* (1926) hwyl yn sgwrsio ac yn difyrru'r cwmni. Mesmereiddiwyd y gwleidyddion â'i huodledd a'i lais yn adrodd y farddoniaeth a luniodd ef ar gyfer ei gyfrolau *Rhymes of the Road* (1928) a *Y Cwm Unig a chaniadau eraill* (1930). Roedd Jim, Amanwy, Rhys J. Davies ac Arthur Jenkins wrth eu bodd.

Teimlai Jim Griffiths ei hun yn gartrefol yng nghwmni ei gyd-Aelodau Seneddol Llafur. Ar y fainc gefn cafodd gwmni rhai a fu'n rhan o saga dyddiau Keir Hardie. Sonia am Will Thorne, Aelod Seneddol Plaistow, Dwyrain

Llundain. Pan ymddeolodd ef yn 1945 yn 88 mlwydd oed, fe'i dilynwyd fel Aelod Seneddol gan Frederick Elwyn Jones. Un arall o'r gwroniaid oedd Jack Jones o Silvertown, amddiffynnydd cryf y docwyr yn Llundain. Gwelodd o'i amgylch ddynion fel yntau a ddaeth i'r Senedd ar ôl blynyddoedd o brofiad yn y lofa, rhai yn cynrychioli etholaethau yn Lloegr fel Gordon Macdonald, yn ddiweddarach y Barwn Macdonald o Waunysgor. Magwyd ef ar aelwyd Gymraeg yn nhref lofaol Ashton-in-Makerfield ym maes glo Sir Gaerhirfryn. Etholwyd ef yn Asiant y Glowyr yn Nosbarth Ince, maes glo Sir Gaerhirfryn yn 1924. Parhaodd yn y swydd honno nes ei ethol yn Aelod Seneddol Llafur dros Ince, Sir Gaerhirfryn yn 1929. Daeth ef a Jim Griffiths yn bennaf ffrindiau gan fod cymaint yn gyffredin ganddynt o ran cefndir ac o ran agwedd fel Sosialwyr.

Mwynhad pur iddo hefyd oedd cael cwmnïaeth ei gyd-fyfyrwyr gynt o'r Coleg Llafur, yn arbennig Arthur Jenkins, W. H. Mainwaring ac Aneurin Bevan. Teimlai'n ddiogel pan edrychai ar ddau o'i gymrodyr oedd ar fainc flaen Llafur, sef D. R. Grenfell a George Henry Hall a ddaeth maes o law yn Is-iarll Hall y cyntaf o Gwm Cynon. Mab i löwr oedd Hall, ac yn ddeuddeg oed ymadawodd â'r ysgol i weithio yng nglofa Penrhiwceibr er mwyn helpu ei fam weddw. Yn etholiad cyffredinol 1922 etholwyd ef yn Aelod Seneddol dros Ddosbarth Aberdâr gan drechu un o'r cymeriadau mwyaf dialgar a welodd gwleidyddiaeth y Cwm, sef yr Aelod Seneddol C. B. Stanton, a fu mor ffiaidd tuag at Niclas y Glais yn etholiad 1918. Roedd George Hall yn huawdl ar lwyfan, yn feistr ar economeg y diwydiant glo, ac edmygai Jim Griffiths ei frwydr gofiadwy yn erbyn Rheolau'r Prawf Moddion yn ei etholaeth.[16]

Roedd ei fywyd newydd fel AS ar y meinciau cefn yn rhoddi iddo lawer iawn o foddhad, ond weithiau teimlai rwystredigaeth oherwydd y ffaith nad oedd ganddo ddylanwad uniongyrchol fel oedd ganddo pan oedd yn Llywydd yr Undeb. Fel Llywydd Undeb Glowyr De Cymru gwyddai beth a ddisgwylid a gallai fynd adref at ei wraig a'i deulu ar ddiwedd y dydd. Nid oedd hynny'n bosibl yn ei ymrwymiad newydd a gwelodd newid aruthrol erbyn Ebrill 1936.

Dechreuai ei wythnos waith pan ddaliai'r trên fore Llun yng Nghastell Nedd gan adael ei wraig i ysgwyddo'r holl gyfrifoldebau am y plant ac anghenion y cartref hyd y deuai yn ei ôl ar brynhawn Gwener o orsaf Paddington.[17] Yn fuan ar ôl ei ethol yn Aelod Seneddol ac yntau yn eistedd ar y meinciau cefn cafodd dipyn o syndod un prynhawn pan eisteddodd y cyn-Brif Weinidog, David Lloyd George wrth ei ymyl. Trodd ato a dweud, 'Griffiths ydach chi ynte?' 'Ie, Syr,' meddai'r Aelod newydd. 'O Lanelli, tref y dur,' meddai Lloyd George. 'Ie, Syr,' atebodd yntau yn ddigon nerfus. Y funud honno pwy gododd ar ei draed i annerch y Tŷ ond Anthony Eden. Pwyntiodd Lloyd George ei fys ato a dweud wrth ei gyd-Gymro yn Saesneg: 'That young man is made of untempered steel,' yna seibiant cyn ychwanegu, 'he will break one day.' Daeth ei broffwydoliaeth yn wir adeg argyfwng Suez ugain mlynedd yn ddiweddarach.[18]

Ei gyflog fel Aelod Seneddol yn 1936 oedd £400 y flwyddyn, a derbyniai £100 yn ychwanegol gan y Ffed tuag at ei gostau. Ond nid oedd £500 y flwyddyn yn ddigonol i gynnal dau gartref. Roedd hi'n rheidrwydd arno chwilio am lety yn ninas Llundain. Gwyddai na allai fforddio aros mewn gwesty na hyd yn oed yn un o'r clybiau. Bu'n ffodus o gael cymorth Aelod Seneddol Llafur Rother Valley, Edward Dunn, hen löwr fel yntau.

Daeth i'w adnabod trwy Undeb y Glowyr. Arhosai Dunn mewn tŷ yn Bloomsbury oedd yn eiddo i Gymry. Trefnodd Jim Griffiths i rannu'r ystafell gyda Dunn am bum swllt y noson. Derbyniai frecwast yn y pris hwnnw.[19] Nid oedd angen mwy arno yn y lety yn Bloomsbury na gwely a brecwast. Mantais arall oedd bod y lety mewn safle hwylus ar gyfer San Steffan. Pan fyddai'r tywydd yn braf, cerddai ef, Dunn a George Hall o Aberdâr i'r Tŷ, ond ar dywydd gwlyb a garw cymerai'r tram. Costiai'r daith ddwy geiniog.

Ar ôl cyrraedd y Tŷ y dasg gyntaf fyddai galw yn Llythyrdy'r Aelodau i gasglu'r llythyron, ac yna ar ei union i Lyfrgell y Tŷ Cyffredin er mwyn darllen yr ohebiaeth. Ni allai fforddio ysgrifennydd, ac felly nid oedd dewis ganddo ond ateb y llythyron yn ei lawysgrifen ei hun. Gwnaeth hynny yn gyson ar hyd y blynyddoedd. Roedd hi'n ddigon hawdd adnabod ei lythyron o'i ysgrifen fawr, fras, ond dealladwy. O'r cychwyn cyntaf mabwysiadodd Jim Griffiths y cynllun o ateb yr ohebiaeth yn ddiymdroi. Cafodd air o gyngor ar y pwynt hwn gan Syr Haydn Jones, Aelod Seneddol Sir Feirionnydd. Ni chymerai ef ran amlwg yn nadleuon y Tŷ, ond credai ei fod wedi dal sedd Meirionnydd ar hyd y blynyddoedd oherwydd ei fod yn ateb y llythyron a ddeuai iddo gyda throad y post.[20] Dilynodd Jim Griffiths ei esiampl. Ar ôl cyflawni'r dasg honno byddai'n defnyddio gweddill yr amser i arfogi ei hun trwy ddarllen yn eang yn y llyfrgell. Treuliai ei amser o fore Mawrth i fore Gwener rhwng llythyrau a llenyddiaeth, rhwng gofidiau ei etholwyr a gwybodaeth oedd yn y cyfrolau oedd ar gael iddo yn llyfrgell y Tŷ.

Cychwynnai gweithrediadau'r Senedd am 2.45 o'r gloch, ac ni chollai Jim

Griffiths agoriad y dydd pan offrymid gweddïau gan y Caplan gan ddotio at ei lais cryf, teimladwy.

O'r diwrnod cyntaf denai yr Awr Holi ef. Credai ei fod yn bwysig i wneud y defnydd helaethaf o'r Awr Holi er mwyn ceisio gwneud Llywodraeth y dydd yn atebol am eu hymddygiad. Felly, yn fuan iawn wedi iddo gyraedd y Senedd dewisodd ymuno â'r cnewyllyn bach o aelodau a fyddai'n holi'n ddyddiol am wybodaeth ac am ddarpariaeth a bwriadau'r Llywodraeth. Yn ei ail flwyddyn daeth yn ail orau am nifer y cwestiynau a ofynnid ond ni allai gael y llaw drechaf ar y Cyrnol Harry Day, Aelod Seneddol Llafur Southwark Central, a ffrind mawr Harry Houdini. Ef oedd y pencampwr.[21]

Y cwestiwn cyntaf a ofynnodd Griffiths yn y Senedd oedd cwestiwn i Arglwydd Lywydd y Cyngor, Ramsay MacDonald, yn ei wahodd i sefydlu ymchwil meddygol i silicosis, aflwydd mawr y glowyr. Gwahoddodd Ramsay MacDonald ef i'w ystafell yn y Tŷ gan ei groesawu yn dywysogaidd. Gwrandawodd yn astud ar y stori, yn arbennig y difrod a wnâi silicosis i iechyd y glowyr ym maes glo de Cymru. Addawodd gefnogi ei gais. Daeth tîm o arbenigwyr o dan arweiniad D'Arcy Hall i Gymru i gasglu gwybodaeth a pharatoi adroddiad. Roedd hyn yn fuddugoliaeth nodedig i Jim Griffiths.[22] Yn 1936 nid oedd cymaint o bwyllgorau i ddenu'r Aelodau Seneddol o siambr y Tŷ a byddai'r seddau'n llawn i'r dadleuon. Un o'r cyrff y penderfynodd fod yn aelod gweithgar ohono oedd y Blaid Seneddol Gymreig. Rhwng 1938 ac 1945 bu'n ysgrifennydd trefnus ac effeithiol. Sylwodd yn ystod y misoedd cynnar fel newydd-ddyfodiad fod yna nifer o Aelodau yn gallu cymryd rhan yn y dadleuon heb unrhyw baratoi a gwneud hyn yn afaelgar dros ben.

Ar ôl cwblhau peth amser yn y Tŷ, disgwylid iddo draddodi ei araith forwynol, wrth gwrs. Cafodd aml i gyngor am ei chynnwys a phenderfynodd ei chyflwyno yn y Ddadl a ddilynodd y bumed Gyllideb o eiddo'r Canghellor, Neville Chamberlain. Soniodd Chamberlain ei fod am roddi £1,000,000 i greu 'Special Areas Reconstruction Association', i sefydlu diwydiannau newydd yn yr ardaloedd arbennig a fyddai'n derbyn nawdd er mwyn sefydlu ffatrïoedd a chryfhau'r economi leol.[23] Roedd Griffiths yn hollol fodlon i gefnogi'r bwriad hwn gan y byddai o gymorth yn ardaloedd y diwydiannau trwm, fel y diwydiant glo a'r diwydiant dur, a oedd yn edwino. Daeth i'r casgliad mai ar y pwnc hwn yr oedd y cyfle gorau iddo draddodi ei araith forwynol. Cyfeiriwyd yn garedig at ei gyfraniad i'r ddadl gan y Canghellor, fel 'cyflwyniad cryf ar achos arbennig'. Mewn ysgrif na chyhoeddwyd ganddo dywedodd Thomas Jones, cyn Is-Ysgrifennydd y Cabinet, i Griffiths fod yn 'llwyddiant yn y Senedd o'r araith forwynol'. Dadleuodd Thomas Jones fod ganddo fwy o fantais na'r mwyafrif o arweinwyr a gyrhaeddodd San Steffan o Gymru o blith y glowyr fel Brace, Bevan, Hartshorn a Hodges, sef dwyieithrwydd. Roedd yn siarad y ddwy iaith yn huawdl. Ymhelaethodd ar ei rinweddau: 'Jim Griffiths stands out as possessing a combination of secretarial, statistical, argumentative and persuasive qualities'.[24] Sylweddolodd mai hyn oedd y rheswm pam y perswadiodd Thomas Jones ef i gymryd swydd fel Llywydd Coleg Harlech a bu'n ddedwydd dros ben yn gwasanaethu'r sefydliad addysgol hwnnw a roddai ail gyfle i fyfyrwyr baratoi ar gyfer addysg prifysgol.

Bu'r wasg yn Lloegr a Chymru yn garedig dros ben wrtho ar ôl yr araith forwynol, ac o ganlyniad derbyniodd nifer dda o wahoddiadau i annerch cyfarfodydd mewn gwahanol etholaethau. Sonia ef ei hun am y bodlonrwydd a dderbyniai o dderbyn geiriau caredig gan ei gyd-seneddwyr am ei areithiau yn y Tŷ. Cyfeiria at ganmoliaeth rhai o aelodau Seneddol Swydd Durham a'i gyd-Gymro, y bargyfreithiwr Daniel Hopkin, Aelod Seneddol Llafur Caerfyrddin.[25] Yn wir am weddill ei fywyd, derbyniodd gymeradwyaeth am ei gyfraniadau o lwyfan a bu galw cyson amdano i annerch ledled Prydain. O fewn dwy flynedd daeth cyfle arall i brofi bod ganddo'r adnoddau angenrheidiol pan etholwyd ef gan ei gyd-Aelodau Llafur yn un o lefarwyr swyddogol yr wrthblaid. Credai'r arweinydd, Clement Attlee, y dylid rhoddi cyfle i'r deuddeg aelod mwyaf abl ar y seddau cefn i fagu profiad ar y fainc flaen. Galwyd hwy gan y wasg yn 'Ail Dîm Llafur'. Rhoddodd y *News Chronicle*, papur dyddiol â chylchrediad da yng Nghymru, ganmoliaeth i Aelod Seneddol Llanelli:

> Labour's front bench has notably gained by the inclusion of Mr James Griffiths, a Welshman who has already made his mark on the back benches as a thoughtful and fluent speaker. Mr Griffith's promotion is rapid; he had been in the House for only two years.[26]

Roedd ef bellach mewn sefyllfa hynod ddiddorol ac addawol. Yn aml, disgwylid iddo grynhoi'r ddadl ar lawr y Tŷ cyn y byddai pleidleisio arni. Tasg anodd ar y naw. Bu'n ffodus fod y cyfle cyntaf a roddwyd iddo'n ymwneud â materion roedd ef yn hyddysg ynddynt – diweithdra a thlodi mewn ardaloedd difreintiedig.

Yn fuan, meistrolodd y dasg yn gelfydd. Roedd hi'n gwbl amlwg fod blaenoriaethau Jim Griffiths wedi'u crisialu i bedwar maes arbennig: yn gyntaf anghenion y glowyr a phroblemau diweithdra, nid yn unig o fewn Cymru ond trwy Brydain gyfan; yn ail, sefyllfa economaidd adfydus gwledydd cyfandir Ewrop; yn drydydd, anghenion ei etholaeth a diwylliant Cymru ac yn bedwerydd, heddychiaeth a chymodi ym myd Undebaeth a diwydiant. Cwestiwn arall teg i'w ofyn yw o ble y daeth y blaenoriaethau hyn? Roedd y flaenoriaeth gyntaf yn seiliedig ar brofiad hir fel glöwr ac arweinydd diwydiannol. Daeth yr ail flaenoriaeth trwy ei gysylltiad agos â'r Ffabiaid, y trydydd o'i gefndir yn y cartref, yng nghapel Gellimanwydd a chymuned werinol y Betws a'r maes glo carreg. Daeth y bedwaredd flaenoriaeth o'i berthynas â'r Blaid Lafur Annibynnol, ei ddarllen eang a'i edmygedd o'r heddychwyr Cymraeg a Saesneg fel John Thomas, Glanaman a George Lansbury. Rhoddid iddo bob cefnogaeth yn arbennig i'r flaenoriaeth gyntaf a'r ail gan ei gyd-aelodau yn y Senedd, a chanmolid ei gyfraniad ar y fainc flaen. Deuai'r gefnogaeth iddo am y drydedd flaenoriaeth gan ei frawd Amanwy a'r teulu a'i ddilynwyr selog fel R. O. Roberts. Am y bedwaredd flaenoriaeth, yn benodol heddychiaeth, bu ef mewn cyfyng gyngor fel y cawn weld cyn diwedd y bennod hon. Am yr ugain mlynedd nesaf, gwelwyd ef yn gyson ar y fainc flaen ar ran yr Wrthblaid neu fel Gweinidog yn Llywodraethau Llafur.

Fe wyddai Jim Griffiths fod y gymdeithas Gymraeg yn ardaloedd diwydiannol Sir Gaerfyrddin wedi dioddef yn enbyd yn y tridegau. Bu'r dirwasgiad yn ergyd drom i'r gymdeithas a'i lluniodd ef. Gwyddai fod hanner addoldai'r Annibynwyr Cymraeg yn y maes glo mwyach heb weinidog, ac i'r gweinidogion yno gytuno i ostyngiad sylweddol yn eu cyflogau. Eto, roedd capeli ei etholaeth mewn gwell cyflwr na chapeli Cwm Dulais a Chwm Cynon a Chwm Rhondda.[27] Roedd brwydr yr iaith yn dod i boeni arweinwyr y capeli ym Morgannwg fel y gwelir yng nghofnodion y cyrff crefyddol. Roedd y perygl ychydig yn llai amlwg yn nhref Llanelli. Ond gwelai Jim Griffiths yn 1937 obaith newydd yn y 'Special Areas Amendment Act', a bu ef yn dadlau yn y drafodaeth arno.[28]

Dangosodd ei allu fel gwleidydd oedd yn feistr ar ei ddeunydd ar 22 Mawrth 1939 pan agorodd y Ddadl ar Adroddiad Pwyllgor Clement Davies ar y gwasanaethau ar gyfer afiechyd y darfodedigaeth yng Nghymru. Gwelai fod yr Adroddiad pwysig hwn yn siarter ar gyfer y Gymru newydd a'i phoblogaeth a fyddai yn mwynhau iechyd gwell. Yn y ddadl cyfeiriodd hefyd at Adroddiad y Weinyddiaeth Iechyd ar gyflwr teuluoedd yng Nghymru a gyhoeddwyd yn 1936 ac am y colledion a ddigwyddai mor aml ar enedigaeth babanod. Dywedodd 'That indicates the price that the mothers of Wales have paid for poverty'.[29] Cyfeiriodd at effeithiau uchel diweithdra yng Nghymru o 1928 i 1938. Ac ar ben hyn, cafwyd anwybodaeth fawr am yr afiechyd ond bu'n ofalus i wneud y pwynt: 'These things are not true because we are Welsh but because we are poor.' Cyhoeddwyd ei araith mewn pamffledyn dan y teitl, *The Price Wales Pays for Poverty*. Bu darllen mawr ar y llyfryn sydd yn brin iawn erbyn heddiw. Gwnaeth Adroddiad Clement Davies argraff ddofn ar y wlad. Barnai Jim Griffiths ar hyd ei fywyd y byddai'r Adroddiad wedi arwain at ad-drefnu radical ar lywodraeth leol Cymru onibai am ddyfod y rhyfel. Gwahoddwyd Jim Griffiths i fod yn un o'r siaradwyr llwyfan yn y Gynhadledd a drefnwyd ar y pwnc gan Anrhydeddus Gymdeithas y Cymmrodorion yn Llundain yn 1938. Dengys yr Aelod Seneddol a'r pamffledyn ei fod bellach yn llais i'r genedl Gymreig.

Fel rhyng-genedlaetholwr ac fel ei ffrind Lansbury poenai am y cymylau rhyfel oedd yn taflu eu cysgod dros Ewrop. Eisoes meddyliai George Lansbury y byd o Aelod Seneddol Llanelli. Gofalodd roddi digon o sylw i anghenion glowyr de Cymru fel golygydd y *Daily Herald*. Fel heddychwr teithiodd Lansbury ar hyd a lled Ewrop, yn mynnu trafodaeth gyda Rwsia, yn ei grwsâd dros heddwch. Cyfarfu â Phrif Weinidogion Sweden, Denmarc a Norwy yn 1937 a gwelai'r gwladweinwyr hyn fel yntau y perygl oddi wrth Ffasgaeth. Aeth i'r Almaen i gyfweld â'r unben Adolf Hitler – ef a Percy Bartlett a Corder Catchpole, dau o arweinwyr Cymdeithas y Cymod.[30] Ni allai Hitler werthfawrogi am eiliad safbwynt y tri heddychwr o Brydain. Buont wrthi yn sgwrsio am ddwy awr, ond teimlai'r tri heddychwr mai gwastraff amser oedd y ddeialog. Dychmygodd Lansbury ei fod yn gwrando ar areithiau rhyfelgar a glywsai droeon yn nadleuon y Tŷ Cyffredin. Fel David Lloyd George, credai Lansbury fod Hitler yn amlwg yn ŵr anodd i'w ddarbwyllo. Synhwyrodd mai ffanatig ydoedd. Serch hynny credai y byddai hanes yn ei gyfrif fel un o wleidyddion pennaf yr ugeinfed ganrif.

Yn 1937 ymwelodd Lansbury â'r unben arall, Mussolini, yn Rhufain. Gellid dadlau am farn Lansbury ar Hitler ond daeth yn agos at y gwir wrth gloriannu Mussolini. Gwelodd ef fel cyfuniad o Stanley Baldwin, Lloyd George a Winston Churchill. Roedd Mussolini yn ŵr cwrtais fel Baldwin, yn areithiwr mor huawdl â Lloyd George ac yn ddidrugaredd o ddidostur fel Churchill. Ar ôl i Lansbury ddychwelyd o'i daith i Berlin adroddodd am ei brofiadau wrth grŵp bychan o'i gefnogwyr gan gynnwys Jim Griffiths, mewn ystafell yn San Steffan. Gwnaeth y cyfarfod hwn Jim Griffiths yn fwy cadarn ei safiad ar y perygl o du Hitler a Mussolini.[31]

Yn ei flwyddyn gyntaf fel Aelod Seneddol teithiodd Jim Griffiths, yn enw glowyr de Cymru, i Prâg. Yno ym mis Awst 1936 mynychodd Gynhadledd Ryngwladol y Glowyr a chyfarfu â nifer o lowyr o Sudeten. Clywodd ganddynt am drais ac erledigaeth y Natsïaid ym maes glo Sudeten, ac fel y teimlent bellach mai'r unig obaith oedd ennill cefnogaeth glowyr ac Undebwyr Llafur Ffrainc a Phrydain. Daeth yn ôl o Prâg a'r geiriau a glywodd gan y glowyr wedi'u cerfio ar ei galon: 'Yr ydym yn dibynnu arnoch'. Clywai'r geiriau hyn yn gyson yn ei glustiau. Dyma ddechrau ar y pellhau oddi wrth heddychiaeth ei lencyndod. Sylweddolodd, fel llawer un arall, na ddylid cymodi â'r Almaen na'r Eidal. Nid oedd ffordd ymwared ar lwybr cymod bellach, a chynyddodd yr argyhoeddiad ar ôl iddo deithio i rannau eraill o Ewrop.

Yn ddiweddarach y mis hwnnw gofynnwyd iddo ef ac Arthur Jenkins AS, gan Stafford Cripps ac Ellen Wilkinson, i ymweld â Danzig (Gdansk heddiw).[32] Roedd dinas rydd Danzig wedi'i sefydlu ar ddiwedd y Rhyfel Byd Cyntaf o dan nawdd Cynghrair y Cenhedloedd. Yn 1933 meddiannwyd llywodraeth y ddinas gan y Blaid Natsïaidd leol a distewyd llais yr wrthblaid ddemocrataidd. Roedd yr arweinydd, sef Greiser, yn cael ei reoli gan Hitler, ac wedi dechrau ymgyrch i erlid yr Undebwyr Llafur, y Sosialwyr a'r Rhyddfrydwyr heb anghofio'r Iddewon. Croesawyd y ddau wleidydd o Gymru gan arweinydd yr Undeb Llafur, Hofka, ac ef a'i cyflwynodd i'r llysgennad o Brydain, ac i Gomisiynydd Cynghrair y Cenhedloedd, Sean Lester, Gwyddel brwdfrydig. Cafodd y ddau Gymro eu rhybuddio gan y Comisiynydd o'r sefyllfa a bod ysbïwyr Greiser yn eu dilyn i bob man yn Danzig. Ni ellid bod yn rhy ofalus. Bu'r ddau yn trafod gyda chyn-Swyddog o'r Fyddin Almaenig a hefyd gyda Dr Hapfelkorn a fu'n darlithio am gyfnod yng ngholeg Prifysgol Cymru, Aberystwyth. Cyfarchodd hwy yn Gymraeg: 'Sut mae Aberystwyth?' Pwysleisient fod Danzig yn ymfalchïo yn fawr yn ei chysylltiadau Almaenig a bod llawer o'r trigolion o dras Almaenig.

Newid llwyr oedd cael croeso yng nghartref arweinydd y Blaid Ryddfrydol, Dr Lazarus a'i wraig, a ddioddefai ymyrraeth gyson ar eu bywydau gan yr heddlu cudd. Plediodd ei briod oedd yn Saesnes am help ymarferol i ddianc i ddiogelwch Prydain neu i ryw noddfa arall. Yn wir misoedd yn ddiweddarach llwyddodd Jim Griffiths ac Arthur Jenkins i drefnu'r ffordd i'r ddau ddianc o

Danzig i'r Unol Daleithiau. Galwodd y ddau yn y Tŷ Cyffredin yn Llundain ar eu ffordd i Efrog Newydd er mwyn diolch yn bersonol i'r ddau am gymwynas fawr.

Diwrnod cyn gadael Danzig, treuliodd y ddau Gymro ddiwrnod ar long ar afon Vistula gyda dau ŵr, sef Hofka a Brost (Sosialydd ifanc a galluog) gan gredu bod ganddynt berffaith ryddid i fynegi barn heb ofn yn y byd. Yn ddiweddarach deallodd Griffiths a Jenkins fod capten y llong yn un o ysbïwyr y Natsïaid. Geiriau olaf yr Undebwyr Llafur a'r wrthblaid wrthynt oedd: 'Yr ydym yn dibynnu arnoch chwi ac ar eich gwlad'. Bu'r profiad yn Danzig yn agoriad llygad i Jim Griffiths ac yn un o'r rhesymau pam y daeth i'r penderfyniad na allai ddilyn arweiniad heddychwyr – er cymaint ei barch at Lansbury – pe bai'n rhaid amddiffyn Prydain rhag y Natsïaid. Dyma drobwynt arall yn hanes pererindod yr heddychwr. Ychwanegwyd at hyn yn fuan iawn gan ei brofiadau yn Rhyfel Cartref Sbaen.

Ar ôl dychwelyd o Danzig daeth y newydd am un o'r digwyddiadau mwyaf arwyddocaol yn hanes Cymru'r ugeinfed ganrif, a hynny yn Llŷn. Yn blygeiniol ar 8 Medi 1936, ar safle ffermdy Penyberth, ger Penrhos, bu ffrwydrad. Penderfynodd tri aelod amlwg o Blaid Genedlaethol Cymru ddinistrio rhan o eiddo'r Llywodraeth, sef safle oedd yn cael ei adeiladu ar gyfer hyfforddi peilotiaid y Llu Awyr. Y tri a ysgwyddodd y bai oedd y dramodydd a'r darlithydd, J. Saunders Lewis; athro ysgol uwchradd yn Abergwaun, D. J. Williams; a'r Parchedig Lewis Valentine, gweinidog gyda'r Bedyddwyr yn Llandudno. Wedi iddynt roi cytiau a storfa goed ar dân, aeth y tri i swyddfa'r heddlu ym Mhwllheli i gyfaddef mai nhw fu'n gyfrifol, gan gyflwyno llythyr yn esbonio'r weithred i'r Prif Gwnstabl.[33]

Hyd y gwyddom ni fynegodd Jim Griffiths ei farn yn gyhoeddus ar y weithred hon ond cydymdeimlai ei frawd, Amanwy, yn ei golofn wythnosol yn yr *Amman Valley Chronicle* yn fawr â'r tri. Y cymhelliad am ei gydymdeimlad oedd bod D. J. Williams wedi bod yn rhan o gymuned y Betws ac wedi bod yn gyfaill iddynt fel bechgyn. Tybed a oedd safbwynt y brawd bach, Jim Griffiths yn wahanol ac yntau newydd ddychwelyd o Brâg a Danzig ac wedi profi y grymusterau oedd ar waith ar y cyfandir?

Ym mis Tachwedd 1936 glaniodd glöwr di-waith o Gwm Rhondda yn Sbaen, a chyfrifid ef fel y cyntaf o'r Cymry a wasanaethodd yn y Brigadau Rhyngwladol yn erbyn lluoedd arfog y Cadfridog Franco, un arall o arweinwyr Ffasgaeth yn Ewrop. Roedd Sbaen mewn argyfwng, a thros nos trodd y gwrthdaro rhwng y Llywodraeth a'r Ffasgwyr yn rhyfel gwaedlyd a chwerw, Rhyfel Cartref a symbylodd lu o lowyr a phobl y chwith o Gymru i deithio i Sbaen i wrthsefyll lluoedd Franco. Erbyn diwedd 1936 roedd dau Gymro wedi cyrraedd Sbaen, un o etholaeth Jim Griffiths, W. J. Davies o Rydaman, a'r llall, D. J. Jones o'r Rhondda.

Sefydlwyd pwyllgorau cymorth i Sbaen i gasglu bwyd ac arian yng Nghymru. Ymunodd Jim Griffiths yn yr ymgyrch i ennill cefnogaeth. Ym mis Ionawr 1938 derbyniodd wahoddiad i fod yn aelod o ddirprwyaeth seneddol i Sbaen. Teithiodd fel un o saith ar y ddirprwyaeth, mewn trên o Baris i Perpignan, ac yna mewn moduron dros fynyddoedd y Pyreneau i ffin Sbaen, lle croesawyd hwy gan gynrychiolwyr y Llywodraeth Weriniaethol.

Ysgrifennodd Jim Griffiths lythyrau am y daith at ei briod a'r teulu, llythyrau na welodd olau dydd yn ei hunangofiant. Ceir ynddynt fanylion gwahanol i'r hyn a gafwyd yn ei atgofion a gyhoeddwyd yn *Pages from Memory*, ond nid yw'r gwahaniaethau yn taflu mwy o oleuni ar ei brofiadau yn Sbaen. Sonia am argyfwng y sefyllfa, a'r effaith nad oedd hi'n ddoeth i deithio dros nos, a theimlai y byddai'n andros o dasg cwblhau'r rhaglen oedd ganddynt o fewn wythnos. Canmolodd ddinas Barcelona a'i lleoliad, a charedigrwydd y trigolion wrthynt.[34] Roedd hi'n ddinas lân rhwng y bryniau a'r môr.

Galwodd mewn cartref ar gyfer milwyr clwyfedig a chyfarfod â Sosialwyr ifanc oedd wedi'u clwyfo yn y brwydro. Deuai'r mwyafrif ohonynt o'r Frigâd Ryngwladol a'u teuluoedd o'r dosbarth gweithiol yn ninasoedd Glasgow a Lerpwl. Gwelodd ffoaduriaid o'r Almaen a'r Eidal, oedd wedi dianc rhag Ffasgaeth. Arweiniwyd ef hefyd i weld y cuddfannau a baratowyd i gysgodi'r teuluoedd pan fyddai awyrennau yn gollwng eu bomiau. Profodd y gwleidyddion arswyd y bomiau wrth iddynt ddisgyn yn agos i'w moduron. Yn wir ar ôl cyrraedd Madrid deallodd y ddirprwyaeth fod newyddion y BBC wedi cyfeirio at y ffaith fod moduron y Seneddwyr o Brydain wedi'u bomio yn Sbaen. Rhaid oedd galw swyddfa'r papur Llafurol, y *Daily Herald*, i sicrhau fod pob aelod o'r ddirprwyaeth yn ddiogel. Anfonodd Jim Griffiths delegram ar 19 Ionawr at W. Griffiths, 32 Tanycoed, Burry Port, yn dweud 'all Labour MP's in Spain safe and well.'

Yr un noson ysgrifennodd lythyr arall at ei briod a'r plant. Soniodd am daith o saith awr i Madrid, ac am wychder y ddinas honno. Ond yr hyn oedd wedi'i gyffwrdd yn fwy na dim oedd erchyllterau'r Rhyfel Cartref: 'I have seen war, nearly at first hand, and it is terrible and yet the marvellous thing is life goes on. Here in this city the front line is only a mile away and yet life goes on.'[35]

Ar ei ffordd adref i Gymru galwodd Jim Griffiths i weld aelodau'r uned o'r Frigâd Ryngwladol oedd wedi brwydo'n galed ym mrwydr Teruel. Yn nhref Tarragona bu yng ngwasanaeth angladdol pump o forwyr Prydeinig a laddwyd pan ddrylliwyd eu llong yn y porthladd gan fom. Gosododd flodau ar feddau'r pump, a thalodd y Sgotyn, William Dobbie AS ac yntau deyrngedau i'w haberth. Wrth ymadael â Sbaen fe'u hatgoffwyd unwaith yn rhagor: 'Yr ydym yn dibynnu arnoch chwi.'

Ar ôl cyrraedd yn ôl i Borth Tywyn bu Griffiths yn brysur yn ymgyrchu dros anghenion y Cymry a wirfoddolodd i wasanaethu gyda'r Frigâd Ryngwladol.[36] Ymunodd 177 o Gymry â'r Frigâd: roedd 122 ohonynt yn lowyr o faes glo'r de a'r gogledd, a chanran uchel ohonynt yn sosialwyr y chwith. Bu farw 33 o Gymry ar faes y gad, a chymerwyd rhai'n garcharorion, fel y glöwr a'r Cymro brwd, Tom Jones, Rhosllannerchrugog a lysenwyd am weddill ei oes yn Twm Sbaen. Ef oedd yr olaf o'r carcharorion i ddod yn ôl o Sbaen.

Yn yr etholaeth, fel y gellid disgwyl, bu Jim Griffiths hefyd yn amlwg ei arweiniad i'r ymgyrch ddyngarol, Cymorth i Sbaen. Bu ymgyrch arbennig i gasglu arian ar strydoedd Rhydaman ar 19 a 20 Chwefror 1938. Casglodd Cangen Merched y Blaid Lafur yn Rhydaman roddion mewn bwyd a defnyddiau ar gyfer y clwyfedigion. Darllenwn yn y wasg leol am nawdd Jim Griffiths i 'gyngerdd a gynhaliwyd yn Neuadd Gyhoeddus Felin-Foel ar nos Fawrth, 14 Mawrth 1938 i gynorthwyo plant o wlad y Basg, a chymorth i Gronfa Sbaen.' Cafwyd eitemau a blesiodd y gynulleidfa gref gan barti plant y Basgiaid, oedd wedi cael nodded yn Nhŷ Cambria, Caerllïon ynghyd ag artistiaid lleol dawnus. Y Cadeirydd oedd priod yr Aelod Seneddol, Mrs Jim Griffiths.[37] Tristaodd hi a'i phriod a'r holl gynulleidfa dri diwrnod yn ddiweddarach pan glywsant am fom a ddisgynnodd ar ysgol yn Barcelona a lladd 126, yn oedolion a phlant.

Yn y senedd symbylwyd ef i fentro cymryd rhan am y tro cyntaf mewn dadl ar faterion tramor ar 24 Mawrth 1938. Yn ei araith amlinellodd y perygl aruthrol i heddwch y byd o gyfeiriad Ffasgaeth gan dynnu ar ei brofiad ar ei deithiau i Prâg, Danzig a Sbaen. Beirniadodd y Prif Weinidog Neville Chamberlain yn llym, am nad oedd yn ddigon cadarn ei safiad yn erbyn y Natsïaid a oedd yn dinistrio dyneiddiaeth: 'Democracy and freedom have no frontiers. Wherever the fight for them takes place that is also our struggle.' Mewn araith yn ddiweddarach yn y flwyddyn cyffesa:

I am by temperament a pacifist but I must realize that there is a problem to which we must continually come back however one may attempt to run away from it that, sometime, somewhere, some aggressor may cut across all conventions and break the peace of the world.[38]

Dengys y brawddegau hyn ei fod yn meddwl o ddifrif am y cwestiwn a wynebai heddychwyr yn y cyfnod enbydus hwnnw. Sylwer ei fod yn cyfeirio ato'i hun fel heddychwr wrth reddf ond roedd gwerinoedd Ewrop o dan fygythiad a thrwy hynny yn ei orfodi i newid ei athroniaeth sylfaenol fel heddychwr. Roedd athroniaeth Natsïaeth yn ei orfodi i goleddu safbwynt ymosodol.

Defnyddiodd Walter Citrine ei swydd i hybu polisi ymhlith Undebau Llafur Prydain y dylid bod yn gadarn yn erbyn holl rym yr Almaen. Pan ddaeth Count Johann Schwerin von Lutz Graff ym Mehefin 1939 i gwrdd â Bill Dobbie, Ben Smith, ac yntau mewn cyfarfod preifat fe wyddai'n dda beth a ddylai ei fynegi. Trefnwyd y cyfarfod gan Syr Stafford Cripps a'i bwrpas oedd rhybuddio'r gwleidyddion am sefyllfa'r Mudiad Llafur. Roedd Jim Griffiths yn gadarn ei farn ar Ffasgaeth, hefyd am yr angen i wynebu'r Almaen â grym y cledd. Roedd Count Schwerin yn aelod o staff Hitler. Yn wir ef oedd Gweinidog Ariannol yr Almaen er 1932, a defnyddiodd y propaganda a ddisgwylid. Roedd Jim Griffiths bellach yn hen gyfarwydd â'i glywed yn Danzig, Prâg a Sbaen. Soniodd wrth yr Almaenwr am ei brofiad yn Danzig, a siaradodd pob un ohonynt yn gadarn gan ei atgoffa y byddai'r Undebau Llafur gant y cant o blaid y Llywodraeth Dorïaidd os byddai rhyfel yn erbyn yr Almaen. Cyfarfu Jim Griffiths yr un adeg ag Edgar Ansel Mowrer, gohebydd y *Chicago Daily News* yn Berlin.[39] Daeth ef i annerch aelodau Llafur yn y Senedd, ac yn y cyfarfod hwnnw, sylweddolodd Jim Griffiths fod ganddo ef ei hun fel arweinydd gyfrifoldeb aruthrol dros Brydain ac i'w gyd-ddyn a'i bod hi'n amhosibl y tro hwn i ddilyn llwybr y gwrthwynebydd cydwybodol.

Derbyniodd Jim Griffiths lythyr o Ffrainc gan un o ddeallusion Sbaen, Alfredo Matilla y Jimene.[40] Gofynnodd am lythyr cyflwyniad gan Jim Griffiths a J. J. Davidson i rai o Brifysgolion yr Unol Daleithiau. Roedd am iddynt ei gymeradwyo ar gyfer swydd academaidd yno. Trefnodd Jim Griffiths yn fanwl gan hwyluso'r ffordd iddo i'r Amerig. Cafodd Jim Griffiths brofiadau amrywiol a chyfoethog yn ei dair blynedd cyntaf fel Aelod Seneddol, a chyflawnodd ei gyfrifoldebau yn llwyddiannus. A gwelai'r seneddwyr fod ynddo botensial i fod yn weinidog mewn Llywodraeth Lafur pan ddeuai'r amser hwnnw.

Dyddiau Adfydus yr Ail Ryfel Byd

E rbyn 1939 yr oedd Jim Griffiths yn cael ei gyfrif yn rhengoedd y Blaid Lafur fel 'pâr o ddwylo diogel', ac oherwydd ei ysbryd rhadlon a'i deyrngarwch i'w gyd-aelodau seneddol perchid ef yn fawr. Ysgrifennai R. W. Williams o Undeb Chwarelwyr Gogledd Cymru yn gyson ato yn niwedd y tridegau ar faterion yn ymwneud â llwch y garreg ac anghenion chwarelwyr Bethesda a Blaenau Ffestiniog a'r canolfannau chwarelyddol eraill.[1]

Mynychodd Jim Griffiths Gynhadledd y Blaid Lafur yn Southport yn 1939 pan gafwyd dadl boenus ar ddiarddel tri Aelod Seneddol, Aneurin Bevan, Stafford Cripps a George Strauss, am iddynt fflyrtian yn ormodol â'r Comiwnyddion. Nid oedd Jim Griffiths yn hapus, wedi'r cyfan cymodwr oedd ef. Credai Bevan, Cripps a Strauss fod yr hyn a elwid yn Ffrynt Poblogaidd yn erbyn Ffasgaeth yn bwysig i ddyfodol y Mudiad Llafur. Golygai y byddai'r Blaid Lafur a'r Blaid Gomiwnyddol yn cydweithio â'i gilydd.[2] Credai'r tri y gellid tanseilio llywodraeth Chamberlain trwy weithgarwch y Ffrynt.

Gobeithiai llywodraeth Chamberlain y gellid bodloni amcanion Hitler. Ofnent y Bolshefiaid yn fwy na'r Natsïaid. A phan arwyddwyd y cytundeb heddwch bondigrybwyll rhwng yr Undeb Sofietaidd a'r Almaen yn Awst 1939, teimlai Sosialwyr y chwith ac eraill eu bod wedi cael eu bradychu. Ddeng niwrnod ar ôl llofnodi'r cytundeb hwnnw, gwelwyd milwyr yr Almaen yn goresgyn gwlad Pwyl ac ar y radio y Sul canlynol, 3 Medi 1939, cyhoeddodd y Prif Weinidog Chamberlain bod Prydain bellach yn mynd i ryfel yn erbyn yr Almaen.[3]

Fel eraill o'i genhedlaeth sylweddolai Jim Griffiths fod Prydain yn wynebu ar gyfnod dyrys ac anodd. Gwyddai'n dda, er cymaint fyddai galwadau'r rhyfel, fod yn rhaid sicrhau y byddai trysor pennaf y Cymry, sef yr iaith Gymraeg, yn goroesi. Ef oedd Ysgrifennydd y Blaid Seneddol Gymreig, y corff Seneddol oedd yn cadw golwg ar fuddiannau Cymru a'i phobl. Mynegodd ei lawenydd pan agorwyd ar 25 Medi ddrysau Ysgol Gymraeg Urdd Gobaith Cymru yn Aberystwyth gyda saith o ddisgyblion. Hon oedd yr ysgol gyntaf yng Nghymru lle'r oedd yn bolisi i ddysgu'r pynciau trwy gyfrwng y Gymraeg. Sefydlwyd yr ysgol yn annibynnol ar lywodraeth leol gan Ifan ab Owen Edwards, sylfaenydd yr Urdd, a'r Parchedig J. E. Meredith, gweinidog capel y Presbyteriaid, y Tabernacl yn y dref a gwelwyd meibion y ddau ymhlith y saith disgybl cyntaf.[4] Ni fu'n rhaid aros yn hir cyn cael ysgol gyffelyb yn nhref Llanelli, ond y tro hwn o dan nawdd yr Awdurdod Addysg Lleol.

Cododd Jim Griffiths gwestiwn pwysig ynglŷn â'r Gymraeg a'r rhyfel ym mis Hydref 1939. Gofynnodd i'r Llywodraeth pa drefniadau a fyddai'n bodoli ar gyfer gwrthwynebwyr cydwybodol Cymraeg i ddefnyddio'u hiaith gynhenid wrth gyflwyno eu tystiolaeth yn y tribiwnlysoedd.[5] Er ei fod ef ei hun wedi cefnu ar heddychiaeth parchai safbwynt y gwrthwynebwyr cydwybodol. Cafodd ateb ar 26 Hydref gan y Gweinidog Llafur a Gwasanaeth Cenedlaethol, Ernest Brown. Cytunai'r Llywodraeth â'r Gweinidog y dylai pob gwrthwynebydd cydwybodol, os dyna'i ddymuniad, gael yr hawl i ddefnyddio'r Gymraeg mewn tribiwnlys. Byddai aelodau Tribiwnlys Gogledd Cymru yn Gymry Cymraeg, a châi achosion Cymraeg o dde Cymru eu trosglwyddo i'r Tribiwnlys hwnnw. Cyfrifai heddychwyr Cymru yn y mudiadau amrywiol fel Cymdeithas y Cymod a Mudiad Heddychwyr Cymru o dan arweiniad George M. Ll. Davies fod Jim Griffiths wedi braenaru'r tir ar faterion yn ymwneud â'r iaith. Mynnodd cyfran dda o'r gwrthwynebwyr cydwybodol yr hawl a ddaeth iddynt trwy gynllun y Llywodraeth.

Un o gadeiryddion pwysicaf y Tribiwnlysoedd oedd Syr Thomas Artemus Jones, nodedig am ei gefnogaeth i hyrwyddo statws cyfreithiol y Gymraeg yn y llysoedd. Derbyniai ddadl y gwrthwynebydd cydwybodol ar sail crefydd ond nid ei ddadl ar sail genedlaethol o fod yn Gymro. Bu beirniadu cryf arno am ei safbwynt. Mewn nodyn yn ei ohebiaeth sonia Jim Griffiths fod 2,920 o wrthwynebwyr cydwybodol wedi bod gerbron y tribiwnlysoedd yng Nghymru yng nghyfnod y rhyfel a bod y rhan fwyaf ohonynt yn seilio eu gwrthwynebiad ar dir crefydd.[6]

Un o'r heddychwyr yr oedd gan Jim Griffiths barch mawr ato oedd y bardd a'r ysgolhaig Iorwerth Cyfeiliog Peate, lladmerydd Samuel Roberts a 'Thraddodiad

Llanbryn-mair.' Ysgrifennodd Jim Griffiths lythyr cynhwysfawr ato ar 18 Hydref 1939 yn esbonio pam ei fod bellach wedi cefnu ar y dystiolaeth heddychol. Agorodd ei galon i'w gyfaill Iorwerth Peate mewn ffordd na wnaeth yn unman arall, hyd y gwn i:

> Argyhoeddwyd fi fod yn rhaid inni atal ymosodwyr Ewrob [*sic*] cyn cael sylfeini heddwch yn Ewrop a'r Byd, yn enwedig oddi ar 1935, pan fethodd gwledydd Ewrop sefyll yn erbyn ymosodiad Mussolini ar Abyssinia. Ffrwyth enbyd ein methiant i adeiladu Ewrop newydd ar derfyn y Rhyfel 1914–1918 a'r methiant i wneud Cynghrair y Cenhedloedd yn gyfrwng i noddi'r gwan ac i sicrhau cyfiawnder, yw'r Rhyfel arswydus hyn. Ie, 'tai'r Almaen wedi aros yn y Gynghrair – a dadlau ei achos yn Genefa – erbyn hyn fe fyddai'r problemau yma i gyd ar y ffordd i gael ei setlo heb ryfel ond drwy reswm a thegwch. Ond sylfaen pob ymdrech i sefydlu Heddwch ydyw fod pob Cenedl yn ffyddlon i'w llw ac yn anrhydeddu ei chytundebau...[7]
>
> ...A dyna'r broblem fawr heddyw [*sic*] fod Hitler wedi torri pob addewid fel bod ffydd yn ei addewid wedi darfod ... mae ei delerau yn seiliedig ar dderbyn ei goncwest yn y Dwyrain yn derfynol. Derbyn ei hawl i setlo tynged gwledydd eraill heb fod ganddynt hawl o gwbl. Y cam nesaf ydyw i'r wlad hon i osod ei thelerau i lawr yn rhesymol. Rwyf wedi annog ein Plaid i wneud hynny yn glir ac yn bendant – ac yr wyf yn gobeithio ceir amlinelliad o'r polisi hynny yn anerchiad Mr Attlee heddyw [*sic*].[8]

Yn y llythyr hwn gwelwn yn glir ei safbwynt fis Hydref 1939. Er hynny ni allai gytuno â gweithred yr awdurdodau lleol, fel dinasoedd Caerdydd ac Abertawe, yn rhoddi rhybudd i'w gweithwyr fod yn rhaid iddynt fod o 'lwyrfryd calon' yn 'cefnogi'r Rhyfel'. Siom arall iddo oedd diswyddiad Iorwerth Peate gan yr Amgueddfa Genedlaethol ar ôl iddo ymddangos gerbron tribiwnlys fel gwrthwynebydd cydwybodol.[9] Roedd cyfeillion Peate ac eraill yn ystyried fod y weithred hon yn annheg, ac y dylid ei adfer i'w swydd. Un o'r cyfarfodydd rhyfeddaf a gynhaliwyd yng Nghaerdydd oedd Cyfarfod Llys yr Amgueddfa Genedlaethol ar 24 Hydref 1941. Ar y llwyfan gwelid y Llywydd, Iarll Plymouth, y Cyfarwyddwr Cyril Fox a'r Ysgrifennydd Archie Lee. Ac ymysg aelodau'r Llys roedd nifer o Aelodau Seneddol o bob plaid, ac yn eu plith ceid tri Aelod Seneddol o'r Blaid Lafur, pob un yn edmygwyr mawr o Iorwerth C. Peate, yn ogystal â'r Aelod dros Sir Aberteifi, D. O. Evans o'r Blaid Ryddfrydol.

Tystiolaeth Thomas Parry am gyfraniad Jim Griffiths a'i gymrodyr Aneurin Bevan a Ronw Moelwyn Hughes oedd: 'a chawsant gyfle digyffelyb i berfformio yn eu ffordd arbennig hwy eu hunain. Ymosodasant yn gwbl ddidostur ar y gwŷr oedd ar y llwyfan; ni welais neb erioed yn cael eu crasu mor ddeifiol.'[10] Ar ddiwedd y ddadl pasiodd y Llys o fwyafrif mawr fod Iorwerth C. Peate yn adennill ei swydd fel Ceidwad yr Adran Ddiwylliant Gwerin. Credai Jim Griffiths fel eraill na fu carcharu Niclas y Glais a'i fab Islwyn ar gyhuddiad simsan yn weithred gyfiawn chwaith, a chafwyd protest yn cynnwys Llafurwyr, Cenedlaetholwyr, Comiwnyddion a glowyr, chwarelwyr, ffermwyr a phregethwyr nes llwyddo i'w rhyddhau.

Credai Jim Griffiths y dylai'r Blaid Lafur osgoi Llywodraeth Goalisiwn.[11] A dyna oedd agwedd un o'i arwyr pennaf, Keir Hardie, pan oedd ef yn gwleidydda. Pan estynnodd Neville Chamberlain wahoddiad i Clement Attlee, Arweinydd y Blaid Lafur oddi ar 1935, ar ddechrau'r Rhyfel i ymuno â'r Llywodraeth Genedlaethol, gwrthodwyd y gwahoddiad. Ond newidiodd y sefyllfa erbyn mis Mai 1940 pan ddaeth y Llafurwyr at ei gilydd i'r gynhadledd flynyddol yn Bournemouth. Roedd Jim Griffiths ers y gynhadledd yn Southport y flwyddyn gynt, wedi'i ddyrchafu i fod yn aelod o Bwyllgor Gwaith y Blaid Lafur. Roedd yn anrhydedd arbennig iawn i ennill aelodaeth o'r Pwyllgor Gwaith ac nid oedd modd llwyddo onid trwy bleidlais yr Aelodau Seneddol. Pan gyfarfu'r Pwyllgor Gwaith y noson cyn agor Cynhadledd Bournemouth adroddodd Attlee fod Chamberlain wedi gwahodd Llafur eto i ymuno yn y Llywodraeth Genedlaethol o dan ei arweiniad. Roedd Attlee wedi llefaru'n gryf beth oedd sefyllfa Llafur ar y mater. Nid oedd am gydweithio â Neville Chamberlain, nac yn wir â'r Arglwydd Halifax, yr oedd darogan mai ef fyddai ei olynydd. Ond pan ddeallodd Pwyllgor Gwaith y Blaid Lafur fod Winston Churchill yn barod i ffurfio llywodraeth goalisiwn i arwain y wlad yn erbyn Hitler, cytunodd pob un o aelodau'r Pwyllgor Gwaith y dylid ymuno â choalisiwn o dan ei arweiniad. Ar ddydd Llun y Sulgwyn 1940 argymhellwyd hyn i'w gadarnhau gan y gynhadledd.

Er hynny nid oedd y penderfyniad yn un hawdd o gwbl, yn arbennig i Aelodau Seneddol Llafur. Disgwylid iddynt gefnogi eu harweinwyr a fyddai yn weinidogion yn y Llywodraeth ynghyd â chynnal hunaniaeth ac undod y blaid. Pan gyfarfu'r Blaid Lafur Seneddol wedi'r Gynhadledd cytunwyd ar ddau beth: yn gyntaf i ganiatáu i Aelodau Seneddol nad oeddynt yn aelodau o'r llywodraeth i eistedd ar feinciau'r Wrthblaid, ac yn ail i apwyntio trwy bleidlais nifer o Aelodau Seneddol ar bwyllgor gweinyddol ac i eistedd ar fainc flaen yr Wrthblaid. Etholwyd Jim Griffiths yn aelod o'r Pwyllgor Gweinyddol a bu'n weithgar arno gydol blynyddoedd y Rhyfel.

Gweithiodd y drefn yn weddol dda. Gwendid pennaf y Blaid Lafur rhwng 1939 a 1945 oedd arweinyddiaeth yn y Senedd ymysg yr Wrthblaid a fyddai'n cadw golwg ar lywodraeth y coalisiwn. Barn yr Athro Stephen Brooke yw mai Jim Griffiths oedd y gwleidydd a ddylai fod wrth y llyw: 'But his competence undoubtedly disqualified him for the job in the eyes of the leadership'.[12] Credai Dalton hefyd y dylid apwyntio Jim Griffiths yn Gadeirydd gweithredol y Blaid Lafur yn y Senedd. Meddai ar ddigon o uchelgais, dawn siarad, diniweidrwydd a chyfrwystra yn ogystal; rhinweddau anhepgor mae'n debyg mewn arweinydd seneddol.

Byddai'r Blaid Lafur Seneddol yn cyfarfod yn rheolaidd, a chadwodd y Pwyllgor Gweinyddol gysylltiad agos â'r arweinwyr oedd yn aelodau o'r Cabinet. Gohebai Jim Griffiths yn achlysurol â'r Dirprwy Brif Weinidog, Clement Attlee, gŵr a ddaeth i ystyried Griffiths yn un o'i gydweithwyr dibynadwy. Anfonodd lythyr ar 28 Mehefin 1940 at Attlee ar y perygl a allai ddeillio i Gymru a hefyd i Iwerddon o'r rhyfel.[13] Ofnai Jim Griffiths y gallai'r Almaen ddefnyddio Cymru ac Iwerddon i danseilio diogelwch y Deyrnas Unedig. Cododd y mater yn ei araith i glwb Rotari Llanelli yn nechrau mis Gorffennaf, ychydig ddyddiau ar ôl anfon neges at Attlee. Yn y llythyr at ei arweinydd cyfeiriodd fod ei gyd-Aelodau Seneddol Cymreig yn pwysleisio'r angen am fesurau digonol i amddiffyn pobl a thir Cymru. Roedd ef yn credu pe bai awyrennau Hitler yn troi eu cyrchoedd i gyfeiriad Iwerddon byddai'r sefyllfa'n hynod o beryglus; sonia am wastadedd enwog Pendein a'r cyfle i'r Almaenwyr ddefnyddio'r saith milltir o dywod ar gyfer eu hawyrennau. Dywed iddo gyfarfod â nifer o filwyr o Seland Newydd, o gefndir Gwyddelig, a gwna'r awgrym hwn i Attlee: 'Is it not possible to get Eire to accept Dominion soldiers to help in the defence of Ireland?' Ychwanega: 'It should be possible to bring Eire and North Ireland together to prepare an united defence of Ireland against attack by Germany.' Mae'r llythyr hwn yn dipyn o syndod i ni heddiw o gofio bod Iwerddon wedi datgan nad oedd ganddi ddim diddordeb mewn perthyn i'r Gymanwlad, a'i bod hi'n benderfynol o fod yn niwtral yn y rhyfel. Derbyniodd ateb swta a nodweddiadol gan Attlee: 'We are fully seized with the Irish position. You can, I am sure, imagine all the difficulties. We are doing all that is possible.'[14]

Roedd Jim Griffiths yn hynod o brysur. Fel un a fagwyd yn nhraddodiad Ymneilltuaeth safodd yn gadarn yng ngwanwyn 1941 yn erbyn amharchu'r Sul oherwydd yr ymgyrch i agor theatrau ar y Sul. Credai ef fel eraill o'r gwleidyddion

Cymreig fod y Sul yn ddydd i orffwys ac i addoli. Tystiodd Jim Griffiths iddo dderbyn dwsinau o lythyrau yn cefnogi ei safbwynt yn cynnwys rhai gan filwyr Cymreig. Hawliai yn y papur lleol *Amman Valley Chronicle* ym Mawrth 1941 fod teimlad cryf yng Nghymru y dylai Whitehall ei thrin fel gwlad ag iddi ei hiaith a'i diwylliant unigryw. Pan ddadleuodd y Fonesig Nancy Astor fod y Sul traddodiadol wedi diflannu atebodd Jim Griffiths hi:

> I would far rather we should go back to the Nonconformist conscience than to a world without conscience. I believe it is in the best interests of the nation and of the work people of this nation to keep Sunday a day of rest, a day of reflection, and to refuse to commercialise it, and that is why I shall go into the lobby for the prayer.[15]

Yn ei etholaeth roedd bodlonrwydd mawr ar ei stiwardiaeth. Adlewyrchir hyn yng ngholofn Watchman ddechrau Mai 1941 yn yr *Amman Valley Chronicle*:

> Who today, is Wales leading figure in the House of Commons? We would single out Mr James Griffiths for the honour. Not only does he contribute to the most important Debates in the House, but he also finds time to actively interest himself in affairs appertaining to the well-being and progress of his native valley.[16]

Mis yn ddiweddarach cyhoeddodd Pwyllgor Gwaith Plaid Lafur yr etholaeth yn y papur lleol bod y Prif Weinidog Winston Churchill yn meddwl y byd ohono er ei fod yn aelod o blaid arall ac yn ei gyfarch bob amser fel Mr Griffiths. Roedd Jim Griffiths yn amlycach yn siambr yr Senedd na mwyafrif y seneddwyr Cymreig ac yn cymryd rhan yn amlach nag unrhyw wleidydd arall o Gymru, er teg cydnabod ei fod ar fainc flaen yr Wrthblaid. Edmygid ef yn fawr am ei fod yn gwbl hyddysg yng ngwleidyddiaeth, economeg a materion y dydd, ac yn arbennig pynciau rhyngwladol. Un o'r newyddiadurwyr a'i hedmygai yn fawr oedd Hannan Swaffer o'r *Daily Herald*. Ei gyngor ef i'r Mudiad Llafur oedd: 'Make use of Mr James Griffiths MP – the Miners Leader. The country needs men with a clarity of vision similar to him for the defence and preservation of our great democracy'. Nid oedd pall ar ei areithiau yn ei etholaeth. Rhannodd lwyfan â Harold Macmillan, awdur y gyfrol bwysig *Middle Way*, yn Neuadd y Gweithwyr Garnant ar 23 Mai 1941 i lansio Wythnos Arfau Rhyfel dan nawdd y Llywodraeth. Cafodd Harold Macmillan groeso na fu mo'i fath a chyflwynwyd ef yn garedig gan Jim Griffiths. Dywedodd amdano: 'Capt Macmillan was a portal of the new face in British politics. The ideals they were fighting for were not the old Britain but a new Britain'.[17]

Roedd Jim Griffiths wedi arwain dirprwyaeth ychydig cyn hynny o Ddyffryn Aman i Lundain i weld Harold Macmillan mewn ymgais i gael ffatrïoedd newydd i'r fro, gan mai ef oedd Cadeirydd yr 'Industrial Capacity Committee of Production'. A'r prynhawn cyn y cyfarfod manteisiodd Jim Griffiths ar y cyfle i ddangos y dyffryn i Macmillan a'r safleoedd oedd ar gael i ddiwydiannau newydd fel y gellid lleihau diweithdra.

Cafodd Griffiths groeso brwdfrydig yn Neuadd Rhydaman yng nghwmni George Hall, Is-ysgrifennydd Gwladol y Trefedigaethau pan soniodd am ddiffyg asgwrn cefn y Gwyddelod a chanmol ymddygiad Prydain yn parchu eu hannibyniaeth. Gofynnwyd iddo gan un o'i etholwyr: 'A oes gwahaniaeth rhwng Imperialaeth Prydain ac Imperialaeth yr Almaen?' Ac yn ôl adroddiad y papur lleol dyma'r ateb:

> Suppose Germany stood where Britain is with her men braying the Atlantic to man ships, many losing their lives owing to the denial of the use of the bases of Southern Ireland, what would have happened to Eire? Obviously Germany long ago would have made an invasion of Eire. But Britain, even in the stress and tumult of conflict, still recognised the independence of Eire, and this could be said in tribute to Britain.[18]

Gobeithiai'n fawr oherwydd y penderfyniad ynglŷn â gwasanaeth milwrol yng Ngogledd Iwerddon y byddai Llywodraeth yr Iwerddon Rydd yn ymateb trwy sylweddoli enbydrwydd y sefyllfa, a rhoddi o'i hewyllys ddefnydd o'i phorthladdoedd i longau Prydain. Mae'r araith hon yn brawf fod Jim Griffiths wedi gwyro yn o bell o'i gredo ar heddychiaeth. Nid rhyfedd yn y byd iddo ddod yn destun beirniadaeth lem gan y cenedlaetholwyr Cymreig, a theimla rhai haneswyr na fu iddo fyth adfer ei enw da yn eu plith. Roedd hi'n amlwg fod safbwynt y Gwyddelod yn ei gythruddo. Gellir synhwyro fod ei anerchiad yn Rhydaman yn plesio George Hall ac yn wir, y Prif Weinidog Winston Churchill. Dywed gŵr a elwir yn 'Wladgarwr' yn yr *Amman Valley Chronicle* ar 12 Mehefin 1941: 'His outstanding resistance to the Means test has been very successful and his enthusiastic campaign in supporting the War Weapons Week in the Amman Valley and other districts has been highly approved of and commended'.[19] Casglwyd y swm anrhydeddus o £20,000 yn yr hyn a elwid yn National War Effort. Diwedda Gwladgarwr ei lythyr gyda'r ganmoliaeth: 'Yes, Jim, we are very proud of you, and it is a privilege to be one of your countrymen. The country needs men with a clarity of vision similar to yours for the defence and preservation of our great democracy.'[20]

Ar hyd misoedd haf 1941 bu Jim Griffiths yn arwain yr angen i gynorthwyo Prydain yn y frwydr yn erbyn Hitler. Croesodd gleddyfau â William Gallacher, AS y Blaid Gomiwnyddol yn y ddadl ar Rwsia, 24 Mehefin. Gofynnodd iddo: 'A oedd ef a'i blaid bellach yn barod i gefnogi ymdrech Prydain yn y Rhyfel?' Gwadodd y mis canlynol fod dim gwir yn y si ei fod ef i'w anfon fel 'Labour attaché' i Lysgenhadaeth Prydain yn Washington gan ddweud iddo dderbyn gwahoddiad i drefnu taith i gyflwyno anerchiadau yn yr Unol Daleithiau ar yr angen i gefnogi Prydain a gwledydd eraill ar faes y gad. Ond ofnai na allai fforddio amser o'r Tŷ Cyffredin i dderbyn y gwahoddiad. Cafodd ei ganmol i'r entrychion am ei arweiniad o blaid ymdrech y Rhyfel gan G. Tracy Phillips, Clerc i Gynghorau Dinesig Rhydaman a Chwmaman mewn cyfarfod cyhoeddus. Ac yn Neuadd Les Rhydaman ar nos Sul, 25 Gorffennaf 1941 o dan nawdd cyfrinfa Pantyffynnon mynegodd y Cynghorydd John Harries (Irlwyn) folawd pellach iddo, a cherdd yn Gymraeg i gydnabod yr hwn a 'welodd ar y dechrau', ie 'dwyll Hitler gyda'i frad'.[21]

Ar Ddydd Gŵyl Dewi 1942 traddododd Jim Griffiths sgwrs yn Saesneg ar y radio ar Ddewi Sant gan ganmol cyfraniad Urdd Gobaith Cymru i gynnal y Gymraeg a'i diwylliant:

> For one of our most virile movements in Wales today is 'Yr Urdd' – the League of Welsh Youth. And it is significant that the name given by the Welsh League of Youth to its clubs is Aelwydydd-Hearths. There is no Welsh equivalent to the English word clubs. [22]

Soniodd hefyd am gariad at yr Iaith Gymraeg. Ychwanegodd: 'But for the Nationalism when Wales chooses – which is a deep love of our land without hatred of others'. Ni ellir maentumio fod yr anerchiad hwn ar yr un lefel â'i neges am niwtraliaeth Iwerddon. Roedd yr araith honno yn cyffroi, er yn adweithiol, tra bod ei ganmoliaeth ar y radio i'r Urdd yn ddigon boddhaol ond yn gwbl ystrydebol.[23]

Ond roedd cefnogaeth Jim Griffiths i'r Urdd a'r iaith Gymraeg ac i Gymru yn ei anwylo i lawer o drigolion Dyffryn Aman. Felly hefyd ei gefnogaeth i Ymneillectuaeth Gymreig. Ysgrifennodd gohebydd o gapel y Methodistiaid

Calfinaidd Bethany, Rhydaman am y cysylltiad rhwng yr Aelod Seneddol a'r capeli i'r *Amman Valley Chronicle* ddwy flynedd yn ddiweddarach gan ddweud amdano: 'Y mae yn Gymro pybyr, ac wedi'i fagu ar aelwyd grefyddol, ac wedi byw bore oes yng nghysgod hen draddodiadau eglwys a chapel, yr hyn sy'n nodweddiadol o fywyd gorau Rhydaman'. [24]

Rhoddodd y Blaid Lafur ragor o gyfrifoldeb ar ei ysgwyddau pan benodwyd ef i fod yn un o'i chynrychiolwyr yn y Cynadleddau Adluniad (Reconstruction Conferences). Siaradodd mewn deg allan o'r hanner cant o gynadleddau a gynhaliwyd. Sonia fod 893 o gynrychiolwyr y Mudiad Llafur wedi mynychu'r ddwy gynhadledd yn ne Cymru. Rhoddodd y cynadleddau ysbryd gobeithiol, cadarnhaol yn y Blaid Lafur. Teimlai'r Llafurwyr erbyn diwedd 1942 fod lluoedd arfog Prydain, y Gymanwlad a'r Unol Daleithiau ynghyd â byddinoedd yr Undeb Sofietaidd, yn cael y llaw drechaf ar Hitler ac yn arbennig ar fyddin yr Almaen. Credent yn wirioneddol fod byd newydd ar y gorwel.

Roedd trafodaethau'r Cynadleddau Ad-drefnu wedi'u seilio ar bedair egwyddor:

i.   Sicrhau gwaith i bawb. Roedd hyn yn flaenoriaeth;

ii. Ail adeiladu bywyd economaidd Prydain a gwarchod buddiannau'r holl gymunedau a'r rhanbarthau trwy ail gyfeirio diwydiannau i'r ardaloedd lle bu diweithdra yn fwgan am flynyddoedd;

iii. Darparu cyfundrefn o wasanaethau cymdeithasol addas ar gyfer yr anafedig, yr afiach, a'r henoed;

iv. Gofal am y plant a'r ifanc trwy ddarparu patrwm o ysgolion i'w hyfforddi ar gyfer ennill bywoliaeth a dilyn gyrfa gyfrifol fel dinasyddion y wlad.[25]

Credwn y gallwn ganfod ym mhedair egwyddor y Cynadleddau Ad-drefnu wreiddiau'r Wladwriaeth Les roedd Jim Griffiths ac Aneurin Bevan yn anad neb i chwarae rhan mor bwysig yn ei sefydlu.

Yn ystod blynyddoedd y rhyfel bu Jim Griffiths yn weithgar iawn o fewn cymdeithas y Ffabiaid. Roedd ei gefndir addysgol a'i brofiad o fywyd yn wahanol i eiddo'r rhan fwyaf o'r Ffabiaid. Talwyd teyrnged iddo gan y gwleidydd Eirene Lloyd Jones (yn ddiweddarach Eirene White):

He is one of the most popular chairmen at Fabian Summer schools, bringing to that inhibited, middle-class audiences the directness and warmth of his own simpler, working-class outlook. His personal kindness and consideration for young candidates and party members are unfailing.[26]

Gan fod Jim Griffiths yn cymryd diddordeb mawr mewn gwleidyddiaeth ryngwladol fe'i hetholwyd ar Is-Bwyllgor Ymgynghorol Rhyngenedlaethol y gymdeithas o dan gadeiryddiaeth Leonard Sidney Woolf, sylfaenydd Gwasg Hogarth a gŵr y nofelwraig Virginia Woolf.

Disgwylid arweiniad cyson ganddo i'r glowyr. Ef oedd prif siaradwr y cyfarfod a gynhaliwyd ar nos Sul 20 Mehefin 1942 yng Ngwaun-Cae-Gurwen i drafod adroddiad Dr D. Hall D'Arcy ar silicosis. Dioddefai glowyr y glo carreg o'r llwch o leiaf ganwaith yn waeth nag unrhyw ran arall o'r maes glo ym Mhrydain. Gwahoddwyd ef gan y Blaid Lafur yn 1941 i lunio llyfryn ar ddyfodol y diwydiant glo. Cyhoeddwyd ei lyfryn o dan y teitl, *Between Two Wars: Coal.*

Gofidiai Jim Griffiths fod cymaint o'r glowyr wedi gadael y lofa am fywyd yn y lluoedd arfog gyda'r canlyniad fod dirfawr angen am ddynion i weithio yn y pyllau. I ateb yr angen yn 1943 penderfynodd y Gweinidog Llafur, Ernest Bevin, undebwr mwyaf grymus yr ugeinfed ganrif, anfon un o bob deg o'r bechgyn a gâi eu consgriptio'n ddeunaw oed i'r lluoedd arfog, i'r pyllau glo. Gelwid hwy'n Fechgyn Bevin. Ond nid oedd Jim Griffiths, er ei edmygedd o Bevin, yn gwbl ddedwydd gyda'r symudiad dros dro hwn, gan mai llenwi bwlch oedd ei bwrpas ac nid ateb achos y broblem o lowyr yn gadael y pyllau glo.

Ar yr un pryd gwyddai'r hen löwr fod y galw cynyddol am lo yn rhoi mwy fyth o allu bargeinio yn nwylo arweinwyr yr Undeb. Croesawyd y symudiad i roddi'r diwydiant glo dan reolaeth yr Adran Danwydd ac Ynni, adran oedd dan gyfarwyddyd Gwilym Lloyd George, Aelod Seneddol Penfro. Nid oedd amheuaeth ym meddwl glowyr Dyffryn Aman a Dyffryn Gwendraeth mai'r symudiad hwn oedd y ffordd ymlaen at wladoli'r diwydiant.[27] Ac erbyn hyn y farn gyhoeddus oedd y dylid ystyried gwladoli fel y cam naturiol nesaf er tegwch i'r cymunedau glofaol. Roedd y symudiad yn rhan o'r 'adeiladu' oedd mor bwysig yng ngolwg Jim Griffiths.

Roedd cyhoeddi Adroddiad Beveridge yn 1942 fel 'manna yn disgyn o'r nefoedd.' Anodd i ni gofio heddiw i'r Adroddiad gael derbyniad mor wresog. Gwerthwyd dros nos y copïau a argraffwyd, sef 635,000 ohonynt. Mynegodd Cyngres yr Undebau Llafur, y Mudiad Cydweithredol a'r Blaid Lafur gefnogaeth lwyr i'r Adroddiad gan alw am wireddu ei holl argymhellion ar ddiwedd y Rhyfel.

Neilltuwyd tri diwrnod yn y Senedd ym mis Chwefror 1943 i drafod Cynllun William Beveridge.

Trefnodd y Prif Weinidog bwyllgor o'r Cabinet i ystyried goblygiadau'r Adroddiad a rhoddodd y cyfrifoldeb ar ei Gadeirydd, Syr John Anderson, AS Prifysgolion yr Alban, i agor y ddadl dros y Llywodraeth.

Mewn cyfarfod o'r Aelodau Llafur ar ail ddiwrnod y ddadl, penderfynwyd dwyn gerbron y Tŷ Cyffredin gynnig o gefnogaeth lwyr i'r Adroddiad a gwasgu am bleidlais ar y mater. Rhoddwyd y cyfrifoldeb ar Jim Griffiths i gynnig y gwelliant a gwnaeth hynny'n feistrolgar. Derbyniodd gymeradwyaeth fyddarol gan ei gyd-Lafurwyr nad oeddynt yn aelodau o Lywodraeth y Coalisiwn. Dangosodd ddewrder wrth herio Morrison a Bevin, ond cefnogwyd ef gan Arthur Greenwood a hefyd gan David Lloyd George. Dyma oedd ei bleidlais olaf ef yn y Senedd. Nid oedd gan Jim Griffiths obaith i ennill y bleidlais ond syndod o'r mwyaf i'r sylwebyddion gwleidyddol oedd iddo lwyddo cystal. Trechwyd ei gynnig o 325 pleidlais i 119. Dywedodd Jim Griffiths wrth Syr William Beveridge ar ddiwedd y ddadl: 'This debate, and the division, makes the return of a Labour Government to power at the next election a certainty.'[28]

O ganlyniad i'r Ddadl a'i arweiniad bu galw mawr arno i annerch ar ddyfodol Prydain wedi'r Ail Ryfel Byd. Anrhydeddwyd ef gan Gymdeithas y Ffabiaid trwy ei wahodd i gyflwyno Darlith yr Hydref am ddwy flynedd yn olynol, a hynny yn 1943 a 1944. Gwahoddwyd chwech o bobl amlwg i draddodi. Roedd pedwar ohonynt yn ysgolheigion, Harold Laski, R. H. Tawney, William Beveridge a G. D. H. Cole a dau Aelod Seneddol, Jim Griffiths ac Aneurin Bevan.

Yn ei ddarlith yn 1943 dan y teitl 'Diwydiant – Gwas y Bobl', dadleuodd Jim Griffiths o blaid gwladoli diwydiannau penodol ond dadleuai hefyd am sicrwydd boddhad gwaith yn y diwydiannau a wladolir. Credai fod rhoi ystyr i fywyd y gweithiwr trwy waith beunyddiol ystyrlon yn hynod o bwysig. Ehangodd ar y thema honno pan wahoddwyd ef i annerch Cynhadledd Flynyddol Glowyr Prydain yr un flwyddyn, gan alw am ddemocratiaeth ddiwydiannol yn y gweithle, a galw am gydweithrediad rhwng y glöwr, y peiriannwr a'r rheolwr er llwyddiant y diwydiant. Teg cydnabod bod Jim Griffiths yn ymylu'n gyson ar fod yn niwlog er mor ddisgleiried oedd ei anerchiadau yn y cyfnod argyfyngus hwn ar Brydain a Chymru.

Gwahoddwyd ef gan Brendan Bracken, Gweinidog Gwybodaeth, i ymgymryd â thaith i'r Unol Daleithiau fel llysgennad y Senedd ac i esbonio safbwynt y Blaid

Lafur a'r Undebau Llafur ar y Rhyfel. Byddai oddi cartref am gyfnod o bedwar mis.[29] Disgwylid iddo deithio i 28 o daleithiau gan baratoi anerchiadau ym mhob tref yr arhosai ynddi. Er na chwynodd ei briod yn ei hatgofion, mae'n amlwg iddi ysgwyddo cyfrifoldeb mawr tra oedd ef yn yr Unol Daleithiau, ond roedd Winnie (fel y galwai ef hi) yn uchelgeisiol iawn ar ei ran.

Hedfanodd ddechrau Medi 1943. Yn ystod y pedwar mis cafodd gyfle i gyfarfod ag arweinwyr Llafur a hefyd Gymry amlwg yr Unol Daleithiau.[30]

Yn San Francisco gwahoddwyd ef i annerch myfyrwyr y chwith yng Ngholeg Llafur Tom Mooney. Mewn gorymdaith o blaid streic yn San Francisco yn 1916 taflwyd bom i blith y rhai a wrthwynebai'r streic gan ladd rhai ohonynt. Arestiwyd Tom Mooney am fod ganddo'r enw o fod yn aelod milwriaethus dros yr Undebau Llafur. Cyhuddwyd ef o daflu'r bom a chafwyd ef yn euog. Credai undebwyr, ledled y byd, fod Mooney yn ddieuog a phan ddedfrydwyd ef i farwolaeth, trefnwyd petisiwn, ym Mhrydain fel yn yr Unol Daleithiau, yn galw am ei ryddhau. Yn wir trefnodd Jim Griffiths betisiwn yn ardal Rhydaman a chynnal cyfarfodydd yn galw am ei ryddhau. Llwyddwyd yn yr ymdrech.

Cafodd y gwleidydd o Gymro brynhawn cofiadwy yng nghwmni myfyrwyr Coleg Llafur Tom Mooney. Cofia Jim Griffiths y cyfarfod am reswm arall. Cafodd dinas San Francisco ei hysgwyd i'w sylfeini gan ddaeargryn y diwrnod hwnnw. Tueddai Jim Griffiths i osod ei oriawr ar y bwrdd o'i flaen, a chafodd syndod o'r mwyaf pan ddechreuodd yr oriawr symud o'r naill ochr i'r bwrdd i'r llall.

Anfonai yn gyson lythyrau adref at ei wraig a'r plant gan ofyn iddynt edrych ar y map i ddilyn ei symudiadau. Dychwelodd adref yn llawn atgofion ar ôl taith bleserus a bu canmol mawr ar ei gyflwyniadau i fudiad Llafur yr Unol Daleithiau a Chymry'r Amerig. Cyhoeddwyd teyrnged yn y papur lleol gan un o'i edmygwyr o'r Unol Daleithiau yn dweud: 'It is a pity that we do not have more people to represent the working class like Jim Griffiths. Good luck Jim; it is a long time since we had a Welsh-born Prime Minister.'[31]

Gellir gofyn beth oedd y gwersi a ddysgodd Jim Griffiths o'r daith ar draws yr Unol Daleithiau? Yn gyntaf, na all dyn wadu ei dylwyth ei hun. Cafodd ei groesawu yn ddidwyll gan ei gyd-Gymry o bob safbwynt yn y gwahanol ddinasoedd a rhannu gyda hwy hiraeth yr alltud am yr hen wlad. Yn ail, yr amheuon yn yr Amerig nad oedd Prydain ar y cyfan yn debygol o gefnu ar ei chenhadaeth imperialaidd. Yn drydydd, yr arwyddion a welodd o nerth economaidd anferthol yr Unol Daleithiau.

Soniodd yn ei anerchiadau i glybiau Rotari a chymdeithasau Cymreig am y ddau Gymro mwyaf a gododd o genedl y Cymry, sef Robert Owen y Drenewydd a David Lloyd George. Credai'n gydwybodol nad oedd Robert Owen wedi derbyn gan y Cymry y cydnabyddiaeth a deilyngai. Mentrai ddweud y blynyddoedd hynny fod Robert Owen wedi cael, ac i gael, mwy o ddylanwad ar fywyd y byd nag 'un arall o'n harwyr Cymraeg, fel Owain Glyndŵr, John Penry a Henry Richard'. Robert Owen oedd Apostol Cymdeithasau Cydweithredol, nid yn unig yng Nghymru a Phrydain, ond trwy'r byd i gyd.[32]

Mewn darllediadau o'r Senedd ar Radio Cymru soniai Jim Griffiths yn gyson am y wefr a gâi ef a'r Aelodau Seneddol eraill wrth wrando ar David Lloyd George yn annerch y Tŷ. Dywed ym Mawrth 1940: 'Efallai bod ychydig o'r trydan oedd yn ei lais wedi diflannu, ond fe fu'n siarad am yn agos i awr o amser, a chadw sylw'r Aelodau o'r dechrau hyd y diwedd. Pwnc y Tir oedd ganddo.' Bu'r testun hwnnw ar ei wefusau ar hyd ei yrfa wleidyddol o 1885 i 1945.[33]

Dychwelodd Jim Griffiths i'w gartref ac at ei deulu yn Ionawr 1944. Daeth adref ar fwrdd llong y *Queen Elizabeth*. Roedd y llong yn cludo 16,000 o filwyr Americanaidd ar eu taith i frwydro yn Ewrop. Cafodd y gwleidydd a nifer fechan eraill deithio gyda hwy a derbyniodd roddion ar y llong ar gyfer ei deulu.

Un o'r meddylwyr praff ifanc a edmygai yr adeg honno oedd Douglas Jay, gwas sifil ers 1941 a chyn hynny yn Gymrawd o Goleg yr Holl Eneidiau, Rhydychen. Arhosodd Jay ar ei aelwyd ym Mhorth Tywyn yn ystod Gorffennaf 1944 a sylweddolodd yn glir nad oedd neb yn ymwybodol o'r sefyllfa gymdeithasol, economaidd a gwleidyddol Gymreig yn well nag Aelod Seneddol Llanelli: 'Jim Griffiths was almost unique in possessing all the Celtic oratorical gifts at their best and in full measure, and a high degree of practical common sense at the same time. He also represented admirably the old non-conformist conscience of the Labour Movement, which was still strong in 1944.'[34] Ni ellid cael gwell cymeradwyaeth.

Yn 1944 bu Jim Griffiths yn aelod o Bwyllgor a sefydlodd y Blaid Lafur Brydeinig i baratoi maniffesto ar gyfer yr Etholiad Cyffredinol a ddeuai ar ddiwedd y rhyfel. Herbert Morrison oedd y cadeirydd. Paratôdd y pwyllgor faniffesto o dan y teitl 'Let us Face the Future'. Credai Jim Griffiths yn gydwybodol mai ei waith ef oedd cynrychioli'r werin bobl a'u dyheadau am well byd. Bu'n hynod o ddylanwadol yn y trafodaethau ym mhwyllgor y maniffesto ac edrychai ymlaen at yr ymgyrch etholiadol ar ddiwedd y rhyfel.

Ym mis Mawrth 1945 mynnodd glowyr Prydain osod ger bron y Llywodraeth eu hanghymeradwyaeth o Adroddiad yr Arglwydd Porter a gyhoeddwyd ar 23 Ionawr. Galwai'r Adroddiad hwnnw am godi lleiafswm cyflog y glowyr. Ond yn anffodus roedd ei ffigurau yn is na rhai'r Ffed. I gymhlethu'r sefyllfa nid oedd Porter yn barod i gydnabod hawliau traddodiadol y glowyr, yn arbennig taliadau ychwanegol am dorri glo o wythiennau anodd fel a geid yn aml yn Sir Gaerfyrddin, a'r hawl i lo rhad a fyddai'n cael ei gludo am ddim i'w cartrefi. Ffrwydrodd rhwystredigaeth y glowyr ar ôl Gŵyl Dewi. Ar 6 Mawrth streiciodd 10,000 o blaid gwell amodau gwaith ym maes glo Sir Fynwy ac ymledodd y streic i'r gorllewin ac i byllau glo yn etholaeth Llanelli. Erbyn 11 Mawrth roedd y mwyafrif helaeth o byllau glo de Cymru yn segur. Erbyn 16 Mawrth roedd glowyr yr Alban a Swydd Efrog wedi ymuno â'r streic. Ceisiodd Jim Griffiths ddarbwyllo arweinwyr pyllau glo ei etholaeth i ystyried arweiniad swyddogion y Ffed, ac fe lwyddodd. Ar 12 Mawrth pleidleisiodd 38.5% o lowyr de Cymru dros arweiniad y Ffed a dychwelyd i'w gwaith.

Ond gellir dweud fod y rhain yn flynyddoedd diflas i'r glowyr. Rhwng Medi 1939 a Hydref 1944, fel y soniodd Jim Griffiths, bu 514 o streiciau ac ataliadau ym maes glo de Cymru, a galwodd Griffiths arnynt i ddychwelyd at eu cyfrifoldebau. Gwyddai ei bod hi'n ddyddiau o newid yn undebaeth y maes glo, a daeth hynny yn wir ar 1 Ionawr 1945 pan gorfforwyd Ffederasiwn Glowyr De Cymru fel Rhanbarth De Cymru o Undeb Cenedlaethol Glowyr Prydain Fawr. Bu peth gwrthwynebiad i'r uniad hwn gan lowyr de Cymru.[35] Cefnogodd Jim Griffiths yr uniad, a bu'n destun beirniadaeth gan Blaid Cymru. Ond credai ef yn gydwybodol y byddai'r uniad yn cryfhau gallu bargeinio y glowyr i liniaru effeithiau polisïau llywodraeth adweithiol. Uwchlaw pob dim, i Jim Griffiths gobaith mwyaf y glowyr oedd gweld y Blaid Lafur yn cael ei hethol yn llywodraeth gwlad mewn etholiad.

Teimlodd chwithdod pan glywodd ar 26 Mawrth 1945 am farw David Lloyd George, y Cymro Cymraeg a fu mor ddylanwadol ar lwyfan hanes hanner cyntaf yr ugeinfed ganrif.[36] Tristwch i Jim Griffiths oedd bod y radical mawr hwn o Ddwyfor wedi cymrodeddu tri mis ynghynt, a'i urddo yn Iarll Cyntaf Dwyfor. Mae'n debyg iddo gymryd y cam hwn yn bennaf am na fynnai ymladd Etholiad Cyffredinol yn 1945, ond dyheai am y llwyfan yn San Steffan i drafod telerau'r Heddwch ar ddiwedd y Rhyfel. Oherwydd cyflwr ei iechyd ni lwyddodd Iarll Cyntaf Dwyfor i gymryd ei sedd yn Nhŷ'r Arglwyddi. Diffoddodd y goleuni llachar. Ar lawer golwg roedd oes David Lloyd George wedi dod i'w therfyn ac oes newydd ar ddechrau. Gwir yw geiriau'r awdures Sue Townsend:

> By the time the war ended, the people were more than ready for the Welfare State. They were sick of eating the crumbs off the table – they wanted to pull up a chair and join the feast. The Beveridge Report gave them hope, it recommended the setting up of the Welfare State.[37]

Gwireddwyd breuddwyd fawr Jim Griffiths ac Aneurin Bevan a miliynau o filwyr a fu trwy'r rhyfel pan ddaeth y cyfle iddynt bleidleisio i'r blaid a fyddai â'r awdurdod a'r argyhoeddiad i adeiladu Gwladwriaeth Les.

Pennod 11

Paratoi ar gyfer y Fuddugoliaeth

Yng nghyfnod yr Ail Ryfel Byd dadleuai'r Aelodau Seneddol Llafur yn gyson am newid y drefn economaidd oedd mor greulon iddynt yn y tridegau. Dadl gyson Aneurin Bevan oedd yr angen i orseddu sosialaeth. Nid ofnai ef o gwbl ddefnyddio'r gair sosialaeth yn ei areithiau nac yn ei gyfrol *Why Not Trust the Tories* (1944). Yn ei anerchiad i etholwyr Glyn Ebwy yn 1945 dywedodd: 'Mae'r Blaid Lafur yn blaid sosialaidd, ac yr wyf yn ymfalchïo yn hynny'.[1] Cytunai Jim Griffiths ag ef ar hynny.

Ond roedd cryn agendor wedi agor rhyngddynt yn ystod y rhyfel ar oblygiadau Cymreictod. Roedd Jim Griffiths o blaid gweld Cymru yn cael llais cryfach ar faterion yn ymwneud â'i bywyd ei hun. A chafodd swydd wrth fodd ei galon pan wahoddwyd ef i fod yn Ysgrifennydd y Blaid Seneddol Gymreig yn 1938. Bu yn y swydd tan Etholiad Cyffredinol 1945. Rhoddai lwyfan i aelodau o bob plaid wleidyddol yn y Senedd i gydweithio â'i gilydd. Roedd ef yn aelod o'r ddirprwyaeth o dan arweiniad Morgan Jones, Aelod Seneddol Caerffili, a aeth i weld y Prif Weinidog Neville Chamberlain ar 30 Mehefin 1938 i ddadlau am bwysigrwydd sefydlu Swyddfa Gymreig, a chael Ysgrifennydd Gwladol i Gymru. Dywedodd Chamberlain yn ei lythyr 29 Gorffennaf 1938 at Morgan Jones, ei fod yn cydymdeimlo â'r alwad gref am gydnabod pwysigrwydd Cymru ond ei fod yn credu bod Cymru eisoes yn derbyn triniaeth arbennig. Dadleuai ymhellach y byddai'n fusnes drudfawr i sefydlu swyddfa newydd, ac ni ellid disgwyl i'r Senedd bleidleisio o blaid hynny. Ymhellach, annheg oedd y gymhariaeth a wnaed â'r Alban gan fod yr Alban yn meddu ar gyfundrefn gyfreithiol a gweinyddol wahanol:

Wales on the other hand, since Henry VIII's Act of 1535, has been closely incorporated with England and there has not been, and is not now, any distinct law or administrative system calling for the attention of a separate Minister.[2]

Gwrthodwyd cais y ddirprwyaeth. Yng ngolwg Bevan yn y cyfnod hwnnw nid oedd gan Gymru broblemau unigryw.[3] Yr un oedd problemau ei gweithwyr â phroblemau gweithwyr o'r un cefndir ledled Prydain. Dyma'r adeg y bu'r Blaid Seneddol Gymreig a Jim Griffiths yn ymdrechu am statws swyddogol i'r iaith Gymraeg mewn llysoedd barn a bywyd cyhoeddus. Yn Eisteddfod Genedlaethol Cymru yng Nghaerdydd yn 1938 bu cyfarfod cyhoeddus enwog o dan gadeiryddiaeth William George, brawd David Lloyd George, yn galw am statws swyddogol i'r iaith. Roedd Jim Griffiths a Saunders Lewis yn y cyfarfod hwnnw. Trefnwyd Deiseb Genedlaethol yn galw am y newid cyfansoddiadol hwn. Aethpwyd ati o ddifrif i gasglu'r enwau. Aethpwyd i ryfel cyn i'r gwaith o gasglu enwau ar y Ddeiseb gael ei orffen yn llwyr, ond roedd chwarter miliwn o enwau ar y Ddeiseb a gyflwynwyd i Jim Griffiths a'r Blaid Seneddol Gymreig.

Gwahoddwyd Jim Griffiths gan Syr William Jowitt yn 1942 i fod yn Aelod o Gyngor Ymgynghorol Cymru. Y cadeirydd oedd y Prifathro J. F. Rees gyda William Thomas yn Ysgrifennydd. Yn ogystal â Jim Griffiths ar y Cyngor roedd arbenigwr ar y gyfraith, yr Athro David Hughes-Parry o Brifysgol Llundain, yr Athro W. Moses Williams, ysgolhaig, Clough Williams-Ellis y pensaer a'r Sosialydd a Mrs Jano Clement Davies, gwraig Aelod Seneddol Rhyddfrydol Maldwyn. Cyfarfu'r Cyngor am y tro cyntaf ar 17 Gorffennaf 1942 a sefydlwyd pedwar pwyllgor parhaol i ganolbwyntio ar ddiwydiant ac amaethyddiaeth, addysg ac ieuenctid, llywodraeth ac iechyd cyhoeddus, trafnidiaeth a gwasanaethau cyhoeddus. Roedd hyn yn rhan o gynllun y Llywodraeth i baratoi Cymru fel y gallai wynebu'r problemau ar ôl i'r Rhyfel ddod i ben. Dadleuodd Jim Griffiths am Awdurdod Cynllunio i Gymru ond ni chafodd lwyddiant.

Gwaith Jim Griffiths oedd gohebu a chyfathrebu, ar ran y Blaid Seneddol Gymreig, â'r Arglwydd Ganghellor John Simon. Arweiniodd y gweithgarwch hwn at Deddf Llysoedd Cymru 1942. Cyn y ddeddf honno nid oedd gan yr iaith Gymraeg hawliau o fewn y Llys ond rhoddodd y ddeddf hawl i'r Cymro roi ei dystiolaeth yn Gymraeg os byddai o dan anfantais yn siarad Saesneg. Derbyniad cymysg a gafodd y ddeddf gan yr 'eithafwyr' fel y geilw William George hwy a rhai nad oeddynt mor eithafol. Credai'r Aelodau Seneddol iddynt ennill buddugoliaeth pan basiwyd Deddf Llysoedd Cymru 1942. Parhaodd Jim Griffiths i gydio'n dynn wrth y freuddwyd am Ysgrifennydd Gwladol i Gymru. Cafodd llawer iawn o'r Aelodau Seneddol siom yn yr ateb a roddodd y Dirprwy Brif Weinidog Clement Attlee yn y Senedd ar 25 Mehefin ar fater Ysgrifennydd i Gymru. Teg yw barn yr hanesydd Kenneth O. Morgan ar Attlee:

> Attlee himself was to prove to be perhaps the least radical in his approach to constitutional affairs – whether the Monarchy, the House of Lords, the civil service, local government or Northern Ireland – of any twentieth century British Prime Minister.[4]

Atebodd Attlee yn syml 'Na', ac o ganlyniad penderfynodd *Y Cymro* lansio ymgyrch i ennill cefnogaeth i'r alwad am Ysgrifennydd i Gymru. Cyhoeddwyd llythyr agored at y Prif Weinidog yn rhifyn 26 Mehefin 1943 yng ngoleuni datganiad Attlee. Mae'r llythyr ar dudalen flaen *Y Cymro* i gyd yn Saesneg fel y gallai Churchill, Attlee a'r Cymry di-Gymraeg ddeall y ddadl. Dadleua: 'How can Mr Attlee be so blind as to try and damp the desire of the Welsh members for a Welsh Secretary of State?'[5]

Nid yw'r llythyr chwaith yn cytuno na chefnogi safbwynt arweinwyr Plaid Cymru am eu bod yn rhy bleidiol i Iwerddon. Dadleua y gallai'r Llywodraeth benderfynu dros nos i apwyntio Ysgrifennydd Gwladol i Gymru os oedd ganddi'r ewyllys. Cynhaliwyd cynhadledd yn Amwythig ar 31 Mehefin 1943 pan gyflwynodd yr Henadur T. Waterhouse, Treffynnon gynnig o blaid Ysgrifennydd i Gymru gan gydnabod fod *Y Cymro* wedi chwarae rhan amlwg yn y crwsâd.[6] Ategwyd y cynnig gan yr Henadur William George. Fel Ysgrifennydd y Blaid Seneddol Gymreig anfonodd Jim Griffiths lythyr at y Prif Weinidog, Winston Churchill ar yr un trywydd â'r un a anfonwyd at Chamberlain bum mlynedd ynghynt.

Mewn cyfarfod o'r Blaid Seneddol Gymreig ar 6 Gorffennaf 1943 darllenodd yr atebion negyddol a dderbyniodd oddi wrth y Prif Weinidog a'r Dirprwy Brif Weinidog Clement Attlee am y cais i sefydlu Swyddfa Gymreig gydag Ysgrifennydd Gwladol. Anfonwyd llythyr pellach at y Gweinidogion ac ynddo dywedwyd fod yna bwyllgor o Seneddwyr Cymreig yn paratoi argymhellion pendant a phan ddônt i law, fe'i hanfonir at y Prif Weinidog gan ofyn iddo dderbyn dirprwyaeth o'r Blaid Seneddol Gymreig i drafod y cynnwys. Mewn llythyr diddorol ar 13 Awst 1943 oddi wrth Arthur Evans, Cadeirydd y Pwyllgor Seneddol Cymreig, at Jim Griffiths gofynnwyd iddo sefydlu is-bwyllgor ar gwestiwn Ysgrifennydd i Gymru. Paratowyd y memorandwm ar Ysgrifennydd i Gymru gan Clement Davies, y Rhyddfrydwr o Faldwyn, a Ronw Moelwyn-Hughes, Aelod Seneddol Llafur Sir Gaerfyrddin. Cynghorai Arthur Evans ei gyfaill Jim Griffiths i anfon y cyfan yn ddiymdroi at y Prif Weinidog gan ei fod ef ar fin ymadael ar daith i'r Unol Daleithiau.[7] Ceidwadwr neu beidio, roedd Evans yn feddiannol ar ysbryd Cymreigaidd. A dyma ei addewid i Jim Griffiths: 'You can rely on me to keep the flag flying at top mast during your absence.'[8]

Cafwyd dadl bwysig yn y Senedd ar 17 Hydref 1944 pan alwodd yr Athro W. J. Gruffydd (AS Prifysgol Cymru) am ddogn dda o hunanlywodraeth er mwyn diogelu bywyd cenedl y Cymry o ran iaith a diwylliant, ac yn arbennig bywyd cefn gwlad Cymru, asgwrn cefn yr iaith frodorol. Galwodd Jim Griffiths yn y ddadl am ddatganoli nid yn unig i Gymru ond i'r Deyrnas Unedig i gyd: 'that the time has come when the whole process of legislation and administration in this country ought to be looked at, because I think devolution will be essential for the proper working of democracy in the future.'[9] Cythruddwyd Aneurin Bevan yn y ddadl a phrotestiodd gydag angerdd. I Bevan ni ddylid cysylltu diwylliant Cymraeg gydag annibyniaeth i Gymru. Ychwanegodd: 'I said that we should discuss Welsh problems in Wales.'[10]

Aeth dros flwyddyn a hanner heibio cyn i'r datganolwyr Cymreig fel Griffiths a Gruffydd glywed oddi wrth y Prif Weinidog. Mae llythyr Winston Churchill at Megan Lloyd George, 2 Ionawr 1945 ar gof a chadw. Sonia Churchill yn ei lythyr fod yr argymhellion yn derbyn ystyriaeth ond mae'n amlwg hefyd nad oedd fawr o obaith y byddai Llywodraeth Geidwadol yn eu gwireddu:

> The difficulty is that a proposal of this nature has such far reaching implications in the administrative sphere that detailed consideration has to be given to it by the many authorities concerned. These authorities are of course heavily burdened with war tasks.[11]

Roedd y rhyfel yn ddigon o reswm i Winston Churchill gladdu'r argymhellion yn gyfan gwbl. Er cydnabod ei fawredd fel gwladweinydd adeg y rhyfel nid oedd ganddo lawer o gydymdeimlad â dyheadau gwlatgar y Cymry. Yn wir, trwy gydol yr Ail Ryfel Byd ychydig iawn o gydnabyddiaeth a roddwyd i genedligrwydd Cymreig gan Churchill nac Attlee. Y ddau eithriad oedd Deddf y Llysoedd yn 1942 a'r Diwrnod Cymreig ar 17 Hydref 1944, y cyntaf erioed yn hanes Senedd San Steffan.

Er i Churchill geisio perswadio'r Llywodraeth Goalisiwn i barhau hyd at haf 1945 safodd carfan dda o'r Blaid Lafur yn gryf yn erbyn y dyhead hwnnw, er i Attlee a Bevin gytuno ag ef. Ni chytunai Cynhadledd Flynyddol y Blaid Lafur 1945 â'i ddymuniad chwaith. Pan glywodd Churchill y newydd hwnnw hysbysodd y Senedd y byddid yn dod â'r gweithgareddau i ben erbyn 15 Mehefin ac yn pleidleisio ar 5 Gorffennaf 1945. Roedd Llafur wedi dewis yn ddoeth gan fod mwyafrif yr etholwyr, yn ôl y pôl piniwn, yn awgrymu mai dyna oedd eu dyhead hwythau hefyd.

Cafodd Jim Griffiths ei wahodd gan y Blaid Lafur i gyflwyno neges ar y radio ar drothwy'r etholiad a gwnaeth hynny gan roddi sylw arbennig i'r diwydiant glo. Credai fod dyfodol Prydain yn dibynnu ar lo. Pe llwyddai'r diwydiant, meddai, yna gallai'r Llywodraeth Lafur adeiladu Prydain ffyniannus. Cyfeiriodd at yr elw a wnaeth perchenogion pyllau maes glo Prydain Fawr o 1939 i 1944, sef dros 90 miliwn o bunnoedd:[12.]

Blwyddyn	Cynnyrch	Nifer o Weithwyr	Cynnyrch Personol
1939	231,337,900	766,300	301:9
1940	224,298,800	748,200	299:4
1941	205,344,300	697,600	295:8
1942	203,633,400	709,300	287:1
1943	194,493,000	707,800	274:8

Canlyniad y Rhyfel oedd dileu bron yn gyfan gwbl allforio glo o Gymru i farchnadoedd Ewrop a'r byd. Ond bu cynnydd yn y defnydd ohono ym Mhrydain. Ar frig rhestr y diwydiannau a ddefnyddiai'r glo oedd y diwydiant trydan.

Byddai Jim Griffiths yn parhau fel cynt i fod yn gefn i'r diwydiant glo ond yn effro hefyd i beryglon gorddibynnu ar y diwydiant fel y gwnaed yn y gorffennol. Cefnogodd y gwleidydd gymaint fyth ag y gallai y diwydiannau newydd a ddaeth i'w etholaeth. Teimlai fod y rhain yn wirioneddol bwysig i gadw'r Cymry yn eu broydd, oherwydd gwyddai fod llawer o'r bechgyn ifanc yn barod iawn erbyn hyn i droi cefn ar y diwydiant glo, ac roedd hyn yn aml yn y pen draw yn golled gymdeithasol. Ond eto gwyddai fod y diwydiant yn ei hanfod yn un afiach a pheryglus. Yn wir, roedd yn llawer rhy naïf a heb wynebu'r broblem. Os oedd yn gweld fod y diwydiant yn un peryglus ac afiach, pam roedd disgwyl i'r ifanc 'fod yn eiddgar am fynd i'r pwll'? Roedd byd o wahaniaeth rhwng 1924 a 1944 yn y diwydiant glo fel ym mhob agwedd o fywyd.

Yr ateb oedd sicrhau bod ffatri newydd yn agor pan fyddai pwll yn cau, ond ni welodd Jim Griffiths hyn. Gwelai yn ei gyflwyniad i'r neges radio mai'r dewis sylfaenol oedd perchenogaeth y diwydiant. Credai mai'r dewis sylfaenol oedd perchenogaeth gyhoeddus neu reolaeth breifat a wnâi elw i'r ychydig: 'The real choice is between Public Ownership – in the interest of the nation – and Monopoly Control, for the profit of the few. That is the choice we have to make on July 5th.'[13] Pwysleisiodd fethiant y gyfundrefn economaidd yn y dau- a'r tridegau: 'It failed to provide work for more than a tenth of the nation's workers.' Yna rhydd enghreifftiau o'r camlywodraethu a barodd gymaint o ddioddefaint i'r cymunedau glo yng Nghymru:

> Instead of organising industry to put idle hands to idle machines to feed hungry
> mouths, the combines created a scarcity. They dumped food into the sea to keep up
> the prices and profits. They bought up shipyards – not to work them, but to close them
> down.[14]

Dyma gyhuddiadau oedd yn ennill cefnogaeth, ac yn arbennig ym marn y dosbarth gweithiol a wrandawai ar ei gyflwyniad. Yna soniodd am ei brofiad, a gwelir ef yn sôn am werin bobl y cymoedd fel ei 'bobl ef', sef y glowyr:

> I have seen people – and what it has meant to my people – and what it has made of my
> industry, coal, and to my old workmates in the pit. I have seen fine men thrown on
> the scrap-heap, eking out their lives in enforced idleness. And splendid women wearing
> away their lives in worrying where their next meal was to come from. And youth
> turned sour and embittered by frustrated hopes. To be born, to grow up, and to grow
> old, and to die on the dole.[15]

Dyna rethreg y cyn-löwr, ac yn ei anadl nesaf dyfynnodd bennill yn Gymraeg o eiddo'r pregethwr dawnus o blith yr Annibynwyr, Elfed:

> Nid cardod i ddyn – ond gwaith!
>   Mae dyn yn rhy fawr i gardod:
>   Mae cardod yn gadael craith,
>   Mae y graith yn magu nychdod.[16]

Apeliodd yn niwedd ei gyflwyniad am agor pennod newydd yn hanes y diwydiant glo a'r glowyr. Ei ddymuniad mawr oedd gweld dyddiau gwell i'r glowyr, gobaith newydd i'r cymoedd, a safon byw uwch i holl drigolion Prydain.

Roedd Jim Griffiths yn gwybod yn iawn am gyni a dioddefaint ym mywyd trigolion y cymunedau glofaol. Pan drafododd y cynghorwyr llywodraeth leol a'r undebwyr fwriad y Llywodraeth i gyflwyno cwponau am ddillad ar 16 Mehefin 1941, dywed y cofnod: 'That we ask James Griffiths MP to support any measure that will aid the working class.'[17]

Ni châi egwyl o gwbl. Anfonwyd dirprwyaeth i gyflwyno sefyllfa'r diwydiant haearn yn 1941, gan fod de Cymru yn un o'i brif ganolfannau. Cafwyd adroddiad Pwyllgor Gwaith y Blaid Lafur a'r Undebau am y sefyllfa ac addawodd Jim Griffiths godi'r mater gyda dau Aelod Llafur arall oedd yn fawr iawn eu cefnogaeth i'r diwydiant haearn, sef D. L. Mort, Dwyrain Abertawe a Syr William Jenkins, Castell-nedd.

Yn ei anerchiad i Bwyllgor Gwaith yr Etholaeth ar 21 Gorffennaf 1941 deliodd â'r diwydiannau oedd yn ei chael hi'n anodd, yn arbennig yr hen ddiwydiannau trwm, gan sylweddoli y dylid ceisio ehangu sylfaen economaidd de Cymru. Roedd gwir angen perswadio diwydiannau newydd i ddod i'r etholaeth. Cyhoeddodd gydag argyhoeddiad ei fod yn defnyddio ei ddylanwad ar y Llywodraeth i fabwysiadu rhai o'r ffatrïoedd gwag yn Llanelli i gynhyrchu offer rhyfel. Ef oedd y person mwyaf dylanwadol bryd hynny ar Gyngor Ymgynghorol Cymru (Welsh Advisory Council) heb unrhyw amheuaeth. Roedd bellach yn cael ei adnabod, nid yn unig gan ei frawd Amanwy, ond drwy'r maes glo i gyd fel 'ein Jim ni'.

Gwyddai ef mai brwydr amddiffynnol yn y bôn fu brwydr Cymru ers y Rhyfel Byd Cyntaf. Roedd ei hiaith, ei diwylliant, ei bywyd cenedlaethol a'r diwydiannau roedd ef yn gysylltiedig â hwy yn galw'n daer am gael eu hamddiffyn. Roedd y Swyddfa Rhyfel yn taflu llygaid eiddgar at dir Cymru, yn wir ar ddechrau'r Rhyfel cipiwyd Mynydd Epynt gan amddifadu'r gymuned Gymraeg o'u cartrefi a chau capel y Babell am byth.[18] Soniodd T. I. Ellis fod tri Aelod Seneddol o Gymru wedi rhoddi cymorth amhrisiadwy i frwydr Undeb Cymru Fydd i amddiffyn tir Cymru sef Robert Richards, Jim Griffiths a'r Rhyddfrydwr, Clement Davies.[19] Cafodd y ffermwyr a gollodd eu tir well telerau oherwydd ymdrechion y tri hyn.

Nid oedd unman yng Nghymru yn ddiogel rhag cynlluniau'r Swyddfa Rhyfel, o Fryniau'r Preselau i fryniau Twm Sion Cati uwchben Tregaron, o ffriddoedd Dyffryn Clwyd i gartref a bro Hedd Wyn yn Nhrawsfynydd, a daeth

Dyffryn Dysynni yn gartref i wersyll milwrol Tonfannau. Edrychid ar ymgeiswyr y Blaid Lafur fel pobl o ruddin, a fyddai'n sefyll dros y cymunedau, ond gwelwyd nad oedd rhai ohonynt yn ddim byd mwy na phypedau yn nwylo ysgrifenyddion cyffredinol yr undebau llafur.

Nid oes unrhyw amheuaeth fod gan yr Undebau Llafur ran gwbl allweddol ym mheirianwaith y Mudiad Llafur ar gyfer Etholiad Cyffredinol 1945. Yn ne Cymru yn arbennig, roedd Undeb Glowyr De Cymru yn cefnogi'r Blaid Lafur trwy gyfrwng y cyfrinfeydd. Roedd Undebau eraill yn bwysig hefyd, fel Undeb y Gweithwyr Trafnidiol a Chyffredinol ac Undeb y Gweithwyr Rheilffordd. Felly, roedd arian gan rai etholaethau i gyflogi asiant amser llawn, ac roedd Llanelli wedi penodi Douglas Hughes yn 1936.

Gellid cyffelybu canlyniadau'r etholiad i ddaeargryn gwleidyddol. Dyma'r olaf o'r etholiadau hen ffasiwn. Erbyn y pumdegau gwelid cyfryngau newydd sbon ar gyfer y gwleidyddion, gyda dyfodiad y teledu i nifer helaeth o gartrefi etholwyr. Yn haf 1945 disgwylid i'r ymgeiswyr seneddol lafurio'n galed, ymweld â chanolfannau a chartrefi, ffatrïoedd, pyllau glo ac yna i gynnal pedwar neu bump cyfarfod gyda'r hwyr. Cynhelid cyfarfod mawr ar derfyn yr ymgyrch, a'r pleidleisio'r dydd trannoeth. Dyna'r drefn yng Nghymru, mewn gwirionedd, tan 1970. Yn 1945, fodd bynnag, bu'n rhaid aros am dair wythnos ar ôl y pleidleisio, tan 26 Gorffennaf, am y canlyniadau am fod angen casglu a chyfrif holl bleidleisiau'r aelodau yn y Lluoedd Arfog ar draws y byd. Roedd gan bobl busnes gan amlaf ddwy bleidlais yn arbennig yn ninasoedd y wlad a dyna'r drefn hefyd ymhlith graddedigion. Diddymwyd y drefn hon ar gyfer Etholiad Cyffredinol 1950 a'r rhai a'i dilynodd. Roedd pleidleisiau aelodau'r Lluoedd Arfog yn 1945 yn gwbl allweddol i lwyddiant y Blaid Lafur yn Lloegr, ac i raddau llai yng Nghymru a'r Alban. Roeddynt yn diolchgar am arweiniad Winston Churchill adeg y Rhyfel ond eto'n gwbl amheus a fyddai ef yn gofalu am fyd gwell iddynt ar ôl aberth a dioddefaint enbydus. Yng Nghymru roedd gwaith cenhadol Aneurin Bevan a Jim Griffiths ac eraill yn dwyn cynhaeaf na welwyd mo'i debyg yn holl hanes Prydain hyd at 1997 a buddugoliaeth Tony Blair. Yn 1945 roedd llif hanes yn troi a Llafur am y tro cyntaf ers ei chreu yn 1900 wedi dod i'w hetifeddiaeth.

Roedd Cymru, heb amheuaeth, yn Gymru goch. Cafwyd canlyniadau dramatig. Enillodd Llafur saith sedd o'r newydd, tair sedd yng Nghaerdydd, un yng Nghasnewydd, Gorllewin Abertawe, Llandaf a'r Barri ac yna Sir Gaernarfon. Enillwyd 25 o seddau felly i Lafur. Gwelwyd y gefnogaeth orau i Lafur yng

Nghymru. Cafwyd mwyafrif o dros 20,000 yn seddau Caerffili, Castell-nedd, Ogwr, Pontypridd, Aberdâr, Abertyleri, Bedwellte a Glyn Ebwy. Ond yn Llanelli y cafwyd y bleidlais orau i Lafur trwy Gymru gyfan.[20]

Roedd 73,785 o bleidleiswyr yn yr etholaeth a phleidleisiodd 74.8%. Gwrthwynebydd Jim Griffiths oedd G. O. George (Ceidwadwr). Cafodd ef 10,397 o bleidleisiau, 18.9% o'r bleidlais; tra cafodd 'ein Jim ni' 44,514 o bleidleisiau, 81.1% o'r etholwyr. Roedd mwyafrif o 34,117 yn anhygoel. Dyma'r ganran fwyaf ond un yn y Deyrnas Unedig i gyd. At ei gilydd pleidleisiodd 58.5% o etholwyr Cymru dros ymgeiswyr Llafur, ac yng ngweddill y Deyrnas Unedig 48% a gefnogodd ymgeiswyr Llafur.

Roedd Jim Griffiths ar ben ei ddigon, fel eraill yn ei etholaeth, ond roedd hefyd yn pwysleisio fod gan y Blaid Lafur yng Nghymru Aelodau Seneddol o'r radd flaenaf o ran cefndir, gallu, ac ymroddiad. Er bod cryn ysbryd cystadleuol rhyngddo ef ac Aneurin Bevan, cydnabyddai Jim finiogrwydd, huodledd a charisma'r cawr hwn. Ef a Jim Griffiths oedd dau wleidydd pennaf Cymru, ond roedd seneddwyr eraill o gyn-lowyr yn hynod o huawdl, fel George H. Hall yn Aberdâr, y diflewyn-ar-dafod S. O. Davies ym Merthyr a'r cyn-ddarlithydd yn y Coleg Llafur William H. Mainwaring yn Nwyrain y Rhondda. Roedd nifer o gyn-lowyr eraill, gan gynnwys Will John, y Bedyddiwr brwdfrydig a gafodd ei ddewis yn ddiwrthwynebiad yng Ngorllewin y Rhondda – y tro olaf i hyn ddigwydd mewn etholiad am sedd yn Senedd San Steffan.[21]

Teimlai Jim Griffiths i'r byw fod ei gymydog dawnus Ronw Moelwyn Hughes wedi colli sedd Caerfyrddin i'r Rhyddfrydwr Rhys Hopkin Morris, y ddau ohonynt yn feibion y mans.[22] Ond yn Sir Gaernarfon ni chafodd y darlithydd eneiniedig W. Ambrose Bebb fwy na 2,152 o bleidleisiau yn lliwiau'r Blaid Genedlaethol; canlyniad hynod siomedig, a dyna fu'r stori ar hyd a lled Cymru. Ni ddaeth eu dydd.

Roedd cefn gwlad Cymru yn allweddol yng ngolwg Jim Griffiths i ddyfodol y Blaid Lafur yng Nghymru. Wedi'r etholiad gwelodd Griffiths obaith newydd i'r Blaid Lafur yn y Gymru Gymraeg. Enillwyd drachefn etholaeth Caernarfon gan Goronwy O. Roberts, darlithydd a lwyddodd i ddisodli Syr Goronwy Owen o'r Blaid Ryddfrydol; bu bron i'r Athro Huw Morris-Jones gipio Meirionnydd, un o gadarnleoedd y Rhyddfrydwyr, a hynny o fewn 112 o bleidleisiau; daethpwyd o fewn cyrraedd ym Môn dan ymgeisiaeth Cledwyn Hughes a bu Llafur bron ennill ym Mhenfro.[23] Dim ond mwyafrif o 168 oedd gan Gwilym Lloyd George dros yr ymgeisydd Llafur, W. Feinburgh. Mater o amser fyddai hi yn y ddwy sedd honno yn ôl llygaid profiadol Jim Griffiths.

Dynion dawnus oedd Aelodau Seneddol Llafur Cymru yn 1945, ac yn nodweddiadol o'r oes nid oedd lle i'r ferch yn eu plith. Yr unig ferch oedd yn sefyll o dan faner Llafur oedd Eirene L. Jones a safodd am sedd y Fflint.[24] Daeth Eirene White (yn ddiweddarach) o fewn cyrraedd i gipio Fflint oddi wrth y Ceidwadwr Nigel Birch. Cadwodd ef y sedd gyda mwyafrif o 1,030. O Aelodau Seneddol Llafur dawnus 1945, roedd pob un ond dau yn Gymry o ran gwaed a magwraeth, deg ohonynt yn Gymry Cymraeg. Roedd 19 ohonynt o gefndir dosbarth gweithiol, yn falch o'u cefndir ac o'u cymunedau.

Bu hi'n frwydr hir ac anodd o 1906 i 1945, i lawer un fel Jim Griffiths, Will John, W. H. Mainwaring, Ness Edwards, D. R. Grenfell ac S. O. Davies. Cyfaddefodd Jim Griffiths ei fod uwchben ei ddigon wedi clywed canlyniadau etholiad 1945. Roedd cyfleusterau newydd a chyfrifoldebau newydd yn ei ddisgwyl.

Pennod 12

Un o Benseiri'r Wladwriaeth Les

Gall y genedl Gymreig ymfalchïo'n fawr yn y Wladwriaeth Les, campwaith barhaol Llywodraeth Lafur 1945–1951.[1] Ers ymdrechion David Lloyd George cyn y Rhyfel Byd Cyntaf cyflwynwyd aml i fesur yn y Senedd i liniaru problemau anodd afiechyd, anabledd, henaint a diweithdra.

Yn ei gartref yn Sir Gaerfyrddin, ddiwrnod ar ôl cyhoeddi canlyniad Etholiad 1945, derbyniodd Jim Griffiths neges o Lundain yn rhoi gwybod y dylai fod yn barod i dderbyn galwad i weld y Prif Weinidog. Golygai hyn y byddai'n cael cynnig swydd yn y Llywodraeth newydd. Daeth yr alwad.

Yn ei ddisgwyl yn ystafell y Cabinet roedd Clement Attlee, yn eistedd yng nghadair y Prif Weinidog, ac wrth ei ochr, Prif Chwip y Blaid Lafur, William Whiteley, gŵr a fu'n löwr ym maes glo Durham.[2] Gŵr prin ei eiriau oedd Attlee. Cyfarchodd Jim Griffiths yn garedig ac yna cynigiodd iddo swydd Ysgrifennydd Gwladol dros y Gymanwlad. Pan sylwodd nad oedd Griffiths yn ymateb, gofynnodd a fyddai'n dymuno swydd arall.[3] Atebodd ar ei union, "Byddwn. Fe hoffwn wasanaethu fel Gweinidog Yswiriant Gwladol." Atebodd y Prif Weinidog: "Syniad da. Dyna setlo pethau. Dydd da a lwc dda."

Dychwelodd Jim Griffiths i Borth Tywyn yn ddedwydd ei fyd gan iddo gael y swydd roedd wedi'i dymuno. Cyfaddefodd ei fod yn siomedig, fodd bynnag, ychydig ddyddiau yn ddiweddarach i ddarganfod na fyddai'n aelod o'r Cabinet – pe byddai wedi derbyn swydd fel Ysgrifennydd y Gymanwlad, byddai wedi cael sedd yn y Cabinet. Bu ei amddifadu o sedd yn y Cabinet yn gryn golled i Gymru ac iddo ef yn bersonol.

Sylweddolodd yn fuan fod y cyfrifoldeb yn y Llywodraeth yn anodd ei gyflawni heb droedle parhaol yn Llundain. Roedd cyflog y Gweinidog yn £5,000 y flwyddyn. Ni allai ef na'i wraig ddychmygu rai misoedd ynghynt am y fath arian – roedd dair gwaith yn fwy nag a dderbyniai fel Aelod Seneddol. Y cwestiwn anodd a'i hwynebai oedd: 'Alla i gynnal cartref ym Mhorth Tywyn a fflat neu dŷ yn Llundain ar yr un pryd?' Gwyddai fod ei briod a'r plant yn gweld Llundain yn rhagori.[4] Byddai'n gadael Cymru am y tro cyntaf yn ei fywyd a bod yn alltud am weddill ei ddyddiau. Ond ar y llaw arall, byddai'n cael mwy o amser gyda'i deulu, i hyrwyddo ei yrfa ac i arbed teithio cyson ar y trên yn ôl ac ymlaen o Lanelli i Lundain. Teimlai flinder wrth deithio am ei naw mis cyntaf fel Gweinidog. Teithiai yn ôl bob wythnos i Borth Tywyn, ac o fore Llun i nos Wener roedd ganddo ddyletswyddau fyrdd yn yr adran ac yn y Senedd. Gallai roddi amser i'w etholaeth ar ambell benwythnos ond roedd ei gyfrifoldeb newydd yn llenwi dau benwythnos o leiaf ym mhob mis. Teimlai fodd bynnag, ar ddiwrnod cyntaf ei swydd newydd, 8 Gorffennaf 1945, fod y gwaith yn hynod o ddiddorol.[5]

Yn y weinyddiaeth newydd cafodd ddau Is-Ysgrifennydd Seneddol dibynadwy yn George Lindgren a Tom Steel.[6] Rhoddwyd swydd ddi-dâl Ysgrifennydd Preifat Seneddol i ffrind ffyddlon iddo, Bernard Taylor.[7] Bonws oedd cael Ysgrifennydd Parhaol oedd yn Gymro Cymraeg o Faldwyn, Syr Thomas Williams Phillips.[8]

Un o'r camau cyntaf gan y Gweinidog oedd gofalu bod y Ddeddf Lwfans Teuluol, oedd eisoes ar y Llyfr Statud, yn cael ei gweithredu mor fuan â phosibl. Gweledigaeth ac ymgyrch Eleanor Rathbone oedd y Ddeddf.[9] Bu hi'n hyrwyddo a hybu deddfwriaeth i gynorthwyo'r fam ers ei hethol yn Aelod Seneddol yn 1929. Enillodd gefnogaeth pobl o bob plaid, ac roedd Jim Griffiths yn edmygu ei dyfalbarhad. Argymhellodd William Beveridge y dylai pob plentyn, ar wahân i'r hynaf, dderbyn pum swllt yr wythnos tuag at ei gynhaliaeth. Penderfynodd Jim Griffiths fod angen gweithredu ar fyrder, ond y dasg gyntaf oedd dod o hyd i gyfalaf. Roedd Prydain yn brin o arian, gan fod y Trysorlys wedi colli ei hadnoddau oherwydd costau'r Rhyfel. Bu'n rhaid i Lywodraeth Attlee fod yn grintachlyd o ofalus wrth wario arian cyhoeddus. Arbedwyd y Llywodraeth gan Gynllun Marshall yr Unol Daleithiau.[10] Cerddodd Jim Griffiths lawer gwaith i weld Canghellor y Trysorlys, Hugh Dalton, ac nid oedd gwir angen ei argyhoeddi i gefnogi teuluoedd a phlant. Bu hi'n dasg anoddach ar fesur yr Yswiriant Gwladol, a dyna pam i Jim Griffiths wahodd Arthur Greenwood, cadeirydd Pwyllgor Nawdd Cymdeithasol y Llywodraeth, i'w gefnogi ger bron Dalton.[11] Trefnwyd y lwfans cyntaf i'w dalu ar ddydd Mawrth ar ôl dydd Llun Gŵyl Banc Awst 1946, ac fe'i talwyd i ddwy filiwn a hanner o deuluoedd.

Aeth Jim a'i briod Winnie i Lythyrdy Stepney erbyn 8.30 y bore i gyflwyno'r taliad cyntaf er mwyn i'r wasg gofnodi'r weithred hanesyddol. Gwelid llu o famau o ardaloedd dociau Llundain yn disgwyl yn amyneddgar am i'r llythyrdy agor ei ddrysau. Byddai 7,000,000 yn derbyn cymorth newydd y diwrnod hwnnw.[12] Nid rhyfedd i Jim Griffiths ddweud y byddai pob mam, bob wythnos, wrth fynd i gasglu'r cymhorthdal o'r llythyrdy, yn clodfori enw Eleanor Rathbone. Dyma enghraifft o'i barodrwydd i gydnabod cyfraniad arall.

Yn ystod yr un mis daeth y Ddeddf Yswiriant Gwladol i rym er llawenydd mawr i Jim Griffiths a fu'n gyfrifol am ei llywio trwy'r Senedd. Llwyddodd i argyhoeddi'r wrthblaid i gefnogi'r cynllun a chafodd y Mesur daith hwylus trwy'r Senedd. Yn wir yn ôl atgofion rhai o'r Aelodau Seneddol roedd yr awyrgylch yn y Senedd yn debycach i gyfarfod diwygiadol crefyddol. Dyma eiriau George Thomas: 'Each night as we trooped through the division lobbies someone would call out, 'Come on, George Strike Up' and I would start to sing 'Guide me, O thou great Jehovah': instantly there would be a mighty choir singing its way through the lobby.'[13]

Cofier fod 75 o fesurau seneddol wedi'u trafod a'u pasio gan y Senedd yn y flwyddyn gyntaf honno o Lywodraeth Lafur.[14] Yn wir roedd angen emyn gorfoleddus y Pêr Ganiedydd i'w hysbrydoli.[15] Nodwedd arbennig y ddeddfwriaeth y byddai Jim Griffiths yn gyfrifol amdani oedd ei bod wedi'i seilio ar egwyddor gyffredin, sef ei bod at wasanaeth pawb yn y gymdeithas. Dyna fawredd ei ddeddfwriaeth. Sicrhawyd bod Deddf Yswiriant Gwladol 1946 yn cynnwys pawb oedd yn weithwyr, gan gynnwys y gwragedd, oedd ers yr Ail Ryfel Byd wedi dod yn rhan annatod o'r gweithlu. Roeddynt oll wedi'u hyswirio rhag effeithiau'r ddau elyn difaol, diweithdra ac afiechyd.

Jim Griffiths oedd yr union wleidydd i lywio a gweithredu'r ddeddf. Roedd ganddo galon dyner, dealltwriaeth o anghenion y werin bobl a phrofiad helaeth fel arweinydd o fewn gwleidyddiaeth ac Undebaeth. Felly mae'n anodd deall pam nad oedd ym mwriad Attlee ar y dechrau i'w benodi i sefydlu Adran Yswiriant.

Nid oes unrhyw amheuaeth fod ei brofiad yn y maes glo wedi'i alluogi i ddadlau gydag argyhoeddiad o blaid y Ddeddf Yswiriant a hefyd y Ddeddf Anafiadau Diwydiannol a ddaeth i rym yn 1948. Wrth ddatblygu'r cynllun, sylweddolodd Jim Griffiths fod yn rhaid bod yn deg â phob haen o'r gymdeithas. Nid gwiw anghofio am y bobl a gadwai siopau bychain y Betws a'r ffermwyr a welid yn ei etholaeth, yn ogystal â gweinidogion y Gair. Cawsant eu cydnabod at bwrpas y Ddeddf fel gweithwyr hunangyflogedig.

Teithiodd Jim Griffiths ar hyd a lled y wlad fel Gweinidog y Goron i egluro'r newidiadau oedd i'w gweithredu. Rhoddodd y cylchgrawn diddorol hwnnw, *Picture Post*, dudalennau lawer yn rhifyn 16 Mawrth 1946 i ddisgrifio taith y Gweinidog i bentref Ferryhill, chwe milltir o ddinas Durham.

Trefnwyd cyfarfod mawr yn Neuadd y Glowyr, Ferryhill a chafodd y Gweinidog gyfle i esbonio i'r glowyr a'u gwragedd ddarpariaeth y Ddeddf Yswiriant.[16] Esboniodd yr athroniaeth y tu ôl i'r Ddeddf, sef gofalu na fyddai'r claf ddim yn dibynnu eto ar drefn a sawrai o Ddeddf y Tlodion gynt nac o brawf moddion y tridegau. Wrth gloi ei araith atgoffodd y glowyr o'i gefndir fel glöwr maes glo carreg, a rhoddwyd iddo gymeradwyaeth fyddarol.[17] Gadawodd y neuadd ar ôl cael tynnu ei lun gyda Wilfred Tuck, a fu'n löwr ym mhyllau glo Ferryhill am dros ddeugain mlynedd. Er gwaetha'r eira teithiodd i West Hartlepool i annerch cynulleidfa arall ar yr un pwnc cyn dal y trên dros nos yn ôl i Lundain.[18] Nid rhyfedd i Will John, wrth adolygu ei flwyddyn gyntaf fel Gweinidog y Goron, gydnabod iddo gael blwyddyn gofiadwy yn codi adeilad y Wladwriaeth Les.[19]

Daeth anrhydedd iddo yn Hydref 1945 pan benderfynodd Cyngor Tref Llanelli estyn iddo Ryddfraint y Dref. Derbyniodd gymeradwyaeth yng Ngynhadledd Flynyddol y Blaid Lafur yn Bournemouth yn araith Hugh Dalton, Mehefin 1946. Soniodd fod Jim Griffiths ym mis Awst am ofalu ar ôl y teulu a'r fam, ym Medi am fuddiannau'r henoed, ac ym mis Hydref byddai codiad ym mhensiwn yr henoed. Yng Ngynhadledd Bournemouth 1946 cafodd ei ethol unwaith yn rhagor i Bwyllgor Gwaith y Blaid Lafur. Ef oedd y trydydd o'r saith a etholwyd.

Ac yn 1946 anrhydeddwyd ef gan Brifysgol Cymru gyda gradd Doethur er Anrhydedd yn y Gyfraith, ynghyd ag Aneurin Bevan a George Hall. Aeth yr ysgolhaig o wleidydd Robert Richards, Wrecsam cyn belled ag awgrymu fod Jim Griffiths yn cwblhau'r dasg a gychwynnodd Cymro arall, Lloyd George, yn 1908. Yn wir roedd yn cyflwyno mesur 'mwy na mesur hanesyddol 1908'. Ychwanegodd Robert Richards:

Wrth gwrs nid Mr Lloyd George arall ydyw Mr Jim Griffiths, ond ar gyfrif ei feistrolaeth lwyr o'r mesur yn ei wahanol agweddau a'i gwrteisi boneddigaidd a chyson – mae wedi ennill iddo ei hunan le amlwg yn serch ac ymddiriedaeth y Tŷ ac ni phledleisiodd ond un aelod yn unig yn erbyn y mesur pan ddarllenwyd ef am y trydydd tro. Disgrifir y mesur gan y *Times* fel un o fesurau mawr y ganrif.[20]

Bu'n gweithio ar ddechrau 1947 ar anghenion ffatri Pulman Springfield yn ei etholaeth. Codwyd y ffatri ym Mhantffynnon, ger Rhydaman yn ystod yr Ail Ryfel Byd a daeth, trwy ymdrechion yr Aelod Seneddol, yn un o ffatrïoedd mwyaf y cylch. Bu'n ffatri bwysig dros ben yn cynhyrchu dodrefn. Cyflogid 1,100 o weithwyr ganddi pan oedd ar ei phrysuraf ac o'r rhain, roedd 40% ohonynt yn anabl.[21] Dibynnai'r ffatri gymaint y dyddiau hynny ar ddylanwad Jim Griffiths yn arbennig am gyflenwad o haearn a oedd yn brin. Y Llywodraeth oedd yn gyfrifol am rannu'r haearn i gwmnïau ar hyd a lled y wlad a gofalai Griffiths fod Pantffynnon yn cael ei chyflenwad teg. Rhaid ychwanegu fod llawer o'r cwmnïau newydd a sefydlwyd yn Nyffryn Aman wedi'r Ail Ryfel Byd yn ffrwyth partneriaeth y Cyngor Dosbarth, y Cyngor Sir a'r Aelod Seneddol.[22]

Poenai am fywydau pobl a threfnai yn fanwl ar eu cyfer. Ni chollai unrhyw gynhadledd na chyfarfod o bwys o fewn ei etholaeth. Rhoddai arweiniad i'w asiant ar gwestiynau dyrys, yn arbennig pan benderfynodd Undeb y Glowyr, trwy Arthur Horner, fod yn grintachlyd yn eu nawdd i'r etholaeth. Erbyn canol 1947 roedd dros ei ben a'i glustiau yn datblygu cynllun uchelgeisiol a phellgyrhaeddol i godi Melin Strip Haearn i'w lleoli yn Nhrostre ar gyrion Llanelli.[23]

Ond roedd arbenigwyr Bwrdd y Diwydiant Haearn, yn arbennig arweinydd Undeb y Gweithwyr Haearn a Dur, Lincoln Evans, a oedd yn aelod o'r Bwrdd, yn llwyr wrthwynebus i'r cynllun. Y canlyniad oedd fod y Llywodraeth wedi gorchymyn cyflwyno cynlluniau ar gyfer dyfodol y diwydiant haearn yng ngorllewin Cymru. Golygai hyn fod angen trafod yn fanwl effeithiau cymdeithasol y cynllun, yn arbennig ar dref Llanelli a'r cyffiniau. Dim ond wedyn y gellid dod i benderfyniad terfynol. Ar 6 Mehefin 1947 daliai'r optimist, Jim Griffiths, nad oedd lleoliad y Felin Haearn newydd wedi'i golli'n llwyr. Ond gwaetha'r modd, roedd ef dan anfantais fawr gan fod diwydianwyr Llanelli heb lawer iawn o ddylanwad. Teimlai Jim Griffiths ei fod wedi gwneud ei orau glas ac na allai mwyach ond gobeithio'r gorau. Sylweddolai pe bai'n ennill y dydd y byddai Aelodau Seneddol Llafur Abertawe a'r cyffiniau yn flin iawn oherwydd bod Cwmni Dur Cymru wedi bod wrthi am dri mis yn 1947 yn paratoi ar gyfer lleoliad Melin Haearn yn ardal Felindre-Llangyfelach ar gyrion dinas Abertawe. Cyffesodd wrth ei asiant: 'It's embarrassing for me as the charge will be made that I used my influence as Minister to get the decision'.[24] Felly, roedd yn amlwg fod rhaid iddo fod yn ofalus. Yn ei dyb ef y ddadl i'w defnyddio oedd bod Llanelli wedi'i dewis am ei bod yn fwy dibynnol ar y diwydiant alcam. Yno y bu canolfan y diwydiant yn Sir Gaerfyrddin am genedlaethau. Heb y gwaith newydd o fewn ffiniau tref Llanelli byddai economi'r dref yn dioddef. Ond credai y byddai'r felin haearn yn adnewyddu bywyd y cymunedau a ddioddefodd yn enbyd – pentrefi fel Bynea, Llangennech a'r Hendy.

Nid oedd am gael brwydr gystadleuol rhwng Llanelli ac Abertawe am y datblygiad arfaethedig. Siarsiodd Douglas Hughes i gadw'r newyddiadurwyr hyd braich, ac yn arbennig rhag iddynt frolio mai ei fuddugoliaeth ef oedd hi. 'Os gwnânt hynny yna mi fyddaf fel Gweinidog mewn sefyllfa anodd'.[25] Ddiwrnod yn ddiweddarach sonia fod Aelodau Seneddol Abertawe yn cael eu cynorthwyo yn agored gan James Callaghan, ac yn naturiol yn ystyried o hyd leoliad y felin haearn, ond yn ddiolchgar eu bod wedi cael addewid am ddadl yn y Senedd. Er hynny, ni lwyddod rhag pechu David R. Grenfell, sef y prif ladmerydd dros leoli'r gwaith dur newydd yn ardal Llangyfelach-Felindre yn ei etholaeth ef. Bu'r penderfyniad i leoli'r gwaith yn Nhrostre yn frwydr fawr a Jim Griffiths oedd yr un a lwyddodd i ennill y dydd. Roedd ganddo ddadl gref, er bod gan D. R. Grenfell, Percy Morris, D. L. Mort, a'r James Callaghan ifanc, ddadl yr un mor ddilys.[26]

Ar yr un llaw, rhaid edmygu ei daerineb pan oedd bron pawb a phopeth yn ei erbyn a chyflawnodd yr hyn a ddisgwylid gan Aelod Seneddol. Mae'n debyg fel y cyffesodd wrth ei asiant ei fod fel y disgwylid wedi defnyddio'i safle fel Gweinidog yn effeithiol dros ben. Ond fe ddinistriwyd y berthynas dda a fu rhyngddo a'r Aelod Seneddol Llafur D. R. Grenfell, a fu'n feirniadol iawn ohono wedyn yn y pumdegau. Gallwn gytuno â dyfarniad hanesydd lleol ardal Trostre, Byron Davies, fod y penderfyniad dros y gwaith newydd wedi creu rhwyg rhwng y ddau löwr, 'a permanent bitter resentment' ar ran Grenfell 'towards his colleague James Griffiths'.[27]

Derbyniodd lythyr oddi wrth y Comisiwn Ffiniau ar fater ad-drefnu'r etholaeth. Nid oedd yn fodlon o gwbl gyda'r bwriad gan y byddai'n golygu colli pobl weithgar o bentrefi Cymraeg fel Brynaman a phentrefi yng Nghwm Gwendraeth i etholaeth Caerfyrddin. Cysurodd ei hun o wybod y byddai'n cael teithio i ogledd Cymru a chael cyfarfod â chyfeillion hoff cytûn ar faes yr Eisteddfod Genedlaethol ym Mae Colwyn yn 1947.[28] Byddai'n dweud gair fel Llywydd y Dydd ar brynhawn Mercher, 9 Awst. 'Bu yn amser anodd i ni oll ac mae angen ymlacio arnom' oedd ei eiriau i'w asiant.

Llwyddodd Jim Griffiths yn ei sefyllfa allweddol fel Gweinidog i ddwyn ei ddylanwad i gryfhau bywyd Cymru yn ei holl agweddau ac i geisio cael datblygiadau cyfansoddiadol.[29] Gwyddom iddo bledio'r angen i benodi Ysgrifennydd Gwladol i Gymru pan godwyd y mater gyda'r Llywodraeth yn 1946 gan ddirprwyaeth yn enw'r Blaid Seneddol Gymreig o dan arweinyddiaeth D. R. Grenfell a W. H. Mainwaring.[30]

Pan aeth y ddirprwyaeth at Attlee fe'u cefnogwyd i'r carn gan Jim Griffiths. Ond nid oedd modd darbwyllo Herbert Morrison, y Dirprwy Brif Weinidog, na Stafford Cripps, Llywydd y Bwrdd Masnach. Ar y llaw arall ni ellid chwaith dawelu'r Sosialwyr Cymreig, oedd yn gryf o blaid mesur helaeth o ddatganoli i Gymru.[31] Meddylier yn arbennig am y rhai oedd y tu allan i rengoedd yr Aelodau Seneddol, dynion fel yr ysgolhaig David Thomas, Bangor, yr Undebwr, Huw T. Edwards, y Swyddog Ieuenctid, Ifor Bowen Griffith a'r addysgwr Iwan Morgan. Ym Medi 1946, ar ôl derbyn ymateb negyddol Attlee, Morrison a Cripps, lluniodd Huw T. Edwards femorandwm dan y teitl 'Problemau Cymru' a'i anfon at Morgan Phillips, gŵr o Fargoed ac Ysgrifennydd Cyffredinol y Blaid Lafur. Roedd ef, os rhywbeth, yn fwy ystyfnig yn erbyn datganoli nag Attlee a Morrison. Yn wahanol i Jim Griffiths cytunai Huw T. Edwards â phenderfyniad y Llywodraeth i wrthod yr alwad am Ysgrifennydd Gwladol i Gymru.[32] Dadleuodd Edwards dros sefydlu Comisiynydd Cymru, a phwyllgor ymgynghorol i'w gynorthwyo, tra dadleuai David Thomas, Iwan Morgan ac I. B. Griffith am Senedd i Gymru. Ymateb y Llywodraeth oedd cyhoeddi Papur Gwyn blynyddol ar faterion Cymreig. Daeth y cyntaf allan yn 1946.

Yn 1947 crëwyd Cyngor Rhanbarthol i Gymru o fewn y Blaid Lafur gyda Cliff Prothero yn Ysgrifennydd iddo. Beiwyd Cliff Prothero am fod yn anhyblyg ar ddatganoli, ond diddorol sylwi iddo yntau baratoi papur yn seiliedig ar femorandwm Huw T. Edwards, sef 'Democratic Devolution in Wales'. Anfonwyd hwn at Morrison a'r Blaid Seneddol Gymreig mewn da bryd cyn y Diwrnod Cymreig cyntaf. Gofalwyd felly fod datganoli yn dal ar yr agenda. Nid oedd modd anwybyddu'r lleisiau o'r de a'r gogledd, yn arbennig llais cymedrol Jim Griffiths a llais unigryw Huw T. Edwards.

Yn gynnar yn 1948 bu Jim Griffiths yn gohebu ag Aelod Seneddol Llafur Caernarfon, Goronwy Roberts, gŵr roedd ganddo feddwl mawr ohono ar sail ei argyhoeddiadau ar faterion Cymreig. Roedd Jim Griffiths am wthio'r cwch i'r dŵr yn hanes y Blaid Lafur, a mynd ati yn ddiymdroi i baratoi dogfen i'w chyflwyno i'r Prif Weinidog ar y priodoldeb o sefydlu Cyngor Ymgynghorol neu Gyngor

Economaidd ymgynghorol ar gyfer Cymru. Gosodwyd y cyfrifoldeb ar Goronwy Roberts i baratoi'r ddogfen, ond Ifor Bowen Griffith, Caernarfon a luniodd y gwaith ar ei ran. Roedd I. B. Griffith yn rhinwedd ei waith a'i allu fel darlithydd difyr yn troi ymhlith gwerin ddiwylliedig ardaloedd y chwareli yn Arfon. Dywed yn ei ragarweiniad mai 'safon byw newydd o dan Lywodraeth Lafur sydd yn gyfrifol i raddau helaeth am y galw am hunanlywodraeth'. Yn ôl rhesymeg I. B. Griffith roedd polisïau llywodraeth Lafur wedi codi'r wlad uwchlaw tlodi, a gallai bellach fforddio meddwl am roi'r pwyslais ar ddiwylliant a'r amodau i'w gynnal. Fe geir y rhesymeg yn ei phurdeb yng ngeiriau J. Roberts Williams, golygydd *Y Cymro*, 'Nid oes angen brwydro bellach am safon byw. Felly gallwn fforddio'r *luxury* o frwydro am hawliau yr iaith'. Mewn paragraff hynod o flaengar yn ei Femorandwm dywedodd Ifor Bowen Griffith:

> Eithr yr ydym ni, nid yn unig yn sosialwyr ond yn Gymry ac yn ymwybodol ein bod yn perthyn i genedl arbennig a chredwn nas gellir rhoddi i Gymry fendithion Sosialaidd ond trwy roddi iddi hefyd fesur helaeth o hunanlywodraeth. Credwn na ddaw ffrwyth y Wladwriaeth Les i afael pawb nes datganoli llawer ar y Llywodraeth Ganolog yn Llundain. Rhan o'r datganoli hwnnw fyddai creu Senedd Cymru o fewn Undeb Ffederal Prydeinig, a hynny mor fuan ag sydd bosibl.[33]

Ni chafodd y ddogfen ei rhyddhau i'r wasg, ond bu cryn drafod ar y memorandwm ac ar ddogfen gan Robert Richards, Ungoed Thomas a Goronwy Roberts. Diwygiwyd y cyfan wedi trafodaeth Ebrill a Gorffennaf 1948. Erbyn hynny, teimlid y dylid cael dau gyngor, sef Cyngor Economaidd dan gadeiryddiaeth aelod o'r Cabinet fel Aneurin Bevan a Chyngor Ymgynghorol a fyddai'n canolbwyntio ar faterion yn ymwneud â'r diwylliant Cymreig. Trefnwyd dirprwyaeth yn enw'r Blaid Lafur Gymreig ac yn enw Cymru i drafod gyda Herbert Morrison, y Dirprwy Brif Weinidog. Gwahoddwyd Aneurin Bevan, Jim Griffiths a hefyd Goronwy Roberts i'r cyfarfod a gynhaliwyd ar 29 Hydref 1948. Roedd Cliff Prothero a Huw T. Edwards yn aelodau o'r ddirprwyaeth honno.

Roedd Morrison yn barod i gymrodeddu ryw ychydig. Roedd yn barod i dderbyn syniad Huw T. Edwards am Gyngor Ymgynghorol i Gymru, a gwleidydd fel Aneurin Bevan yn Gadeirydd iddo, ond nid oedd am weld Comisiynydd dros Gymru. Eglurodd mewn llythyr at Jim Griffiths ar 13 Hydref 1948 pam ei fod yn erbyn y syniad hwnnw. Ofnai'r hyn a alwodd yn 'buffer minister' ac y byddai hynny'n creu llu o broblemau. Diddorol yw sylw bywgraffydd Huw T. Edwards, Gwyn Jenkins:

> Mae'n siŵr iddo sylweddoli hefyd y gallai swyddogaeth o'r fath arwain at fwy o alw am Ysgrifennydd Gwladol go iawn. Ei obaith yn awr oedd y byddai sefydlu cyngor yn ddigon i gau pen y mwdwl ar ddadleuon dros ddatganoli. Y cynnig, felly, oedd Cyngor Ymgynghorol gyda chadeirydd wedi'i ethol o blith ei haelodau. I raddau helaeth, roedd syniad Huw T. Edwards wedi'i dderbyn.[34]

Yn niwedd ei oes mewn llythyr at John Morris, yr Ysgrifennydd Gwladol yr adeg honno, soniodd Jim Griffiths am ei siom fod Aneurin Bevan wedi cytuno i gefnogi Morrison ac yn sgil hynny ladd dros dro y syniad o Ysgrifennydd Gwladol i Gymru.[35] Erbyn y Ddadl Gymreig ar 24 Tachwedd 1948 gallai Morrison gyhoeddi beth fyddai aelodaeth a swyddogaeth y Cyngor Ymgynghorol. Byddai'n cyfarfod o leiaf unwaith bob chwarter i drafod buddiannau a datblygiadau ym meysydd economaidd a diwylliannol Cymru a Mynwy, ac yn gofalu bod y llywodraeth ganolog yn derbyn gwybodaeth am effeithiau ei pholisïau. Byddai aelodau'r Cyngor yn enwebedig, ac ni fyddai ei gyfarfodydd yn agored i'r wasg na'r cyhoedd. Cafwyd aml feirniadaeth ar y cynllun gan aelodau amlwg o'r Blaid Lafur yn ogystal â'r pleidiau eraill, yn arbennig Clement Davies a H. Morris-Jones. Credai S. O. Davies, D. J. Williams a Iorwerth Thomas fod y Cyngor yn hollol ddiwerth, a llugoer oedd ymateb ugeiniau lawer o gynghorwyr lleol Llafur. O'r 182 awdurdod lleol yng Nghymru, syndod i Jim Griffiths oedd gwybod mai dim ond 13 oedd yn barod i gefnogi'r Cyngor Ymgynghorol arfaethedig yn ddiamod. Dangosodd 72 gefnogaeth ddigon llugoer er eu bod yn ffafrio safbwynt Jim Griffiths o sefydlu Ysgrifennydd Gwladol i Gymru. Roedd 68 awdurdod lleol yn erbyn y Cyngor arfaethedig ac ni chafwyd ateb o gwbl gan 29 o'r gweddill.

Galwai'r Blaid Genedlaethol y cyngor arfaethedig yn 'Gyngor Anobaith'. Roedd Llywydd Plaid Cymru, Gwynfor Evans, yn dadlau ar bob cyfle bod arweinwyr Llafur o galibr Jim Griffiths yn gorfod plygu glin i Morrison a'i gefnogwyr.[36] Yr ergyd fwyaf beiddgar o'i eiddo oedd fod y datganolwyr o fewn y Blaid Lafur – ac yn arbennig Jim Griffiths a Goronwy Roberts, wedi bod yn ddigon aneffeithiol yn y frwydr dros Ysgrifennydd Gwladol i Gymru oddi ar haf 1946 pan wrthododd y Prif Weinidog syniad Griffiths o Ysgrifenyddiaeth i Gymru. Galwodd Clement Davies a'r Rhyddfrydwyr y cynllun fel ymgais Llafur i sefydlu 'Cyngor Sofietaidd', a mynegodd y blaid honno ei chefnogaeth arferol am senedd ffederal i Gymru. Manteisiodd y Ceidadwyr ar y cyfle, er syndod o'r mwyaf i Lafur, i gyflwyno addewid o Weinidog i Gymru. Roedd nifer o Gymry amlwg yn awyddus i fod yn Gadeirydd y Cyngor arfaethedig. Enwyd Cliff Prothero yn un ohonynt, yn ogystal â Huw T. Edwards. Crybwyllwyd llu o enwau eraill y tu allan i rengoedd y Blaid Lafur, fel y Rhyddfrydwr Syr Ifan ab Owen Edwards, sylfaenydd Urdd Gobaith Cymru.

Ond credai Jim Griffiths mai'r Undebwr a'r Cymro Cymraeg diwylliedig, Huw T. Edwards oedd y dyn ar gyfer y swydd. Pan ofynnwyd am ei farn ar y gadeiryddiaeth gan Herbert Morrison, ac yn bwysicach fyth gan Clement Attlee, yr un oedd ei ateb: 'Huw T. Edwards – he is the truly representative Welshman'.[37] Barnai Jim Griffiths mai penodi Huw T. Edwards i'r gadair oedd yn bennaf gyfrifol fod Cyngor Cymru, corff o 27 o aelodau enwebedig, wedi llwyddo cystal o 1948 hyd 1958. O dan arweinyddiaeth Huw T. Edwards paratowyd nifer o adroddiadau pwysig yn ymwneud ag anghenion Cymru. Gellir cytuno mai'r adroddiadau mwyaf dylanwadol a gyhoeddodd y Cyngor oedd ar statws cyfreithiol yr iaith Gymraeg, ac ar yr angen am Ysgrifennydd i Gymru, sedd yn y Cabinet, a sefydlu Swyddfa Gymreig dan ei ofal. Bu dylanwad yr adroddiad olaf yn gryf ar bolisïau'r Blaid Lafur ar gyfer datblygiad cyfansoddiadol Cymru. Cyhoeddodd y Cyngor hefyd adroddiad pwysig ar ddiboblogi cefn gwlad Cymru.

Nid oedd pall ar brysurdeb Jim Griffiths. Ef oedd Cadeirydd y Blaid Lafur Brydeinig, 1948–49, a golygai hyn gryn lawer o gyfrifoldeb ychwanegol. Rhoddai'r Swyddfa Gartref bwysau arno i annerch cyfarfodydd ledled y wlad, o Blackpool i Norwich, o Lowestoft i Langennech. Sonia ar 28 Medi 1949 wrth Douglas Hughes fod angen i'r ddau gyfarfod oherwydd y bygythiad o du'r cenedlaetholwyr Cymreig yn yr etholaeth. 'Synhwyraf,' meddai, 'fod y cenedlaetholwyr yn dra phrysur'. Roedd rheswm da am ei synhwyro, sef ymgyrch Gwynfor Evans a Phwyllgor Gwaith y Blaid dros ddeiseb yn galw am statws swyddogol i'r Gymraeg.

Fel hyn y gosododd Rhys Evans, cofiannydd Gwynfor Evans, y cefndir: 'Nod digon Maciafelaidd Gwynfor oedd cael y llywodraeth 'i wrthod' yr ymgyrch yn y gobaith y byddai hyn yn ennyn cydymdeimlad tuag at Blaid Cymru wrth i'r etholiad cyffredinol ddynesu'.[38] Yn hynny o beth, ni chafodd ei siomi gan yr ymateb o blith y Cymry Cymraeg na chwaith gan benderfyniad llywodraeth Attlee i anwybyddu'r ymgyrch a'r ddeiseb.

Ar ddydd Gŵyl Dewi 1949 rhoddodd Gwynfor Evans her i'r cymdeithasau Cymraeg ac yn arbennig y capeli Ymneilltuol i gefnogi'r alwad. Roedd llu o gapeli cryf gan y prif enwadau yn etholaeth Llanelli. Nid capel yn colli aelodau oedd capel Jim Griffiths sef Gellimanwydd yn Rhydaman, [39] ond capel yn dal i dyfu. Roedd yno yn 1913, 601 o aelodau; yn 1931, 784 ac yn 1955, 854. Roedd niferoedd cyffelyb mewn capeli eraill yn Llanelli a Chwm Gwendraeth. Erbyn diwedd mis Mawrth 1949, llwyddwyd i gael dros 600 o sefydliadau a chapeli i ateb yn gadarnhaol i'r apêl. Felly nid oedd Gwynfor Evans yn anobeithio.

Roedd Jim Griffiths ei hun yn anfodlon fod y Llywodraeth mor ystyfnig â gwrthod trafod y ddeiseb. Ar 18 Ebrill 1949 etholwyd Gwynfor Evans yn Gynghorydd dros Langadog ar Gyngor Sir Caerfyrddin lle'r oedd y Blaid Lafur am y tro cyntaf wedi ennill rheolaeth. 'We are the masters now' oedd geiriau enwog asiant Jim Griffiths, Douglas Hughes ac arweinydd y Cyngor wedi'r etholiad. Ni allai Jim Griffiths fod yn glustfyddar, os bu cyn hynny, i anerchiadau Gwynfor Evans nac i'w amhoblogrwydd ymhlith llawer o'r Aelodau Seneddol Llafur.

Roedd hi'n rhyfel cartref enbydus yn y Cyngor wedi i Gwynfor Evans benderfynu ymuno â grŵp Annibynnol y Cyngor. Clymblaid o Ryddfrydwyr a Cheidwadwyr oedd y grŵp Annibynnol ac ambell un na wyddai pa ideoleg i'w chefnogi. I Gynghorwyr Llafur etholaeth Llanelli roedd ymddygiad Gwynfor yn sawru o Dorïaeth ar ei waethaf. Roedd agendor enfawr rhwng meddylfryd, agwedd, cefndir a phrofiad y Cynghorydd o Langadog a Chynghorwyr Llafur y maes glo. Ni allai Douglas Hughes mwy na Haydn Lewis ddioddef Gwynfor Evans, yn arbennig pan gofient am eu cefndir personol eu hunain fel glowyr a gweithwyr yn y diwydiant dur o'i gymharu â mab Dan Evans, y siopwr llewyrchus yn y Barri. Er bod Douglas Hughes yn gapelwr ac yn Gymro Cymraeg cyfaddefodd na allai ddygymod â chais Gwynfor i annerch y Cyngor Sir yn Gymraeg. Bu brwydro cyson rhwng Gwynfor Evans a'r grŵp Llafur ar y Cyngor wrth iddo ddadlau ar hyd y blynyddoedd am Gymreigio ei holl strwythurau – o fyd addysg i fyd trafnidiaeth.

Ni welais unrhyw lythyr gan Jim Griffiths i Douglas Hughes yn rhoddi unrhyw gyfarwyddyd iddynt fel arweinwyr y Blaid Lafur ar y Cyngor Sir. Gwelodd Saunders Lewis, Gwynfor Evans mewn goleuni gwahanol. Teimlai fod ei safiad yn y Cyngor Sir dros y Gymraeg yn brawf clir o 'farweidd-dra'r gymdeithas Lafurol gapelyddol', cefndir llawer o Gynghorwyr Cyngor Sir Caerfyrddin.[40]

Ar ddydd Calan 1947 trosglwyddwyd pyllau glo'r wlad i berchenogaeth gyhoeddus, a llwyddodd y Llywodraeth i gadw un arall o'i haddewidion.[41] Bu hi'n frwydr hir a bu Jim Griffiths yn gefnogol i wladoli'r diwydiant o'i gyfnod cynnar fel glöwr. Ond er cymaint y boddhad a'r gorfoledd o weld gwladoli'r diwydiant roedd hi'n amlwg iddo fod problemau dyrys yn wynebu'r meysydd glo. Ni ellid rhwystro'r mecaneiddio oedd yn mynd rhagddo: roedd rhan helaeth o'r gwythiennau glo a fu'n hawdd eu gweithio yng Nghymru wedi'u dihysbyddu erbyn 1947; roedd pris cymdeithasol uchel i'w dalu yn dilyn cau pob pwll glo oni bai bod ffatri newydd yn agor yn yr ardal neu'n gyfagos i greu gwaith. Bu'n rhaid cau 34 o lofeydd yng Nghymru rhwng 1947 a 1950.[42]

Nid yw gwaith unrhyw wleidydd yn gwbl dderbyniol gan bawb, a gwyddai Jim Griffiths fod ganddo dasg fawr i baratoi ar gyfer yr Etholiad Cyffredinol.[43] Ar ddiwedd ei dymor fel Gweinidog Yswiriant daeth yn gocyn hitio i rai aelodau o fudiad gwleidyddol newydd a ddaeth allan o grombil Plaid Cymru. Ffurfiwyd Mudiad Gweriniaethol Cymru yn sgil anghytundeb a amlygwyd yng nghynadledd flynyddol Plaid Cymru yn Nyffryn Ardudwy ym mis Awst 1949.[44] Bu'r anghytundeb hwnnw yn amlwg ar hyd y flwyddyn: ym mis Ebrill y flwyddyn honno, galwodd y Pwyllgor Gwaith ar y Gweriniaethwyr i ymddiswyddo o'r Blaid neu roi'r gorau i'w dadleuon. Erbyn y Gynhadledd Flynyddol gadawodd tua hanner cant o weithwyr y Blaid i greu mudiad newydd oedd yn pledio Sosialaeth a statws gweriniaeth annibynnol i Gymru, er gyda threigl amser dychwelodd y rhan fwyaf ohonynt i'r Blaid.[45]

Pennod 13

Yn y Trefedigaethau

Erbyn diwedd 1949 roedd Jim Griffiths yn ddigon parod i roddi'r gorau i'r swydd y bu mor llwyddiannus ynddi. Gwelodd wladoli'r diwydiannau glo ac awyrennau yn 1946; rheilffyrdd, trydan a chludiant ffyrdd yn 1947; nwy yn 1948, heb lawer o anghytuno yn y Cabinet. Roedd hi'n amlwg fod dyddiau'r Ymerodraeth Brydeinig yn machlud ar ôl rhoddi annibyniaeth i is-gyfandir India, hefyd i Burma ac i Ceylon, a bod Prydain yn barod i hyrwyddo sefydliad rhyngwladol, sef Cynghrair y Cenhedloedd.

Ddiwedd Ionawr 1950 galwodd Attlee am Etholiad Cyffredinol.[1] Roedd y pleidleisio ar 23 Chwefror. Credai holl arweinwyr y Blaid Lafur y byddai'r etholwyr yn eu cefnogi am dymor arall gan fod yr 'arbrawf sosialaidd' wedi gweithio'n hynod o dda. Ar y llaw arall credai'r Toriaid fod ganddynt hwy gyfle da i roddi ergyd i Lafur. Rhoddodd 58% o'r Cymry a bleidleisiodd eu cefnogaeth i ymgeiswyr Llafur, bron yr un ganran ag yn 1945.

Roedd seddau'r cymoedd glo yn solet o blaid Llafur gyda mwyafrif y cyn-lowyr o wleidyddion i gyd â mwyafrif o dros 20,000. A'r pennaf o ran cefnogaeth oedd Jim Griffiths yn Llanelli unwaith eto. Enillodd fwyafrif o 31,026 dros y Ceidwadwyr. Galwyd Jim Griffiths ar ôl yr etholiad i weld y Prif Weinidog. Gobeithiai gael sedd yn y Cabinet a chael cyfrifoldeb am un o'r materion cartref:[2] gallai fod yng ngofal llywodraeth leol, tai, trafnidiaeth, cynllunio, pŵer, addysg ac ati. Dywedodd Attlee wrtho ei fod yn haeddu dyrchafiad a'i fod yn awyddus i'w gael yn y Cabinet. Cynigiodd iddo'r swydd a gynigiwyd iddo yn 1945 sef Swyddfa'r Trefedigaethau. Mae'n debyg mai'r dewis cyntaf oedd Hugh Dalton, ond nid oedd ganddo ddigon o barch at y brodorion, fel y gwelwn yn ei ddyddiadur. Gŵr yn awchu am y swydd oedd Aneurin Bevan ond roedd Jim Griffiths yr un mor uchelgeisiol. Teimlai Attlee y byddai'n well ganddo weld Cymro arall, Jim Griffiths, yn y swydd yn hytrach na'r gwleidydd o Lyn Ebwy.

Pan gynigiodd y Prif Weinidog swydd y trefedigaethau iddo, teimlai Jim Griffiths yn anniddig. Bu ef ar hyd y blynyddoedd yn canolbwyntio ar faterion cartref, ei obaith oedd y Swyddfa Gartref ac yn awr disgwylid iddo roddi ei amser i swydd oedd yn gofyn am gryn lawer o amynedd ac ysbryd cymodi. Dyna ei nerth fel gwleidydd, roedd Attlee wedi dewis yn dda. Rhydd yr argraff yn ei hunangofiant nad oedd wedi rhoddi llawer o sylw i faterion yr Ymerodraeth a dyheadau'r mudiadau yn y trefedigaethau a frwydrai am ryddid a hunanlywodraeth.[3] Ond gwyddom fel arall oherwydd ei weithgarwch o fewn mudiad y Ffabiaid ar ran y trefedigaethau. Roedd hynafgwyr y Gymdeithas, fel George Bernard Shaw ac yn arbennig Beatrice Webb, yn meddwl cryn lawer o Jim Griffiths am ei fod yn uniaethu ei hun â'r trefedigaethau. Roedd yn un o'r ychydig Aelodau Seneddol Llafur o'r dosbarth gweithiol a wnâi hynny, a'r unig ddau Aelod Seneddol o Gymru i annerch Ysgolion Haf ac Adran Trefedigaethau y Ffabiaid. Hefyd ceir ysgrif bwysig o'i waith yn y gyfrol *The Way Forward* (1950), a hynny cyn ei benodi i'r swydd. Gesyd athroniaeth y Ffabiaid yn y ddwy frawddeg hyn: 'Democratic self government cannot be given to a people, it must be won by them. It means winning the battle against internal enemies – ignorance and poverty, disease and squalor.'[4]

Barnai gweision sifil Adran y Trefedigaethau yn 1950 fod y Llywodraeth Lafur wedi gwneud mwy mewn pum mlynedd i wella bywyd pobloedd y trefedigaethau na'r un Llywodraeth arall, llawer mwy nag a wnaed gan y Toriaid mewn 20 mlynedd.[5] Ni sefydlwyd prifysgolion yn y trefedigaethau cyn 1947 heblaw ar ynys Malta ac yn Hong Kong. Ond sefydlodd y Llywodraeth Lafur sefydliadau addysg uwch ym Malaya, Ynysoedd y Caribî, y Traeth Aur a Nigeria. Gwnaeth ei safbwynt ei hun yn gwbl eglur ar hiliaeth, a hefyd ar yr angen i bobl o wahanol gefndiroedd i gydweithio â'i gilydd: 'Good relations cannot flourish while there are fear and suspicion between the communities; it must therefore be our task to create conditions where that fear and suspicion disappear.'[6]

Roedd yr Ail Ryfel Byd yn agoriad llygad i bobl gyffredin y trefedigaethau. Sylweddolwyd nad oedd yr imperialwyr Ewropeaidd mor rymus ag y tybid. Roedd dau reswm am gwymp yr ymerodraethau Ewropeaidd. Yn gyntaf roedd yr awydd a'r ewyllys i barhau i reoli'r trefedigaethau fel ymerodraeth, ar wahân i Bortiwgal, yn gwanhau. Roedd hyn yn wir yn hanes Prydain, Ffrainc, yr Eidal, yr Iseldiroedd a gwlad Belg. Daeth teyrnasiad yr Almaen a'r Eidal i ben yn ystod y Rhyfel. Yn ail tanseiliwyd awdurdod y gwledydd imperialaidd gan roddi i'r arweinwyr brodorol cenedlaetholgar hunanhyder i ymladd am hunanlywodraeth. Sylweddolodd y llywodraeth Lafur y dylid mabwysiadu'r syniad Ffabiaidd o Gymanwlad. Byddai hyn yn rhoddi cyfle i'r famwlad gadw cysylltiadau cymdeithasol ac economaidd â'r cyn-drefedigaethau. Roedd y gwahoddiad i ymuno â'r Gymanwlad yn agored i bob trefedigaeth. Gosodwyd y canllawiau mewn cynhadledd o arweinwyr y Gymanwlad yn 1949 a alwyd i drafod y dyfodol yng ngoleuni annibyniaeth India a Phacistan. Allan o'r gynhadledd hon y daeth diffiniad newydd o'r Gymanwlad, sef gwledydd yn cydgyfarfod ac yn parchu'r Goron Brydeinig fel symbol o'r undod a berthynai iddynt fel teulu. Erbyn 1950 roedd India yn wladwriaeth annibynnol.[7] Yr unig gyswllt parhaol rhyngddi hi a Phrydain oedd y Goron. Y Goron oedd y symbol o undod y Gymanwlad.

Dyma'r cefndir i gyfnod Jim Griffiths fel Ysgrifennydd y Trefedigaethau. Cyfaddefa yn *Pages from Memory* mai'r deunaw mis a dreuliodd yn y swydd oedd cyfnod mwyaf cyffrous ei fywyd, yn gyforiog o lawenydd, o deithio ac o drafod, o anturiaethau i bellafoedd y byd. Roedd Prydain yn 1950 yn gyfrifol am 53 o drefedigaethau.[8] Disgwylid i bob Ysgrifennydd yn yr Adran roddi ar gof a chadw ei genhadaeth yn y swydd. Cyhoeddodd Jim Griffiths mai prif bwrpas polisi trefedigaethol Prydain oedd eu cynorthwyo i ddod yn wladwriaethau hunangynhaliol, annibynnol o fewn y Gymanwlad Brydeinig. Mewn cynhadledd o dan nawdd Biwro Trefedigaethol y Ffabiaid yn 1950 eglurodd y Gweinidog mewn manylder y gobeithion a'r rhaglen waith oedd o'i flaen, ond ar yr un pryd, pwysleisiwyd y perygl o ruthro, cyn bod yr amser yn addas. Aeth ymlaen i sôn yn benodol am Falaya gan ofyn: Beth fyddai'n digwydd pe baem yn caniatáu hunanlywodraeth yfory nesaf? A'i ateb: 'It would not be independence, it would be the subjugation of the Malayan people by a ruthless minority, and the subjugation of their country into a docile satellite.'[9]

Gellid credu'n hawdd fod y cyfrifoldeb newydd a ddaeth i'w ran yn swyddfa'r Trefedigaethau yn 1950 yn hynod o gyffrous i Weinidog newydd oedd am wneud ei farc. Roedd ei strwythur a'i threfniadau wedi'u haddasu i'r dasg enfawr o weddnewid y trefedigaethau. O'r cychwyn cyntaf bu ei gyfnod fel Ysgrifennydd y Trefedigaethau yn un digon anodd oherwydd, yn bennaf, y sefyllfa beryglus ym Malaya.[10] Yn ddiymdroi ar ôl ei apwyntio, cynhaliwyd cyfarfod rhyngddo ef, y Prif Weinidog a'r Gweinidog Amddiffyn, Manny Shinwell.

Penderfynodd y tri eu bod yn apwyntio cyfarwyddwr i gydlynu gweithgaredd y milwyr, yr heddlu a gweinyddiaeth Malaya. Gwahoddwyd yr Is-gadfridog Syr Harold Briggs i ymgymryd â'r cyfrifoldeb. Roedd ef wedi gwneud enw iddo'i hun yn yr ymgyrch i ddod â heddwch i Burma. Y bwriad oedd dileu yn gyfan gwbl y gweithredu dialgar oedd yn digwydd yn gyson gan garfanau o'r Mudiad am Ryddid. Y dasg arall oedd cael y gwleidyddion i gydweithio er lles y wlad a pharatoi'r ffordd at annibyniaeth lawn yn y pen draw. Gwyddom erbyn hyn fod y Gwasanaeth Diogelwch yn weithgar ym Malaya yn 1950–1. Yno hefyd roedd y Fyddin wedi mabwysiadu'r polisi o 'shoot to kill', ond nid yw Jim Griffiths yn dweud gair am hynny. Mae'n bosibl y cawn ragor o wybodaeth pan fydd ymchwilwyr wedi astudio 8,000 o ddogfennau 'coll' a ddarganfuwyd ym Mawrth 2012. Ond yn fuan ar ôl iddo ddod i'w swydd galwodd Aelodau Seneddol Ceidwadol ar y Prif Weinidog i anfon Jim Griffiths allan i Falaya gan fod y sefyllfa'n dirywio. Cytunodd y Prif Weinidog.

Ym mis Mai 1950 teithiodd Griffiths a John Strachey, Ysgrifennydd Gwladol y Swyddfa Ryfel, i Falaya. Disgwylid iddynt drafod sefyllfa'r drefedigaeth gydag arweinwyr y mudiadau cymunedol, ac yn arbennig cynrychiolwyr cymunedau Tsieineaidd ac Indiaidd a thrigolion Malaya ei hun. Ysgrifennodd lythyr ar 2 Mehefin 1950 o Dŷ'r Brenin, Kuala Lumpur at Douglas Hughes yn Llanelli.[11] Soniodd am y deng niwrnod cythryblus a dreuliwyd, ac am y llu o broblemau a drafodwyd, problemau politicaidd, economaidd a chymdeithasol ac yn bennaf, hil-gasineb. Sylweddolai na fyddai modd iddo lwyddo i osod trefn ar bethau ym Malaya yn ystod y daith honno. Yn wir byddai'r ymrafael, y lladd a'r anghydfod yno'n parhau am gyfnod o ddeng mlynedd. Pwysig ydyw nodi mai'r Swyddfa Dramor a'r Swyddfa Ryfel oedd yn bennaf gyfrifol am lunio'r polisi a gâi ei weithredu ym Malaya ac nid Swyddfa'r Trefedigaethau a bod y sefyllfa'n fwy perthnasol yn y pen draw i John Strachey nag ydoedd i Jim Griffiths.

Beirniadwyd Griffiths yn llym am bolisi Malaya gan nifer dda o'i gefnogwyr ei hun ar ddechrau 1951. Cyhoeddwyd llythyr yn *Y Cymro* ar 9 Chwefror 1951, wedi'i arwyddo gan John Rosser Davies a 100 o Sosialwyr eraill o Gwm Aman.[12] Yr hyn oedd yn cythruddo John Rosser Davies a'i gyd-lythyrwyr oedd polisi'r Llywodraeth Lafur tuag at Falaya yn bennaf a bod cymaint o fechgyn Cymru yn ymladd ym mhellafoedd byd:

Mae yno lawer o fechgyn Cymru, bechgyn gweddus ddigon, yn chwysu ac yn dioddef yn y brifwig ddu ac afiach … maent yno i ymladd yn erbyn y genedl gyfan er mwyn sicrhau elwau mawr y Planhigfeydd Rwber a'r pyllau tun sy'n llifo i bocedi prif fasnachwyr Prydain… Canys nid yw'r rhyfel yn Malaya, a'r ymosodiad ar fwynwyr Nigeria a phoblogaeth y Traeth Aur yn ymdebygu i bolisi Sosialaidd. Estyn llaw i gynorthwyo'r cenhedloedd gwan i godi a sefyll ar eu traed eu hunain i benderfynu eu tynged eu hunain yw'r syniad traddodiadol o bolisi Llafur.[13]

Roedd carfan o Sosialwyr a fu'n cyd-ddyheu ag ef yn y Tŷ Gwyn yn anghytuno'n llwyr â'i bolisi. Roedd y gwleidydd canol oed wedi newid yn ddybryd yn eu golwg tra oeddent hwy yn dal at safbwyntiau'r Tŷ Gwyn ar 'heddychiaeth, gwrth filitariaeth ac imperialaeth'. Mae'n gwbl sicr nad oedd y Gweinidog a anwyd ac a fagwyd yn y Betws am eiliad yn imperialydd ond fel y gwelsom roedd ei safbwynt tuag at ryfel a rhyfela wedi newid yn llwyr.

Roedd y Gweinidog yn awyddus i ymweld â rhan o gyfandir Affrig, ac yn wir i barhau'r cynlluniau a drefnwyd mor ddeheuig gan ei ragflaenydd, Arthur Creech Jones, sylfaenydd Biwro Trefedigaethau'r Ffabiaid, ond collodd Creech Jones ei sedd. Gwyddai Jim Griffiths yn dda am un o wleidyddion amlycaf y Traeth Aur, Kwame Nkrumah. Daeth ef yn rym o fewn y mudiad gwleidyddol, United Gold Coast Convention, ac ar ôl iddo anghytuno â'r arweinwyr hŷn, sefydlodd ei blaid ei hun – Convention People's Party (CPP).

Fel llawer gwleidydd yn ei gyfnod, treuliodd amser mewn carchar. Pan oedd yn y carchar gosododd Arthur Creech Jones gyfrifoldeb ar farnwr o'r wlad, Mr Justice J. H. Coussey, i gadeirio Comisiwn i lunio seiliau cyfansoddiadol ar gyfer y Traeth Aur. Cyhoeddwyd adroddiad y Comisiwn yn Awst 1949 gan argymell y canllawiau ar gyfer Ethol Senedd o 84 aelod. Pan gynhaliwyd yr Etholiad rhwng 5 a 10 Chwefror 1951 roedd Nkrumah yn y carchar. Cafodd yr etholiad sylw mawr gan mai dyma'r tro cyntaf ar gyfandir Affrig, ymhlith y trefedigaethau Prydeinig, y trefnwyd etholiad ar sail pleidlais gyffredinol. Roedd llwyddiant yr etholiad yn dibynnu ar arweinwyr o galibr Nkrumah gan fod hanner y boblogaeth yn anllythrennog. Barnai Jim Griffiths fod y llwyddiant yn dibynnu cymaint ar ddealltwriaeth y Rhaglaw Prydeinig a oedd yn gweinyddu'r wlad, sef Syr Charles Arden-Clarke. Ef oedd Rhaglaw Prydeinig olaf Prydain yn y Traeth Aur.[14] Gofalai Arden-Clarke am bob agwedd o'r etholiad a chafwyd clod i degwch yr arbrawf democrataidd hwn.

Er gwaethaf gwrthwynebiad i Nkrumah a'i blaid CPP, hwy a enillodd yr etholiad. Apeliodd Jim Griffiths ynghyd ag Arden-Clarke ar Kwame Nkrumah i ystyried y cyfle gwerthfawr oedd iddo i wasanaethu ei bobl. Cytunodd a phenododd arweinwyr eraill i ymgymryd â dyletswyddau penodol. Pan ddaeth Nkrumah a'i gyd-arweinwyr pwysicaf i Lundain i drafod dyfodol y wlad gyda Jim Griffiths a'i weision sifil, cawsant groeso gwresog. Edmygai'r Gweinidog ei ffordd o gyflwyno mater, ei allu meddyliol a'i ymroddiad i'r Traeth Aur. Ac edmygai yn arbennig ei gydweithiwr Caseley-Hayford, mab i un o arloeswyr mudiad annibyniaeth y Traeth Aur, a hefyd ei gyfeillion Kojo Botsio (1916– 2001) a Komla Agbeli Gbedemah (1912–1998).[15] Ond cyn diwedd y ddegawd, dadrithiwyd Jim Griffiths gan ymddygiad ffôl Nkrumah, ac yn arbennig gan ei benderfyniad i benodi ei hun yn Frenin-Arlywydd ar ei wlad. Dioddefodd ei wlad am iddo golli ymddiriedaeth ei gyfeillion, Gbedemah a Botsio, ac am iddo greu gelyn yn Joe Appiah, mab-yng-nghyfraith Syr Stafford Cripps. Yng ngolwg Jim Griffiths cafwyd dechrau addawol i'r Traeth Aur yn 1951 ond erbyn 1960 roedd Ghana wedi gweld yr addewid honno'n pylu'n fawr.[16]

Roedd gan Jim Griffiths ddiddordeb gwirioneddol yn ei genhadaeth hedd ymysg gwledydd cyfandir Affrig a chafodd gyfle yn 1951 i deithio i ddwyrain a chanolbarth y cyfandir hwnnw. Manteisiodd ar seibiant dros y Sulgwyn a threuliodd dair wythnos yn Uganda a Cenia. Daeth ei briod yn gwmni iddo, ac Andrew Cohen yn ymgynghorydd ar Affrica ynghyd ag Angus Mackintosh, ei Ysgrifennydd Preifat.[17] Fe'i cyfareddwyd gan hyfrydwch Uganda, y mynyddoedd gogoneddus fel y Ruwenzori (a elwid ar lafar gwlad yn Fynyddoedd y Lleuad), ac anifeiliaid gwylltion y Parc Cenedlaethol. Gwelodd werth cydweithredu yn y Cotton Growers' Co-operative yn Namungalwe yn nwyrain y wlad. Iddo ef, dyma weledigaeth Robert Owen yn gweithio'n ymarferol ac yn ardderchog. Cafodd gyfle yno i annerch arweinwyr y mudiad cydweithredol, bu'n hael ei glod iddynt a gwelai arloeswyr o Rochdale yn llawenhau fod pobl yng ngwlad Uganda wedi gweld gwerth yn y weledigaeth gydweithredol ac yn llwyddo mor dda i dyfu cotwm a'i ddosbarthu.

Cafodd yr anrhydedd o annerch Senedd Buganda, a gofidiai na chafodd gyfle i gyfarfod â'r Brenin Matesa II (1924–1969) oedd yn ymweld â Llundain y diwrnod hwnnw. Sylweddolodd Jim Griffiths fod y llwythau yn meddu ar gynlluniau am y dyfodol, a phob un ohonynt am weithredu'n annibynnol ar ei gilydd. Ofnid y byddai etifeddiaeth pobl o lwythau'r wlad yn dioddef oherwydd y newid mawr oedd ar y gorwel. Yng Ngholeg y Brifysgol yn Makerei llechai ofn arall. Ofnid y byddai Llywodraeth Prydain yn amharod i drosglwyddo'r awenau i'r to ifanc dysgedig oedd yn awyddus am annibyniaeth. Sylweddolodd y Gweinidog mai problem fawr Uganda oedd ceisio cymodi'r hen a'r newydd, fel bod y cenhedloedd a'r llwythau o fewn i'w ffiniau yn magu'r ewyllys i gydweithio â'i gilydd i ddyrchafu eu gwlad yn wladwriaeth unedig. Ni fyddai hynny'n dasg hawdd.

Aeth Jim Griffiths a'i barti ymlaen i Cenia a go debyg oedd ei sylwadau am y wlad honno. Creodd natur ddaear baradwysaidd ond llwyddodd y ddynoliaeth i anharddu'r ardd a'i throi'n ddiffeithwch. Pan ofynnwyd beth oedd ei argraff am Cenia, dywedodd: 'Gwlad unigryw Duw yw Cenia – gyda phroblemau arbennig y diafol.'[18] Ymwelsant â phentrefi'r Affricanwyr, a threfi a ffermydd yr Ewropeaid, gan gynnwys Prydeinwyr, oedd wedi gwreiddio yng nghefn gwlad.

Treuliwyd diwrnodau yn Nairobi. Yno y sylweddolodd fod yna waith enfawr i'w gyflawni i geisio llunio cyfansoddiad a fyddai'n creu'r amodau a hyrwyddo undod ymhlith gwahanol lwythau ac aelodau gwahanol genhedloedd oedd wedi ymgartrefu yn y wlad: Indiaid yn Nairobi a dinasoedd eraill; ffermwyr a ymfudodd yno o Brydain a De Affrig, heb anghofio'r cymunedau o Arabiaid ym Mombasa a'r cyffiniau. Cyfarfu Jim Griffiths â dirprwyaethau o bob un o'r cymunedau hyn yn nechrau ei dymor yn Swyddfa'r Trefedigaethau yn Llundain. Hyn a'i hysgogodd i gyhoeddi'r datganiad ar gyfer dyfodol democrataidd tair o wledydd dwyrain Affrica, sef Uganda, Tanganyica a Cenia; byrdwn y datganiad oedd mai'r nod oedd 'hunanlywodraeth y tu fewn i'r Gymanwlad'.[19] Iddo ef roedd hunanlywodraeth yn golygu parchu'r prif gymunedau a ymgartrefodd yn nwyrain Affrica gan eu hannog hwythau i barchu ei gilydd, cyd-fyw a chyd-weithio.' Ni ellid sicrhau amodau teg a pharhaol heb ryddhau'r wlad o'r ofnau a'r amheuon difaol rhwng y gwahanol gymunedau a'u harweinwyr. Tasg Jim Griffiths ar y daith hon oedd trafod y newidiadau cyfansoddiadol oedd ar y gorwel yn Cenia yn arbennig, â chynrychiolwyr pob un o'r cymunedau ethnig a'r llwythau brodorol. Bu'n trafod gyda Elihud Mathu, o lwyth y Kikuyu, un a gafodd ei addysg ym Mhrifysgol Rhydychen cyn dychwelyd i'w wlad enedigol i'w gwasanaethu.[20]

Profiad arbennig oedd cyfarfod â Kamiti Watihuo, dyn yn ei nawdegau, a'r unig un o lwyth y Kikuyu a gofiai'r dyn gwyn cyntaf yn dod i fyw ar dir ei bobl.[21] Ar ôl cyrraedd Kiamba, canolfan y Kikuyu, ym mis Mai 1951, cafodd ddiwrnod cyfan yn trafod â Jomo Kenyatta. Roedd Kenyatta yn ei hwyliau gorau.

Hwn oedd y cyfle cyntaf a gafodd i ysgwyd llaw â Jomo Kenyatta, eilun llwyth y Kikuyu, ond gŵr a ddrwgdybid yn fawr gan arweinwyr y cymunedau Arabaidd, Prydeinig ac Indiaidd.[22] Cafodd ei hudo gan ei bersonoliaeth ond sylweddolodd ei fod yn perthyn i ddau fyd tra gwahanol: bywyd y Gorllewin, ei safonau a'i bleserau, ond ar yr un pryd wedi ymgysegru i gynnal gwerthoedd, defodau ac arferion ei bobl ei hun. Cyflwynodd Jim Griffiths safbwynt y llywodraeth Lafur i Kenyatta, sef hunanlywodraeth ddemocrataidd o fewn y Gymanwlad, ond y cam cyntaf oedd hyrwyddo cydweithrediad arweinwyr pob cymuned ethnig a'r llwythau brodorol i ddod i ddealltwriaeth. Rhoddodd Kenyatta groeso llugoer i'r cyflwyniad hwn.

Ar ôl iddo adael Kenyatta heb gael y gefnogaeth y gobeithiai amdani, cafodd sesiwn fwy cadarnhaol gydag A. B. Patel, arweinydd yr Indiaid, ond gŵr oedd yn ofni'r hyn a fyddai'n digwydd yn y dyfodol yn wyneb yr anghytuno o fewn y gymuned Indiaidd. Roedd Patel wedi dod o dan ddylanwad Mahatma Gandhi, a meddyliai'r byd hefyd o Nehru. Rhoddodd gefnogaeth i fwriadau Jim Griffiths, er iddo yntau flino yn weddol fuan wedi'i brofiadau â gwleidyddiaeth Cenia.

Ar ôl cyfarfod ag A. B. Patel, cafodd Jim Griffiths gyfle i drafod yn helaeth gydag aelodau Ewropeaidd y Cyngor Deddfwriaethol (Legislative Council). Wedi ymddeoliad Albert Keyser, un o arloeswyr y gymuned Ewropeaidd, oherwydd gwaeledd, fe'i holynwyd gan un o'r to ieuengaf, Michael Blundell.[23] Ceir cryn dipyn o'r hanes am ymweliad Jim Griffiths yng nghyfrol Blundell, *So Rough a Wind* (1964), lle mae'n ei gyhuddo o godi ei lais ar ôl i un o'i gymrodyr gyhuddo Llywodraeth Lafur o hwyluso'r ffordd yn rhy fuan i hunanlywodraeth yn y Traeth Aur. Dywed Blundell: 'Griffiths reacted rather sharply, banged the table with his fist, and in his strong Welsh voice said "And what was the alternative, man? Bloody revolution, that's what it was." '[24]

A oedd y trafodaethau gyda Kenyatta wedi'i flino'n lân, neu a oedd agwedd gŵr fel Blundell ac eraill wedi'i gyffroi hyd at daro bwrdd? Os oedd wedi colli ei amynedd, dyma un o'r sefyllfaoedd prin lle y gwelwyd y cymodwr yn taro ac yn defnyddio geiriau cryf. Er gwaethaf colli ei limpyn cafodd y Gweinidog wahoddiad i gartref Blundell.[25]

Roedd fferm Blundell yn Subokia, ardal hyfryd yn ucheldiroedd Cenia. Pwrpas yr ymweliad oedd rhoi cyfle iddo gyfarfod â ffermwyr oedd yn meddu ar agwedd eithafol. Heb ofn neb, rhybuddiodd y Gweinidog o Gymro hwy mai'r dewis oedd undod hiliol a chydweithredu neu chwyldro. Cytunai Blundell â'i farn er gwaethaf bygythiadau'r eithafwyr. Ar ddiwrnod olaf ei ymweliad â Chenia, 28 Mai 1951, gwahoddodd ef yr arweinwyr o blith yr holl gymunedau i Nairobi i gyfarfod â Llywodraethwr y wlad, Syr Philip Mitchell, a gadwodd nodiadau o'r cyfarfod. Cafwyd cytundeb am y bwriad i estyn hunanlywodraeth i'r tair gwlad a'r modd i gyflawni'r nod hwnnw. Dywed Mitchell ar derfyn ei gofnod:

> Everyone accepted all the proposals and the proceedings ended with a graceful tribute by Blundell to the Secretary of State and a very charming reply by him. So it is all settled in an atmosphere of sober responsibility and goodwill... and by the personal influence of this remarkable man who had spread goodwill wherever he has been.[26]

Yn anffodus nid oedd yr holl arweinwyr yn Cenia yn gwerthfawrogi ymdrechion yr Ysgrifennydd Gwladol. Yn wir y tristwch ar 28 Mai 1951, er gwaethaf y cytundeb ymddangosiadol ymhlith yr arweinwyr, oedd bod yna garfan fawr o bobl ymhob cymuned na chytunai o gwbl â dymuniadau'r llywodraeth. Roedd Jomo Kenyatta wedi dangos ei safbwynt yn glir, ac ni ddaeth i'r cyfarfod yn Nairobi. Anfonodd un o'i gydweithwyr yn ei le. O fewn deunaw mis i gyfarfod Nairobi dechreuodd Cenia ddioddef effeithiau enbyd gwrthryfel didrugaredd y Mau Mau. Ond mae'n arwyddocaol iawn bod Jim Griffiths yn cofnodi yn *Pages* ei anwybodaeth am y Mau Mau:

> What I do know is that during my visit not a single person of all those I met – African, Indian, Arab, European – or any of the colonial officers, ever mentioned the word Mau Mau to me. I believe that the truth of the matter is that each of the racial communities was so completely locked up within its own separate world that none of them knew what was happening in the closed world of its neighbour.[27]

Dyna oedd trasiedi'r sefyllfa yn Cenia, yn wir yn holl wledydd cyfandir Affrig ar ddechrau'r pumdegau. Ond pen draw'r gwrthryfel yn Cenia oedd annibyniaeth, a gair o ganmoliaeth gan Jim Griffiths ei hun i Jomo Kenyatta, a alwodd yn 'un o wladweinwyr mwyaf Affrica' ac i ddoethineb y dyn gwyn fel Michael Blundell.

Er holl ddoniau cynhenid Jim Griffiths fel cymodwr nid oedd holl arweinwyr y trefedigaethau yn ei ganmol. Cafodd ei feirniadu'n gryf am iddo dderbyn yr arweiniad a chychwyn trafodaeth ar y sefyllfa ynglŷn â gwledydd De Rhodesia, Gogledd Rhodesia a Nyasaland. Cychwynnwyd ar y trafodaethau hyn ar 8

Tachwedd 1950 i greu Gwladwriaeth Ffederal Rhodesia a Nyasaland. Pwysodd y Cabinet ar Jim Griffiths a Patrick Gordon-Walker (Ysgrifennydd y Gymanwlad oedd yn gyfrifol yn benodol am Dde Rhodesia) i roddi cefnogaeth gref i'r tair gwlad er mwyn cryfhau'r berthynas rhyngddynt.[28] Manteisiodd yr ymgynghorwyr o Whitehall ar y cyfle i gyflwyno'r cynlluniau i arweinwyr y tair gwlad.

Bu cryn dipyn o ymfudo rhwng 1945 a 1950 o Brydain ac o blith y gymuned Afrikaner yn Ne Affrig i wledydd Rhodesia, yn arbennig De Rhodesia. Sylweddolwyd fod y Broederbond, sef cymdeithas gudd yr Afrikaner, yn ennill tir yn Ne Rhodesia lle bu Syr Godfrey Martin Huggins yn arwain yn wleidyddol am gyfnod hir.[29] Ac yn Ne Rhodesia sefydlwyd y Blaid Ddemocrataidd. Craidd y Blaid honno oedd pobl wyn a goleddai syniadau eithafol ar dir lliw croen, syniadaeth apartheid fel ag a wnaed yn Ne Affrig. Yn wyneb y bygythion hyn teimlai Jim Griffiths reidrwydd i ystyried y sefyllfa a chynnig drafft o fodel ffederal ar gyfer yr hyn a ddaeth i'w alw yn Ffederasiwn Canol Affrig (Central African Federation). Nid oedd ef yn ystyried o gwbl uno'r tair gwlad. Roedd Jim Griffiths bob amser yn awyddus i hyrwyddo hawliau'r brodorion, i wella byd y bobl gyffredin, ac yna ddiffinio'n foddhaol y berthynas rhwng y Llywodraeth Ffederal a'r llywodraethau taleithiol. Yn y Llywodraeth Ffederal ceid Gweinidog dros Anghenion Affricanaidd y tair gwlad i'w apwyntio gan y Gweinidog dros y Trefedigaethau yn Llundain.[30]

Cyhoeddwyd yr argymhellion yn llawn, a threfnwyd bod Jim Griffiths a Patrick Gordon-Walker yn teithio i'w trafod gydag arweinwyr y pleidiau, ac yna yn cynnal cynhadledd gyda'r tair gwlad ger Rhaeadr Fictoria. Cyn y gynhadledd hon ymwelodd Jim Griffiths â dwy wlad, sef Gogledd Rhodesia a Nyasaland, tra teithiodd Gordon-Walker i Dde Rhodesia. Bu Jim Griffiths yn ddiwyd. Mynychodd gant o gyfarfodydd, y mwyafrif ohonynt gyda'r glowyr gwyn.[31] Cafodd sesiynau gyda glowyr a ymfudodd o faes glo Prydain, ac yn eu plith un glöwr o Gwm Aman. Profiad diflas iddo oedd canfod fod y glöwr hwnnw yn edrych ar y brodorion fel hil israddol; ymddengys ei fod yn gwbl grediniol fod gan y dynion gwyn alluoedd uwch na'u cymrodyr du. Sylweddolodd Griffiths fod llawer un o'r glowyr gwyn yn cyflogi bechgyn du i weithio, am dâl bychan, yn eu cartrefi. Ond cyfarfu hefyd â glowyr oedd fel yntau yn gwrthod pob arlliw o apartheid.[32]

Bu'r teithio am dair wythnos yn gyfle da iddo ddysgu am y sefyllfa gymhleth, cyn mynychu'r gynhadledd hon ger Rhaeadr Fictoria ac afon fawr y Zambesi.

Ni fu'r gynhadledd yn un hawdd o gwbl, yn arbennig pan fynegodd Syr Godfrey Huggins ei farn y dylai'r Affricaniaid o Nyasaland ymadael yn ddiymdroi gan eu bod nhw ar dir egwyddor yn gwrthwynebu'r syniad ffederal. Gwrthododd Jim Griffiths ei awgrym gan hysbysu pawb eu bod hwy yno ar ei wahoddiad ef. Nid oedd Syr Godfrey Huggins yn hapus o gwbl, a'i sylw yn ddiweddarach oedd bod y Gweinidog wedi troi'r gynhadledd yn 'de parti i'r brodorion'.[33]

Siomedig oedd y gynhadledd hon i'r Gweinidog, ond sylweddolai na ellid symud mwy ymlaen ar y pryd; yn hytrach byddai'n rhaid pwyllo a chnoi cil ar y gweithrediadau, y dadleuon a'r safbwyntiau a roddwyd ger bron. Byddai angen gwarchod statws Nyasaland a Gogledd Rhodesia, a bod yn effro i'r perygl mawr bod syniadaeth apartheid yn ymledu trwy Ogledd a De Rhodesia.

Dychwelodd Jim Griffiths a Patrick Gordon-Walker adref i ferw Etholiad Cyffredinol arall. Methwyd parhau â'u cynlluniau, yn wir ni ddaeth y Ffederasiwn i fodolaeth tan 1 Awst 1953 o dan y Llywodraeth Geidwadol. Un o'r gwleidyddion a ddaeth yn Brif Weinidog y Ffederasiwn yn y pumdegau oedd Syr Roy Welensky. Ni faddeuodd ef i Jim Griffiths. Mae ei farn amdano yn hysbys yn ei gyfrol *400 Days – The Life and Death of the Federation of Rhodesia and Nyasaland*. Bu Jim Griffiths yn llawer mwy caredig tuag ato ef. Dywedodd amdano: 'The story could have been so different, and the man who could have made it different was Welensky'.[34]

Ond roedd Jim Griffiths wedi gwneud ei orau mewn gwledydd oedd yn anfodlon gwrando ar lywodraeth ac ymerodraeth, roeddent am ymadael â hi a mwynhau annibyniaeth. Gwnaeth gyfraniad pwysig mewn amser byr, cymaint felly nes y bu iddo bron gael ei ddewis yn Ysgrifennydd Tramor gan Attlee. Oherwydd ei waeledd, ymddiswyddodd Ernest Bevin fel Ysgrifennydd Tramor ar 10 Mawrth 1951 a bu cryn drafod tu ôl i'r llenni cyn i Herbert Morrison, gŵr na allai Bevin ei ddioddef, ei olynu. Byddai'n well o lawer gan Bevin weld Jim Griffiths yn olynydd.[35] A chytunai arweinwyr eraill fel Hugh Dalton. Dyma oedd ei farn ef am Ysgrifennydd y Trefedigaethau:

> Griffiths was then shaping well at the Colonial Office, where he had been Secretary of State for just over a year. He was showing considerable independence of mind, and was not unduly influenced by official advice. This independence might have borne rich fruit in Africa… Earlier he had been a conspicuous success as Minister of National Insurance. He had piloted a major part of our social service legislation through Parliament and into actual operation. He had shown himself an efficient and

sensible administrator, as well as a man of deep and simple humanity. Following Arthur Henderson and Ernest Bevin, he would have continued the line of trade union Foreign Secretaries in Labour Governments.[36]

Yn y diwedd dewisodd Attlee Morrison. Bu'n ddewis anffodus a dweud y lleiaf, ond y gwleidydd a gafodd y siom fwyaf oedd Aneurin Bevan. Nid oedd y pwysigion o'i blaid. Gellir dadlau bod anwybyddu Bevan am ddwy swydd bwysig fel Canghellor ac Ysgrifennydd Tramor o fewn cyfnod byr i'w gilydd, wedi cythruddo'r rebel yn fawr iawn.

Ond ni chythruddwyd Jim Griffiths. Roedd ef wedi'i fodloni yn llwyr fel Ysgrifennydd y Trefedigaethau. Nid un i ddal dig mohono. Gwelai'r gorau ym mhob un. Ysgrifennodd yn barchus am Syr Roy Welensky am ei fod yn sylweddoli nad oedd dyfodol i'r dyn gwyn ar gyfandir Affrig os nad oedd yn barod i gydweithio â'r dyn du. Serch hynny gofidiai nad oedd Welensky wedi uniaethu ei hun gydag Ewropeaid blaengar nac wedi estyn ei law mewn cyfeillgarwch at arweinydd fel Kenneth Kaunda yn lle ei erlid. Bodlonodd ar gyfeillion hiliol a fu'n llyffethair i'r syniad o Ffederasiwn a pharatoi'r ffordd ar gyfer gwleidydd adweithiol fel Ian Smith.[37]

Ond bu Jim Griffiths am gyfnod byr yn ei hanes ynghanol llwyfan y byd. Roedd yn llawforwyn y chwyldro a fyddai'n mynd rhagddo ac yn gweddnewid yr Ymerodraeth Brydeinig i fod yn Gymanwlad o genhedloedd annibynnol. Braenarodd y tir i annibyniaeth y gwledydd canlynol: Trinidad a Tobago, y Traeth Aur, Sierra Leone, Gogledd Borneo, Nigeria, Dominica, Grenada, St Lucia, St Vincent, Singapore a Gambia.[38] Ar drothwy Etholiad Cyffredinol 1951 teimlai'r Gweinidog dros y Trefedigaethau ei fod yn fodlon ar ei ymdrechion yn y swydd honno. Hyd at ddiwedd ei oes, cadwodd mewn cysylltiad ag arweinwyr blaengar gwledydd yr Affrig. Bu'n gefnogol i'w hymdrechion i godi gwledydd a fyddai'n gofalu, hyd y gellid, am fuddiannau poblogaeth gyfan. Efallai nad yw'n syndod mai ychydig o feirniadaeth a fynegwyd ganddo am fethiant cynifer o'r gwledydd newydd hyn a'u harweinwyr i osgoi llwybr llwgrwobrwyo.

Treuliodd Jim Griffiths bythefnos o wyliau mis Awst 1951 yn Genoa yn yr Eidal. Ysgrifennodd i ddymuno'n dda i'w asiant ar ei briodas gyda'r Sosialydd, Loti Rees Hopkin. Rhydd Jim Griffiths deyrnged i werth cartref i berson mewn swydd gyhoeddus wrth ei longyfarch: 'Mae dyn mewn bywyd cyhoeddus angen angorfa neu fe ddirywia bywyd yn annioddefol iddo. Dyna le mae cartref yn gymorth, y lle gorau, yn wir yr unig angorfa ddiogel.'[39]

Gweithiodd Loti a Douglas Hughes a llu o rai eraill yn effeithiol o fewn Etholaeth Llanelli wrth drefnu ym mis Hydref ar gyfer Etholiad Cyffredinol 1951. Yn Llanelli ei hun cafodd Jim Griffiths ganlyniad boddhaol iawn unwaith yn rhagor:[40]

James Griffiths (Llafur)	39,731	72.5%
Henry Gardner (Ceidwadwr)	11,315	20.6%
Parch D. Eirwyn Morgan (Plaid Cymru)	3,765	6.9%
Mwyafrif	28,416	51.9%

Siomedig fu'r canlyniad ym Mhrydain yn gyffredinol er i'r Blaid Lafur gael y bleidlais fwyaf erioed. Pleidleisiodd 13,948,883 dros Lafur. Dyma'r gefnogaeth orau gan unrhyw blaid hyd hynny yn holl hanes Senedd Prydain. Ond oherwydd patrwm yr etholaethau, cafodd y Ceidwadwyr gefnogaeth 13,718,199 o'r etholwyr, ac eto'r hawl i lywodraethu'r wlad. Enillasant 321 o etholaethau o gymharu â 295 y Llafurwyr. Gan i'r Rhyddfrydwyr benderfynu ymladd etholiad cyfyngedig gyda dim ond 109 o ymgeiswyr, elwodd y Torïaid yn fawr. Er holl rinweddau Clement Davies, arweinydd y Rhyddfrydwyr, mae'n amlwg ei fod yn edrych ar ei blaid bellach fel plaid oedd yn agosach at y Torïaid na Llafur.[41] Bu ef ei hun yn ystyried o ddifrif y gwahoddiad a estynnwyd iddo gan Winston Churchill i ymuno â'r llywodraeth newydd. Collodd y Rhyddfrydwyr ddwy sedd wledig i Lafur yng Nghymru. Enillodd T. W. Jones o'r Ponciau sedd Meirionnydd a Cledwyn Hughes, cyfreithiwr yng Nghaergybi, sedd Ynys Môn oddi ar Megan Lloyd George gan roi 27 sedd yng Nghymru i'r Blaid Lafur. Uniaethodd T. W. Jones a Cledwyn Hughes â chefndir radicalaidd Ymneilltuaeth ac roedd ganddynt ddiddordeb byw yn y diwylliant eisteddfodol Cymraeg.[42] Roeddynt ar yr un donfedd â Jim Griffiths.

Golygodd yr etholiad fod Jim Griffiths yn cael ei amddifadu o gynlluniau a pholisïau pwysig oedd ar y gweill yn Swyddfa'r Trefedigaethau.[43] Ond ar y llaw arall roedd yna agwedd gadarnhaol i'r colli. Golygai hyn y byddai bellach yn rhydd i ganolbwyntio ei dalentau a'i brofiad at wasanaeth ei genedl ei hun yn hytrach na chenhedloedd cyfandiroedd Asia a'r Affrig.

Jim Griffiths,
y Cymodwr a'r Adolygiadwr

Bu'r pumdegau yn gyfnod anodd i'r Blaid Lafur a hynny'n bennaf oherwydd yr anghytuno ar faterion tramor. Rhannwyd yr Aelodau Seneddol yn ddau wersyll: yr aelodau canol y ffordd a'r adain dde ar y naill law ac ar y llaw arall, o dan arweiniad Aneurin Bevan, yr adain chwith, a elwid yn grŵp Befaniaid. Roedd cefnogwyr y chwith at ei gilydd yn anghytuno â pholisïau tramor Attlee, Bevin a Morrison a oedd yn wrth-Sofietaidd, ac o blaid yr Unol Daleithiau ac arfogi pellach. Cafodd Aneurin Bevan ei gyfle pan benderfynodd y Canghellor Hugh Gaitskell ofyn am dâl am ddannedd gosod a sbectol o dan y Gwasanaeth Iechyd er mwyn talu am arfogi. Gwrthwynebodd Bevan, ond gwrthodai Gaitskell ildio iddo.[1]

Un o'r rhai yn y Cabinet a gytunai â safbwynt Bevan oedd Jim Griffiths, er na theimlai fod polisi Gaitskell yn galw am ymddiswyddiad neb o'r Llywodraeth.[2] Ond ar 22 Ebrill 1951, dyna wnaeth Bevan, Harold Wilson (Llywydd y Bwrdd Masnach) a John Freeman (Gweinidog Gweinyddiaeth Cyflenwad). Cŵyn mawr Bevan oedd bod rhaglen arfogi Prydain a'r Unol Daleithiau yn mynd i danseilio economi Prydain, creu diweithdra a gostwng safon byw y dosbarth gweithiol. Ymosododd hefyd ar y Canghellor gan ddweud fod ganddo fwy o ddiddordeb mewn arfogi Prydain na chynnal gwasanaeth iechyd gwladol uchel ei safon.[3]

Cyhoeddodd Wilson a Bevan eu syniadau mewn pamffled yn haf 1951 o dan y teitl, *One Way Only*. Erbyn Cynhadledd y Blaid Lafur yn Scarborough yn wythnos gyntaf Hydref 1951 roedd Bevan yn ennill mwy o gefnogwyr. Cytunodd, fodd bynnag, â maniffesto'r Blaid Lafur yn 1951, ond colli'r etholiad honno fu'r hanes.[4] Ac er na fynegodd Jim Griffiths air o gondemniad ar ymddygiad Bevan yn gyhoeddus, ni allai anwybyddu cerydd Syr Norman Angell am y methiant i ennill Etholiad Cyffredinol 1951:

> It is no secret that a great many in the Labour Party, especially on the trade union side, regard Mr Aneurin Bevan a far greater menace than Mr Churchill to the world of the British workers' desires.[5]

Mae geiriau Angell yn cynnig un rheswm am y methiant i ennill yr etholiad, ac yn rheswm sylfaenol gan ei fod yn tanlinellu pwysigrwydd cefnogaeth yr undebau llafur i fodolaeth y Blaid Lafur (ac mae hyn yn berthnasol o hyd). Undebwr athrylithgar oedd Ernest Bevin a llwyddasai ef i gael yr undebau o'i blaid i gefnogi NATO a pholisi tramor gwrth-Sofietaidd yn y Rhyfel Oer. Tuedd yr undebau llafur bob amser oedd pledio'r *status quo* ar wahân i Undeb y Glowyr oedd yn aml o dan arweinyddiaeth y Comiwnyddion. Ni allai Arthur Deakin,[6] un â chysylltiadau agos â Chymru, gytuno o gwbl ag Undebwyr oedd yn Gomiwnyddion.

Adlewyrchir y pryder am y bygythion i'r arweinyddiaeth yng nghylchgronau'r undebau yn bennaf. Mewn erthygl yng nghylchgrawn ei Undeb, dywed Thomas Williamson, arweinydd undeb NUCMW, ym mis Tachwedd 1952 am fudiad answyddogol Bevan:

> This organisation has been at work for some two years or more. Its methods have been directed towards the undermining of the leadership … The Trade Union movement cannot stand aside and ignore what is taking place.[7]

Elfen arall ym meddylfryd y cyfnod wedi'r Ail Ryfel Byd oedd y teimlai'r undebau reidrwydd i fabwysiadu polisïau ymarferol, cymedrol a allai, o gam i gam, godi'r werin bobl ar eu traed a chreu byd gwell. Cydnabu Jim Griffiths yn ei hunangofiant ei fod yn cael ei gyfrif yn un o'r bobl gymedrol:

> Throughout this period I was often described as a middle-of-the-road man. For myself I prefer to think of my role as that of a reconciler, ever seeking to promote unity, and to prevent rival factions and personal antagonisms from tearing the party to pieces.[8]

Y mae hwn yn baragraff pwysig dros ben, ac yn agwedd o'i fywyd sy'n haeddu sylw gan haneswyr y Blaid Lafur.[9] Gwelai ei hun fel cymodwr a'i bwrpas cyson oedd hyrwyddo undeb a chydweithio gan atal ei gyd-arweinwyr rhag darnio'r blaid yn yfflon.[10] A gwyddom mai swyddogaeth yr arweinyddiaeth undebol yw cyflafareddu a chymodi. Deallai hynny'n glir ar ôl Streic 1926. Daeth yn gyfarwydd â deallusion Saesneg y dosbarth canol trwy ei gyfraniad i waith Cymdeithas y Ffabiaid. Darlithiodd yn Ysgol Basg y Ffabiaid yn Llundain yn 1952.

Cynhaliwyd Cynhadledd Flynyddol y Blaid Lafur ym Morecambe ym mis Hydref 1952 a bu'n un gecrus. Roedd barwniaid yr undebau yn benderfynol o gadw Bevan a'i ganlynwyr mor fud ag y gellid, a llwyddwyd. Cadwyd Ian Mikardo a Barbara Castle o'r llwyfan yn gyfan gwbl ac ni chafodd Aneurin Bevan gyfle i gymryd rhan mewn un ddadl yn unig.[11] Ar y llaw arall, cafodd Hugh Gaitskell a'i gefnogwyr lawer mwy o gyfle i siarad a dadlau. Uchafbwynt y gynhadledd oedd yr etholiadau i Bwyllgor Gwaith y Blaid Lafur ac o blith y rhai a etholwyd byddai Clement Attlee yr arweinydd yn dewis aelodau pennaf Cabinet yr Wrthblaid.

Bu grŵp Bevan yn cenhadu ymhlith aelodau o Bwyllgor Gwaith yr etholaethau i bleidleisio dros enwau gwleidyddion y chwith i fod ar y Pwyllgor Gwaith Cenedlaethol. A chafwyd buddugoliaeth eithriadol ganddynt. Cafodd Aneurin Bevan fwy o bleidleisiau na neb arall, daeth Barbara Castle yn ail ac enillodd Ian Mikardo a Tom Driberg eu lle, ac am y tro cyntaf etholwyd Harold Wilson a Richard Crossman, tra collodd Herbert Morrison a Hugh Dalton eu lle.[12] Yr unig un y tu allan i gylch y Befaniaid i gadw ei le oedd Jim Griffiths. Brawddeg sbeitlyd Lisa Martineau, bywgraffydd Barbara Castle, am ei gamp oedd:

> The only non-Bevanite to survive was James Griffiths, a man in the unhappy position of being acceptable to all.[13]

Nid oedd mewn sefyllfa anhapus iddo ef o gwbl o 1951 i 1955 fel y gwelir wrth ddadansoddi'r gefnogaeth a gafodd am le yng Nghabinet yr Wrthblaid.[14]

	1951	1952	1953	1954	1955
James Griffiths	★	194	180	170	186
Hugh Gaitskell	★	179	176	170	184

Bu Jim Griffiths, y cymodwr, ar binacl ei boblogrwydd o 1951 i 1955 ac ar y brig bob blwyddyn yn ystod y blynyddoedd hynny.[15]

Gwyddai'r seneddwyr am allu Hugh Dalton a charisma a huodledd Aneurin Bevan, gallu Callaghan a miniogrwydd llefaru Shinwell, ond eto nid oeddynt yn agos at ennill poblogrwydd Jim Griffiths ymhlith yr Aelodau Seneddol. Yr unig un i gystadlu ag ef yn y pumdegau oedd Hugh Gaitskell a ddaeth yn gydradd gyntaf ag ef yn 1954. Pe bai Jim Griffiths ddeng mlynedd yn iau, mae'n ddigon posibl, ar sail y pleidleisio, mai ef fyddai wedi dilyn Clement Attlee yn arweinydd y Blaid Lafur Brydeinig. Ar 14 Rhagfyr 1955, etholwyd Hugh Gaitskell yn arweinydd gan guro Aneurin Bevan a Herbert Morrison. Cafodd ef 157 o bleidleisiau, Bevan 70 a Morrison 40.[16]

Roedd llwyddiant Gaitskell yn 1955 yn gyfle i ail-ddiffinio sosialaeth ac yn wir ideoleg y Blaid Lafur. Perthynai Gaitskell a Crosland a nifer o feddylwyr eraill i'r grŵp a elwid yn adolygiadwyr sosialaidd (socialist revisionists). Dyma'r term a ddefnyddiodd Bevan yn ei gyfrol *In Place of Fear* ar ddyfodol Sosialaeth ac ideoleg y Blaid Lafur. Dywedodd *The Tribune*:

> Perhaps a better term would be Socialist Revisionists. These are people who want to substitute novel remedies for the struggle for power in the state. They suggest that an extension of public ownership is an old fashioned and outmoded idea.[17]

Y meddylwyr newydd oedd y rhain, yn ceisio addasu ideoleg Llafur i oes fwy bodlon ei hamgylchiadau. Defnyddiai'r rhain gylchgrawn misol y *Socialist Commentary* i gyflwyno eu safbwyntiau. Daeth y cylchgrawn i fodolaeth trwy ymdrechion grŵp o ffoaduriaid o'r Almaen a ddihangodd i Brydain yn 1942[18] ac a ddaeth o dan ddylanwad athronydd Almaenig o'r enw Leonard Nelson (1881–1927).[19] Sylfaen ei safbwynt oedd bod angen i sosialaeth fabwysiadu safbwynt moesol, ac nid safbwynt gwyddonol fel y Marcsiaid. Prif ffigur y cylchgrawn oedd Dr Rita Hinden, a daeth Jim Griffiths yn gefnogydd ac yn wir yn ffrind da i'r Bwrdd Golygyddol.[20] Sefydlwyd yn 1952 yr hyn a elwid yn Undeb Sosialaidd (Socialist Union), ac yn 1953 yn Nhŷ'r Cyffredin lansiwyd 'Ffrindiau y Socialist Commentary'. Roedd Jim Griffiths yn un o'r sylfaenwyr, a daeth Hugh Gaitskell i fod yn Drysorydd.[21]

Roedd *Socialist Commentary* yn barod i ochri mewn dadleuon oedd yn galw am arweiniad. Rhoddwyd cefnogaeth ddi-ildio i bolisïau tramor yr Unol Daleithiau ar adeg pan oedd yr adain chwith yn wrth-Americanaidd ar faterion tramor.[22] Denis Healey oedd un o'r arbenigwyr ar yr Undeb Sosialaidd, ac yn wir ar faterion tramor.[23] Mae ei erthyglau yn y *Socialist Commentary* o fis Mai 1951 hyd Chwefror 1954 yn crynhoi i'r dim safbwynt yr adolygiadwyr sosialaidd.[24]

Gwelwyd yn y cylchgrawn yn Chwefror 1950 nifer o erthyglau ar Yswiriant

Diwydiannol gyda rhagair gan Jim Griffiths.[25] Lluniodd Jim Griffiths erthygl am ei wreiddiau sosialaidd[26] ac ofnai'n fawr fod peryglon i'r datblygiadau technegol mewn diwydiant. Un canlyniad amlwg oedd fod y gweithwyr yn teimlo'n aml nad oeddynt yn cyfrif o gwbl. Felly yn nhyb Jim Griffiths roedd hi'n amserol i ystyried safle'r gweithwyr mewn diwydiant. Sut y gellid gwella eu hamgylchiadau? Gwelai ef fel eraill yr angen i ail-ddiffinio athroniaeth y Blaid Lafur. Ar hyd ei oes bu'n galw am wladoli diwydiant, ond erbyn y cyfnod hwn sylweddolai nad oedd byrddau gwladoli Morrison yn rhoi hunan-barch i'r gweithiwr cyffredin. Roedd y Byrddau, gan gynnwys y Bwrdd Glo, yn rhy fawr, ac yn waeth na dim symudodd yr awdurdod yn rhy bell o'r mannau lle byddai'r broblem. Byddai Jim Griffiths fel adolygydd go iawn, yn pwyso a mesur sut y gellid gweithio'r drefn, gan ystyried y costau a'r sefyllfa gymdeithasol yn ofalus cyn cau'r uned fechan neu'r pwll glo. Sgŵp o'r mwyaf i'r adolygiadwyr oedd gwahodd R. H. Tawney yn 1952 i ailddiffinio sosialaeth ar gyfer y cyfnod newydd oedd yn ymagor. Gwnaeth hynny yn gampus mewn ysgrif yn *Socialist Commentary* gan bwysleisio:

a) Mai dyhead sylfaenol y Mudiad Llafur o'r cychwyn, ac yn berthnasol o hyd, yw'r foeseg ddyngarol yn hytrach nag egwyddor economeg gystadleuol;

b) fod y sefydliadau gwladol, gan gynnwys y Wladwriaeth ei hun, i fodoli ar ran pobl ac i'w gwasanaethu;

c) fod y Mudiad Llafur wedi gosod Sosialaeth bob amser o fewn fframwaith ddemocrataidd, gan roi blaenoriaeth i ryddid barn a rhyddid i'w llefaru a'i hysgrifennu, a gyda hynny, ryddid i addoli ac i ymgynnull yn gyhoeddus;

ch) safbwynt diddogma ar broblemau gwleidyddol.[27]

Yr hyn a gafwyd ym Mhrydain yn yr ugeinfed ganrif oedd partneriaeth rhwng undebau llafur, mudiadau fel y Ffabiaid ac unigolion fel H. G. Wells a Sidney a Beatrice Webb. O'r dechrau pwysleisiodd yr Undeb Sosialaidd mai ei bwrpas oedd 'ystyried oblygiadau sosialaeth yn y byd modern', sef y pumdegau. Cyhoeddodd y pamffledyn cyntaf yn 1952 o dan y teitl *Socialism: A New Statement of Principles*, a chafodd gryn gyhoeddusrwydd am ei fod yn wrth-Farcsaidd.[28] Sylfaenwyd y Mudiad Llafur ym marn yr Undeb Sosialaidd ar yr egwyddorion hyn: rhyddid, cydraddoldeb a brawdgarwch ynghyd â strwythur gwleidyddol, economaidd a chymdeithasol i'w hyrwyddo a'u cynnal. Cynigiai'r pamffledyn sylfaen athronyddol i'r unigolyn i'w ysbrydoli a'i gymell i weithio o fewn y Mudiad Llafur. Lluniodd Jim Griffiths ddatganiad fel cyflwyniad i'r pamffledyn a rhoddodd felly sêl ei fendith iddo:

Every person, no matter what his origins or endorsements, wants to make the most of his life in his own way. His claim to do so, deserves the same respect as the next man's. It is an equality that rests simply and surely on their common humanity. Social privilege is the failure of society to accord this equality respect to the claim of all its members.[29]

Cyflwynwyd *Socialism: A New Statement of Principles* mewn cynhadledd i'r wasg gan Jim Griffiths a'i gyd-Gymro Morgan Phillips, Ysgrifennydd Cyffredinol y Blaid Lafur.[30] Llwyddodd Jim Griffiths i berswadio Clement Attlee i fod yn brif siaradwr yr achlysur ac i gyflwyno'r awduron. Dywedodd Attlee: 'I have read this with great enjoyment and admiration. It certainly expresses in far better language that command the views which I hold and the faith I believe.'[31]

Cafodd y llyfryn groeso gan y wasg Saesneg ddyddiol; fe'i hanwybyddwyd gan y wasg Gymraeg a Chymreig. Fe'i beirniadwyd yn llym, ond nid yn annisgwyl, gan bapur wythnosol y chwith sef y *Tribune* a alwodd y pamffledyn yn 'Sosialaeth yr Ysgol Sul,' mudiad roedd Jim Griffiths yn barod, fel y cofiwn, i dalu teyrnged hael iddo bob amser am ei addysg gynnar.[32]

Cyhoeddodd yr Undeb Sosialaidd ail lyfryn ym mis Mai 1953, ar destun polisi tramor, gan ddadlau fod y byd cyfoes yn llawer rhy gymhleth i sosialaeth hen ffasiwn.[33] Dair blynedd yn ddiweddarach ymddangosodd pamffledyn arall o dan y teitl *Twentieth Century Socialism*, ond ni chafodd sylw haeddiannol, oherwydd pwysigrwydd cyfrol anghyffredin o ddylanwadol, *The Future of Socialism* gan C. A. R. Crosland, a gyhoeddwyd yr un flwyddyn.[34] Yr un adeg ymddangosodd cyfrol ddiweddaraf John Strachey, *Contemporary Capitalism*. Erbyn hyn roedd Strachey wedi symud ymhell o'r safbwynt Marcsaidd a welir yn ei gyfrol *The Nature of Capitalist Crisis* (1935). Cafodd ei ddadrithio'n llwyr gan Farcsiaeth.[35]

Yn y cyfnod o 1950 i 1956 bu dylanwad Jim Griffiths ac eraill ar y *Socialist Union*, y Ffabiaid a'r cylchgrawn *Socialist Commentary*, yn drobwynt yn natblygiad athroniaeth ddemocrataidd-sosialaidd y Blaid Lafur. Talodd R. H. Tawney glod uchel iawn i Jim Griffiths mewn erthygl yn y *Guardian*, 27 Mehefin 1952, o dan y teitl 'Socialist Union as Replacement of the Old: Blessing from Mr Attlee and Mr Griffiths'. Griffiths oedd yr unig un yng ngolwg R. H. Tawney a haeddai ei alw'n 'the best evangelist in the party'. Efallai mai'r rheswm pennaf am hyn oedd fod cryn lawer o sosialaeth hen-ffasiwn ei ddyddiau cynnar yn dal yn bwysig iddo ynghyd â'i ddawn i addasu'i argyhoeddiadau i oes lawer mwy ffyniannus. Yng Nghymru bu rhai cenedlaetholwyr, gweriniaethwyr a chomiwnyddion yn ei alw'n rhagrithiwr oherwydd ei fod yn cefnogi annibyniaeth i'r Trefedigaethau Prydeinig ond yn gwrthwynebu'r ymgyrch dros Senedd i'w genedl ei hun.

Mae'n amlwg fod Jim Griffiths yn cymryd rhan flaenllaw yn y broses o adolygu hanes meddylwyr y Blaid Lafur. Roedd ef a'i briod yn erbyn elitiaeth ac yn croesawu egalitariaeth a democratiaeth ym mhob cylch o fywyd, a chanlyniad hyn oedd cefnogaeth y ddau i'r Ysgol Gyfun. Cyn cyfraniad arloesol Tony Crosland a'r Undeb Sosialaidd, ychydig o Lafurwyr oedd wedi meddwl o ddifrif am y cyfraniad y gallai strwythur addysg ei wneud yn y pen draw i wanychu a dileu gwahaniaethau dosbarth mewn cymdeithas. Nid oes tystiolaeth fod Jim Griffiths wedi ymateb o gwbl i'r feirniadaeth benodol hon gan y cenedlaetholwyr Cymreig, yn wir caf yr argraff na chysonodd y ddwy sefyllfa.

Mewn cynhadledd yn Llandrindod ar 1 Gorffennaf 1950 y cychwynnwyd yr ymgyrch o blaid Senedd i Gymru. Cynhadledd ydoedd o dan nawdd Undeb Cymru Fydd. Rhyddfrydwyr ac aelodau o'r Blaid Genedlaethol oedd ceffylau blaen yr ymgyrch. Eithriad oedd y rebel, S. O. Davies, AS Llafur Merthyr Tudful.[36] Ef oedd aelod amlycaf y Blaid Lafur ar y llwyfan yn Llandrindod gyda Gwynfor Evans, Megan Lloyd George, Ifan ab Owen Edwards a T. I. Ellis. Beirniadodd Cliff Prothero, Ysgrifennydd Cyngor Llafur Cymru, amcanion y Gynhadledd.[37] Araf fu'r ymgyrch. Bu'n rhaid aros tan Eisteddfod Genedlaethol Llanrwst yn Awst 1951 i lansio'r Ddeiseb. Y bardd a'r eisteddfodwr H. Elvet Lewis (Elfed) oedd y cyntaf i dorri ei enw arni.[38] Roedd mor gymwys â neb i gael y fraint, a braenarodd y tir fel bardd Sosialaidd Cristnogol. Yn wir ceid Sosialwyr o fewn Plaid Cymru oedd yn llugoer i'r Ddeiseb a dyna oedd agwedd D. J. Davies, Gilwern.[39]

Bu 1952 yn flwyddyn anodd i'r ymgyrch. Nid oedd Cymru yn aeddfed o gwbl iddi, ond yn y flwyddyn hon y dangosodd Winston Churchill gyfrwystra gwleidyddol trwy benodi Gweinidog Materion Cymreig, a'i ddewis ar gyfer y swydd oedd David Maxwell-Fyfe QC. O fewn cyfnod byr i'w benodi, roedd y Gweinidog wedi penderfynu na châi'r Comisiwn Coedwigaeth wireddu ei ddyhead am ragor o dir yn Sir Gaerfyrddin, ac erbyn Chwefror 1952 rhoes y Swyddfa Ryfel y gorau i'w bwriad i ddefnyddio dros 11,000 o erwau yn un o ardaloedd hyfrytaf Cymru, Pen Llŷn, i bwrpas ymarferiadau'r fyddin. Roedd y Gweinidog newydd yn dangos fod ganddo ddigon o grebwyll i gydymdeimlo â rhai o ddyheadau pennaf y Cymry.[40] Yn wir, llwyddodd i ddarbwyllo Syr Ifan ab Owen Edwards i lunio llythyr ar 17 Ionawr 1952 at Gwynfor Evans i'w hysbysu nad oedd 'angen mudiad yn awr i'n huno ar y mater annelwig a alwem yn "Senedd i Gymru".'[41] Ceid arweinwyr o fewn y Blaid Lafur yn teimlo'r un fath. Ni ddewisodd Jim Griffiths fynegi ei farn am gryn amser, ond siaradodd yn ymosodol yn erbyn yr ymgyrch yng Nghynhadledd Glowyr De Cymru yn 1956.

Roedd hi'n amlwg nad oedd modd o gwbl i'r ymgyrch godi stêm heb gefnogaeth rhan helaeth o'r Blaid Lafur, ac nad oedd y gefnogaeth honno'n bosibl heb fod Jim Griffiths wrthi'n hybu'r ymgyrch. Ceisiodd Cledwyn Hughes, T. W. Jones, Goronwy O. Roberts, S. O. Davies a Tudor Watkins roi arweiniad, ond prin oedd adnabyddiaeth aelodau gogledd Cymru o fywyd diwydiannol, diwylliannol a chymdeithasol de Cymru. Roeddynt yn tueddu i fod yn groendenau, ac roedd yn hawdd eu digio, yn arbennig pan glywent Gwynfor Evans yn beirniadu, a hynny'n gyson, wleidyddion o fewn y Blaid Lafur oedd o blaid Senedd i Gymru. O'r diwedd, ni allai Cledwyn ddioddef yr ensyniadau hyn a mynegodd ei siom yn gyhoeddus 'o weld cynifer o aelodau'r Blaid Genedlaethol yn beirniadu ein plaid â'r fath chwerwder'.[42] Bu beirniadaeth lem ar strategaeth Gwynfor Evans a ganolbwyntiodd adnoddau Plaid Cymru ar ymladd etholiadau Seneddol.

Erbyn Tachwedd 1953 penderfynodd Herbert Morrison, gwrth-ddatganolwr amlwg a dylanwadol iawn, na ellid, yn wyneb llythyron cyson Cliff Prothero a Morgan Phillips ar y mater o Senedd i Gymru, parhau heb roddi arweiniad ar y pwnc. Ar 11 Tachwedd cyhoeddodd y Blaid Lafur Brydeinig, ac yn gyson â safbwynt Cyngor Rhanbarthol y Blaid Lafur yng Nghymru, nad oeddynt am gefnogi'r syniad o Senedd i Gymru.[43] O ganlyniad roedd y pum aelod seneddol Llafur, Cledwyn Hughes, Goronwy Roberts, S. O. Davies, T. W. Jones a Tudor Watkins, mewn anhawster.[44] Roedd pob un ohonynt yn ddynion y capeli Ymneilltuol, yn aelodau o'r pedwar enwad, Eglwys Bresbyteraidd Cymru, yr Annibynwyr Cymraeg, y Bedyddwyr Cymraeg a'r Bedyddwyr Albanaidd, gyda T. W. Jones yn weinidog o fewn yr enwad hwnnw. Yr unig un o'r pump a fyddai'n debygol o herio safiad y Blaid Lafur oedd S. O. Davies, er bod arweinwyr Plaid Cymru yn credu y gellid sefydlu Plaid Lafur Gymreig yn annibynnol ar y Blaid Lafur Brydeinig yn sgil y cyhoeddiad.[45] Ond naïfrwydd o'r mwyaf oedd tybio hynny ac yn wir yn lle rhoddi cefnogaeth i'r 'pump', fe'u beirniadwyd gan selogion y Blaid.

Erbyn mis Mawrth 1954, pedwar mis ar ôl datganiad y Blaid Lafur Brydeinig, cyhoeddodd y Blaid Lafur yng Nghymru eu bod yn gwrthwynebu'r Ddeiseb, ac fe gadarnhawyd penderfyniad y Cyngor Rhanbarthol gan y Gynhadledd ym mis

Mai. Mynegodd Jim Griffiths ei safbwynt penodol yn groyw mewn llythyr at Iorwerth Cyfeiliog Peate ym mis Mawrth 1954. Pwysleisia'r hyn a fu'n ei flino am ddau ddegawd a mwy, sef propaganda Plaid Cymru yn portreadu'r Blaid Lafur yng Nghymru fel plaid Seisnig ac nid plaid y werin Gymreig:

Mae'r aelodau Seisnig o Gymru yn teimlo bod yr ysbryd cul yn dod i fewn yn lled amlwg yn rhai o'r anerchiadau a wneir gan bleidwyr y Senedd – wrth sôn yn benodol at 'English Labour Party' o'r 'English Government'.[46]

Ymhellach, dywed fod y polisi a gyhoeddwyd ar ran y Blaid Lafur yn 'cynhyrch[u] y cytundeb sydd yn bosibl heddiw'; geiriad sy'n awgrymu fod cil y drws ar ddatblygiadau pellach ar agor.[47] Hefyd galwodd sylw Peate, a oedd yn ffyrnig ei gondemniad ar ddwyieithrwydd, at ffaith na ellid mo'i hosgoi:

Fedrwn ni ddim osgoi'r ffaith ein bod bellach yn Genedl ddwyieithog ac na fedrwn gario unrhyw bolisi i Gymru heb gydweithrediad y llu o fobol y cymoedd sydd yn Gymry yn ei hysbryd ond naill ai wedi colli iaith neu erioed wedi'i chael. Dyna ffeithiau – nid ydyw yn bosibl ei osgoi na dianc rhagddynt.[48]

Yn ei golofn yn y *Liverpool Daily Post* ar 31 Mai 1954 mynegodd Cledwyn Hughes ei siomedigaeth yntau fod gwleidyddiaeth plaid yn llesteirio'r cydweithredu a ddylai fod wedi digwydd. Ychwanegodd fod y beirniadu ar arweinwyr fel Jim Griffiths wedi tanseilio'r Ymgyrch Senedd i Gymru. Credai Cledwyn Hughes fod ei sefyllfa ef ac eraill o fewn y Blaid Lafur wedi dioddef yn enbyd oherwydd na fabwysiadwyd idiom fwy cefnogol a diplomataidd gan arweinwyr o galibr Gwynfor Evans. Cyfeiriodd at dristwch yr ymgyrchu o du gwleidyddion eraill: 'deep resentment throughout the rank and file of the Labour movement in Wales at the persistent and abusive attacks made by certain elements in the Principality on some of the most highly respected Welsh Labour leaders.'[49]

Ni allai'r glowyr, ffrindiau pennaf Jim Griffiths, ddioddef y crechwenu a'r ymosodiadau geiriol o eiddo arweinwyr Plaid Cymru ar arweinwyr Llafur. Roedd hi'n syndod mawr fod glowyr de Cymru wedi pleidleisio yn erbyn Ymgyrch Senedd i Gymru ym Mai 1954. Pledleisiodd 121 allan o 200 o gynrychiolwyr yn erbyn cenadwri Cyfrinfa Morlais a gyflwynwyd gan Cyril Parry ac yn cael ei gefnogi gan Gwyn Phillips (Ystrad Mynach) a Dick Beamish (Abercraf).[50] Yn gynharach yn y flwyddyn, protestiodd Jim Griffiths am ymddygiad Huw T.

Edwards yn ymddangos ar lwyfannau'r Ymgyrch am Senedd i Gymru mewn dwy dref o fewn i'w etholaeth, sef Rhydaman a Llanelli, a theimlai Jim Griffiths fod Huw T. Edwards wedi'i fychanu ymhlith ei etholwyr.[51] Pan glywodd Cliff Prothero am hyn roedd yn gandryll. Ond amddiffynnodd Huw T. Edwards ei hun mewn llythyr at ei Aelod Seneddol, Eirene White, gan gyflwyno'i hun fel sosialydd oedd o blaid: 'a Federal Parliament, but never, I hope, forgets his socialism. I cannot see how sharing a platform with other supporters weakens Labour's cause'.[52] Ar un wedd, o bersbectif Jim Griffiths roedd Huw T. Edwards o bawb wedi anghofio'r cymwynasau a dderbyniodd gan Lafur.

Yn 1955 torrwyd ar draws yr ymgyrchu pan lwyddodd S. O. Davies i gael y cyfle i gyflwyno ei fesur preifat ar Senedd i Gymru i Dŷ'r Cyffredin. Afraid dweud fod Jim Griffiths yn gweld y mesur oedd ger bron y Tŷ yn dryllio undod economaidd Prydain ac yn tanseilio'r Wladwriaeth Les; tra i George Thomas roedd y mesur bron yn ymylu ar wallgofrwydd, a galwodd ar Aelodau Seneddol Lloegr i'w wrthod ar bob cyfrif, er mwyn 'achub y Cymry rhagddyn nhw eu hunain'.[53] Wedi'r ddadl seneddol roedd yr ymgyrch ar ben am y tro. Ond ym mêr ei esgyrn gwyddai Jim Griffiths bod cyfrifoldeb arno i ailgodi'r angen am ddatganoli i Gymru yn weddol fuan.

Yn bersonol, bu'r cyfnod 1950–1955 yn anodd i deulu Jim Griffiths. Yn 1950 collodd ei frawd, John Griffiths, yn 64 mlwydd oed. Roedd yn dal i fyw yn Bryn Villa, Betws. Ar 27 Rhagfyr 1953, bu farw brawd arall, Amanwy Rees Griffiths yn Ysbyty Middlesex gan adael ei briod, Mary Griffiths a'r merched Mena Griffiths a Mallt Davies.[54] Bu'r cynhebrwng ar gyfer y dynion yn unig yng nghapel Gellimanwydd, lle'r oedd yn ddiacon. Ymhlith y gweinidogion gwelwyd y bardd William Evans (Wil Ifan), a bechgyn y bu Amanwy yn garedig iddynt pan oedd yn ofalwr Ysgol Ramadeg Aman, fel y Parchedigion Gomer M. Roberts a D. Eirwyn Morgan. Cynrychiolwyd y maes glo gan Sid Jones a Tom Morgan, Ysgrifennydd a Chadeirydd Cyfrinfa Glofa Pantffynnon lle bu'r ymadawedig yn löwr am 33 mlynedd. I gynrychioli'r Blaid Lafur gwelwyd y Parchedig Llywelyn Williams, AS Abertyleri a'r Henadur Douglas Hughes, Llanelli. Daeth Aneirin Talfan Davies yno a chynrychiolid y BBC gan Mansel Thomas, byd y ddrama gan Dan Matthews, Pontarddulais a byd newyddiaduraeth gan Emlyn Aman. Ymhlith y dyrfa fawr gwelwyd Gwynfor Evans, gŵr y dywedodd Amanwy amdano, rai misoedd yn gynharach:

Ni bydd bechgyn y Blaid Lafur [yn Neuadd y Sir, Gaerfyrddin] yn llyncu ei foddion gwleidyddol heb rincian eu dannedd ambell dro, ond ni pheidiasant â'i barchu. Bonheddwr o'r iawn ryw ydyw, ac mae'n wir deilwng o Gadair Undeb yr Annibynwyr.[55]

A boddhad i Jim Griffiths oedd cael ei wahodd i annerch un o gyfarfodydd Undeb yr Annibynwyr Cymraeg yn ystod llywyddiaeth Gwynfor Evans a gynhaliwyd ym Mhenygroes a'r Cylch (yn ei etholaeth) ar 31 Mai – 3 Mehefin 1954. Testun ei anerchiad oedd 'Gobaith y Byd'. Yr hyn a gafwyd oedd golwg ar y cyfnewidiadau mawr oedd wedi digwydd yn sgil darganfyddiadau gwyddoniaeth a thechnoleg, ac fel y bu dylanwad hynny ar bum cyfandir. Mae'r adran sydd ganddo ar Affrig ac Asia yn adlewyrchu'r adnabyddiaeth oedd ganddo o'r problemau oesol oedd yn blino'r ddau gyfandir. Ceir yn yr anerchiad nodyn optimistaidd, nodweddiadol ohono. Roedd yn ŵr o ffydd fawr. Ac mae angen ffydd a gweledigaeth yn ogystal â rheswm ac ystadegau wrth ystyried dyfodol y byd, neu unrhyw ran ohono. Dyma'r diweddglo:

Ac mewn cyfnod mor bryderus, y neges i ni, mi gredaf, yw gwirionedd yr hen ddihareb Tsieinieg, ie, gwell cynnau cannwyll na melltithio'r nos. A chadw'r gannwyll i losgi hyd dod y dydd eto pryd y medrwn ganu:

Mae pen y bryniau'n llawenhau
Wrth weld yr haul yn agosau
A'r nos yn cilio draw.[56]

Ni allaf ddweud iddo yn yr anerchiad hwn roddi ar ddeall i ni'r darllenwyr bron trigain mlynedd yn ddiweddarach beth yn hollol oedd ganddo yn ei feddwl fel Gobaith y Byd. Yn ôl pob tystiolaeth cafodd dderbyniad da gan fod ei gyflwyniad bob amser yn atyniadol.

Rhoddodd Jim Griffiths ei gefnogaeth yn isetholiad Aberdâr yn haf 1954. Roedd Arthur Probert yn ddyn lleol, derbyniol gan yr undebau fel ymgeisydd, a llwyddodd yn hawdd i gadw'r sedd a fu yng ngofal Emlyn Thomas, cyn-löwr ac ysgrifennydd Capel yr Annibynwyr Cymraeg Trecynon. Llwyddodd Gwynfor Evans, ymgeisydd Plaid Cymru, i gynyddu ei bleidlais a dangos bod y drydedd blaid yn gallu dwyn pleidleisiau oddi ar y ddwy blaid Brydeinig mewn isetholiad.[57]

Ar 15 Ebrill 1955 penderfynodd Winston Churchill ymddeol gan drosglwyddo cyfrifoldebau'r Prif Weinidog i'w Ysgrifennydd Tramor, Anthony

Eden, a gymerodd yr awenau drannoeth. Roedd ef wedi aros yn hir am y goron. Cyhoeddwyd y Gyllideb ar 19 Ebrill a chymerwyd chwe cheiniog oddi ar y dreth incwm. Roedd y wlad yn teimlo'n brafiach o glywed hynny, ac yn Anthony Eden roedd gan y Ceidwadwyr ŵr o brofiad i'w harwain fel plaid a Llywodraeth.

Etholiad Cyffredinol 1955 oedd y tro cyntaf i'r teledu chwarae rhan allweddol yn yr ornest ddemocrataidd. Nid oedd cymhariaeth rhwng y ddau arweinydd, Clement Attlee ac Anthony Eden. Yn ei rhaglen etholiadol galwai'r Blaid Lafur am ail-wladoli trafnidiaeth cludiant ffyrdd, haearn a dur, ac ailystyried gorfodi gwasanaeth milwrol. Gwnaeth Jim Griffiths un o'r darllediadau gwleidyddol, yn bennaf ar destun y trefedigaethau, gan bwysleisio'r ffaith fod dwy ran o dair o boblogaeth y byd yn byw mewn tlodi. Nid oedd y neges yn boblogaidd. Nid oedd ei neges yn apelio at etholwyr oedd o'r diwedd yn teimlo fod baich aberth y rhyfel yn ysgafnu, a'r gwaharddiadau yn cilio a safon byw y wlad yn codi. Ni chafwyd tyrfaoedd yn cyrchu i'r cyfarfodydd.

Ond teithiodd Jim Griffiths i annerch cyfarfodydd lawer, o Gravesend i Lewisham a Wandsworth, yna i Stroud a Chaerwrangon, cyn teithio trwy rannau helaeth o Gymru, i Fflint, Môn, Aberteifi, Penfro, Abertawe a Neuadd Cory yng Nghaerdydd, cyn mynd ati i ymgyrchu yn ei etholaeth ei hun. Teimlai, ar y cyfan, fod yna ddifaterwch mawr ymysg yr etholwyr, gan gydnabod hefyd fod apêl polisïau Llafur hefyd yn ddigon cyfyng.[58]

Bu dryswch ac anniddigrwydd yn etholaeth Llanelli ar 16 Mai 1955, pan gyflwynodd y Parchedig D. Eirwyn Morgan, ymgeisydd Plaid Cymru, ei bapur enwebu gyda thri gair Cymraeg arno. Yn naturiol ddigon gan mai gweinidog ar gapel Cymraeg Bancffosfelen ydoedd, disgrifiodd Eirwyn Morgan ei hun yn ddwyieithog, fel 'Gweinidog yr Efengyl / Minister of the Gospel'. Ond nid oedd hyn yn dderbyniol i'r swyddog etholiadol deddfol. Bu'n rhaid i Eirwyn Morgan ail lunio'r ffurflen yn uniaith Saesneg cyn cael ei dderbyn fel ymgeisydd seneddol yn yr etholiad. Dyna brofi, os oedd angen hynny, mai israddol oedd statws y Gymraeg, ond bu protest Eirwyn Morgan a chefnogaeth Jim Griffiths iddi yn fodd i'r papurau ddod yn ddwyieithog wedi hynny.

Yn yr Etholiad enillodd y Ceidwadwyr yn gysurus. Cawsant gefnogaeth 49.7% o'r etholwyr yn y wlad. Cafodd Llafur 46.4%, ond yng Nghymru, ni allai neb wadu mai hon oedd plaid y bobl. Yn Llanelli dyma'r canlyniad:

James Griffiths (Llafur)	34,021	66.7%
T. H. Skeet (Ceidwadwr)	10,640	20.8%
Parchedig D. Eirwyn Morgan (Plaid Cymru)	6,398	12.8%
Mwyafrif	23,381	45.9% [59]

Gallai Jim Griffiths edrych ymlaen at gefnogaeth bellach ar fainc flaen yr wrthblaid yn San Steffan gyda hyder fod 66.7% o'i etholwyr wedi pleidleisio iddo am gyfnod arall.[60] Ond credaf ei fod ef yr adeg hon yn dechrau meddwl hefyd am yr arweiniad yr oedd angen iddo ei roi i'r Blaid Lafur yng Nghymru.[61]

Pennod 15

Y Dirprwy Arweinydd ar Lwyfan ei Blaid

Roedd dau fater pwysig yn corddi Aelodau Seneddol y Blaid Lafur yn y cyfnod y bu Jim Griffiths yn Ddirprwy Arweinydd. Y cyntaf oedd agwedd y Blaid Lafur at berchenogaeth y bomiau atomig a hydrogen.[1] O dan arweinyddiaeth Attlee roedd arweinwyr Llafur, yn ystod y cyfnod y bu'r Blaid yn Llywodraeth y dydd, wedi bod yn eiddgar i gynhyrchu arfau rhyfel ar raddfa eang, er mwyn arbrofi'n unig.[2] Cadwodd y Llywodraeth Geidwadol at yr un canllawiau. Yn wir, penderfynodd Llywodraeth Macmillan ym mis Mawrth 1957 i gyhoeddi y byddai'n cynnal nifer o arbrofion atomig ar Ynys y Nadolig yn y Môr Tawel.[3] Roedd y profion hyn yn hynod o beryglus i filwyr Prydain ac i bawb oedd yn byw o amgylch yr Ynys, ac yn debygol o wneud difrod i'r amgylchedd. Ni welai arbenigwyr bwrpas cynhyrchu bom na ellid ei brofi, ond roedd gwleidyddion o fewn y Blaid Lafur yn anfodlon fod Prydain yn barod i wenwyno'r awyr a chynnal mwy fyth o arbrofion.

Protestiodd nifer dda mewn cyfarfod o'r Blaid Lafur Seneddol ar 20 Mawrth, ond gohiriodd Gaitskell unrhyw benderfyniad am y tro. Trodd George Brown y drol dros y penwythnos hwnnw, mewn cyfweliad ar y teledu, trwy gefnogi'r arbrofion.[4] Sylweddolai Gaitskell fod y mater yn mynd i rannu ei blaid, ac felly nid oedd ganddo ddewis ond cymrodeddu. Roedd ef fel Harold Macmillan yn ofnus am y dylanwad y gallai Aneurin Bevan ei gael yn y Tŷ Cyffredin, ond gwyddai pobl y chwith nad oedd Bevan erioed wedi bod yn heddychwr. Wedi'r cyfan roedd ef yn aelod o'r Cabinet a benderfynodd gynhyrchu'r bom atomig, ond pryderai nad oedd Prydain yn barod o gwbl i gymryd y cam cyntaf i'w ddefnyddio.[5]

Erbyn Cynhadledd Flynyddol y Blaid Lafur yn Brighton, 1959, gwyddai'r arweinyddiaeth fod newid mawr wedi digwydd yn ysgrifenyddiaeth un o'r undebau mwyaf, sef y TGWU. Bu farw Arthur Deakin, un oedd yn gwbl gefnogol i'r arweinydd, a chollwyd yn fuan ar ôl hynny ei olynydd Jack Tiffin. Mewn cyfnod byr iawn etholwyd Frank Cousins i'r swydd.[6] Roedd Cousins yn ddigymrodedd o blaid polisi diarfogi unochrog.[7]

Gwyddai Jim Griffiths fod ei benodiad yn golygu gwrthwynebiad pellach o fewn y Blaid Lafur. Mynegodd ei gonsýrn wrth ei asiant, Douglas Hughes ym mis Ebrill 1957.[8] Dyddiau anodd oedd hi ar y Blaid Lafur, ac ofnai yn feunyddiol y rhennid y Blaid. Dywed yn ei lythyr: 'My endeavour has been to cement the Party.'[9]

Â ymlaen i sôn am gwestiwn llosg y bom, a'i fod yn gobeithio bod Gaitskell ac yntau wedi cymrodeddu digon i sicrhau undod y Blaid Lafur. Gwyddai y byddai'r Blaid Geidwadol yn ymosod arnynt, ac y byddai'r wasg trwy'r *Daily Mail* a phapurau tebyg yn cyfleu i'w darllenwyr eu bod yn ddwy blaid, ond iddo ef y brif flaenoriaeth oedd: 'that we kept an unity'.[10] Creu perthynas dda rhwng yr Aelodau Seneddol Llafur a'i arweinyddiaeth oedd prif gonsýrn Jim Griffiths fel Dirprwy Arweinydd. Roedd ar ei orau yn codi pontydd lle bynnag y gwelai ef yr angen am bont. Nid anghofiodd Gynhadledd Flynyddol 1957, yn arbennig y ddadl ar arfau niwclear, pan gafwyd dadl emosiynol rhwng y diarfogwyr unochrog a'r arweinwyr fel Gaitskell a'i ddirprwy oedd am gadw'r *status quo*. Gosododd Judith Hart ddadl y dyn cyffredin mewn anerchiad cofiadwy ger bron y Gynhadledd:

> I want to say, that if this party this morning does not renounce the hydrogen bomb,
> we are being far more wicked than any member of the Tory Party, because there is
> not one of us in this conference hall, there is not one person on the platform or in the
> galleries who does not firmly believe that the hydrogen bomb is an evil thing.[11]

Ni allai Jim Griffiths lai na chytuno. Arbedwyd y dydd i'r arweinwyr gan araith orchestol o eiddo Aneurin Bevan. Ymwelodd ef â thalaith Crimea ym mis Medi 1957. Yno clywodd o enau arweinydd yr Undeb Sofietaidd, Kruschev ei hun, na fyddai polisi unochrog o beidio â defnyddio'r bom hydrogen yn gwneud dim gwahaniaeth o gwbl i'r Politbiwro.

Yn ei araith i'r Gynhadledd hon y llefarodd Aneurin Bevan y geiriau a ddyfynnwyd lawer gwaith erbyn hyn:

But if you carry this resolution and follow out all its implications and do not run away from it, you will send a British Foreign Secretary, whoever he may be, naked into the conference chamber. Able to preach sermons, of course; he could make good sermons. But action of that sort is not necessarily the way in which you take the menace of this bomb from the world.[12]

Roedd y Befaniaid yn gandryll gyda'i harwr, wrth reswm. Ymosodwyd arno yn syth gan ddau ohonynt, Barbara Castle ac Ian Mikardo. Fel y dywed ei gofiannydd, John Campbell: 'Their own Nye had dismissed the righteous aspiration of the left as so much hot air'.[13] Trodd ei anerchiad y fantol. Enillodd yr arweinyddiaeth yn hawdd, o 5,836,000 o bleidleisiau i 781,000 i'r diarfogwyr.

Ond ni fu'r mudiad diarfogi'n araf cyn ailgydio yn yr ymgyrch. Yn Chwefror 1958 sefydlwyd Ymgyrch Diarfogi Niwclear (CND) gan yr eglwyswr, y Canon John Collins o Eglwys Gadeiriol Sant Paul, yr athronydd Bertrand Russell, yr hanesydd A. J. P. Taylor a'r gwleidydd Michael Foot. Disgrifiodd A. J. P. Taylor y mudiad mewn ymadrodd cofiadwy, 'a movement of eggheads for eggheads'. Ymledodd y mudiad CND i bob cornel o Brydain a daeth yn rhan annatod o fywyd delfrydwyr, hen ac ieuanc, o fewn y Blaid Lafur, Plaid Cymru a'r Blaid Ryddfrydol. Enillodd y mudiad gyhoeddusrwydd mawr, ac yn arbennig y daith gerdded flynyddol a drefnid o Aldermaston i Sgwâr Trafalgar gyda John Collins, yn ei wisg glerigol, yn arwain y miloedd mewn protest. Daliai Jim Griffiths i goleddu athroniaeth cymodi a chefnogodd y gŵr o Lanelli hau had heddwch yn nwyrain Ewrop.[14]

Yr ail broblem bwysig a wynebai'r Blaid Lafur yn 1956–57 oedd yr hen gwestiwn o wladoli. Un o aelodau pwysicaf yr Is-bwyllgor, ar wahân i'r Cadeirydd, Harold Wilson, oedd Jim Griffiths. Cyhoeddwyd adroddiad y pwyllgor o dan y teitl *Industry and Society*, a derbyniwyd ei argymhellion gan Bwyllgor Gwaith y Blaid Lafur Brydeinig.[15] Galwai'r adroddiad am ail-wladoli'r diwydiant dur a chludiant ffyrdd, ac estyn perchenogaeth gyhoeddus i ddiwydiannau eraill. Rhoddodd Hugh Gaitskell, Jim Griffiths ac Aneurin Bevan sêl eu bendith ar y ddogfen *Industry and Society*, fel y gellid disgwyl.[16] Roedd Jim Griffiths ac Aneurin Bevan wedi bod yn dadlau ar hyd y blynyddoedd y dylid gwladoli'r diwydiannau sylfaenol er lles y wlad ac nid i gyfoethogi unigolion. Un o'r arweinwyr oedd yn anfodlon ar y ddogfen oedd Herbert Morrison.[17] Credai ef fod yr adroddiad yn feirniadol o'r ymdrechion a wnaeth Llywodraeth Llafur 1945–50 i wladoli'r diwydiannau trwm. Ef wedi'r cyfan oedd pensaer y polisi hwnnw. Ceid anniddigrwydd ymhlith aelodau'r chwith, a dadleuai Barbara Castle ac Ian Mikardo (dau aelod o'r Pwyllgor Gwaith a'r Is-bwyllgor) eu bod hwy wedi cael eu camarwain gan Gaitskell a Griffiths.[18]

Mynegodd Gaitskell ei rwystredigaeth. Roedd Castle a Mikardo yn achosi rhwystredigaeth i'r arweinydd a'i ddirprwy. Dywedodd Gaitskell wrth Richard Crossman mewn brawddeg finiog: 'If they can't stand by a document, which like *Industry and Society*, they have helped to draft on the NEC, he wouldn't trust them in Cabinet.'[19]

Yn y Gynhadledd Flynyddol y flwyddyn honno, cynigiodd Jim Campbell, Undeb Gweithwyr y Rheilffordd (NUR) fod y Gynhadledd yn gwrthod *Industry and Society,* ac yn ailystyried y cwestiwn.[20] Teimlai fod angen nodi'r diwydiannau yr oedd yn angenrheidiol i'w gwladoli pan ddeuai Llafur yn llywodraeth gwlad. Siaradodd Herbert Morrison yn gryf yn erbyn y ddogfen, er nad oedd ef yn ei gwrthwynebu ar dir egwyddor, ond galwodd am ailystyried yr athroniaeth a'r angen am wladoli. Yn y cyfamser llwyddodd Aneurin Bevan ar berswâd Jim Griffiths, i gael gair gyda Frank Cousins. Y canlyniad oedd na chefnogodd Undeb TGWU, Undeb NUR yn y bleidlais. Datblygodd Cousins ddadl glir, gan gloi ei araith gyda chefnogaeth i'r adroddiad. Methodd Undeb NUR â chael y maen i'r wal.

Roedd Jim Griffiths yn naturiol yn cael ei wahodd i gyfarfod ag arweinwyr y trefedigaethau pan ddeuent i Lundain. Roedd y trefedigaethau a rhyddid i wledydd cyfandir Affrig yn bwysig iddo o hyd. Dyma iddo ef, a nifer eraill o Sosialwyr, oedd yn eu gwahaniaethu hwy yn llwyr oddi wrth aelodau ac athroniaeth y Blaid Geidwadol. Yn Awst 1956 derbyniodd lythyr oddi wrth Catherine Edgecombe ar ran cangen Llundain Plaid Lafur Ynys Dominica.[21] Cyfeiriodd Edgecombe yn ei llythyr ato fel un o ffrindiau gorau trigolion y trefedigaethau. Gofynnodd iddo dderbyn bathodyn Plaid Lafur Dominica a hefyd gerdyn Aelod Anrhydeddus am y flwyddyn 1956. Ychwanegodd: 'We are glad that a man like yourself is going out to watch over and listen to the proceedings of the New Federate West Indian Socialist Party of the future.'[22]

Dymunai daith hwylus iddo i'r Caribî. Bythefnos yn ddiweddarach derbyniodd Jim Griffiths lythyr o werthfawrogiad o law Prif Weinidog Ynys Jamaica, Norman Manley, yn diolch iddo am ei araith ardderchog yn St Lucia.[23] Sonia wrth Jim Griffiths am ei:

> Magnificent send-off you gave to our start at St Lucia. Your speech at the opening
> session will never be forgotten by those who heard it and the manner in which
> you declared the interest of the British Labour Party in our movement has given
> tremendous encouragement and satisfaction everywhere.[24]

Kwame Nkrumah oedd un o wleidyddion pwysicaf y Traeth Aur ac un oedd yn uchel ei barch gan Jim Griffiths. Anfonodd Griffiths ato ar 19 Medi 1956 i ddiolch am ei arweiniad medrus. Dywed ymhellach:

> I have watched with abiding interest your steady march towards your goal since those
> far off days in 1951 when I had the privilege of bringing the Coussey Constitution into
> operation. It is given to few people to see the attainment of their goal and you have
> every right to be proud of the way in which you have led your party towards their
> independence. It is a greater achievement and an even greater opportunity.[25]

Roedd hyn yn ddweud mawr oherwydd blwyddyn yn gynharach teimlai Jim Griffiths yn reit ofidus am yr ysbryd gwrth-lywodraethol oedd i'w ganfod yn y Traeth Aur, yn arbennig wedi etholiad 1954. Nkrumah a'i gyd-arweinwyr oedd arloeswyr democratiaeth ymhlith trefedigaethau Prydain ar gyfandir Affrig. I Jim Griffiths roedd Syr Charles Arden-Clarke wedi chwarae rhan allweddol yn natblygiad y Traeth Aur.[26] Cydnabu Griffiths hynny mewn llythyr personol ato ym mis Medi 1956, a chafodd ateb o fewn wythnos yn cydnabod nad oedd Mesur Annibyniaeth Ghana yn ddelfrydol. Geiriau Arden-Clarke iddo oedd y rhain: 'I am afraid the result may not be all we hope, but we have yet to learn how to make a silk purse out of a sow's ear.'[27]

Cyn diwedd y flwyddyn anfonodd Nkrumah lythyr arall i gynhesu calon Jim Griffiths:

> I could not let the occasion of the second reading of the Ghana Independence Bill
> go without writing to you a personal note to say that the work which you and Mr
> Creech Jones and the Labour Party as a whole have done for the Gold Coast is deeply
> appreciated.[28]

Naturiol oedd i Kwame Nkrumah wahodd Jim Griffiths i'r dathliad o annibyniaeth Ghana o 2 i 10 Mawrth 1957. Ar 26 Ionawr anfonodd ei wahoddiad iddo ddod i Accra: 'It would give me great personal pleasure if you should be able to attend.'[29]

1. Jim Griffiths ar lwyfan yr Eisteddfod Genedlaethol yn Llanelli, 1962

2. Jim Griffiths yn llawenhau gydag aelodau o gôr ar eu buddugoliaeth

3. Dathlu llwyddiant ar faes y Brifwyl

4. Sgwrs rhwng Hywel D. Roberts, Jim Griffiths ac Ifor Bowen Griffith yn Eisteddfod Caerdydd, 1960

5. Cliff Prothero yn paratoi'r meic ar gyfer huodledd Jim

6. Cynan, Syr D. Hughes Parry a Syr T. H. Parry-Williams, tri Marchog yn gwrando ar arwr y werin yn ei hwyl yn annerch ym mhafiliwn y Brifwyl

7. Ysgrifennydd Gwladol cyntaf i Gymru

8. Amanwy, brawd Jim

9. Gyda'i chwiorydd a'i frawd o flaen drws y cartref yn y Betws

10. Jim Griffiths yn Rhydychen yn 1938

11. Jim ar ôl cael ei apwyntio yn Asiant y Glowyr

12. Jim cyn gadael Rhydychen am y Coleg Llafur. O'r chwith i'r dde (rhes gefn) Tommy Thomas, Gwilym Jones, Dai Price, J. Ll. E. (yn eistedd) Jim ac Arthur Davies

13. Jim a'i briod Winnie a dau o'r plant, Jeanne a Harold

14. Jim a'i nith, May Harris (1905-76), Rhydaman: 'Roedd ei Christnogaeth a'i sosialaeth yn cydgordio'n berffaith

Ni allai Ghana dalu am ei daith o Lundain i Accra, ond gallent ofalu am ei letygarwch a'i gynhaliaeth dros ddathliadau'r annibyniaeth. Derbyniodd Jim Griffiths y gwahoddiad fel y disgwylid. Roedd mor hoff o deithio a chyfarfod ag arweinwyr y gwledydd newydd y bu yn eu swcro, eu cynnal a'u cefnogi.

Nid rhyfedd felly i'r Eglwys Fethodistaidd wahodd Jim Griffiths i draddodi darlith bwysig y Beckley Trust yng Nghynhadledd Flynyddol yr enwad a gynhaliwyd yn Newcastle-upon-Tyne ym mis Mehefin 1958.[30] Penderfynodd Jim Griffiths draddodi darlith ar *Livingstone and Africa*, cyfuniad ardderchog. Soniodd am wrhydri'r cenhadwr David Livingstone, oedd yn arwr iddo yn ei blentyndod yn y Betws.[31] Gwelodd fod anghenion y cyfandir yn sialens i Gristnogion a Sosialwyr yn y pumdegau ym Mhrydain. I John Moffat, o Ogledd Rhodesia, roedd gwerth ymarferol yn y ddarlith ar gyfer y gwleidyddion: 'I would make it compulsory reading for our local politicians: it would do them much good.'[32]

Ym mis Ebrill 1956 cafodd Jim Griffiths gyfle, fel Dirprwy Arweinydd, i gyfarfod gyda dau o arweinwyr pwysicaf yr Undeb Sofietaidd, sef Bulgarin a Kruschev, ar eu hymweliad â Lloegr. [33] Eisteddai yn y cinio yn Chequers a drefnwyd ar nos Sul 22 Ebrill wrth ochr Kruschev, a buan y trodd y sgwrs i'r diwydiant glo, gan fod y ddau ohonynt yn hen lowyr. Soniodd Kruschev am y datblygu mawr yn Siberia a'r Ural, lle'r agorwyd meysydd glo newydd.[34] Yn yr ail gyfarfod ar 23 Ebrill collodd Kruschev ei dymer ar ôl i Gaitskell (roedd ei briod ef yn Iddewes) godi cwestiwn sefyllfa'r Iddewon yn Nwyrain a Chanol Ewrop. Bu cryn ddadlau rhwng Aneurin Bevan, Sam Watson a'r arweinwyr o Rwsia, ac fe'i hatgoffwyd gan Jim Griffiths am gefnogaeth y Blaid Lafur i Rwsia yn y dauddegau.[35] Ond teimlad Jim Griffiths ar ddiwedd y cyfarfod oedd:

> It wasn't a happy evening. K[ruschev] was tough and blunt, and at times arrogant. I left feeling disturbed, unhappy; I thought we were regarded as less amiable because Social Democracy is the real alternative to Communism – and we meddled about Social Democrats in prison. And more important, these German references struck me as being really sinister. Co-existence seems the only chance; co-operation seems far away, real co-operation and confidence far, far away.[36]

Trannoeth daeth Morgan Phillips i'w weld ef a Hugh Gaitskell i ddweud ei fod yn ystod sgwrs â Llysgennad Rwsia, Malik, wedi trefnu cyfarfod olaf gyda

Kruschev a Bulganin. Roedd y cyfarfod yma i'w gynnal fore Iau, 26 Ebrill am
11 o'r gloch yn Claridges. Disgwylid naw i'r cyfarfod hwn. Soniodd Gaitskell eu
bod yn gofidio fod cyfarfod nos Lun wedi terfynu mewn ysbryd anghymodlon,
a chytunodd y ddau arweinydd Sofietaidd gyda'r asesiad hwnnw. Cafwyd asesiad
o'r anghytuno gyda Jim Griffiths yn tanlinellu'r gefnogaeth a roddwyd i'r Undeb
Sofietaidd gan y Mudiad Llafur ym Mhrydain. Wedi'r cyfan, Llywodraeth Lafur
1924 oedd y gyntaf yn Ewrop i gydnabod yr Undeb Sofietaidd yn swyddogol.
Ceisiwyd lliniaru ar y gwrthdaro yn y trydydd cyfarfod fel y cydnebydd Jim
Griffiths.[37]

Wynebodd Prydain ar argyfwng dwys yn 1956 pan wladolwyd Camlas Suez
yn enw Cyrnol Abdel Nasser, Prif Weinidog yr Aifft oddi ar 1954. Roedd gan
Brydain a Ffrainc ddiddordeb ariannol helaeth yng Nghwmni Camlas Suez. I
gymhlethu'r sefyllfa, roedd hanner yr olew a ddefnyddid ym Mhrydain, gwledydd
Sgandinafia a Gorllewin Ewrop yn cael ei gludo o'r Dwyrain Canol drwy Gamlas
Suez. Cefnogodd Gaitskell a Jim Griffiths y Prif Weinidog, Anthony Eden, yn y
Senedd, ond eglurwyd iddo na allai Llafur gyfiawnhau defnyddio grym heblaw o
dan Siarter y Cenhedloedd Unedig, yn unol â barn gyhoeddus y byd.

Ni allai Arlywydd yr Unol Daleithiau, Eisenhower, gytuno i gefnogi Prydain a
Ffrainc. Anwybyddodd Eden gonsýrn Eisenhower. Heb fawr o drafod, cynlluniodd
Eden gyda Ffrainc i geisio goresgyn anialwch Sinai. Gosodwyd y cynllun ar waith
ar 29 Hydref. Ymosododd awyrennau Eingl-Ffrengig ar 31 Hydref gan ddinistrio
awyrlu'r Aifft ag un ergyd, ac o fewn 48 o oriau llwyddwyd i suddo 47 o longau
yn y Gamlas. Oherwydd ystyfnigrwydd Eden yn ei berthynas â'r Cenhedloedd
Unedig, newidiodd agwedd yr Wrthblaid. Yna fel Ysgrifennydd Tramor yr
Wrthblaid traddododd Bevan yn y ddadl yn y Tŷ Cyffredin ar 5 Rhagfyr, un o'r
areithiau mwyaf effeithiol posib yn y Tŷ Cyffredin.[38] Er i'r Llywodraeth ennill y
bleidlais, bu araith Bevan yn ergyd farwol i'r Llywodraeth. Sylweddolodd Eden
yn ei salwch na allai barhau fel Prif Weinidog. Ymddiswyddodd ar 9 Ionawr 1957,
a llwyddodd cylch bychan o Dorïaid breintiedig i eneinio Harold Macmillan yn
olynydd iddo.

Roedd Harold Macmillan yn llwyddiannus fel arweinydd, ac yn arbennig
yn y cwestiynau wythnosol yn Nhŷ'r Cyffredin.[39] Bron bob tro roedd Macmillan
yn cael y llaw drechaf ar Gaitskell. Roedd brawddeg ysgubol Iain Macleod am
arweinydd yr Wrthblaid yn agos i'r gwir: 'Mr Gaitskell leading his party with all
the dedicated drive of a bumble bee, is a jewel beyond price for us'. [40]

Credai Macmillan fod Gaitskell yn rhy bwysig yn ei agwedd:

The trouble about Mr Gaitskell is that he is going through all the motions of being a
Government when he isn't a Government. It is bad enough having to behave like a
Government when one is a Government. The whole point of being in opposition is
that one can have fun and be colourful.[41]

Roedd Gaitskell yn creu diflastod ymhlith ei Aelodau Seneddol gan ei fod
naill ai mewn gwlad dramor, neu'n methu ysbrydoli'r cyhoedd. Erbyn diwedd
1957 roedd y pôl piniwn i Gaitskell yn dal yn isel. Daliai Richard Crossman yn ei
erthyglau wythnosol yn y *Daily Mirror* i fod yn ddigon beirniadol, ac aeth dros ben
llestri yng ngolwg Aelodau Seneddol Llafur o gefndir undebaeth pan ddywedodd
mai dim ond pedwar o arweinwyr Llafur oedd yn gymwys o ran deallusrwydd a
phrofiad i ddal swyddi pwysicaf unrhyw lywodraeth yn y dyfodol. Y pedwar a
gafodd eu henwi ganddo oedd Aneurin Bevan, George Brown, Jim Griffiths ac
Alf Robens.[42] Anfonodd yr Undebwyr Llafur, cant ohonynt, neges i'r Pwyllgor
Gwaith am honiad Crossman.[43] Arbedwyd Gaitskell yn gyson gan bersonoliaeth
hoffus ei ddirprwy. Gwyddai Hugh Gaitskell hynny yn well na neb:

It makes all the difference to me personally to be working with you, for whom I have
much high regard and deep affection.[44]

Roedd hynny yn llythrennol wir, a chafodd ei arweiniad doeth a'i bwyslais
cyson ar y ddihareb Gymraeg 'Mewn undeb mae nerth,' gryn gefnogaeth o fewn
y Mudiad Llafur yn y blynyddoedd y bu'n Ddirprwy Arweinydd y Blaid Lafur
Brydeinig. Trwy 1958 disgwyliai arweinwyr Llafur i Harold Macmillan alw
Etholiad Cyffredinol yn fuan. Erbyn cynnal y Gynhadledd Flynyddol yn niwedd
Medi 1958 yn Scarborough, roedd hi'n ddigon amlwg na chynhelid yr Etholiad
Cyffredinol cyn 1959. Roedd Jim Griffiths yn gwybod y gallai'r anghytuno godi
ei ben ar unrhyw adeg, a gorau po gyntaf felly i'r Etholiad gael ei alw rhag i'r
Blaid Lafur ddioddef cyfnod o anghytuno pellach.

Ond cododd un mater yn Scarborough a fu'n destun dadl, a'r tro hwn,
addysg oedd hwnnw. Paratôdd y Pwyllgor Gwaith bapur trafod, *Learning to Live*.
Ymddiriedwyd i Jim Griffiths gyflwyno'r ddogfen i'r Gynhadledd.[45] Roedd saith
blaenoriaeth i'w cyflawni, meddai Jim Griffiths, o fewn pum mlynedd, sef:

(i)   dosbarthiadau o ddim mwy na 30 o blant;

(ii) cau ysgolion yn slymiau'r dinasoedd;

(iii) gwell darpariaeth i blant anabl;

(iv) cau ysgolion lle ceid plant 5 oed a phlant 15 oed yn yr un adeilad;

(v)   codi oedran gadael ysgol i 16 mlwydd oed;

(vi) dileu arholiad 11+ ac

(vii) aildrefnu ysgolion ar egwyddor yr Ysgol Gyfun.

Brawddeg gyntaf Jim Griffiths i'r Gynhadledd oedd hon: 'The most important single reform we could now make in our education system is to reduce the size of classes.'[46] Soniodd fod traean plant ysgolion cynradd yn 1958 mewn dosbarthiadau o fwy na 40 o blant a dwy ran o dair o blant yr ysgolion uwchradd mewn dosbarthiadau dros 30. Iddo ef roedd yr arholiad 11+ yn haeddu ei wthio i ebargofiant. Deliodd yn ddoeth gyda'r ysgolion cyfun. Cydnabu fod yna bryderon: ofn colli safonau'r ysgolion gramadeg ac ofn y byddai'r plant talentog yn dioddef. Siaradodd yn hyderus, gan bwysleisio:

> I believe we can maintain the traditions and improve the standards in the new system which we propose to create and make those standards and traditions available to many more than the tiny proportion of children who get them now.[47]

Roedd hanfod y cyfan yn deillio yn ôl cyn belled â 1954.[48] Y weledigaeth oedd gwella yn sylweddol addysg yr ysgolion gramadeg fel eu bod yn cyrraedd safon yr ysgolion bonedd a hynny'n rhad i rieni'r disgyblion. Ond gofalodd y ddogfen *Learning to Live* beidio â delio â'r ysgolion bonedd ar wahân i argymell y dylid penodi Comisiwn Brenhinol i drafod eu dyfodol. Ond nid oedd y gynhadledd yn mynd i anghofio'r ysgolion bonedd, a chafwyd araith hynod o ddiddorol o enau Fred Peart, Aelod Seneddol Workington, ac un o ddisgyblion R. H. Tawney. Cyfeiriodd Peart at ei athroniaeth:

> He wrote a book on equality. Professor Tawney said that no nation can call itself civilised unless its children attend the same schools. I believe fundamentally in that.[49]

Ni lwyddodd Peart i argyhoeddi'r Gynhadledd y dylid dileu'r ysgolion preifat er bod y TGWU yn ei gefnogi. Collodd y bleidlais ac arbedwyd yr ysgolion preifat rhag mwy o sylw.

Cyflwynwyd yr araith olaf yng nghynhadledd Llafur 1959 yn Blackpool gan

Aneurin Bevan. Yn gynharach y mis hwnnw roedd wedi dilyn Jim Griffiths fel Dirprwy Arweinydd heb orfod sefyll etholiad. Roedd Bevan ar ei uchelfannau. Yn ôl y newyddiadurwr profiadol, Geoffrey Goodman:

> One of the greatest speeches that I ever heard – perhaps the greatest in terms of ideological content, vision, perception and quality of oratory.[50]

Roedd y Dirprwy Arweinydd newydd gyda'i huodledd yn mynd i arbed Gaitskell fel roedd Jim Griffiths wedi llwyddo. Ond roedd y Blaid Lafur wedi colli'r etholiad y flwyddyn honno, er i Lafur ddal ei thir yng Nghymru. Mynegodd Morgan Phillips deimlad pawb yn y pencadlys pan ddywedodd fod Jim Griffiths wedi cyflawni gwaith gwych yn ystod ymgyrch yr Etholiad Cyffredinol. Ond er bod gan y Blaid Lafur gryfach peirianwaith nag yn 1955, ni chafwyd y cynhaeaf y gobeithid amdano. Methwyd yn llwyr ymysg yr ifanc. Roedd yr etholwyr o 18 i 24 mlwydd oed yn amharod i bleidleisio dros Lafur. A dim ond deg y cant o'r dosbarth canol a gefnogodd Lafur. Yn yr Alban ac ardaloedd diwydiannol Sir Gaerhirfryn cynyddodd Llafur ei phleidlais, ond yr ergyd fwyaf oedd deall fod 30% o'r dosbarth gweithiol wedi pleidleisio i'r Blaid Geidwadol. Yng Nghymru roedd Llafur wedi gwneud yn dda ymhob un o'r etholaethau lle roedd ganddi Aelodau Seneddol, ar wahân i Dde-ddwyrain Caerdydd. Daeth James Callaghan yn agos iawn i golli ei sedd i'r ymgeisydd Ceidwadol, Michael H. A. Roberts. Dim ond mwyafrif o 868 oedd ganddo'r tro hwn. Yn Llanelli cafodd Jim Griffiths fwyafrif o 24,497. Enillodd 34,625 o bleidleisiau, sef cyfartaledd o 64.7%.[51] Hwn oedd y canlyniad gorau i Lafur yng Nghymru.

Dirprwy Arweinydd y Blaid Lafur yng Nghysgod Tryweryn

Yn union ar ôl i Lafur golli Etholiad Cyffredinol 1955 cododd dadl o fewn arweinyddiaeth y Blaid Lafur ar sail llythyr a anfonwyd gan Hugh Dalton i Clement Attlee. Byrdwn y llythyr ar 1 Mehefin 1955 oedd y dylai ei genhedlaeth ef roi cyfle i'r genhedlaeth iau.[1] Teimlai Dalton na ddylid rhoddi swyddi cyfrifol yr Wrthblaid i wleidyddion oedd wedi cyrraedd oedran ymddeol. Dywed yn blwmp ac yn blaen am Gabinet yr Wrthblaid:

> Of its fifteen members when Parliament was dissolved, no less than nine, of whom I am one, are over 65 this year and of these nine, four are over 70. Five years hence, when the legal term of this Parliament ends, all nine of us will be over 70, and some nearing 80.[2]

Ymhlith y gwleidyddion Llafur ac yntau'n 65 mlwydd oed yr oedd Jim Griffiths ei hun. Anfonodd Dalton ail lythyr at Attlee gydag awgrymiadau pendant am aelodaeth Cabinet yr Wrthblaid, ac am Griffiths, dyma oedd ei ddedfryd: 'Jim Griffiths, in my view, should continue on the Parliamentary Committee. He has very special gifts and is the youngest of us nine veterans.'[3]

Roedd Hugh Dalton yn ôl ei arfer ers blynyddoedd yn busnesa, ond gofalodd ddweud y dylai Attlee ei hun ddal ati er ei fod erbyn hyn wedi colli dau Etholiad Cyffredinol yn dilyn ei gilydd. Rhoddodd Dalton ei syniadau yng nghlust y wasg, a rhoddodd y *Daily Mirror* a'r *Daily Herald* ddigon o sylw i'w ddadl. Yn y cyfarfod cyntaf o Gabinet yr Wrthblaid codwyd y mater gan rai o'r hynafgwyr miniog eu tafod fel Shinwell. Bu trafod brwd fel y disgwylid. Cymerodd Jim Griffiths ran flaenllaw yn y drafodaeth, gan ganmol y modd y bu Hugh Dalton yn cefnogi gwleidyddion ieuengach fel Roy Jenkins a Tony Crosland a gollodd eu seddau yn Etholiad 1955. Teimlai pawb ond Dalton y dylid cadw'r *status quo*, ac ar 23 Mehefin pleidleisiwyd am y deuddeg enw i Gabinet yr Wrthblaid. Ymgeisiodd 54 o Aelodau a daeth Jim Griffiths unwaith yn rhagor ar ben y rhestr. Oherwydd ei fuddugoliaeth ysgubol aeth y wasg boblogaidd i awgrymu ei enw fel olynydd posibl i Clement Attlee.[4] I'r Cymro Percy Cudlipp, Jim Griffiths oedd gwleidydd mwyaf poblogaidd y Blaid Lafur ac un a fyddai'n gallu cymodi'r adain chwith a'r adain dde yn well na neb o'i gymrodyr.

Fore Mercher, 7 Rhagfyr 1955, ymddiswyddodd Attlee ar ôl ugain mlynedd fel arweinydd y Blaid Lafur. Y Dirprwy Arweinydd oedd Herbert Morrison, gwleidydd profiadol a fethodd ennill y dydd, mwy nag Aneurin Bevan, am yr arweinyddiaeth a fu yn nwylo Clement Attlee am gyfnod mor hir. Penderfynodd Jim Griffiths i beidio â sefyll fel ymgeisydd am yr arweinyddiaeth. Hugh Gaitskell enillodd yr ornest i fod yn arweinydd newydd.[5]

Roedd Jim Griffiths yn dal yn iach ac yn gryf. Pwysodd Ness Edwards arno i sefyll fel Dirprwy Arweinydd. Gofynnodd Edwards iddo groesawu dirprwyaeth o chwech i'w weld ef ar y mater, o dan arweiniad Anthony Greenwood. Cyfarfu Jim Griffiths â hwy yn Bournemouth, adeg y Gynhadledd Flynyddol ar 8 Mehefin. Yr un diwrnod ymwelodd Hugh Dalton ag ef gan bwyso arno i sefyll. Felly hefyd Clement Attlee ei hun. Teimlai ef na ddylai Jim Griffiths ddweud 'Na' yn fyrbwyll, ond ystyried yr anrhydedd a'r cyfrifoldeb yn ofalus. Cyn diwedd y dydd daeth pedwar arall i'w weld ar yr un neges, yn cynnwys Ness Edwards a Harold Finch.[6]

Defnyddiodd Jim Griffiths yr un frawddeg yn ddiddiwedd wrth ateb ei gefnogwyr i gyd – y byddai'n gwrando ar y geiriau caredig, ac yn ystyried y mater yn ofalus. Roedd un gŵr yn ei olwg nad oedd hi'n hawdd ystyried sefyll yn ei erbyn, a hwnnw oedd ei gyd-Gymro, Aneurin Bevan. Edmygai ef, ond gwyddai hefyd ei fod trwy ei ymddiswyddiad o'r Llywodraeth yn 1951, wedi colli cefnogaeth. Bu'n 'swmbwl yn y cnawd' i gynheiliaid y Blaid Lafur, yn feirniadol yn aml ac yn codi gwrychyn nifer dda o'u gyd-Aelodau Seneddol. Bu ei ymddygiad tuag at Attlee cyn iddo ymddeol yn rheswm i NEC y Blaid ystyried ei ddiarddel. Ymladdodd Jim Griffiths yn galed yn erbyn y bwriad.[7] Penodwyd Jim Griffiths yn aelod o'r Is-Bwyllgor o wyth i ystyried achos Bevan, ac roedd ynffigur allweddol ar y Pwyllgor gan mai ei flaenoriaeth oedd gwarchod undod y Blaid. Arbedwyd Bevan gan Griffiths, Attlee a Barbara Castle, gan roddi cyfle iddo felly sefyll fel Dirprwy Arweinydd. Dadleuai aml un nad oedd modd i Hugh Gaitskell ac Aneurin Bevan gydweithio â'i gilydd yn esmwyth, fel Arweinydd a Dirprwy Arweinydd.

Pwyswyd ar Jim Griffiths i sefyll am y swydd a chytunodd. Bu hi'n ornest gofiadwy. Etholwyd Jim Griffiths gyda 141 o bleidleisiau yn erbyn 111 i Aneurin Bevan.[8] Pwy a ddychmygai yn y Coleg Llafur yn Llundain yn 1920 y ceid gornest mor allweddol rhwng y ddau löwr o Gymru, un o'r Betws a'r llall o Dredegar? Pleidleisiodd mwyafrif Aelodau Seneddol Llafur Cymru o dan arweiniad Ness Edwards, rhan helaeth o ddeallusion y Blaid Lafur fel Roy Jenkins a Douglas Jay, a'r to ieuengaf, i Griffiths. Iddo ef ei fuddugoliaeth oedd uchafbwynt ei yrfa wleidyddol:

> Now Deputy Leader at sixty-five – with no more ambitions. Ten years off that age and I might have reached the top, though all through the years I have doubted if I had the toughness – perhaps the ruthlessness – which is required to reach the top and stay there.[9]

Er iddo ennill y bleidlais dros Aneurin Bevan, ni chredai hwnnw o gwbl fod deunydd arweinydd ynddo. Ofnai ef y byddai'n adlewyrchu ieithwedd a syniadaeth Gaitskell. Ond rhaid cydnabod fod nifer o bobl ddeallus yn edmygu Griffiths. Gellir dadlau i Jim Griffiths gael cyfle ardderchog i fod yn arweinydd yng Nghymru ar fater Tryweryn ac yntau wedi cael swydd allweddol yn y Blaid Lafur. Tryweryn yw'r gair a gerfiwyd ar galon y genedl a bu goblygiadau pellgyrhaeddol iddo.[10] Roedd Corfforaeth Lerpwl, er mwyn elw yn fwy na dim, yn benderfynol o greu Llanwddyn arall ar dir Cymru.[11] Cwm Dolanog oedd dewis y safle gwreiddiol ar gyfer ei chronfa ddŵr newydd, ond siarsiwyd Lerpwl gan rai o'r gweision sifil i feddwl am gwm arall oherwydd cysylltiadau'r ardal â'r emynyddes, Ann Griffiths.[12]

Penderfynodd Corfforaeth Lerpwl foddi Cwm Tryweryn gan roddi'r argraff eu bod wedi parchu dymuniadau'r Cymry trwy beidio â symud ymlaen â'r cynllun gwreiddiol i foddi Dolanog. Bu cysgod brwydr Tryweryn ar wleidyddiaeth Cymru byth oddi ar hynny, ac yn arbennig ar wleidyddiaeth Plaid Cymru. Ymddengys i mi na sylweddolodd Cymry dylanwadol o fewn y Blaid Lafur, pobl fel Jim Griffiths, yr arweiniad dewr a phenderfynol roedd ei angen bryd hynny ac y gallent hwy fod wedi ei roddi i Gymru adeg argyfwng Tryweryn. A phan ddaeth Mesur Lerpwl yr eildro ger bron y Tŷ Cyffredin ar 4 Gorffennaf 1957 gadawodd

Jim Griffiths y dadlau i bump o aelodau – Eirene White, Goronwy Roberts, T. W. Jones, Tudor Watkins a Llewelyn Williams.[13] Mae'n anodd deall pam y penderfynodd Jim Griffiths na allai siarad yn y ddadl nac ychwaith roddi esboniad yn ei hunangofiant neu yn ei bapurau a'i nodiadau. Byddai ei enw'n cario dylanwad arbennig fel Dirprwy Arweinydd. Ond efallai ei fod ef a'i Arweinydd wedi cytuno y byddai'n well iddo beidio â siarad gan y byddai'n debyg o golli cefnogaeth Aelodau Seneddol Glannau Mersi, a threfi mawr Lloegr oedd yn cael dŵr o Gymru.

Go brin ei fod ef yn cymdeithasu llawer gyda Bessie Braddock, Aelod Seneddol amlwg o Lerpwl, oedd yn frwd o blaid y bil preifat a noddwyd gan Gyngor Dinas Lerpwl, gan gofio mai ei gŵr Jack Braddock oedd arweinydd y Cyngor hwnnw.[14] Trechwyd ef a'r Aelodau Seneddol a oedd yn cynrychioli etholaethau yng Nghymru gan Lywodraeth Geidwadol a wthiodd y cyfan trwy'r Senedd.[15]

Mae gennym ar ddu a gwyn ganmoliaeth Jim Griffiths i Goronwy Roberts am ei ddadlau medrus, ac am gyfraniad yr Aelod Seneddol lleol, T. W. Jones. Ond er ei amharodrwydd i ddadlau ar fater Tryweryn dichon fod y frwydr honno wedi ysgogi arweinwyr y Blaid Lafur i ystyried sefydlu Ysgrifennydd Gwladol i Gymru.[16]

Heb unrhyw amheuaeth bu cyflwr Cymru yn ysgogiad i drafodaeth breifat a phwysig rhwng Gaitskell a Griffiths cyn argyfwng Tryweryn. Ar ôl ymweld â nifer o etholaethau yng Nghymru daeth Hugh Gaitskell i weld fod y mater cyfansoddiadol, er mor gymhleth ydoedd, yn haeddu ystyriaeth bellach. Mewn llythyr cynhwysfawr at Morgan Phillips yn 1956 dywedodd fod angen ystyried polisi ar Gymru: 'Jim and I are at any rate pledged to consider this further. We shall of course have to consult the Regional Council as well as the Parliamentary Group.'[17]

Roedd gan Jim Griffiths y ddawn i sylweddoli bod y camau a drafodwyd gyda'i arweinydd yn rhai ymarferol, yn dderbyniol i drwch eang o'r trigolion ac yn gam at y nod o roddi i Gymru fwy o lais dros faterion economaidd a chenedlaethol. Yn ddi-oed sefydlwyd Is-bwyllgor i gynrychioli'r Pwyllgor Gwaith Cenedlaethol, Grŵp Cymreig y Blaid Lafur Seneddol a'r Cyngor Rhanbarthol Cymreig i ystyried ac i roddi arweiniad ar y cwestiwn cyfansoddiadol anodd a godwyd gan Gaitskell. Rhoddwyd y cyfrifoldeb ar ysgwyddau Jim Griffiths i'w gadeirio, a buan y clywyd y ddadl o'i enau am Ysgrifennydd i Gymru. Ond cafwyd gwrthddadlau a gwrthwynebiad penderfynol o enau Ness Edwards. Cefnogwyd yntau gan Iorwerth Thomas, y Rhondda. Ofnai'r ddau y byddai'r Ysgrifenyddiaeth yn arwain yn anorfod at Senedd i Gymru ac annibyniaeth.[18] Tebyg oedd ymateb mwyafrif cynrychiolwyr y Cyngor Llafur Rhanbarthol Cymreig er bod yr Ysgrifennydd, Cliff Prothero o blaid datganoli.[19] Ond ni adawodd Jim Griffiths i'w gwrthwynebiad gael y llaw drechaf. Gwyddai fod Hugh Gaitskell yn barotach i'w gefnogi nag oedd arweinwyr eraill y Blaid Lafur Brydeinig. Bu'n bwyllgor anodd ei gadeirio, a bu'n rhaid i Gaitskell gymryd yr awenau cyn gallu dod at unrhyw benderfyniad. Nododd Cliff Prothero fod cyfraniad Jim Griffiths yn holl bwysig:

> He could never understand why Scotland had a Secretary of State, but Wales had been denied the right to have one. James Griffiths used all his powers as a negotiator in an attempt to persuade other members of this committee of the justice of his case.[20]

Un o'r aelodau mwyaf gwrthwynebus ar y Pwyllgor oedd Aneurin Bevan. Ni fu Bevan ond mewn dau o gyfarfodydd y Pwyllgor, y cyntaf a'r olaf. Siaradodd yn erbyn yr argymhellion yn y Pwyllgor cyntaf. Rhydd Cliff Prothero ddarlun byw fel llygad dyst o'r hyn ddigwyddodd yn y Pwyllgor olaf o dan gadeiryddiaeth Hugh Gaitskell:

> After several meetings of protracted and heated discussion and now what turned out to be the final meeting and right in the middle of a very heated debate to everyone's surprise Mr Aneurin Bevan proposed: 'That we include in our policy statement that a Secretary of State for Wales will be appointed'.[21]

Heb ragor o drafodaeth daeth y Pwyllgor i ben. Wrth adael yr ystafell trodd Cliff Prothero at Ness Edwards a dweud:

> 'I cannot understand the complete change of attitude by Aneurin'. Ness replied: 'If you were a member of this house Cliff, you would not be surprised at what has taken place this afternoon.'[22]

Gwleidydd arall a newidiodd ei feddwl fel Aneurin Bevan oedd James Callaghan. Newidiodd ef ei feddwl oherwydd ei fod yn credu bod blaenoriaeth wedi ei roi i adeiladu Pont Forth yn yr Alban yn lle Pont Hafren am fod Ysgrifennydd Gwladol dros yr Alban yn y Cabinet.

Dirprwy Arweinydd y Blaid Lafur yng Nghysgod Tryweryn

Ym mis Ionawr 1957 a thra oedd yr Is-bwyllgor yn ystyried y cwestiwn cyfansoddiadol, cyhoeddodd Cyngor Cymru ei Drydydd Memorandwm yn argymell creu swydd Ysgrifennydd i Gymru. Dyma ddogfen hynod o bwysig a gyhoeddwyd gan Gyngor Cymru. Byddai'r Ysgrifenyddiaeth yn meddu ar bwerau gweithredol, a byddai adran i'w chynnal. Credai Jim Griffiths fod y Cyngor yn rhoddi arweiniad i'r genedl Gymreig, arweiniad roedd pobl Cymru yn aeddfed i'w gymeradwyo.

Yn y ddadl ar y Trydydd Memorandwm yn y Senedd ar 11 Chwefror 1957 cafwyd ffresni yn agwedd Jim Griffiths. Pan ddarllenir ei araith seneddol ar y Cyngor Ymgynghorol (1948) a hefyd yn ei araith ar Fesur Senedd i Gymru, S. O. Davies (1955), gwelir bod Jim Griffiths yn edrych ar bethau yn Brydeinig dros ben, ond erbyn 1957 roedd ei agwedd bron yn haeddu cael ei galw'n chwyldroadol.

Datblygodd y ddadl yn sylweddol mewn naw mlynedd. Yn ei araith aeth yn ôl at ei wreiddiau capelyddol-sosialaidd ym mro ei febyd, y cefndir oedd yn dal i lywio bywydau Cymreig eraill yn y Mudiad Llafur yng ngorllewin Cymru. O'r cynghorwyr lleol yn ne-orllewin Cymru yn 1955–6 roedd 120 o gefndir yr Undebau Llafur ac yn fwy Seisnigaidd eu hagwedd. Daeth 130 ohonynt yn arweinwyr capeli Ymneilltuol Cymreig ac felly yn gwbl rhugl yn yr iaith ac roedd 80 ohonynt yn perthyn i'r ddau fyd, byd yr Undebau Llafur a byd y Capel.[23] Felly gwelir fod corff cryf o sosialwyr capelgar yn Sir Gaerfyrddin a Gorllewin Morgannwg, pobl Jim Griffiths, a dyna'r wythïen a gafodd ei thapio ganddo yn yr araith hon:

> We cannot decide this matter entirely on the basis of whether the proposals represent a good piece of machinery. There are intangibles and imponderables. I am Welsh – we all are – proud of my country, proud of its language. I want to sustain it. One of the imponderables – the Minister will understand this, too – is the fear that in this modern age of television and radio, mass newspapers and all the rest, the language will die. I do not want it to die.[24]

Y cwestiwn sy'n codi yw'r frawddeg gyntaf, y sôn am 'intangibles and imponderables. I am Welsh.' Beth oedd ganddo mewn golwg, tybed? Pe bai ganddo fedr yr athronydd gallai fod wedi egluro'i hun yn llawnach. Ond ni ellir peidio â sylweddoli ei fod yn ymhyfrydu ei fod yn aelod o genedl y Cymry, yn wir aeth ymlaen yn ei araith i sôn am y 'cydraddoldeb' a'r 'parch' sy'n ddyledus i genedl a fu mewn bodolaeth am ganrifoedd lawer:

People have seized hold of it, [sef argymhelliad y Trydydd Memorandwm] because
they think it will be something that recognises the desire for recognition of the fact that
Wales is a nation, with its language and with its culture, and that the overwhelming
mass of people do not desire to be severed or broken away. They desire to live on
terms of equality and dignity.[25]

Roedd Jim Griffiths yn arddel y gwerthoedd Cymreig, bodolaeth cenedl,
yr iaith fel trysor, diwylliant unigryw, ac yn apelio i warchod yr etifeddiaeth
honno yn wyneb y bygythiadau o du'r diwylliant torfol Americanaidd-Seisnig
oedd yn ymledu ar hyd a lled y byd. Beth fu'n gyfrifol am y newid agwedd?
Pam na fanteisiwyd ar y wythïen gyfoethog Gymreig hon cyn hyn, gan ei fod
yn feddiannol o'r athroniaeth o'i lencyndod yn y Betws? Carwn awgrymu fod
marwolaeth ei frawd Amanwy yn 1953 yn ffactor. Roedd Amanwy yn ŵr hynod
o ddiddorol, yn meddu fel y gwelir yn ei golofn Gymraeg yn y papur lleol o
wythnos i wythnos ar argyhoeddiadau cadarn am le'r Gymraeg ym mywyd
cymdeithas yn ogystal â gwerth a chyfraniad y Blaid Lafur i fywyd yr unigolyn
a'r gweithiwr cyffredin. Fy namcaniaeth yw fod marwolaeth Amanwy wedi bod
yn foddion i ddeffro ei frawd i'r frwydr fawr a'i atgoffa mai gŵr ei fro ydoedd a
Chymro Cymraeg uwchlaw popeth arall. Atgyfnerthiad o'i Gymreictod oedd ei
Sosialaeth, ac fel y bu gweithred dreisiol Lerpwl yn boddi Cwm Tryweryn yn
ddigwyddiad a greodd genedlaetholwyr pybyr i Blaid Cymru, dylanwadodd y
weithred ar Sosialwyr cenedlaetholgar hefyd. Roedd cyfnod newydd yn ymagor,
a chyfnod agor llygaid Jim Griffiths i anghenion ei bobl ei hun.

Credaf fod yr allwedd i agor drws ei galon rywle rhwng y brofedigaeth o golli
Amanwy a thrueni cymuned Tryweryn am nad oedd y gwylwyr Cymraeg, fel
ef ei hun, yn ddigon effro ac ymosodol. Roedd y ddadl sylfaenol dros amddiffyn
Tryweryn yn ddadl a ddylai apelio at Sosialwyr o bob cenedl, sef mai tasg hawdd
yw dinistrio cymuned, ond tasg enbyd o anodd yw creu cymuned newydd.
Felly ni ddylid symud i ddinistrio'r gymdeithas a fodolai yng Nghapel Celyn,
ond ni ddefnyddiwyd y ddadl hon gan aelodau'r Blaid Lafur. Ni ddatblygodd
Jim Griffiths y ddadl hon, ond mae'n ddadl sy'n argyhoeddi'r cenedlaetholwyr
sosialaidd. Ni cheir cofnod fod Jim Griffiths mwy nag Aneurin Bevan yn
bresennol yng Nghynhadledd Tryweryn yng Nghaerdydd ar 28 Hydref 1957.[26]
Ceidwadwr oedd un a siaradodd yn dda yn y Gynhadledd yn ôl Cliff Prothero,
sef yr Henadur David John Lewis o Gyngor Dinas Lerpwl, Cymro Cymraeg a
ddaeth yn Arglwydd Faer y Ddinas.[27]

Buddugoliaeth Jim Griffiths oedd llwyddo i argyhoeddi ei gyd-Lafurwyr ei bod hi'n werth ystyried sefydlu'r Ysgrifenyddiaeth i Gymru, cam gwleidyddol hynod o bwysig, yn wir un o'r datblygiadau pwysicaf yn hanes Cymru yn yr ugeinfed ganrif.[28] Ei fethiant oedd na wnaeth ymateb i achos Tryweryn. Pe bai wedi uno yn y frwydr honno byddai wedi cyrraedd pedestal arbennig iawn.

Pennod 17

Ffrae Rhwng Dau Ffrind

Ychydig o Aelodau Seneddol Llafur a fu mor ffodus â Jim Griffiths i gael Asiant llawn amser am y rhan fwyaf o'i gyfnod fel Aelod Seneddol. Penodwyd Douglas Hughes, cynghorydd ar Gyngor Sir Caerfyrddin, yn Asiant ar gyfer Etholiad Cyffredinol 1935. Yn yr isetholiad y flwyddyn ganlynol bu'n llywio buddugoliaeth arall i Lafur pan etholwyd Jim Griffiths.

Tra oedd yr Aelod Seneddol uchelgeisiol yn y Senedd gofalai Douglas Hughes ar ôl buddiannau'r Blaid Lafur yn yr etholaeth. Treuliai brynhawn Llun bob wythnos yn ardal Rhydaman a gellid trosglwyddo iddo ar unrhyw adeg faterion personol a materion yn ymwneud â mudiadau a chymunedau. Ef oedd yn gofalu bod y peiriant etholiadol yn effeithiol ar lefel Cyngor Sir, Cyngor Dinesig Llanelli a Chyngorau Dosbarth Gwledig o fewn yr etholaeth yn ogystal â'r etholiadau cyffredinol. Roedd Jim Griffiths yn cael digon o ryddid am fod Douglas Hughes mor barod i ymateb i bob galwad. Roedd Douglas Hughes yn weithgar fel cynghorydd Sir a threfol wedi 1930, ac erbyn 1949 ef oedd arweinydd y Cyngor Sir.[1] Dyna'r flwyddyn y daeth Arweinydd Plaid Cymru, Gwynfor Evans, yn aelod o'r Cyngor Sir a bu hi'n rhyfel cartref rhwng y ddau. Fel y dywed Rhys Evans:

> Roedd y bwlch cymdeithasol rhwng Gwynfor a'r Llafurwyr hefyd yn cyfrannu at y drwgdeimlad. Tân ar groen Douglas Hughes, cyn-golier a welodd ddioddefaint enfawr, oedd clywed mab siop lewyrchus o'r Barri yn pregethu am egwyddorion. Câi Gwynfor ei ddrwgdybio hefyd (gyda pheth cyfiawnhad) o ddefnyddio siambr y Cyngor fel llwyfan cenedlaethol.[2]

Ond mater arall na sonnir amdano yn hyn i gyd oedd agwedd Jim Griffiths, gan ei fod yn sicr yn gwybod am yr anghytuno dybryd. Nid oedd ef, oedd ar delerau da â Gwynfor Evans, yn hoffi clywed am ymddygiad plentynnaidd rhai o'r aelodau Llafur yn y Cyngor Sir. Er nad oes unrhyw dystiolaeth ar gof a chadw o farn Jim Griffiths am safbwynt Douglas Hughes fel prif ddyn y Cyngor, ni chredaf ei fod ef yn gysurus gyda'r bychanu a'r drwgdeimlad a ddaeth yn amlwg yn siambr y Cyngor.[3]

Gall hyn fod yn rhannol gyfrifol fel cefndir am y ffrae yng ngwanwyn 1961 rhwng Jim Griffiths a'i Asiant. Ond roedd rhesymau eraill. Roedd Douglas Hughes yn gwybod am yr anniddigrwydd a fodolai ymhlith rhai o arweinwyr y Blaid Lafur yn Llanelli a'r cyffiniau am y ffaith nad oedd gan y gwleidydd gartref o fewn ffiniau'r etholaeth, fel y bu ganddo hyd 1945. Yn ail, roedd Douglas Hughes wedi gwasanaethu ar gyflog bach fel Asiant ac erbyn 1961 roedd ymhell dros oedran ymddeol. Deallais gan aelod o'r teulu ei fod wedi blino ar y cyfrifoldebau a'r dyletswyddau, a'i fod yn gorfforol flinedig. Ym mis Mawrth y flwyddyn honno, ffrwydrodd y storm rhyngddo ef a Jim Griffiths. Mae hyn yn rhoi darlun gwahanol o'r ddau wleidydd a fu'n cydweithio mor llwyddiannus ar hyd y blynyddoedd, trwy'r Ail Ryfel Byd, Llywodraethau Llafur 1945–51, dadleuon y pumdegau a'r pwyslais cynyddol ar ddatganoli – mater nad oedd Douglas Hughes yn ei weld mor bwysig â Jim Griffiths.[4]

Yn ei lythyr at ei asiant ar 19 Mawrth 1961 sonia Jim Griffiths am anrhefn y diwrnod cynt, a hynny oherwydd methiant ei asiant i gyfathrebu ag ef.[5] Cwyna nad oedd Douglas Hughes wedi galw i'w weld ar fore Sadwrn 18 Mawrth. Ceisiodd Jim Griffiths gael hyd i'w asiant ond ar ôl ffonio ddwywaith, unwaith yn y bore a'r eilwaith cyn dau o'r gloch, ni chafodd ateb. Daeth allan o Neuadd y Dref yn Llanelli i ganfod bod protest o eiddo Undebwyr Llafur yn mynd rhagddi, ac yntau heb gael ei rybuddio amdani o gwbl. Yn wir cwynai y dylai'r Blaid Lafur fod wedi trefnu'r brotest yn hytrach na Chyngor Crefftau a Llafur Llanelli. Teimlai ei fod wedi cael ei fychanu gan ddifrawder a diffyg cyfathrebu ei Asiant. Dyma frawddeg sy'n clensian o'r llythyr: 'I am not fussy but I was annoyed at the seeming discourtesy of not being informed about the details of yesterday's arrangements.'[6]

Nid yw'r ateb a anfonodd Douglas Hughes ar gael ym mhapurau Jim Griffiths ond anfonodd yr Aelod Seneddol lythyr pigog arall ato ar 25 Mawrth 1961.[7] Pwysleisiodd drachefn nad oedd wedi derbyn yr holl fanylion am y brotest ar 18 Mawrth, a'i fod yn gofidio'n fawr am aneffeithiolrwydd ei Asiant. Roedd yr Asiant wedi cyflawni cyn lleied o'r materion a grybwyllid, a heb ei rybuddio o gwbl o'r trefniadau. Dywedodd Douglas Hughes wrtho yn ei ateb y dylai gwyno wrth Dai

Charles, trefnydd yr orymdaith. Roedd Dai Charles yn un o'i ohebwyr, ac mae'n syndod ei fod ef heb wahodd Jim Griffiths i'r brotest yn hytrach na dibynnu'n gyfan gwbl ar yr Asiant i'w hysbysu o'r trefniadau. Nid oedd yr Aelod Seneddol yn cydnabod hynny nac yn ei gweld hi'n rhyfedd nad oedd neb arall o'r cefnogwyr a gyfarfu wedi sôn wrtho am yr hyn a drefnwyd. Atebodd Douglas Hughes trwy ofyn y cwestiwn: 'Pam y dylwn?' Dyma ymateb swta yr Aelod Seneddol, 'Wedi'r cyfan fi yw'r Aelod Seneddol a chwithau yw'r Asiant, a chredais o'ch presenoldeb yn y cyfarfod a gynhaliwyd yn Ysgol Coleshill y noson gynt eich bod yn gwybod am yr holl drefniadau ac y byddech wedi trosglwyddo'r cyfan i mi ymlaen llaw cyn y diwrnod.' Yna dywed Jim Griffiths wrtho:

> I must say, however, that I regret that you should bring hate into this correspondence between Member and Agent. Since you have done so I must say that I am not conscious of having (as you say in your letter) shown any discourtesy to Loti.[8]

Mae'n amlwg fod Douglas Hughes wedi cyhuddo Griffiths o anwybyddu ei briod, Loti Rees-Hughes. Defnyddiodd y geiriau 'snubbed her'. Rhaid cofio fod Douglas Hughes yn gosod ei briod, a rannai yr un argyhoeddiadau ag ef, ar bedestal. Amddiffynnai hi os oedd angen, a theimlai fod angen yn yr amgylchiad hwn. Mae'r cyhuddiad o anwybyddu Loti Rees-Hughes mor anodd i'w amgyffred gan fod Jim Griffiths yn ŵr mor groesawgar lle bynnag y byddai. Yn wir, dywed fod y cyhuddiad yn gwbl gamarweiniol. Loti Rees-Hughes oedd y person cyntaf iddo ei chyfarch. Cyfarchodd y Llafurwyr a'r Undebwyr oedd ar yr orymdaith cyn eu hannerch. [9] Yna ar ddiwedd ei anerchiad cerddodd i ben draw Sgwâr Neuadd y Ddinas i'w gar ac ysgwyd llaw â Loti Rees-Hughes a dweud ffarwél wrthi.[10] Mae'n amlwg fod Jim Griffiths wedi ei ddolurio'n arw:

> I may have many failings – but discourtesy is – I hope – not one of them – and this is the first time in my life, I have ever been charged with being discourteous to anyone. In half a century of public life I have to meet and converse – with thousands of people – in my constituency and outside – and I have always shown consideration and courtesy to everyone.[11]

Mae'n amlwg fod Jim Griffiths wedi ei gythruddo. Bu'n cydweithio â Douglas Hughes yn yr etholaeth am chwarter canrif. Soniodd yn ei lythyr am ei gyfraniad fel cymodwr y Blaid Lafur:

I have – all my life – 20 years on NEC – 22 years as a Front Bencher – striven to promote unity within the party. I have never once attacked a colleague on the public platform and my influence in the party has been built up on loyalty to comrades.[12]

Mae'r dystiolaeth ohono fel cymodwr yn y gyfrol hon yn dangos nad oedd neb tebyg iddo ymhlith arweinwyr y Blaid Lafur yn hynny o beth. Cerddodd y llwybr canol. Gwrthododd y demtasiwn o feirniadu ei gyd-arweinwyr. Soniodd wrth ei asiant mai dyna un rheswm fod galw mawr amdano i annerch cyfarfodydd gwleidyddol yn yr isetholiadau.

Ymddengys fod ymosodiad Douglas Hughes wedi tarfu mwy arno nag unrhyw lythyr a dderbyniodd yn ei holl yrfa. Wedi'r cyfan roedd Douglas Hughes yn ŵr pwerus yng Nghyngor Tref Llanelli ac ar Gyngor Sir Caerfyrddin. Gellid ei gyfrif ef a'i briod, Loti Rees-Hughes, fel dau berson oedd yn hawlio sylw am eu bod yn ddawnus fel arweinyddion a chynrychiolwyr effeithiol y Blaid Lafur ar Gyngor Sir Caerfyrddin. Gohebai'r ddau yn gyson gyda gwleidyddion fel Cledwyn Hughes a George Thomas. Balch oedd y ddau o ysbryd milwriaethus George Thomas tuag at Gwynfor Evans.[13]

Clôdd y gwleidydd hoff ei lythyr hir a dolurus gan gyfeirio at y gyfathrach hir a fu rhyngddynt:

As you say – we have worked together for 25 years on Monday 26 – for the By-Election was on March 26, 1936. I am grateful for your help.[14]

Yna sonia mai hwn fydd y llythyr olaf ar y mater. Dyma'r diwedd ar y ffrae drist. Ond o ran cyfiawnder â'r hanes ni all y cofiannydd anwybyddu'r anghydfod rhwng dau gydweithiwr o fewn y Blaid Lafur. Oni bai fod Douglas Hughes wedi gwarchod ei lythyrau ni fyddem yn gwybod dim am wewyr ingol Jim Griffiths am y cyhuddiad cwbl ddi-sail a wnaethpwyd. Ni fu rhagor o ohebiaeth ar y mater a bu'r ddau o reidrwydd yn cydweithio o hyd. Serch hynny, amheuaf a ellid fyth adfer y berthynas dda a fu rhyngddynt am chwech mlynedd ar hugain. Daliodd y ddau ar delerau digon gwareiddiedig ar ôl hynny. Ond o fewn pedair blynedd daeth y bartneriaeth i ben pan ymddeolodd Douglas Hughes o'i swydd fel Asiant.

Pennod yn Hanes Ysgrifennydd Gwladol Cyntaf Cymru

I'r Iddewon, Moses yw'r arwr am iddo arwain ei bobl o gaethiwed yr Aifft i ryddid gwlad Canaan. I ni'r Cymry ni chafwyd unrhyw Foses yn y bedwaredd ganrif ar bymtheg na'r ugeinfed, ond o holl wleidyddion Cymru, awgrymaf mai Jim Griffiths yw'r arweinydd a fu'n bennaf gyfrifol am greu'r amodau a arweiniodd maes o law at sefydlu Cynulliad Cenedlaethol yn 1997.[1] Ar ôl canrif o lafurio ysbeidiol dros Ysgrifennydd Gwladol i Gymru, gall Cymru ddiolch i'r Blaid Lafur am y cyfnewidiadau cyfansoddiadol a chwyldroadol oedd ar gychwyn pan benodwyd Ysgrifennydd Gwladol i Gymru gyda sedd yn y Cabinet am y tro cyntaf erioed yn 1964.[2]

Roedd y Swyddfa Gymreig wedi ei sylfaenu i raddau helaeth ar batrwm Swyddfa'r Alban, a fodolai er 1885. Cyfyng iawn oedd cyfrifoldebau'r Swyddfa Gymreig ar y dechrau. Rhoddwyd cyfrifoldeb llawn am lywodraeth leol, tai a ffyrdd, a dyna'r cyfan, heblaw am oruchwylio'r modd y gweithredid polisïau ym myd addysg, amaethyddiaeth, iechyd a thrafnidiaeth. Yr addewid wreiddiol oedd trosglwyddo cyfrifoldeb am amaeth i'r Swyddfa Gymreig. Ond gwrthododd y Gweinidog Amaeth ildio ei gyfrifoldeb i Ysgrifennydd Cymru. Pan symudwyd Cledwyn Hughes i'r Adran Amaethyddiaeth derbyniodd ran o ddadl gweision sifil yr Adran, a bodlonwyd yn 1968 ar drosglwyddo 'cyfrifoldeb ar y cyd' am amaeth. Cyfyng oedd y cyfrifoldebau a drosglwyddwyd i'r Swyddfa Gymreig.[3] Nid oedd yn cyfateb o bell ffordd i'r cyfrifoldebau a nodwyd yn y ddogfen bolisi, *Signposts to the New Wales*, a gyhoeddwyd gan y Blaid Lafur yn 1962. Gwyddom i Jim Griffiths resynu na throsglwyddwyd iddo gyfrifoldebau am Fwrdd Iechyd Cymru, corff oedd wedi'i sefydlu ar ôl 1919, ond a fu, yn wahanol i Fwrdd

Iechyd yr Alban, yn gwbl ddarostyngedig ar hyd y blynyddoedd i'r Adran Iechyd yn Whitehall, er bod ganddynt gartref delfrydol ar ei gyfer ym Mharc Cathays yng Nghaerdydd.

Teg yw talu teyrnged i Harold Wilson am fod mor graff. Gallasai Wilson fod wedi dewis gwleidydd Llafur arall fel Ysgrifennydd Gwladol Cymru.[4] Yr enw oedd ar wefusau rhai pobl o bob plaid yn y Gymru Gymraeg oedd Cledwyn Hughes. Enw arall, yn arbennig yn ne Cymru, oedd Ness Edwards, ond ni allai Wilson roddi'r swydd iddo gan ei fod yn anwadal ar fater datganoli, ac yn elyniaethus i'r ymgyrch i roddi statws i'r iaith Gymraeg. Sylweddolodd Wilson fod ganddo ddyletswydd i barchu ymroddiad Jim Griffiths i fywyd cyhoeddus Cymru.[5] Roedd cefnogwyr pennaf Jim Griffiths yn ei etholaeth yn awyddus iddo gael yr anrhydedd:

> With my vigour restored I made up my mind that if my good friends at Llanelli agreed I would stand again at the General Election of 1964. They were not only willing but anxious that I should, for they had made up their minds that with a Labour victory I would become the first Secretary of State for Wales.[6]

Cyfarchodd Harold Wilson, Jim Griffiths drannoeth yr etholiad yn 10 Stryd Downing fel Ysgrifennydd Gwladol Siartredig Cymru. Bu'n aros am y cyfle hwn am flynyddoedd, ac roedd y Prif Weinidog yn dawel ei feddwl nad oedd neb gwell na'r 'hen goliar o'r Betws' i osod y seiliau.[7]

Gwyddai Wilson fod Jim Griffiths yn un o'r ychydig wleidyddion â phrofiad o fod yn weinidog llwyddiannus mewn llywodraeth ac iddo fod yn aelod o'r Cabinet rhwng Chwefror 1950 a Hydref 1951.[8] Ond gwyddai hefyd fod Jim Griffiths yn tueddu i siarad gormod o amgylch bwrdd y Cabinet fel y cofiai o 1950–1.

Cynhaliwyd y Cabinet cyntaf ar 19 Hydref 1964. Yn y cyfarfod hwn gosododd Wilson y canllawiau, oedd wedi'u sylfaenu ar y rhai a osododd Attlee rhwng 1945 a 1951.[9] Nid oedd Jim Griffiths yn disgwyl ond un Gweinidog i'w gynorthwyo. Penodwyd Goronwy Roberts yn Weinidog a Harold Finch yn Is-Ysgrifennydd Seneddol. Gwnaeth 'safon' meddwl Goronwy Roberts 'a'i gymeriad' argraff ffafriol ar Griffiths, ac adnabu ef o'r dyddiau y bu'n darlithio yng Ngholeg Prifysgol Cymru yn Abertawe. Cyfrifai Jim Griffiths ei fod yn ffrind cywir o'r dauddegau i Harold Finch. Ef a fu'n gyfrifol am ddenu Finch o Bontllan-fraith i Swyddfa Undeb y Glowyr yng Nghaerdydd i weithio yn yr Adran Iawndal.

Cyflawnodd ei waith yn raenus.[10] Penodwyd Tudor Watkins i swydd ddi-dâl fel Ysgrifennydd Seneddol Preifat i'r tri ohonynt. Felly, cynrychiolwyd pob rhan o Gymru gan y pedwarawd, y gogledd, y canolbarth, y de a Mynwy, a chredai Jim Griffiths fod y gynrychiolaeth hon yn bwysig iawn.

Roedd rhai o aelodau'r Cabinet yn credu nad oedd angen trosglwyddo cyfrifoldebau gweithredol i'r adran newydd ac mai ei swyddogaeth fyddai bod yn rhyw fath o 'wyliwr ar y tŵr'. Ni choleddai Jim Griffiths y farn honno o gwbl a phan dderbyniodd air gan un a fu'n was sifil yn y Swyddfa Yswiriant Gwladol rhwng 1943 a 1950, Syr Thomas W. Phillips, gwyddai ei fod ef ar y trywydd iawn:

> You must be, of course, a watchdog for Wales as a whole, but in order to do this effectively you ought to have a department of your own, with a competent civil service staff. This will help to give you the professional assistance you will need and avoid the risk of being regarded as a tiresome busybody who is always interfering with other people 's business without having any business of your own.[11]

Wedi ei atgyfnerthu gan y llythyr hwn aeth yr Ysgrifennydd Gwladol a'i ddau Weinidog ati i lunio cynigion i'w cyflwyno i'r Prif Weinidog yn galw am drosglwyddo rhagor o ddyletswyddau penodol, yn unol â'r addewid yn y maniffesto Cymreig. Bu Jim Griffiths yn hynod o ffodus o gael Goronwy Hopkin Daniel yn Is-ysgrifennydd Parhaol y Swyddfa Gymreig gan fod y ddau o gefndir glofaol yn ne Cymru, ac yn Annibynwyr Cymraeg. Roedd yr iaith Gymraeg yn rhugl ar wefusau'r ddau ac yn golygu cymaint iddynt. Dylid crybwyll Ystradgynlais, tref y bu Jim Griffiths yn byw ynddi am flynyddoedd, ac un o'r dreflan honno oedd Goronwy Daniel, yn fab i reolwr pwll glo. Soniai Jim Griffiths yn aml am hyn, fel y bu'n trafod cyflogau'r glowyr gyda thad Goronwy Daniel.[12]

Ond rai dyddiau wedi ei benodi yn Ysgrifennydd Gwladol i Gymru daeth i'w glyw fod rhai o'i gyd-aelodau Llafur o dde Cymru wedi ysgrifennu at y Prif Weinidog i bwyso arno i beidio â throsglwyddo galluoedd gweinyddol i'r Swyddfa Gymreig. Roedd wedi synhwyro bod llond dwrn o Aelodau Seneddol Cymru yn coleddu'r syniadau negyddol hyn. Ond roedd yn ddig eu bod wedi ysgrifennu at y Prif Weinidog y tu ôl i'w gefn, heb anfon copi o'u llythyr ato ef. Galwodd ar Ifor Davies, y chwip Cymreig i ofyn iddo alw cyfarfod yn syth o'r Aelodau Seneddol Llafur Cymreig.[13] Cyfarfu â hwy gan ddweud yn hollol blaen eu bod wedi gweithredu yn anfrawdol.[14]

Pwysleisiodd y Gweinidog wrthynt y diwrnod hwnnw fod yn rhaid iddynt ddeall fod y frwydr o blaid rhagor o ddatganoli i Gymru wedi ei hymladd a'i hennill, a bod yr addewid i benodi Ysgrifennydd Gwladol i Gymru wedi ei gosod yn glir ym maniffesto Llafur ar gyfer Cymru yn Etholiad Cyffredinol 1959, yn y llyfryn *Forward with Labour*.[15] Ni fu dadl, a throsglwyddwyd yr wybodaeth am y cyfarfod ar ei hunion i'r Prif Weinidog. Gadawodd y Gweinidog y cyfarfod yn wleidydd oedd wedi setlo un broblem, dros dro o leiaf.

Ond roedd problem arall y cyffyrddwyd â hi eisoes, sef hwyrfrydigrwydd adrannau i drosglwyddo i'r Swyddfa Gymreig gyfrifoldebau y cytunwyd arnynt. At ei gilydd nid oedd y gweision sifil yn barod o gwbl i gytuno. Serch hynny, bodlonodd y Gweinidog yng ngofal Trafnidiaeth, Tony Fraser. Mae'n bosibl fod hynny wedi digwydd am fod Jim Griffiths a Tony Fraser yn bennaf ffrindiau, o gefndir glofaol, a'i fod yntau yn Albanwr. Ffaith arall i'w chofio yw fod John Morris erbyn hyn yn Is-ysgrifennydd Seneddol yn yr Adran Pŵer a bu yntau fel datganolwr da a Chymro yn dwyn ei ddylanwad ar Fraser. Rhoddodd Fraser orchymyn i'w Ysgrifennydd Parhaol i drosglwyddo adrannau oedd yn berthnasol o drafnidiaeth ffyrdd i'r Swyddfa Gymreig newydd.

Rhag ofn fod Harold Wilson yn llusgo'i draed lluniodd Ysgrifennydd Cymru lythyr at y Prif Weinidog yn dweud na allai barhau yn ei swydd os na throsglwyddid pwerau gweithredol i'r Swyddfa Gymreig.[16] Dangosodd y llythyr i Goronwy Roberts a Harold Finch, a chytunodd y ddau ag ef. O fewn wythnos cafodd ei wahodd i ystafell y Prif Weinidog yn San Steffan. Trosglwyddodd Wilson iddo gopi o'r datganiad roedd am ei wneud i'r Tŷ Cyffredin yn diffinio pwerau'r Swyddfa Gymreig.[17] Gadawodd y Gweinidog yr ystafell honno yn hapusach ei fyd ei fod wedi cael dealltwriaeth oedd yn hanfodol i ddyfodol y Swyddfa Gymreig.

Gosododd Jim Griffiths dair tasg arbennig iddo'i hun fel Ysgrifennydd Gwladol i Gymru. Y gyntaf oedd adeiladu 'tref newydd' i Ganolbarth Cymru.[18] Gelwid y dref arfaethedig hon ganddo yn Treowen fel cydnabyddiaeth o gyfraniad arloesol Robert Owen (1771–1858), y Cymro mawr a blaengar o'r Drenewydd. Byddai Treowen â'i chanolbwynt yng Nghaersws ac yn ymestyn i'r Drenewydd a Chaersws a Llanidloes.[19] Gwelai'r dref newydd yn yr un goleuni â'r unig dref a adeiladwyd yng Nghymru o dan Ddeddf y Trefi Newydd 1946, sef Cwmbrân.

Apwyntiodd dîm o arbenigwyr i ddatblygu dadleuon o'i phlaid o dan ofal Tim McKitterick.[20] Roedd y ddau yn adnabod ei gilydd trwy Gymdeithas y

Ffabiaid. Cynhyrchwyd canllawiau a oedd ym marn yr arbenigwyr yn ymarferol ac a fyddai'n ateb problemau diboblogi canolbarth Cymru.

Gwyddai fod Goronwy Roberts yn gweld posibilrwydd y gellid denu Cymry Cymraeg oedd wedi ymfudo i Birmingham, Coventry, Rugby a Wolverhampton yn bennaf, i ddychwelyd i Gymru ac i'r dref newydd, Treowen. Amcangyfrifwyd bod rhwng 60,000 a 100,000 o Gymry (Cymraeg a di-Gymraeg) wedi ymfudo am fywoliaeth i ganolbarth Lloegr. Ond rhaid cydnabod na allai llawer iawn o Gymry dderbyn barn Goronwy Roberts fel un ddiogel y tro hwn.

Credaf hefyd fod sôn am dref o 70,000 o drigolion yn gwbl afreal pan gofiwn mai 35,000 oedd poblogaeth Cwmbrân, 15 mlynedd ar ôl ei sefydlu. Pe bai Jim Griffiths wedi bodloni ar dref o 20,000, mae'n bosibl y byddai wedi cael gwell gwrandawiad gan ei gyd-Gymry. Ond nid oedd caredigion y Gymraeg yn bleidiol o gwbl i'r polisi am eu bod yn rhagweld y byddai dyfodiad y dref yn gwanychu'r bywyd Cymraeg ym Maldwyn, gogledd Ceredigion a de Meirionnydd. Eglurodd Jim Griffiths ei safbwynt ei hun mewn llythyr cynhwysfawr at Iorwerth C. Peate, brodor o Lanbryn-mair.[21] Yn ei lythyr rhestrodd broblemau canolbarth Cymru, sef, 'ardaloedd yn marw ar eu traed. Pobl ifanc yn cilio i Loegr yn bennaf; amaethyddiaeth yn newid oherwydd dyfod y peiriannau; angen canolfan newydd i gadw'r boblogaeth rhag ymfudo'. Ond y pennaf rheswm y dymunai weld Treowen oedd, er mwyn gosod seiliau a fyddai'n 'achub yr iaith'. Dadleuai yn ei lythyr, 'fedrwn ni ddim cadw ein pobol heb ddarparu gwaith a chynhaliaeth a chyfle iddynt gael cartref'. Yn ei dyb ef, roedd y Blaid Lafur wedi gwneud ei gorau i 'geisio cynllun o fudd'.[22] Ei addewid i Iorwerth Peate oedd: 'Fe wnawn ein gorau glân i ddiogelu iaith a thraddodiad Cymreig ond bydd parhad diboblogaeth yn lladd y cwbl.'[23]

Efallai mai gwir ei broffwydoliaeth, ond nid oedd ganddo wleidyddion eraill o bwys oedd yn barod i gefnogi ei weledigaeth. Nid oes amheuaeth fod y methiant i sefydlu Treowen wedi bod yn siom bersonol iddo:

> My successor (Cledwyn Hughes) had to be content with a New Town Corporation with a plan to double in a decade or so the population of Newtown. I am glad to hear of the progress of the scheme and even yet hope it may spread to include the boundary of the original plan.[24]

Y gwir yw fod Cledwyn Hughes yn wrthwynebus i'r cynllun i sefydlu Treowen:

Mewn dadl yn yr Uwch bwyllgor gwnes ddatganiad nad oeddwn yn derbyn y cynllun
o dref fawr o'r Drenewydd i Gaersws – 'linear new town' – am fy mod yn credu y
byddai'n waywffon i galon Cymru. Penderfynais ar gynllun i gryfhau'r Drenewydd a
threfi eraill y cylch ac ar hwn y sefydlwyd y Gorfforaeth bresennol.[25]

Yr ail dasg oedd hybu astudiaeth i weld sut y gellid creu Cyngor Etholedig i
Gymru. Roedd y dyhead am gorff etholedig i drafod problemau Cymru ym mynd
yn ôl i'r mudiad gwladgarol, Cymru Fydd, a grëwyd gan Tom Ellis, Lloyd George
ac eraill yn nawdegau'r bedwaredd ganrif ar bymtheg. Sefydlodd Jim Griffiths
weithgor o fewn y Swyddfa Gymreig o dan gadeiryddiaeth Goronwy Daniel i
'ymchwilio i ailddosbarthiad swyddogaethau llywodraeth leol.'[26] Cyflwynwyd yr
adroddiad iddo ar 16 Ionawr 1966 o dan y teitl, *Working Party on Local Government
Reorganisation in Wales, Interim Memorandum.* Ni chyhoeddwyd yr adroddiad,
ond cafodd Cyngor Etholedig i Gymru, a elwir yn y ddogfen yn *Greater Welsh
Council,* le amlwg o ffafriol ymhlith ei argymhellion. Rhaid gofyn, ac yntau yn y
Swyddfa Gymreig, a allai fod wedi gwneud mwy i hyrwyddo Cyngor Etholedig
i Gymru?

Y drydedd dasg oedd cryfhau statws cyfreithiol yr Iaith Gymraeg.[27] Ddeuddydd
cyn i Saunders Lewis draddodi ei ddarlith ysgytwol *Tynged yr Iaith* yn fyw ar y
BBC, 13 Chwefror 1962, roedd Jim Griffiths wedi llefaru'r un neges wrth Aneirin
Talfan Davies yn y gyfres deledu *Dylanwadau.* Fe'i recordiwyd ar 11 Chwefror
1962, ond ni chafodd ei ddarlledu tan 21 Mawrth, ac felly ni allai'r gwleidydd
fod wedi clywed *Tynged yr Iaith* ar y radio.[28] Gofynnodd Aneirin Talfan Davies
y cwestiwn: 'Beth yw prif broblem Cymru heddiw?' A'r ateb: 'Mae problem
cael gwaith, problem cael cynhaliaeth yn bwysig'. Ond y syndod mawr i lawer
ohonom oedd ei glywed yn dweud hyn: 'Prif broblem Cymru heddiw yw achub
yr iaith – rwy'n credu mai dyna'r brif broblem dros y deg i'r ugain mlynedd
nesaf'.[29] Meddai Gwilym Prys Davies:

Ateb chwyldroadol gan un o arweinwyr y Blaid Lafur. Credaf y gellir dweud nad oedd
yr un arweinydd Llafur wedi dweud peth fel hyn erioed o'r blaen … dengys ei ateb y
newid cywair a chyfeiriad yr oedd ef am ei weld ar ran Llafur o 1962 ymlaen.[30]

Hawdd credu bod sgwrs Jim Griffiths wedi bod yn gefn ac yn ysbrydoliaeth
i Gymry Cymraeg yn y Blaid Lafur i ddal ati i gynyddu'r ymwybyddiaeth o
bwysigrwydd y Gymraeg ym mywyd cyhoeddus Cymru. Roedd Jim Griffiths

yn gynnyrch un o gadarnleoedd yr iaith – Cwm Aman. Credaf fod y lleihad yng nghanran siaradwyr Cymraeg ei etholaeth i'w briodoli i raddau i anallu neu amharodrwydd rhieni i drosglwyddo'r iaith i'w plant. Wyddom ni ddim a welai Jim Griffiths hefyd ei fod yntau yn un o'r degau o filoedd o rieni na lwyddodd i'w throsglwyddo i'w blant.

Yn Ebrill 1963 cyhoeddwyd adroddiad Cyngor Cymru, o dan gadeiryddiaeth yr athronydd R. I. Aaron, yn gosod argymhellion i'r Llywodraeth ar gyfer cryfhau safle'r iaith Gymraeg.[31] Ar 30 Gorffennaf 1963 cyhoeddodd y Gweinidog Materion Cymreig, Syr Keith Joseph, yn y Tŷ Cyffredin ei fod yn penodi Pwyllgor bychan o dan gadeiryddiaeth Syr David Hughes Parry i egluro statws cyfreithiol yr iaith Gymraeg, ac i ystyried a ddylid gwneud cyfnewidiadau yn y gyfraith. Y ddau aelod o'r Pwyllgor oedd yr hanesydd, Glanmor Williams, cefnogydd y Blaid Lafur ac un o brif haneswyr Cymru yn ystod ail hanner yr ugeinfed ganrif, a K. Williams Jones, clerc Cyngor Sir Meirionnydd. Ar 25 Hydref 1965, cyflwynwyd adroddiad pwyllgor Syr David Hughes-Parry, sef *Statws Cyfreithiol yr Iaith Gymraeg* i Jim Griffiths. Argymhellodd yr Adroddiad ddeddf newydd yn corffori egwyddor statws dilysrwydd cyfartal y Gymraeg a'r Saesneg a dileu deg o ddeddfau oddi ar y Llyfr Statud. Ystyr 'dilysrwydd cyfartal' yw fod pob gweithred a phob ysgrifen yn Gymraeg yng Nghymru â'r un grym cyfreithiol â dogfen yn Saesneg. Corfforwyd y fersiwn hon yn Neddf yr Iaith Gymraeg 1967, ond nid oedd y ddeddf honno yn gweithredu'r egwyddor newydd. Bu adroddiad Hughes Parry yn hwb i galon Cymry Cymraeg ym mhob plaid wleidyddol, a chroesawodd Jim Griffiths yr argymhellion i gryfhau Cymru ddwyieithog, lle byddai'r iaith Gymraeg nid yn clafychu ond yn ailflodeuo.[32] Un arweinydd gwleidyddol oedd yn nhir neb oedd Gwynfor Evans; fel y dywed Rhys Evans 'ni fedrai organmol y genhedlaeth iau amharchus ond gwyddai hefyd, na fedrai ganu salmau o fawl i unrhyw lywodraeth Lafur.'[33]

Tuedd haneswyr Cymraeg yw anghofio cyfraniad anhepgor Jim Griffiths yn dylanwadu ar yr Aelodau Seneddol Llafur Cymreig i gefnogi prif argymhellion Hughes-Parry a phalmantu'r ffordd tuag at Ddeddf Iaith. Roedd gan ei lais ddylanwad ar ei gyd-Aelodau Seneddol Llafur. Cawsom agoriad llygad ar hyn yng nghyfrol glasurol Gwilym Prys Davies, *Cynhaeaf Hanner Canrif: Gwleidyddiaeth Gymreig 1945–2005*, lle y dyfynna Goronwy Daniel:

Mr James Griffiths and Mr Goronwy Roberts devoted much time to the language problem. But they found it hard to get the support of their colleagues to the Hughes Parry proposals.[34]

Un o'r rhai mwyaf anodd ei drin ar fater y Gymraeg oedd Aelod Seneddol Llafur Pont-y-pŵl, Leo Abse.[35] Ymosododd Abse yn chwyrn ar yr argymhelliad yn yr adroddiad y dylai penaethiaid y gwasanaeth sifil yng Nghymru fedru'r Gymraeg. Chwaraeodd yn ddeheuig 'gerdyn Gwent' gan ddadlau y byddai'r swyddi gweinyddol pwysig yn mynd i bobl oedd yn siarad Cymraeg yn hytrach nag ar sail cymwysterau. Cafodd Abse gefnogaeth Cyngor Sir Mynwy a Chyngor Tref Casnewydd. Iddynt hwy doedd dim angen newid y sefyllfa gyfreithiol bresennol o gwbl. Cofnododd Goronwy Daniel hefyd i Jim Griffiths a Goronwy Roberts ei chael hi'n anodd darbwyllo Adran yr Arglwydd Ganghellor:

...that Department was reluctant to see the costs of court proceedings increased and had limited understanding of the depth of feeling for the language amongst Welsh speakers and writers who had devoted themselves to the materially unrewarding task of sustaining it.[36]

Ond daliodd Jim Griffiths i sgwrsio gyda'r gwrthwynebwyr, ac ym mis Tachwedd 1965 gallai gyhoeddi yn y Senedd fod y Llywodraeth yn derbyn yr egwyddor o ddilysrwydd cyfartal.[37]

Nid yw Gweinidog y Goron heb ddyletswyddau a chyfrifoldebau i'w etholaeth.[38] Yn 1963–64 gofynnodd Pwyllgor Cydenwadol yr Iaith Gymraeg yn Sir Gaerfyrddin i Jim Griffiths a Megan Lloyd George drafod lle'r Gymraeg yn ysgolion y sir. Ar 13 Mehefin 1964, bu cyfarfod yn adeilad Aelwyd yr Urdd yn Llanelli rhyngddo ef ac arweinwyr y Pwyllgor Cydenwadol, yn gwrando ar anerchiad Cadeirydd y Pwyllgor, Mathew Williams, cyn-Arolygydd ysgolion a brawd yr ysgolhaig, Griffith John Williams. Trefnwyd cyfarfod arall a lywyddwyd gan y Cynghorydd Llafur Glanville Williams a chafwyd cyflwyniad gwerthfawr arall gan Mathew Williams. Rhoddodd Jim Griffiths addewid y byddai'n dilyn y mater, gan gredu bod angen ehangu darpariaeth Ysgolion Cymraeg i Gwm Aman.

Ym mis Rhagfyr 1964, derbyniodd adroddiad pryderus gan ei Asiant am ddyfodol pencadlys y Blaid Lafur yn Llanelli. Atebodd Jim Griffiths ei fod o blaid y syniad o'i addasu yn ganolfan gymdeithasol, ond gwnaeth hi'n glir i'w Asiant nad oedd ef yn gefnogol o gwbl i'r syniad o'i drwyddedu i werthu diodydd meddwol. Dywed y byddai hynny'n codi gwrychyn y mudiad dirwestol a'r Eglwysi Rhyddion yn Llanelli. Cyfaddefa fod ei dymor ef fel Aelod Seneddol yn prysur ddirwyn i ben, ond hyd yn oed wedyn ni allai ddygymod â gweld Garth Hywel yn Glwb Yfed.[39]

Gwyddai Jim Griffiths yn ddigon da nad oedd Douglas Hughes yn awyddus i gadw Garth Hywel ym mherchenogaeth y Blaid Lafur, a gwyddai hefyd nad oedd y sefyllfa ariannol yn flodeuog. Roedd hi'n anodd yn aml i gael dau ben llinyn ynghyd gan eu bod fel Plaid yn cynnal Asiant llawn amser. Credai'r Aelod Seneddol fod tri opsiwn i'w hystyried: yn gyntaf, ceisio perswadio'r Undebau Llafur i ystyried mabwysiadu Garth Hywel, neu ran ohono, yn swyddfa neu yn fan cyfarfod i'w pwyllgorau a'u cyfarfodydd; yn ail, codi gweithgor o bobl y dref oedd yn gefnogwyr Llafur i ystyried dyfodol yr adeilad, ac yn drydydd, ystyried defnyddio'r adeilad fel canolfan gymdeithasol ddyddiol.[40] Credai yn gydwybodol fod gan dref Llanelli ddigon o glybiau yfed i gwrdd â'i hangen yn barod, ac nad oedd angen ychwanegu un arall atynt. Yn y diwedd, ar Chwefror 1966, ar ôl deunaw mis o drafod a phoeni Jim Griffiths, fe'i gwerthwyd i'r Amalgamated Engineering Union (AEU) am £3,000. Amcangyfrifwyd gan yr asiant gwerthu tai fod yr adeilad yn werth oddeutu £4,000 i £4,500 ar y farchnad agored.

Cododd aml i bwnc dyrys yn 1965 o fewn ei etholaeth, materion yn ymwneud â'r llyfrgelloedd, addysg ac anghenion unigolion. Ac wrth ddarllen yr ohebiaeth rhyngddo a'i Asiant, down yn ymwybodol o ddoethineb yr Ysgrifennydd Gwladol i Gymru.[41] Ofnai y gallai aml i achos oedd yn ymwneud â chynghorwyr Llafur droi'n chwerw ond gwnaeth y cyfan o fewn ei allu i sicrhau na fyddai hynny'n digwydd er mwyn cadw enw da ei Blaid. Ar fater y llyfrgelloedd, gofalodd drefnu i weld H. Turner Evans, Llyfrgellydd Sir Gaerfyrddin i gael ei arweiniad.

Roedd aelodaeth isel canghennau'r Blaid Lafur yn ei boeni, y gweddill ffyddlon oedd yn cyfarfod i glywed adroddiadau gan y cynghorwyr sir a dosbarth ar faterion lleol a pharatoi ar gyfer etholiadau lleol a seneddol. Gwyddom fod dwy o'r canghennau cryfaf yn nhrefi Llanelli a Chwmaman.

Yn 1965 bu newid ymhlith arweinyddiaeth y Blaid Lafur yng Nghymru pan benderfynodd Cliff Prothero ymddeol fel Trefnydd Cyffredinol. Roedd ef yn gymeriad cryf, yn benderfynol ac wedi bod yn ddylanwadol am ddeunaw mlynedd ar bolisïau'r Blaid Lafur yng Nghymru. Diffiniodd ei safbwynt ar ddatganoli yn glir ac yn syml yn ei hunangofiant: 'I am a loyal member of the Labour Party, and more convinced than ever that the setting up of an Elected Assembly would be detrimental to the Labour Party in Wales.'[42]

Credai rhai Llafurwyr y byddai Dirprwy Ysgrifennydd y Blaid Lafur yng Nghymru, Hubert Morgan, Cymro Cymraeg, yn cael ei ddewis i olynu Cliff Prothero. Yn 1965 gwasanaethai J. Emrys Jones fel Trefnydd y Blaid Lafur yn Birmingham, a rhoddodd Jim Griffiths gefnogaeth iddo yn ei gais am y swydd. Ef a benodwyd i'r swydd, er siomiant dwfn ac, o bosib, surni i Hubert Morgan. Ymatebodd Emrys Jones yn well nag a ddisgwylid gan ddilyn Jim Griffiths oedd yn flaengar ar faterion Cymraeg ac yn ddatganolwr, wrth gwrs. Golygai nad oedd hynny'n plesio George Thomas, Leo Abse nac aelodau o'r un syniadaeth â nhw. Gallai Emrys Jones fod yn hy gyda George Thomas am ei fod wedi bod yn Asiant iddo am gyfnod yn syth wedi'r Rhyfel.

Gweithredai Emrys Jones yn dawel heb godi'i lais, gan ddadlau'n hamddenol ac ennill y dydd mor gyson.[43] O'r diwedd roedd Jim Griffiths wedi dod o hyd i ŵr oedd o'r un meddylfryd ag ef ei hun ar bynciau'n ymwneud â Chymru fel gwlad a chenedl.

Ni fu ei well am lywio'r Blaid tuag at y nod oedd yn ei feddwl. Darbwyllwyd Cyngor Llafur Cymru a'r Gynhadledd Flynyddol yn 1966 gan Emrys Jones i gefnogi'r alwad i ystyried sefydlu, fel y dymunai Jim Griffiths, Gyngor Etholedig i Gymru.

Roedd mwyafrif arweinwyr y farn gyhoeddus Gymreig yn gweld arweiniad blaengar Jim Griffiths yn y Swyddfa Gymreig yn un cadarnhaol. Yn sydyn ar ddydd Iau yr Eisteddfod Genedlaethol yn y Drenewydd, 1965 torrodd y newydd fod seren lachar Plaid Cymru, Elystan Morgan o bawb, yn troi ei gefn ar blaid y bu ef yn ymgeisydd iddi bedair gwaith mewn Etholiadau Cyffredinol ac yn Is-Lywydd arni er mwyn ymuno â rhengoedd y Blaid Lafur.[44] Roedd Elystan Morgan yn ymuno â phlaid oedd yn meddu ar wleidyddion o'r un argyhoeddiadau ag ef ei hun, fel Cledwyn Hughes, Goronwy Roberts, ei gyfaill o Ysgol Ardwyn, Aberystwyth, John Morris a Jim Griffiths – pob un ohonynt yn Weinidog y Goron.

Yng Nghynhadledd Flynyddol y Blaid Lafur Brydeinig fis Hydref 1965 gwahoddwyd Jim Griffiths i ystafell westy'r Prif Weinidog am sgwrs breifat. Cododd Wilson y cwestiwn anorfod – sut y gwelai Jim Griffiths y sefyllfa ac am ba hyd yr hoffai aros yn y swydd bwysig a ddaliai. Ac ychwanegodd mai Cynhadledd 1965 fyddai'r un olaf cyn yr Etholiad Cyffredinol ac y byddai am iddo barhau yn ei swydd fel Ysgrifennydd Gwladol i Gymru hyd yr Etholiad Cyffredinol yn 1966.[45] Diolchodd Jim Griffiths iddo am ei gefnogaeth a'i ymddiriedaeth ynddo.

Ar y cyfan teimlai Jim Griffiths fod y cyfnod byr y bu ef wrth y llyw yn y Swyddfa Gymreig wedi caniatáu iddo osod ei seiliau yn weddol ddiogel, ond nid yn llwyr felly. Daliai i boeni nad oedd yr holl gyfrifoldebau y cafwyd addewid amdanynt yn y maniffesto wedi eu trosglwyddo i ofal y swyddfa. Felly cyn ymadael â'r Swyddfa Gymreig ar 4 Ebrill 1966 lluniodd femorandwm at y Prif Weinidog yn galw yn daer am drosglwyddo'r cyfrifoldeb am iechyd, addysg ac amaeth o Whitehall i Gaerdydd.[46] Mae'r memorandwm hwn yn cau pennod rymus ac anrhydeddus yn hanes gŵr a roddodd ei orau i godi gwerin ei wlad ar ei thraed.

Tybed a allai Jim Griffiths fod wedi bod yn llawer mwy uchelgeisiol yn y swydd? A'r ateb yn syml yw, gallai. Ond rhaid cofio iddo gael ei lesteirio gan ystyfnigrwydd y Gwasanaeth Sifil, uchelgais Gweinidogion eraill, mwyafrif bychan ei Lywodraeth yn y Senedd ac oedran teg y gwleidydd ei hun.

Cydnabu iddo dderbyn cannoedd ar gannoedd o lythyron yn diolch yn ddidwyll am ei stiwardiaeth ddoeth, ei raglen Gymreig, ei ymweliadau i Gaerdydd, i'r canolbarth, i'w etholaeth ac i ogledd Cymru. Yn ei gyfarfod gyda J. Emrys Jones ar 23 Chwefror 1966 penderfynwyd y byddai ef, gan mai hwn oedd yr Etholiad Cyffredinol cyntaf er sefydlu'r Swyddfa Gymreig, yn teithio i bob un o'r 36 o etholaethau yng Nghymru gan neilltuo tri diwrnod yn unig i'w sedd ei hun yn Llanelli.[47] Bu mewn cyfyng gyngor ynglŷn ag aros am gyfnod pellach fel ymgeisydd Llafur. Ond perswadiwyd ef gan ei Bwyllgor Gwaith a gan y Swyddfa yng Nghaerdydd i wneud y cyfan yn ei allu i sicrhau mwy o lwyddiant i Lafur nag a gafwyd yn 1964.[48]

Roedd hynny'n gofyn llawer i ŵr o'i oedran, gan gofio hefyd fod Douglas Hughes, ei Asiant er 1936, wedi ymddeol. Bu'n rhaid cael ysgrifennydd ac asiant newydd, ac etholwyd y Cynghorydd W. J. Davies. Ceid ymrafael ymhlith rhai o'r cynghorwyr Llafur yn Llanelli, rhwng rhai a gynrychiolai y Blaid Lafur ar y Cyngor Sir a'r Cyngor lleol. Bu mater addysg ysgolion cyfun yn bwnc dadleuol fel y gellid disgwyl. Gwnaeth Jim Griffiths apêl bersonol mewn llythyr at gynghorwyr, y canghennau, swyddogion Undebau, a'r gweithwyr ar lawr gwlad, yng ngoleuni'r ffaith y byddai'n absennol am y rhan fwyaf o'r cyfnod cyn y pleidleisio, am iddynt oll roddi o'u gorau glas i'r ymgyrch etholiadol. Cafodd lythyr calonogol oddi wrth Dai Charles, un o Undebwyr Llafur pennaf tref Llanelli, y byddai ef yn bersonol yn sicrhau y byddai'r Undebau Llafur yn gweithio heb laesu dwylo. Dyma wybodaeth y gallai ddibynnu arni.[49]

Ysgrifennodd un o gynghorwyr Llafur yn Llanelli, J. G. Hall, lythyr at Jim Griffiths yn darogan y byddai rhai o'r cynghorwyr yn colli eu seddau yn yr etholiadau llywodraeth leol, gan ychwanegu: 'I do not think there is any implied threat to you personally. At least that is my view.'[50] Yn y cyd-destun hwnnw, roedd ei farn yn un deg.

Cychwynnwyd yr ymgyrch etholiadol ar 11 Mawrth 1966. Cafodd dderbyniad cynnes ym mhob etholaeth. Roedd fel brenin ymhlith ei bobl a pherchid ef a Harold Wilson am gadw'r addewidion o dan amodau anodd. Soniai ym mhob cyfarfod am yr angen i gynyddu cyfrifoldebau'r Swyddfa Gymreig. Llawenydd mawr iddo ar drothwy'r etholiad oedd cyhoeddiad o eiddo Margaret Herbison, y Gweinidog Pensiynau ac Yswiriant Cenedlaethol, fod Cymhorthdal Cenedlaethol i'w ddileu, ond bod budd-dâl ychwanegol i'w ddisodli.

Ar noson y cyfrif ar ddydd olaf mis Mawrth 1966 yn nhref Llanelli cafwyd canlyniad godidog:

James Griffiths (Llafur)	33,674	71.4%
J. C. Peel (Ceidwadwr)	7,143	15.1%
Pennar Davies (Plaid Cymru)	5,132	10.9%
R. E. Hitchon (Comiwnydd)	1,211	2.6%
Mwyafrif	26,531	56.3% [51]

Cafodd fwyafrif o 26,531, ychydig yn llai na Walter Padley yn Ogwr gyda 26,673, y mwyafrif mwyaf yng Nghymru.[52] Gwnaeth y ddau Weinidog arall yn y Swyddfa Gymreig hefyd yn dda: derbyniodd Goronwy Roberts fwyafrif o 10,678 dros y Blaid Geidwadol a Harold Finch fwyafrif o 24,984 dros y Ceidwadwyr.[53] Cododd y cyfartaledd o bleidleiswyr Cymru a gefnogai'r Blaid Lafur o 58% yn 1964 i 61% yn Etholiad Cyffredinol 1966, y ganran uchaf yn holl hanes y Blaid Lafur.[54]

Enillodd Llafur 32 o'r 36 etholaeth Gymreig, 27 ohonynt ar fwyafrifoedd sylweddol. Cipiodd Ednyfed Hudson-Davies, mab i weinidog oedd yn edmygydd mawr o Jim Griffiths, Conwy i Lafur gan guro Peter Thomas y Ceidwadwr gyda mwyafrif o 581.[55] Yna cipiodd Elystan Morgan sedd ei sir enedigol, Aberteifi oddi wrth Roderic Bowen gyda mwyafrif o 523 o bleidleisiau, a bu Jim Griffiths yn gwbl allweddol fel y cydnabu yr ymgeisydd Llafur:

> Fe ddaeth Jim i Aberystwyth yn gynnar yn yr ymgyrch ac fe gynhaliwyd anferth o gyfarfod yn Neuadd y Plwyf, Aberystwyth; roedd y lle dan ei sang, a dyna un o'r cyfarfodydd mwyaf ysbrydoledig i mi ei fynychu erioed. Does dim diau na wnaeth emosiwn fel yna a phersonoliaeth gawraidd Jim Griffiths, yn ogystal â'r ffaith ei fod yn Ysgrifennydd cyntaf Cymru, gyfrannu'n fawr at lwyddiant ein hymgyrch.[56]

Llwyddwyd i berswadio Cliff Prothero i weithredu fel asiant Llafur yr etholiad yn Aberteifi. Roedd y canlyniad mewn dwy etholaeth yn arwyddocaol, Aberteifi a Chaerfyrddin; Aberteifi am mai Elystan Morgan oedd y buddugol gan ysgubo ymaith ganrif o Ryddfrydiaeth, Caerfyrddin am i Gwynfor Evans gynyddu ei bleidlais o 5,045 i 7,416, cynnydd sylweddol mewn etholaeth lle na welwyd yr ymgeisydd Llafur, hyd yn oed ar fore'r canlyniad.[57] Methodd Megan Lloyd George adael ei chartref yng Nghricieth oherwydd salwch. Pwyswyd yn yr ymgyrch yn bennaf ar Gwilym Prys Davies a'i gyfeillion a safodd yn y bwlch ar berswâd Jim Griffiths.[58] Ond cynyddodd pleidlais Megan Lloyd George yn sylweddol gan adlewyrchu bod y llanw gwleidyddol yn llifo'n gryf o blaid Llafur, a'r hudoliaeth yn enw Lloyd George. Mae'n sicr mai'r ddedfryd agosaf at y gwirionedd ym mis Ebrill 1966 oedd y llinell honno a luniodd Syr Ifan ab Owen Edwards mewn cyfarchiad o longyfarchiadau i Cledwyn Hughes:

> Ymysg y gwersi eraill a ddysgodd yr Etholiad diwethaf yma, fe ddysgwyd na all y Blaid Genedlaethol o dan amodau heddiw byth lwyddo fel plaid wleidyddol ac mai'r Blaid Lafur bellach yw Plaid Genedlaethol Cymru.[59]

Roedd cryn dipyn o wirionedd ym mrawddeg sylfaenydd Urdd Gobaith Cymru. Hyd yn oed yn 1966 pan enillodd y Blaid Ryddfrydol 33 o seddau, roedd pedair ohonynt yn nwylo Llafurwyr-Rhyddfrydol fel Mabon. I Jim Griffiths roedd y canlyniad yn yr Etholiad ar ôl sefydlu'r Swyddfa Gymreig a'i dymor yntau fel Ysgrifennydd Gwladol i Gymru yn 'magnificent vote of confidence'. Roedd bellach wedi cyflawni ei uchelgais wleidyddol olaf, i fod yn Ysgrifennydd Gwladol i Gymru.[60] Ac mae gosodiad Ioan Matthews yn dal dŵr:

Under Griffiths' leadership, the Labour Party in Wales came close to becoming a genuine national movement that would be accepted as such in Welsh-speaking rural areas.[61]

Ond fe wyddai Jim Griffiths yn ddigon da mai ansicr yw gwleidyddiaeth ac mai anwadal yw dynion a merched ym mhob gwlad ddemocrataidd.

Ei Flynyddoedd
Olaf yn San Steffan

Ar wahoddiad y Prif Weinidog galwodd am sgwrs yn 10 Stryd Downing ar fore 4 Ebrill 1966. Yno dywedodd yn glir ei fod yn ymddeol, a diolchodd yn ddiffuant i Harold Wilson am ei gefnogaeth iddo fel y gallai osod seiliau i'r Swyddfa Gymreig.[1] Yn ddiweddarach y diwrnod hwnnw, anfonodd Wilson lythyr caredig ato yn tanlinellu dyled enfawr iddo am fod mor gydwybodol yn ei ddyletswyddau i Gymru yn y Cabinet ac yn ei wlad ei hun:[2]

> As I said in Cardiff last week, you have brought to our counsels at every level of Government the needs of the Welsh people … But more – you have brought to all our discussions, even those going far beyond the problems of Wales, the imagination and vision which have carried you throughout a great political career, and to the sagacity and experience which you have accumulated in all your many years of public service.[3]

Roedd Wilson yn falch ei fod yn parhau i fod yn Aelod Seneddol oherwydd ei brofiad a'i ddawn i gymodi a chael pawb i gydweithio er budd y Blaid Lafur. Yn ôl confensiwn a dymuniad galwodd Jim Griffiths i ddiolch i'w gyd-Weinidogion yn y Swyddfa Gymreig a'i ysgrifenyddion ac i groesawu ei olynydd Cledwyn Hughes.[4] Gallai ei groesawu gan eu bod yn meddu ar yr un delfrydau. Golygai Cymru a'i phobl, yr iaith Gymraeg a'i diwylliant, a'r traddodiadau crefyddol a chymdeithasol gryn lawer i'r ddau fel ei gilydd.[5]

Cafodd Jim Griffiths dasg gan ei gyd-Seneddwyr pan gyfarfu'r Senedd newydd a roes foddhad mawr iddo, sef yr anrhydedd o gynnig enw llefarydd newydd i'r Senedd, sef Horace King, cyfaill personol iddo, ac yn wir, llefarydd cyntaf y Tŷ o blith y Llafurwyr.[6] Roedd Horace King yn ŵr annwyl dros ben.

Ychydig wythnosau ar ôl agor y Senedd daeth y newydd ar 14 Mai 1966 am farwolaeth Aelod Seneddol Llafur Sir Gaerfyrddin, Megan Lloyd George. Jim Griffiths ynghyd â Goronwy Roberts oedd yn bennaf gyfrifol am ei denu i'r Blaid Lafur ar ôl iddi golli Môn fel AS Rhyddfrydol yn 1951. Bu'n gadarn dros ddiogelu'r etifeddiaeth Gymraeg ac ymgyrch Senedd i Gymru. Ail etholwyd hi ym mis Mawrth 1966 gyda mwyafrif o 9,233, er na fu ar gyfyl yr etholaeth oherwydd ei salwch. Edrychai'r sedd, er hynny, yn gwbl ddiogel i Lafur.

Roedd angen gwleidydd tebyg iddi o ran y safbwynt Cymreig ac roedd dau ŵr yn amlwg, sef Gwilym Prys Davies a oedd, wedi'r cyfan, wedi cynrychioli Llafur cyn hynny yn yr etholiad, a Denzil Davies, un o blant y sir, a gwleidydd o allu arbennig. Dewiswyd Gwilym Prys Davies yn ymgeisydd a gweithiodd yn ddygn. Roedd agwedd y grŵp Llafur a lywodraethai ar y Cyngor Sir yn ffactor na ellid ei anwybyddu, yn arbennig y cyhoeddiad adeg yr ymgyrchu fod nifer fawr o ysgolion gwledig o dan fygythiad i'w cau. Roedd argyfwng y bunt, penderfyniad carfan dda o'r Ceidwadwyr i bleidleisio i Blaid Cymru, syrthni'r economi a'r holl bobl ifanc a ddenwyd i weithio dros Blaid Cymru yn ffactorau eraill a fu'n gyfrifol am y canlyniad annisgwyl. Roedd Gwynfor Evans yn Gynghorydd Sir oedd yn cael llawer o gyhoeddusrwydd, ac yn hynod o dderbyniol ymhlith enwad crefyddol cryfaf yr etholaeth, yr Annibynwyr Cymraeg. Meddyliai Jim Griffiths gryn lawer ohono fel dyn, a disgrifiodd arweinydd Plaid Cymru fel hyn: 'He is not a dreamer but a successful business man, a pillar of nonconformity and a pragmatic politician'.[7]

Er hynny cymerodd ran yn yr ymgyrch gan ei fod am weld gŵr mor arbennig â Gwilym Prys Davies ar feinciau Llafur yn y Senedd. Ond o flaen tyrfa fawr swnllyd cyhoeddwyd ar 14 Gorffennaf 1966 fod Gwynfor Evans wedi ennill gyda mwyafrif o 2,436 dros y Blaid Lafur.[8] Penderfynodd Cynghorwyr Llafur y Sir beidio â chefnogi'r Cyngor Etholedig. Dedfryd Rhys Evans, cofiannydd Gwynfor Evans, yw hyn:

> O safbwynt gwleidyddol, bu Gwynfor yn gyfrifol am ddinistrio hygrededd Cledwyn Hughes a chreu'r fath baranoia. Yn eironig ddigon felly dinistriwyd achos datganoli tan 1973, a hynny oherwydd twf cenedlaetholdeb.[9]

Sylweddolodd Jim Griffiths hyn ond ni welai Gwynfor Evans hynny o gwbl. Roedd yn ddall i amgylchiadau arbennig yr isetholiad, gan gredu yn gydwybodol fod y Blaid Lafur yng Nghymru mwyach wedi ei llorio'n llwyr. Byddai'n gwneud hwyl am ben y datganolwyr Llafur gymaint ag y byddai'n ymosod ar George Thomas a'i gefnogwyr.[10]

Cymerodd yr Aelod Seneddol newydd ei sedd yn y Senedd ar 21 Gorffennaf. Cyflwynwyd Gwynfor gan ei ddau noddwr, sef Jim Griffiths ac S. O. Davies, dau o'r Cymry cadarnaf yn y Senedd.[11] Deellir, o ddarllen gohebiaeth Jim Griffiths, fod yna gonfensiwn fod un o'r noddwyr yn aelod dros y sedd drws nesaf. Mae'n amlwg fod Llanelli yn sedd drws nesaf, ond felly hefyd sedd Aberteifi, ac yno preswyliai Elystan Morgan yn Aelod Seneddol Llafur er Etholiad 1966. Mae'n amlwg fod Gwynfor Evans wedi dewis Jim Griffiths cyn Elystan Morgan i'w gyflwyno i'r Tŷ Cyffredin.[12] Mynnodd Gwynfor yn ddigon naturiol i dyngu ei lw i'r Frenhines yn ddwyieithog. Gwrthodwyd ei gais gan y Llefarydd gan esbonio na ellid caniatáu ond llw yn Saesneg yn y Tŷ Cyffredin, a chythruddwyd nifer o Aelodau Seneddol y chwith gyda'i ddyfarniad.[13]

Un o'r gwleidyddion a fyddai'n naturiol wedi dymuno i ganlyniad yr isetholiad fod yn dra gwahanol oedd Jim Griffiths. Ond roedd yn ddigon craff i sylwi nad seren wib oedd canlyniad Caerfyrddin. Roedd y cenedlaetholwyr yn cymryd lle'r Comiwnyddion yng Nghymru fel bygythiad i hegemoni Llafur.[14] A gwelodd hyn yn Isetholiad Gorllewin y Rhondda yn 1967. Gwnaeth Plaid Cymru yn rhagorol ac roedd gwendid peirianwaith y Blaid Lafur a diffyg sêl Cynghorwyr Llafur yr etholaeth yn amlwg.

Rhaid cofio fod yna siom ymhlith Cymry Cymraeg a gefnogai'r Blaid Lafur am agwedd negyddol y cyn-Aelod Seneddol Iorwerth Thomas, oedd yn amlwg yn wrth-Gymraeg Ymneilltuol.[15] Onibai i'r Blaid Lafur ddewis ymgeisydd cryf yn Alec Jones fe fyddai hi wedi bod yn fwy argyfyngus fyth. Derbyniodd Alec Jones 12,373 o bleidleisiau yn erbyn 10,067 i Victor Davies. Bu Jim Griffiths, fel y cofiaf yn dda, yn canfasio ac yn annerch yn y Pentre a Threorci. Bu Alec Jones yn Weinidog ar ôl ei fuddugoliaeth yn y Swyddfa Gymreig o dan John Morris a'i gyfraniad yn rhagorol.[16]

Gwelodd ef y llu o Gymry ifanc brwd o golegau Prifysgolion Cymru yn tyrru i'r Rhondda i roi eu cefnogaeth i beirianwaith Plaid Cymru oedd yn nwylo'r Cynghorydd dewr, Glyn James, Ferndale. Byddai Glyn James a'i gorn siarad wrthi o fore tan nos, o Flaen-y-cwm i Ben-y-graig. Daeth un o seddau diogelaf y Blaid Lafur yng Nghymru yn agos iawn at gael ei hennill gan Blaid Cymru.

Yn wir gwnaeth Victor Davies a'r Blaid yn rhyfeddol o dda, ac yn well o ran ystadegau nag a wnaed yng Nghaerfyrddin. Derbyniodd Victor Davies 40% o'r bleidlais, cryn dipyn yn fwy na buddugoliaeth Gwynfor Evans. I Jim Griffiths nid oedd unrhyw sedd Lafurol yn ddiogel bellach, a blwyddyn yn ddiweddarach rhoddwyd ergyd nerthol arall i hyder y Blaid Lafur, y tro hwn yng Nghaerffili. Cofir fod yr isetholiad hwn yn cael ei gynnal oherwydd marwolaeth Ness Edwards a fu'r un mor ffyrnig tuag at safbwynt caredigion yr iaith o fewn y Blaid Lafur ag a fu Iorwerth Thomas yn y Rhondda.[17]

Yn Isetholiad Caerffili rhoddodd Plaid Cymru ymgeisydd disglair ger bron yr etholaeth, Phil Williams, un a anwyd ac a fagwyd ym Margoed, ynghanol yr etholaeth, ac a oedd yn ffisegydd athrylithgar yng Ngholeg Prifysgol Cymru, Aberystwyth, tra syrthiodd coelbren Llafur ar brifathro lleol, Fred Evans, a oedd yn fab i löwr. Bu wrthi'n annerch tri chyfarfod cyhoeddus.[18] Wedi'r isetholiad teimlai chwithdod am ddau reswm: gweld y newid teyrngarwch ar raddfa helaeth ymhlith yr etholwyr a llaesu dwylo ymhlith aelodau o'r Blaid Lafur. Mynegodd ei hun mewn brawddeg ddeifiol: 'The Party is in the grip of a death wish'.[19] Roedd y Llafur a gofiai ef yn ymosodol yn Rhydaman ei ieuenctid mwyach wedi mynd yn ddifater efallai gan gredu fod etholaethau fel Caerffili yn ddiogel i Lafur am byth. Cafodd penaethiaid Llafur ysgytwad gan ganlyniadau y bleidlais, gan i Phil Williams ddod o fewn 1,874 o bleidleisiau i gipio'r sedd.[20] Mae'n amlwg fod ymgeisiaeth Phil Williams wedi taro tant, ac yn rhybudd i Lafur beidio â chymryd teyrngarwch seddau'r cymoedd yn ganiataol.

Ond dangosodd y tri isetholiad, Caerfyrddin, Gorllewin y Rhondda a Chaerffili i wleidydd fel Jim Griffiths fod yn rhaid cymryd camau cadarnhaol. Credai ef fod tri pheth wedi cyd-gyfrannu at lwyddiant syfrdanol Plaid Cymru yn yr isetholiadau.[21] Yn gyntaf, y bleidlais brotest. Y rheswm pennaf am honno o 1966 i 1968 oedd anghytundeb cyfran uchel o etholwyr â rhaglen a pholisïau'r Llywodraeth Lafur. Yn Lloegr, mynegid y brotest trwy'r Blaid Ryddfrydol, ond yng Nghymru a'r Alban y chwedegau Plaid Cymru a'r SNP oedd ei phrif gyfryngau. Yn ail, pwysigrwydd yr iaith a'i diwylliant arbennig i'r Cymry. Sylweddolai Jim Griffiths ei hun fod dirywiad enfawr wedi digwydd yn y nifer a siaradai'r iaith, a hynny yn ei chadarnleoedd fel Dyffryn Aman. Credai fod gweithgarwch, protestiadau ac aberth aelodau ifanc Cymdeithas yr Iaith Gymraeg yn dwyn ffrwyth i'r Blaid. Gwelai fod tacteg ac aberth y protestwyr yn debyg i'r merched a fu'n galw am bleidlais pan oedd ef yn llanc: 'The Suffragettes won the vote, and Plaid may also eventually win. Therefore I would not, as a Labour man, neglect the possible implications.'[22]

Yn drydydd, ymdeimlad o rwystredigaeth oherwydd bod y Llywodraeth ganolog mor bell oddi wrth y dyn cyffredin.[23] Fel ym myd y cwmnïau mawr (er bod rhai eithriadau) roedd y Llywodraeth mor bell oddi wrth y dinesydd a'r gymuned leol fel na allent deimlo'n gynnes iawn tuag ati. Un o'r rhesymau dros wladoli diwydiant oedd y gwelliant a ddisgwylid yn yr awyrgylch yn y gwaith. Byddai pawb yn y diwydiant yn gweithio er lles cymdeithas yn hytrach nag elw i ychydig o berchenogion. Byddai chwerwedd yn diflannu dan y drefn newydd. Ond bellach gwelwyd gwendidau yn y weledigaeth hon. Roedd y rheolwyr yn parhau i drefnu'r gwaith a bywyd eu gweithwyr mewn llawer lle yn debyg i'r hen drefn. Roedd anghydfod, heb sôn am ddadrithiad, yn gwenwyno'r awyrgylch. Poenai Jim Griffiths yn fawr iawn am y gagendor a welai'n ymagor rhwng y Llywodraeth ganolog a'r dinesydd, yn y byd gwleidyddol, a rhwng y rheolwyr a'u gweithwyr ym myd diwydiant.[24]

Ond nid un i laesu dwylo oedd Jim Griffiths. Daliai i ysgogi er gwaethaf hwyrfrydigrwydd y sefydliad Llafur. Ym mis Tachwedd 1967 ar gais Jim Griffiths, lluniodd Gwilym Prys Davies femorandwm ar y sefyllfa wleidyddol yng Nghymru yn dilyn Isetholiadau Caerfyrddin a Gorllewin y Rhondda.[25] Anfonodd y memorandwm at Griffiths ac anfonodd ef gopi at Richard Crossman a'r Prif Chwip, John Silkin. Roedd Crossman yn ddylanwadol dros ben yn Llywodraethau Llafur 1964–1970.[26] Bu ganddo gyfrifoldeb am lywodraeth leol yng ngweinyddiaeth 1964 tan Awst 1966, a bu'n Arglwydd Lywydd y Cyfrin Gyngor a chanddo gyfrifoldeb am y cyfansoddiad o Awst 1966 tan Ebrill 1968. Gwyddai ef am yr elyniaeth ymhlith rhai Aelodau Seneddol tuag at Jim Griffiths a Cledwyn Hughes. Onid anfonodd Ness Edwards lythyr at Richard Crossman, Arglwydd Lywydd y Cyfrin Gyngor, ar 25 Mehefin 1967?

> Every concession to the 'Nats' only increases their appetite. As you probably know, the majority of us in the Welsh Labour Group are against this tendency, and certainly would be against the idea of a Welsh body outside of Parliament... So far we have acquiesced in the silly steps that were initiated by Jim Griffiths now being followed up by Cledwyn.[27]

Roedd safbwynt Crossman ar y pryd yn dra gwahanol i eiddo Ness Edwards: roedd Crossman yn un o'r datganolwyr prin yn y Cabinet. Roedd yn feirniadol o Cledwyn Hughes a'r Cyngor etholedig am fod Cymru yn haeddu Senedd Fach (Mini Parliament), a dadleuodd yn y pen draw yn erbyn sefydlu Comisiwn ar y Cyfansoddiad.

Galwodd Richard Crossman ar Gwilym Prys Davies i'w ystafell yn Nhŷ'r Cyffredin i drafod y memorandwm. Bu'r ddau yn sgwrsio am awr cyn treulio gweddill y noson o amgylch y bwrdd cinio yn trafod ymhellach (yn ogystal â John Mackintosh, John Morris a Tam Dalyell).[28] Rhoddodd Crossman anogaeth gref i Mackintosh a Davies i fynd ati i astudio beth a ddylai fod yn gyfrifoldeb Senedd Fach gan gredu fod y Cyngor Etholedig yn annheilwng o genedl. Bore trannoeth, yn ystafell Cledwyn Hughes yn y Swyddfa Gymreig (gyda Goronwy Daniel yn bresennol) cafwyd hanfod trafodaeth y noson gynt, ac yna fe anfonwyd adroddiad llawn at Jim Griffiths. Anfonodd Gwilym Prys Davies hefyd adroddiad llawn at Emrys Jones yn Swyddfa'r Blaid Lafur yng Nghaerdydd. Yn y sgwrs hon rhwng awdur y memorandwm a threfnydd y Blaid Lafur yng Nghymru, ac wedi clywed am gefnogaeth Richard Crossman i'r egwyddor o Senedd Fach a chanddi hawl i lunio deddfwriaeth, y dangosodd Emrys Jones am y tro cyntaf ddiddordeb yn y syniad o Senedd i Gymru ond o fewn terfynau.[29] Apeliodd y syniad o Senedd Fach yn fawr at Gwilym Prys Davies, ond gwyddai na fyddai'r Blaid Lafur yng Nghymru yn ei dderbyn o gwbl. Yn wir, dadleuodd Jim Griffiths yn gryf yn erbyn i Gymru fabwysiadu cynulliad ar batrwm Senedd Stormont gan y gwyddai'n rhy dda am y geidwadaeth adweithiol a berthynai i'r sefydliad hwnnw ers ei sefydlu yn 1921.[30]

Cythruddwyd Jim Griffiths yn fawr gan adain filwriaethus fechan a fu'n ddigon haerllug i ddefnyddio grym i hyrwyddo eu hachos yn ei etholaeth. Ar 9 Medi 1968, ffrwydrodd bom ym Mhen-bre gan anafu awyrenwyr. Ar ôl iddo feirniadu'r weithred hon, rhybuddiodd:

If the leaders of Plaid Cymru continue to use such emotive terms as the "London Government" or "The English" or to refer to their opponents as "enemies of Wales" they will reap the whirlwind of nationalist frenzy.[31]

Roedd ei ymateb sydyn a'i ymddangosiad yn condemnio'r trais ar y teledu yn lladd y syniad oedd ar led fod iechyd Jim Griffiths yn peri pryder a bod gobaith da i gael isetholiad yn Llanelli wedi Nadolig 1968 gyda Carwyn James, ymgeisydd

Plaid Cymru ac eilun y cae rygbi yn sicr o wneud yn dda os nad ennill y sedd i Blaid Cymru.

Dathlodd ef a'i briod eu priodas aur yn 1968, a chafwyd parti i'r teulu agos yn y Tŷ Cyffredin, a pharti arall i'r holl deulu a ffrindiau agos yn Rhydaman. Y flwyddyn ddilynol ymddangosodd ei hunangofiant, *Pages From Memory* (1969). Bu wrthi'n paratoi'r gyfrol am rai blynyddoedd cyn Etholiad 1964. Yn wir, roedd yn agos iawn at ei chwblhau erbyn haf 1964, pan roes y dasg o'r neilltu. Yn ei ohebiaeth ceir llythyron yn canmol y gyfrol, pedwar ohonynt oddi wrth weinidogion yr Efengyl, ac un oddi wrth y Parchedig D. Eirwyn Morgan a safodd yn ei erbyn yn yr etholaeth dros Blaid Cymru.[32] Dywedodd yr Arglwydd John Morris, gŵr a'i hedmygai yn fawr, am y gyfrol:

> Roedd ei hunangofiant, heblaw'r bennod gyntaf ei blentyndod braidd yn siomedig, ni fynnai ddweud drwg am neb.[33]

Roedd ganddo air da i'w ddweud am bawb. Hefyd, roedd ei ostyngeiddrwydd yn rhwystr iddo ganu ei glodydd ei hun. Mae'n haeddu ei glodfori ac mae haneswyr Cymru, at ei gilydd, yn barod i gydnabod mor allweddol fu ei gyfraniad, ac yn deall hefyd y cymhlethdodau roedd yn rhaid eu hwynebu.

Gwelodd yr Athro Gwyn Alf Williams hyn, efallai yn gliriach na neb arall, pan ddywedodd yn ei gyfrol oludog, *When Was Wales? A History of the Welsh*, a gyhoeddwyd yn 1985:

> While James Griffiths supported by Cledwyn Hughes and like-minded people within the Labour Party, had pressed for further measures of self-government, they had run into intransigent resistance from most South Wales Labour MPs committed to the centralist drive of traditional Labourism and accurately reflecting a profound sense of alienation from what had become official Welshness, centred on the language, among their constituents.[34]

Ond efallai mai digwyddiad hanesyddol 1969 yng ngolwg y wlad oedd yr Arwisgiad yng Nghaernarfon. Ar 1 Gorffennaf y flwyddyn honno arwisgwyd Charles, mab Elizabeth II, yn Dywysog Cymru yng Nghastell Caernarfon, digwyddiad a gafodd sylw enfawr gan y cyfryngau, ac a groesawyd gan y mwyafrif o'r Cymry a bleidleisiai i'r Blaid Lafur. Serch hynny, roedd aml i fudiad diwylliannol a chrefyddol yn rhanedig ar y digwyddiad. Roedd Urdd Gobaith Cymru yn rhanedig arno fel yr oedd yr enwadau crefyddol. Eisteddodd Gwynfor Evans ar y ffens drwy gadw draw o'r seremoni yn y Castell ond croesawu'r Tywysog i Gaerfyrddin.[35] Collodd ei sedd flwyddyn yn ddiweddarach i Gwynoro Jones (Llafur) am nifer o resymau, gan gynnwys yr Arwisgo.[36]

Gwahoddwyd yr holl Aelodau Seneddol yno, ond methodd Jim Griffiths fynd gan fod yn rhaid iddo gael triniaeth lawfeddygol. Bu'n aelod o'r pwyllgor oedd yn trefnu ar gyfer yr Arwisgo. Ond bu 1969 fel 1970 yn anodd iddo ef a'i briod o ran iechyd corfforol.[37] Bu hi yn glaf yn gynnar yn 1969 a bu yntau yn ymweld ag Ysbyty Westminster amryw o weithiau.

Daliai dylanwad Jim Griffiths yn amlwg o hyd ar bwnc datganoli. Pan benodwyd George Thomas i fod yn Ysgrifennydd i Gymru yn Ebrill 1968, ofnwyd ar y pryd nad oedd gobaith yn y byd i wireddu gweledigaeth Jim Griffiths tra byddai ef wrth y llyw. Ond yn y swydd penderfynodd gadw'n ffyddlon i'r polisi sylfaenol a luniwyd gan Jim Griffiths, Cledwyn Hughes a Goronwy Daniel, sef i gynyddu cyfrifoldebau'r Swyddfa Gymreig a sefydlu Cyngor Etholedig i Gymru i fod yn gyfrifol yn bennaf am gyrff enwebedig. Nid yw'r ffaith iddo dderbyn y polisi hwn, y gallesid disgwyl y byddai'n annerbyniol iddo, yn golygu fod George Thomas bellach yn ddatganolwr o argyhoeddiad.[38] Yr esboniad tebygol yw iddo fabwysiadu'r polisi oherwydd fod ganddo barch aruthrol at Jim Griffiths ac yn ail, iddo ddod i gredu mai dyna oedd yr ateb gorau i'r bygythiad etholiadol oddi wrth Blaid Cymru. Felly ciliodd y pryderon am ddaliadau'r Ysgrifennydd Gwladol newydd, y byddai'n adweithiol. Ac fel yna mae hi mewn gwleidyddiaeth, weithiau fe ddigwydd yr annisgwyl.

Pennod 20

Cenhadaeth Hedd
i Biafra a Nigeria

O holl weithgareddau pwysig Jim Griffiths fel gwleidydd a chymodwr, mae'n debyg mai ei gonsýrn am y Rhyfel Cartref rhwng Biafra a gweddill Nigeria o 1967 i 1970 sydd yn ennyn ein hedmygedd pennaf. Un o'r gwledydd mawr o ran tiriogaeth a phoblogaeth yw Nigeria. Yn 1900 creodd yr Ymerodraeth Brydeinig ddwy wlad, sef Gogledd Nigeria a De Nigeria, gan adael trefedigaeth Lagos ar ei phen ei hun. Yn 1906 daeth Lagos yn rhan o drefedigaeth De Nigeria ac yn 1914 unwyd y de a'r gogledd i ffurfio'r drefedigaeth fwyaf o eiddo Prydain ar gyfandir Affrig.[1]

Nid tasg hawdd oedd cadw'r llwythau i gydweithio gan fod penaethiaid Islamaidd o lwyth Fulani yn tra-arglwyddiaethu yn y gogledd dros aelodau o lwyth Hansa. Yn y gorllewin, llwyth Youruba oedd yn bwerus, a gwelid cyfraniad llwyth Ibo yn y dwyrain.[2]

O dan gyfansoddiad Nigeria yn 1954 crëwyd Ffederasiwn Nigeria, sef y gogledd, dwyrain a'r gorllewin yn ogystal â'r hyn a elwid 'trust territory', o Cameroon a thiriogaeth Lagos.[3] Yn 1960 daeth y Ffederasiwn yn wlad annibynnol ar Brydain ond yn parhau o fewn y Gymanwlad, ac yn 1963 yn weriniaeth. Darganfuwyd olew yn ymyl porthladd Harcourt yn y de-ddwyrain ac yn fuan sefydlwyd mudiad yn galw am annibyniaeth i lwyth yr Iboaid a breswyliai yn y dalaith y daethpwyd i'w galw yn Biafra.

Yn Ionawr 1966 saethwyd Prif Weinidog y gogledd, a phrif arweinwyr rhanbarthau'r gogledd a'r gorllewin. Erbyn mis Gorffennaf mynnodd nifer o swyddogion milwrol ddial am y camwri. Gosodwyd y Cadfridog Gowan yn bennaeth y Ffederasiwn, a chymerodd y Cyrnol Odumegwu Ojukwu yr awenau yn ddiweddarach fel arweinydd gweriniaeth Biafra.[4]

Lladdwyd rhai miloedd o bobl o lwyth yr Iboaid oedd yn preswylio yn Rhanbarth Gogledd Nigeria yn ystod 1966 a 1967. Methwyd â lleddfu'r dioddefaint a'r erledigaeth ac erbyn Mai 1967 cymerodd llywodraethwyr milwrol talaith de-ddwyrain Nigeria yr awenau i'w dwylo, gan greu ar 30 Mai 1967 wladwriaeth Biafra.[5] O ganlyniad i hyn cychwynnodd rhyfel cartref ar 6 Gorffennaf 1967. Mae'r rhesymau am y gwrthdaro yn cynnwys awch am rym politicaidd ac awdurdod, gweithredu creulon yn y gogledd tuag at bobl o dras Iboaidd, masnach olew ffyniannus yng nghulfor Niger yn y de-ddwyrain neu Biafra, anghydfod cyson rhwng Islamiaid yn y gogledd a Christnogion yn Biafra a holl gymhlethdod y grwpiau a'r cenhedloedd ethnig gwahanol. Collodd tua 10,000 o bobl eu bywydau cyn i'r rhyfel cartref ddechrau, a dihangodd miloedd o Iboaid yn ôl o'r gogledd i'r de-ddwyrain am loches i wlad eu hynafiaid. Am dros ddwy flynedd a hanner cafwyd rhyfel cartref gwaedlyd. Rhoddodd pedair gwlad ar gyfandir Affrig gefnogaeth i Biafra tra cafodd y Llywodraeth Ffederal gefnogaeth yr Undeb Sofietaidd a Llywodraeth Lafur Prydain.[6] Daeth y rhyfel cartref yn fater i boeni amdano o fewn gwleidyddiaeth Prydain, ac roedd hyn yn wir i wleidyddion yng ngwledydd gorllewin Ewrop fel Ffrainc, yr Iseldiroedd, yr Eidal ac yng Ngogledd America a Chanada.

Roedd y Mudiad am Ryddid i'r Trefedigaethau yn ymboeni am y trais, y newyn, a'r tywallt gwaed, a dyma pam y sefydlwyd 'Pwyllgor Heddwch yn Nigeria' (Peace in Nigeria Committee) gan y mudiad o dan gadeiryddiaeth Sosialydd amlwg, yr Arglwydd Fenner Brockway. Yng ngwanwyn 1968 derbyniodd Jim Griffiths wahoddiad i ymuno fel aelod o'r pwyllgor gwaith. Roedd y pwyllgor yn un amlbleidiol, a phrif amcan pob aelod oedd galw am gytundeb, a rhoi terfyn ar y rhyfela ac ar y gwerthu arfau i'r ddwy ochr.

O fewn y Blaid Lafur Seneddol ym Mhrydain roedd anniddigrwydd, ac roedd Jim Griffiths ymhlith y garfan hon. Roedd dau reswm am yr anniddigrwydd. Yn gyntaf am fod Llywodraeth Lafur yn cefnogi Nigeria yn hytrach na bod yn niwtral; yn ail, am fod Llywodraeth Lafur o bawb yn caniatáu i gwmnïau arfau werthu drylliau ac arfau dinistriol i Lywodraeth Ffederal Nigeria er mwyn lladd oedolion, gwragedd a phlant a berthynai i Biafra.[7]

Sylweddolai Harold Wilson fod un o wleidyddion mwyaf dylanwadol y Blaid Lafur yn y Senedd yn gwbl wrthwynebus i bolisïau'r Llywodraeth Lafur ar

Nigeria. Geiriau'r Prif Weinidog am y gwrthwynebydd hwnnw oedd 'the highly respected former Colonial Secretary'.[8]

Ni roddodd Jim Griffiths esboniad cyflawn, hyd y gwn i, am ei gefnogaeth i werin bobl Biafra, ond mae atgofion Philip Weeks yn y gyfrol *The Valleys Call* (1975) yn taflu peth goleuni ar y cefndir, sef fod tebygrwydd rhwng yr Iboaid a'r Cymry ynghyd â phwysigrwydd y diwydiant glo yn hanes y ddwy wlad:

> The miners of the Valleys, and I am one, remind me most of the Ibo miners (the
> Biafrans in the Eastern sector of Nigeria), and of the Ukranians - warm and friendly,
> emotional, difficult to manage but capable of responding to sensitive and intelligent
> leadership, an outrageously sly sense of humour, fiercely proud of being Ukranian, Ibo,
> Welsh – and all quite emphatic that they are not Russian, Nigerian or English; mixed
> blood; great talkers and debaters. [9]

Dyma awr fawr Jim Griffiths. Penderfynodd roddi cyhoeddusrwydd i genedl yn Nigeria oedd mewn trybini. Seiniwyd ei enw gyda pharch o bulpudau'r Eglwys Gatholig, am fod ganddynt gysylltiadau cenhadol cryf gyda Biafra, a oedd yn dalaith Gristnogol o fewn ffiniau Nigeria.

Ysgrifennai Jim Griffiths yn gyson at Weinidogion y Goron i'w darbwyllo i beidio â gwerthu arfau i Nigeria a dwyn perswâd arnynt i bledio am heddwch. Gofidiai fod Llywodraeth Wilson yn ochri gyda Llywodraeth Nigeria yn erbyn galwad Biafra am chwarae teg. Siaradodd Jim Griffiths yn huawdl yn y Senedd ar 12 Mehefin 1968 gan alw am i'r rhyfel cartref ddod i ben.[10] Soniodd am y llu o ffrindiau oedd ganddo ymhlith cenedl yr Iboaid, trigolion Biafra. Cefnogwyd ef gan ddau Aelod Seneddol Llafur, Michael Barnes a Frank Allaun, y ddau yn gofidio fod cwmnïau o Brydain yn gwerthu arfau i fyddin Nigeria.[11] Mewn dadl seneddol arall ar 27 Awst 1968, pwysleisiodd Jim Griffiths fod y rhyfel gwaedlyd hwn yn diraddio'r ddynoliaeth. Ei neges greiddiol yn syml i'r ddwy ochr oedd 'stop it now'.[12] Hefyd dylai'r llywodraeth anfon neges at y Cadfridog Gowan nad oeddem fel dynoliaeth am fod yn rhan o gwbl o'r anfadwaith a'n bod yn atal ar unwaith ym Mhrydain gyflenwad o arfau i'r Llywodraeth Ffederal.[13]

Anfonodd Jim Griffiths lythyr nid yn unig at Weinidogion y Goron ond at y Prif Weinidog ei hun ar fater Nigeria. Ymhlith papurau Griffiths ceir llythyr a dderbyniodd yn ystod haf 1968 oddi wrth Harold Wilson, lle mae'n atgoffa ei gyfaill o'r hyn a geisiwyd ei gyflawni gan ei lywodraeth:

We have indeed used our influence with the Federal authorities and will continue
to do so. We had discussed with them the need for observers in the fighting lines to
ensure that relief for Ibo civilians followed closely behind the military operations and to
reassure world opinion about the fate of the civilian population.[14]

We certainly do not believe that a 'final solution' in the form of genocide or a
planned massacre of Ibo civilians is the Federal intention. If we did, as Michael Stewart
said in the House on June 12, we would reconsider our policy.[15]

Roedd Jim Griffiths gyda'i brofiad sylweddol yn tynnu sylw parhaus at
y dioddefaint a'r tywallt gwaed yn y rhyfel cartref. Gwahoddwyd ef a Fenner
Brockway i fynd allan i Nigeria fel cenhadon hedd i berswadio arweinwyr Nigeria
a Biafra i gymodi yn arbennig dros ŵyl y Nadolig. Derbyniodd y ddau hynafgwr
y sialens.

Ar nos Fercher 3 Rhagfyr 1968 hedfanodd y ddau o Heathrow i Amsterdam ar
awyren cwmni o'r Iseldiroedd.[16] Pan gyraeddasant Amsterdam roedd yr awyren a
fyddai'n eu cludo i Affrica wedi gadael am Frankfurt. Cysylltodd Fenner Brockway
gydag is-gennad Prydain yn yr Iseldiroedd a threfnwyd i'r ddau wleidydd aros yn
y Llysgenhadaeth yn yr Haag, tra cafodd Dr John Wallace, meddyg â phrofiad
helaeth o wasanaethu yn Biafra, aros mewn gwesty yn Amsterdam.[17]

Trefnwyd iddynt hedfan fore trannoeth. Y nos Iau honno, 5 Rhagfyr am
11 o'r gloch, hedfanodd y ddau hynafgwr a'r meddyg allan o faes awyr Luanda
am Ynys San Tome. Edmygai Jim Griffiths yn fawr iawn ddewrder y peilotiaid
hyn oherwydd noson ar ôl noson mentrent ar siwrnai o drugaredd gan roi eu
bywydau mewn perygl.

Teimlai yn ofnus:

At first I was scared stiff and then a strange thing happened, my imagination
transformed the dark cavern into the coal-mine and I found a profound relief at being
back at the coal-face.[18]

Ar ôl dwy awr o daith, glaniodd yn ddiogel ar Ynys San Tome yn Biafra
yng nghanol tywyllwch dudew cyfandir Affrig. Cofnoda Jim Griffiths iddynt gael
eu hebrwng yn ddiseremoni i gar modur oedd yn disgwyl amdanynt yn y maes
awyr, ond nid cyn iddynt dderbyn cyfarchiad y Tad Byrne oedd yn ysbrydoliaeth
i fudiad Caritas, a'i gydweithwyr.[19] Dau hen ŵr o genedl y Gwyddelod oedd yr
arweinwyr, ond mor ifanc eu cerddediad a'u hysbryd. Roedd yr heddychwr John

Dunwoody yno hefyd, ef yn Brydeiniwr a gefnogai'r alwad am annibyniaeth i Biafra.

Roedd taith o ddeugain milltir o'u blaen i dref Umuahia, ac ar y ffordd yng ngoleuni'r modur gwelodd y Prydeinwyr res o wragedd yn cario basgedi, tuag ugain ohonynt, er mwyn cyrraedd y farchnad am 5.30 y bore.

Cyrhaeddwyd Tŷ'r Wladwriaeth yn Umuahia erbyn 4.30 er mwyn cael gorffwys. Derbyniasant wybodaeth am y sefyllfa enbyd ar fore Gwener, 6 Rhagfyr am 10.30 o'r gloch yn Nhŷ'r Llys gan Syr Louis Mbafeno, Prif Farnwr Biafra.[20] Bu o dan glo gan Lywodraeth Nigeria am uniaethu ei hun gyda'r mudiad dros annibyniaeth Biafra, ond rhyddhawyd ef. Yn ei gyflwyniad, soniodd Mbafeno fod y rhyfel cartref wedi uno trigolion Biafra yn genedl. Roeddynt yn gwbl ymwybodol eu bod yn perthyn i genedl arbennig, cenedl oedd wedi dioddef camwri dan law gwladwriaeth Nigeria.[21] Yn y cyfarfod yn Nhŷ'r Llys ceid nifer o wŷr eraill, a gwnaeth dau ohonynt gryn argraff ar Griffiths, sef Dr Coakie a Dr Eke, a raddiodd o Brifysgol Princeton yn yr Unol Daleithiau, ac a oedd bellach yn Weinidog Cyfathrebu Biafra.

Yn y prynhawn cyfarfu'r ddirprwyaeth am drafodaeth gyda'r Cadfridog Philip Effiong, Prif Filwr Byddin Gwladwriaeth Biafra, ynghyd â dwsin o swyddogion pwysicaf y fyddin.[22] Hyfforddwyd ef yn Academi Sandhurst, a bu yn gyd-filwr gydag arweinwyr milwrol Nigeria. Yn ei gyflwyniad soniodd fod Llywodraeth Wilson wedi'i suro a heb roddi'r cymorth a ddisgwylid. Gofynnodd yr Arglwydd Brockway a Jim Griffiths dri chwestiwn iddo. Yn gyntaf, pam ei fod yn gwrthwynebu hedfan yr awyrennau ar genhadaeth trugaredd yn ystod oriau'r dydd? Rhoddodd yr ateb: 'oherwydd diogelwch milwrol'. Yr ail: Beth oedd y perygl o wneud hynny? A'i ateb: 'y byddai'n hwyluso'r ffordd i'r gelyn i gael llwybr i ganol Biafra'. Y trydydd cwestiwn: O ba le y daw eich arfau? A'r ateb: 'eu bod hwy'n gallu cynhyrchu 20% o'r arfau, eu bod yn cipio 40% o'r arfau oddi wrth Fyddin Nigeria, a'u bod yn prynu'r gweddill o Brydain a Rwsia'. Deuai'r arfau hyn i'w dwylo trwy Ffrainc, ynysoedd Portiwgal, ac yna trwy Gabon a'r Traeth Ifori.[23]

Y noson honno trefnwyd cinio gyda gweinidogion Biafra sef yr arweinydd Ofakwu a'r Cadfridog Philip Effiong yn nhŷ Ysgrifennydd y Weinyddiaeth, U. N. Akpan. Daeth mwyafrif y Gweinidogion, y Cadfridog Effiong a'r gweision sifil ynghyd. Y gri a glywyd y noson honno oedd y dylai'r Gorllewin gydnabod bodolaeth Biafra fel gwlad annibynnol.[24] Dylid trefnu cadoediad, ac yna ddod â'r ddwy ochr at ei gilydd i drafod y dyfodol, sef o greu gwlad a'i ffiniau yn cyfateb i ffiniau Talaith Ddwyreiniol Nigeria. Dylai'r Cenhedloedd Unedig yn y cyfamser ddiogelu'r wlad tan y byddai heddwch. Tanlinellwyd hyd a lled y dioddefaint a'r trais oedd wedi digwydd, lladd cymaint o ddeiliaid llwyth yr Ibos yng ngogledd Nigeria fel y bu'n rhaid iddynt ddianc yn ôl i'w gwlad enedigol, Biafra. Roedd pob teulu wedi aberthu cymaint yn y rhyfel cartref. Ond daeth y neges yn glir i Jim Griffiths nad oedd y bobl hyn yn mynd i ildio. Roeddynt yn barod i farw yn y frwydr dros annibyniaeth Biafra.

Bore trannoeth cafodd Jim Griffiths a Fenner Brockway eu croesawu i frecwast yng nghartref Dr Akanu Ibiam.[25] Cyfarfu Jim Griffiths ag ef pan oedd yn Weinidog y Trefedigaethau. Roedd Dr Akanu Ibiam yn gyfarwydd iawn â'r Arglwydd Brockway ac wedi ei gyfarfod yn rheolaidd dros y blynyddoedd. Cydnabu fod Llywodraeth Nigeria wedi ei yrru i ryfela er mwyn cael cyfiawnder i Biafra. Yn ystod y drafodaeth cynhaliwyd protest y tu allan a gwelid baneri yn condemnio'r Llywodraeth Lafur yn San Steffan. Llosgwyd delw o Harold Wilson gan y protestwyr.

Y noson honno daeth Michael, y tywysydd, a dau gynrychiolydd o fudiad y Groes Goch i'w gweld:

> Indeed Fenner and I both felt that they (the rank and file) regarded our visit with some suspicion, they feared that we were representatives of the British Government in Biafra to try and induce their leaders to accept some compromise.[26]

Treuliodd y ddirprwyaeth brynhawn Sul 7 Rhagfyr yn ymweld ag Ysbyty a Hosbis yr Umnala, oedd o dan ofal cenhadon meddygol yn perthyn i Gyngor Eglwysi'r Byd. Cafwyd wyth cant o gleifion yn yr ysbyty oedd o dan ofal gŵr a gwraig, Dr a Mrs Middlethorp. I Jim Griffiths hwy oedd gwir arwyr Biafra.[27] Edmygai ymgysegriad y ddau a'r staff o dan eu gofal. Gwelid cleifion ym mhob rhan o'r ysbyty – yn y coridorau a'r ystafelloedd a'r wardiau. Roedd hi'n olygfa dorcalonnus, gwŷr a gwragedd a phlant wedi eu clwyfo yn bennaf. Canmolodd ymdrechion Dr John Wallace i gynorthwyo'r ysbyty a sicrhau rhagor o gyffuriau ac adnoddau meddygol.

Ar fore Llun, 8 Rhagfyr bu'n rhaid iddynt godi'n fore er mwyn teithio i leiandy yn Nguru. Cyrhaeddodd Jim Griffiths a'r Arglwydd Brockway erbyn 4.30 y bore a chroesawyd hwy gan y fam, y lleianod a'r offeiriad, ynghyd â dwy fil o wragedd ac oddeutu tair mil o blant yn canu:

We are Biafrans
Fighting for our freedom
In Jesus' name
we shall conquer.[28]

Bob bore am 6 o'r gloch derbyniai'r mamau a'r plant frecwast gan y lleiandy, yn bennaf uwd ac ychydig o ddanteithion eraill i'w cynnal. Cyhoeddwyd llun o'r mamau a'r plant, gyda Jim Griffiths a Fenner Brockway yn eu plith, yn *The Guardian.*

Cafodd y ddirprwyaeth groeso mawr i frecwast gan yr Esgob Welland, esgob yr Eglwys Babyddol dros dalaith Nguru. Gwyddel oedd yr Esgob Welland. Yna trefnwyd iddynt fynychu'r offeren, ac er ei fagwraeth anghydffurfiol, gwerthfawrogodd Jim Griffiths y gwasanaeth crefyddol y bore hwnnw. Treuliasant y bore yn Nhŷ'r Llys yng nghwmni arweinwyr o blith y ffermwyr, y gwragedd a'r ieuenctid. Y tu allan i'r adeilad roedd protest arall; y tro yma llosgwyd baner Prydain a delw o'r Prif Weinidog, Harold Wilson.[29]

Ar ôl cinio rhoddwyd cyfle i newyddiadurwyr holi'r ddau wleidydd. Newyddiadurwr a enillodd sylw Jim Griffiths oedd Freddy Forsyth, sydd bellach yn nofelydd o fri, ond a oedd yr adeg honno yn gynrychiolydd i'r BBC. Fel y gwyddom roedd ef wedi ei lwyr ennill gan ddadleuon arweinwyr talaith Biafra, a daeth yn llefarydd huawdl dros achos annibyniaeth.

Ddydd Mawrth, 9 Rhagfyr, trefnwyd fod y ddau gennad hedd yn cael cyfarfod â'r Cyrnol Chukwuemeka Ojukwu. Mynegodd y Cyrnol ei werthfawrogiad didwyll fod dau 'hen law' o'r Blaid Lafur Brydeinig wedi trafferthu i gyflawni'r daith beryglus o Lundain i Biafra. Trodd at Jim Griffiths fel Cymro twymgalon gan ei atgoffa mai rhai o'i 'atgofion hapusaf oedd ei ymweliad â thref Aberystwyth'.[30] Teimlai'r Cyrnol yn hynod o drist fod Llywodraeth Wilson wedi cael ei defnyddio gan Lywodraeth Nigeria o dan arweiniad Gowan i'w cynorthwyo yn foesol ac yn filitaraidd.

Rhoddwyd cyfle wedyn i'r ddau Lafurwr i annerch. Siaradodd Brockway yn gyntaf a'i ddilyn gan Griffiths. Pwysleisiodd y ddau mai cenhadon hedd oeddynt, wedi dod nid yn enw'r Llywodraeth Lafur, ond yn enw'r 'Pwyllgor am Heddwch yn Nigeria'. Tanlinellwyd eu rhaglen ar gyfer Biafra a Nigeria, sef:

i) cadoediad ar unwaith;

ii) trefnu Corfflu Heddwch;

iii) cyflwyno cynllun i liniaru'r dioddef;

iv) cyfnod o chwe mis i drafodaeth.[31]

Ar ôl dwy awr o drafod cytunodd y Cyrnol Ojukwu ar yr argymhellion canlynol:

i) cadoediad i'w arolygu gan filwyr o Biafra, Nigeria a'r Cenhedloedd Unedig;

ii) cydweithredu'n llawn;

iii) fod y cyfnod o chwe mis i'w estyn i flwyddyn;

iv) yr argymhellion i'w cyflwyno a'u derbyn gan lywodraethau'r Gorllewin a'r Cenhedloedd Unedig;

v) hysbysu Gowan o'r argymhellion gan hyderu y byddent yn dderbyniol.[32]

Credai'r Cyrnol a'i gyd-arweinwyr fod yr argymhellion yn gadarnhaol. Disgrifiodd Griffiths ef fel 'cymeriad nerthol'. Yfory fyddai'r diwrnod olaf iddynt yn Biafra, ac yn lle caniatáu iddynt deithio o San Tome i Lagos, mynnodd Llywodraeth Nigeria eu bod yn teithio yn ôl i Lundain, a dychwelyd i gwblhau'r genhadaeth hedd. Nid oedd llywodraethwyr Nigeria am hwyluso'r trefniadau i'r ddau hynafgwr. Ar fore Iau, 10 Rhagfyr, cawsant daith o amgylch Ynys San Tome cyn mynd i faes awyr Ali am yr awyren.

Bu'r diwrnod canlynol yn llawn prysurdeb. Trefnwyd cynhadledd i'r wasg ar gyfer Jim Griffiths a Fenner Brockway. Bu galw ar y ddau am gyfweliadau radio a theledu, cyn iddynt fynd i'r Swyddfa Dramor i roddi adroddiad llawn o'u gweithgareddau a'r argymhellion y cytunwyd arnynt.[33] Nid oedd ganddynt ond pum niwrnod cyn ailafael yn eu cenhadaeth a theithio yn ôl i Nigeria. Byddai'r daith i Lagos mor wahanol i'r daith gyntaf i Biafra. Roedd y trefniadau yn nwylo llysgenhadaeth Nigeria yn Llundain, a'r bwriad oedd cyflwyno i'r Cadfridog Gowan a'r Llywodraeth Ffederal yr un cynlluniau a gyflwynwyd i arweinwyr Biafra, sef yr angen am gadoediad dros y Nadolig a'r flwyddyn newydd.

Hysbyswyd hwy ddydd Llun, 16 Rhagfyr, y byddent yn teithio gyda chwmni hedfan Nigeria ac yn gadael maes awyr Heathrow am 8.30 o'r gloch fore Mercher, 18 Rhagfyr yn y Dosbarth Cyntaf.

Glaniwyd yn Lagos yn yr hwyr a chroesawyd hwy gan swyddogion y Llywodraeth. Gwyddai Jim Griffiths fod yna daith hir o'r maes awyr i'r gwesty, sef y Federal Palace Hotel, fel gwesteion y Llywodraeth Ffederal. Roedd yr awyrgylch yn wahanol iawn i'r ymweliad a wnaeth Jim Griffiths yn 1962. Y tro hwn paratowyd lletty iddo yn benodol gan Dr Anekwe, Arlywydd Nigeria. Ef oedd wedi ei wahodd yn arbennig. A dyma groeso i wleidydd profiadol oedd wedi mynnu teithio ar neges arbennig o gymod. Ond nid oedd llonydd i'r ddau, er gwaethaf y tymheredd uchel. Mynnai'r newyddiadurwyr eu gweld ac roedd gohebwyr radio yn awyddus am gyfweliadau. Roedd y BBC wedi trefnu i John Osborne, gohebydd profiadol, gadw cysylltiad â hwy. Bu'n rhaid gohirio gweld un o benaethiaid y wlad, Chief Enharo, y noson honno gan fod y diwrnod wedi ei lenwi i'r ymylon.

Sylweddolodd y ddau wleidydd yn fuan fod nifer o wleidyddion ac arweinwyr yn aros yn yr un gwesty â hwy. Roedd dau aelod o Gyngres yr Unol Daleithiau yn aros yno, un yn gynrychiolydd y Gweriniaethwyr yn nhalaith Ohio, a'r llall yn gynrychiolydd y Democratiaid yn nhalaith Indiana. Roedd Harold Wilson wedi anfon sylwedydd, Syr Bernard Fergusson, ac yn y gwesty gwelodd Jim Griffiths y Cyrnol Caerus. Ef oedd yn cadw cwmni i Syr Bernard. Y noson honno treuliodd y ddau wleidydd noson yng nghwmni'r Prif Farnwr H. O. Davies, QC a Louis Ainhenfo.

Y bore canlynol treuliodd Jim Griffiths amser yng nghwmni gohebydd y BBC, John Osborne. Roedd y ddau yn hoff o'i gilydd.[34] Galwodd Dr Arepko (Comisiynydd am Faterion Allanol) i'w weld a chydnabu Jim Griffiths yn ei lawysgrif mai hwn oedd yr ablaf iddo ei gyfarfod o lywodraeth Nigeria hyd hynny. Soniodd fod y ddau wleidydd o Gyngres yr Unol Daleithiau wedi bod yn pwyso arnynt am rannu eu bwriadau am gadoediad ond eu bod wedi cadw'n glir rhag gwneud hynny. Am hanner dydd roedd trefniant ar eu cyfer i weld y Cadfridog Gowan yn ei swyddfa ym mhrif farics Lagos. Dyma'r tro cyntaf i Jim Griffiths gyfarfod â Gowan. Cofiai am ei gyfnod fel Gweinidog y Trefedigaethau a'r cyfarfyddiad a gafodd gyda'r Llywodraethwr, John Macpherson a'i ddirprwy, am y modd y paratowyd cyfansoddiad ar gyfer y Llywodraeth Ffederal a'r Llywodraethau Rhanbarthol ar gyfer pedwar rhanbarth o Nigeria.

Gŵr ifanc 32 mlwydd oed oedd Gowan, un a lwyddodd i gael llwyth yr Hansa yn y gogledd a hefyd lwyth Yoruda o'r gorllewin i gydweithio. Croesawodd hwy yn gyfeillgar gan ddweud ei bod hi'n fraint cyfarfod gyda dau Seneddwr Prydeinig 'of your eminence'.[35] Siaradodd yn huawdl am ddeugain munud. Credai fod y cyfryngau Prydeinig, yn arbennig *The Times*, *The Guardian* a'r BBC wedi cael eu cyflyru gan bropaganda Cyrnol Ojukwu a Biafra. Soniodd hefyd fod ganddo wybodaeth fod Ojukwu yn cynllunio i ymosod ar Nigeria ar ddydd Nadolig, y diwrnod y dylid trefnu cadoediad. Yna trodd Chief Enharo, y gŵr oedd wedi gobeithio cyfarfod â'r ddau cyn hynny, at Gowan gan ddweud y dylai ef gofio fod Fenner Brockway a Jim Griffiths yn gwbl bleidiol i achos Biafra. Yna ymosododd Enharo ar Fenner Brockway, ac ni allai Jim Griffiths beidio â thorri ar ei draws a phrotestio fod y Llywodraeth Lafur yn cefnogi Llywodraeth Ffederal Nigeria. Cafodd syndod o glywed a gweld Enharo yn ei gynddaredd, a'i wyneb yn llawn casineb. Gadawodd Fenner Brockway a Jim Griffiths y barics wedi eu clwyfo ychydig, yn arbennig gan gyfraniad Enharo.[36]

Trefnwyd cinio iddynt yng nghwmni Syr David Hunt yn ei gartref ar lan y lagŵn yn Lagos. Ef oedd Prif Gomisiynydd Prydain yn Nigeria. Ni fu'r cinio heb ei anghytundeb gan fod Syr David Hunt yn cefnogi'r Llywodraeth Ffederal ac yn condemnio gweithredoedd arweinwyr Biafra. Cyfarfu'r ddau hefyd gyda Bernard Fergusson, milwr proffesiynol. Nid oedd ef wedi ymweld o gwbl â Biafra. Teimlai Jim Griffiths yn anghysurus fod y Llywodraeth Lafur wedi anfon sylwedydd i Nigeria ac yntau heb unrhyw brofiad o gyfandir Affrig.

Teimlai Jim Griffiths ei bod hi'n bartneriaeth ryfeddol rhyngddo a Brockway. Gwyddai am waith Fenner Brockway yn y mudiadau heddwch yn ystod y Rhyfel Byd Cyntaf a'i weithgarwch o blaid mudiadau rhyddid yn y trefedigaethau. Pan ddaeth Jim Griffiths yn Ysgrifennydd y Trefedigaethau bu Brockway mewn cysylltiad cyson ag ef. Yn ei gyfrol *Towards Tomorrow* sonia:

> When I returned to London I submitted a report of all I had seen to James Griffiths,
> the Colonial Secretary, whom I admired for his humanity. He could not make all the
> changes I suggested, but much was done.[37]

Roedd gan Jim Griffiths barch mawr at Fenner Brockway ac edmygai ei ddull fel Cadeirydd y Pwyllgor Heddwch yn Nigeria. Cadwai'r Pwyllgor yn unedig, yn arbennig yn y dadlau a ddigwyddai rhwng Jim Griffiths, oedd yn bleidiol i Biafra, a dau Aelod Seneddol arall, John Tilney (Ceidwadwr) a Jim Johnson (Llafur), oedd yn bleidiol i Lywodraeth Ffederal Nigeria. Ni allai Jim Griffiths ond gofidio am agwedd y Llywodraeth a gefnogai ef:

> Our own government had made a big mistake on agreeing to supply arms to the
> Federals. In Biafra we had found the Wilson Government regarded as an enemy and as

Labour Party members, it was an experience to find friends we had met in happiest days in Nigeria, burning effigies.[38]

Ar ddydd Llun, 23 Rhagfyr roeddynt ar eu ffordd yn ôl i Lundain o Lagos. Unwaith yr esgynnodd yr awyren i'r awyr cafodd Jim Griffiths boenau dirdynnol yn ei goluddion ac am o leiaf awr bu'n bur wael. Y term a ddefnyddiodd ef ei hun oedd 'desperately ill'. Yn ffodus, roedd meddyg Affricanaidd ar yr awyren a galwyd arno i gynorthwyo'r gwleidydd. Rhoddodd dabledi iddo; llaciodd ei boen, ac o fewn ychydig amser roedd yn cysgu, ac felly y bu nes iddynt gyrraedd maes awyr Heathrow. Gwyddai fod diwrnod prysur o'i flaen drannoeth gyda rhaglen lawn. Ddau ddiwrnod cyn y Nadolig cynhaliwyd cynhadledd i'r wasg a daeth 71 o newyddiadurwyr, gohebwyr teledu a radio i'w cyfarfod. Yn dilyn y gynhadledd, bu Jim Griffiths yn symud o un cyfweliad i'r llall, ar raglen radio *Today*, rhaglenni newyddion y BBC a'r teledu annibynnol, cyn mynd i weld Gweinidogion y Swyddfa Dramor, yr Arglwydd Shepherd a Maurice Foley.[39]

Rhaid hefyd oedd mynd i weld y Prif Weinidog yn rhif 10 Stryd Downing i gyflwyno'r genhadaeth o'u heiddo yn Biafra a Nigeria. Y noson honno siaradodd y ddau ohonynt mewn cyfarfod cyhoeddus yn Neuadd Conway.

Roedd Jim Griffiths wedi mynd yn hen ŵr dros nos. Yn ôl ei briod ni fu'r un fath wedi'r teithiau hyn, a sylweddolodd mai dyma fyddai ei daith olaf tu allan i Brydain. Deallai erbyn hynny na ddylai fod wedi mentro ar y daith o gwbl ac yntau'n 78 mlwydd oed. Siom iddo hefyd oedd cyn lleied y llwyddodd y ddau i'w gyflawni yn eu cenhadaeth ar ôl yr holl drafferth a'r holl deithio. Cafwyd cadoediad gan Gowan o ddau ddiwrnod yn unig, diwrnod cyn y Nadolig a'r Nadolig ei hun, yn hytrach na'r wyth niwrnod y galwodd Brockway a Griffiths arnynt i'w hystyried. Clywir adlais o'r siom yn y frawddeg hon: 'So all we had to show for our efforts were two days of truce at Christmas 1968'.[40]

Ond gwnaeth y daith argraff fawr ar ei etholwyr ac ar garedigion, mudiadau heddwch a chyfiawnder, a'r Eglwysi Cristnogol o bob enwad. Yn naturiol, ymddangosodd manylion am ei ymweliad â Biafra a Nigeria yn y papurau lleol. Ar drothwy'r Nadolig cafwyd cyfweliad yn y *Llanelli Star* lle mae'n sôn iddynt lwyddo i gael cadoediad dros y Nadolig.[41] Daliai i gofio: 'I flew in one of these mercy aircrafts and will never forget the experience'.[42]

Mynegodd ei edmygedd di-ben-draw o Gyngor Eglwysi'r Byd, y Groes Goch, Caritas a'r cyfeillion oedd ganddo ymhlith arweinwyr Biafra a Nigeria.

Cyfeiriodd at yr angen i orchfygu newyn yn y byd cyn gwario ar deithio i'r gofod. Gwelodd ef dlodi ar ei waethaf yn Biafra: plant yn edrych fel hen bobl, a gwragedd yn gofidio am ddyfodol eu teuluoedd. Cafodd Nadolig pleserus a'r un pryd cofiai yn dda am blant bach yn cael ond un pryd y dydd o ddwylo'r lleianod a hynny am 6 o'r gloch y bore.[43]

Soniodd Fenner Brockway droeon am ei ddyled enfawr i Jim Griffiths. Ysgrifennodd amdanynt nid fel ffrindiau ond fel brodyr:

> Jim had been a Cabinet Minister, with responsibility for much of Africa, and it would have been natural for him to take the leadership. He declined, insisting that I was the chairman of the London Committee. He supported me unfailingly in the negotiations and his advice was wise in our evening discussions.[44]

Pan ymddangosodd hunangofiant Jim Griffiths ym Mawrth 1969 heb gyfeiriad o gwbl ynddo at ei ymdrechion dros werin Biafra ac i gymodi rhwng y ddwy ochr a'i gilydd, gresynodd Fenner Brockway am hynny yn ei adolygiad yn y *Western Mail*: 'My one regret is that the autobiography has been written before Jim retired. What a chapter his recent journey to Biafra and Nigeria would have made.'[45]

Bu'r ddwy daith yn straen aruthrol ar Jim Griffiths, fel y tystiodd ei briod:

> The mental and physical strain of the two journeys together, with the differences with the Government, our own Labour Government, about their policy in Nigeria took their toll.[46]

Dyma'r unig dro yn ei yrfa faith fel Aelod Seneddol iddo anghytuno â'i Lywodraeth. Bu mor gefnogol a dibynadwy, ond roedd bellach ar drywydd Biafra ymysg y rebeliaid. Yn wir gellid dadlau ei fod wedi ailgydio yn ei dystiolaeth heddychol a fu mor bwysig yn ei fywyd fel glöwr, ac fel Cymro; gallai gydymdeimlo â dyheadau cenedlaetholwyr o blith yr Iboaid oedd yn dyheu am yr hawl i lywodraethu eu hunain. Yn y fan hon etifeddodd radicaliaeth Ymneilltuwyr fel Samuel Roberts, Llanbryn-mair a David Rees, Capel Als, Llanelli tuag at gwestiynau rhyfel a heddwch.

Sonia Harold Wilson fod yr Ymneilltuwyr yn gwrthwynebu fel un gŵr ei bolisïau tuag at Ryfel Cartref Nigeria, er nad yw'n enwi Jim Griffiths:

The Nonconformists all, bar a few, condemned us and placed the guilt for the prolongation of the war, and for every single death through military action or starvation at our door ... but in the life of a Prime Minister, these are things that hurt.[47]

Roedd Harold Wilson fel y cydnabyddai yn gofidio am y gwrthdaro ac yn cael ei ddolurio fel roedd Jim Griffiths drwy gydol 1968 a dechrau 1969.

Ar drothwy Nadolig 1968, derbyniodd Griffiths lythyrau oddi wrth lu o bobl amlwg ym mywyd Cymru yn sôn am y daith. Dywedodd Llywydd Bwrdd Nwy Cymru, Mervyn Jones wrtho:

For what a single tribute it was to you that the mission was ever possible – and all you have done – and clearly this is the first breakthrough of humanity and sanity.[48]

Un arall a ysbrydolwyd i anfon cyfarchion oedd y Parchedig E. Curig Davies, gweinidog yn yr enwad lle'r oedd gwreiddiau crefyddol y gwleidydd. Dewrder Jim Griffiths oedd wedi ei gyffwrdd: 'Edmygwn eich ysbryd a'ch dewrder yn wynebu'r daith bell â'i holl enbydrwydd. Mae'n amlwg fod y sefyllfa'n druenus'.[49]

Anfonodd dau wleidydd lythyr iddo ar ôl iddo ddychwelyd o Lagos. Y cyntaf oedd Tam Dalyell, gwleidydd oedd yn edmygwr mawr o Jim Griffiths. Ar ddiwedd 1968 anfonodd air ato i ddiolch am ei arweiniad ar y Rhyfel Cartref yn Nigeria, ei ymgysegriad i'r dasg o ddwyn y gelynion yn gyfeillion, ac am y gwerthoedd oedd yn sail i'r anturiaeth werthfawr.[50]

Yr ail i'w gyfarch oedd ei gymydog, Gwynfor Evans, ac mae ei lythyr ef yn un o'r llythyrau mwyaf cofiadwy o bob un:

Er bod gwahaniaeth go fawr rhyngom ynghylch dyfodol Cymru, eto hoffwn eich llongyfarch yn galonnog a diolch yn gynnes am eich cenhadaeth ddiweddar i Nigeria a Biafra. Mae'r arweiniad a roddwyd gennych chi a'r Arglwydd Brockway yn ardderchog iawn ac yr ydym oll yn eich dyled o'i achos. Mae'r radd o lwyddiant a gawsoch eisoes yn llawenydd mawr i mi a dymunaf â'm holl galon eich llwyddiant cyflawn.[51]

Gwelir Gwynfor Evans ar ei orau yn y llythyr hwn. Eto, credaf fod ei frawddeg gyntaf ar un olwg yn gamarweiniol. Dywed fod 'gwahaniaeth go fawr rhyngom ynghylch dyfodol Cymru'. Hoffai Gwynfor Evans gredu hynny. Ond roedd Jim Griffiths erbyn 1968 yr un mor eiddgar dros ddatganoli ag roedd Gwynfor Evans. Roedd y ddau yn yr un cwch, yn rhwyfo'n egnïol dros Gymru a'i dyfodol. Ond am weddill y llythyr mae'n glasur o ymateb, gyda theyrnged ddidwyll, haeddiannol gan un o arweinwyr Cymru i arweinydd arall. Roedd eu dynoliaeth yn eu clymu yn un, a chynhesir ein calonnau wrth ddarllen y deyrnged yn hytrach na chlywed beirniadaeth. Gwir y dywedodd Gwynfor, 'Yr ydym oll yn eich dyled o'i achos'.[52] Yr achos oedd cenhadaeth hedd i Biafra a Nigeria.

Ar wastad gwahanol, derbyniodd Jim Griffiths lythyr cynnes o law y Cynghorydd Brinley Owen, Llanelli, ysgrifennydd mygedol Grŵp y Cynghorwyr Llafur ar Gyngor Sir Caerfyrddin, yn amlygu'r parch oedd ato gan y bobl a weithiai drosto yn ei etholaeth. Thema Brinley Owen oedd Jim Griffiths y cymodwr, o'i ddyddiau cynnar yn y maes glo carreg hyd at y dasg o gymodi brodyr yn Nigeria:

> Your recent visit to Biafra and Nigeria as a peace mediator was of particular concern to us; to enter territory where active hostilities were taking place where conditions for travel were difficult and dangerous, and where the activities of the belligerents were unpredictable, was an undertaking which naturally made us apprehensive – particularly so in that you were undergoing these dangers as an elder statesman and no longer as a young man.[53]

Cafodd y gwron ddychwelyd at ei bobl ei hun i barhau â'i ymgyrch i berswadio ei Lywodraeth i ddefnyddio ei dylanwad o blaid heddwch yn Nigeria. Nid oedd yn edifar o gwbl iddo dderbyn y gwahoddiad i geisio cymodi yn Biafra. Llefarodd yn onest pan gyfaddefodd:

> And I shall go happy that the brave people of Biafra – the Ibos – and their allies will someday find the security and peace they deserve. Nigeria needs the skills, enterprise and courage of the Ibos. I hope their future Governments will find a place for them and opportunities for the service which they can render to Nigeria and Africa.[54]

Dyna destament Jim Griffiths a mynegiant cywir o'i gefnogaeth i genedl yr Iboaid, a'i obaith y byddai'r genedl alluog hon yn cael ei defnyddio yn hytrach na'i hanwybyddu gan lywodraeth Nigeria. Ni laesodd ei ymgyrch ar hyd y flwyddyn newydd a bu'n arwain tua 70 o Aelodau Seneddol mewn gwrthryfel yn erbyn y llywodraeth. Ym marn rhai, hwy oedd cydwybod y Tŷ Cyffredin. Ceisiodd ym mis Chwefror ail-ddeffro'r gydwybod anghydffurfiol. Ymysg y gwleidyddion o waed Cymreig a fynegodd gefnogaeth ceir enwau Fred Evans (Caerffili), Gwilym Roberts (Swydd De Bedford), Emrys Hughes (De Ayrshire),

Roy Hughes (Casnewydd), Gwynfor Evans (Caerfyrddin) a'r Ceidwadwr o Gymro, Syr Brandon Rhys Williams (De Kensington, Llundain).[55]

Pan gynhaliwyd Cynhadledd Flynyddol Llafur etholaeth Llanelli yn Rhydaman ar Ddydd Gŵyl Dewi 1969 canolbwyntiodd yn ei araith ar daith y ddau gennad heddwch ym mis Rhagfyr 1968. Galwodd yn gryf am i'r Cenhedloedd Unedig ymyrryd ar unwaith i arbed rhagor o dywallt gwaed.[56] Ar 13 Mawrth 1969 mewn dadl ar y sefyllfa yn y Tŷ Cyffredin, siaradodd gydag angerdd. Galwodd golygyddol *The Times* ei araith yn 'moving speech of James Griffiths'.[57] Ef a arweiniodd y rebeliaid Llafur yn y bleidlais ar ddiwedd y ddadl honno. Pleidleisiodd 232 dros y Llywodraeth a 62 yn erbyn gan gynnwys un o arweinwyr mwyaf poblogaidd y Blaid Lafur.[58] Un canlyniad oedd bod Harold Wilson, y Prif Weinidog, wedi teithio i Nigeria i drafod y sefyllfa ymhellach gyda'r Llywodraeth Ffederal.[59] Gwyddai Wilson a'r Ysgrifennydd Tramor, Michael Stewart, ac yn wir y Cabinet ei hun, am argyhoeddiad Jim Griffiths ar y sefyllfa boenus. Mewn llythyr ato yn haf 1969 cydnabu Michael Stewart yn eglur: 'I know your strong and dedicated feelings about the situation'.[60]

Ond cyn iddo dderbyn llythyr y Gweinidog Tramor roedd Jim Griffiths wedi anfon llythyr at y *Times* o dan y penawd, '*A Time for World Action*'. Biafra oedd yn dal i'w yrru i lunio llythyrau a galw am gymod. Dywedodd yn ei lythyr: 'If famine returns to Biafra and countless millions starve and die, we shall carry a terrible responsibility'.[61]

Gwyddai Jim Griffiths am agwedd rhai o arweinwyr byddin Nigeria. Teimlai fod milwr fel Cyrnol Adekule yn ddigon parod i ddinistrio hil yr Iboaid. Mynegodd gohebwyr a newyddiadurwyr fod arweiniad Jim Griffiths ar hyd 1969 yn rhoddi gobaith i wareiddiad i adennill ei flaenoriaethau. Dyna safbwynt Geoffrey Tribe o Lundain yn haf 1969: 'We have watched with admiration all that you have done. It is splendid work'.[62]

Nid oedd y Swyddfa Dramor yn cael llonydd gan Jim Griffiths. Penderfynodd Michael Stewart alw i'w weld pan oedd yn treulio ychydig ddyddiau yng Nghanolfan Addysg Oedolion Huntercombe Manor ar wahoddiad y Warden, Graham Thomas, a'i briod Ismay Thomas. Roedd hyn ar ddechrau mis Tachwedd 1969.[63] Cynheswyd calon Jim Griffiths o ddarllen erthygl y nofelydd a'r newyddiadurwr Freddy Forsyth yn yr *Observer*. Fel Jim Griffiths roedd yntau yn bleidiol i safbwynt Biafra. Galwodd ef am dri pheth:

i)   Yr angen am Gadoediad;

ii) Nad oedd modd o gwbl iddynt setlo'r anghydfod ar lwybr milwrol;

iii) Yr angen am hunanlywodraeth i Biafra.

Ymatebodd Jim Griffiths i ymweliad Michael Stewart ac argymhellion Forsyth mewn llythyr dyddiedig 9 Tachwedd 1969 at Stewart. Ei ddymuniad mawr oedd gweld diwedd ar yr ing a'r dioddefaint. Gellir ymglywed â'i rwystredigaeth am y sefyllfa drist a'i ddymuniad pennaf oedd cymod:

> This is my last Parliamentary Session and I would like, before I bid good-bye to Westminster, to see our Government succeed in bringing this tragic war to a peaceful end.[64]

Atebodd Michael Stewart ar 25 Tachwedd mewn llythyr manwl, ond ergyd y llythyr oedd rhoi'r bai ar ysgwyddau Cyrnol Ojukwu. Meddai Stewart: 'I am sure that a peaceful conclusion could be obtained if Colonel Ojukwu would change his objectives from sovereignty to security'.[65]

Ni allai Jim Griffiths ond gofidio yn feunyddiol er gwaethaf cyflwr ei iechyd. Mynnodd ymlwybro i'r Tŷ Cyffredin i'r ddadl emosiynol a gynhaliwyd ar 9 Rhagfyr.[66] Gwelwyd ef yn pwyso ar ei ffon yn dadlau fod y Rhyfel Cartref yn Nigeria yn lladd y brodorion a hynny gyda bwledi'r dyn gwyn. Iddo ef y tri phechadur pennaf yn hyn i gyd oedd llywodraethau Prydain, Ffrainc a Rwsia, oedd yn barod i werthu arfau. Unwaith eto yn y bleidlais y noson honno gwrthwynebodd Jim Griffiths ei lywodraeth.[67] Roedd ymhlith lleiafrif bychan, dim ond ef ac wyth o Aelodau Seneddol Llafur. Pleidleisiodd pob un ohonynt i geisio perswadio eu llywodraeth i newid ei hagwedd. Ond nid oedd modd dylanwadu ar yr arweinyddiaeth. Cafodd Wilson a'r Llywodraeth fwyafrif o 170.[68] Ond nid oedd Jim Griffiths na Fenner Brockway wedi colli eu gweledigaeth a daeth newyddion da iddynt ar ddechrau 1970.[69] Gwyddent fod y Barnwr Louis Mbanefo a Philip Effiong yn bobl o gymeriadau cryf, a phan gafodd Effiong yr awenau i'w ddwylo yn Biafra ar 8 Ionawr penderfynodd nad oedd diben dal ati yn y rhyfel oedd yn gwaedu Biafra a Nigeria. Mae'n debyg y dylai Jim Griffiths fod wedi ceisio dwyn mwy o berswâd yn gynharach ar arweinwyr fel ef i fod yn fwy ystwyth. Nid oedd hynny'n dasg hawdd chwaith. Ar ddydd Llun, 12 Ionawr 1970 ildiodd Biafra o'r diwedd, ac erbyn 16 Ionawr anfonwyd tîm o wyth i arolygu'r sefyllfa yn Biafra a Nigeria.

Ond er bod y rhyfel cartref ar ben nid oedd Jim Griffiths yn ddibris o atgoffa ei blaid o'r camgymeriadau a fu. Ym mis Mawrth 1970 ymddangosodd llythyr o'i eiddo yn y cylchgrawn *Socialist Commentary*.[70] Nododd unwaith yn rhagor fod y rhyfel cartref wedi creu rhwyg a phroblem fawr i'r Blaid Lafur. Soniodd fod wyth o wledydd wedi cyfrannu i drasiedi Biafra-Nigeria a theimlai fod Llywodraeth Lafur Wilson wedi colli cyfle godidog i fod yn gymodwyr:

> It is my view that we can serve as a mediator and reconciler. Our decision to supply arms to one side made it impossible to fulfil this role in the Nigerian Civil War… I note General Gowan's statement that there should be an end of foreign intervention in the affairs of Nigeria. I hope he follows it up with the cancellation of arms from London and Moscow.[71]

Sylwai Gweinidogion y Goron fod Jim Griffiths yn anabl, oherwydd ei lesgedd, i fod mor egnïol erbyn dechrau 1970 ag a oedd yn Rhagfyr 1968 pan fu'n ymweld â Biafra a Nigeria. Sylwodd Maurice Foley, Gweinidog yn y Swyddfa Dramor, ar ei absenoldeb o'r Tŷ Cyffredin (rhywbeth dieithr iawn iddo) mewn llythyr ato ar 31 Mawrth 1970. Dywedodd eu bod fel Llywodraeth Lafur yn gwneud eu gorau ac eisoes wedi anfon 3,750 o dunelli o fwyd maethlon i'w ddosbarthu yn Biafra a Nigeria erbyn canol Mawrth. Gwyddai fod mwy i'w gyflawni, ond cymerai Jim Griffiths gysur fod y llywodraeth mewn cysylltiad cyson ac agos gyda Llywodraeth Nigeria.[72]

Anfonodd Fenner Brockway lythyr ato ar 9 Ebrill 1970 yn gofidio nad oedd bellach yn gallu mynd o amgylch fel o'r blaen: 'With you I am always thinking about the children and mothers whom we saw in Biafra. It is very difficult to judge how far relief for the hungry is being given effectively.'[73] Gofidiai hefyd nad oedd modd iddynt ddibynnu ar eirwiredd yr adroddiadau yn disgrifio'r sefyllfa yn Nigeria.

Roedd miloedd o aelodau'r Blaid Lafur wedi cael eu hysbrydoli gan ymgyrch ac anturiaeth Jim Griffiths. Dywedodd Dorothy Usher o Dumfries wrtho:

> My father would have been shocked by the present Labour Government's attitude to the whole issue; we thought they believed in human rights.[74]

I Mabel English yn Aigburth, Lerpwl, roedd y ddau fel ei gilydd, Brockway a Griffiths, wedi dangos y ffordd ymlaen dros achos heddwch.[75] Ar ddiwedd ei yrfa yn y Senedd cyflawnodd Jim Griffiths gyfraniad mor nodedig, dangosodd fod iawnderau dynol, trais a rhyfela yn faterion oedd yn gorfodi aml i wleidydd i wrthryfela yn erbyn ei blaid a'i lywodraeth ei hun. Yr ydym wedi sôn amdano fel y gwleidydd ffyddlon oedd bob amser yn cefnogi'r arweinyddiaeth, ond yn 1968 ac 1969 gwelwyd Jim Griffiths yn gwrthwynebu Llywodraeth Lafur er mwyn ceisio cael cyfiawnder i werin bobl Biafra. Pan glywodd yn nechrau 1970 fod Cyrnol Ojukwu wedi dianc a bod Effiong yn ildio i General Gowan, dywedodd: 'When I heard the news I had a mixed feeling of relief and regret'.[76]

Ond rhaid cofio fod Biafra yn dalaith mewn gwladwriaeth ffederal, statws nad yw Cymru yn berchen arni.[77] Ar hyd 1970 a 1971 roedd ei ymdrech o blaid heddwch yn Nigeria a Biafra yn dal i droi a throsi yn ei feddwl.[78] Ysgrifennodd ei nodiadau olaf ar y mater mewn llawysgrif grynedig ar 8 Awst 1971 gan gyfaddef: 'In the interval I have re-lived those days in Biafra and Nigeria'.[79]

Ni allodd ddianc rhag ei anturiaeth gofiadwy ac ni allwn ninnau ond cydnabod ei wroldeb, ei ymroddiad didwyll a'i ysbrydoliaeth i genhedlaeth o wleidyddion hen ac ifanc ar ddechrau'r saithdegau.

Pennod 21

Diwedd y Bererindod
(1970–1975)

Roedd Jim Griffiths yn 80 mlwydd oed pan ymddeolodd fel Aelod Seneddol yn 1970. Fel cyn- Ysgrifennydd Gwladol gallai ef, yn unol â'r confensiwn, hawlio sedd yn Nhŷ'r Arglwyddi, ond ni ddefnyddiodd yr hawl honno.

Gellid dadlau fod iechyd Jim Griffiths yn ffactor pwysig yn ei benderfyniad i beidio â derbyn y cyfle i wasanaethu ymhellach ym maes gwleidyddiaeth. Ond byddai'n annheg ag ef i roi hynny fel y prif reswm iddo wrthod y llwybr y bu i gymaint o bobl o'r un cefndir ag yntau ei droedio.

Ar sail y sgwrs a gafodd gyda Gwilym Prys Davies ac o wybod am ei argyhoeddiadau fel gwerinwr, roedd hi'n amlwg y cawsai hi'n anodd iawn ar dir egwyddor i fynd i Dŷ'r Arglwyddi. Ond dengys hanes Lloyd George fel y gall person galluog wneud pethau od yn ei henaint, ac roedd y weithred honno'n gwbl anesboniadwy i Jim Griffiths.

Roedd yn barod hefyd i hwyluso'r ffordd i ŵr ifanc ei ddilyn fel Aelod Seneddol yn Llanelli. Teithiodd i Lanelli ar 25 Mai 1968 i gyflwyno ei olynydd i'r gweithwyr yn yr etholaeth. Edmygai Jim Griffiths, Denzil Davies, gŵr ieuanc 29 mlwydd oed a raddiodd o Brifysgol Rhydychen. Ac ym Mehefin 1970 enillodd Denzil Davies gyda mwyafrif tebyg i'w ragflaenydd, er mai Carwyn James oedd ymgeisydd Plaid Cymru.[1] Er hynny roedd barn Jim Griffiths am Blaid Cymru yn dal yn berthnasol[2] (er gwaethaf canlyniad Caerfyrddin yn 1970) gan i bleidlais y Blaid honno gynyddu o'r 61,071 a gafwyd yn 1966 i 75,016 yn 1970.

Cyfarfu Jim Griffiths ag Aelodau Seneddol y Blaid Lafur Gymreig mewn cinio a drefnwyd ar ôl yr etholiad i gydnabod cyfraniad yr Aelodau Seneddol oedd wedi ymddeol.[3] Yn eu lle daeth dau o fyd y gyfraith a dau o fyd addysg. Bellach yr unig Aelodau Seneddol Cymreig â chysylltiad â'r diwydiant glo oedd Elfed Davies (Dwyrain y Rhondda), Tom Ellis (Wrecsam) a S. O. Davies (Merthyr). Daeth arweinydd yr Wrthblaid, Harold Wilson i'r cinio gan gynnig llwncdestun i'r pedwar oedd wedi cyrraedd pen y dalar fel Seneddwyr.

Gwahoddwyd Jim Griffiths i ateb ar ran y tri arall. Roedd yn ôl ei arfer wedi paratoi rhai nodiadau, ond yn yr awyrgylch cyfeillgar ac emosiynol anghofiodd yn llwyr amdanynt gan siarad o'r galon. Cydnabu Harold Wilson fod Jim Griffiths ar ei uchelfannau a'i fod yn cyfrif fod ei araith yn un o'r hanner dwsin o'r areithiau gorau a glywodd yn ei ddydd.[4] Gofynnwyd iddo am gopi o'r anerchiad, ond wrth gwrs, fel y cydnabu, nid oedd hynny'n bosibl. Yr hyn a wnaeth oedd cofio'r daith o'r Betws o ddyddiau Keir Hardie hyd at gyfnod Wilson. Roedd gan Wilson gryn feddwl ohono er iddo fod yn gryn boendod iddo fel Prif Weinidog ar fater Biafra a Nigeria. Diolchai Jim Griffiths am ei feddylgarwch yn cyflwyno ei enw am anrhydedd arbennig rai blynyddoedd ynghynt. Derbyniodd Jim Griffiths lythyr oddi wrtho ar 4 Ebrill 1966 ar ddiwedd ei stiwardiaeth rasol dros Gymru:

> I am writing to confirm that I propose to submit your name to the Queen with the recommendation that Her Majesty will be graciously pleased to approve that you be appointed a Member of the Order of the Companion of Honour.[5]

Dyma un o'r anrhydeddau pennaf y gall unrhyw ddinesydd ei dderbyn. Derbyniodd Griffiths yr anrhydedd gwbl arbennig er llawenydd i gylch eang.

Daeth yr ymddeoliad â chyfle iddo ddarllen yn eang, gwrando'n gyson ar y radio, gwylio'r teledu, croesawu cyfeillion o'r byd gwleidyddol i'w gartref yn Llundain, a derbyn gofal ei anwyliaid.[6] Ni chollodd yr arferiad o ohebu â'i gyfeillion, ac un o'r rhai a fu'n anfon llythyrau ato'n gyson oedd Graham F. Thomas, warden Coleg Preswyl Oedolion yn Taplow, swydd Buckingham. Bu'r ddau yn gohebu ac yn cyfarfod â'i gilydd yn gyson am ddeng mlynedd ar hugain.[7]

Yn 1971 cafodd foddhad o wybod bod Coleg Harlech, coleg yr ail gynnig, y bu ef yn ei gefnogi ers canol y tridegau, yn awyddus i alw un o'r ystafelloedd yn Ystafell Jim Griffiths. Ei ddymuniad ef oedd bod y Dysteb a drefnwyd yn yr etholaeth o dan ofal y Cynghorydd W. J. Davies, Glanaman i gydnabod ei wasanaeth o 34 mlynedd yn cael ei chyflwyno i Goleg Harlech.[8] Erbyn Medi 1971 roedd hyn yn realiti ac yn ffaith. Bu yn ei hen etholaeth ym mis Mai 1971, a braf iddo oedd gweld ei ffrindiau a'i deulu yn Rhydaman a galw yn Llanelli.

Braint nid bychan iddo oedd dadorchuddio cofeb i gydnabod ei wasanaeth enfawr gan Gyngor Cwm Aman. Teimlai gryn dipyn o boenau yng nghefn ei goesau ar y daith hon. Soniai'r meddygon wrtho ei fod yn dioddef o grydcymalau, ond iddo ef yn iaith y Betws, 'mae'r gwynegon arna i.'[9] Dioddefodd yn ystod gweddill ei ddyddiau o'r gwynegon, ond ei brif ddolur oedd clefyd y siwgwr.

Teimlai fod yr 'Agenda Cymreig', chwedl yntau, yn datblygu'n foddhaol. Iddo ef, y peth pwysicaf bellach oedd cyhoeddi adroddiad y comisiwn ar y cyfansoddiad sef Adroddiad Kilbrandon. Argymhellodd y mwyafrif o ran egwyddor eu bod yn bleidiol i gynulliad etholedig i Gymru a'r Alban.[10] Llawenydd iddo oedd bod y Blaid Lafur Gymreig yn barod i weithredu'n gadarnhaol ac roedd yn gweld ei safbwynt ef yn cael cefnogaeth pedwar gwleidydd amlwg, sef Cledwyn Hughes, Goronwy Roberts, John Morris a Michael Foot a threfnydd y Blaid Lafur yng Nghymru, Emrys Jones. Cafodd gyfle yn haf 1973 i lunio traethawd gwerthfawr ar 'Welsh Politics in my Lifetime' a gyhoeddwyd yn y gyfrol *James Griffiths and his Times*. Daeth y gyfrol honno i fodolaeth trwy lafur Emrys Jones a chyfeillion eraill o fewn y Blaid Lafur a'i chyhoeddi yn 1979.

Penderfynodd Comisiwn Kilbrandon yn erbyn annibyniaeth i Gymru a'r Alban, ac yn erbyn cynllun ffederal i'r ynysoedd hyn. Plediodd y mwyafrif 'ddatganoli deddfwrol', is-senedd i Gymru ac i'r Alban i ddelio â'u materion eu hunain o fewn terfynau gosodedig. Ond nid ar chwarae bach y gellid newid y cyfansoddiad. Byddai chwarter canrif dda cyn y câi Cymru is-senedd i ddelio â'i materion ei hun o fewn terfynau gosodedig â'r hawl gyfyngedig i greu rhai deddfau. Ond yn ystod y cyfnod presennol cawn y ddadl fod angen symud at y gyfundrefn ffederalaidd a ragwelsai Jim Griffiths yn ôl yn 1973.[11] Roedd ganddo'r ddawn brin i adnabod arwyddion yr amserau. Lluniodd yr ysgrif bwysig pan oedd yn wael, a bu'n rhaid iddo wynebu triniaeth lawfeddygol yn haf 1973.[12] Daeth drwyddi'n rhyfeddol a bu'n darllen, ysgrifennu a gohebu cryn dipyn ar hyd y flwyddyn ganlynol.

Yna yn nechrau 1974, syrthiodd ei briod a thorri ei chlun. Daeth y ferch hynaf oedd wedi ymgartrefu yn Sweden adref i ofalu am ei thad hyd nes y byddai ei briod yn gallu ymdopi â'r cartref. Awgrymodd y plant y dylai'r ddau ohonynt symud gan fod yna fyngalo ar werth yn Teddington. Gofidient fod yn rhaid iddynt ystyried symud, ond felly y bu. Symudodd y ddau i 72 Elmfield Avenue, Teddington. Ar ôl blwyddyn yn y cyfeiriad newydd dirywiodd iechyd y gwladweinydd ac erbyn canol Ebrill 1975 ni allai fynd allan o'r cartref heb gymorth y teulu.[13] Roedd y ffaith fod Harold y mab a'i deulu'n byw yn y stryd nesaf yn gryn gymorth i'r ddau ohonynt.[14]

Ofnai Jim Griffiths orfod treulio wythnosau mewn ysbyty. Daeth y ferch hynaf a'i phriod i'r adwy, a thrwy eu cymorth hwy, y meddyg teulu a gwasanaeth nyrsio'r gymuned, llwyddwyd i ofalu amdano yn ei gartref yn Elmfield Avenue er cysur mawr iddo. Galwodd John Morris a Denzil Davies i'w weld a gwnaeth ymdrech i wisgo amdano a'u croesawu'n gynnes i'r ystafell fyw. Y geiriau olaf a lefarodd wrth Denzil Davies oedd gofyn iddo ddal ati i 'garco'r ofalaeth', idiom llafar Dyffryn Aman am ofalu.[15] Rhyfeddent at fywiogrwydd ei feddwl, ac fel y dilynai faterion cyfoes trwy gyfrwng Radio Cymru a Radio Pedwar.

Yn nechrau Awst 1975 suddodd i drwmgwsg, ac am y deunaw niwrnod olaf o'i fywyd ymladdai yn galed am ei anadl. Gan fod y mab ieuengaf Arthur wrth law, arhosodd ef a'i fam wrth ei wely ar y noson olaf, a bu farw un o wleidyddion mwyaf hoffus a dylanwadol ei gyfnod ar 7 Awst 1975.[16]

Y diwrnod canlynol ymddangosodd coffâd yn y *Times*, yn tanlinellu ei fawredd a'i gyfraniad i'r Wladwriaeth Les a'i ddyhead am i'r byd cyfan gael y bendithion hynny. Ceir golwg arno fel Seneddwr oedd yn ymgorfforiad o ddidwylledd:

> Cynics might sneer when Jim Griffiths, hand on heart in that familiar gesture, poured out a flood of Celtic emotion. In his highest flights of Welsh flavour he could be prolix, repetitive, often obscure, but real sincerity shone through the welter of words 'Let me say this, Mr Speaker' recurred endlessly in his speeches. Such tricks could irritate but the House constantly found itself swept into the current of his eloquence and beguiled by his utter lack of guile. Much more than by what he said – and he said a great deal – Jim Griffiths commanded respect and affection by what he was, a man who enriched and sweetened political life with rare qualities of heart and mind.[17]

Unig wendid y coffâd gwerthfawr ar dudalennau'r *Times* yw mai prin y gwêl yr awdur dienw grybwyll mewn manylder ei arweiniad pwysig a'i gefnogaeth ar ddatganoli awdurdod o San Steffan i'r arfaethedig Gynulliad yng Nghaerdydd a'i waith fel Ysgrifennydd Gwladol cyntaf Cymru. Anghofir y cyfan hwn ar wahân i nodyn digon moel:

> The crown of his political career was his appointment (1964–66) as the first Secretary of State for Wales with a seat in the Cabinet and a department to which Whitehall had transferred the most important Welsh responsibilities.[18]

Cafwyd coffâd tra gwahanol gan John Osmond yn y *Western Mail*:

> When he relinquished the post of Secretary of State in April 1966 he had set the
> guidelines for what were to become Welsh policy preoccupations to this day – the
> Welsh economy and the fight for full employment, rural depopulation (he advocated
> building a new town in mid Wales) and the expansion of education. By the time he
> became Secretary of State he was also committed to the idea of a directly elected Welsh
> Assembly and was instrumental in this being adopted by the Welsh Labour Party in
> 1965.[19]

Teimlai John Osmond fod Jim Griffiths wedi trosglwyddo'i weledigaeth o
ddatganoli i dri pherson roedd ganddo ymddiriedaeth fawr ynddynt, sef John
Morris, Ysgrifennydd Gwladol i Gymru, Emrys Jones, Ysgrifennydd y Blaid
Lafur yng Nghymru, a Gwilym Prys Davies, ymgynghorydd gwleidyddol yn y
Swyddfa Gymreig ar y pryd: tri gŵr oedd yn hynod o ddyledus i Jim Griffiths am
eu hysbrydoliaeth.

Trefnwyd ei arwyl ddydd Mercher 13 Awst 1975 yng nghapel Gellimanwydd.
Daeth y tyrfaoedd ynghyd, a gorlenwyd y capel. Cafwyd gwasanaeth Ymneilltuol
graenus o dan arweiniad y Gweinidog, y Parchedig Derwyn Morris Jones. Canwyd
dau emyn, sef emyn Elfed yn Gymraeg, 'Rho im yr hedd' a'r emyn 'Abide with
me' yn Saesneg. Ar gefn y daflen argraffwyd gweddi John Henry Newman y
byddai ei briod ac yntau yn ei hoffrymu yn aml ar derfyn dydd: 'May He support
us all the day long, till the shades lengthen, and the evening comes, and the busy
world is hushed, and the fever is over, and our work is done'. Traddodwyd y
deyrnged gan y gweinidog, ac mae'n deyrnged odidog iawn. Teg yw dyfynnu
rhai brawddegau ohoni. Soniodd Derwyn Morris Jones amdano fel Cymro:

> Fe fyddwn ni ei gyd-Gymry yn cofio ei gariad at ei bobl ei hun – ein hiaith a'n
> traddodiadau a'n bywyd cenedlaethol. Doedd dim yn fwy cymwys na'i fod ef yn cael
> ei ddewis yn Ysgrifennydd Cyntaf y Swyddfa Gymreig y brwydrodd yn hir am weld
> ei sefydlu. Ychydig ddynion yn ei blaid sydd wedi ymdrechu gyda'r penderfyniad
> a'r argyhoeddiad a'i nodweddodd ef dros y camau cyntaf hyn a gymerwyd gan y
> Blaid Lafur mewn perthynas â Chymru …Dyma ddyn felly o ddynoliaeth fawr, dyn
> teimladol a chynnes ei galon, un caredig a chariadlawn. Gŵyr rhai ohonom am ei waith
> gwirfoddol fel Trysorydd cyntaf War on Want, a sefydlwyd gydag Oxfam a Chymorth
> Cristnogol i ymladd tlodi a newyn ac i liniaru dioddefaint.[20]

Cyfeiriodd yn gynnil amdano fel Cristion a drwythwyd yn egwyddorion y Ffydd: 'Y Ffydd Gristnogol oedd y ffydd a lechai yn ei galon, a Christ yn sicr i chi oedd Crëwr y gobaith yn ei lygaid.' Ac yna cawn gip ar ei berthynas ag eglwys ei febyd: 'Diolchwn i Dduw am Jim Griffiths, am y fraint o gael ei adnabod, ac am yr hyfrydwch o gael ei gofio gerbron Duw yma yn yr eglwys y magwyd ef ynddi, a lle y dychwelodd ganwaith i addoli.' Ac ym mynwent yr eglwys honno y gosodwyd y gwron yn ymyl ei hynafiaid a'i gyd-Gymry o Gellimanwydd.

Cynhaliwyd Gwasanaeth o Ddiolchgarwch am ei fywyd yn Neuadd y Ddinas, Caerdydd nos Wener, 5 Rhagfyr 1975. Llywyddwyd y cyfarfod gan John Morris, Ysgrifennydd Gwladol Cymru'r adeg honno, a chafwyd teyrngedau gan James Callaghan, T. Glanville Williams, Llanelli a Glyn Williams o Undeb y Glowyr.[21] Offrymodd y Parchedig Derwyn Morris Jones y weddi a'r fendith, a chanwyd dau emyn, 'Rho im yr hedd', ac emyn o'r Diwygiad Methodistaidd, 'Guide me, O thou great Jehovah'. Yn canu roedd Côr Meibion Llanelli ac ar wynebddalen y daflen cafwyd y geiriau 'We want Bread and Roses too', geiriau o'i hunangofiant lle mae'n cydnabod yr hiraeth am fyd gwell a glanach a pherffeithiach, byd mwy cyfiawn o lawer na'r byd a welsai yn yr ugeinfed ganrif. Adrodda yn *Pages From Memory* yr hanes am streic mewn ffatri yn yr Unol Daleithiau. Nid streic am arian na dim byd tebyg oedd honno. Cludai'r person a arweiniai'r streic faner ac arni'r geiriau 'We want Bread and Roses'. Ychwanega: 'Bread and Roses, the symbols of the ideal socialist society which inspired me in the morning of life – and still beckons me on at close of day'.[22]

Roedd Jim Griffiths wedi brwydro ac ymgyrchu'n galed o'i lencyndod dros deyrnas y goleuni, dros gyfiawnder, dros iawnderau'r glowyr, dros urddas y dirmygedig ar bum cyfandir, a thros ehangu blaenoriaethau'r Wladwriaeth Les. Credai'n gydwybodol fod y faner a chwifiodd am fara a rhosynnau yn faner i bob cyfnod. Yn ôl y Parchedig E. Lewis Evans, Pontarddulais: 'ar wahân i'w ddoniau diamheuol, mae'n ŵr hoffus a hawdd nesu ato ac yn etifedd yr hen radicaliaeth Gymreig yn ei phwyslais ar gyfiawnder rhwng dyn a dyn ac ar y bywyd sobr a glân.'[23] I'r Parchedig E. Curig Davies: 'Ei ddiddordeb hyd y diwedd oedd lles dynion ac yn bennaf lles Cymru ei hiaith a'i diwylliant'.[24]

Erbyn hyn mae mwy a mwy o arweinwyr gwleidyddol a haneswyr Cymru yn cydnabod cyfraniad unigryw Jim Griffiths. I Donald Anderson: 'In him can be seen most perfectly, the specific Welsh input to the British socialist tradition'.[25] I Peter Hain: 'Jim Griffiths was the man who converted Labour to the concept of the Welsh Office'.[26] Ac mae Prif Weinidog Cymru, Carwyn Jones, yn falch ei fod yn nhraddodiad Jim Griffiths ac eraill o'r un anian: 'Where the [Labour] Party presents itself as a Welsh party it will succeed. The vast majority of the people of Wales are happy with an inclusive Welshness that does not follow the nationalist path of independence'.[27] Ac eto, 'To be seen as taking a position hostile to the Welsh language in a Wales where the clear majority of people either speak Welsh or have a great deal of goodwill towards the language is tantamount to an electoral suicide'.[28] Gwir y dywedodd Carwyn Jones y byddai Jim Griffiths yn hynod o falch o'r safbwynt hwn. Mewn llythyr ychydig fisoedd cyn ei farwolaeth at John Osmond, soniodd yn hyderus am y ddegawd nesaf yng Nghymru. Credai'n wironeddol fod y Cynulliad Cymreig ar y gorwel. 'I feel,' meddai, 'real regret that I shall be out of it all'.[29] Pe bai wedi cael byw byddai wedi'i siomi gan y Refferendwm a gynhaliwyd ar ddydd Gŵyl Ddewi 1979 pan wrthododd mwyafrif pobl Cymru gefnogi creu Cynulliad Cymreig yng Nghaerdydd. O'r cyfanswm etholwyr, roedd 11.8% o blaid y Cynulliad a 46.5% yn erbyn tra na thrafferthodd 42% i bleidleisio o gwbl.

Roedd y garfan Brydeinig o fewn y Blaid Lafur wedi cael yr oruchafiaeth, y rhai a elwid yn Giang o Chwech, sef Leo Abse, Neil Kinnock, Donald Anderson, Ioan Evans, Ifor Davies a Fred Evans. Ifor Davies oedd yr unig un a siaradai Gymraeg a'r mwyaf huawdl yn eu plith oedd Neil Kinnock. Iddynt hwy nid oedd Cymru yn haeddu Cynulliad, byddai'r gost yn uchel ac roedd holl ddadleuon traddodiad Jim Griffiths yn amherthnasol. O blith y Cabinet, John Morris, Michael Foot a David Owen a ddangosodd frwdfrydedd, er i James Callaghan, yn hwyr yn yr ymgyrch, annog y Cymry i 'bleidleisio ie a meddiannu grym'. Cododd Leo Abse, Aelod Seneddol Pont-y-pŵl, fôr a mynydd o ofn y caent eu rheoli gan y Cymry Cymraeg.[30] Roedd hi'n ddiwrnod du a bu'n rhaid aros ddeunaw mlynedd cyn y gwireddwyd dyhead pennaf Jim Griffiths. Cynhaliwyd Refferendwm arall ar 18 Mai 1997, a bu'n rhaid aros hyd y funud olaf un, a chanlyniad o sir enedigol Jim Griffiths yn troi'r fantol am 4.45 o'r gloch y bore o blaid creu Senedd i Gymru. Wedi i'r miliwn a mwy o bleidleisiau gael eu cyfrif, 6,721 yn unig oedd y gwahaniaeth rhwng grŵp ymgyrchu 'Ie dros Gymru' a'r grŵp 'Dywedwch Na'. Ychydig o arweinwyr y Blaid Lafur a wrthwynebodd; y gŵr amlycaf ohonynt oedd Llew Smith, Aelod Seneddol Blaenau Gwent. Roedd Gwent a Morgannwg yn dal yn wrthwynebus; Caerdydd a Chasnewydd yn gwrthod; ond roedd hi'n wahanol yn Abertawe a Chastell Nedd; Rhondda Cynon Taf a bleidleisiodd o blaid; felly hefyd Gwynedd a Dyfed, ar wahân i Benfro. Y broblem fwyaf fu ysgogi'r etholwyr i bleidleisio. Dim ond 50.3% o'r boblogaeth a bleidleisiodd, llai o lawer na'r Alban. Yno wythnos ynghynt pleidleisiodd 61.5%. Ond gallwn gytuno â honiad Carwyn Jones: 'The National Assembly is Welsh Labour's greatest creation'.[31] A gallwn hawlio'n deg mai Jim Griffiths oedd Pensaer y Cynulliad Cymreig, fel Ysgrifennydd Gwladol cyntaf Cymru, er bu'n rhaid aros 33 blynedd arall cyn medi'r cynhaeaf.

Pennod 22

Cloriannu'r Gwleidydd

Tasg anodd iawn yw cloriannu gŵr mor unigryw â Jim Griffiths gan fod cymaint o ramant yn perthyn i'w fywyd cynnar, a'i fod wedi cyrraedd brig gwleidyddiaeth Prydain heb fawr o addysg ffurfiol o gwbl. Ychydig iawn o'i gyfoeswyr o'r dosbarth gweithiol a ddaeth mor amlwg ag ef o fewn y Mudiad Llafur. Bu'n bropagandydd huawdl ar lwyfannau'r Undebau Llafur. Yn wir gallai ymffrostio iddo, yn ei gyfnod fel arweinydd y glowyr, annerch cyfarfodydd ym mhob Neuadd y Gweithwyr yn ne Cymru. O 1925 i 1936 treuliai bob penwythnos yn annerch cyfarfodydd y glowyr, ac ym mhob etholiad cyffredinol o 1929 hyd 1966 bu'n crwydro Cymru, yr Alban a Lloegr yn annerch cyfarfodydd cyhoeddus ar ran y Blaid Lafur.[1] Ef oedd un o brif siaradwyr cyfarfodydd cyhoeddus Cynhadledd Flynyddol y Blaid Lafur Brydeinig a'r Blaid Lafur Gymreig a phob isetholiad wedi 1939. Cadwodd filoedd o wahoddiadau o bob rhan o Brydain rhwng 1936 a 1970. Yn wir yn ei atgofion dywed iddo dreulio rhwng 1936 a 1959, ddau benwythnos y mis ar deithiau annerch cyfarfodydd gwleidyddol o un etholaeth i'r llall.[2] Perthynai i ddosbarth o wleidyddion sydd bron wedi diflannu o'n plith, sef gwleidydd yn meddu ar y ddawn o gyflwyno ei neges yn rymus a syml. Wrth gloriannu ei yrfa fel gwleidydd blaenllaw, amlwg a derbyniol ar lwyfannau Undeb y Glowyr a'r Blaid Lafur rhaid cydnabod ei fod yn un o'r goreuon fel areithydd. Ar ddiwedd ei yrfa fel gwleidydd, dywedodd Charles Pannell, Aelod Seneddol Llafur dros un o etholaethau dinas Leeds, amdano:

> But you really did need to hear Jim at the highnoon of his powers to see a great conference of over a thousand delegates hanging on his every word, and what he liked to call my 'own immense sincerity'.[3]

Roedd brawdgarwch i gyd-ddyn yn rhan amlwg o'i gefndir, ei gymeriad a'i bersonoliaeth, ac yn atyniadol i bobl oedd yn brwydro am hunanlywodraeth ar gyfandiroedd y byd. Dyna mae'n debyg oedd cryfder ei stiwardiaeth fel Gweinidog y Trefedigaethau yn 1950 a 1951. Yng ngrym brawdgarwch y gwelai ef obaith y gwledydd hyn a'u harweinwyr ar lwybr hunanlywodraeth. Dywedodd:

> But all our efforts will be in vain, unless these people feel we think of them, as brothers, whose fate is always our concern… There is no security for any of them in domination. Neither white domination or black domination. That way is bitterness and strife. The only way forward is in partnership.[4]

Daeth yn ffigwr pwysig i arweinwyr mudiadau rhyddid yn y trefedigaethau oedd yn ymladd am hunanlywodraeth. Gohebent ag ef, ac ymwelent ag ef yn Llundain, a'i wahodd i'w dathliadau ar achlysuron arbennig, ar hyd y pumdegau a'r chwedegau. Gwelodd bosibilrwydd bywyd mwy ffyniannus ar eu cyfer. Bu'n rhan o'r broses o droi gwledydd fu dan reolaeth Imperialaeth Lloegr yn wladwriaethau sofran a berthynai i'r Gymanwlad. Perchid ef yn y Cynadleddau Rhyngwladol y bu'n eu mynychu'n gyson, a safodd yn gadarn a di-ildio yn erbyn athrawiaeth apartheid De Affrig:

> There is no place in Labour's Colonial policy for any doctrine of racial superiority. Socialism and Apartheid are utterly incompatible.[5]

Wrth gloriannu Jim Griffiths, rhaid cydnabod ei allu cwbl nodedig i gael pobl i gydweithio i gyflawni gwaith cyfrifol er lles yr unigolyn a chymdeithas. Gellir canfod hyn ar ddechrau ei yrfa yn Rhydaman fel un o sylfaenwyr cangen y Blaid Lafur Annibynnol yn 1904, ei ymdrechion i gynyddu'r aelodaeth, a gosod seiliau cydweithredu gyda'i gyd-Sosialwyr i adeiladu strwythur i ymladd etholiadau, yn lleol a chenedlaethol a hynny yn wyneb cymaint o wrthwynebiad gan ei gyd-Annibynwyr a'i gyd-lowyr. Llwyddodd i greu cymuned o gydweithwyr oedd yn barod i gefnogi achosion amhoblogaidd fel pleidlais i ferched a chefnogi swffragetiaid, ac arddel heddychiaeth trwy flynyddoedd y Rhyfel Byd Cyntaf. Yn ŵr ifanc casglodd o'i amgylch yr ifanc a'r oedolion i hybu y *Llanelly Labour News* a thrwy hyn llwyddodd i gryfhau gafael y Blaid Lafur a'r Aelod Seneddol, J. H. Williams ar yr etholaeth. Heb ei ddawn i arwain ac i hyrwyddo cydweithio, mae'n amlwg na fyddai'r Blaid Lafur wedi cadw'r sedd yn etholiad 1923.

Ar ôl ei ddewis yn Asiant y Glowyr yn 1925, gwelid yr un nodwedd yn ei ysgogi i gryfhau y Ffed ac yn nes ymlaen i gael y gwahanol garfanau at ei gilydd i gyfannu'r argyfwng a welwyd yn arbennig yn y rhwyg a achoswyd trwy Undeb Spencer. Brwydrodd yn ddewr a llwyddiannus fel Is-Lywydd a Llywydd yr Undeb rhag i Undeb y Glowyr gael ei rwygo a thrwy ei allu i gydweithio gyda chomiwnyddion, cadwodd yr Undeb yn fyw ar adeg dyngedfennol, argyfyngus gan ennill yn y diwedd y frwydr yn erbyn Undeb y Cyflogwyr yng Ngwent a Dwyrain Morgannwg. Pan etholwyd ef yn Aelod Seneddol Llanelli yn 1936, dyna gyflawni uchelgais fawr a fu ganddo ers yn gymharol ifanc. O'r diwedd gwnaeth ei wyleidd-dra a'i ddidwylledd argraff ffafriol ar ei gyd-Aelodau Seneddol. Daeth yn fuan yn aelod o Bwyllgor Gwaith y Blaid Lafur Brydeinig, a hefyd yn Ysgrifennydd y Blaid Seneddol Gymreig. Bu'n Seneddwr effeithiol am yn agos i ddeugain mlynedd. Ac yno y gwnaeth waith mawr ei fywyd fel Gweinidog Yswiriant, Ysgrifennydd y Trefedigaethau ac Ysgrifennydd Gwladol cyntaf Cymru.

Yn fuan gwelwyd fod ganddo'r ddawn i allu canfod y tir canol a phryd y dylid cymrodeddu a phryd y dylid gwrthsefyll. Sylweddolodd yn ei gwrs yn y Coleg Llafur yn Llundain yn 1919 a 1920, oedd yn goleg Marcsaidd, fod athroniaeth ei arwr cynnar, Keir Hardie, yn gwbl berthnsasol, er ei bod o dan gondemniad gan eraill. I Hardie 'rhyfel rhwng buddiannau', chwedl Gwenallt, 'oedd Sosialaeth ac nid rhyfel dosbarth' a thrwy addysg a chydweithredu a dulliau cyfansoddiadol, 'drwy'r Senedd, y gellid sefydlu'r Wladwriaeth Sosialaidd ac nid drwy chwyldroad gwaedlyd'.[6] Mynegodd ei briod Winifred Griffiths ei gwrthwynebiad i'r athroniaeth ganolog yng Ngholeg Canolog Llafur Llundain, er bod ei phriod fel eraill o'r myfyrwyr wedi ei ysbrydoli gan y Chwyldro Comiwnyddol yn Rwsia yn 1917.[7]

Daeth yn ôl i Rydaman gyda syniadaeth dra gwahanol, ond gan sylweddoli bod yn rhaid chwilio am y tir canol. Gwelodd hyn yn ddiymdroi ym myd addysg oedolion. Roedd addysg y gweithwyr bellach yn frwydr annifyr rhwng y WEA a'r addysg a gyfrennid gan Fudiad Cenedlaethol y Colegau Llafur. Hwy oedd yn cael nawdd Cyngor Sir Caerfyrddin.[8] Cyfrifid Jim Griffiths yn ddarlithydd hynod o gymeradwy, ond i geidwaid y ffydd Farcsaidd yn Nyffryn Aman, nid oedd wedi trwytho ei hun yn ddigon trwyadl yn ideoleg Karl Marx.[9] Nid oedd y pennaf o'r rhain, Glyn Evans, yn gysurus gydag agwedd y cymrodeddu a amlygid gan Jim Griffiths. A chredai carfan fechan o lowyr yn y maes glo carreg fod angen tipyn mwy ar yr oedolion a ddeuai i'r dosbarthiadau nag y gallai Jim Griffiths ei gyfrannu. Nid oedd yn eu tyb hwy yn gallu cystadlu â D. R. Owen, Garnant. Credai'r glowyr hyn y dylai'r dosbarthiadau fagu gelyniaeth ymhlith disgyblion yn erbyn capeli Ymneilltuol y broydd. Yn ôl D. J. Williams a ddaeth yn ddiweddarach yn Aelod Seneddol Castell Nedd, cynhelid rhai o'r dosbarthiadau addysgol hyn ar y Sul er mwyn codi gwrychyn gweinidogion a swyddogion y capeli. Roedd y Sosialwyr hyn yn ddrwgdybus iawn o arweinwyr y Tŷ Gwyn fel Jim Griffiths. Credai Glyn Evans fod Jim Griffiths yn rhy barod i weld daioni yn y ddau wersyll, a'i fod yn ceisio'n wastadol i gyrraedd y tir canol. Credai Jim Griffiths fod rhai o gefnogwyr mwyaf brwdfrydig J. H. Williams yn etholaeth Llanelli wedi colli'r sedd iddo ac i Lafur yn Etholiad Cyffredinol 1918. Pobl y chwith galed oedd y rhain.[10]

Yn ystod ei gyfnod ym myd Undeb y Glowyr, daeth i gredu bod yn rhaid chwilio am well cyfrwng na'r streic i ddatrys anghydfod yn y maes glo. Gwelodd y perygl mawr i bobl o'i gefndir adael i'r cyfrinfeydd lithro i ddwylo eithafwyr. Canodd y gloch er budd aelodau'r capeli:

For Church and Chapel members of the anthracite to absent themselves on the excuse of attending big meeting or prayer meetings is only to bury their heads like ostriches in the sand and to give the left wingers the very opportunity they want to manipulate the lodge machinery.[11]

Bu Jim Griffiths ei hun yn perthyn i'r adain chwith, ond erbyn ei gyfnod fel Aelod Seneddol sylweddolai fod yn rhaid weithiau, i ennill tir yn wleidyddol, gymrodeddu er mwyn cael buddugoliaeth a chael y maen i'r wal. Erbyn dechrau'r Ail Ryfel Byd, roedd yn bendant yn pledio yr angen am weithredu cadarnhaol. Nid gwlanen o wleidydd mohono: pan fyddai angen sefyll nid oedd yn anghofio hynny. Ef wedi'r cyfan a gymerodd yr awenau yn y crwsâd o fewn y Blaid Lafur Seneddol am weithredu buan ar gynllun pellgyrhaeddol Beveridge. Ymosododd ar Lywodraeth y Coalisiwn am ei diffyg ymgysegriad i weithredu. Credai'n gydwybodol fod y llywodraeth wedi colli 'cyfle euraid'. Fel Laski, Bevan ac Attlee dadleuodd Jim Griffiths fod gan y coalisiwn gyfrifoldeb i ennill y Rhyfel, ond ar yr un pryd y peth mawr oedd gofalu fod Prydain yn cynllunio byd newydd gwell ar ddiwedd y gyflafan.[12]

Er bod Jim Griffiths wedi creu storm a gorfodi'r Tŷ Cyffredin i bleidleisio ar Gynllun Beveridge, roedd ei safiad yn bwysig. Pleidleisiodd 97 o'r 150 o

Aelodau Seneddol Llafur yn erbyn y Llywodraeth ar ddiwedd y ddadl. Roedd Jim Griffiths wedi dal ei dir, a'i weithred rebelaidd yn tarfu'r dyfroedd ymysg arweinwyr llywodraeth y Coalisiwn. Roedd Ernest Bevin yn gandryll, ac yn bygwth ymddiswyddo o'r Cabinet.[13] Ond ni ddigwyddodd hynny am fod Clement Attlee wedi tawelu'r storm. A chafodd Griffiths gyfle yng Nghynhadledd Flynyddol y Blaid Lafur Brydeinig yn Rhagfyr 1944 i bwysleisio unwaith yn rhagor eu cyfrifoldeb i hybu diwygiad cymdeithasol ac i gynorthwyo Llywodraeth y Coalisiwn i ystyried ar ôl hir ddadlau, oblygiadau ei rhaglen uchelgeisiol.[14] Gwrandawyd arno. Roedd angen rhoi ysgytwad i'r Llywodraeth, ac ar ôl cyflawni hynny daeth hi'n adeg argyhoeddi'r wlad i anelu at welliannau a fyddai'n rhoddi gobaith gwell i drigolion Prydain ar derfyn y Rhyfel.[15]

Gwelodd Prydain a Chymru wleidydd yn hydref ei ddyddiau oedd yn barod ar fater o gyfiawnder ac egwyddor i wrthryfela'n gyhoeddus yn erbyn Llywodraeth Lafur, llywodraeth y bu ef mor deyrngar iddi ar hyd ei oes, ac yntau'n gymaint o gymodwr. Yn amgylchiadau Biafra nid oedd Jim Griffiths yn barod i gymrodeddu er cymaint ei barch i'r Prif Weinidog, Harold Wilson. Ni allai anwybyddu cri'r gorthrymedig o dalaith Biafra.

Yn ystod ei gyfnod maith yn San Steffan gwelwyd ynddo ruddin gwleidydd o gryn fawredd moesol. Credai y dylai gwleidydd gwir fawr rywdro neu'i gilydd herio ei blaid. Gwnaeth David Lloyd George hynny, ac Aneurin Bevan (yn ei achos ef yn rhy aml), Winston Churchill, Harold Wilson a Jim Griffiths.

Gwelwyd bod ganddo ddwy nodwedd sy'n gyffredin i wleidyddion sy'n llwyddo i gyrraedd y brig, sef teyrngarwch a gwroldeb. Pan fyddai galw am deyrngarwch gwelir hynny gan Jim Griffiths – i'w deulu, i'w gymuned, i'r Mudiad Llafur ac i Ymneilltuaeth. Yn sicr, mae ef yn enghraifft o ŵr nad anghofiodd o gwbl y graig y naddwyd ohoni. Mae unrhyw un sy'n bodio tudalennau yr *Amman Valley Chronicle* yn ymwybodol iawn o'i deyrngarwch i'w gefndir cynnar yn y Betws ac i'w gyfoeswyr a fu fel yntau yn hau Sosialaeth yn Nyffryn Aman. Er bod Edgar Bassett wedi cofleidio syniadau Sofietaidd yn llawer mwy nag a wnaeth Jim Griffiths, nid amharodd hynny o gwbl ar eu cyfeillgarwch, a phan fu farw Bassett, talodd Jim Griffiths deyrnged hyfryd iddo. Bu'n deyrngar dros ben i'r glowyr, yn wir anaml iawn y gwelai fod angen beirniadu arweinwyr y glowyr.

Gwelir ei deyrngarwch i arweinwyr y Blaid Lafur, Clement Attlee, Hugh Gaitskell a Harold Wilson. Cafodd gyfle arbennig yn y pumdegau i chwarae rhan bwysig mewn adegau argyfyngus, fel Dirprwy Arweinydd y Blaid Lafur.

Canolbwyntiodd yn helaeth ar ei swydd gan fod angen dangos teyrngarwch yn wyneb ymddygiad Aneurin Bevan a'i gefnogwyr. Ceid plaid o fewn plaid, a bu'r sefyllfa'n anodd i Attlee ac yn waeth fyth i Hugh Gaitskell. Ond daliodd Jim Griffiths yn gadarn ei gefnogaeth iddynt.

Roedd teyrngarwch llwyr i'w Blaid yn un o'i flaenoriaethau. Gwelir hyn yn y gohebu yn 1954 a fu rhyngddo ef ac Elwyn Roberts, Ysgrifennydd y Pwyllgor Ymgyrch am Senedd i Gymru. Cafwyd mwy nag un llythyr yn trafod ei safbwynt, ond yn y diwedd teimlai fod yn rhaid iddo ddilyn safbwynt y Blaid Lafur:

> Teimlaf nad mater personol i mi ydyw bellach gan fy mod wedi cymryd rhan yn
> nhrafodaeth fy Mhlaid ar y mater o'r cychwyn hyd at fabwysiadu polisi i Gymru
> gennym. Rwy'n siŵr y bydd eich Pwyllgor yn cydnabod fod derbyn braint aelodaeth
> unrhyw Blaid yn haeddu teyrngarwch i'w penderfyniad gwerinol.[16]

Yn y llythyr hwn i Elwyn Roberts rhoddodd Griffiths reswm pwysig am ei ddiffyg awydd i arwain yr ymgyrch o eiddo'r Mudiad Senedd i Gymru. Ar y llaw arall gellir deall y rhai oedd yn disgwyl i'w deyrngarwch i Gymru hawlio ei fod yn derbyn y fraint o gael ei wahodd i annerch Ymgyrch Senedd i Gymru, er ei fod yn gweld rheidrwydd i barchu braint aelodaeth ac i ddangos teyrngarwch i'r Blaid. Eto mae'n anodd i rai oedd yn cydymdeimlo â safbwynt Cledwyn Hughes a'i gymheiriaid o fewn Ymgyrch Senedd i Gymru ddeall pam na roddai Griffiths yr un pwyslais ar ei deyrngarwch i Gymru. Sylweddolodd Hugh Gaitskell fod ganddo ddirprwy na ellid cael ei well, gŵr oedd am sicrhau undod o fewn y Blaid Lafur o dan arweiniad Gaitskell. Gellir dweud iddo lwyddo'n rhyfeddol erbyn i Harold Wilson gymryd yr awenau fel Arweinydd ac arwain y Blaid Lafur i fuddugoliaeth yn 1964. Nid oedd hi'n fuddugoliaeth ysgubol, ond o leiaf cafwyd Llywodraeth Lafur am y tro cyntaf ers 1951. Llwyddwyd oherwydd y fuddugoliaeth etholiadol, er mor siomedig ydoedd o ran nifer yr Aelodau Seneddol, i osod sylfeini oedd yn bwysig iawn i Jim Griffiths, a dyna'r rheswm y geilw aml i hanesydd ef yn bensaer datganoli i Gymru. Ef oedd y gwleidydd a siapiodd y Gymru fodern, ond i wireddu ei weledigaeth bu ei deyrngarwch yn allweddol. Pe na bai am deyrngarwch Jim Griffiths byddai Aneurin Bevan wedi cael ei ddiarddel o'r Blaid Lafur o leiaf ddwywaith. Dadleuodd o'i blaid, a daliodd i'w gyfarch yn garedig ac i'w edmygu. Byddai Bevan weithiau yn ddigon beiddgar i feirniadu teyrngarwch ei ffrind dyddiau coleg, ond ni cheid unrhyw sen o enau Jim Griffiths ato ef, na chwaith at Ness Edwards.

Er yr holl sylw a gafodd ar lwyfan Cymru, y llwyfan Brydeinig a'r llwyfan rhyng-genedlaethol, ni chollodd ei ysbryd gwylaidd a gwerinol. Hyd yn oed yn yr Ail Ryfel Byd, teimlai rhai haneswyr mai ef a ddylai fod yn arwain y Blaid Lafur fel plaid yr Wrthblaid, ond oherwydd ei wyleidd-dra, ni feddyliai am foment mai felly y dylai fod. H. B. Lees-Smith a Frederick Pethick-Lawrence awgrymodd mai Attlee a ddylai gynrychioli'r Blaid Lafur yn nyddiau anodd y Rhyfel, ond Jim Griffiths oedd y gwleidydd a roddodd gyfeiriad i Lafur ar lawer mater fel y gwelsom ac a fu'n gymorth i'r Blaid i ennill y dydd yn 1945.[17] Ef a gymerodd yr awenau yn y crwsâd o fewn y Blaid Lafur Seneddol dros Gynllun Beveridge ac ennill cefnogaeth.

Gweithiodd o blaid gwladoli'r diwydiannau trwm, yn arbennig y diwydiant glo. Cafodd gefnogaeth Aelodau Seneddol Llafur a wyddai o brofiad am y diwydiant glo, fel George Daggar a Rhys Davies.[18] Addysg oedd y flaenoriaeth arall ganddo, a dadleuodd ym Mhwyllgor Canolog y Blaid Lafur y dylai anghenion addysg gael eu barnu nid gan wleidyddiaeth ond gan ddyfodol y plentyn.[19] Heuodd yr hedyn a ddaeth yn rhan o bolisïau Llafur yn ddiweddarach, yn arbennig ar fater yr ysgol gyfun.

Enghraifft eithriadol o'i wyleidd-dra yw iddo wrthod y cyfle i dderbyn un o'r tair o brif swyddi'r wladwriaeth, sef swydd Ysgrifennydd Tramor. Gesyd ei briod y dewis y bu'n rhaid iddo ddod i benderfyniad arno yn ystod yr ail Lywodraeth Lafur:

> It came as a complete surprise to be offered one of the highest posts in the Government. It appeared that Ernest Bevin had expressed the wish that Jim should follow him. Gratifying as such an offer was, my husband's immediate reaction was to refuse. We talked it over and we decided it would not be right to accept.[20]

Y rheswm cyntaf oedd ei fod ef yn gwbl fodlon gyda'i gyfrifoldebau dros y Trefedigaethau: 'Moreover he had grown keenly interested and deeply involved in the affairs of the Colonies and would hate to break the connection.'[21] Ond yn ôl ei briod y gwir reswm oedd bod Herbert Morrison mor awyddus am y swydd: 'He was a senior colleague and one to whom the Labour Movement, and indeed the country, owed much, and Jim could not bring himself to stand between Herbert and what he most desired.'[22]

Nid oedd Jim Griffiths am ddolurio Morrison. Mae'n amhosibl gennyf feddwl am unrhyw wleidydd arall o fewn y Blaid Lafur na'r Blaid Geidwadol y dyddiau hynny a fyddai'n gwrthod y cyfle. Yn sicr ni fyddai Aneurin Bevan wedi gwrthod y fath gyfle.

Ac mae ei gyfrol *Pages From Memory* yn destament i'w wyleidd-dra. Anwybyddodd gymaint o'i orchestion y dylai fod wedi eu nodi. Ymhlith hunangofiannau gwleidyddion yr ugeinfed ganrif dyma un o'r cyfrolau mwyaf diymhongar.

Roedd ei wladgarwch Cymreig yn rhinwedd arbennig arall ynddo. Rhaid pwysleisio nad oedd hyn bob amser yn hawdd. Yn ystod y cyfnod 1905–75 roedd yn Gymro naturiol a'r iaith yn golygu cymaint iddo. Bu'n pledio'r iaith o fewn y Blaid Lafur, oedd heb fawr o ddiddordeb yn ei thynged. Yn ei gylchgrawn *Llanelly Labour News* ceid pytiau cyson yn y Gymraeg, a bu'n ffrindiau gyda rhai o Gymry Cymraeg mwyaf pybyr ei gyfnod, fel Iorwerth Cyfeiliog Peate, Alwyn D. Rees a Gwilym Prys Davies. Mae'r gohebu fu rhyngddynt ar fater yr iaith, Prifysgol Cymru, datganoli a heddychiaeth yn brawf o hynny. Llwyddodd yn wyrthiol gyda phenaethiaid y Blaid Lafur, o ddyddiau Clement Attlee a Herbert Morrison (oedd mor negyddol) hyd ddyddiau Hugh Gaitskell a Harold Wilson. Mae atgofion Cledwyn Hughes wrth siarad â R. Merfyn Jones yn werth craffu arnynt.[23]

Roedd Jim Griffiths yn ymgorfforiad o'r gwladgarwr Cymreig ar ei orau fel roedd ei frawd Amanwy yn Nyffryn Aman. Credaf fod Cymreigrwydd cynhenid a hoffter mawr Amanwy o lenyddiaeth a'r iaith wedi bod yn ddylanwad mawr ar wladgarwch Jim Griffiths. Roedd Amanwy yn agosach i'r beirdd a gwerin yr eisteddfodau nag oedd Jim, ac felly dibynnai ei frawd gryn dipyn ar ei farn ar argyfwng yr iaith a'i ddehongliad o ble y safai'r farn gyhoeddus Gymreig yn ei erthyglau wythnosol yn yr *Amman Valley Chronicle*. Dylid hefyd gyfeirio at y parch oedd ganddo at farn ei nith, May Harris, oedd yr un mor frwdfrydig dros wladgarwch Cymreig Cristnogol. Byddai hi'n diolch iddo yn gyson am ei gyfraniadau yn Gymraeg ar y radio, ac yn ddiweddarach ar y teledu, a chyfeirio at bobl flaenllaw ym Mhlaid Cymru oedd yn ei ganmol am ei gyfraniadau cyson.

Deallai Jim Griffiths safbwynt Plaid Cymru yn well na bron unrhyw wleidydd arall yn y Blaid Lafur. Bu'n barchus o Saunders Lewis (llawer mwy na'i frawd) ac o Gwynfor Evans, a dadansoddodd ei fuddugoliaeth yng Nghaerfyrddin mewn memorandwm. Gwyddom am ei gefnogaeth i D. J. Williams adeg y 'Tân yn Llŷn', pan aeth i weld R. A. Butler er mwyn iddo gael ei swydd yn ôl.[24] I Jim Griffiths roedd gwarchod yr iaith yn bwysicach na cheryddu pobl oedd yn gwneud gwaith da dros yr iaith. Cythruddid ef pan feiddiai rhai o'r Cymry Cymraeg ddweud geiriau amharchus am y Cymry di-Gymraeg. Y dasg oedd eu hennill i gefnogi'r iaith a'i hanghenion.[25]

Rhaid cydnabod cryfder arall o'i eiddo, sef ei gefnogaeth i wleidyddion eraill. Yn ei archif gwelir tystiolaeth i'w gefnogaeth i nifer dda o Lafurwyr oedd yn haeddu gair o ganmoliaeth neu air i'w hysgogi i ystyried gyrfa wleidyddol. Ym mhapurau'r cymdeithasegydd Cymraeg, D. Caradog Jones, ceir enghreifftiau o'i gefnogaeth a'i awydd i weld y darlithydd yn cael gwell sedd i ymladd ynddi na Threfaldwyn. Ceisiodd ei ddenu i ystyried rhoddi ei enw ger bron Pwyllgor Gwaith y Blaid Lafur yn Sir Gaerfyrddin ar gyfer etholiad 1955. Ef a lwyddodd i gael y Fonesig Megan Lloyd George i ymuno yn rhengoedd y Blaid Lafur. Gosododd y dasg i Goronwy Roberts gysylltu â hi ar ei ran gan fod Megan yn hwyrfrydig i gymryd y cam. Jim Griffiths a lwyddodd i'w chael hi'n gymydog iddo. Bu'n hynod o awyddus i weld Gwilym Prys Davies yn Aelod Seneddol. Cydnabydda Gwilym Prys Davies iddo fod yn 'gymaint o gefn i mi. Ni anghofiaf hyn byth'.[26]

Gwleidydd Cymreig arall a gafodd gefnogaeth helaeth gan Jim Griffiths oedd Tudor Watkins. Wedi'r cyfan bu'n byw yn etholaeth Brycheiniog a Maesyfed a gwelodd rinweddau amlwg yn Tudor Watkins, ac yn arbennig ei gyfraniad fel cynghorydd a swyddog o fewn y Blaid Lafur. Pan safodd Tudor Watkins fel ymgeisydd Seneddol derbyniodd gefnogaeth gadarn gan Jim Griffiths ac aml i sylw caredig.[27]

Gwleidydd adnabyddus sydd wedi cydnabod cefnogaeth Jim Griffiths iddo yw John Morris. Mae ei hunangofiant, *Fifty Years in Politics and the Law*, yn gyforiog o dystiolaeth i'w ddylanwad. Dywed yn gwbl glir: 'He was my principal mentor':[28]

> There is no doubt in my mind that Jim Griffiths is the father of Welsh devolution, based on this and his personal encouragement to me at a time when it was politically very lonely to be a devolutionist in the Labour Party in Wales. He was the political compass which was to guide me for the future, and there was no doubt that he was one of the outstanding South Wales Industrial MPs, sharing all our interests.[29]

Arferiad pwysig arall o eiddo Jim Griffiths oedd anfon gair neu nodyn at Aelod Seneddol newydd neu ifanc ar ôl iddo gymryd rhan mewn dadl yn y Tŷ Cyffredin. Byddai Cledwyn Hughes ac Elwyn Jones yn gwneud hyn yn gyson hefyd. Derbyniodd Tam Dalyell air o ganmoliaeth gan Jim Griffiths ar ôl iddo gymryd rhan mewn dadl ar y diwydiant glo a chyflwr glowyr a ddioddefai o'r llwch. Ac felly nid cefnogi Aelodau Seneddol o Gymru a wnâi yn unig ond hefyd Aelodau Seneddol o wahanol rannau o Brydain. Anwylodd ei hun oherwydd hyn a derbyniodd ef ei hun glod aml i Aelod Seneddol am ei alluoedd fel un o areithwyr grymus y Tŷ Cyffredin. Dywedodd Tom Sexton, Aelod Seneddol Llafur o faes glo Durham amdano:

> If I had been possessed of the oratory of a Demosthenes or the rhetoric of a golden mouthed St Chrysostom, I would have been enabled to pay the tribute to the Hon. Member speech which it deserved.[30]

Dyna oedd cryfderau Jim Griffiths. Dywed Emyr Price amdano:

> Does dim amheuaeth mai James Griffiths oedd un o gewri'r Blaid Lafur yn yr ugeinfed ganrif – y gwleidydd a greodd gonsýrn bod yn rhaid i brif blaid Cymru gerdded law yn llaw â dyheadau cenedlaethol Cymreig a rhoi i Gymru reolaeth dros ei bywyd economaidd a diwylliannol.[31]

Yn hwyr yn ei yrfa y daeth i roi'r arweiniad roedd dirfawr angen amdano yn y Blaid Lafur ar fater datganoli. Tybiaf mai yn y cyfnod rhwng marwolaeth ei frawd Amanwy yn 1953 a gwewyr boddi Cwm Tryweryn yn 1958 y magodd y penderfyniad.

Rhaid bod yn gwbl deg a chydnabod bod Cymru a'i gwleidyddion wedi bod yn ddigon difater ar gwestiwn datganoli. Y gwir yw mai ychydig iawn a wnaeth y rhelyw o'r Aelodau Seneddol o Gymru dros achos datganoli a hunanlywodraeth. Er i Lloyd George ddangos gwir ddiddordeb yn gynnar yn ei yrfa, ni ellir dweud iddo ymroi i'r dasg ar ôl iddo dderbyn swydd Canghellor y Trysorlys.[32] Daeth datganoli ar yr agenda ar ddiwedd y Rhyfel Byd Cyntaf, ond ni ddaeth dim byd o'r gynhadledd a'r adroddiad a gyhoeddwyd gan y pwyllgor o 33 o unigolion a fu'n ystyried y pwnc.[33] Bu E. T. John yn lladmerydd datganoli a gellir ei gyfrif yn un â chysylltiad â thair plaid fel cefnogwr pwysig. Ni allai wneud mwy na hynny, ond gallai Lloyd George fod wedi cyflawni llawer mwy dros ddatganoli. A gallai Jim Griffiths fod wedi rhoddi'r arweiniad yn gynt nag a wnaeth, ond cofier nad oedd hynny'n hawdd pan sylweddolwn ei gyfraniad sylweddol fel un o benseiri'r Wladwriaeth Les.

Gwendid arall yw achos Tryweryn, ond gellir dadlau na allai ef wneud mwy na chefnogi Aelod Seneddol Llafur Meirionnydd, T. W. Jones. Ef oedd arweinydd y ddirprwyaeth, yn enw Pwyllgor Amddiffyn Capel Celyn, oedd i gyfarfod â Chorfforaeth Lerpwl.[34] Ond yn bersonol byddwn wedi disgwyl i Jim Griffiths gymryd rhan yn y ddadl yn Nhŷ'r Cyffredin, a rhoddi arweiniad llawer cadarnach. Rhaid cydnabod iddo golli cyfle euraid yn yr achos arbennig, torcalonnus hwn, gan fod ei air yn cael derbyniad ym mhob rhan o'r Tŷ Cyffredin.

Mater arall digon anodd oedd y modd y cafodd Gwynfor Evans ei drin fel Cynghorydd ar Gyngor Sir Caerfyrddin. Efallai y gwelir yn yr helynt ddiflas hon fod teyrngarwch i'w Blaid yn gyfrifol am ei ddistawrwydd. Mewn sgwrs breifat dywedodd May Harris fod ei hewythr yn gwybod am y drwg mawr a wnaeth yr helynt i'r Blaid Lafur ac addawodd wneud yr hyn a allai i reoli'r sefyllfa. Gwelir yn yr achos hwn wendid Jim Griffiths, iddo hyd y gwyddom gadw'n dawel a gadael i'r cweryla ddatblygu am flynyddoedd. Gellir gweld yn y ffrae rhyngddo ef a'i asiant, Douglas Hughes, adlewyrchiad o'r tyndra gan ei fod ef yn un o arweinwyr y Blaid Lafur ar y Cyngor Sir. Methodd Gwynfor Evans â chefnogi'r Blaid Lafur ar y Cyngor Sir ond byddai weithiau'n eu cythruddo trwy ei ymlyniad i'r grŵp annibynnol.

Fel Gwynfor Evans, bu Jim Griffiths yn coleddu heddychiaeth yn ystod blynyddoedd y Rhyfel Byd Cyntaf ac yn y dauddegau. Roedd yn edmygydd di-ben-draw o'r heddychwyr Cristnogol fel Puleston Jones a heddychwyr o fewn y Blaid Lafur fel George Lansbury. O'r mawrion y daeth ef i'w hadnabod o blith arweinwyr y Blaid Lafur, y mwyaf ohonynt yn ei dyb ef oedd George Lansbury, a hynny'n bennaf oherwydd ei heddychiaeth. Ei ddedfryd syml oedd: 'George Lansbury was one of the greatest men I was privileged to know'.[35]

Daeth o dan ddylanwad heddychiaeth Lansbury yn y Tŷ Gwyn yn Rhydaman yn 1918, a Lansbury oedd un o'i gefnogwyr yn Isetholiad Llanelli yn 1936, ac a'i croesawodd i'r Tŷ Cyffredin. Ceir tystiolaeth fod Lansbury yn rhannu cyfrinachau gydag ef. Ym misoedd cynnar 1939 daeth Lansbury i Lanelli i annerch cyfarfod o Lafurwyr, ac yn ystod yr ymweliad hwnnw treuliodd oriau ym Mhendein yng nghwmni Lansbury ac yn sicr yn sgwrsio am y newid agwedd oedd wedi digwydd ym mywyd Griffiths. Mae'n amlwg fod Jim Griffiths fel eraill wedi cael ei siomi gan fethiant amlwg Cynghrair y Cenhedloedd i gyflawni ei chenhadaeth, ac ymateb gwleidyddion Prydeinig ac arweinwyr gwledydd eraill yn eu hagwedd at haerllugrwydd y Natsïaid a'r Ffasgwyr yn yr Almaen, yr Eidal a Sbaen.[36] Gwnaeth ymddygiad Mussolini a'r Eidal tuag at Abyssinia (Ethiopia ein dyddiau ni) iddo ailystyried ei ddaliadau fel heddychwr, ac atgyfnerthwyd hyn gan ei brofiadau amrywiol yn teithio ar gyfandir Ewrop yn 1936–39, yn Prâg ymhlith y glowyr, yn Danzig ac yn Sbaen. Gwelodd y bygythiad mawr o du Hitler i werthoedd y Gorllewin, ac i'n hetifeddiaeth Gristnogol, ac fe'i hargyhoeddwyd nad oedd ganddo ddewis ond ailystyried seiliau ei athroniaeth. Cefnodd yn rhy hawdd o lawer ar heddychiaeth ei ieuenctid yn ôl llawer. Ond trwy ymwadu â heddychiaeth daeth yn hynod o dderbyniol ymhlith ei etholwyr adeg yr Ail Ryfel Byd.

Gwendid arall yn ei gymeriad oedd y gwendid hwnnw sy'n gyffredin iawn ymhlith gwleidyddion – y duedd i organmol, derbyn 'Ie' i bob gwahoddiad, a cheisio plesio pawb a phob un. Roedd y crwydro diddiwedd a gyflawnodd yn amddifadu ei deulu o'i bresenoldeb. Bu'n hynod o ffodus yn ei briod, Winnie, ei bod hi mor gefnogol, a rhydd ef deyrnged haeddiannol iddi gan gyfaddef ei bod hi wedi gorfod ysgwyddo cymaint o gyfrifoldeb am y plant a bywyd y teulu ar ei phen ei hun. Cydnabu bod hyn yn digwydd hefyd yn hanes cymaint o'i gyd-Aelodau Seneddol:

> The wife of a busy MP has to be half father and mother and my debt as my wife's partner – in this as in all else – is immeasurable.[37]

Gwnaed ymgais i gloriannu Jim Griffiths fel un o'r gwleidyddion pennaf yn hanes gwleidyddiaeth Cymru yn yr ugeinfed ganrif. Yn y tridegau fel arweinydd glowyr de Cymru, fel Gweinidog yn Llywodraethau Llafur 1945–50, 1950–51 a 1964–66, fel Dirprwy Arweinydd, ac yn ei genhadaeth hedd i Nigeria, gwelwyd ynddo ysbryd ac ymroddiad gwleidydd blaengar o gryn fawredd. Enillodd edmygedd gan bobl o bob plaid am ei fod yn wleidydd o argyhoeddiad dwfn, dros y glowyr a'u cymunedau, yn amlwg iawn mewn brwydrau lleiafrifol megis dirwest a chadwraeth y Sul, yn dangos parch i genhedloedd yn brwydro am annibyniaeth ar gyfandiroedd y byd, yn ymdrechu yn erbyn apartheid, yn rhoi arweiniad ar Adroddiad Beveridge ac Adroddiad Syr David Hughes-Parry, ac yn rhoi cefnogaeth i'w iaith a'i diwylliant. Mewn erthygl yn *Alliance News* (Mai–Mehefin 1969) pwysleisiwyd mai gwleidydd o argyhoeddiadau ac egwyddorion cadarn ydoedd, gŵr a allai fod yn fwy emosiynol nag aml i wleidydd o'i gyfnod, ac a allai ar dro, fel y gwnaeth ar ymweliad â'r Affrig, golli ei hunanddisgyblaeth, ond eto ennill cymeradwyaeth. Ond mae'r deyrnged o'r *Alliance News* yn crynhoi'r 'gŵr o egwyddorion':

Jim Griffiths is shown to be a man of principles, and there is no doubt where he acquired his principles. They came to him from the early influences of the Welsh Nonconformist tradition in which he was brought up. Among those principles was one which this journal encourages namely, total abstinence.[38]

Gwelir ef yn sicr fel un o'r gwleidyddion mwyaf grymus a gynhyrchodd Ymneilltuaeth Gymraeg ers dyddiau Henry Richard. Yn Awst 2000 ar drothwy'r Eisteddfod Genedlaethol yn Llanelli paratôdd cwmni teledu HTV ar gyfer cynulleidfa S4C, ffilm gyda'r teitl, *Jim y Gwleidydd Coll*. Cafwyd sylwadau ar y ffilm gan Emyr Price yn *Golwg*, 'Y Gwleidydd ga'dd ei wrthod'. Mae Emyr Price yn agos i'w le pan fentra gyffredinoli a dweud bod 'Cymru wedi dewis anghofio gwleidydd pwysica'r ganrif ddiwethaf'.[39] Gallwn yn bersonol ychwanegu geiriau o eiddo Gwenallt sydd mor addas yn y cyswllt hwn:

Er yr holl ganmol a fu arnat ti werin Cymru, yr wyt tithau yn gallu bod mor oriog â'r gwynt, ac mor greulon â Nero wrth dy gymwynaswyr.[40]

Mae'n golled fod y gwleidydd gwylaidd a gostyngedig hwn, wrth ymddeol o'r Senedd, heb sefydlu cymdeithas wirfoddol i ddatblygu syniadau ar ddatganoli. Mae'n siŵr gen i y byddai hynny'n groes i'w natur ar sawl cyfrif. Erbyn hyn yr wyf yn argyhoeddedig y dylid o leiaf gael cofgolofn iddo yn y brifddinas yng Nghaerdydd. Gwelir yno gofgolofnau i ddau o wleidyddion Cymru yr ugeinfed ganrif, sef David Lloyd George ac Aneurin Bevan. Dywedodd Emyr Price yn y flwyddyn 2000:

A'r sgandal fwya' un yw nad oes cofgolofn deilwng iddo yn ei brifddinas er bod un yno i Aneurin Bevan. Mae gwir angen y fath gydnabyddiaeth, a hynny ar fyrder.[41]

Aeth blynyddoedd heibio ers hynny a hyd y gwn i, nid yw ein harweinwyr cyfoes yn trafod hyn. Ond gallwn ddweud yn ddibetrus fod ein dyled bennaf am y Cynulliad Cenedlaethol yng Nghaerdydd i Jim Griffiths. Ni fyddai Cymru heddiw yr hyn ydyw heb ei gyfraniad gwerthfawr i'n bywyd fel cenedl.

Nodiadau

Rhagair

1 Emyr Price, *Yr Arglwydd Cledwyn o Benrhos* (Penygroes, 1990), t. 134.

2 Gwilym Prys Davies, *Cynhaeaf Hanner Canrif: Gwleidyddiaeth Cymraeg 1945–2005* (Llandysul, 2008), t. 65. Am gyfraniad Gwilym Prys Davies i'r Mudiad Llafur a bywyd Cymru a'i gyfeillgarwch â James Griffiths, gweler ei gyfrol, Gwilym Prys Davies, *Llafur y Blynyddoedd* (Dinbych, 1991), tt. 25–9, 52–7, 73–5, 65–9, 89, 91, 96–8, 132, 179.

3 Gwyn Jenkins, *Prif Weinidog Answyddogol Cymru: Cofiant Huw T. Edwards* (Talybont, 2007).

4 Huw T. Edwards, *Tros y Tresi* (Dinbych, 1956), t. 131.

5 Y mae David Thomas yn un o gewri Cymraeg y Mudiad Llafur, a cheir goleuni ar ei gyfraniad cynnar yn Deian Hopkin, 'Y Werin a'i theyrnas: ymateb Sosialaeth i genedlaetholdeb 1880–1920' yn Geraint H. Jenkins (gol.), *Cof Cenedl*, VI (Llandysul, 1991), t. 165. Gweler Ben Bowen Thomas (gol.), *Lleufer y Werin* (Abercynon, 1965) ac Angharad Tomos, *Hiraeth am Yfory: Hanes David Thomas a Mudiad Llafur Gogledd Cymru* (Llandysul, 2002), t. 264.

6 David Thomas, *Llafur a Senedd i Gymru: Ysgrifau, Llythyrau a Sgyrsiau* (Bangor, 1954), tt. 1–28.

7 Angharad Tomos, *Hiraeth am Yfory*, tt. 222–4. Anodd credu fod David Thomas wedi ysgrifennu ei lythyr yn Saesneg at James Griffiths a'i fod wedi gwylltio gymaint wrth ŵr oedd yn cyflawni gymaint er lles Cymru a datganoli.

8 Ibid., 'Well, there you are Jim, I am not generally a very emotional creature. There must be something radically wrong with the Government plan to produce such a violent effect on a man who is a fairly rational person?', t. 224.

9 Ibid.

10 Cawn wybodaeth ddefnyddiol am rai o gynghorwyr y Blaid Lafur ar Gyngor Sir Caerfyrddin yng nghyfrol Rhys Evans, ac ym mhapurau Douglas Hughes (Gweler LlGC, Papurau Deian Hopkin, Rhif 155).

11 Llythyr personol at yr awdur oddi wrth Miles Holroyd, Ascot, Berkshire, 11 Awst, 2011.

12 Gweler cofnod J. Graham Jones ar James Griffiths yn y Bywgraffiadur Ar-lein, a Kenneth O. Morgan, 'Jeremiah (James) Griffiths (1890–1975)' yn *Oxford Dictionary of National Biography*, cyfrol 23 [Rhydychen, 2004], tt. 992–4.

13 Un o'r traethodau cyflawnaf a mwyaf sensitif gan hanesydd Cymreig ar fywyd a gwaith James Griffiths yw'r un a luniodd yr Athro J. Beverley Smith. J. Beverley Smith, 'James Griffiths: an appreciation', yn J. B. Smith (gol.), *James Griffiths and his Times* (Ferndale, d.d.), tt. 58–119.

Pennod 1 – Magwraeth yn y Betws a Rhydaman

1   Ioan Matthews, 'Maes y Glo Carreg ac Undeb y Glowyr 1872–1925,' yn Geraint H. Jenkins (gol.), *Cof Cenedl,* VIII (Llandysul, 1993), t. 139; LlGC, Papurau Eirene White A 200/24 F2/10.

2   Paratowyd ar y we safle ar y Griffithsiaid, ond nid yw'n gwbl gywir am deulu James Griffiths, yn ôl dogfennau'r Cyfrifiad. Gw. hefyd William Evans, 'William Griffiths y Gof', *The Amman Valley Chronicle,* 16 Chwefror 1928, a 'Betws Grand Old Man', ibid., 9 Chwefror 1928. Roedd William Rees Griffiths yn un o saith o blant, chwech o fechgyn ac un merch.

3   W. W. Price, *The Biographical Index of W. W. Price, Aberdâr,* LlGC, tt. 20–1.

4   D. J. Williams, *Yn Chwech ar Hugain Oed* (Llandysul, 1959), t. 165. Ychwanega'r llenor amdano: 'Roedd ef yn ormod o unigolyn i allu dioddef ffyliaid yn llawen. Dim ond dynion bach neis, diniwed fel Jac Williams a fi ambell dro, o blith y dynion dŵad, a rhai o'r hen, wir frodorion a'i hadwaenai'n dda a fyddai'n aelodau o'r 'tŷ' oligarchaidd hwn. Cadwai'r lleill draw, ac ambell un wrth basio yn crafu mor glos byth ag y gallai i ale'r clawdd gyferbyn; oherwydd gŵr pendant ei athroniaeth gymdeithasol ydoedd William Griffiths, yn gwybod achau a hanes pawb am genedlaethau'n ôl, eu drwg a'u da bob un fel tynged, heb anghofio dim.'

5   James Griffiths, *Pages from Memory* (Llundain, 1969), t. 3.

6   Daeth yr wybodaeth o ymchwilio yn nogfennau'r Cyfrifiad o 1841 i 1891.

7   *Pages from Memory,* t. 3.

8   Amanwy, Efail William Griffiths, Y Betws, *Amman Valley Chronicle,* 14 Mehefin 1945; Amanwy, *Gweinidog Fy Ieuenctid: Canmlwyddiant Geni y Parchedig Isaac Cynwyd Evans (1845–1945), Christian Temple Rhydaman* (Rhydaman, 1945), tt. 1–24; LlGC, Papurau Amanwy, rhif 222, 'Fy Hen Weinidog'.

9   Amanwy, Efail William Griffiths, Y Betws, *Amman Valley Chronicle,* 14 Mehefin 1945. (Gyda diolch i Huw Walters am roddi copi o'r erthygl hon i mi.)

10 *Yn Chwech ar Hugain Oed,* t. 165. Rhydd William Evans deyrnged cyffelyb i D. J. Williams: 'Diau ar ôl chwarter o ysgol dan ddisgyblaeth y nailer, fel y gelwid ef, byddent yn fwy addas i'w swyddi na chynt. Ni bu ei enillion yn fawr hyd yn oed pe bai wedi cael ei dalu yn llawn, ond magodd ef a'i briod deulu lluosog o blant, a chawsant i gyd eu hyfforddi ymhen eu ffordd, a da yw dweud nad oes yr un ohonynt wedi ymadael â hi.'

11 William Evans, 'William Griffiths y Gof', *Amman Valley Chronicle,* 16 Chwefror 1928, t. 3.

12 LlGC, Papurau Amanwy, rhif 249, lle ceir golwg ar gerdd y bardd o lôwr, John Harries (Irlwyn).

13 *Pages from Memory,* tt. 5–6. Dyma, yn ôl y gwleidydd, oedd yr ysgogiad cyntaf ym myd gwleidyddiaeth. 'This carried us out of the smithy to the road to march to the demonstration at Ammanford where the great man himself – David Lloyd George – was the orator. So it was that I began my training in politics, demonstrations and all that goes to the making of a politician – on the way from one 'parliament' to another.'

14 Amanwy, 'Efail William Grifiths, y Betws', *Amman Valley Chronicle,* 14 Mehefin 1945.

15 LlGC, Papurau Amanwy, rhif 240. Ond yr atgof cyntaf sydd ganddo fel plentyn bach tair mlwydd oed ydyw troi allan i groesawu Watcyn Wyn yn ôl o Eisteddfod Fawr y Byd ar ôl ennill un o'r

prif wobrau am farddoni. Dywed: 'One of my earliest recollections is of the day when Watcyn Wyn returned triumphantly from the World Fair at Chicago. We marched from our school at Betws and set out for Cross Inn to join the throng of villagers and I think that every person in the neighbourhood was in the procession as we carried the bard to his home at Gwynfryn. The Welsh Community in USA had organised a 'Welsh National Eisteddfod' in connection with the Word Fair – as our Bard, Watcyn Wyn had won the Chair. It was a notable triumph for a notable character'. Gw. James Griffiths, 'He christened Cross Inn Rhydaman, "Diwylliant Fy Mro"', *South Wales Guardian*, 22 Mehefin 1972.

16 LlGC, Papurau Amanwy, rhif 240, 'Yr Ysgol', t. 4.

17 Derwyn Morris Jones, Teyrnged i James Griffiths a draddodwyd yn ei angladd yn y Christian Temple, Rhydaman, brynhawn Mercher, Awst 13, *Y Tyst*, 18 Medi 1975, t. 5: 'Yma yn yr Ysgol Sul, ac wedi hynny yng Nghymdeithas y Bobl Ifanc, y mentrodd ar ei ymdrechion cyntaf i siarad yn gyhoeddus, a hyd y diwedd byddai'n cydnabod ei ddyled i'r eglwys hon a'r Gristnogaeth Anghydffurfiol oedd yn rhan mor fawr o dir ei wreiddiau'. Isaac Cynwyd Evans yn allweddol. LlGC, Papurau Amanwy, rhif 222, t. 11, 'Yr oedd yn caru plant yr Eglwys yn angerddol, a charem ninnau yntau.'

18 *Pages from Memory*, t. 16; Pan fu farw John Evans dywedodd James Griffiths: 'And now, I am told John Evans is dead / No / No. / John Evans can never die. / He lives: a quiet, formative influence in the lives of hundreds of those who, like me, had the privilege of his charming influence in our childhood.' Gw. James Griffiths, 'A Tribute', *Amman Valley Chronicle*, 7 Mawrth 1918.

19 LlGC, Papurau James Griffiths (A5/1), Taflen angladd John Evans, New Road, Rhydaman, a fu farw 5 Tachwedd 1918 yn 46 mlwydd oed. Cadwodd James Griffiths y daflen yn barchus, yr unig daflen angladdol sydd yn ei archif yn LlGC. Dywedodd amdano ar ôl clywed am ei farwolaeth: 'Gone are the sermons we heard in those days, few of the exhortations remain, but the memory of John Evans and his Band of Hope remains as a sweet, enobling influence in our lives.' Gw. James Griffiths, 'A Tribute', *Amman Valley Chronicle*, 7 Tachwedd 1918.

20 LlGC, Papurau Amanwy, 'Fy hen Weinidog', tt. 11–15. Diddorol nodi'r pwysigrwydd a rydd rhieni'r gwleidydd ar y Sacrament o Swper yr Arglwydd fel ordinhad i'r holl deulu. Pregethu oedd coron y gwasanaeth i relyw o Anghydffurfwyr, ac mae'n sicr nad oedd y Jeremiah Griffiths ifanc wedi cael yr hawl i dderbyn y sacrament o Swper yr Arglwydd hyd nes y gadawodd yr Ysgol leol a dechrau ar ei yrfa fel glöwr.

21 Lluniodd Amanwy soned i'w Weinidog ef a'i frodyr a dyma ei deyrnged i un a fu yn ddylanwad enfawr ar y teulu: 'Ni chofiaf heno am yr uchel-wyliau / Nac am y dyrfa mewn cymanfa fawr, / Llithrodd dros gof yr oedfa ddwys a'r hwyliau / A'r dylanwadau'n siglo nef a llawr / Y bregeth fore Sul, a'r angerdd tawel / A'r ymresymu uwch y Beibil glan / A chyn y diwedd, grym y nefol awel / yn troi'n wreichionen yn aniffodd dân / Mwynder ei lais a'm cyraedd o'r pellteroedd / Gan ddeffro hiraeth am y dyddiau gynt / Atsain ei ganu'n crwydro o'r dyfnderoedd / Fel can aderyn ar yr awel wynt / Erys ei waedd a'i weddi yn fy ngho' / Fel murmur nentydd Cymru ar y gro.' Gweler LlGC, Papurau Amanwy, 'Fy Hen Weinidog', t. 14: 'Ond yn sicr ddigon, ei bregethau ef a gafodd fwyaf o ddylanwad arnaf fi o bob dim a glywais o bulpud.'

22   Derwyn Morris Jones, Teyrnged James Griffiths.

23   T. J. Morgan, *Diwylliant Gwerin ac Ysgrifau Eraill* (Llandysul, 1972), t. 15.

24   Ibid., t. 16. Magodd Isaac Cynwyd Evans yng nghapel Gellimanwydd nifer dda o fechgyn i baratoi a derbyn ordeiniad i'r Weinidogaeth yn enwad yr Annibynwyr Cymraeg, ond am ryw reswm ni fu yn pwyso ar James Griffiths.

25   Nid James Griffiths oedd yr unig un i deimlo y rheidrwydd i fynd i weithio yn y lofa oherwydd fod ei frodyr yno eisioes. Galwodd D. J. Williams y tri brawd fel 'y tri brawd galluog' Gw. *Yn Chwech ar Hugain Oed*, t. 165 Sonia Hugh Bevan (mab i löwr) amdano ef yn Saron, ger Rhydaman yn gweld ei uchelgais fel glöwr: 'Os soniem am uchelgais, nid croesi'r Gyhydedd neu rowndio'r Horn ydoedd. Ond gwrandawem, bob un yn ei wely, ar sŵn sgidshe hoelion coliers y Rhos, y Wernos, y Parc, Gwaith Saron, Gwaith y Betws, yr Emlyn, Caerbryn, Pantyffynnon, Pont-y-clerc, a Phenca yn taro'r hewl ben bore, a chlywed siarad uchel neu ambell bwl o chwerthin neu ŵr ar feic yn cyfarch gwŷr ar draed. Troem yn goliers bach ein hunain weithiau'. Gw. Hugh Bevan, *Morwr Cefn Gwlad* (Llandybïe, 1971), t. 30.

26   Joseph Keating, *My Struggle for Life* (Llundain, 1916), clasur anghofiedig y maes glo yn sôn am ddylanwad ei frodyr ar ei benderfyniad ef i'w dilyn i'r lofa: 'Two of my brothers were in the pits already. All the boys in school looked foward with longing to the day when they would be allowed to begin work. Release from boredom of school might have influenced them; but my happiness was not so much in leaving school as in the idea of actually going to work underground. We saw the pit boys coming home in their black clothes, with black hands and faces, carrying their food boxes, drinking tins, and gauze-lamps. They adopted an air of superiority to mere schoolboys… Life began to be worth living when once they had gone down.' tt. 37–8.

27   *Pages from Memory*, t. 7. Cynllun William Rees Griffiths ar gyfer ei fab ieuengaf oedd tymor byr yn y lofa cyn mynd ati i baratoi ar gyfer bod yn bregethwr yn Ysgol y Gwynfryn. Sonia Amanwy fod nifer o fechgyn nobl wedi gwneud yr union beth a ddymunai ei dad a sonia am rai ohonynt sef J. T. Job, W. Crwys Williams, Gwili a Peter Hughes Griffiths.

28   James Griffiths, J. P., 'Honouring James Griffiths', *Amman Valley Chronicle*, 24 Mai 1934.

29   *Pages from Memory*, t. 7. Diau pe bai James Griffiths wedi dilyn llwybr y Weinidogaeth byddai D. J. Williams wedi ei glywed fel un o genhadon huawdl y pulpud, ond dyma ddywed D. J. Williams amdano yn y gyfrol *Yn Chwech ar Hugain Oed*, t. 166: 'Am Jim, y Gwir Anrhydeddus James Griffiths, Dirprwy Arweinydd y Blaid Lafur wedi hynny, rhyw grwt newydd roi heibio chwarae marblis a dechrau gwisgo trwsus hir ydoedd ef y pryd hwnnw; ac nid oes gennyf i odid fwy o gof amdano ef nag sydd ganddo yntau amdanaf fi. Ac o hynny hyd heddiw (1959), yn gam neu yn gymwys, fe gerddodd ef a minnau lwybrau tra gwahanol i'n gilydd.'

Pennod 2 – Gweithio dan Ddaear

1   James Griffiths, *Pages from Memory* (Llundain, 1960), t. 8. Ceir deunydd hynod o berthnasol yng nghasgliad Amanwy LlGC, yn arbennig Anerchiad ar bentre'r Betws, tt. 1–13: Diwylliant fy mro, tt. 1–10; a Trem yn ôl (hanes Betws).

2   Defnyddia'r hanesydd Kenneth O. Morgan ei enw bedydd yn ei gofnod amdano Kenneth

O. Morgan, Griffiths, Jeremiah (James) (1890–1975), *Oxford Dictionary of National Biography* (Rhydychen, 2004), tt. 992–94, darllenwyd ar-lein 8 Mehefin 2011 ac yn LlGC, 1 Ebrill 2014.

3   LlGC, Papurau James Griffiths.

4   Neil Evans and Dot Jones, 'A Blessing for the Miner's Wife: The Campaign for Pithead Baths in the South Wales Coalfield, 1908–1950, *Llafur*, 6 (3), 1994, t. 7. Roedd bywyd caled, corfforol yn rhan o raglen beunyddiol mam Jim Griffiths a phob mam a gwraig i löwr. Dywedodd Minnie Pallister, Bryn-mawr, am wraig y glöwr: 'From 5.30 in the morning until about 11 o'clock at night. She gets up about 5 o'clock and gets their breakfast and sends them off to work. The men soil everything when dressing for the pit as the small coal and dust flies all over the place. Then after the man has bathed she begins to clear up again, and his working clothes have to be attended to.'

5   *Pages From Memory*, t. 9.

6   James Griffiths, 'Rufus Evans' *Amman Valley Chronicle and East Carmarthenshire News*, 24 Tachwedd 1949.

7   James Griffiths, *Glo* (Lerpwl, 1945), t. 16. Sylw Thomas Jones i'w ferch Eirene mewn llythyr am y llyfr hwn oedd: 'I've got Jim Griffiths book on *Glo* – very lively despite lots of figures'. Gw LlGC, Papurau Eirene White A 200/24 F2/10; llythyr dyddiedig 22 Ebrill 1945.

8   Ibid., t. 15. Nid yw James Griffiths yn darlunio gwaith y glöwr fel y gwneir mor aml mewn cyfrolau o sylwebaeth neu atgofion. Cymerer gyfrol Joseph Jones, *A Portrait of my Father: William Jones* (Peterborough, 2008). Un o Fostyn, Sir y Fflint, oedd William Jones a bu'n löwr yn Carlton, ger Barnsley ar hyd ei oes. Dywed ei fab am waith beunyddiol ei dad: 'It is a dreadful job these fellows do. Judged by ordinary standards it is a superhuman job. They are not only shifting vast quantities of coal, they are doing it in a position which trebles the work. They have to remain kneeling all the time, otherwise they'd hit the roof.' t. 41.

9   Yn ôl yr Athro Ieuan Gwynedd Jones: 'There can be no such thing as an individual collier: there can only be communities of colliers, all inter-dependent, breathing the same inadequate air, relying upon their joint skills, all subject to the same instantaneous disaster'. Gw. Paul H. Ballard a Erastus Jones (goln), *The Valleys Call* (Ferndale, 1975), t. 63. Wrth feirniadu perchenogion glofeydd de Cymru yn 1909 llefarodd David Lloyd George eiriau sy'n atgyfnerthu'r disgrifiad o beryglon glöwr yn y flwyddyn honno: 'Have you been down a coal mine? I went down one the other day. You would see the pit props bent and twisted and sundered. Sometimes they give way and there is a mutilation and death. Yet when the Prime Minister and I knock on the doors of these great landlords and say to them, "Here, you know these poor fellows who have been digging up royalties at the risk of their lives, some of them are old and have survived the perils of their trade and are broken and can earn no more. Won't you give something towards keeping them out of the workhouse?" they scowl at us. They retort "You thieves?". If this is an indication of the view taken by these great landlords, of their responsibility to the people who, at the risk of life, create their wealth then I say the day of reckoning is at hand.' Gw. Roy Hattersley, *David Lloyd George: the Great Outsider* (Llundain, 2010), t. 254.

10   D. Ben Rees, 'Pregethu Dathliadol', *Pregethu a Phregethwyr* (Dinbych, 1996), tt. 37–45; Gw. Amanwy, 'Colofn Cymry'r Dyffryn', *The Amman Valley Chronicle and East Carmarthen News*, 23 Rhagfyr 1943, tt. 2, 18; LlGC, Papurau Amanwy, rhif 222, 'Fy Hen Weinidog', tt. 14–15.

11 Hywel Francis a David Smith, *The Fed: A History of the South Wales Miners in the Twentieth Century* (Llundain, 1980), t. 35.

12 *Glo*, t. 17.

13 Ibid., t. 18.

14 D. J. Williams, *Yn Chwech ar Hugain Oed* (Llandysul, 1959), t. 163.

15 Hugh Bevan, *Morwr Cefn Gwlad* (Llandybïe, 1971), t. 43.

16 Gw. Cerddetwr, 'Colofn Cymry'r Dyffryn', *Amman Valley Chronicle and East Carmarthen News*, 31 Gorffennaf 1941, t. 2.

17 Am Joseph Jenkins (1861–1929), gw. Robert Ellis, *Doniau a Daniwyd* (Llandybïe), tt. 41-5. Nid oes amheuaeth fod Joseph Jenkins yn ffigur hynod o bwysig yn y paratoi ar gyfer y Diwygiad a fu yng Ngheredigion. Gw. Huw Roderick, ' "*A fire of Shavings?: The 1904 Revival in Cardiganshire*", *Ceredigion*', Cyfrol XV, Rhif 1, 2005, tt. 107–38.

18 LlGC, Papurau Amanwy, Rhif 247, 'Oedfaon Cofiadwy', tt. 5–7. Teyrnged Amanwy i Joseph Jenkins yn niwedd ei oes yng nghapel y Methodistiaid Calfinaidd yn Elim, Tir-y-dail oedd: 'Yn wir, yr oedd yn fwy na meistr canys ni chlywsom neb yn trin ei bwnc mor odidog erioed.'

19 *Pages from Memory*, t. 13: 'What we needed was a religion which would change society, and a political faith with a vision of a new social order.' Ond ar y llaw arall dylai James Griffiths fod wedi cydnabod ar yr un dudalen y doniau a hyrwyddwyd yn ei gapel ac yng nghyfarfodydd amrywiol Capel Gellimanwydd. Bu hyn yn amhrisiadwy iddo. Dyma baragraff gwerthfawr gan Aelod Seneddol o'n cyfnod ni: 'For that generation which grew up in the first three decades of the twentieth century the place of worship was also the place where individual skills of organisation, expression, public speaking and debate as well as collectivist values were all developed and ultimately taken into the new increasingly secular world of the local communities.' Gw. Hywel Francis, 'Language, Culture and Learning: The experience of a Valley Community', *Llafur* 6 (3), 1994, t. 88.

20 Ibid., t. 11: 'All that I have are the memories of a boy who had just started work, of how everything seemed to be suddenly different. There were services down the mine, in which the gaffer took part, and our home was turned into a chapel.'

21 Ibid., 'Nid un o'r deallusion mohono (Evan Roberts) nac areithydd chwaith, a chafodd ei feirniadu'n llym am orbwyslais ar droedigaeth gordeimladau'. Gw. *Cydymaith i Lenyddiaeth Cymru* (gol.), Meic Stephens (Caerdydd, 1986), t. 507. Digon tebyg yw safbwynt James Griffiths (t. 16): 'For a year or two it transformed life in the valleys, then it seemed to fade out, leaving behind a void which was later filled by another kind of revival, as I shall come to relate.' Ond yng ngorllewin Cymru, ardaloedd maes y glo caled, daliodd y capeli eu tir yn rhyfeddol, a gwerthfawrogai James Griffiths gyfraniad Ymneilltuaeth i'r Mudiad Llafur. Gw. J. Griffiths, MP, *The Labour Government: A Record of Achievement* (Llundain, 1961), t. 7; Huw Walters, *Canu'r Pwll a'r Pulpud* (Dinbych, 1987), t. 242. Bu dylanwad y Diwygiad ar ymddygiad y glowyr wrth drin y ceffylau, yn ei sgyrsiau ac yn y cyfarfodydd crefyddol a gynhelid o dan ddaear yn destun syndod. Gw. Cyril E. Gwyther, *The Valley Shall Be Exalted* (Llundain, 1949), t. 40; Mabel Bickerstaff, *Something Wonderful Happened* (Lerpwl, 1954), tt. 75–6.

Pennod 3 – Tanchwa Ysbrydol a Glofaol

1   LlGC, Papurau Amanwy, Rhif 234, 'Y Diwygiad', nodiadau darlith. Ceir yr hanes yn gyflawn hefyd yn Huw Walters, *Cynnwrf Canrif: Agweddau ar Ddiwylliant Gwerin* (Treforys, 2004), tt. 321–4. Ceir hefyd yn ei gasgliad astudiaeth ar y testun, 'Diwygiad crefyddol 1904–5 a'i effaith ar Rhydaman', tt. 1–29.

2   Ibid., tt. 8–14, 'O Betws i Gorseinon'.

3   Ibid.

4   D. J. Williams, *Yn Chwech ar Hugain Oed* (Llandysul, 1959), tt. 151–2. Am hanes y diwygiad yn Rhydaman gweler W. Nantlais Williams, *O Gopa Bryn Nebo* (Llandysul, 1967), t. 61.

5   *Yn Chwech ar Hugain Oed*, ibid.

6   LlGC, Papurau Amanwy, Rhif 222, 'Fy Hen Weinidog', t. 4.

7   David Enoch, 'Ffolineb Pregethu', *Goleuad*, 4 Mehefin 2010, t. 3. Dadleuai J. H. Howard, *Winding Lanes*, t. 98, fod y Diwygiad wedi llesteirio tystiolaeth gymdeithasol y capeli. Gweler cofnod manwl am Pastor Dan Williams. E. D. Jones, 'Daniel Powell Williams ('Pastor Dan', 1882–1947), *Atodiad Y Bywgraffiadur Cymreig 1951–1970* (Llundain, 1997), tt. 295–6.

8   *Yn Chwech ar Hugain Oed*, t. 161. Gw. Noel Gibbard: 'Evan Roberts: The Post Revival Years, 1906–51', *The Journal of Welsh Religious History*, Cyfrol 5: 2005, tt. 60–76; Iain Murray, *Pentecost Today?* (Caeredin, 1998), t. 159; Gaius Davies 'Evan Roberts: wedi ei ddifa gan y tân?' yn Noel Gibbard (gol.) *Nefol Dân* (Pen-y-bont ar Ogwr, 2004), t. 160. Ond mae'n ddigon amlwg fod R. J. Campbell a Keir Hardie wedi gwneud llawer mwy o argraff ar James Griffiths nag a wnaeth Evan Roberts. Dyna gasgliad Robert Pope hefyd: 'Hardie had appealed to Griffiths where Roberts had failed to do so. Griffiths related these meetings in terms of conversion experience and he admitted that it profoundly affected the course of his life. He saw Socialism as a fulfilment of his faith', Gw. Robert Pope, *Building Jerusalem: Nonconformity, Labour and the Social Questions in Wales, 1906–1939* (Caerdydd, 1998), t. 103.

9   LlGC, Papurau Amanwy, Rhif 222, 'Fy Hen Weinidog', t. 5.

10   *Yn Chwech ar Hugain Oed*, t. 161.

11   Am Silyn, gw. *David Thomas* (Robert Silyn Roberts), 1871–1930 (Lerpwl, 1956), t. 156; Robert Pope, 'Sosialaeth Silyn', *Codi Muriau Duw: Anghydffurfiaeth ac Anghydffurfwyr Cymru'r Ugeinfed Ganrif* (Bangor 2005), tt. 112–125; R. Williams Parry, 'Silyn: Atgofion Personol', Bedwyr Lewis Jones (gol.): *Rhyddiaith R. Williams Parry* (Dinbych, 1974), tt. 139–43; Ffion Mai Thomas, 'R. Silyn Roberts', *Traethodydd*, Cyf XCVII, 1942, tt. 79–94. Dywed Ffion Mai Thomas fod Silyn wedi cyflawni tymor rhagorol fel Cynghorydd yn enw'r Blaid Lafur Annibynol ar Gyngor Sir Meirionnydd yn y cyfnod wedi'r Diwygiad, t. 85.

12   Gwrandawodd James Griffiths ar Silyn yn annerch yn Nyffryn Aman, a dywed amdano: 'Roedd gan ei ddyfodiad ef arwyddocâd arbennig i ni ieuenctid Deheudir Cymru. Roedd ef yn ddolen yn cydio'r hen a'r newydd, ac yr oedd gan yr hen eto ddigon o afael arnom i beri inni deimlo fod eisiau dolen i'n cydio wrtho. Silyn oedd y ddolen. Pregethai Dduw a Datblygiad. Roedd yn Weinidog ac yn Sosialydd. Efe, oedd ein hysbrydoliaeth, a'n cyfiawnhad hefyd. Gallem ddweud wrth ein rhieni a ofnai'r efengyl newydd yma y soniem gymaint amdani, 'Ond mae, Silyn Roberts yn credu fel y ni'. Faint o dadau duwiolfrydig pryderus a gymodwyd â Sosialaeth eu meibion gan

yr wybodaeth hon'. Roedd ef yn cydio de Cymru Evan Roberts wrth dde Cymru Keir Hardie. Gw. David Thomas, *Silyn* (Lerpwl, 1956), t. 77.

13 Yn ystod ei gyfnod yn Rhydaman arweiniodd Gwili genhedlaeth gyfan i rengoedd y Blaid Lafur Annibynnol, gan gynnwys ei fyfyrwyr, fel J. T. Job a T. E. Nicholas, a phan oedd Amanwy yn gorffwys yn ei anafiadau poenus a'i graith dirdynnol a hiraeth am ei frawd Gwilym a fu farw yn y danchwa, cyflwynodd Gwili ef i farddoniaeth oedd yn sawru o sosialaeth (Whitman a Carpenter yn bennaf). Gw. Deian Hopkin, 'Llafur a'r Diwylliant Cymreig 1900–1940', *Trafodion Anrhydeddus Gymdeithas y Cymmrodorion* (2000), t. 135. Ni ellir gorbwysleisio dylanwad J. Gwili Jenkins ar James Griffiths a'i frawd, Amanwy. Gw. J. Beverley Smith, 'John Gwili Jenkins, 1872–1936' *Trafodion Anrhydeddus Gymdeithas y Cymmrodorion* (2000), t. 207.

14 Am T. Rhondda Williams gw. R. Tudur Jones, *Ffydd ac Argyfwng Cenedl: Hanes Crefydd yng Nghymru 1890–1914, Cyfrol 2 Dryswch a Diwygiad* (Abertawe, 1982), tt. 68, 84, 270 a 277. Cyrhaeddodd ei gyfrol *The New Theology* yn 1907 gan haeru ei fod ef yn Ddiwinydd y Mudiad Llafur cyn R. J. Campbell. Daeth i annerch ym Mrynaman ar ôl cyhoeddi ei gyfrol

15 Am R. J. Campbell, gw. R. Tudur Jones, *Ffydd ac Argyfwng Cenedl*, tt. 11, 51, 67–9, 84, 202, 267–270, 282. Am ddisgrifiad Campbell o'i safbwynt, gw. ei gyfrol, *A Spiritual Pilgrimage* (Llundain, 1916), tt. 184–249, a hefyd *The New Theology* (Llundain, 1907). Gw. W. R. C. Hancock, 'R. J. Campbell: Christianity interpreted as socialism', *Journal of the United Reformed Church Historical Society*, 6, 8 (2001), tt. 619–27. Dywed M. Wynn Thomas am ei ddylanwad yng Nghymru: 'But Campbell's impact on working class Wales was through his seminal books. Highly respected by many of the Welsh chapel-going workforce, these taught that the essence of the Christian gospel was radical social reform intended to secure justice for all, a reform that could be accomplished only by broadly socialist means.' Gw. M. Wynn Thomas, *In the shadow of the Pulpit: Literature and Nonconformist Wales* (Caerdydd, 2010), t. 171. Ond anghytuna'r Parchedig Robert Ellis, Tŷ Croes yn ei hunangofiant. Dyma'i atgof ef: 'Cofiaf yr adeg yn fuan wedi diwygiad 1904–5 i'r Ddiwinyddiaeth Newydd (R. J. Campbell) ddod i fri a'r pwyslais ar yr Efengyl Gymdeithasol. Cofiaf y cyrddau a gynhelid ledled Cwmaman i ddadlau hawliau tymhorol dyn, y cefnu ar grefydd, y dilorni ar grefydd ysbrydol'. Gw. Robert Ellis, *Wrth Gofio'r Daith* (Llandybïe, 1963), t. 100. Gwelir hefyd fod myfyrwyr Coleg Diwinyddol y Methodistiaid Calfinaidd yn Aberystwyth yn gwrthod apêl R. J. Campbell. Gw. J. E. Wynne Davies, 'From the Archives', *The Treasury*, Tachwedd 2012, t. 4: 'The student body was, nevertheless emphatic in its dismissal of R. J. Campbell's 'New Theology' categorically stating that Wales will have nothing of this "new theology" which is as old as heresy'.

16 James Griffiths, *Pages from Memory* (Llundain, 1969), t. 24; LlGC, Papurau James Griffiths, E1/13.

17 *South Wales Daily News*, 29 Ionawr 1908; LlGC, Papurau James Griffiths, E1/13 'Nineteen Hundred and Eight – a Fateful Year'.

18 Am Hardie ar y Waun, gw. *Pages from Memory*, t. 24; gw. hefyd Huw T. Edwards, 'Keir Hardie', *Lleufer*, Cyfrol 12 rhif 2, Haf 1956, tt. 68–70.

19 Huw Walters, *Enwau'r Glo* (Abertawe, 1976), tt. 1–91, hefyd ibid., *Cynnwrf Canrif Agweddau ar Ddiwylliant Gwerin* (Treforys, 2004), t. 369.

20   *Pages from Memory*, t. 24.

21   Y syndod mwyaf ydyw fod yna garfan mor gref o weinidogion wedi rhoddi cefnogaeth i'r
      Mudiad Llafur yn y blynyddoedd yn dilyn Diwygiad 1904–5; y Parchedigion R. Silyn Roberts,
      Tanygrisiau; T. E. Nicholas, y Glais; D. D. Walters (Gwallter Ddu), Cenarth; T. Rhondda
      Williams, Bradford; ond ni ddylid anghofio Daniel Hughes, Pont-y-pŵl; Rhys J. Huws, Bethesda
      a Glanaman; Waldo James, Caerfyrddin; E. K. Jones, Brymbo; J. H. Howard, Cwmafan; John
      Morgan Jones, Merthyr; David Pughe, Merthyr; J. Edryd Jones, Garnant; W. Rowland Jones.
      Merthyr; Herbert Morgan, Llundain; James Nicholas, Tonypandy; W. D. Roderick, Rhiw-
      fawr; T. M. Roderick, Cwm-gors; Iona Williams, Llanelli; D. G. Rees, Pen-y-bont ar Ogwr; J.
      Park Davies, Caerfyrddin a'r lleygwr o ddiwinydd J. Gwili Jenkins, Rhydaman. Roedd pob un
      o'r rhain yn perthyn i un o'r enwadau Ymneilltuol, y Bedyddwyr, Annibynwyr, Methodistiaid
      Calfinaidd a'r Undodiaid. Ond ceid Sosialwyr o fewn yr eglwys Anglicanaidd a'r eglwys
      Fethodistaidd yn yr un cyfnod fel y gwelwn yn y gyfrol hon. Fel y dywed Kate Roberts yn un
      o'i chyfrolau: 'Fe foddheid yr ieuanc trwy alw Crist yn Sosialydd. Symudasid eu diddordeb o
      Grist y Gwaredwr i Grist yr esiampl' Gw. Kate Roberts, *Traed Mewn Cyffion* (Abertawe, 1936),
      t. 92.

22   Kenneth O. Morgan, *Keir Hardie: Radical and Socialist* (Llundain, 1975), t. 113. Ymateb T. E.
      Nicholas oedd: 'Ond pan ddaeth Keir Hardie i Merthyr, dechreuwyd cyfnod newydd yn hanes
      Cymru. Gŵyr y gweithwyr mae efe yw y cyfaill gorau maent wedi ei weld.' Gw. *Merthyr Pioneer*,
      8 Ebrill 1911, t. 3.

23   'But Hardie left Labour's approach to the rival themes of socialism and nationalism essentially
      unresolved'. Gw. Kenneth O. Morgan, 'Leaders and Led in the Labour Movement: The Welsh
      Experience', *Llafur* 6 (3) 1994, t. 111.

24   Gw. *Pages from Memory*, t. 13: 'What we needed was a religion which would change society, and
      a political faith with a vision of a new social order.' Daeth diwinyddiaeth newydd R. J. Campbell
      yn destun sgwrs rhwng pobl ar y stryd ym mhentrefi a dinasoedd de Cymru. Gw. C. B. Turner,
      'Conflicts of faith, religion and labour in Wales, 1980–1914' yn Deian R. Hopkin a G. S. Kealey
      (goln), *Class, Community and the Labour movement: Wales and Canada, 1850–1930* (Caerdydd,
      1989), tt. 67–85.

25   Amanwy, Edgar Bassett, Rhydaman, 'Colofn Cymry'r Dyffryn', *Amman Valley Chronicle*, 27
      Ionawr 1949; idem., 'O Gwm i Gwm', *Y Cymro*, 8 Ebrill 1949.

26   James Griffiths, *Glo*, (Lerpwl, 1945), t. 17. 'Explosion at Ammanford', *South Wales Daily News*,
      29 Ionawr 1908. Gellir darllen adroddiad o'r cwest a gynhaliwyd ar Gwilym Griffiths a'i gyd-
      löwr a laddwyd yn ibid., 12 Chwefror a 6 Mai 1908.

27   Fel James Griffiths yr oedd Lloyd George yn cael ei gyfrif yn egin-bregethwr gan ei fod yn
      mynychu tair oedfa'r Sul ac ar nos Fercher cerddai i gyfarfod arall yng Nghapel Penymaes,
      Cricieth. Pe bai ei enwad, Disgyblion Crist, yn meddu ar weinidogaeth ordeinedig gyda chyflog,
      mae'n debyg mae dyna fyddai'r llwybr iddo. Gw. Thomas Jones, *Lloyd George*, tt. 6–7. Am
      dröedigaeth sosialaidd James Griffiths Gw. Ioan Aled Matthews, 'The World of the Anthracite
      Miner', Traethawd PhD Prifysgol Cymru, 1995, t. 226. Am ddylanwadau crefyddol ar James
      Griffiths, gw. *Pages from Memory*, tt. 11–18; Richard Lewis, *Leaders and Teachers: Adult Education*

and the Challenge of Labour in South Wales, 1906–1940 (Caerdydd, 1993), tt. 45–6; J. Beverley Smith. 'An Appreciation' yn *James Griffiths and His Times* (Ferndale, d.d.), tt. 62–4.

28   Ibid., 'The World of the Anthracite Miner', t. 209. Pan ymwelodd Lloyd George a Blaendulais yn 1911 caewyd popeth yn yr ardal a chafodd y glowyr ddiwrnod i'r brenin.

29   Donald McCormick, *The Mask of Merlin: A Critical Study of David Lloyd George* (Llundain, 1963), t. 242. Nid rhyfedd i sosialwyr ifanc gredu fod dyddiau cyffrous yn ymyl. Yn ôl Evan Owen: 'onid ydyw'r arwyddion fod y wawr wedi torri'. Gw. Casgliad David Thomas yn Archifdy Prifysgol Bangor, CDT/a; (a)1, 21 Tachwedd 1910 i David Thomas.

Pennod 4 – Arloeswr y Mudiad Llafur

1   LlGC, Papurau Amanwy, Rhif 248, 'Pregethu Ffolineb yn lle Ffolineb Pregethu', t. 1. Mae'n amlwg nad oedd Amanwy ymhlith sosialwyr y Tŷ Gwyn yn Rhydaman. Gw. Huw Walters, *Cynnwrf Canrif* (Abertawe, 2004), t. 340.

2   Richard Lewis, *Leaders and Teachers* (Caerdydd, 1993), t. 45: 'Instead of fighting the orthodox theology within the chapels, many turned their backs on the chapel and even on possible careers as ordained ministers and directed their intellects and energy into the trade union movement and politics, local and national. James Griffiths was profoundly influenced by Campbell's preaching of the social gospel; it seems to have shaped his religious outlook, but it also convinced him that he could best serve God and mankind through the miners' union.'

3   Huw T. Edwards, *Tros y Tresi* (Dinbych, 1956), tt. 57–8. Rhaid cofio fod y grefydd gyfundrefnol yn ffurf Cristnogaeth a'r cyfan oedd yn oblygedig yn hynny fel defnydd o'r Gymraeg, diwylliant a phregethu dathliadol, cadwraeth y Sul, dirwest yn bwysig dros ben yng nghymoedd Tawe, Gwendraeth ac Aman. Ond nid oedd hyn yn gwarafun y bobl rhag rhoddi cefnogaeth i'r ymgyrchoedd newydd y Mudiad Llafur, a'r Blaid Lafur Annibynnol. Gw. Robert Pope, *Building Jerusalem: Nonconformity, Labour and the Social Question in Wales, 1906–1939* (Caerdydd, 1998), t. 105.

4   Herbert Morgan, 'The Church and Labour – a Symposium', *Welsh Outlook*, V (1918), tt. 95–6, 127–8, 164–6, 198–9.

5   Huw Morris-Jones, 'William Abraham ('Mabon';1842–1922)', yn *Y Bywgraffiadur Cymreig hyd 1940* (Llundain, 1953), t. 1: 'Derbyniodd Mabon o faes y glo carreg dysteb haelionus yn 1900, sef oriawr aur, cadwyn aur, anerchiad a llond cod o arian yn cael ei gyflwyno iddo ynghyd ag anerchiadau gan Thomas Roberts, Pontyberem; Edwin Phillips, Glynnedd; John D. Morgan, Gwaun-cae-gurwen a David J. Morgan, Rhos. Gw. LlGC MS 15068 D. Roedd pyllau mawr yr adeg honno fel Gwaun-cae-gurwen lle cyflogid mil o lowyr yn 1900.'

6   Ioan Aled Matthews, *The World of the Anthracite Miner* (Traethawd PhD Prifysgol Cymru, Aberystwyth, 1995).

7   D. Thomas Jones, 'Josiah Towyn Jones (1858–1925)', *Y Bywgraffiadur Cymreig hyd 1940*, t. 462.

8   LlGC, Papurau James Griffiths, EI/13–14, '1908 – A Fateful Year'.

9   Am David Adams gw. E. Keri Evans a W. Pari Huws, *Cofiant y Parch David Adams* (Lerpwl,

1924); W. Eifion Powell, 'Cyfraniad diwinyddol David Adams' (1845–1923), *Y Traethodydd* (1979), tt. 162–70.

10   James Griffiths, *Pages from Memory* (Llundain, 1969), t. 19.

11   W. F. Phillips, 'Y Perygl oddiwrth Sosialaeth yng Nghymru', *Y Geninen*, Ionawr 1912, tt. 7–9.

12   Roedd wythnosolyn fel *Llais Llafur* yn hanfodol i'r mudiad Llafur yn ardal James Griffiths yng nghyfnod sylfaenu'r peirianwaith. Am *Llais Llafur* gw. Huw Walters, *Canu'r Pwll a'r Pulpud*, tt. 226–7; Robert Pope, 'Facing the Dawn: Socialists, Nonconformists and Llais Llafur 1906–14', *Llafur*, Cyf. 7, Rhif 3–4, tt. 77–88. Diffyg mawr Sir Gaerfyrddin a de Cymru oedd diffyg wythnosolyn Cymraeg: 'Pan gofiwch am erwau eang sir Gaerfyrddin a glannau gogledd Penfro a llawer o fannau ym Morgannwg a siroedd eraill y de, mae'n rhyfedd meddwl nad oes ganddynt yr un papur lleol Cymraeg,' E. Morgan Humphreys, *Y Wasg Gymraeg*, Cyfres Pobun t. 111 (gol.) E. Tegla Davies (Lerpwl, 1944), t. 44.

13   Dylid nodi fod John James fel S. O. Davies wedi cael hyfforddiant yn Ysgol y Gwynfryn. Gw. Ioan Matthews, ' "Hen Arwr Maes y Glo Carreg": John James 1869–1942', yn cyfres y Cymoedd: Cwm Aman (Llandysul, 1996), t. 322 a t. 327, lle pwysleiswyd pwysigrwydd y Llais i'r Mudiad Llafur.

14   D. Ben Rees, 'David Thomas (1880–1967), Labour Party Pioneer in Wales' yn *Dictionary of Labour Biography*, Cyfrol XIII (goln) Keith Gildart a David Howell (Basingstoke, 2010), tt. 362–72. Daliodd David Thomas yn gadarn ei argyhoeddiad o blaid hunanlywodraeth. Gwrthododd safbwynt Plaid Cymru am y rheswm hyn: 'Pa obaith sydd am hyrwyddo na phasiffistiaeth na dim byd arall os trown ein cefnau ar fudiad mawr y gweithwyr a cheisio rhwyfo ein cwch bach ein hunain hebddynt.' Am hunan-reloaeth dywed: 'Fy marn i ydyw mai Senedd leol i Gymru fyddai orau inni, a chadw ein cysylltiad a Senedd Prydain yr un pryd?' David Thomas, *Llafur a Senedd i Gymru* (Bangor, 1954), t. 6 a 19.

15   D. Ben Rees, ibid., t. 363.

16   Ibid., t. 364.

17   Dylan Morris, Sosialaeth i'r Cymry – Trafodaeth yr ILP, *Llafur*, Cyfrol 4, Rhif 2 (1984–5), t. 60. Ceir adroddiadau cyflawn yn *Labour Leader* 18:8:1911, *Merthyr Pioneer* 19:8:1911 am Gyfarfod Caerfyrddin 1911. James Griffiths, 'Edgar Bassett: A tribute', *Amman Valley Chronicle*, 27 Ionawr 1949 ac Amanwy, 'Coffa David George, Y Betws', *Amman Valley Chronicle*, 7 Gorffennaf 1932. Diolchaf i Huw Walters am dynnu fy sylw at y ddwy ysgrif. Bu'r ddau a goffawyd yn ddylanwadol iawn yn y Blaid Lafur yn Rhydaman.

18   Lluniodd Keir Hardie bamffledyn, 'Killing No Murder', a wnaeth argraff ar Jim Griffiths ar ôl i ŵr y rheilffordd oedd ar streic gael ei saethu yn Llanelli. Gweler Kenneth O. Morgan 'Keir Hardie', *Oxford Dictionary of National Biography* (Rhydychen, 2004), t. 155.

19   *Tarian y Gweithiwr*, 22 Awst 1912.

20   *Pages from Memory*, t. 17.

21   Ibid.

22   David Thomas, *Silyn* (Lerpwl, 1956), tt. 76–7. Gw. John Morris, 'Yr Arloeswyr 6, Robert Silyn Roberts', *Lleufer* (1952), tt. 75–7.

23   Am y cefndir i 'Miners' Next Step', gw. David Egan, 'The Unofficial Reform Committee and the Miners' Next Step,' *Llafur*, Cyfrol 2, Rhif 3, 1978, tt. 64–80.

24   John Davies, *Hanes Cymru* (Llundain, 1990), t. 472.

25   Hywel Francis a David Smith, *The Fed: A History of the South Wales Miners in the Twentieth Century* (Llundain, 1980), tt. 20–1.

26   *Pages from Memory*, t. 20.

27   Am George Davison, gw. *Gwyddoniadur Cymru*, t. 279; gweler hefyd Brian Coe, 'George Davison: Impressionist and Anarchist', yn Mike Weaver (gol.), *British Photography in the Nineteenth Century* (Caergrawnt, 1989), tt. 215–41. Nid oedd Amanwy o bell ffordd yn gartrefol gydag efengyl y Tŷ Gwyn. Dyma'i eiriau pan agorwyd y Ganolfan yn Hydref 1913: 'Symudodd Sosialwyr y cylch i'w cartref newydd nos Iau cyn y diwethaf, sef i'r hen reithordy. Siaradwyd ar yr achlysur gan y Mri Davidson, Harlech, D. R. Owen, Garnant a Jack Griffiths, Cwmtwrch. Gwae'r dydd pan y bydd y syniadau a bregethwyd yno y noson honno wedi meddiannu gwerin Cymru.' Gw. Ioan Aled Matthews, *The World of the Anthracite Miner*, Traethawd PhD Prifysgol Cymru, Caerdydd, 1995, t. 282.

28   Roedd D. R. Owen, Garnant, yn weithgar o fewn y Mudiad Llafur, ac yn ffrind personol i James Griffiths. Bu'n aelod o gangen y Blaid Lafur yng Nghwmaman o'r cychwyn. Gw. 'David Rees Owen: An Appreciation', *Amman Valley Chronicle*, 9 Chwefror 1956.

29   T. Brennan, 'The White House', *Cambridge Journal*, Ionawr 1954, tt. 243–8, *Pages From Memory*, tt. 20–1.

30   Neil Evans and Dot Jones, 'A Blessing for the Miner's Wife: The Campaign for Pithead Baths in the South Wales Coalfield', 1908–1950, *Llafur*, 6 (3) 1994, t. 8.

31   *Pages from Memory*, t. 8.

32   James Griffiths, 'He christened Cross Inn Rhydaman', *South Wales Guardian*, 22 Mehefin 1972. Derbyniais yr ysgrif hon trwy garedigrwydd Dr Huw Walters. Am Watcyn Wyn, gweler W. J. Phillips, 'Watcyn Wyn (1844–1905)' yn *Cyfres y Cymoedd: Cewri Aman* (gol.) Hywel Teifi Edwards (Llandysul, 1996), tt. 26–42.

Pennod 5 – Heddychwr a'r Glöwr yn y Rhyfel Byd Cyntaf

1   Am dystiolaeth yr heddychwyr Cymraeg gw. Dewi Eirug Davies, *Byddin y Brenin: Cymru a'i Chrefydd yn y Rhyfel Mawr* (Abertawe, 1988) ac Aled Eirug Davies, 'Agweddau ar y Gwrthwynebiad i'r Rhyfel Byd Cyntaf yng Nghymru,' *Llafur*, cyf 4, rhif 4 1987, tt. 58–68. Yn y tridegau ysgrifennodd James Griffiths fel hyn am ddyfodiad y rhyfel: 'War came like a thief in the night. Our whole life was suddenly undermined, our dreams were shattered, our hopes were destroyed, and the world has never been quite the same. Half my generation gave its life in the War, and the half that survived lost its confidence.' Gw. James Griffiths, 'Whither Mankind?', *South Wales Voice*, 1937, t. 4.

2   Adroddiad Undeb y Rhyl (1913), t. 636. Erbyn Undeb Merthyr y flwyddyn ganlynol gwelwyd newid barn ar ran y cynrychiolwyr a chymrodeddu, gw. Adroddiad Undeb Merthyr (1915).

3   Thomas Jones, *Lloyd George* (Llundain, 1951), tt. 46–8.

4   William Evans, 'William Griffiths y Gof', *Amman Valley Chronicle*, 16 Chwefror 1928, t. 2.

5   Kenneth O. Morgan, *Keir Hardie: Radical and Socialist* (Llundain, 1975), tt. 263–75.

6   Mewn ysgrif i'r wasg, dywedodd T. E. Nicholas 'Tra pery'r Rhyfel, yr wyf yn meddwl pregethu bob Sul yn ei erbyn' a dyna a wnaeth ef yn gydwybodol. Gw. Islwyn Pritchard, Thomas Evan Nicholas (1879–1971) yn *Herio'r Byd*, (gol.) D. Ben Rees (Llanddewi Brefi a Lerpwl, 1980), tt. 16–21.

7   LlGC, Papurau James Griffiths A3/2. Llythyr G. H. Atkinson, 24 Albert Bridge, Battersea i James Griffiths 16 Medi 1921. Bu'n un o ddisgyblion J. G. yn nosbarth NCLC yn Battersea. Dywed 'For instance, if we had 300 men like you in Parliament in 1914, there would have been no War, no Dara, no Emergency Act and no unemployment.'

8   Lyn Davies, 'Golwg ar Ddiwylliant Cerddorol Dyffryn Aman, 1910–1922' yn Hywel Teifi Edwards (gol.) *Cwm Aman* (Llandysul, 1996), t. 183.

9   LlGC, Papurau James Griffiths, A/4 29–33 Undeb y Glowyr.

10   Hugh Bevan, *Morwr Cefn Gwlad* (Lladybïe, 1971), t. 51: 'Pan ddechreuodd fy Nhad fel atalbwyswr, arweinid y gweithwyr gan wŷr yr ymddiried iddynt eu swyddi am mai gwŷr crefyddol oeddynt.'

11   James Griffiths, 'Welsh politics in my lifetime', yn *James Griffiths and his Times* (Ferndale, d.d.), t. 20.

12   R. T. Jenkins, William Llewelyn Williams (1867–1922), *Y Bywgraffiadur Cymreig hyd 1940* (Llundain, 1953), t. 1020; ysgrifau coffa J. Arthur Price yn *Cymru*, XXXII, tt. 209–22, a'r *Welsh Outlook*, 1922, tt. 134–5.

13   Deian Hopkin, 'The Rise of Labour: Llanelli, 1890–1922' yn Geraint H. Jenkins a J. Beverley Smith (goln), *Politics and Society in Wales 1840–1922: Essays in Honour of Ieuan Gwynedd Jones* (Caerdydd, 1988), tt. 171–2.

14   Am Etholiad 1918 ceir tudalen yn crynhoi y canlyniadau yng Nghymru yn Arnold J. James a John E. Thomas, *Wales at Westminster: A History of the Parliamentary Representation of Wales 1900–1979* (Llandysul, 1980), t. 110.

15   LlGC, Papurau James Griffiths D3/2, ac am y canlyniad yn Llanelli, gw. James Griffiths, *Pages from Memory* (Llundain, 1969), t. 22.

16   Ibid., t. 23. Roedd James a Winifred yn cytuno fel Sosialwyr a Heddychwyr. 'Jim wrote to me regularly and I answered every letter. We poured over own protests about the war.' Mrs James Griffiths, *One Woman's Story* (Ferndale, 1979), t. 68.

17   *Pages from Memory*, t. 23. Roedd llawer o'r llythyrau am y Rhyfel. Gw. *One Woman's Story*, t. 68.

18   'Roedd yn gas gan Edgar Bassett grefydd gyfundrefnol.' Gw. Huw Walters, *Cynnwrf Canrif*, t. 340; Dywed Amanwy am ei gyfarfod Coffa: 'Bu cyfarfod dipyn yn ddieithr ei gywair i'r mwyafrif ohonom yn Rhydaman nos Sul, cyfarfod coffa i Edgar Bassett, goruchwyliwr Cymdeithas Gydweithredol Rhydaman a'r cylch oedd hwnnw. Trefnwyd ef gan Gyngor y pleidiau Llafur, ac ni chafwyd cymaint ag awgrym o ddim crefyddol ynglŷn ag ef o'i ddechrau i'w ddiwedd. Siaradwyd ynddo gan ddau ffrind cywir i'r ymadawedig, sef Jim Griffiths ac Arthur Horner. Gw. Amanwy, 'O Gwm i Gwm', *Y Cymro*, 8 Ebrill 1949.

Pennod 6 – Dyddiau Coleg

1   LlGC, Papurau James Griffiths DE4/3. Dyma ddywed James Griffiths ei hun wrth gyferio at Academi neu Ysgol y Gwynfryn a pham nad aeth ef yno yn ôl cynllun ei dad ag yntau: 'That was the plan and while the first stage began to emerge, the wind of change which blew through the Valley in a few years time carried me away from the road which was to lead to the pulpit.' Cydnabyddai er hynny gerbron Cynhadledd flynyddol Undeb Cenedlaethol y Glowyr yn 1951 fod ymneilltuaeth grefyddol yn gyfrifol am dwf ag adeiladwaith Undeb y Glowyr. Gw. J. Griffiths, MP., *The Labour Government: A Record of Achievement* (Llundain, 1951), t. 7. Gobeithiai hefyd fod y cynrychiolwyr yn dal i drysori'r Beibl: 'I hope you are still a Bible-reading Conference', t. 3.

2   C. R. Williams, *The South Wales District of the Workers Educational Association 1907–1957* (Caerdydd, 1957), tt. 1–24. Yn ôl y llyfrbryf Bob Owen, sylfaenydd yr WEA, Albert Mansbridge oedd 'un o'r dynion anwylaf a gyfarfum i erioed.' Gw. Bob Owen, 'Albert Mansbridge', *Lleufer*, Gaeaf 1952, Cyfrol 8 Rhif 4, t. 181.

3   D. Ben Rees, *Preparation for Crisis: Adult Education 1945–80* (Ormskirk a Northridge, 1982), t. 21.

4   LlGC, Papurau James Griffiths A1/4. Yr Arholwr oedd W. W. Craik. Yr ymgeiswyr llwyddiannus o faes glo carreg oedd James Griffiths o lofa Gwaith Ucha'r Betws, John Llew Evans o lofa'r Wernos, Thomas Evans, glofa Tareni a R. Glyndwr Thomas, o lofa Gelliceidrim. Ni sonia James Griffiths air o gwbl amdanynt yn ei hunangofiant.

5   Ceir hanes y Coleg yn W. W. Craik, *The Central Labour College 1909–29: a chapter in the history of adult working-class education* (Llundain, 1964).

6   LlGC, Papurau James Griffiths A1/15, 'The Labour College,1922'.

7   Ibid.

8   Wayne David, *Remaining True: a biography of Ness Edwards* (Caerffili, 2006).

9   James Griffiths, *Pages from Memory* (Llundain, 1969), t. 6.

10   LlGC, Papurau James Griffiths A1/15, ibid.

11   *Amman Valley Chronicle*, 22 Ebrill 1920.

12   Ioan Aled Matthews, 'The World of the Anthracite Miner', t. 321; *Amman Valley Chronicle*, 27 Ebrill 1920.

13   Ibid., t. 318. Y bleidlais gyntaf: Jack Thomas 3,028, Rees Morgan 1,904, James Griffiths 1,697.

14   Ibid., Yr ail bleidlais: Jack Thomas 6,715 (40.0%), James Griffiths 4,311(25.7%) a William Jones 3,108 (18.5%).

15   Ibid., t. 323.

16   Ibid., t. 322. Yn ôl Glyn Evans, bu James Griffiths yn aelod am gyfnod byr o'r Blaid Gomiwnyddol (tua 1921–2).

17   Ibid.

18   Ibid., Bu'r cyfweliad gyda Llyfrgell y Glowyr ym Mhrifysgol Cymru Abertawe yn 1972.

19   Mrs James Griffiths, *One Woman's Story* (Ferndale, 1979), t. 82.

20   Gwilym Prys Davies, *Cynhaeaf Hanner Canrif* (Llandysul, 2008), t. 38.

21   Richard Lewis, 'The Central Labour College, Its Decline and Fall 1919–29', *Welsh History Review*, Cyf 12, rhif 1–4.

22 Geilw J. Beverley Smith sylw i ddylanwad Coleg Llafur yn Llundain ar ei erthyglau ar ôl iddo ddychwelyd i Rydaman yn y papur lleol, *Amman Valley Chronicle*. Gw. J. Beverley Smith,'James Griffiths: An Appreciation', *James Griffiths and his Times* (Ferndale, d.d.), t. 75. Erbyn hynny yr oedd James Griffiths yn cael ei gyfrif fel un o ladmeryddion y Chwith o fewn y Blaid Lafur yn Rhydaman a'r maes glo carreg. Bu dylanwad Marcsiaeth y Coleg Llafur Canolog arno ac fel y dywed K. O. Morgan ni chollodd ei gariad at ei gefndir Cymraeg a gwerthoedd y gymuned leol: 'New left-wing leaders like James Griffiths were as staunch in their commitment to the traditional Welsh culture and the values of community and kith-and-kin relationships as ever the pre-war Liberals had been.' Gw. Kenneth O. Morgan, 'Welsh Politics 1918–1939' yn Trevor Herbert & Gareth Elwyn Jones (goln), *Wales between the Wars* (Caerdydd 1988), t. 108.

23 Richard Lewis, *Leaders and Teachers; Adult Education and the Challenge of Labour in South Wales, 1906–1940* (Caerdydd, 1993), tt. 161–2; Gwilym Prys Davies, ibid., t. 38.

24 James Griffiths, 'Letter to the Editor', *Amman Valley Chronicle*, 23 Mawrth, 1923 (Yr wyf yn ddiolchgar i Dr Huw Walters am dynnu fy sylw ac anfon copi o'r llythyr arbennig iawn a gafwyd yn y papur lleol ataf).

25 Gwilym Prys Davies, *Troi Breuddwyd yn Ffaith* (Aberystwyth, 2000), t. 4.

Pennod 7 – Asiant y Blaid Lafur yn Llanelli

1 James Griffiths, *Pages from Memory* (Llundain, 1969), t. 45. 'The ten years I spent in the service of the Welsh miners were some of the happiest of my life. For me the coal-miners are the salt of the earth.' Cadwodd James Griffith yn ei archif lyfryn pwysig. Gw. LlGC, Papurau James Griffiths LA 4/2 sef John Thomas, *Miners Conflict with the Minewowners* (Llundain, 1921), tt. 1–70. Lluniwyd y rhagair gan George Baker, AS.

2 Gwelir restr lawn o ymgeiswyr am swydd yr Asiant, LlGC, Papurau James Griffiths A3/3.Gwelir enw Emrys Hughes, Abercynon, a fu'n ymgeisydd seneddol yn etholaeth Bosworth yn 1923. Bu'n Aelod Seneddol yn de Ayrshire o 1946–1969. Gw. J. Graham Jones, Emrys Daniel Hughes (1894–1969), *Atodiad i'r Bywgraffiadur Cymreig 1951–1970* (Llundain, 1997), t. 76.

3 Er hynny yn 1922 nid oedd J. H. Williams yn ddewis ymgeisydd y glowyr na'r Undebau eraill am ei fod yn rhy hen ac anaddas. Dywed Deian Hopkin mai James Griffiths oedd yr un a'i harbedodd rhag ei ddiswyddo: 'Dr Williams survived as candidate largely because of the appointment by the constituency Labour Association of an able new organizer, James Griffiths, chosen out of a field of over 140 applicants from all over Britain. He brought vigour and political flair to the organization but, above all, he helped to mollify some of the internal critics. In his days as secretary of Ammanford Trades Council, he was noted for his fiery left-wing views, and these gave him some cachet with the hard left. On the other hand, he was also emerging as a supreme pragmatist, highly acceptable to the trade unions, in whose ranks he would shortly rise high. For the moment, his contribution to the progress of the Labour party was to shore up support for J. H. Williams, thereby imposing some kind of order on the movement. James Griffiths' appointment did not come too soon.' Gw. Deian Hopkin, 'The Rise of Labour: Llanelli, 1890–1922' yn *Politics and Society in Wales 1840–1922, Essays in Honour of Ieuan Gwynedd Jones* (goln) Geraint H. Jenkins a J. Beverley Smith (Caerdydd, 1988), t. 179.

4   Mrs James Griffiths, *One Woman's Story* (Ferndale, 1979), t. 95. Gwelwyd newid mawr yn hanes
     y Blaid Lafur yn 1918 gan i'r blaid drefnu derbyn aelodaeth yr unigolyn. Gw. A. J. P. Taylor,
     English History 1914–1945 (Harmondsworth, 1970), tt. 334–5: 'Before 1918 the affiliated
     societies, political as well as industrial, could take their own line over policy without fear of
     embarassing a future Labour government. The I.L.P., for example, could oppose the war; the
     miners could demand nationalization of the mines. Now the Labour government wanted loyal
     followers, and a free hand for themselves.'

5   Dewi Watkin Powell, 'George Clark Williams', *Atodiad i'r Bywgraffiadur Cymreig 1951–1970*
     (Llundain, 1997). Roedd ei obaith i gadw'r sedd yn llai gan nad oedd Etholiad 1922 yn gefnogol
     i Lloyd George. Gw. A. J. P. Taylor, *English History 1914–1918*, t. 254. 'The general election
     of 1918 had been a plebiscite in favour of Lloyd George. The general election of 1922 was a
     plebiscite against him.'

6   LlGC, Papurau James Griffiths, B3/16, gw. *Pages From Memory*, t. 49.

7   Beti Jones, *Etholiadau Seneddol yng Nghymru 1900–75* (Talybont, 1977), t. 62.

8   James Griffiths, ibid., t. 49.

9   LlGC, Papurau James Griffiths A3/6, *Llanelli Labour News*.

10   *One Woman's Story*, t. 96.

11   James Griffiths, 'Welsh Politics in my Lifetime', *James Griffiths and his Times* (Ferndale, d.d.), t.
     21.

12   David Butler and Anne Sloman, *British Political Facts 1900–1975* (Llundain a Basingstoke 1975),
     t. 183.

13   Nid oedd hi'n hawdd ennill sedd ar y cynghorau yn enw Llafur. Methodd James Griffiths yn
     Rhydaman fel ag y gwnaeth ei briod yn Porth Tywyn. Gw. *One Woman's Story*, t. 99.

14   *Etholiadau Seneddol yng Nghymru 1900–75*, t. 68.

15   Ni chawn James Griffiths yn sôn o gwbl am George Maitland Lloyd Davies, Aelod Seneddol
     Prifysgol Cymru 1923–4. Heddychwr o argyhoeddiad, a rhyfedd na fyddai wedi crybwyll ei enw
     ag yntau ei hun yn arddel heddychiaeth y blynyddoedd hynny. Gweler E. H. Griffiths, *Heddychwr
     Mawr Cymru: George Ll. Davies* (Caernarfon, 1967), tt. 143–67.

16   Cyfrifid Ramsay MacDonald yn un o'r Sosialwyr carismatig. Edrychid arno fel 'un o'r duwiau'.
     Gw. Christopher Howard, 'Expectations born to death: local Labour Party expansion in the
     1920's' yn Jay Winter (gol.), *The Working Class in Modern British History: Essays in Honour of Henry
     Pelling* (Caergrawnt, 1983), tt. 73, 273. Dyna oedd barn un arall a fu'n cynorthwyo MacDonald
     yn Aberafan, sef Llewellyn Heycock. Gweler, D. Ben Rees, 'Llewellyn Heycock', *Y Bywgraffiadur
     Ar-lein*.

17   John Davies, *Hanes Cymru* (Llundain, 1990), t. 520.

18   *Y Cymro*, 8 Tachwedd 1924, t. 6.

19   Huw Edwards, *Capeli Llanelli* (Caerfyrddin, 2009), t. 165.

20   Ibid.

21   LlGC, Papurau James Griffiths, *Cymro*, 8 Tachwedd 1924. Bu colled ariannol fel canlyniad i
     Etholiad Cyffredinol 1922. Gw. LlGC, Papurau James Griffiths A3/4. Roedd y Blaid Lafur yn
     wirioneddol dlawd yn etholaeth Llanelli, yn methu hyd yn oed prynu dodrefn angenrheidiol i

swyddfa'r Asiant newydd. Bu'n rhaid i James Griffiths ddod a desg o'i eiddo ei hun i'r swyddfa. Gw. *One Woman's Story*, t. 94.

22   LlGC, Papurau James Griffiths, A3/8. Mae'n amlwg na symudodd y Gweinidog, E. Curig Davies o Gydweli i Lwynhendy. Dyma ddywed ef: 'Cofiwn James Griffiths yn dod heibio i ni a gefnogai redeg y ceginau cawl yng Nghydweli adeg cyni mawr 1926. Roedd gwrthwynebiad i'r rheini, ac i'r dadlau dros well telerau byw, gwell cyflogau i weithwyr, a gwell cyfleusterau addysg i blant a phobl ieuainc' Gw. E. Curig Davies, 'Coffâu James Griffiths', *Y Tyst*, 29 Awst 1975, t. 2.

23   Deian Hopkin, 'The rise of Labour Llanelly, 1890–1922', t. 181. 'More important, at the 1923 General Election, James Griffiths the Labour agent, spent only half as much money as in 1922 and yet managed to hold up the Labour vote, with the Conservatives belatedly putting up a candidate, Labour secured a majority of nearly 10,000 over the Liberals.' Gan fod James Griffiths yn Asiant llawn amser llwyddodd i ganoli gryn lawer o rym ag awdurdod i'w ddwylo fel y dadleuodd Christopher Howard. Gw. Christopher Howard, 'Local Labour Party expansion in the 1920's, ibid., t. 78. 'As many parties realized, without a secretary there was no effective organization, and trade union officials were often the only people available for party work during the day.' Enwa James Griffiths fel enghraifft. Gw. *Hanes Cymru*, t. 525 am Etholiad Cyffredinol 1924.

24   *Pages from Memory*, t. 52. Am gefndir y cyfan, gw. R. D. Warth, 'The Mystery of the Zinoviev letter', *South Atlantic Quarterly*, Hydref 1950, 49/4, tt. 441–53.

25   LlGC, Papurau James Griffiths A3/6. *Llanelli Labour News* .Trefnwyd hefyd i Gor Glowyr Di-Waith Blaina o Sir Fynwy ganu yn Neuadd y Farchnad, Llanelli, yng nghyfarfod olaf yr ymgyrch etholiadol. Casglwyd y swm o £2. 11s. 8d. tuag at eu cronfa. Gwariodd y Blaid Ryddfrydol swm o £336. 4s. 0d. ar yr ymgyrch yn 1924. Daeth treuliau Asiant y Rhyddfrydwyr i £75 tra mai £20 oedd treuliau James Griffiths fel asiant Llafur. Gw A3/9.

26   Ibid., *Llanelli Labour News*; am yr heddychwr, gw. Ioan W. Gruffydd, 'John Puleston Jones (1862–1925)' yn D. Ben Rees (gol.), *Herio'r Byd* (Lerpwl, 1980), tt. 93–103.

27   Arnold J. James a John E. Thomas, *Wales at Westminster*, t. 138. Gelwir ef yn E. T. Bowen yn y gyfrol ond E. T. Owen ydoedd ei enw.

28   LlGC, Papurau James Griffiths, A4/7. Llythyr Elizabeth Andrews, 73 Bailey Street, Tonpentre at James Griffiths, dyddiedig 8 Rhagfyr 1925.

Pennod 8 – Asiant ac Arweinydd y Glowyr

1   LlGC, Papurau James Griffiths, A4/3. Llythyr 'Jac', 14 Hydref 1925. Awgrymaf mai John Evans yw awdur y llythyr ond nid oes sicrwydd gennyf am hynny. Roedd yn un o selogion y Blaid Lafur ar hyd ei oes. Yr unig eithriad yw Jack, Gwendraeth Colliery.

2   Ibid., A3/4 Cofnodion Seneddol Etholaeth Llanelli, 1 Ebrill 1923 – 31 Mawrth 1924. Perthynai'r cyfrinfeydd hyn i'r Blaid Lafur: Dynant Newydd, Pontyberem, Ponthenri, Llangennech, Gwendraeth, Trimsaran, Porth Tywyn, Western Cawdor, Glofa Rhif 1 Rhydaman, Acorn, Llangennech, a bu James Griffiths yn ymwneud â phob un ohonynt fel Asiant y Blaid Lafur.

3   Roedd 22 o ymgeiswyr am swydd asiant y glowyr, Dosbarth y Glo Carreg.

4   LlGC, Papurau James Griffiths, A4/4 – Canlyniadau y Bleidlais gyntaf.

5   Ibid., A 4/5 Asiant Dosbarth y Glo Carreg. Llythyr at James Griffiths oddi wrth J. D. Brazell, Ystalyfera, 8 Rhagfyr 1925.

6   Ibid., A4/8 Llythyr Walter Lewis, Ysgrifennydd ac Asiant y Blaid Lafur etholaeth Nuneaton at James Griffiths, 9 Rhagfyr 1925.

7   Ibid., D3/7. Llyfr Nodiadau, Arweinydd y Glowyr, 1925–1936. Diddorol sylwi fod yr wythnosolyn Cymraeg, *Y Cymro*, yn canmol Jim Griffiths. Roedd ei boblogrwydd yn ymledu. Gw. Nodion *Y Cymro*, Jim Griffiths, y Miner's Agent, *Y Cymro*, Rhagfyr 12 1925, t. 4.

8   Cyfieithad o'r cyngor a geir yn Saesneg yn James Griffiths, *Pages from Memory* (Llundain, 1969), t. 28, yn y Gymraeg llefarwyd y geiriau gan John James, arweinydd y glowyr yn Nyffryn Aman yn y lle cyntaf. Talodd y *Llanelli Labour News* deyrnged i John James, YH, yn ei rifyn 17 Hydref 1925: 'Bu o wasanaeth i'r Blaid Lafur trwy Ddeheudir Cymru, yr oedd ei glywed ef a Keir Hardie yn arllwys eu hyawdledd [*sic*] i gynulleidfaoedd mawrion yn ysprydiaeth [*sic*].'

9   Ioan Matthews, 'Hen Arwr Maes y Glo Carreg: John James (1869–1942)', yn Hywel Teifi Edwards (gol.), *Cyfres y Cymoedd: Cwm Aman* (Llandysul, 1996), tt. 320–49.

10   *Pages from Memory*, t. 28.

11   Robert Skidelsky, *Politicians and the Slump: The Labour Government of 1929–1931* (Llundain, 1967), t. 13.

12   Geiriau Dai Dan Dan Davies am drefn y flaenoriaeth yn y maes glo carreg: 'The difference between the leader and the ordinary rank and filer in the anthracite area is much less than in the steam coal … In the anthracite area, if you wanted to dismiss a man who was a bit of a "trouble maker", they would have to take possibly a hundred men out before him (because of the Seniority Rule) … [Consequently] you see you had lambs roaring like lions in the Anthracite, and they had to be a lion to bloody well roar like a lion in the steam coalfield. Gw. Hywel Francis a David Smith, *The Fed: a History of the South Wales Miners in the Twentieth Century* (Llundain, 1980), t. 108.

13   Roedd Rheol Blaenoriaeth yn cael lle amlwg yn llyfryn swyddogol Dosbarth y Glo Carreg fel yr esbonia Hugh Bevan: 'Yn Gymraeg y cyhoeddwyd y llyfryn swyddogol Cwestiynau Cyffredinol, cyhoeddiad y disgrifid ynddo, ymhlith materion eraill y drefn gymeradwy i ddelio ag anghydfodau, cynllun Rheol blaenoriaeth, a hyd yn oed "fesuriad a threfn y Sgrin" yr arllwysid y dramiau glo arni, gyda'r amod pwysig fod graddau y sgrin i fod yn gyfryw fel y rhedai'r glo drosti heb gymorth yr un offeryn na pherson'; ac mor nodweddiadol o hyblygrwydd y cyfundrefnu undebol hwnnw oedd y nodiad a ychwanegid ar y terfyn: 'Ei bod yn ddealledig nad yw y Cwestiynau Cyffredinol hyn yn ddiddymu neu ddirymu unrhyw gwstwm lleol sydd yn bodoli yn y gwahanol lofeydd.' Gw. Hugh Bevan, *Morwr Cefn Gwlad* (Llandybïe, 1971), t. 51.

14   Amanwy, 'Etholiad Cyffredinol 1945 ac atgofion am arloeswyr Sosialaidd yn yr ardal', *Amman Valley Chronicle*, 2 Awst 1945. Lluniodd Amanwy y soned Hen Arwr i goffáu Tom Dafen Williams ar ôl ei farw fel canlyniad i ddamwain yng nglofa'r Betws. Ceir y soned yn llawn yn Huw Walters, *Cynnwrf Canrif: Agweddau ar Ddiwylliant Gwerin* (Llandybïe, 2004), t. 341.

15   LlGC, Papurau James Griffiths, D3/7. Manylion am Ammanford and District Miners District Committee, a diddorol sylwi mai W. Nantlais Williams yw'r Trysorydd ac Eddie Morgan yn

Ysgrifennydd. Am helyntion 1925 yn Rhydaman a'r Cyffiniau, gweler Hywel Francis, 'The Anthracite Strike and Disturbances of 1925', *Llafur* 1 (Mai 1973), tt. 15–28.

16   LlGC, Papurau James Griffiths, D3/7 Llyfr Nodiadau, Arweinydd y glowyr, 1925–1936.

17   John Davies, *Hanes Cymru* (Llundain, 1990), t. 530. 'Yn ystod y streic bu cryn derfysg – ymladd ffyrnig yng Nglyn-nedd … a brwydr waedlyd yn Rhydaman, a bu ond y dim i Ddirprwy Gwnstabl Sir Gaerfyrddin gael ei bwnio i farwolaeth.'

18   Ibid., 'Roedd mwyafrif llethol glowyr yr anthracite yn Gymry Cymraeg a pharhai teyrngarwch i'r Capel yn gryf yn eu plith. Roeddent wedi bod yn llai milwriaethus na'u cymrodyr ym mroydd y glo ager ond fe'u radicaleiddiwyd yn ddirfawr gan helyntion 1925.' Un o weinidogion ymneilltuol oedd yn eilun y glowyr yn ardal Tymbl a Chwm Aman oedd y Parchedig Tom Nefyn Williams. Dywed Hugh Bevan a gofiai Tom Nefyn yn ei anterth yn y Tymbl: 'Yno'r oedd Tom Nefyn Williams yn lleisio'i gweryl a Chyffes Ffydd ei enwad, ac yn llanw capeli'r cylch hyd y drysau, gan wefreiddio'r gynulleidfa pan ddarlithiai ar ei hoff destun, 'Yr hyn a feddyliaf i am y Rhyfel', hyd yn oed ddeng mlynedd wedi i'r rhyfel orffen.' Gw. Hugh Bevan, *Morwr Cefn Gwlad* (Llandybïe, 1971), t. 29.

19   LlGC, Papurau James Griffiths, D3/7. Llyfr Nodiadau, Arweinydd y glowyr, 1925–1936.

20   Peter Stead, *Coleg Harlech: The First Fifty Years* (Caerdydd, 1977), t. 13.

21   *Pages from Memory*, t. 29.

22   *Hanes Cymru*, t. 531. 'Roedd Cook yn gwbl ddigymrodedd ac yn athrylith o gynhyrfwr.' Rhydd James Griffiths yn ei bapurau a Llyfr Nodiadau Arweinydd y Glowyr ddarlun byw o noson a dreuliodd yng nghwmni Arthur Cook yn Larne, Gogledd Iwerddon yn ystod Cynhadledd Flynyddol Cyngres Undebau Llafur Prydain oedd yn cael ei chynnal yn 1928 yn Belfast. Galwodd Cook y Cymry i gyd at ei gilydd i greu Côr o dan ei arweiniad. Canwyd yr hen ffefrynnau o Calon Lân i'r Red Flag, a phan ddaeth yr heddlu i chwilio y terfysgwyr o blith y Ffeniaid i'r Gwesty gwaeddodd Cook: 'Come on lads, show them that we are Welsh Miners. All together now – Calon Lân.' Ymfalchiai James Griffiths yn ei gefndir fel glöwr, a'r ffaith i Cook ddod o dan ddylanwad Diwygiad 1904–5, gan ddotio at ei sel efengylaidd oedd mor amlwg ar hyd ei oes, yn y pulpud ac ar y llwyfannau, yn yr awyr agored ac yn ei berorasiwn mewn Cynhadleddau yn erbyn y Diafol, sef perchenogion y pyllau, a'r mwyaf dieflig ohonynt i gyd, iddo ef, oedd y Cymro, Evan Williams. Dyfynna JG yn ei nodiadau eiriau Philip Snowdon am A. J. Cook: 'He did not know what he was going to say when he began to speak and did not know what he had said when he had finished speaking.'

23   Pwyllgorau'r Streic oedd yn rheoli bywyd yr ardaloedd glofaol fel y tystia James Griffiths ei hun: 'We ran the country really – who should work and who shouldn't, whether this shop or that shop should be open, whether people who owned cars could use them. We even gave permits to people to go and steal coal. / In the anthracite, you don't have to dig far down into mountain to find coal, so they'd come to us and say, "Can I have a permit because if I'm caught with a bag of coal, I'll be called a blackleg. So we gave them."' Gw. Margaret Morris, *The General Strike* (Harmondsworth, 1976), t. 60.

24   Yn ôl James Griffiths y 'gegin gawl gymunedol' oedd yn cadw'r glowyr a'u teuluoedd gyda'i gilydd. Mewn cyfweliad gyda Hywel Francis 16 Chwefror 1970. Gw. *The Fed*, tt. 56–7.

25   Am John Roberts, gweler D. Ben Rees, 'John Roberts', *Y Bywgraffiadur Ar-lein*.

26   *Hanes Cymru*, t. 534.

27   Ibid., t. 535. 'Yn ystod y flwyddyn dyblodd aelodaeth y Blaid Gomiwnyddol, yr unig blaid a oedd yn llwyr gefnogol i safiad y glowyr.' Dylid talu sylw i osodiad John McIlroy: 'Wales was a stronghold of Communism in this sense: individual communists were influential in the community, workplace and union. However, Welsh communism was never as powerful as a party, it was never as strong as a directive brain or strategic centre organising significant numbers of activists. The activists were more at the heart of things than the party.' Gw. John McIlroy, Glowyr Cymru ym Mosgo: Welsh Communists at the Lenin School Between the Wars, *Llafur*, Cyfrol 8, rhif 4, 2003, t. 74.

28   James Griffiths, 'Welsh Politics in my Lifetime' yn *James Griffiths and his Times* (Ferndale, d.d.), t. 32.

29   Rhys Hopkin Morris, *Welsh Politics* (Wrecsam, 1927), t. 15.

30   *Pages from Memory*, t. 32.

31   Bu'r streic yn llethol yn ei ganlyniadau: 'The Fed went into the Strike an army and came out as a rabble. Over 70,000 deserted. The combines moved in, practised wholesale and sustained discrimination, ruthlessly exploited the unemployed, set community against community. A South Wales Industrial Union was created under their auspices, William Gregory at its head, specifically directed against the 'political' SWMF; it made gains in Western Monmouthshire and Eastern Glamorgan. By the end of the 1920's the Fed was fighting for its life.' Gw. Gwyn A. Williams, *When Was Wales?*, t. 268. Mewn cyfweliad ar 20 Tachwedd 1972 i Lyfrgell Glowyr de Cymru, Prifysgol Cymru, Abertawe dywed James Griffiths: 'After 1926 I think the miners made up their minds that we cannot solve our problems by industrial action and looked afterwards to a Labour Government to do it. So after 1926 you see the big growth of the Labour Party in South Wales in the coalfiedls generally, and thereafter looking for a political solution and not for an industrial solution.' Gw. Kenneth O. Morgan, 'Welsh Politics 1918–1939' yn Trevor Herber & Gareth Elwyn Jones (goln), *Wales Between the Wars* (Caerdydd, 1988), t. 116.

32   Alun Burge, 'In search of Harry Blout: Scabbing between the war in one South Wales Community', *Llafur*, Cyfrol 6 rhif 3, 1999, tt. 60–5; am Undeb Spencer. Gw. *The Fed*, tt. 113–44.

33   William Evans, William Griffiths y Gof, *The Amman Valley Chronicle and East Carmarthenshire News*, 16 Chwefror 1928.

34   *Pages from Memory*, t. 32; Margaret Morris, *The General Strike* (Harmondsworth, 1976), tt. 276–7. Eglura James Griffiths yn *The General Strike* ei safwynt yn llawer mwy manwl nag a wna yn *Pages from Memory*: 'When the strike was called off it left the miners isolated. We felt that the world was all against us.'

35   Tom Richards, Vernon Hartshorn (1872–1931), *Y Bywgraffiadur Cymreig hyd 1940* (Llundain, 1953), t. 323; Peter Stead, 'Vernon Hartshorn: miner' agent and Cabinet Minister' yn Stewart Williams (gol.), *Glamorgan Historian*, Cyf. VI (Bontfaen, 1969), tt. 83–94.

36   Ibid., *Y Bywgraffiadur Cymreig*, t. 323. Galwyd ef yn ysgrif Stead fel y 'dyn mwyaf dylanwadol ym Maesteg', ibid., t. 83.

37   Ibid., t. 323.

38   Ceir y neges yn y Saesneg yn *Pages from Memory*, t. 33.

39   Ibid., t. 34. Teimlai'r Aelod Seneddol David Davies (Trefaldwyn) o deulu Llandinam fod y streic wedi bod yn drasiedi i'r diwydiant glo nid yn unig ym Mhrydain ond trwy gyfandir Ewrop i gyd. Dyma ddywed: 'The coal experts who met at Geneva early in January (1929) under the auspices of the League of Nations, were in agreement that the British coal strike of 1926 was not only a calamity for Great Britain, but it was disastrous also for other coal-producing countries in that it had caused an excessive production in those countries to offset which, with the re-entry of British Coal into the world market, there was no equivalent growth in consumption.' Gw. David Davies, MP, 'The Coal position in South Wales', *Welsh Outlook*, Cyfrol 16, rhif 2, Chwefror 1929, t. 39.

40   *Pages from Memory*, t. 34. Tom Richards a'i cymhellodd i ystyried ymgeisio am swydd allweddol ym myd yr Undebaeth. Un arall oedd yn ei gefnogi i'r eithaf am y swydd oedd ei briod er ei bod hi yn Gynghorydd Llafur dros Ward Ynysgedwyn, Ystradgynlais, yn ynad heddwch ac aelod o Bwrdd y Gwarcheidiaid. Gw. H. C. G. Matthew a Brian Harrison (goln), *Oxford Dictionary of National Biography*, cyfrol 23 (Rhydychen, 2004), t. 1003. Lluniwyd y cofnod ar Winifred Griffiths (1895–1982) gan Carol Jenkins sef, tt. 1002–3.

41   LlGC, Papurau James Griffiths, A4/10. Llythyr Walter Citrine ati James Griffiths, dyddiedig 25 Awst 1931.

42   Ibid., A 4/3 Llythr James Griffiths at A. J. Cook, 29 Awst 1931.

43   Ibid.

44   Ibid.

45   Ibid., A 4/17 Llythyr Walter Citrine at James Griffiths, 23 Medi 1931. Gw. Robert Taylor, The TUC: *From the General Strike to New Unionism* (Basingstoke, 2000), t. 50. Nid oedd gan Citrine amynedd gyda mudiadau fel Minority Movement a National Unemployed Workers' Movement.

46   Ibid., A 4/19 Llythyr Walter Citrine at James Griffiths, 30 Medi 1931.

47   Ibid., A4/21 Ethol Ysgrifenydd Cyffredinol i'r Fed. Dyma ganlyniad y bleidlais gyntaf, S. O. Davies, 13,823; Oliver Harris, 11,082; James Griffiths, 6,392; Evan Williams, 5,109; Arthur Jenkins, 4,634; Noah Ablett, 3,315; Pledleisiodd 63,265. Yn yr ail bleidlais cafodd Oliver Harris 25,958; S. O. Davies, 24,064; James Griffiths 11,299 ac Evan Williams 8,657. Pledleisiodd 69,978 a derbyniwyd 251 o bleidleisiau wedi eu chamlenwi, yn gwneud cyfanswm o 70,229. Roedd pleidlais y Glowyr yn gryn ddirgelwch gan nad oedd Oliver Harris yn ŵr mor alluog a deinamig ag yr oedd James Griffiths. Wedi'r cyfan yr oedd y Fed mewn argyfwng arswydus, ceid cweryla diflas ymysg yr arweinwyr o fewn yr Undeb oedd yn bleidiol i'r Blaid Lafur a'r rhai oedd yn cefnogi hyd ei gallu y Comiwynyddion. Roedd angen cymodwr fel Griffiths arnynt. Yn wir trodd y fantol pan ddaeth James Griffiths yn brif arweinydd Glowyr de Cymru. Dyna farn David Smith, cryn awdurdod ar y cyfnod. Dywed ef: 'The tide turned when the anthracite coalfield in the West exerted its growing authority and elected Jim Griffiths (1890–1975) as overall President. Before he left to become Llanelli's MP in 1936 Griffiths oversaw the re-organization (by streamlining and rank and file involvement) of the Fed and equipped it for the

dramatic episodes of stay-down strikes (1935) and social boycotts (1934–8) by which it extirpated its rival and regained prestige and membership'. Gw. David Smith, 'Wales between the Wars', yn Trevor Herbert & Gareth Elwyn Jones (goln), *Wales between the Wars* (Caerdydd, 1988), tt. 8–9.

48   *Pages from Memory*, t. 34.

49   *The Fed*, t. 197.

50   Ibid., t. 187.

51   James Griffiths, *Amman Valley Chronicle*, 17 Mai 1934.

52   James Griffiths, *Amman Valley Chronicle*, 24 Mai 1934.

53   Ibid.

54   LlGC, Papurau James Griffiths, A4/33. Llythyr dyddiedig 26 Mawrth 1934 oddi wrth Oliver Harris at James Griffiths lle sonnir am gefnogaeth gref y cyfrinfeydd.

55   Ibid., A4/36 ac A4/37. Ethol Arthur Jenkins fel is-lywydd. Cafodd Arthur Jenkins, y Llafurwr 42,000 o bleidleisiau a'r Comiwnydd Arthur Horner 40,100 o bleidleisiau.

56   LlGC, Papurau James Griffiths, A4/40. Anerchiad y Llywydd.

57   Ibid.

58   Montagu Slater, *Stay Down Miner* (Llundain, 1936); David Smith 'The Struggle against Company Unionism in the South Wales Coalfield, 1926–1939', *Welsh History Review* 1973, 6 (3), tt. 354–78.

59   *The Fed*, t. 287.

60   Gidon Cohen, *The Failure of a Dream: The Independent Labour Party from Disaffiliation to World War II* (Llundain a Efrog Newydd 2007), t. 58; *Pages from Memory*, t. 36.

61   *Pages from Memory*, t. 43.

62   LlGC, Papurau Eirene White, A22/24 F2/10. 'Profile of James Griffiths'. Dywed: 'Jim Griffiths negotiated and won the first increase in wages in 1934 since 1926 – used his powers of encouragement and persuasion to rebuild the Federation in membership.'

63   *Pages from Memory*, t. 44.

64   Harold Finch, *Memoirs of a Bedwellty MP* (Risca, 1972), t. 85.

65   D. Tecwyn Lloyd, 'Amser i Ddysgu, 1936', *Barn*, Rhif 119, Medi 1972, t. 294.

66   Ei deithiau yn Ewrop a orfododd James Griffiths i ailystyried seiliau ei heddychiaeth. Gw. *Pages from Memory*, tt. 61–2.

67   Ei daith i Gynhadledd Rhyngwladol y Glowyr yn Prâg yn mis Awst 1936, ac yn arbennig dioddefaint glowyr Sudetan a'u cri 'Our only hope is in you, the British working class. We depend on you,' oedd cymhelliad cryf i ail ystyied ei heddychiaeth.

68   *Pages from Memory*, t. 65: 'I am by temperament a pacifist but I must realize that there is a problem to which we must continually come back however one may attempt to run away from it that, sometime, somewhere, some aggressor may cut across all conventions and break the peace of the world.'

69   Ibid., t. 45: 'The ten years I spent in the service of the Welsh miners were some of the happiest of my life.'

Pennod 9 – Aelod Seneddol Etholaeth Llanelli (1936–1939)

1   Mrs James Griffiths, *One Woman's Story* (Ferndale, 1979), t. 118. 'Early in 1936 Dr J. H. Williams, the MP for Llanelly died, and at once letters began to reach Jim from friends in the constituency saying how much they hoped he would accept nomination for the by election.' Ni chadwodd y llythyron yn ei archif. Bu bron i Dr J. H. Williams gael ei wrthod gan Bwyllgor Gwaith y Blaid Lafur yn etholaeth Llanelli cyn Etholiad Cyffredinol 1935. Enillodd yr enwebiad gyda mwyafrif o un bleidlais yn unig. Gw. Tom Stannage, *Baldwin thwarts the opposition: the British General Election of 1935* (Llundain, 1980), t. 219.

2   *The Amman Valley Chronicle and East Carmarthenshire News*, 27 Chwefror 1936, t. 3.

3   Ibid., 5 Mawrth 1936, t. 1.

4   Ibid., 12 Mawrth 1936, t. 3.

5   Ibid., 19 Mawrth 1936, t. 5.

6   Ibid., 16 Ionawr 1936, t.5. 'Cyflwr Ewrop Heddiw', D. R. Grenfell yn Glanaman.

7   James Griffiths, *Pages from Memory* (Llundain, 1969), tt. 53–4.

8   Stafford Cripps at Ammanford. *Amman Valley Chronicle and East Carmarthenshire News*, 2 Ebrill 1936, t. 6.

9   Ibid.

10   Beti Jones, *Etholiadau Seneddol yng Nghymru 1900–75* (Talybont, 1977), t. 95.

11   LlGC, Papurau James Griffiths, D3/12, aelod dros Llanelli.

12   Cerddetwr, 'Colofn Cymry'r dyffryn', *Amman Valley Chronicle*, 9 Ebrill 1936, t. 2. Dywedodd James Griffiths yn ei lawysgrif 'Voice of Wales' ei fod ef a eraill o lowyr y De a gafodd yr anrhydedd o fod yn AS wedi cerdded ar lwybrau anodd: 'We had all reached Westminster having travelled these same hard road-work in the mine service, in the union, and so on to Parliament carrying the "blue scars" with us. For all of us coming to Parliament had been the beginning of a second career, and for most of us it had meant learning a new job in middle age.' Gw. LlGC, Papurau James Griffiths, 'The Voice of Wales'.

13   Ibid.

14   Ibid.

15   Ibid.

16   *Pages from Memory*, t. 54.

17   Ibid.

18   LlGC, Papurau James Griffiths, D3/12, Aelod dros Llanelli.

19   Ibid.

20   Ibid.

21   *Pages from Memory*, t. 55.

22   Ibid.

23   Ibid.

24   LlGC, Papurau Eirene White. Copi drafft gan dad Eirene White, Thomas Jones, CH, ar y 'Minister of National Insurance and Social Security'. Dangosodd James Griffiths ei allu fel darlledwr ar Radio Cymru yn ei sgwrs ar 15 Chwefror 1937 ar y testun 'Trysorfa Welfare y Glowyr'. Eglurodd fel yr awgrymodd: 'Comisiwn Sankey ar y Llywodraeth i basio Mesur trwy'r

Senedd i osod treth o geiniog ar bob tunnell o lo a gynyrchir yn y wlad ac fel y defnyddiwyd y Gronfa er lles y glowyr a'u teuluoedd. Dyna wraidd yr hyn a eilw yn Geiniog Gyfareddol. Llwyddodd y Geiniog erbyn 1937 i greu 31 o ymolchfeydd newydd ym maes glo y De, adeiladu Neuaddau, trefnu meysydd chwarae a chartref Adferiad Iechyd Talygarn, a'i erwau o erddi tlws.' Gw. Canolfan Archifau Ysgrifenedig y BBC yng Nghymru, LlGC Sgyrsiau 1937, P–T.

25   Am Hopkin, gw. Eric Davies, *A Biography of Daniel Hopkin, First Labour Member of Parliament for Carmarthen* (Caerfyrddin, 1995).

26   LlGC, Papurau James Griffiths, D3/12.

27   Er gwaethaf y dirwasgiad economaidd yn y maes glo carreg yn y tridegau ceid pregethu dwys a chofiadwy gan nifer o Weinidogion oedd yn etholwyr i James Griffiths fel D. J. Lewis, Tymbl; Robert Ellis, Tŷ Croes; D. J. Davies, Capel Als, Llanelli; Jubilee Young, Capel Seion, Llanelli a D. Tegfan Davies, Capel Gellimanwydd, Rhydaman.

28   Gw. Steven Thompson, *Unemployed Poverty and Health in Interwar South Wales* (Caerdydd, 2006). Dywed Thompson, tt. 22–3: 'Not only did South Wales experience higher levels of unemployment than other areas of Britain, but the unemployed in South Wales were out of work for longer peiods of time'.

29   *Hansard*, Cyf 345, 22 Mawrth 1939, col 1331; adargraffwyd yn bamffledyn, *The Price That Wales Pays for Poverty*. Ceir y cefndir a'r dadleuon yn 'Wales and Health', *Trafodion Anrhydeddus Gymdeithas y Cymmrodorion* 1939, tt. 55–100, papurau a draddodwyd gan Clement Davies, William Jones, D. Rocyn Jones, Syr Percy Watkins, James Griffiths a Syr Robert Armstrong-Jones mewn seminar a gynhaliwyd gan Anrhydeddus Gymdeithas y Cymmrodorion yn Llundain ar 31 Mawrth 1939.

30   Vera Brittain, *The Rebel Passion: A Short History of some Pioneer Peace-Makers* (Llundain, 1964), t. 52.

31   Am deithiau Lansbury dros heddwch yn 1937, gw. D. Lukowitz, 'George Lansbury's Peace Missions to Hitler and Mussolini in 1937', *Canadian Journal of History*, 15 (1980), tt. 67–82; 'Visit of Mr George Lansbury, M.P to Berlin', 20 Ebrill 1037 TRA, 37/20745/35228. Am Lansbury fel heddychwr, gw. D. Ben Rees (gol.), George Lansbury, yn *Heddychwyr Mawr y Byd* (Lerpwl a Llanddewi Brefi, 1982), tt. 70–5.

32   *Pages from Memory*, tt. 60–1.

33   Kenneth O. Morgan, 'Welsh politics 1918–1939' yn Trevor Herbert & Gareth Elwyn Jones (goln), *Wales Between the Wars*, (Caerdydd, 1988), tt. 106–8; Saunders Lewis, *Canlyn Arthur: Ysgrifau Gwleidyddol* (Aberystwyth, 1938), tt. 98–107.

34   Ibid., B1/31 Llythyr a luniodd nos Sul, 16 Ionawr 1938, o Westy Victoria, Valencia at ei briod, W. Griffiths.

35   Ibid., B1/34. Llythyr James Griffiths i'w briod o Madrid, 19 Ionawr 1938.

36   Ben Pimlott, *Labour and the Left in the 1930s* (Caergrawnt, 1977), tt. 86–92.

37   LlGC, Papurau James Griffiths BG1/36 Cyngerdd yn Neuadd Gyhoeddus Felinfoel, 14 Mawrth 1938. Y tri artist a roddodd eu gwasanaeth er budd yr achos i'r Cyngerdd oedd Griff Williams (Tenor), Meurig Price (Baritone), a Horace Thomas (Bass).

38   *Pages from Memory*, t. 66.

39   Ibid., t. 67. Yn anffodus, nid yw Griffiths yn nodi lle traddodwyd yr araith hon.

40   LlGC, Papurau James Griffiths B1/37: Llythyr Alfredo Matilla, Hotel du Portugal, Vernet-les-bains at James Griffiths.

Pennod 10 – Dyddiau Adfydus yr Ail Ryfel Byd

1   LlGC, Papurau James Griffiths, A4/72. Llythyr R. W. Williams i James Griffiths, 20 Mehefin 1939.

2   Mark M. Krug, Aneurin Bevan: Cautious Rebel (Efrog Newydd a Llundain, 1961) t. 55. Rhannodd Cripps a Bevan lwyfan yn gyson gyda'r ddau Gomiwnydd, Harry Pollitt a William Gallacher. Slogan y cyfarfodydd hyn oedd 'United Front of the Workers Class to fight Fascism and war'.

3   Andy Misell, 'Rhyfel Unwaith Eto' yn Gwyn Jenkins a Tegwyn Jones (goln), Llyfr y Ganrif (Talybont, 1999), t. 165.

4   Ibid., 'Ysgol Ifan ap', t. 168.

5   Ibid., 'Y Gymraeg a'r Fyddin', t. 168.

6   Ibid.

7   LlGC, Papurau Iorwerth C. Peate A1/5. Llythyr James Griffiths at Iorwerth C. Peate, dyddiedig 18 Hydref 1939.

8   Ibid.

9   LlGC, Papurau Iorwerth C. Peate. Achos Iorwerth C. Peate, A 1983/127, A 1985/109, A 1988/121. Dywedodd James Griffiths ei fod yn cael mwy o lythyrau ar fater diswyddiad Dr I. C. Peate nag ar unrhyw fater arall ers misoedd. Gw. Cymro, 1 Tachwedd 1941, tt. 1, 12. Rhoddwyd cefnogaeth gref i I. C. Peate yn ei achos (24 Hydref 1941) yng Nghaerdydd gan yr aelodau seneddol: Syr William Jenkins, D. O. Evans, R. Moelwyn Hughes, Evan Evans, S. O. Davies, Aneurin Bevan, James Griffiths, Will John a Robert Richards.

10   Thomas Parry, Amryw Bethau (Dinbych, 1996), tt. 321–4.

11   Keith Laybourn, The Rise of Socialism in Britain c.1881–1951 (Stroud, 1997), t. 136.

12   Stephen Brookes, Labour's War: the Labour Party during the Second World War (Rhydychen, 1977), t. 146.

13   LlGC, Papurau James Griffiths B 3/13. Llythyr J. Griffiths at Clement Attlee, 28 Mehefin 1940. Gw. hefyd B3/10, 19 Mawrth 1942.

14   Ibid., Llythyr Clement Attlee at James Griffiths, 1 Gorffennaf 1940.

15   Amman Valley Chronicle, 8 Mawrth 1941: Staenodd Nancey Astor ei chymeriad yng ngolwg James Griffiths pan lwyddodd i gael sanau, esgidiau ac ati o America yn 1943. Dirwywyd hi £50. Gweler Martin Pugh, Speak for Britain (Llundain 2011), tt. 222–3.

16   Watchman, James Griffiths, Amman Valley Chronicle and East Carmarthenshire News, 8 May 1941, t. 4.

17   Gwladgarwr, Tributes to James Griffiths, M.P, Amman Valley Chronicle, 12 Mehefin 1941, t. 4. 'His outstanding resistance to the Means test has been very successful and his enthusiastic campaign in supporting the War Weapons Week in the Amman Valley and other districts has been highly apporoved of and commended.'

18   Ibid.

19   Ibid., 12 Mehefin 1941.

20   Ibid..

21   Ibid., 23 Mai 1941 t. 4. Amman Valley and District War Weapons Week.

22   LlGC, Archifdy'r BBC, 'Protest James Griffiths', Mawrth 1942.

23   Ibid., t. 24. T. W. J. Bethany Rhydaman, 'James Griffiths', *Amman Valley Chronicle and East Carmarthenshire News*, 16 Mawrth 1944, t. 2.

24   LlGC, Papurau James Griffiths Blynyddoedd y Rhyfel: B3/1 Labour Looks Ahead. Impressions of the Reconstruction Conferences. Cynhaliwyd yr un yn Norwich yn ystod y bomio a fu ar y ddinas. Dywed JG: 'Hitlers' spite gave that Conference an intersity of purpose that made it memorable. One could feel the resolve and determination of the people deepened by their tragedy.'

25   LlGC, Papurau Eirene White, 'Potread o James Griffiths' yn Saesneg.

26   Credai olynydd James Griffiths yn Undebaeth y glowyr mai 'nid sosialaeth oedd gwladoli' ond ei fod ef 'yn gam ymlaen i'r cyfeiriad cywir'. Gw. Arthur Horner, 'Nationalization of the Coal Industry', *The Labour Monthly*, cyf 28, rhif 2, 1946, tt. 45–6.

27   Am gyfraniad Beveridge, gw. Jose Harris, *William Beveridge: a Biography* (Rhydychen, 1977), t. 501.

28   LlGC, Papurau James Griffiths, B2/19. Llythyr oddi wrth y Parch. Daniel Hughes, Detroit, 20 Medi 1943, wedi clywed ei fod ef yn bwriadu trefnu taith i'r Unol Daleithiau ac yn erfyn arno i alw ar y Gymdeithas Gymraeg yn Detroit Dywed y Sosialydd o weinidog: 'Don't forget Detroit, please'.

29   LlGC, Papurau James Griffiths. Teithio i'r UDA B2/6.

30   Ibid.

31   Ibid., A2/6 'Robert Owen'.

32   LlGC, Archifdy'r BBC, James Griffiths 'O'r Senedd', 21 Mawrth 1940.

33   Douglas Jay, *Change and Record: A Political Record* (Llundain, 1980), t. 190.

34   Hywel Francis and David Smith, *The Fed: a History of the South Wales Miners in the Twentieth Century* (Llundain, 1980), tt. 426–7.

35   Donald McCormick, *The Mask of the Merlin: A Critical Study of David Lloyd George* (Llundain, 1963), t. 301.

36   Ibid.

37   Sue Townsend, *Mr Bevan's Dream: Why Britain Needs its Welfare State* (Llundain, 1989), t. 3.

Pennod 11 – Paratoi Ar Gyfer y Fuddugoliaeth

1   James Griffiths, *Pages from Memory* (Llundain, 1969), t. 158.

2   Ibid., tt. 158–9.

3   'He failed [Aneurin Bevan] to see the differences between English sheep and Welsh sheep.' Carwyn Jones, *The Future of Welsh Labour* (Caerdydd, 2004), t. 8.

4   Kenneth O. Morgan, *Labour People* (Rhydychen, 1987), t. 146.

5   Gw. *Cymro*, 26 Mehefin 1943, tudalen flaen: 'How can Mr Attlee be so blind to public opinion as to try and damp the desire of the Welsh Members for a Welsh Secretary of State?' Gwrthodwyd yn yr erthygl safbwynt y cenedlaetholwyr Cymreig yn gyfan gwbl: 'Not the least serious disservice which the political extremists who call themselves Nationalists have rendered to Wales in those days is the bad impression their nonsense about the war has left upon the British public. If the so-called "leader" of the group had his way, he would see Wales a second Ireland, with himself in the role of de Valera and Swansea and Cardiff filled with the ambassadors of Germany and Italy as the Irish ports are today … This group of separatists represent nobody except a handful of ill-balanced cranks and immature teachers and students – the workers of Wales are behind you in your valid efforts to beat the Nazis and Fascists and to secure the triumph of freedom and the Christian way of life. That is why we urge you to do your best to undo the mischief done by Mr Attlee's unhappy blunder. A Welsh secretary of State can be appointed by a stroke of the pen and matters of education, local government and trade pertaining to Wales can be assigned to a Welsh Office on the model of the precedent established in Scotland half a century ago.'

6   John Pennant, 'Attlee's no to Wales will be remembered', *Western Mail*, 26 Mehefin 1943, t. 2.

7   LlGC, Papurau James Griffiths, B3/13. Llythyr Arthur Evans at James Griffiths, 13 Awst 1943.

8   Ibid.

9   Kenneth O. Morgan, 'Leaders and Led in the Labour Movement: The Welsh Experience', *Llafur* 6 (3) 1994, t. 112; James Griffiths, *Glo* (Lerpwl, 1945), t. 26.

10   Ibid., t. 31.

11   LlGC, Papurau James Griffiths, B3/13.

12   James Griffiths, *Glo* (Lerpwl, 1945), t. 17.

13   *Pages from Memory*, t. 13.

14   Ibid., t. 14.

15   Ibid., t. 16.

16   Roedd Elfed yn fawr ei gefnogaeth i weithwyr Cymru, yn arbennig y glowyr a'r chwarelwyr, cyn Diwygiad 1904–5. Aeth y Diwygiad a'i holl fryd. Gw. Noel Gibbard, *Elfed a Diwygiad 1904–5* (Abertawe, 2004), tt. 1–63.

17   LlGC, Papurau Deian Hopkin. Adroddiad o Gofnodion y Blaid Lafur ac Undebau Llafur Llanelli 1941.

18   T. I. Ellis, *Undeb Cymru Fydd 1939–1960* (Aberystwyth, 1960), t. 3. Canmolodd Saunders Lewis Undeb Cymru Fydd yn 'Cwrs y Byd', *Baner ac Amserau Cymru*, 26 Mai 1943, t. 11.

19   Ibid.

20   Andy Missell, 'Llwyddiant Llafur' yn Gwyn Jenkins a Tegwyn Jones (goln), *Llyfr y Ganrif*, t. 192. Gwelir llun o Clement Attlee yn ymlacio yn ei fwthyn haf yn Nefyn, Sir Gaernarfon.

21   Ceir bywgraffiad o William John yn D. Ben Rees, *Cymry Adnabyddus 1952–1972* (Lerpwl, 1978) tt. 107–8 a *Welsh Hustings 1855–2004* (Llandybïe, 2005), t. 152.

22   Am Ronw Moelwyn Hughes, gw. *Cymry Adnabyddus*, t. 94, a Rhys Hopkin Morris, tt. 150–1; *Welsh Hustings*, tt. 139, 213. Gw. John Emanuel a D. Ben Rees, *Bywyd a Gwaith Syr Rhys Hopkin Morris* (Llandysul, 1980), t. 114.

23   David Lewis Jones, 'Hughes, Cledwyn, Barwn Cledwyn o Benrhos' (1916–2001), Y
      Bywgraffiadur Ar-lein.

24   Gw. David Lewis Jones, 'White, Eirene Lloyd, Barwnes White', Y Bywgraffiadur Ar-lein.

Pennod 12 – Un o Benseiri'r Wladwriaeth Les

1   Dywed Martin Pugh, 'For Attlee's administration soon came to be seen as the most successful
      of the entire post-war era.' Gw. Martin Pugh, *Speak for Britain! A New History of the Labour
      Party* (Llundain, 2011), t. 286.

2   James Griffiths, *Pages from Memory* (Llundain, 1969), t. 77.

3   Andy Missell, 'Griffiths yn yswirio'r wlad' yn Gwyn Jenkins a Tegwyn Jones (goln), *Llyfr y
      Ganrif*, t. 195. Y syndod mwyaf, fel y dywed yr hanesydd A. J. Davies, oedd fod deuddeg
      o unigolion o'r dosbarth gweithiol yn Weinidogion y Goron ac un ar ddeg ohonynt yn y
      Cabinet. Gw. A. J. Davies. *To Build a New Jerusalem: The British Labour Party from Keir Hardie
      to Tony Blair* (Llundain, 1996), t. 223.

4   Ar lawer ystyr yr oedd Llundain yn ddelfrydol i'w blant gan fod Jeanne wedi cynnig am swydd
      mewn ysbyty yn Swydd Middlesex, yr oedd Harold yn y Llu Awyr. Byddai Llundain yn
      hwylus iddo. Derbyniwyd Sheila am hyfforddiant yng Ngholeg Hyfforddi Rachel Macmillan
      yn nhref Deptford. Llwyddwyd erbyn Pasg 1946 i rentu fflat yn Putney.

5   LlGC, Papurau Deian Hopkin. Casgliad Douglas Hughes. Llythyr James Griffiths at Douglas
      Hughes, 7 Gorffennaf 1945: 'It is very interesting and exciting and there will be a lot to
      do'.

6   Roedd y ddau yn aelodau o Undeb TSSA (Transport Salaried Staff Association).

7   Lord Taylor, *Uphill All The Way: A Miner's Struggle* (Llundain, 1972), t. 139. Dywed: 'On
      reflection, I have no doubt that my decision to accept the invitation was great. I have no
      regrets, and, during the five years I worked with Jim Griffiths, he afforded me every facility
      to participate in the work of the Department and I was privileged to be in at the discussions
      when the legislation was being prepared.'

8   *Pages From Memory*, t. 76.

9   Bu tad Eleanor Rathbone (1872–1946), sef William Rathbone (1819–1902), yn Aelod
      Seneddol Rhyddfrydol Sir Gaernarfon o 1880 i 1895 ac yn haelionus i Addysg Uwchradd
      Cymru. Gw. Eleanor F. Rathbone, *A Memoir* (Llundain, 1905).

10   Am gynllun Marshall, gw. Kenneth O. Morgan, *Labour in Power 1945–1951;* 'The American
      Loan' yn Hugh Dalton, *Memoirs 1945–1960, High Tide and After* (Llundain, 1962), tt. 68–89.
      Dywed Dalton am y cynllun, 'Without it, trade, employment and living standards would
      have collapsed quite suddenly with severe hardships, and sharp threats to social stability'.

11   Dalton, ibid., tt. 65–6.

12   Ceir hanes ymweliad James Griffiths a'i briod yn *Evening News*, 6 Awst 1946, t. 1.

13   E. H. Robertson, *George: A Biography of Viscount Tonypandy* (Llundain, 1992), t. 88.

14   Martin Pugh, *Speak for Britain*, tt. 286–7, lle dywed: 'in 1945–6 alone, seventy-five pieces
      of legislation were enacted, the government brought a fifth of the economy under state

control, introduced the welfare state, maintained full employment, kept inflation low and generated an export-led boom – all under the enormously difficult conditions inherited from wartime.'

15 Yn Gymraeg yr ysgrifennai William Williams (1717–91) gan amlaf, ond mae'r fersiwn Saesneg o'i emyn 'Arglwydd, arwain drwy'r anialwch' wedi'i gyfieithu i lawer o ieithoedd. Roedd y fersiwn Saesneg yn boblogaidd ymhlith glowyr yng nghymoedd y De. Gw. Delyth G. Morgans, *Cydymaith Caneuon Ffydd* (Aberystwyth, 2006), tt. 722–3.

16 Sydney Jacobson, 'Security Comes to a Northern Village', *Picture Post*, Cyfrol 30, Rhif 11, 16 Mawrth 1946, tt. 7–8.

17 Ibid.

18 Ibid.

19 Yn ei sgwrs ar Radio Cymru, 'Y Mis yn y Senedd', 21 Mai 1946, cyfeiriodd Will John AS, fod James Griffiths ac Aneurin Bevan yn ddau wleidydd 'sydd yn gyflym ddringo i enwogrwydd yn Senedd Prydain'. Gw. Canolfan Archifdy Ysgrifenedig y BBC yng Nghymru, Sgyrsiau M–Z, t. 2.

20 Ibid., Sgwrs yn Gymraeg ar Radio Cymru, 'Y Mis yn y Senedd' gan Robert Richards, a ddarlledwyd 18 Mehefin 1946, tt. 1–2.

21 Yn eu plith gellid enwi CYC-ARC & Co, Teddington Control, Hurdens Tools, Southern Welding, Remploy, John White, Alan Raine Knitwear, Dalandin a Chwmni Gwmgorse Press & Fabrication.

22 LlGC, Papurau James Griffiths. Douglas Hughes i James Griffiths. Credai James Griffiths mai'r opsiwn ymarferol oedd cynyddu aelodaeth y Blaid Lafur os am gael rhagor o arian i goffrau'r Blaid Lafur yn yr etholaeth.

23 Roedd Llanelli wedi dioddef yn helaeth o 1934–1945. Diflannodd nifer fawr o weithfeydd gwaith cemegol Llanelli, Gwaith Brics Machynys, a'r gwaith tun yn Machynys yn 1941 a Morfa yn 1942. Gw. Robert Protheroe Jones, 'Vanished Industries of Machynys', *Amrywiaeth Llanelli*, Rhif 10, 1995 a 1996 (Llanelli, 1996), tt. 43–48.

24 LlGC, Papurau Deian Hopkin, Casgliad Douglas Hughes, Rhif 31–128. Llythyr James Griffiths at Douglas Hughes, 6 Mehefin 1947.

25 Ibid.

26 Nid ar chwarae bach y ceid y llaw drechaf ar y Blaid Lafur yn Abertawe fel y dywed Martin Pugh, *Speak for Britain*, t. 291: 'Labour's post-war story is even more eloquently told by Swansea, whose two constituencies were represented by union sponsored members each endowed with £300–£350 annually, and were run by Percy Morris who was both an alderman and MP for Swansea West.' Gw. hefyd, Dinah B. M. Evans, *The Dynamics of Labour Party Politics in Swansea*, Traethawd PhD Prifysgol Cymru Bangor 2008, tt. 51–67.

27 Byron Davies, 'The Construction of the Trostre Works', *Amrywiaeth Llanelli* (Llanelli, 1986), tt. 68–72.

28 Adroddiad Eisteddfod Genedlaethol Cymru, Hen Golwyn 1947.

29 Ni chafwyd addewid yn manifesto'r Blaid Lafur yn 1945. Nid oedd James Griffiths ymhlith y saith ymgeisydd Seneddol Llafur yn 1945 a fynegodd eu cefnogaeth i'r syniad o Ysgrifennydd

Gwladol i Gymru. Y chwe hyn oedd Cledwyn Hughes (Môn), Tudor Watkins (Brycheiniog a Maesyfed), Goronwy Roberts (Caernarfon), R. Moelwyn Hughes (Caerfyrddin), Huw Morris-Jones (Meirionnydd), W. Mars-Jones (Dinbych) ac Arthur Pearson (Pontypridd). Y gwleidydd oedd yn bennaf gyfrifol am hyn i gyd oedd Goronwy Roberts. Gw. Alan Butt Philip, *The Welsh Question: Nationalism in Welsh Politics 1945–1970* (Caerdydd, 1975), t. 277.

30   Roedd Cymro fel Morgan Phillips, Ysgrifennydd Cyffredinol y Blaid Lafur Brydeinig, yn wrthwynebol i'r syniad o Ysgrifennydd Gwladol i Gymru. Dywedodd wrth Ymgeisydd Llafur Fflint: 'My own view, as a Welshman, is that to pretend that a Secretary of State is adequate to solve the problem of Wales is impracticable political thinking'. Gw. Archif y Blaid Lafur GS/WAL/4 Morgan Phillips at Miss Eirene M. Jones, 15 Mehefin 1945. Nid oedd Aneurin Bevan chwaith yn bleidiol. Gw. Lord Cledwyn, *The Referendum: the End of an Era* (Caerdydd, 1981), t. 10.

31   Nid ffenomenon yn perthyn i'r pedwardegau oedd hyn. Gwelid y dyhead yn y tridegau cynnar. Cwynai Cyril O. Jones, y cyfreithiwr o Wrecsam, am agwedd negyddol y Llywodraeth Lafur at ddatganoli. Bu ef yn Ymgeisydd Seneddol y Blaid Lafur fwy nag unwaith (Gw. Llawysgrifau Bangor).

32   Gwyn Jenkins, *Prif Weinidog Answyddogol Cymru: Cofiant Huw T. Edwards* (Talybont, 2007), t. 110.

33   LlGC, Papurau Goronwy Roberts C1/6. Darn o femorandwm oddi wrth Ifor Bowen Griffith, Caernarfon [d.d.].

34   *Prif Weinidog Answyddogol Cymru*, t. 115.

35   LlGC, Papurau John Morris, A1/28. Llythr James Griffiths at John Morris, 29 Ionawr 1974.

36   Rhys Evans, *Gwynfor: Rhag Pob Brad* (Talybont, 2005), t. 122. Teimlai James Callaghan ei fod ef a James Griffiths yn haeddu cymeradwyaeth am eu cyfraniad i lwyddiant dociau de Cymru. Gw. LlGC, Papurau James Griffiths C2/20 Llythyr James Callaghan at James Griffiths, 24 Tachwedd 1948. 'South Wales Ports are doing very well indeed and I think we ought to take credit for our share in that. High level of dock charges are not due to goverment but to shipowners and the exporter and importer. Commercial transactions 'and as such the minister's influence is limited.'

37   *Prif Weinidog Answyddogol Cymru* ,t. 246.

38   LlGC Casgliad Pennar Davies. Llythyr Gwynfor Evans at Pennar Davies, 25 Mai 1949.

39   Cynyddodd Capel Gellimanwydd o dan weinidogaeth y Parchedig D. Tegfan Davies yn rhyfeddol.

40   Rhys Evans, ibid., t. 125; Talodd James Griffiths deyrnged i'r cynghorydd Haydn Lewis. Gw. James Griffiths, 'My Last Talk with Haydn', *South Wales Guardian*, 4 Mai 1972. (Daeth yr erthygl hon i'm dwylo trwy garedigrwydd Huw Walters.)

41   Gwireddwyd un o brif addewidion maniffesto'r Blaid Lafur yn 1945. Gw. Andy Misell, 'Blwyddyn newydd, trefn newydd' yn Gwyn Jenkins a Tegwyn Jones (goln), *Llyfr y Ganrif* (Talybont, 1999), t. 197. Norman Chester yw hanesydd gwladoli ym Mhrydain a'r modd y cyflawnwyd hyn gan lywodraeth Attlee. Gw. *The Nationalisation of British Industry, 1945–51* (Llundain, 1975).

42   *Llyfr y Ganrif*, t. 197.

43 Er y clod a'r diolch am Wasanaethau Yswiriant ac Iechyd nid oedd meddylwyr y Blaid Lafur wedi cyflawni eu gwaith cartref yn ddigon manwl cyn Etholiad 1950 yn ôl Douglas Jay. Roedd ef yn un o bedwar a baratôdd y Maniffesto, *Labour Believes in Britain*. Y tri arall oedd Herbert Morrison a'r ddau Gymro, James Griffiths a Morgan Phillips. Gw. Douglas Jay, *Change and Record: A Political Record* (Llundain, 1980), t. 193.

44 Ymysg y gwerinaethwyr amlwg ceid Cliff Bere, awdur *The Welsh Republic* (Caerdydd, 1947); Trefor Morgan, y gŵr busnes a sefydlodd gwmni yswiriant; y bargyfreithiwr Ithel Davies, a safodd fel Ymgeisydd Seneddol y blaid newydd yn Ogwr yn Etholiad Cyffredinol 1950 a'r llyfrgellydd a'r bardd Harri Webb a fu'n olygydd cylchgrawn, *The Welsh Republican*, 1950–1958. Cocyn hitio'r grŵp hwn oedd James Griffiths, a phenderfynodd ddau ohonynt fynychu galeri'r Tŷ Cyffredin a thaflu bwndel o daflenni pan oedd y Gweinidog Yswiriant yn annerch y Senedd. Y ddau hyn oedd Joyce Williams o Abertawe a Haydn Jones o Bontardawe. Derbyniais nodyn ar 14 Chwefror 2013 gan Gwilym Prys Davies ar ôl iddo ddarllen y bennod hon: 'Wrth edrych yn ôl credai fy nghyfaill Huw Davies, a minnau ein bod wedi gwrando gormod ar y gwŷr da a enwir gennych. Fe fu Huw yn olygydd y cylchgrawn am o leiaf dwy flynedd, ond ni fu gennyf i unrhyw swydd gyhoeddus gyda'r Mudiad, heblaw fy mod yn aelod o'i Gyngor. Y ddau ohonom, efallai yn fwy na neb arall weithiodd i ddod a'r Mudiad i ben.'

45 Am ei syniadaeth, gw. 'Gwerinaetholdeb', *Gwyddoniadur Cymru* (Caerdydd, 2008), t. 406.

Pennod 13 – Yn y Trefedigaethau

1 John Davies, *Hanes Cymru* (Llundain, 1990,) tt. 600–1.

2 James Griffiths, *Pages from Memory* (Llundain, 1969), t. 90. Ymysg y llongyfarchiadau y bu ef yn ddiolchgar amdano oedd yr un a dderbyniodd oddi wrth y Parchedig Tom Nefyn Willims, Edern trwy gyfrwng llythyr gan yr Aelod Seneddol, Goronwy Roberts. Dywedodd James Griffiths yn ei lythyr, 19 Ebrill 1950 wrth Goronwy O. Roberts: 'Diolch am lythyr 14 Ebrill ac am y sgwrs gyda T. Nefyn Williams. Yr wyf yn cymeryd ei sylwadau o ddifrif ac yn diolch iddo am ei eiriau o longyfarchiadau.' Gw. LlGC, Papurau Goronwy Roberts 0200302280 C1/2.

3 Ibid., 'Clem Attlee seemed to sense my reluctance and told me that he was confident that my proven capacity as an administrator, and ability as a parliamentarian, would be equal to the challenge of the new office.'

4 LlGC, Papurau James Griffiths B6/3 James Griffiths yn Ysgol Haf Gwasanaeth y Trefedigaethau Medi 1950. Ceid cynrychiolwyr o Swdan yn bresennol. Cynhaliwyd yr Ysgol yng Ngholeg y Frenhines, Rhydychen o dan gadeiryddiaeth Syr John Shaw. Gw. James Griffiths, Arthur Creech Jones a Rita Hinden, *The Way Foward* (Llundain, 1950), tt. 1–40.

5 Ibid.

6 *Pages from Memory*, t. 92.

7 A. H. Hanson & Janet Douglas, *India's Democracy* (Llundain, 1972), tt. 32–52.

8 *Pages from Memory*, t. 92.

9 Ibid.

10 Ibid., tt. 94–100.

11   LlGC, Papurau Deian Hopkin. Llythyr James Griffiths at Douglas Hughes, 2 Mehefin 1950.

12   Llythyr Agored at James Griffiths, *Y Cymro*, 9 Chwefror 1951, t. 1.

13   Ibid.

14   *Pages from Memory*, t. 101.

15   Ibid., t. 102.

16   Ibid., t. 103.

17   Ibid.

18   Ibid.

19   Mrs James Griffiths, *One Woman's Story* (Ferndale, 1978), t. 144. 'He insisted that I should go with him. He said there might never be such a chance again – and there never has been. It cost us £330 for my air fare, but the experience was well worth the money.'

20   *Pages from Memory*, t. 106.

21   Ibid., t. 108 Gw. hefyd LlGC, Papurau James Griffiths B6/5 Colonial Territories (1950–1).

22   Ibid., t. 109.

23   Ibid.

24   Ibid.

25   Ibid., t. 110.

26   Ibid.

27   Ibid.

28   Ibid.

29   Ibid., t. 111.

30   Ibid.

31   Ibid., t. 113.

32   Ibid.

33   Ibid., t. 114.

34   Ibid.

35   Ibid., t. 115.

36   Hugh Dalton, *Memoirs 1945–1960: High Tide and After* (Llundain, 1962), tt. 359–60.

37   *Pages from Memory*, t. 119.

38   Ibid.

39   LlGC, Papurau Deian Hopkins. Llythyr James Griffiths at Douglas Hughes, 31 Gorffennaf 1951.

40   Beti Jones, *Etholiadau Seneddol yng Nghymru 1900–75* (Talybont, 1977) t. 116.

41   J. Graham Jones, 'Edward Clement Davies,1884–1962, yn *Dictionary of Liberal Biography* (gol.) Duncan Brack (Llundain, 1998), tt. 92–4.

42   Emyr Price, *Yr Arglwydd Cledwyn o Benrhos* (Pen-y-Groes, 1990), t. 15. 'Dim ond dwy sedd a enillodd Llafur o'r newydd yn 1951 drwy Brydain, a Môn oedd un ohonynt; anghofiodd Price a dweud mai 'Meirionnydd oedd y llall'; Gw. Arglwydd Maelor, *Fel hyn y bu* (Dinbych, 1970), t. 149.

43   Ychydig dros ddegawd arall gofidiai un o weision amlycaf y Gwasanaeth Sifil, sef Syr Hilton Poynton, fod yr Adran a Swyddfa'r Trefedigaethau ar ddiflannu. Gw. D. J. Morgan (gol.), *The Official History of Colonial Development*, Cyfrol 4 (Llundain, 1980), t. 24.

Pennod 14 – Jim Griffiths, y Cymodwr a'r Adolygiadwr

1   Dywed Ralph Miliband, *Parliamentary Socialism* (Llundain, 1960), t. 296; mai'r weithred hon oedd yr ysgogiad a ddygodd i fodolaeth garfan o wleidyddion y chwith gafodd ddisgyblaeth a threfn, cyn hynny 'a fairly loose group of MPs without any hard centre' oeddynt yn arddel y teitl 'Keep Left'.

2   'But only two Ministers shared Bevan's views that charges breached the principle of a free service – Jim Griffiths and Harold Wilson; and of these Griffiths reluctantly accepted them'. Gw. John Campbell, *Nye Bevan and the Mirage of British Socialism* (London, 1987), t. 233; Philip Williams *Hugh Gaitskell: A Political Biography* (London, 1979), t. 250.

3   John Campbell, ibid., tt. 241–2. Ni chafodd lawer o gydymdeimlad, ac felly gwnaeth James Griffiths y penderfyniad cywir yng ngholwg mwyafrif llethol o'r Aelodau Seneddol. Cyfaddefodd partner Bevan, Jennie Lee, iddo siarad yn sobor o sâl wrth ymddiswyddo. Gw. Jennie Lee, *My Life with Nye* (London, 1981), t. 223.

4   Roedd gan Aneurin Bevan gefnogwyr ymhlith Aelodau Seneddol Llafur o Gymru fel George Thomas. Cafodd ef y syndod mwyaf pan geisiodd ddarbwyllo Jennie Lee, cymar Bevan, i'w berswadio i beidio ag ymddiswyddo. Ei ateb: 'You yellow-livered cur, you're just like the rest. You're another MacDonald, or Snowdon. Go away from me!' Ni allai Thomas gredu yr hyn â glywodd, Gw. George Thomas *Mr Speaker: The Memoirs of Viscount Tonypandy* (Llundain, 1985), tt. 69–70.

5   Martin Gaedel, 'Sir Ralph Norman Angell (1872–1967)', *Oxford Dictionary of Welsh Biography* (Rhydychen, 2004), tt. 150–3.

6   Gw. astudiaeth ohono gan un o haneswyr y chwith, V. L. Allen, *Trade Union Leadership, based on a study of Arthur Deakin* (Llundain, 1957). Cyfrifai Deakin mai Cei Conna oedd ei gartref, ac ar ôl symud i'r pencadlys yn Llundain, dychwelai'n gyson i lannau Dyfrdwy. Gw. Gwyn Jenkins, *Prif Weinidog Answyddogol Cymru* (Talybont, 2007) t. 78.

7   T. Williamson, 'Disloyalty within the Labour Party' yn *NUCMW Journal*, cyfrol 15, Rhif 11 (Tachwedd 1952), t. 336.

8   James Griffiths, *Pages from Memory* (Llundain, 1969), t. 122.

9   Ibid., 'The Role of the Reconciler', Pennod 9, tt. 122–39. Ond nid oedd pob gwleidydd Llafur yn ei ganmol am gymryd llwybr y cymodwr. Ni allai Ian Mikardo ei ganmol o gwbl. Dywed ef fod Griffiths yn gosod 'both his hands on both his hearts'. Gw. Ian Mikardo, *Backbencher* (Llundain, 1988), t. 127.

10   Stephen Haseler, *The Gaitskellites* (Llundain, 1969), tt. 62–3.

11   Lisa Martineau, *Politics and Power: Barbara Castle, a biography* (Llundain, 2000), t. 117. Geilw Ralph Milliband ef yn un o'r 'Old Guard'. Gw. Ralph Milliband, *Parliamentary Socialism: A Study in the Politics of Labour* (Llundain, 1979, ail arg.), t. 326.

12   Lisa Martineau, ibid., t. 118.

13   Ibid., Philip Williams, *Hugh Gaitskell*. Disgrifiai Griffiths fel 'the one leader without enemies', t. 306.

14   *The Gaitskellites*, t. 37 wedi ei seilio ar *The Times*, 14 Tachwedd 1951, 20 Tachwedd 1952, 6 Tachwedd 1953, 19 Tachwedd 1954, ac *Adroddiad NEC*, 1951–5.

15   *Pages From Memory*, t. 133. 'I was asked to stand for election by those who thought that it would be advantageous to choose a deputy who could bring a wider experience to the service of the new leader and who would co-operate loyalty with him.' Ond cryfder ei ymgeisiaeth oedd ei fod yn gymodwr.

16   *The Gaitskellites*, t. 41. 'The new leader [Hugh Gaitskell] gave revisionism and the revisionists the important and decisive role which they had hitherto lacked.' Roedd James Griffiths yn edmygydd mawr o Gaitskell, a chredai fod tacteg Nye Bevan o dynnu ei enw yn ôl os gwnai Gaitskell hynny wedi tarfu ar rai o'i gefnogwyr. Dywed: 'It was altogether too Machiavellian and created cynicism, and finally decided many to turn and vote for Hugh Gaitskell, who won easily with 157 votes to Nye's and Herbert's 40'. Teimlai'n siomedig fod Morrison ar waelod y rhestr. Gw. *Pages from Memory*, t. 145.

17   Aneurin Bevan, 'The Futility of Coalition', *Tribune* (13–26 Mehefin 1952), t. 1.

18   Stephen Haseler, *The Gaitskellites*, t. 68.

19   Mary Saran, 'Leonard Nelson (1881–1927)', *Socialist Commentary* (Hydref 1947), t. 14.

20   *Pages From Memory*, t. 91

21   *The Gaitskellites*, t. 69.

22   Un o'r Cymry Llafurol gwrth-Americanaidd oedd S. O. Davies. Dywedodd ef yn y Tŷ Cyffredin amdanynt, 'the hysteria which exists among American leaders, the deliberate, grotesque persecution of outstanding Americans, their fantastic doings in the guise of uprooting un-American activities, and the terribly dangerous megalomania of such people in whose possession are the most horribly destructive weapons which have ever cursed this world of ours,' *Hansard* (5 Gorffennaf 1950).

23   Bruce Reed a Geoffrey Williams, *Denis Healey and the Policies of Power* (Llundain, 1971), t. 99. 'Bevin as Foreign Minister had built his policy on alliance with the United States and opposition to Soviet expansion. Healey, together with other intellectuals like Strachey, Younger, Mayhew and Prentice, provided the intellectual backing for such policies'.

24   Ibid., 'Healey's essays, and articles in the magazine *Socialist Commentary*, established him as the major intellectual force behind collective security.'

25   Rhagair gan James Griffiths, W. Ewant, P. W. Anton, A. A. Best, J. Thompson, 'Industrial Assurance', *Socialist Commentary*, Chwefror 1950, tt. 43–6.

26   James Griffiths, 'The Road Back', *Socialist Commentary* (Rhagfyr 1951), tt. 272–3. Iddo ef roedd y traddodiad radicalaidd yn etifeddiaeth werthfawr: 'The Labour Party must now become the guardian and the expression of the radical spirit'.

27   R. H. Tawney, 'British Socialism Today' yn *Socialist Commentary* (Mehefin 1952), tt. 124–5.

28   *Socialism: A New Statement of Principles* (Llundain, 1952), tt. 1–64.

29   *The Gaitskellites*, t. 89. Roedd Tony Crosland yn pwysleisio yr angen am gydraddoldeb. Gw. A. Crosland, *Future of Socialism*, t. 125.

30   *The Gaitskellites*, t. 78.

31   Ibid.

32   *Tribune* (11 Gorffennaf 1952), t. 3.

33   *Socialism and Foreign Policy* (Llundain, 1953), tt. 1–78: 'Socialist principles cannot provide in

advance the cut and dried solutions to detailed problems, which some people may be looking for. But, as we have shown, they can provide what is of inestimable value – a set of values,' t. 77.

34   *The Gaitskellites*, tt. 79–80; A. Crosland, *The Future of Socialism* (Llundain, 1956).

35   Am bortread o John Strachey, gw. J. K. Galbraith, 'John Strachey', *Encounter*, Medi 1963, 21 (3), t. 53–4.

36   Robert Griffiths, *S. O. Davies: A Socialist Faith* (Llandysul, 1983), t. 170.

37   Ibid., tt. 169–70: 'In a press statement issued on March 29 [1950], the [Welsh Regional] Council [of Labour] Secretary, Cliff Prothero dismissed what he called 'the frivolous demand for home rule', claiming that it emanated from a 'small number of people who represented no serious body of opinion in Wales'.

38   Rhys Evans, *Gwynfor: Rhag Pob Brad* (Talybont, 2005), t. 139.

39   Ibid., t. 140. Nodai *Y Gwyddoniadur* (2008), t. 272, fod D. J. Davies yn 'un o sylfaenwyr y Blaid Lafur yn Rhydaman'.

40   *Gwynfor: Rhag Pob Brad*, tt. 145–6.

41   Ibid., t. 146, LlGC, Papurau Gwynfor Evans/E/1983.

42   *Y Cymro* (10 Hydref 1952).

43   Alan Butt Philip, *The Welsh Question – Nationalism in Welsh Politics 1945–1970* (Caerdydd, 1975), tt. 257–61.

44   Ibid.

45   Yn wir, mynnodd golygydd *Y Ddraig Goch* (Mawrth 1953) ddadlau fod Plaid Cymru yn San Steffan eisoes trwy araith S. O. Davies ar Senedd i Gymru. 'Dyna iaith y Blaid yn Nhŷ'r Cyffredin! Nid yw'n syndod fod pawb cydbwys eu barn yn barod i gyfaddef fod dylanwad y Blaid yn cerdded ymhell o'i blaen. Os nad yw Gwynfor Evans wedi cyrraedd Tŷ'r Cyffredin, mae eisoes yn llefaru'n huawdl yno.' Gw. Robert Griffiths, *S. O. Davies*, ibid., t. 175.

46   LlGC, Papurau Iorwerth C. Peate A1/5. Llythyr James Griffiths at Iorwerth C. Peate, 23 Mawrth 1954.

47   Ibid.

48   Ibid.

49   *Liverpool Daily Post* (31 Mai 1954). Gw. *Gwynfor Rhag pob Brad*, t. 155. Cafwyd yr un feirniadaeth gan Huw T. Edwards, 'I charge the Welsh Nationalist Party with being the one barrier to Welsh unity'. Gw. Huw T. Edwards, *They Went to Llandrindod* (Caerdydd, 1954), t. 43; *Prif Weinidog Answyddogol Cymru*, t. 138.

50   Robert Griffiths, *S. O. Davies*, t. 179. Cynhaliwyd y Gynhadledd ym Mhorthcawl ar 10 Mai 1954: 'Welsh mining MPs, with the exception of S. O. hardened in their opposition to the campaign and successfully negotiated speaking-rights for Jim Griffiths and Dai Grenfell (MP for Gower) at the conference. Unfortunately the anti-devolution camp's scaremongering could only have profited from the contradictory replies of Home Rule supporters.'

51   *Prif Weinidog Answyddogol Cymru*, t. 138.

52   Ibid., t. 139.

53   Dyfyniad a geir yn un o'm llyfrau nodiadau.

54   Am gynnyrch llenyddol Amanwy, gw. Huw Walters, 'Cerddetan: Golwg ar Ryddiaith Amanwy',

yn *Cynnwrf Canrif: Agweddau ar Ddiwylliant Gwerin* (Treforys, 2004), tt. 318–71; idem., 'David Rees Griffiths ('Amanwy') 1882–1953', *The Carmarthenshire Antiquarian*, 35 (1999), tt. 89–102; Gomer M. Roberts, 'David Rees Griffiths, *Atodiad i'r Bywgraffiadur Cymreig 1951–1970* (Llundain, 1997), t. 65.

55   LlGC, Papurau Amanwy. Yn y papurau hyn ceir aml i ddyfyniad pwysig iawn sy'n taflu goleuni ar James Griffiths a'i frawd llengar. Nid hwn oedd y tro cyntaf i James Griffiths annerch Undeb yr Annibynwyr Cymraeg. Gwnaeth hynny yn Undeb Llundain yn 1936 pan siaradodd yn ôl R. Tudur Jones: 'yn rymus gan nodi fod 180 o byllau glo wedi cau er 1920 a 120,000 o weithwyr ar y clwt'. Sbardunodd hyn yr eglwysi ym Morgannwg i drefnu dirprwyaeth i Lundain i osod yr argyfwng ger bron y Prif Weinidog, Neville Chamberlain ar 22 Gorffennaf 1937. Gw. R. Tudur Jones, *Hanes Annibynwyr Cymru* (Abertawe 1966) t. 285. Am hanes y ddirprwyaeth gweler T. Alban Davies, 'Cynrychiolaeth Unol Eglwysi Cymru at y Prif Weinidog', *Tyst* (12 a 19 Awst 1937).

56   Am Undeb Penygroes, gweler anerchiad Gwynfor Evans o'r Gadair, 'Cristnogaeth a'r Gymdeithas Gymreig' a James Griffiths, 'Gobaith y Byd', *Adroddiad Undeb yr Annibynwyr Cymraeg Penygroes a'r Cylch Mai 31, Mehefin 1–3,* 1954, tt. 45–60.

57   Isetholiad 28 Hydref 1954:

Aberdâr

Arthur Probert Llaf.	24,658	69. 5%
Gwynfor Evans PC	5,671	16. 0%
Michael Roberts C	5,158	14. 5%
	18,897	53. 5%

Beti Jones, *Etholiadau Seneddol yng Nghymru, 1900–75* (Talybont, 1977), t. 118.

58   Dywed geiriau etholiad 1955: 'We were caught rather unprepared. The 'Nye row' earlier in the year – indeed the trouble ever since 1951, and in particular since the Morecambe Conference in '52 – had split us badly. We did not have the appearance of an alternative government'. *Pages From Memory*, t. 141.

59   *Etholiadau Seneddol yng Nghymru 1900–75*, t. 122; Andy Misell, 'Ymgeisydd dan glo', 1955, *Llyfr y Ganrif*, t. 264.

60   *Etholiadau Seneddol yng Nghymru*, t. 127.

61   LlGC 23091E, Llythyrau at Graham F. Thomas. Llythyr James Griffiths at Graham F. Thomas, 5 Mehefin 1955, lle y rhydd arolwg ar yr etholiad gan gwyno am yr anghytuno rhwng y chwith a'r dde, trafferthion diwydiannol a'r ffaith fod llawer o gefnogwyr Llafur wedi aros adref. Ond llawenha hefyd fod Cymru wedi dal yn deyrngar gyda 27 o etholiadau yn cefnogi Llafur allan o 36. Gw. Huw T. Edwards, *They went to Llandrindod*, t. 43.

Pennod 15 – Y Dirprwy Arweinydd ar Lwyfan ei Blaid

1   Philip Williams, *Hugh Gaitskell: A Political Biography* (Llundain, 1979), t. 297.

2   Greg Rosen, *Old Labour to New: The Dreams that Inspired, the Battles that Divided* (Llundain, 2005), t. 192.

3 Ibid.

4 *Hugh Gaitskell: A Political Biography*, t. 453.

5 Ibid., t. 454.

6 Michael Foot, *Aneurin Bevan*, Volume 2 (Llundain, 1973), tt. 554–5.

7 Greg Rosen, *Old Labour to New: The Dreams that Inspired, the Battles that Divided* (Llundain, 2005), t. 192.

8 LlGC, Papurau Deian Hopkin, Casgliad Douglas Hughes, Rhif 31–08, Llythyr James Griffiths at Douglas Hughes, 4 Ebrill 1957.

9 Ibid.

10 Ibid.

11 Greg Rosen, ibid., t. 192.

12 Ibid.

13 John Campbell, *Nye Bevan and the Mirage of British Socialism* (Llundain, 1987), t. 340.

14 LlGC, Papurau James Griffiths. Hyn oedd ei ysgogiad fis Ebrill 1957 i gydweithio gyda J. Hajek, Llysgennad Tsiecoslofacia ym Mhrydain fel y gallai Côr Merched Hywel, Llanelli fynd ar daith i gynnal cyngherddau. Dymunai fod ei asiant a'i briod, Cynghorydd Loti Rees Hughes, yn mynd gyda'r côr ar y daith honno.

15 Greg Rosen, *Old Labour to New: The Dreams that Inspired, the Battles that Divided* (Llundain, 2005), t. 193.

16 Ibid., t. 194.

17 *Nye Bevan and the Mirage of British Socialism*, tt. 328–9. Roedd Aneurin Bevan yn aelod o Is-bwyllgor y Pwyllgor Gwaith, ond anaml y byddai'n mynychu cyfarfodydd er siom i Ian Mikado a Barbara Castle, a ddisgwyliai arweiniad oddi wrtho. Er hynny, ni welai *Tribune* yn dda i'w gefnogi. Dywed: 'Instead of a bold declaration of Labour's resolve to extend public ownership, to root out the evils to scathingly exposed, the grand objective becomes lost in a maze of qualifying clauses, and timorous inhibitions'. Gw. *Tribune*, 19 Gorffennaf 1957.

18 Janet Morgan (gol.), *The Backbench Diaries of Richard Crossman* (Llundain, 1981), t. 604.

19 *Old Labour to New: The Dreams that Inspired, the Battles that Divided*, tt. 328-9.

20 Ibid., t. 198.

21 LlGC, Papurau James Griffiths, B6/16. Llythyr Catherine Edgecombe at James Griffiths, 30 Awst 1956.

22 Ibid.

23 Ibid., B6/17. Llythyr Norman Manley at James Griffiths, 11 Medi 1956.

24 Ibid.

25 Ibid., B6/18. Llythyr James Griffiths at Kwame Nkrumah, 19 Medi 1956.

26 Ibid., B6/19. James Griffiths i Syr Charles Arden-Clarke, 19 Medi 1956. Dywedodd James Griffiths wrtho: 'Permit me to offer you my sincere congratulations on this very great achievement. You have shown qualities of statesmanship which will earn a niche of its own in the history of our Commonwealth'.

27 Ibid., B6/20. Charles Arden-Clarke, Castell Christianburg, Accra, 27 Medi 1956 at James Griffiths.

28   Ibid., B6/22. Llythyr Kwame Nkrumah at James Griffiths, 26 Ionawr 1957.

29   Ibid., B6/24. 'The Road to Independence'.

30   Ibid., B6/30. Sylwadau Arthur Creech Jones. Darllenodd Herbert Bowden, AS, y gyfrol yn Sir Gaernarfon, ibid., B6/31, llythyr i James Griffiths, 30 Gorffennaf 1958. ibid., B6/29. Anfonodd James Griffiths gopi at lyfrgellydd y Tŷ Cyffredin.

31   Ibid., B6/36. Llythyr John Moffat, Gogledd Rhodesia at James Griffiths, 20 Awst 1958.

32   Ibid., B6/37. Llythyr T. George Thomas, AS at James Griffiths, 20 Awst 1958. Adolygiad ar y gyfrol ym mhapur Llafur yr Alban, ibid., B6/33. Gw. 'James Griffiths points out the Path of Wisdom for the Africans', *Forward*, 8 Awst 1958, t. 4. Dywedodd James Johnstone amdano, 'post Colonial Secretary, ex-Welsh miner but above all, a man of the Chapel'. Ychwanega'r wybodaeth bwysig yma, 'Streams of African leaders came to see him for advice'. ibid., B6/28. Llythyr gan Drysorydd y Ddarlith Beckley yn anfon y swm o £50 at James Griffiths. Ychwanegodd y Parchg E. C. Urwin, Sanderstead, Surrey: 'On my own behalf, I should like to say what a pleasure it has been to meet you again, and to hear you on a theme after your own heart, and mine'.

33   James Griffiths, *Pages from Memory* (Llundain, 1969), tt. 146–51.

34   Ibid., t. 146.

35   Ibid., t. 149. Aeth hi'n ffrae fawr rhwng George Brown a Kruschev. Gw. Janet Morgan (gol.) *The Backbench Diaries of Richard Crossman*, t. 458.

36   Ibid., t. 149.

37   Yn bresennol yn y trydydd cyfarfod ceid Marshal Bulgarin, Nita Kruschev a'i fab, Malik, a chyfieithydd Hugh Gaitskell, James Griffiths, Edwin Gooch a Morgan Phillips. Ni estynwyd gwahoddiad i Bevan na Brown. Gw. *Pages From Memory*, tt. 149–51.

38   John Campbell, *Nye Bevan*, t. 322. Penododd Gaitskell Bevan fel llefarydd ar faterion tramor yn lle Alf Robens a'i gyfraniad cyntaf fel Gweinidog yr Wrthblaid oedd ar 5 Rhagfyr. Wrth gloi y ddadl dywedodd R. A. Butler 'Anything Hugh can do, Nye can do better. Nye can do anything better than Hugh'. Am araith Bevan, gw. *Hansard*, Cyf. 561, col. 1268–83 ac ymateb Butler col. 1471, 1570.

39   Rhydd Philip Williams bennod yng nghofiant Gaitskell o dan y teitl 'Macmillan Ascendant 1957–9'. Gw. *Hugh Gaitskell*, tt. 459–91.

40   *Daily Telegraph*, 13 Tachwedd 1958, ibid., Philip Williams, ibid., t. 474.

41   *Hugh Gaitskell*, tt. 459–91.

42   Richard Crossman, *Daily Mirror*, 5 Gorffennaf 1957.

43   I. Richter, *Political Purpose in Trade Unions* (Llundain, 1973), penodau 7 a 8.

44   LlGC, Papurau James Griffiths B6/27. Llythyr Hugh Gaitskell at James Griffiths [d.d.]. Yn nyddiaduron Gaitskell yr unig un sydd yn cael ei ganmol yw James Griffiths.

45   Ibid.

46   Ibid.

47   Ibid.

48   Robert Pearce (gol.), *Patrick Gordon Walker, Political Diaries 1932–1971* (Llundain, 1991), t. 215.

49   Greg Rosen, *Old Labour to New*, t. 201.

50   Ibid., t. 216, t. 534.

51   Beti Jones, *Etholiadau Seneddol yng Nghymru 1900-75* (Talybont, 1977), t. 129.

Penod 16 – Dirprwy Arweinydd y Blaid Lafur yng Nghysgod Tryweryn

1   James Griffiths, *Pages from Memory* (Llundain, 1969), t. 142; LlGC, Papurau James Griffiths B3/22, Llythyr Hugh Dalton at James Griffiths, 1 Mehefin 1955.

2   Ibid., Lluniodd Dalton lythyr at James Griffiths, gw. *Pages from a Memory*, t. 143.Chwe mis yn ddiweddarach, diolchai James Griffiths ei fod yn mwynhau iechyd da, gw. LlGC LLawysgrifau 23091E; Papurau Graham Thomas, Llythyr James Griffiths at Graham Thomas, 21 Chwefror 1956.

3   Ibid., Roedd Dalton yn llygad ei le pan gofir am egni a dycnwch James Griffiths. Cymerodd ran amlwg ym Medi 1955 yn Llundain a hefyd o 16–23 Hydref 1955 ym Malta a Ynys Gozo yng Nghynhadled Malta (Round Table). Gw. LlGC, Papurau James Griffiths B 6/38 Aelodau y gynhadledd hon oedd Viscount Kilmuir (Cadeirydd), C. R. Attlee, James Griffiths, Clement Davies, Walter Elliot, Chuter Ede, Aneurin Bevan, Iarll Listowel, John S. Maclay, Syr Patrick Spens, W. T. Aiken, R. H. S. Crossman, Douglas Houghton, Iarll Perth, Kenneth Pickthorn, a Richard Wood. Trafodwyd cwestiynau cyfansoddiadol y berthynas rhwng Malta a Gozo a'r Deyrnas Unedig a'r cynigiad fod Malta yn y dyfodol i gael ei chynrychioli yn senedd Prydain, ac i drafod y cyfan gyda'r pleidiau gwleidyddol yng Nghynulliad Deddfwriaethol Malta.

4   Yn ystod Llywodraeth Llafur 1945–50 bu si ar led y byddai James Griffiths yn dilyn Shinwell yn 1947 fel Gweinidog Tanwydd a Phŵer. Gw. Lord Wigg, *George Wigg* (Llundain, 1972), t. 131. Un o'r colofnwyr a ymosododd ar James Griffiths oedd Henry Fairlie yn y *Spectator*. Yn ei golofn 'Political Commentary' ar 1 Gorffennaf 1955 dywedodd: 'Politically Mr Griffiths is, I think a phony.' Ofnai Fairlie y byddai'n plygu'n rhy hawdd i bob ymgyrch fel arweinydd y Blaid Lafur. Anghytunai un o ddarllenwyr y *Spectator*, Jon Manchip White (Llundain) a'i ddadansoddiad rhagfarnllyd. Condemiodd ef Fairlie am anghofio cyfraniad a chefndir Griffiths. Clywodd ef James Griffiths yn darlledu a thalodd y deyrnged hon iddo: 'He spoke with a sobriety and humility which are very rare in professional politicians'. Gw. LlGC, Papurau James Griffiths B3/26.

5   Maentumia James Griffiths fod y gwleidyddion Llafur yn y Senedd am arweinydd ieuengach: 'There was an intense desire among the Members of the House to make a fresh start and to look for a new leader among the younger men'. Gw. *Pages From Memory*, t. 133.

6   Y ddau arall oedd y brodyr Bernard ac Arthur Moyle.

7   Diolchwyd iddo mewn llythyr gan Dai Charles, Ysgrifennydd Ffederasiwn Undebau Llafur Llanelli a'r cyffuniau.

8   *Pages From Memory*, t. 133.

9   Ibid., t. 146, Peter Shore, *Leading the Left* (Llundain, 1993), t. 63.

10   Ceir hanes Tryweryn yn Alan Butt Philip, *The Welsh Question* (Caerdydd, 1975); Watcyn L. Jones, *Cofio Tryweryn* (Llandysul, 1988).

11   Crëwyd Llyn Llanwyddyn neu Llyn Efyrnwy yn 1888 i sicrhau cyflenwad dŵr i Lerpwl, a

chododd corfforaeth y ddinas bentref newydd yn lle'r un a foddwyd. Gw. *Gwyddoniadur Cymru yr Academi Cymreig* (Caerdydd, 2008), t. 560.

12 Y mae'r haneswyr yn rhanedig ar hyn. Yn ôl Rhys Evans, *Gwynfor: Rhag Pob Brad* (Talybont, 2005), t. 168, Huw T. Edwards oedd y tu ôl i'r awgrym o foddi Gapel Celyn yn lle Dolanog, ond anghytuna Gwyn Jenkins yn *Prif Weinidog Answyddogol Cymru*. Yn 'Boddi Capel Celyn', *Cylchgrawn Hanes a Chofnodion Sir Feirionnydd*, 1999, t. 172, dywed John Davies mai Tryweryn oedd dewis cyntaf Lerpwl ac nid Dolanog.

13 Arglwydd Maelor, *Fel Hyn y Bu* (Dinbych, 1970), t. 164. Roedd agwedd Eirene White yn anodd ei deall. Roedd ar un llaw yn 'yn gryf o blaid y mesur, eto yr oedd yn mynd i bleidleisio yn erbyn'. Gw. Watcyn L. Jones, *Cofio Tryweryn* (Llandysul, 1997), t. 237.

14 Ceir asesiad o Jack a Bessie Braddock yn D. Ben Rees, *Cwmni Deg Dawnus* (Lerpwl, 2003), tt. 42–61 a D. Ben Rees, *A Portrait of Battling Bessie: Life and Work of Bessie Braddock, a Liverpool MP* (Nottingham, 2011), tt. 41–3 ar fater Tryweryn.

15 *Gwyddoniadur Cymru*, t. 920. 'Yn y bleidlais ar y mesur yn nhŷ'r Cyffredin ni phleidleisiodd yr un aelod seneddol Cymreig o'i blaid, fodd bynnag, roedd 12 o 36 Aelod Seneddol y wlad yn absennol adeg yr ail ddarlleniad ac 16 yn absennol adeg y trydydd'. Sonia Watcyn L. Jones am absenoldeb Aneurin Bevan: 'Yr un Aelod Seneddol, dylanwadol ac uchel ei gloch a gwych ei areithiau, nad agorodd ei geg yn gyhoeddus ar y mater oedd Aneurin Bevan'. Watcyn L. Jones, *Cofio Tryweryn*, t. 188.

16 Ibid., 'Bu cefnogaeth y gweinidog dros faterion Cymreig, Henry Brooke (a oedd hefyd yn weinidog llywodraeth leol), i'r cynllun yn fodd i ddwysáu'r galw am ysgrifennydd gwladol i Gymru'. Ond cofier mai Cymro Cymraeg a mab i un o wleidyddion enwocaf Cymru oedd y Gweinidog pan gychwynnwyd ar y broses o wireddu bwriad dinas Lerpwl. Gw. Martin Johnes, *Wales Since 1939* (Manceinion ac Efrog Newydd, 2012), t. 213: 'The minister responsible for Welsh affairs during the parliamentary bill's first stages was Gwilym Lloyd George. That Wales was being despoiled by the Welsh-speaking son of perhaps its greatest national hero deepened the anger'.

17 Dwy flynedd yn ddiweddarach, yn ôl ei gofianydd, yr oedd Gaitskell o'r farn fod diweithdra yn bwysicach na datganoli yng ngogledd Cymru ac ucheldiroedd yr Alban. Gw. Philip Williams, *Hugh Gaitskell: A Political Biography* (London, 1979), t. 487.

18 Gwilym Prys Davies, *Cynhaeaf Hanner Canrif: Gwleidyddiaeth Cymreig 1945–2005* (Llandysul, 2008), t. 45: 'Roeddent yn awyddus i ladd yr argymhelliad, a'i ladd yn gelain, yn yr is-bwyllgor'.

19 Cliff Prothero, Labour Policy and Outlook on Welsh Affairs, *Western Mail and South Wales News*, 25 Mai 1955: 'The Labour movement does not as its opponents constantly mention, deny the nationhood of the Welsh people. But what we do deny is that the nationhood can be most beneficially expressed by forms of political independence.'

20 LlGC, Papurau Cliff Prothero. Nodiadau Bywgraffyddol, t. 137.

21 Ibid., R. Griffiths, 'The Other Aneurin Bevan', *Planet* 41 (1978), tt. 26–8. Gwelodd rhai Cymry amlwg fel Iorwerth C. Peate fawredd Aneurin Bevan. Dywedodd ef amdano yn 1956: 'There is now every likehood that Nye Bevan will succeed in making the Labour Party a party to respect.

Do you see Tribune? It is excellent'. Gw. LlGC, Papurau Graham Thomas. Llythyr Iorwerth C. Peate at Graham Thomas, 22 Gorffennaf 1956.

22   LlGC, Papurau Cliff Prothero. Nodiadau Bywgraffyddol, t. 137.

23   Mark Arnold Foster et al., *The Future of the Labour Party* (Manceinion, 1955), t. 19.

24   *Hansard*, Cyf. 564, 11 Chwefror 1957, col.982–3. Gw. ymdriniaeth Gwilym Prys Davies, *Cynhaeaf Hanner Canrif*, t. 44.

25   Ibid.

26   LlGC, Papurau Cliff Prothero, Cynhadledd Tryweryn, 28 Hydref 1957.

27   Ibid.

28   Dywed Martin Johnes fod James Griffiths wedi arwain y Blaid Lafur yn y cyfnod hwn 'to commit itself to creating a Welsh Office and Secretary of State for Wales, a promise which it honoured when it returned to power in 1964'. Gw. Martin Johnes, *Wales Since 1939* (Manchester, 2012), t. 219.

Pennod 17 – Ffrae Rhwng Dau Ffrind

1   Gw., 'How Labour Grew and Grew', *The Llanelly Star*, 11 Mawrth 1961, t. 6.

2   Rhys Evans, *Gwynfor: Rhag Pob Brad* (Talybont, 2005), t. 125.

3   Ibid., t. 124. 'Yn fynych, ac yntau (Gwynfor Evans) ar fin traddodi rhyw araith neu'i gilydd, byddai nifer yn y garfan Lafur yn agor papur newydd neu'n cerdded o amgylch y siambr. Ni hoffent ei lais pwyllog nac ychwaith y modd yr ymdebygai i sant difrycheulyd. Ond hanner y stori yw hon. Mae hefyd yn wir iddo fynd ati'n gwbl fwriadol i godi dau fys ar feddylfryd post fawr a ddigon amrwd y Blaid Lafur ar brydiau. Fel y gwelir, does dim dwywaith i Gwynfor cael ei drin yn siabi tu hwnt lawer gwaith, ond roedd cynghorydd newydd Llangadog yn ddigon o lwynog i wybod sut a phryd i odro cydymdeimlad cyhoeddus'.

4   Roedd Douglas Hughes yn aelod o Gyngor Cymru a Mynwy ac yn barod i gefnogi safbwynt y Cyngor hwnnw ar ddatganoli.

5   LlGC, Papurau Deian Hopkin, casgliad Douglas Hughes, Rhif 31–128. Llythyr James Griffiths at Douglas Hughes, 19 Mawrth 1961.

6   Ibid.

7   Ibid., Llythyr James Griffiths at Douglas Hughes, 25 Mawrth 1961.

8   Ibid.

9   Gw. MP forecasts 'erosion of the Welfare State' *The Llanelly Star*, 25 Mawrth 1961, t. 3. Cyfarfod i brotestio yn erbyn polisïau'r Llywodraeth Geidwadol ar y Wladwriaeth Les ac yn arbennig y Weinyddiaeth Iechyd oedd y digwyddiad y tu ôl i'r ffrae. Ymunodd James Griffiths gyda 150, yn ôl y gohebydd lleol, yn yr orymdaith o Neuadd y Ddinas i'r cyfarfod. Cyril Parry, un o arweinwyr y glowyr oedd yn llywyddu. Byrdwn anerchiad James Griffiths oedd: 'mai nid moethusrwydd ond hanfod oedd y Wladwriaeth Les mewn cymuned wareiddiedig'. Gwnaeth addewid 'When we will regain power we will restore it and improve it'.

10   Yn ôl adroddiad y papur lleol cerddodd James Griffiths gyda'r cant a hanner yn y brotest.

11   LlGC, Papurau Deian Hopkin, casgliad Douglas Hughes, Rhif 31–128. Llythyr James Griffiths at Douglas Hughes, 25 Mawrth 1961.

12   Ibid.

13   *Gwynfor: Rhag Pob Brad*, t. 306. Ysgrifennodd Loti a Douglas Hughes, dau o hoelion wyth achos Llafur y Sir, at George Thomas gan gyfleu eu hedmygedd o'i waith: 'Your great courage in tackling Gwynfor Evans in the House about his frequent utterings in the past which were so irresponsible and merely condoning these acts of violence which must give Wales a bad name. He refused categorically to condemn these people during the Tryweryn episodes'.

14   LlGC, Papurau Deian Hopkin, casgliad Douglas Hughes, Rhif 31–128. Ymddeoliad Douglas Hughes yn 1965, gweler rhif 155, 'Tysteb Henadur Douglas Hughes'.

Pennod 18 – Pennod yn Hanes Ysgrifennydd Gwladol Cyntaf Cymru

1   Dadleuodd Emyr Price fod David Lloyd George wedi dangos parodrwydd i fentro ymhellach nag unrhyw wleidydd Cymreig yn yr 80au o'r bedwaredd ganrif ar bymtheg i gyfeiriad Senedd Ffederal i Gymru. Gw. Emyr Price, *Lloyd George y Cenedlaetholwr Cymreig: Arwr ynteu Bradwr?* (Llandysul, 1999), tt. 75–93.

2   Ar 17 Tachwedd 1964 llefarodd Harold Wilson y geiriau hyn yn y Senedd yn Llundain: 'the interests of Wales are now represented in the Cabinet by my Right Hon. Friend the Secretary of State. My Right Hon. Friend will have a Welsh Office in Cardiff and a small Ministerial Office in London'. Gw. *Hansard*, DCCII, 17 Tachwedd 1964, tt. 623–4. Dywed Anthony Shrimsley yn *The First Hundred Days of Harold Wilson* (Llundain, 1965): 'Jim Griffiths for one took office on the clear understanding that he would give way gracefully when the time came', t. 17. Yr hyn sy'n taro Austen Morgan yw mai dim ond wyth o aelodau'r Cabinet oedd yn feibion y dosbarth gweithiol, a dim ond dau o gefndir y lofa ac yn gyn-lowyr, sef James Griffiths a Tom Fraser. Gw. Austen Morgan, *Harold Wilson* (Llundain, 1992), t. 259.

3   Roedd rhai o'r gweision sifil amlycaf mewn gwewyr meddwl fel y Dame Evelyn Sharp, Ysgrifennydd Parhaol Gweinyddiaeth Tai a Llywodraeth Leol. Gofynwyd iddi roi swyddfa i James Griffiths yn ei weinyddiaeth a pheth cymorth gyda staff. Dywed James Griffiths: 'They had established the nucleus of a Welsh Department at Cardiff with first a few civil servants forming a secretariat. I could see that Dame Evelyn was afraid that I would steal her Welsh corner'. James Griffiths yn 'Welsh Politics in my lifetime', *James Griffiths and his Times* (Ferndale, d.d.), t. 45. Roedd James Griffiths am gael gwasanaeth sifil Cymreig effeithiol. Llwyddodd.

4   Yn wir cyfaddefodd Wilson wrth Griffiths fod nifer o wleidyddion iau nag ef wedi bod yn pwyso arno i'w hethol: 'He then told me that he had been canvassed for the post by MP's younger than myself, some of whom had been very pressing. However, he said "I told them what I now say to you, our Party and Wales have made up their minds that you are the one person for this post, and that is my view also."' *James Griffiths and his Times*, t. 44.

5   Ibid., Cyfaddefa Griffiths am Wilson: 'We had not always seen eye to eye'.

6   James Griffiths, *Pages from Memory* (Llundain, 1969), t. 165.

7   'Roedd apwyntio Jim Griffiths – er yn tynnu i ben ei yrfa faith – i'r swydd yn allweddol', Gw. Yr Arglwydd Gwilym Prys Davies, *Troi Breuddwyd yn Ffaith: Darlith yr Archif Wleidyddol Gymreig 1999* (Aberystwyth, 2000), t. 13.

8   Harold Wilson, *The Labour Government 1964–1970: A Personal Record* (Llundain, 1971), t. 17.

9   Ibid.

10   Sgwrs â Gwyn Jenkins (20.07.2011). Barn y gwas sifil, John Clements, oedd fod Finch wedi ymroi i'w swydd.

11   *Pages From Memory*, t. 166.

12   Dywed James Griffiths am Goronwy Daniel: 'His father was a colliery manager with whom I had negotiated many settlements as a miners' agent and his wife was a grand-daughter of David Lloyd George'. ibid., t. 168; David G. Rosser, New £5,800 post in the Welsh Office, *Western Mail*, 25 Tachwedd 1964, t. 1.

13   *James Griffiths and his Times*, t. 46.

14   Ibid., t. 46.

15   'To my intense satisfaction they unanimously agreed (ei gyd-Aelodau Llafur) and for the first time the Labour Party pledged itself to include a Secretary of State for Wales in the next Labour Government. The pledge was reaffirmed in the 1964 manifesto and by Harold Wilson, at Cardiff in his first speech as leader.' Gw. *Pages From Memory*, t. 164.

16   'His prestige within the Labour Party allowed him to do this when others may well have failed, and it has been claimed that Griffiths in contrast to his usual caution threatened resignation if he did not get his way.' Gw. Ioan Matthews, 'Turning Labour Around', *Planet*, 142 Awst/Medi 2000, t. 86.

17   Ceir y datganiad yn *Pages From Memory*, t. 167. Mynegodd Raymond Gower ei gonsýrn yn glir pan ddywedodd: 'But there would appear to be a much stronger case for putting education under Mr Griffiths than giving him executive responsibility for housing – if only because of the importance of the Welsh language'. Gw. Raymond Gower, 'The political Scene', *Western Mail*, 27 Tachwedd 1964, t. 7.

18   Nid James Griffiths oedd yr unig wleidydd a ymboenai am dref newydd yn y Canolbarth. Gw. Emlyn Hooson a Geraint Jenkins, *The Heartland: A Plan for Wales* (Llundain, 1965), tt. 1–22. Dadleuai'r ddau Ryddfrydwr am ehangu Aberystwyth fel tref fawr (t. 15), a chryfhau ac estyn trefi fel Machynlleth a Llanbedr Pont Steffan (t. 17). Beirniadodd Aelod Seneddol y Ceidwadwyr Gogledd Caerdydd y cynllun: 'New Griffithstown is not for Welshmen. It is intended to house the over-spill from the Midlands.' Gw. David Llewellyn, 'The mad, bad city of New Griffithstown', *Western Mail*, Tachwedd 24 1964, t. 6.

19   *James Griffiths and his Times*, tt. 177–80.

20   Ibid.

21   LlGC, Papurau Iorwerth C. Peate A1/5. Llythyr James Griffiths at Iorwerth C. Peate, 30 Ebrill 1963.

22   Ibid.

23   Ibid.

24   *James Griffiths and his Times*, t. 177.

25   Yr Arglwydd Cledwyn, *Cymry yn y Ddau Dŷ*, t. 11.

26   *Pages From Memory*, t. 175.

27   Gw. ymhellach Gwilym Prys Davies, 'Statws Cyfreithiol yr Iaith Gymraeg yn yr Ugeinfed Ganrif

yn *Eu Hiaith a Gadwant* (Caerdydd, 2000), tt. 207–38. Gw. hefyd Gwilym Prys Davies, 'Statws Cyfreithiol yr Iaith Gymraeg yn yr Ugeinfed Ganrif' yn *Y Traethodydd* (Ebrill 1998), tt. 76–95. Mewn erthygl bwysig yn y gyfrol *The Valleys Call* (Ferndale, 1975), dadleuodd yr hanesydd Ieuan Gwynedd Jones nad oedd yr iaith wedi marw yn y cymunedau glofaol oherwydd presenoldeb y capel a bod yr iaith yn gwarchod y gymuned. Dyma ei osodiadau: 'Because (the language) represented the essence of community to them at the critical period in the history of those communities. It was unthinkable that their chapels should be other than welsh,' ac eto: 'The Welsh language protected the people against slavery and oppression:it gave the worker a dignity which his English fellow-worker could not possibly have'. Gw. Paul H. Ballard a Erastus Jones (goln), *The Valleys Call*, t. 66.

28 Ni chyhoeddwyd y sgwrs mewn cyfrol na chylchgrawn ond mae ar ffilm ac ar gael yn Archifau BBC Cymru yng Nghaerdydd. Ni oes sôn gan neb amdani ar wahân i Gwilym Prys Davies.

29 Gwilym Prys Davies, *Cynhaeaf Hanner Canrif* (Llandysul, 2008), t. 57.

30 Ibid.

31 Ibid., t. 58. Geilw Gwilym Prys Davies hi yn 'ddogfen radical'.

32 Canlyniad hyn fu newid aruthrol fel y dywed Gwyn Alf Williams. 'The consequences have been extraordinary. In response to a militant campaign whose hunger is by definition insatiable, the British state, ruling a largely indifferent or hostile Welsh population, has in a manner which has few parallels outside the Soviet Union, countenanced and indeed subsidized cultural Welsh nationalism. Wales is now officially visibly and audibly a bilingual country. The equal official status of Welsh is nearing achievement.' Gw. Gwyn A. Williams, *When Wales Wales? A History of the Welsh* (Llundain, 1985), tt. 292–3.

33 Rhys Evans, *Gwynfor: Rhag Pob Brad* (Talybont, 2005), t. 267.

34 *Cynhaeaf Hanner Canrif*, t. 58.

35 John Davies, *Hanes Cymru* (Llundain, 1990) t. 651.

36 *Cynhaeaf Hanner Canrif*, tt. 58–9.

37 Ibid., t. 58.

38 LlGC, Papurau James Griffiths, C4/24. Llythyr James Griffiths at Reginald Mandling, Llywydd y Bwrdd Masnach, 5 Mawrth 1960. Llwyddodd James Griffiths i ddod a gwaith a ffatrioedd i'w etholaeth. Cydnabu Maer Llanelli, yr Henadur D. D. Williams gyfraniad ysgrifennydd i Gymru gan bwysleisio fod y dref yn ganolbwynt i orllewin Cymru. Gw. 'Llanelly to get four factories', *Western Mail*, 24 Chwefror 1965, t. 7. Am obeithion James Griffiths ar gyfer y Gymru ddiwydiannol gw. James Griffiths, 'My Hope for Industrial Wales', *Western Mail* 19 Ionawr 1965, t. 2. Yn yr erthygl hon soniodd am ei fwriad i sefydlu Cyngor Cynllunio Economaidd yn lle Bwrdd Diwydiannol i Gymru a Chyngor Cymru a Mynwy a ddeuai i ben ei rawd. Apwyntiodd 25 o aelodau ar Gyngor Cynllunio Economaidd i Gymru o dan gadeiryddiaeth Goronwy Roberts. Yr Is-gadeiryddion oedd Syr Miles Thomas a'r Undebwr Llafur, Ron Mathias. Cafwyd pobl brofiadol ar y Cyngor gan gynnwys Dorothy Rees, Huw T. Edwards, Armon Ellis, Licswm; Julian Hodge ac o blith ysgolheigion y brifysgol, E. T. Nevin. Gw: David G. Rosser, 'Griffiths names 25 for Welsh Planning Council', *Western Mail*, 26 Chwefror 1965, t. 1.

39 LlGC, Papurau Deian Hopkin, casgliad W. Douglas Hughes, rhif 30, 'Garth Hywel' 1964–7.

40   Ibid.

41   LlGC, Papurau Deian Hopkin, casgliad W. Douglas Hughes, rhif 31–128. Gohebiaeth James Griffiths a Douglas Hughes.

42   Cliff Prothero, *Recount* (Ormskirk, 1982).

43   Dywed Gwilym Prys Davies amdano: 'Roedd Emrys Jones yn ddatganolwr o argyhoeddiad. Ystyriwn ei fod ymhlith moderniaid y chwedegau ar gwestiwn datganoli a democrateiddio llywodraeth gwlad. Gw. *Cynhaeaf Hanner Canrif*, t. 64.

44   *Gwynfor: Rhag Pob Brad*, tt. 260–1: 'Dyn ifanc uchelgeisiol oedd Elystan Morgan ac roedd 1965 yn flwyddyn hynod o gyffrous i'r Blaid Lafur. Hon fyddai blwyddyn gyntaf go iawn Ysgrifenyddiaeth Jim Griffiths a hon hefyd oedd y flwyddyn pan ddechreuwyd dadlau o ddifrif yn rhengoedd Llafur ynghylch cael Cyngor Etholedig i Gymru. Yn y cyd-destun hwn, nid syndod oedd bod gwladgarwr pragmataidd fel Elystan Morgan wedi cael ei ddenu.'

45   Ibid., t. 53.

46   Ibid., t. 52.

47   Ibid.

48   Ibid.

49   LlGC, Papurau James Griffiths, D2/10. Llythyr Dai Charles at James Griffiths, 21 Tachwedd 1967.

50   Ibid., Llythyr Cynghorydd J. G. Hall at James Griffiths.

51   Beti Jones, *Etholaidau Seneddol yng Nghymru 1900–75* (Talybont, 1977), t. 144.

52   Ibid., t. 145.

53   Ibid., tt. 142–3.

54   Ibid., t. 143.

55   Ibid., t. 142.

56   Elystan Morgan, *Elystan: Atgofion Oes* (Talybont, 2012), t. 141.

57   Gwilym Prys Davies *Llafur y Blynyddoedd* (Dinbych, 1991), t. 53.

58   *Gwynfor: Rhag Pob Brad*, t. 270.

59   *James Griffiths and his Times*, t. 53.

60   Ibid., 'I had reached my last political ambition – to be Secretary of State for Wales'. Roedd James Griffiths wedi cyflawni gwyrthiau er ei ddyddiau cynnar yn y Blaid Lafur Annibynnol yn Rhydaman yn 1908, ac eto fel y dywedodd T. H. Lewis (Penarth), mewn llythyr i'r *Western Mail*: 'There would never have been a Labour Party in the first place had not the I. L. P. blazed the unpopular and difficult trail'. Gw. T. H. Lewis, 'Letters to the Editor: Labour's survival', *Western Mail*, 5 Chwefror 1965, t. 6.

61   Ioan Matthews 'Turning Labour Around', *Planet*, 42 (Awst/Medi 2000), t. 87.

Pennod 19 – Ei Flynyddoedd Olaf yn San Steffan

1   James Griffiths, *Pages from Memory* (Llundain, 1969), t. 191. Gw. Ben Pimlott, *Harold Wilson* (Llundain, 1993), t. 403: 'The elderly James Griffiths, once talked about as as a possible successor to Attlee, was replaced as Welsh Secretary by Cledwyn Hughes'.

2 Mae llythyr Harold Wilson, 4 Ebrill 1966, at James Griffiths wedi ei argraffu'n llawn yn *Pages from Memory*, tt. 191–2.

3 *Pages from Memory*, t. 192.

4 Ibid.

5 Oherwydd ei barch i'w gyd-aelodau Seneddol, anaml iawn y byddai James Griffiths yn mynegi ei farn am y rhai a fu'n gydweithwyr ag ef. Gw. Gwilym Prys Davies, *Llafur y Blynyddoedd* (Dinbych, 1991), t. 97. Torrodd yr arferiad hwnnw ddechrau 1965 i'w gyfaill Graham Thomas: 'Thought Goronwy Roberts would succeed him. He thought Cledwyn was destined for other things as he had a wider stout'. Gw. LlGC Llawysgrifau 23091E, Llythyron at Graham Thomas. Llythyr James Griffiths at Graham Thomas, 21 Chwefror 1965. Canolbwyntiodd James Griffiths yn ei deyrnged iddo ar ei sosialaeth Gristnogol tra cyfeiriodd Cledwyn Hughes at ei gyfraniad allweddol i ofalu fod Caerdydd yn cael yr anrhydedd i fod yn brifddinas Cymru. Gw. E. H. Robertson, *George: A Biography of Viscount Tonypandy* (Llundain, 1992), tt. 173–4.

6 *Pages From Memory*, t. 193. 'I rejoiced in the election of Horace King for both personal and party reasons. He was an old and valued friend and deserved the honour of being the first Labour member to be appointed to the Chair.'

7 David Marsden Harries, *Carmarthen Politics: the struggle between Liberals and Labour 1918–60*, Traethawd MA Prifysgol Cymru, 1980. 'Lady Megan Lloyd George had a powerful ally and an old friend on Labour's NEC in James Griffiths', t. 108. Am farn gytbwys Jim Griffiths ar Gwynfor Evans gweler *Pages from Memory*, t. 200.

8 Ceir yr hanes yn deg a chyflawn yn *Llafur y Blynyddoedd*, 'Isetholiad Caerfyrddin', tt. 52–8, a Rhys Evans, *Gwynfor: Rhag Pob Brad* (Talybont, 2012), tt. 272–9.

9 Rhys Evans, ibid., t. 296.

10 Gw. *Y Ddraig Goch*, Medi 1966.

11 Rhys Evans, ibid., t. 284.

12 Ibid., t. 285. Dywed ei gofiannydd: 'Gwelwyd sawl aelod yn ei gefnogi, ond y gefnogaeth fwyaf ddiddorol o beth tipyn oedd y gefnogaeth anhunanol honno a gafodd Gwynfor ar ei ddiwrnod cyntaf gan Elystan Morgan – gŵr a fu'n gyfaill cywir i Gwynfor hyd nes y'i dyrchafwyd yn Weinidog yn y Swyddfa Gartref'.

13 Ibid., t. 284. Trwy Horace King a Llefarydd y Tŷ, newidiwyd y drefn a rhoddwyd yr 'hawl i'r Cymry gymryd y llw yn Gymraeg'.

14 *James Griffiths and his Times* (Ferndale, d.d.), tt. 54–5.

15 J. Graham Jones, 'Iorwerth Rhys Thomas (1895–1966)' yn *Atodiad i'r Bywgraffiadur Cymreig 1951–1970* (goln) E. D. Jones a Brynley F. Roberts, (Llundain, 1997), tt. 203–4.

16 'Y Gwir Anrhydeddus Trevor Alec Jones (1924–1983)' yn *Pwy oedd Pwy* (gol.) D. Hywel E. Roberts (Lerpwl a Llanddewi Brefi, 1984), tt. 38–9.

17 John Davies, 'Ness Edwards (1897–1968)', yn yr *Atodiad i'r Bywgraffiadur Cymreig 1951–1970*, ibid., t.46.

18 LlGC, MS23091E, Llythyrau at Graham F. Thomas. Llythyr James Griffiths at Graham F. Thomas, 4 Gorffennaf 1968.

19 Ibid.

20   Y canlyniad ar 18 Gorffennaf 1968:

Fred Evans (Llaf)	16,148
Phil Williams (PC)	14,274
Robert Williams (C)	3,687
Peter Sadler (Rh)	1,257
Mwyafrif	1,874

Beti Jones, *Etholiadau Seneddol yng Nghymru 1900–75*, tt. 143, 147.

21   *James Griffiths and his Times*, tt. 54–5.

22   Ibid., t. 54.

23   Ibid., t. 55.

24   Ibid.

25   *Llafur y Blynyddoedd*, t. 93. LlGC, Papurau James Griffiths C9/4. Cydnabu James Griffiths fod y cenedlaetholwyr yn cynyddu yn arbennig ymhlith y dosbarth canol, yr athrawon, gweinidogion yr Efengyl, darlithwyr a myfyrwyr Colegau a Phrifysgol Cymru. Roedd hunanlywodraeth yn opsiwn, ond credai mai'r sialens pennaf oedd yr un economaidd. Gwelodd ddirywiad enbyd yn y diwydiant glo o 1921 i 1968. Ei gynllun oedd cryfhau y swyddfa Gymreig, cael Pwyllgor Arbennig o fewn San Steffan ar gyfer Cymru, ad-drefnu Llywodraeth leol a sefydlu Cyngor Cenedlaethol Gymreig wedi ei ethol yn ddemocrataidd a hawl i gyfethol aelodau ar yr Is-Bwyllgorau a'r panelau. Gwelai yr hyn a luniodd Gwilym Prys Davies fel canllaw hwylus. Camgymeriad fyddai mynd yn amddiffynnol, ond credai yn ddiffuant mai'r broblem fwyaf oedd denu carfan uchel o'r ifanc i'r rhengoedd. Iddo ef os methai'r Blaid Lafur yng Nghymru a denu'r ifanc, yna ni fyddai dyfodol lewyrchus iddi fel plaid rymus.

26   Ceir pennod arno fel diwygiwr seneddol, 'Crossman and the Constitution' yn Victoria Honeyman, *Richard Crossman: A Reforming Radical of the Labour Party* (Llundain, 2007), tt. 95–132. Roedd Crossman wedi bod yn annerch cyfarfod yn Llanelli ddechrau Medi 1967 a diolchodd James Griffiths iddo. Yn yr un llythyr anfonodd y memorandwm ar y Sefyllfa Wleidyddol yng Nghymru iddo. Atebodd R. H. Crossman ar 28 Tachwedd 1967 gan ddweud iddo ddarllen yn 'ofalus y memorandwm'. Ni wyddai beth a ddisgwyliai Griffiths iddo ef ei wneud ond ychwanegodd: 'on his central contention that Welsh nationalism now must be taken seriously as the only political force likely to challenge the Labour Party, I would not be inclined to disagree'. Er hynny yr oedd rhai paragraffau yn y memorandwm lle yr anghytunai Crossman â Gwilym Prys Davies, ond nid aeth ati i'w nodi. Atebodd James Griffiths R. H. Crossman ar 2 Rhagfyr 1967 gan nodi fod Llafur wedi ei siglo i'w sylfeini gan yr isetholiadau. Roedd hyd yn oed ei gefnogwyr yn Llanelli wedi eu dychryn, ac yr oedd Pwyllgor Gwaith Undeb y Glowyr wedi rhoddi her iddynt, gan ddweud fod yn well iddynt sylweddoli fod 'eich holl seddau yn ymylol yn awr'. Teimlai James Griffiths fod rheidrwydd ar y Blaid Lafur i herio propaganda'r Cenedlaetholwyr, ac yn arbennig y syniad y byddai Cymru fel gwlad yn well ei byd heb yr undeb â Lloegr. Credai hefyd fod angen i'r Blaid Lafur Brydeinig baratoi polisïau arbennig ar gyfer Cymru o dan y penawd Polisi Llafur ar Gymru. Yn wir credai y dylid trafod o ddifrif anghenion yr holl rhanbarthau. Gw. LlGC, Papurau James Griffiths C 9/4.

27   LlGC, Papurau'r Arglwydd Cledwyn, Ffeil B4, llythyr 25/6 67. Ness Edwards at Richard Crossman, â chopi at James Callaghan.

28 Roedd Tam Dalyell yn Ysgrifennydd Seneddol Preifat i Crossman tra roedd John Mackintosh yn uchel iawn ei barch iddo oddi ar ymddangosiad ei gyfrol bwysig *The British Cabinet* (Llundain, 1962). Adolygodd y gyfrol yn y *Guardian*, Mehefin 1962 gan alw'r gyfrol yn 'a monumental new book'. Gw. Richard Crossman, 'Retreat From Democracy, *The Guardian*, 6 Mehefin 1962, t. 24. Mackintosh oedd ei athro yn y cwestiynau cyfansoddiadol. Gw. Victoria Honeyman, *Richard Crossman*, ibid, t. 118.

29 Sgwrs â Gwilym Prys Davies, 3 Chwefror 2012.

30 Ymateb James Griffiths: 'A Mini Parliament' on the N. Ireland model is a mirage – and some day when Ireland is united (perhaps within Europe) it will disappear'. LlGC, Papurau James Griffiths D1/1–28. Llythyr James Griffiths at Gwilym Prys Davies, 13 Chwefror 1968.

31 Cyhuddodd Gwynfor Evans y Llywodraeth Lafur o gynllunio ffrwydriad a hynny heb rithyn o dystiolaeth. Gw. *Gwynfor: Rhag Pob Brad*, tt. 311–12.

32 LlGC, Papurau James Griffiths D2/33, D2/44, D2/50, D2/53. Llythyrau oddi wrth y Parchedig Derwyn Morris Jones, Raymond Williams, Caerdydd a'r Parchedig D. Eirwyn Morgan a D. J. Odwyn Jones, Leytonstone.

33 Sylw mewn llythyr oddi wrth yr Arglwydd John Morris, 4 Rhagfyr 2011.

34 Gwyn A. Williams, *When Was Wales? A History of the Welsh* (Llundain, 1985), t. 291.

35 Gweler beirniadaeth George Thomas *Mr Speaker – The Memoirs of Viscount Tonypandy* (Llundain, 1985), t. 121.

36 Dywed Rhys Evans: 'Am y tro cyntaf fel Aelod Seneddol, rhoddwyd Gwynfor yn y glorian etholiadol ac fe'i cafwyd yn brin – nid am unrhyw reswm penodol ond o ganlyniad i glytwaith cymhleth o ffactorau. Mae'r esboniad hwnnw'n cynnwys yr FWA a Chymdeithas yr Iaith, yr Arwisgo a'r bomio'. Gw. *Gwynfor, Rhag Pob Brad*, t. 328.

37 Ysgrifennodd lythyr sy'n pwysleisio ei waeledd at Gwilym Prys Davies ar 22 Mai 1970: 'Rwy'n glaf. Dyma'r Etholiad gyntaf oddi ar Rhagfyr 1910 byddaf yn analluog i gymeryd rhan yn y frwydr. Mae'n gobeithion wedi eu sicrhau mewn rhai agweddau. Mae'r Swyddfa Gymreig yn ddiogel. Gofynnwyd i mi yn bersonol gwrdd ag aelodau Comisiwn Crowther. Daliais ar y cyfle i'w hannog i roi eu grym y tu cefn i Gyngor Etholedig i Gymru. Rwy'n ffyddiog y cawn ni Gyngor o'r fath gan y Comisiwn. Maddeuwch fy llawysgrifen sigledig ac anniben.' Gw. Gwilym Prys Davies, *Cynhaeaf Hanner Canrif*, t. 60.

38 Llythyr Gwynoro Jones at James Griffiths ar 14 Chwefror 1969 yn gofyn am arweiniad ar bolisi y Blaid Lafur ar ddatganoli gan ei fod yn y dyfodol agos yn mynd i drafod y pwnc gyda George Thomas. Ysgrifennodd lythyr arall i Gwynoro ar 26 Medi 1969 yn gofidio colli'r Gynhadledd Flynyddol. Gweler LlGC, Papurau y Blaid Lafur.

Pennod 20 – Cenhadaeth Hedd i Biafra a Nigeria

1 Fran Alexander, Alun Isaacs, Jonathan Law, Peter Lewis (goln), *Oxford Encyclopaedia of World History* (Rhydychen, 1998), t. 478.

2 Ibid.

3 Ibid.

4   Ibid.

5   Ibid., t. 76.

6   Ceir yr hanes yng nghyfrol Frederick Forsyth, *The Biafra Story: The Making of an African Legend* (Barnsley, 2007). Michael Leapman oedd y newyddiadurwr cyntaf i ddatgelu y gwir am ddioddefaint Biafra. Dilynwyd ef gan lu o rai eraill. Roedd bron pob gohebydd tramor yn Stryd y Fflyd, Llundain yn condemnio cefnogaeth Prydain i'r Llywodraeth Ffederal yn Lagos. Mynegwyd ing y newyddiadurwyr yn ddiweddarach gan Peter Cadogan: 'There was an unholy implicit alliance when the Russians provided the aircraft and trained the pilots of the Nigerian Air force. Those pilots refused to fly at night and so left Biafra a nocturnal lifeline down which I flew to Uli, the Biafran airport over the anti-aircraft guns provided by Harold Wilson and Michael Stewart. There is no more foul chapter in British history since 1945. A million died.' Gw. Peter Cadogan, Biafra's tragedy, Britain's shame, *Independent on Sunday*, 11 Ionawr 1998.

7   Harold Wilson, *The Government 1964–1970: A Personal Record* (Llundain, 1971), t. 556. 'Had Britain not been the traditional arms supplier we could have taken a more detached line, without facing the charge that every death in Nigeria must be laid at our door'.

8   Ibid., t. 557.

9   Gweler Paul H. Ballard a Erastus Jones (goln), *The Valleys Call* (Ferndale 1975), t. 82.

10   LlGC, Papurau James Griffiths, B11/16, sef erthygl, 'Biafra's terrifying dilema', *Western Mail*, 13 Mehefin 1968, t. 8.

11   Ibid.

12   Ibid., B11/26 Nodiadau James Griffiths.

13   Ibid., 'Tell General Gowan now that we can have no part in the crime and stop at once a supply of arms to the Federal Government. Let our message be to both sides, 'Stop it Now'. Derbyniodd lythyr oddi wrth George Thomson, o'r Swyddfa Dramor, dyddiedig 29 Awst 1968. Gw. B11/27, Geiriau Thomson: 'You will know from my statement that, after the most anxious consideration, we still feel that in present circumstances the policy we have followed in this most difficult and harrowing situation remains the right one'. Anfonodd James Griffiths lythyr at *Llanelli Star*, Awst 10 1968 yn galw am undeb, ac mai'r unig ryfel teg yw un yn erbyn tlodi, afiechydon ac anwybodaeth, Gw. ibid., B11/23. Llythyr ar 19 Awst at Arglwydd Malcolm Shepherd yn erfyn arno ddefnyddio ei ddylanwad a gofalu nad oedd Prydain yn gwerthu arfau.

14   Ibid., B11/28 Harold Wilson at James Griffiths [d.d.].

15   LlGC, Papurau James Griffiths B11/44 Biafra a Nigeria.

16   Roedd Fenner Brockway o'r farn y dylid cael meddyg yn gwmni iddo ef â James Griffiths ar y daith beryglus i Biafra. Roedd ei feddyg ei hun, Dr John Wallace wrth law pe bai argyfwng yn codi. Roedd Dr Wallace yn adnabod Biafra gan iddo dreulio cyfnod yno yn meddyginaethu ar ran Mudiad Achub y Plant (Save the Children). Gw. Fenner Brockway, *Towards Tomorrow* (Llundain, 1977), t. 252.

17   LlGC, Papurau James Griffiths, B11/44 Biafra a Nigeria.

18   LlGC, Papurau James Griffiths, B11/48. Night flight to Biafra.

19   Ibid.

20   LlGC, Papurau James Griffiths, B11/44.

21 Ibid.

22 Ibid.

23 Ibid.

24 Ibid.

25 Ibid.

26 LlGC, Papurau James Griffiths, B11/46.

27 Ibid.

28 *Guardian*, 17 Rhagfyr 1968. ibid., B11/43.

29 LlGC, Papurau James Griffiths, B11/46.

30 Ibid.

31 Ibid.

32 Ibid.

33 Ibid.

34 Fenner Brockway, *Towards Tomorrow*, t. 181.

35 LlGC, Papurau James Griffiths, B11/46.

36 Ibid.

37 Ibid.

38 Ibid.

39 Ibid.

40 'MP in Biafra Mercy Flight', *The Llanelli Star*, 21 Rhagfyr 1968, t. 10.

41 Ibid.

42 James Griffiths, 'We need to Conquer Hunger before Space', *Llanelli Star*, 4 Ionawr 1969, t. 5.

43 Fenner Brockway, *Towards Tomorrow* (London, 1977) t. 254.

44 Lord Brockway, 'The Life and Times of James Griffiths', *Western Mail*, 8 March 1969.

45 Ibid.

46 Mrs James Griffiths, *One Woman's Story* (Ferndale, 1979), t. 74.

47 Harold Wilson, *The Labour Government 1964–1970: A Personal Record* (London, 1971) t. 558; Gw. Kenneth O. Morgan, *The Red Dragon and the Red Flag: The Cases of James Griffiths and Aneurin Bevan* (Aberystwyth, 1989), t. 5.

48 LlGC, Papurau James Griffiths, B11/50. [d.d.].

49 Ibid., B11/55. Llythyr y Parchedig E. Curig Davies, Abertawe at James Griffiths. [d.d.].

50 Ibid., B11/49. Llythyr Tam Dalyell, AS at James Griffiths, 30 Rhagfyr 1968.

51 Ibid. B11/64. Llythyr Gwynfor Evans, Llangadog at James Griffiths.

52 Ibid., B11/65. Llythyr Brinley Owen, Llanelli at James Griffiths, 31 Rhagfyr 1968.

53 Ibid.

54 Ibid., B11/66. Nodiadau James Griffiths ar Nigeria-Biafra.

55 Ibid., B11/68. Peace Initiative in Nigeria, 24 Chwefror 1969. Enwir Stanley Henig, David Crouch, Hugh Fraser, James Davidson, Frank Allaun o blith Aelodau Seneddol Llafur yn ogystal ag Aelodau Seneddol Cymreig o ran gwaed ac iaith.

56 Ibid., B11/69. Cynhadledd Llafur yr Etholaeth yn Rhydaman Gŵyl Dewi 1969.

57 Ibid., B11/70. 'Editorial', *Times*, 14 Mawrth 1969.

58   Ibid.

59   Ibid., B11/72. Harold Wilson yn ymweld â Nigeria, Ebrill 1969.

60   Ibid., B11/77. Llythyr Michael Stewart at James Griffiths, 8 Gorffennaf 1969.

61   Ibid., B11/76.

62   Ibid., B11/74. Llythyr Geoffrey Tribe, 27 Mehefin 1969.

63   Ibid., B11/79. Llythyr James Griffiths at Michael Stewart, 9 Tachwedd 1969.

64   Ibid.

65   Ibid., B11/81. Llythyr Michael Stewart at James Griffiths, 25 Tachwedd 1969.

66   Ibid., B11/83. Adroddiad o'r *Western Mail*, 10 Rhagfyr 1969.

67   Ibid.

68   Ibid.

69   Ibid., B11/83. Gweler llythyr Fenner Brockway at James Griffiths, Chwefror 1970 lle mae'n ail-fyw'r daith i Biafra.

70   Ibid., B11/84. Llythyr yn *Socialist Commentary*, Mawrth 1970.

71   Ibid.

72   Ibid., B11/85. Llythyr M. Foley at James Griffiths, 31 Mawrth 1970.

73   Ibid., B11/86. Llythyr Fenner Brockway at James Griffiths, 9 Ebrill 1970.

74   Ibid., B11/56.

75   Ibid., B11/59. Llythyr Mabel English, 11 Ionawr 1969. Gwelir hefyd lythyr arall oddi wrthi: B11/60. Cafodd James Griffiths lythyrau ar yr un trywydd gan A. J. Snowbutts, Llangennech, 22 Rhagfyr 1968 (B11/52); Harold Henemy, Falmouth, 30 Rhagfyr 1968 (B11/53); J. V. Harries, Ysgrifennydd Capel Eglwys Bresbyteraidd Cymru (Adran Saesneg), Llanelli, 31 Rhagfyr 1968 (B11/54); Shade Brown, 30 Rhagfyr 1968 (B11/57) ac Islwyn Griffiths, Casnewydd, 25 Rhagfyr 1968 (B11/58).

76   Ibid., B11/46.

77   Ibid.

78   Gw. Fenner Brockway, *The Colonial Revolution* (St Albans, 1973), t. 170 'An MP who wished to go to Biafra, were discouraged, those going to Nigeria was given every assistance.'

79   LlGC, Papurau James Griffiths, B11/46.

Pennod 21 – Diwedd y Bererindod (1970–1975)

1   Canlyniad etholaeth Llanelli ar 18 Mehefin 1970:

Denzil Davies (Llafur)	31,398
Carwyn James (Plaid Cymru)	8,387
Miss M. A. Jones (Ceidwadwyr)	5,777
D. J. Lewis (Rhyddfrydwyr)	3,834
R. E. Hitchon (Comiwnyddon)	603
Mwyafrif	23,011

Beti Jones, *Etholiadau Seneddol yng Nghymru 1900–75* (Talybont, 1977), t. 152.

2   Sgwrs â Tam Dalyell, 3 Chwefror 2012. Dywedodd ef fod James Griffiths yn deall cenedlaetholdeb

yr Alban yn well nag un o Aelodau Seneddol Llafur y wlad. Ni ellid cymharu ei graffder gyda dyweder Willie Ross, a fu'n Ysgrifennydd Gwladol yr Alban.

3   *James Griffiths and his Times* (Ferndale, d.d.), t. 56.

4   Ibid., 'News of the oration spread through Labour circles in the House and Harold Wilson said that it was one of the half dozen finest orations he had ever heard and he regretted that it had not been recorded'.

5   LlGC, Papurau James Griffiths C7/44. Llythyr Harold Wilson at James Griffiths, 4 Ebrill 1966.

6   LlGC, Llawysgrif 23091E. Llythyr at Graham F. Thomas.

7   Ibid.

8   Ibid., 5 Ionawr 1971.

9   Ibid., 18 Mai 1971.

10   *James Griffiths and his Times*, t. 56.

11   Gwelwyd colli presenoldeb James Griffiths yn fawr iawn yn y Blaid Lafur Seneddol Gymreig. Erbyn haf 1974 pan oedd Llafur yn dechrau coleddu o ddifrif ddatganoli rhwygwyd y Blaid Lafur Seneddol gan griw bach o aelodau seneddol o dan arweiniad Neil Kinnock yn galw am refferendwm. Ond trwy arweiniad J. Emrys Jones, Cyngor Llafur Cymru a bodolaeth Cyngres Undebau Llafur Cymru (er 1972) cafwyd seiliau cadarnach o blaid datganoli. Gw. John Osmond, *Creative Conflict: The Politics of Welsh Devolution* (Llandysul, Llundain, Healy a Boston, 1978), tt. 124–5. Ar ôl ymddangosiad y llyfryn *Democracy and Devolution Proposals for Scotland and Wales* (Llundain, 1974), tt. 1–24.

12   LlGC, Llawysgrif 23091E. Llythyr at Graham F. Thomas. Llythyr James Griffiths at Graham F. Thomas, 24 Awst 1973, lle mae'n sôn am ysgrifennu'r bennod ac am y llawdriniaeth feddygol.

13   Ibid., Llythyr James a Winifred Griffiths at Graham F. Thomas, 15 Ebrill 1975. Ei briod a luniodd y llythyr ar ei ran. Dywed y ddau: 'Our health is declining with age, and we are confined to the house except for occasional car rides with the family.'

14   Ibid.

15   Sgwrs bersonol â Denzil Davies, 3 Chwefror 2012. LlGC, Papurau James Griffiths. Llythyr Denzil Davies at James Griffiths, 25 Medi 1974: 'I am afraid that he (Elystan Morgan) is unlikely to get back since the Nationalists have decided to support the Liberal in order to keep him out. It is a great pity; he is too good a man to be out of the House of Commons.' Caiff John Morris ei ganmol am ddau reswm: 'he is a very efficient hard working Minister and I believe has made a very good impression in Wales especially with his attempts to heal some of the divisions which grew up over the last few years between the Welsh speakers and those who cannot speak Welsh'. Sonia hefyd wrth ei ragflaenydd ei fod yn gwrthod ar egwyddor fynd i ginio yn Llanelli pryd y disgwylir Edward Heath, y Prif Weinidog i ddathlu llwyddiant tîm rygbi'r Llewod ar ôl y daith i Dde Affrig. Mae'n ofni y cyll bleidleisiau'r criw rygbi oherwydd ei safiad ond ychwanega: 'I feel that if the Labour Party does not make a stand on these issues then I see very little purpose in our continued existence.' Derbyniodd James Griffiths lythyr oddi wrth John Morris, ar 20 Tachwedd 1974, ar ôl yr etholiad. Roedd y Gweinidog dros Gymru wedi darllen llythyr James Griffiths yn y *Times* ar 26 Hydref a'i sylwadau gwerthfawr ar Ddatganoli: 'Your concept of an Annual State of the Nation convention is an interesting one'. Cydnabyddai fod perthynas Cynulliad Cymreig

a llywodraeth ganolog a lleol yn hynod o bwysig ac yn gofyn am gryn lawer o drafodaeth. Daliai James Griffiths hyd y diwedd i ymboeni am ddatganoli i Gymru.

16   Meic Stephens (gol.), *Cydymaith i Lenyddiaeth Cymru* (Caerdydd, 1986), t. 233.

17   Coffâd yn y *Times*, 8 Awst 1975.

18   Ibid.

19   John Osmond, James Griffiths, *Western Mail*, 8 Awst 1975.

20   Derwyn Morris Jones, James Griffiths, *Y Tyst*, Awst 1975.

21   Cyhoeddwyd teyrnged James Callaghan yn *James Griffiths and his Times*, tt. 9–15. Teyrnged sy'n haeddu lle yn y gyfrol, yn arbennig: 'He was never a ruthless or self-seeking man. He gave himself to the people: he worked for them: and it was because of this that they responded to him', t. 14.

22   *Pages From Memory*, t. 208.

23   E. Curig Davies, Coffâu James Griffiths, *Y Tyst*, Awst 29 1975, t. 2.

24   Ibid.

25   Donald Anderson 'Socialism and Community' yn John Osmond (gol.), *The National Question Again* (Llandysul, 1985). Gwir y dywedodd Donald Anderson: 'There was no conflict between his Welshness and his socialism, both of which derived from his roots in the vital Amman Valley community of his early years'.

26   Peter Hain, *A Welsh Third Way* (Llundain, 1999), t. 20.

27   Carwyn Jones, *The Future of Welsh Labour* (Caerdydd, 2004), t. 9.

28   Ibid., t. 11.

29   John Osmond, 'James Griffiths', *Western Mail*, 8 Awst 1975.

30   Idem., *Creative Conflict*, t. 127.

31   *The Future of Welsh Labour*, t. 15.

Pennod 22 – Cloriannu'r Gwleidydd

1   LlGC, Papurau James Griffiths, D3/14. Aelod dros Llanelli; D6/4 Dywed Brian Walden yn 1969: 'Jim Griffiths is probably the most universally beloved figure in the Labour Party.'

2   Ibid.

3   Ibid., D6/1. Charles Pannell, 'The Man from the Valley', *Yorkshire Post*, 6 Mawrth 1969.

4   LlGC, Papurau James Griffiths, B6/8.

5   Ibid. B6/11. Adroddiad Trysorydd Cyngres y Socialist International yn Stockholm 15–18 Gorffennaf 1953. Roedd yn un o chwech a gynrychiolai'r Blaid Lafur ac ef etholwyd yn Gadeirydd y Pwyllgor a sefydlwyd i baratoi'r penderfyniad ar wladychiaeth (colonialism). Roedd yn cael ei gyfrif yn yr un dosbarth a Guy Mallet, Henri Rolin a Norman Thomas.

6   D. Gwenallt Jones, 'Credaf', yn J. E. Meredith, *Gwenallt: Bardd Crefyddol* [Darlith Davies] (Llandysul, 1974), tt. 58–9.

7   Mrs James Griffiths, *One Woman's Story* (Ferndale, 1979), t. 89.

8   Ioan Aled Matthews, 'The World of the Anthracite Miner', Traethawd PhD, Prifysgol Cymru, 1995, t. 326.

9   LlGC, Papurau James Griffiths, D3/2.

10   Ioan Matthews, 'Maes y Glo Carreg ac Undeb y Glowyr (1872–1925)' yn Geraint H. Jenkins (gol.), *Cof Cenedl*, VIII (Llandysul, 1993), tt. 133–64. Am Nun Nicholas, gw. rhagymadrodd Gwenallt i T. E. Nicholas, *Llygad y Drws: Sonedau'r Carchar* (Aberystwyth, 1940), t. 10.

11   LlGC, Papurau James Griffiths, D3/2.

12   LlGC, Papurau James Griffiths, D3/20–1. Drafft o'i hunangofiant, *Daily Herald*, 17 Chwefror 1943; cofnodion y Blaid Lafur Seneddol, 17 Chwefror 1943; Stephen Brooke, *Labour's War* (Clarendon, 1972) t. 173.

13   Ibid., Brawddeg nodweddiadol gan James Griffiths: 'I think the Government have missed a glorious opportunity'. Gw. Alan Bullock *The Life and Times of Ernest Bevin, ii, Minister of Labour* (Llundain, 1968), tt. 231–2. 'The Beveridge Report', *Amman Valley Chronicle*, 2 Chwefror 1943, t. 4; *Hansard*, 5ed cyfres, cyf. cdviii, 8 Mawrth 1945, col. 2285.

14   Yn ei ymdriniaeth ar Aneurin Bevan, geilw Kenneth O. Morgan James Griffiths fel 'main architect of the Welfare State', t. 108. Gw. Kenneth O. Morgan, 'Aneurin Bevan 1897–1960' yn *Founders of the Welfare State* (Llundain a Portsmouth, New Hampshire), tt. 105–13. Roedd gan James Griffiths feddwl uchel hefyd o Aneurin Bevan. Soniodd am ei ddoniau fel Gweinidog Iechyd a'r edmygedd di-ben-draw ohono. Gw. James Griffiths, 'World Figure still remembered as a true sôn of the Valley', *Western Mail*, 8 Gorffennaf 1960, t. 6.

15   David Rubinstein, *The Labour Party and British Society 1880–2005* (Brighton, 2006), t. 80.

16   LlGC, Papurau D. Caradog Jones, ffeil 2. Llythyr James Griffiths at Elwyn Roberts, 28 Rhagfyr, 1954.

17   Stephen Brooke, *Labour's War*, tt. 73–4.

18   Ibid., tt. 85–6; *Hansard*, Cyf. ccclxxviii, 24 Chwefror 1942, col. 55.

19   Ibid., t. 130.

20   *One Woman's Story*, t. 143.

21   Ibid.

22   Ibid.

23   R. Merfyn Jones a Ioan Rhys Jones, 'Labour and the Nation' yn *Labour Party in Wales 1900–2000* (goln) Duncan Tanner, Chris Williams, Deian Hopkin (Caerdydd, 2000), t. 255.

24   Lord Morris of Aberavon, *Fifty Years in Politics and the Law*, t. 50. 'He also told me that as a constituency MP he had gone to see R. A. Butler, then minister for education to try to get D. J. Williams, one of the convicted Lleyn bombers, re-instated as a teacher. Whether anyone knew of his actions, I don't know. Jim added, rather sadly, "It was never acknowledged"'.

25   Cofier ei ddadansoddiad o safbwynt Aneurin Bevan: 'He was impatient of nationalism which divided peoples and enslaved nations within their narrow geographical and spiritual frontiers'. Gw. John Osmond, *Creative Conflict: The Politics of Welsh Devolution* (Llandysul a Llundain, 1977), t. 102.

26   LlGC, Papurau James Griffiths D1/4. Llythyr Gwilym Prys Davies at James Griffiths, 26 Ionawr 1962. Roedd Gwilym Prys Davies ar restr fer ar gyfer enwebiad i sedd Gorllewin Abertawe: 'Carwn wneud dydd waith dros Lafur – er fy mod yn ddigon nerfus wrth feddwl am wynebu Abertawe'.

27   LlGC, Papurau yr Arglwydd Tudor Watkins. Ffeil 1/4/13/2. Neges etholiadol gan James Griffiths ar ran Tudor Watkins, 'Mab y Werin yw Tudor sydd yn wir deilwng o gynorthwy a phleidlais y werin,' ar gyfer Etholiad Cyffredinol 1950.

28   Lord Morris of Aberavon, *Fifty Years in Politics and the Law*, t. 50.

29   Ibid.

30   LlGC, Papurau James Griffiths, D3/20. Ail Ryfel Byd.

31   Emyr Price, 'Y Gwleidydd ga'dd ei wrthod', *Golwg*, Cyfrol 12, Rhif 47, 3 Awst 2000, t. 11.

32   John Pennant, 'Could "LG" have done more for Wales?', *Western Mail*, 2 Hydref 1943, t. 2.

33   Gw. *Conference on Devolution* (Llundain, 1920), t. 1.

34   Watcyn L. Jones, *Cofio Tryweryn* (Llandysul, 1988), t. 191. Dyma'r rhestr: T. W. Jones, AS, arweinydd, Gwynfor Evans, Syr Ifan ab Owen Edwards, Syr David Hughes-Parry, T. I. Ellis, E. J. Jones, Cyril O. Jones, Thomas Jones, Gwilym T. Jones, David Roberts (Cyngor Gwledig Penllŷn), O. Roberts, David Roberts ac Elizabeth Watkin Jones – y tri olaf yn aelodau o Bwyllgor Amddiffyn Capel Celyn.

35   LlGC, Papurau Brinley Richards, Gwleidyddiaeth 1920–59, 24/22.

36   A. J. P. Taylor, *English History 1914–1945* (Harmondsworth, 1970), t. 448. 'The Pacifists cheerfully supported the League of Nations'.

37   LlGC, Papurau James Griffiths, D3/14. Aelod dros Llanelli.

38   'UKA Vice-President's Autobiography', *Alliance News*, Mai-Mehefin 1969, ym mhapurau James Griffiths, LlGC, D6/1-55. Adolygiadau ar James Griffiths, *Pages from Memory* (Llundain, 1969).

39   Emyr Price, 'Y Gwleidydd ga'dd ei wrthod', Ibid., t. 11.

40   J. E. Meredith, *Gwenallt: Bardd Crefyddol* [Darlith Davies] (Llandysul, 1974), t. 22.

41   Emyr Price, 'Y Gwleidydd ga'dd ei wrthod', Ibid.; Carwyn Fowler, 'Nationalism and the Labour Party in Wales, *Llafur*, Cyfrol 8, Rhif 4, 2003, tt. 97–105.

Llyfryddiaeth

Ffynonellau o Lyfrgell Genedlaethol Cymru a Chanolfannau Eraill

Adroddiadau o'r wasg.

Archifau'r BBC yng Nghymru, Sgyrsiau, e.e. 'Mis yn y Senedd'.

Archif y Blaid Lafur, Manceinion.

Archif Maes Glo De Cymru, Prifysgol Abertawe.

Archif Prifysgol Bangor.

Archifdy Sir Gaerfyrddin.

Papurau Alwyn D. Rees.

Papurau'r Arglwydd Cledwyn Hughes.

Papurau'r Arglwydd Goronwy Roberts.

Papurau'r Arglwydd Tudor Watkins.

Papurau Bert Pearce (Papurau'r Blaid Gomiwynyddol Gymreig).

Papurau'r Blaid Lafur yn Llanelli.

Papurau'r Blaid Lafur yng Nghymru.

Papurau'r Blaid Lafur yng Ngheredigion.

Papurau Brinley Richards.

Papurau Cassie Davies.

Papurau Cliff Prothero.

Papurau Cymdeithas yr Iaith.

Papurau David Rees Griffiths, Amanwy.

Papurau David Thomas.

Papurau D. Caradog Jones.

Papurau D. Elystan Morgan.

Papurau Deian Hopkin; yn cynnwys papurau W. Douglas Hughes, Llanelli, a Loti Rees-Hughes.

Papurau Desmond Donnelly.

Papurau D. R. Coleman.

Papurau Eirene White.

Papurau E. T. John.

Papurau F. Elwyn Jones.

Papurau George Thomas.

Papurau Graham F. Thomas.

Papurau Gwynfor Evans.

Papurau Huw T. Edwards.

Papurau Idris Cox.
Papurau Iorwerth Cyfeiliog Peate.
Papurau Iorwerth Jones.
Papurau Islwyn ap Nicholas.
Papurau Ithel Davies.
Papurau James Griffiths.
Papurau J. Glyn Davies.
Papurau John Morris.
Papurau Kate Roberts.
Papurau R. J. Derfel.
Papurau R. Williams Parry.
Papurau Syr Goronwy Daniel.
Papurau T. E. Nicholas.
Papurau W. J. Gruffydd.

Deunydd yn ymwneud â James Griffiths

Llyfrgell Llanelli.
Papurau David Thomas yn Archifdy Prifysgol Bangor.
Papurau Glyn Evans, Garnant a Llundain.
Papurau Michael Foot.
Papurau S. O. Davies.
Papurau T. E. Nicholas.
PRO, Kew, Llundain.

Cyhoeddiadau James Griffiths

Griffiths, James, *Whither Mankind* (South Wales Voice, 1937), t. 16.
Idem., *Coal* (Y Blaid Lafur, 1942), t. 24.
Idem., *Glo*, E. Tegla Davies (gol.), Cyfres Pob Un (Lerpwl, 1945), t. 45.
Idem., *Call to Labour Women* (Y Blaid Lafur, 1949), t. 4.
Idem., *The Labour Government* (London, 1951), cyflwyniad gan Syr William Lowther, t. 12.
Griffiths, James; Jones, Arthur Creech; Hinden, Rita, *The Way Forward* (Llundain, 1950) t. 40.
Idem., 'The Road Back', *Socialist Commentary*, Cyf. 15, Rhagfyr 1951, tt. 272–3.
Idem., *Protest Rally and March: Speakers James Griffiths and Others* (Spanish Democrats Defence Fund, 1960), t. 2.
Idem., 'An Anniversary', *Socialist Commentary*, Cyf. XVIII, Medi 1954, tt. 240–1.
Idem., *Livingstone's Africa: Yesterday and Today* (Llundain 1958), t. 96.
Idem., 'World Figure still remembered as a true sôn of the Valley', *Western Mail,* Gorffennaf 8 1960, t. 6.
Idem., 'My Hopes for Industrial Wales', *Western Mail*, Ionawr 19 1965, t. 2.

Idem., 'Yn Syth o'r Swyddfa', *Barn*, Rhif 29, Mawrth 1965, t. 124.

Idem., 'Glo Carreg: Memories of the Anthracite Coalfield', *Carmarthenshire Historian*, 1968, tt. 7–16.

Idem., *Pages From Memory* (Dent, 1969), t. 213.

Idem., 'Memories of the Miners' Number Ten', *Radical Cymru*, Rhif 8, Mehefin 1971, t. 7.

Idem., 'Welsh Politics in my Lifetime', *James Griffiths and his Times* (Ferndale, d.d.), tt. 16–57.

Cymdeithas y Ffabiaid, *What Labour Could Do* (Routledge, 1945), t. 111.

Cyfrol o atgofion ei briod, Mrs Winifred Griffiths a bywgraffiad byr ohoni

Mrs James Griffiths, *One Woman's Story*, (Ferndale, W. T. Maddock & Co., 1979), tt. 1–169.

Jenkins, Carol, 'Griffiths, Winifred (1895–1982)', *Oxford Dictionary of National Biography* (Rhydychen, 2004), darllenwyd ar-lein: 8 Mehefin 2011.

Cefndir James Griffiths yn Ardal Betws, Rhydaman a'r Cyffiniau

Amanwy, *Gweinidog fy Ieuenctid: Canmlwyddiant Geni y Parchedig Isaac Cynwyd Evans (1845–1945)* (Christian Temple, Rhydaman, 1945), t. 24. LlGC, Papurau Amanwy, Rhif 240, 'Diwylliant Fy Mro'.

Amanwy, 'Efail William Griffiths y Gof', *Amman Valley Chronicle*, 14 Mehefin 1945, t. 2.

Bevan, Hugh, *Morwr Cefn Gwlad* (Gwasg y Dryw, 1971), tt. 1–231.

Brennan, T., 'The White House', *Cambridge Journal*, Cyf. VIII, 1953–4, tt. 243–8.

Davies, D. Tegfan (gol.), *Cyfarfodydd Dathlu 150 Mlynedd o Jiwbili yr Eglwys* [Gellimanwydd], Christian Temple, Hydref 24–27, 1932 (Rhydaman, 1932), t. 30.

Evans, William, 'William Griffiths y Gof', *Amman Valley Chronicle*, 16 Chwefror 1928, t. 3.

Francis, Hywel, 'The Anthracite Strikes and the Disturbances of 1925', *Llafur*, 1973 1(2), tt. 15–28.

Jones, Graham, 'A Betws Boy', *Amman Valley History Society Newsletter*, Rhif 18 (1996), tt. 7–9.

Matthews, Ioan, The World of the Anthracite Miner, *Llafur* 6 (1), 1992, tt. 96–104.

Minister at the White House [Parch. John Griffiths, Rhydaman], *Amman Valley Chronicle*, 21 Mawrth 1918, t. 4.

Murphy, Carol a Dixon, Chris, *Betws Mâs o'r Byd* (Betws, 2000), t. 220.

Phillips, E. W., *The Ammanford and District Anthracite Strike of 1925*, Traethawd BA anghyhoeddedig Prifysgol Cymru, 1977.

Thomas, D. Trumor, *Hen Gymeriadau Plwyf y Bettws* (Ammanford, 1912), t. 72.

Walters, Huw, *Canu'r Pwll a'r Pulpud: Portread o'r Diwylliant Barddol Cymraeg yn Nyffryn Aman* (Abertawe, 1987), t. 275.

Idem., 'Yng Nghwmni'r Cerddetwr' yn Hywel Teifi Edwards (gol.), *Cyfres y Cymoedd: Cwm Aman* (Llandysul, 1996), tt. 131–72.

Williams, D. J., *Yn Chwech ar Hugain Oed* (Llandysul, 1959).

Williams, Mari A., 'Glanaman' yn Gwenfair Parry a Mari A. Williams (gol.) *The Welsh Language and the 1891 Census* (Caerdydd, 1999), tt. 217–36.

Astudiaethau neu Deyrngedau i James Griffiths

Davies, E. Curig., 'Coffáu James Griffiths', *Y Tyst*, Awst 29 1975, t. 2.

Davies, Gwilym Prys, *Cynhaeaf Hanner Canrif, Gwleidyddiaeth Cymreig 1945–2005* (Gomer, 2008), tt. 1–180. Gwelir yr ail a'r drydedd bennod, 'O Waith Isa'r Betws i'r Swyddfa Gymreig', tt. 30-51, a 'Yr Hen Oruchwyliaeth yn Dechrau Newid', tt. 52–65.

Dienw, 'James Griffiths' yn Meic Stephens (gol.), *Cydymaith i Lenyddiaeth Cymru* (Caerdydd, 1986), t. 233.

Gwladgarwr, 'Tributes to James Griffiths', *Amman Valley Chronicle and East Carmarthenshire News*, Mehefin 12 1941, t. 4.

Jim y Gwleidydd Coll, cynhyrchiad HTV ar gyfer S4C, Sadwrn, 5 Awst 2000.

Price, Emyr, 'Y Gwleidydd ga'dd ei wrthod', *Golwg*, Cyfrol 12 rhif 47, Awst 3 2000, tt. 10–11.

Mabon, 'Dylanwad James Griffiths', *Barn*, Rhif 26, Rhagfyr 1964, t. 50.

Idem., 'Tre Griffiths', *Barn*, Rhif 27, Ionawr 1965, t. 82.

Matthews, Ioan, 'Turning Labour Around', *Planet* 142, Awst–Medi 2000.

Morgan, Kenneth O., 'Griffiths, Jeremiah (James: 1890–1975)', *Oxford Dictionary of National Biography* (Rhydychen, 2004), darllenwyd ar-lein: 8 Mehefin 2011.

Morgan, Kenneth O., *The Red Dragon and the Red Flag: The Cases of James Griffiths and Aneurin Bevan* (Aberystwyth, 1989), t. 20.

Rees, D. Ben, 'Cyflwyniad i Yrfa Wleidyddol James Griffiths (1890–1975)' yn *Trafodion Anrhydeddus Gymdeithas y Cymmrodorion*, Cyfres Newydd, Cyfrol 19 (2013), tt. 116–30.

Smith, J. Beverley, 'James Griffiths: an appreciation', *James Griffiths and his Times* (Ferndale, d.d.), tt. 58–119.

Bywgraffiadau byr a choffâd i James Griffiths

Callaghan, James, 'Memorial Address', *James Griffiths and his Times* (Ferndale, d.d.), tt. 9–15.

Jones, Derwyn Morris, Teyrnged i James Griffiths, a draddodwyd yn ei angladd yn y Christian Temple, brynhawn Mercher, Awst 13, *Y Tyst*, 18 Medi 1975, tt. 5–6.

Rees, Ivor Thomas, 'James Griffiths' yn Welsh Hustings 1885–2004 (Llandybïe, 2005), t. 113.

Stephens, Meic (gol.), 'James Griffiths', *Cydymaith i Lenyddiaeth Cymru* (Caerdydd, 1986), t. 233.

The Hutchinson Encyclopaedia of Modern Political Biography (Rhydychen, 1999). Gwelir cofnod am James Griffiths ar dudalen 171.

Hanes a Bywyd y Glowyr a'r Maes Glo Carreg

Arnot, R. Page, *South Wales Miners: Glöwyr De Cymru: A History of the South Wales Miners Federation 1898–1914* (George Allen and Unwin, 1967), t. 390.

Davies, T. Alban, 'The Distress in the Rhondda Valleys', *Welsh Outlook*, Cyfrol 16, Rhif 1 (Ionawr, 1929), t. 10.

Davies, David, AS., 'The Coal Position in South Wales', *Welsh Outlook*, Cyfrol 16, Rhif 2 (Chwefror 1929), tt. 38–40.

Davies, Paul, The Making of A. J. Cook, *Llafur*, 1978 2(3), tt. 43–63.

Davies ,W. Haydn, 'The South Wales Miner', *Welsh Outlook*, Cyfrol 16, Rhif 2 (Chwefror, 1929), tt. 40–6.

Desmarais, Ralph H., 'Charisma and Conciliation: A Sympathetic Look at A. J. Cook', *Societas* (UDA), 1973, 3:1) tt. 45–60.

Egan, David, 'The Unofficial Reform Committee and the Miners' Next Step', *Llafur*, Cyfrol 2, Rhif 3 (1978), tt. 64–80.

Edwards, Hywel Teifi, *Arwr Glew Erwau'r Glo: Delwedd y Glöwr yn Llenyddiaeth y Cymraeg 1850–1950* (Llandysul, 1994), t. 255.

Edwards, Ness, *The History of the South Wales Miners* (Llundain, 1926).

Evans, Neil and Jones, Dot, 'A Blessing for the Miner's Wife: the campaign for Pithead Baths in the South Wales Coalfield 1908–1950', *Llafur*, 6 (3), 1994, tt. 1–28.

Francis, Hywel, 'Welsh Miners and the Spanish Civil War', *Journal of Contemporary History*, 1970, 5 (3) tt. 177–91.

Francis, Hywel a Smith, David, *The FED: a History of the South Wales Miners in the Twentieth Century* (Lawrence and Wishart, 1980), t. 550.

Felstead, Richard, *No other way: Jack, Russia and the Spanish Civil War: A Biography* (Port Talbot, 1981).

Griffiths, Ieuan Lloyd, 'Changes in the South Wales Anthracite Industry', *Geography*, 1959, 44 (2), tt. 118–20.

Idem., 'The New Welsh Anthracite Industry', *Geography*, 1962, 47 (4), tt. 38–40.

Griffiths, Thomas Hughes, 'The South Wales Anthracite Coal Industry', *Welsh Outlook*, 1927, 14, tt. 132–5, 163–6, 248–50.

Harries, P. H. G., 'Cwmllynfell Colliery: An Early Attempt to form a Workers Co-operative', *Llafur*, 7/2, 1997, tt. 81–93.

Hanley, James, *A Study in Humbug and Misery in South Wales* (Llundain, 1937), tt. 1–230.

Hartshorn, Vernon, 'Mr Baldwin attacks miners' hours and wages' (Y Blaid Lafur, 1926).

Horner, Arthur, 'Nationalization of the Coal Industry', *The Labour Monthly*, Cyfrol 25 Rhif 2, 1946, tt. 45–6.

John, A. V., 'A Miner Struggle? Women's protests in Welsh mining history,' *Llafur*, Cyfrol 4, Rhif 1, tt. 72–90.

Matthews, Ioan, 'Maes y Glo Carreg ac Undeb y Glöwyr 1872–1925 yn Geraint H. Jenkins (gol.), *Cof Cenedl*, VII (Llandysul, 1993), tt. 133–64.

Idem., 'Hen Arwr Maes y Glo Carreg': John James 1869–1942 yn Hywel Teifi Edwards (gol.), *Cwm Tawe* (Llandysul, 2000), tt. 320–49.

Llafur, Cyfrol 2, Rhif 2, 1977 – rhifyn arbennig ar y Streic Fawr (1926).

Phillips, G. A., The Labour Party and the General Strike, *Llafur* (1977) 2 (2), tt. 44–58.

Rees, D. Ben, Arweinydd y Glowyr, *Goleuad*, Ebrill 6 1960, tt. 4–5.

Rosser, Melvyn, 'Gwaith, Iaith, Amgylchfyd, Cymdeithas', *Barn*, Rhif 119, Medi 1972, t. 293.

Stead, Peter, 'Vernon Hartshorn: miners' agent and Cabinet minister' yn Stewart Williams (gol), *Glamorgan Historian VI* (Y Bontfaen, Stewart Williams, 1969), tt. 83–94.

Walters, Huw, 'Cerddetan: Golwg ar Ryddiaith Amanwy', *Cynnwrf Canrif: Agweddau ar Ddiwylliant Gwerin* (Abertawe, 2004), tt. 318–71.

Idem., 'David Rees Griffiths (Amanwy) 1882–1953', *The Carmarthenshire Antiquarian*, 35 (1999), tt. 89–102.

Heddychiaeth James Griffiths

Eirug, Aled, 'Agweddau ar y Gwrthwynebiad i'r Rhyfel Byd Cyntaf yng Nghymru', *Llafur*, cyf. 4, Rhif 4, 1987, tt. 58–68.

Bethell, Nicholas, 'How Britain nearly Invaded Ireland', *The Times*, 1 Ionawr 1970, t. 5.

Davies, Jennie Eirian, 'Heddwch', *Y Goleuad*, 8 Mehefin 1960, t. 6.

Griffiths, James, 'Llythyr i'r Golygydd', *Amman Valley Chronicle*, 23 Mawrth 1922.

Gruffydd, Ioan W., 'John Puleston Jones (1862–1925)' yn D. Ben Rees (gol.), *Herio'r Byd* (Lerpwl a Llanddewi Brefi, 1980), tt. 93–103.

Jones, J. Graham, Lloyd George, 'W. Llewelyn Williams, MP and the 1916 Conscription Bill', *Cylchgrawn Llyfrgell Genedlaethol Cymru*, Cyf 31, rhif 2 (Gaeaf 1999), tt. 173–87.

Lloyd, D. Tecwyn, 'T. E. Nicholas' yn Aneirin Talfan Davies (gol.), *Gwŷr Llên* (Llundain, Foyles, 1948), t. 143–64.

Mor-O'Brien, A., '"Conchie": Emrys Hughes and the First World War', *Welsh History Review*, cyf. 13, 1986–7, tt. 328–9.

Mainwaring, M. R., 'John Morgan Jones (1861–1935)' yn D. Ben Rees (gol.), *Herio'r Byd*, ibid., tt. 61–9.

Phillips, W. J., 'Watcyn Wyn (1844–1905)', yn Hywel Teifi Edwards (gol.), *Cyfres y Cymoedd: Cwm Aman* (Llandysul, 1996), tt. 36–42.

Pritchard, Islwyn, 'Thomas Evan Nicholas (1879–1971)' yn *Herio'r Byd*, ibid., tt. 16–22.

Rees, D. Ben, 'Yr Eglwys a'r Bom H', *Y Goleuad*, Awst 3 1960, t. 2.

Idem., 'George Lansbury' (gol.) D. Ben Rees, *Oriel o Heddychwyr Mawr y Byd* (Lerpwl a Llanddewi Brefi, 1983), tt. 70–5.

Richards, G. A., 'Y Bom Hydrogen', *Y Goleuad*, 11 Ionawr 1950, tt. 4–5.

Wallis, Jill, *Valiant for Peace: A History of the Fellowship of Reconcilation 1914 to 1989* (Llundain, 1991), t. 286.

Crefydd

Bryant, Chris, *Possible Dreams: A Personal History of British Christian Socialists* (Hodder and Stoughton, 1996), t. 351.

Edwards, Huw, *Capeli Llanelli: Our Rich Heritage* (Cyngor Sir Gâr, 2009), t. 550.

Edwards, T. J., 'Yr Eglwys a Diwydiant', *Y Traethodydd*, Cyfrol CXVIII, Rhif 507 (Ebrill 1963), tt. 66–71.

Evans, Edward, 'Cymry a'r fasnach Feddwol', *Y Goleuad*, Ionawr 11 1951, t. 6.

Gibbard, Noel, 'Pastors in Public 1868–1918', *Carmarthenshire Antiquary*, Cyfrol XXII, 1986, tt. 59–78.

Hall, Basil, 'The Welsh Revival of 1904–5: a critique' yn G. J. Cuming a D. Baker (goln), *Studies in Church History*, VIII (Caergrawnt, 1972).

Hancock, W. R. C., 'R. J. Campbell: Christianity intrerpreted as Socialism,' *Journal of the United Reform Historical Society*, 6, 8 (2001).

Inglis, K. S., *Churches and the Working Classes in Victorian England* (Routledge, 1963).

Jones, Arfon R., 'The Teachers in Bethlehem Sunday School', *Aneurin*, Cyfrol 1, Rhif 4, tt. 39–43.

Jones, E. Cadvan, 'Cymdeithaseg a Diwinyddiaeth', *Y Traethodydd*, Cyfrol CXX1X, Rhif 551 (Ebrill 1974), tt. 128–40.

Jones, Geraint Ll., 'Rhai Traddodiadau Diwinyddol yng Nghymru Heddiw', *Yr Efengylydd*, Cyf. XXIV, Rhif 4, Ebrill 15 1932, tt. 64–5.

Jones, T. Gareth, 'Nantlais (1874–1959)', *Cyfres y Cymoedd: Cwm Aman* (Llandysul, 1996), tt. 88–105.

Jones, P. d'A., *The Christian Socialist Revival 1877–1914: Religion, Class and Social Conscience in Late Victorian England* (Gwasg Prifysgol Princeton, 1968).

Jones, R. Tudur, 'Ffydd ac Argyfwng Cenedl: Hanes Crefydd yng Nghymru 1890–1914', *Prysurdeb a Phryder*, Cyfrol 1 (Abertawe, Gwasg John Penry, 1981), t. 249.

Lewis, L. Haydn, 'Her y Mesur Trwyddedu', *Y Goleuad*, 11 Ionawr 1961, tt. 1–2.

Mayor, S., *The Churches and the Labour Movement* (Independent Press, 1967).

Munson, James, *The Nonconformists in Search of a Lost Culture* (Llundain, 1991).

Morgan, D. Densil, *Cedyrn Canrif: Crefydd a Chymdeithas yng Nghymru'r Ugeinfed Ganrif* (Caerdydd, 2001).

Owen, D. Huw, 'Chapel and Colliery: Bethel, Cross Hands 1907–1982', *Carmarthenshire Antiquary*, Cyf. XVIII, 1982, tt. 55–68.

Pope, Robert, *Building Jerusalem: Nonconformity, Labour and the Social Question in Wales 1906–1939* (Caerdydd, 1998).

Idem., 'Facing the Dawn: Socialists, Nonconformists and Llais Llafur 1906–14', *Llafur*, Cyfrol 7, rhif 3, tt. 77–85.

Powell, W. Eifion, 'Cyfraniad diwinyddol David Adams (1845–1923)', *Y Traethodydd* (1979), tt. 162–70.

Rees, D. Ben, *Chapels in the Valley: A Study in the Sociology of Welsh Nonconformity* (Upton, 1975), t. 222.

Idem., *Pregethu a Phregethwyr* (Dinbych, 1997).

Idem., *Y Gwron o Genefa: John Calfin a'i Ddylanwad* (Darlith Davies) (Caernarfon, 2012), t. 181.

Rees, Ivor Thomas, 'D. M. Jones: Preacher, Pastor and Politician', *The Journal of Welsh Religious History*, Cyfrol 5, 2005, tt. 87–96.

Robbins, Keith, 'The Spiritual pilgrimage of the Rev. R. J. Campbell', *The Journal of Ecclesiastical History*, XXXX/2 (1979), tt. 261–76.

Roberts, John R., *Canrif o Bregethu Cymraeg 1850 hyd 1950* (Darlith Davies) (Caernarfon, 1978).

Smith, J. Beverley, 'John Gwili Jenkins', *Trafodion Anrhydeddus Gymdeithas y Cymmrodorion* (1974–5), tt. 191–214.

Shaw, Jane and Kreider, Alan (goln), *Culture and the Nonconformist Tradition* (Caerdydd, 1999), t. 187.

Tudor, S. O., 'Ymneilltuaeth – Ein Cyfrifoldeb Heddiw', *Y Traethodydd*, Cyfrol CXVIII rhif 506 (Ionawr, 1963), tt. 1–11.

Thomas, M. Wynn, *In the Shadow of the Pulpit: Literature and Nonconformist Wales* (Caerdydd, 2010).

Williams, C. R., 'The Welsh Religious Revival, 1904–5', *British Journal of Sociology*, III/3 (1952), tt. 242–59.

Addysg James Griffiths

Craik, W. W., *The Central Labour College* (Llundain, 1969), t. 145.

Evans, D. E., 'Adult Education in Wales', *Trafodion Anrhydeddus Gymdeithas y Cymmrodorion*, 1926–7.

Chushichi, Tsuzuki, 'Anglo-Marxism and Working-class Education' yn Jay Winter (gol.), *The Working Class in Modern British History: Essays in Honour of Henry Pelling* (Caergrawnt, 1983), tt. 187–99.

Evans, R. Wallis, 'Addysg Gyfun', *Y Traethodydd*, Cyfrol CXVII, Rhif 502 (Ionawr 1962), tt. 34–46.

Lewis, Richard, *Leaders and Teachers: Adult Education and the Challenge of Labour in South Wales, 1906–1940* (Caerdydd, 1993).

Idem., 'The Central Labour College: its decline and fall,1919–1929', *Welsh History Review*, 12, Rhif 2 (1984), tt. 237–8.

Rees, D. Ben, 'Isaiah Berlin a'i syniadau', *Y Traethodydd*, Cyf CLX (602–675), 2005, tt. 69–76.

Hanes Cymru

Dienw, 'Crynodeb o Argymhellion Adroddiad Hughes Parry', *Barn*, Rhif 38, Rhagfyr 1965, t. 39.

Dienw, 'Portread: Carwyn James', *Barn*, Rhif 154, Tachwedd 1975, tt. 832–3.

Eames, William, 'Brithgofion Newyddiadurwr', *Y Genhinen*, cyf. XIV, Rhif 1, Gaeaf 1963–4, tt. 36–7.

Earnshaw, Eric, *Modern British History for Schools in Wales* (Dinbych, 1979).

Evans, Gwynfor, *Aros Mae* (Abertawe, 1971).

Davies, John, *Hanes Cymru* (Llundain, 1990), t. 710.

Hywel, Emyr, *Y Cawr o Rydcymerau* (Talybont, 2009).

James, Arnold J. a Thomas, John E., *Wales at Westminster: A History of the Parliamentary Representation of Wales 1800–1979* (Llandysul, 1981), t. 284.

Jones, Aled Gruffydd, *Press, Politics and Society: A History of Journalism in Wales* (Caerdydd, 1993), t. 317.

Jones, Beti, *Etholiadau'r Ganrif 1885–1997* (Talybont, 1999), t. 192.

Jones, J. B., 'The People and Politics', *Welsh Outlook*, Cyfrol 16, Rhif 4 (Ebrill 1929), tt. 104–6.

Jones, Iorwerth, *David Rees: Y Cynhyrfwr* (Abertawe, 1971), t. 317.

Jones, Watcyn L., *Cofio Tryweryn* (Llandysul, 1988).

Jones, Bill a Thomas, Beth, *Teyrnas y Glo* (Caerdydd, 1993), tt. 1–48.

Johnes, Martin, *Wales Since 1939* (Manceinion, 2012), t. 465.

Jenkins, Brian a Minnerup, Gunter, *Citizens and Comrades: Socialism in a World of Nation States* (Llundain a Sydney, Pluto Press, 1985).

Jenkins, Gwyn (Prif Olygydd), *Llyfr y Ganrif* (Talybont, 1999), t. 448.

Lewis, J. Saunders, 'Tueddiadau yng Nghymru, 1919–23', *Baner ac Amserau Cymru*, 6 Medi 1923, tt. 45.

Mabon, 'Arwyddocad Etholiad 1964', *Barn*, Rhif 25, Tachwedd 1964, tt. 6–7.

Morgan, K. O., *Rebirth of a Nation: Wales 1880–1980* (Caerdydd a Rhydychen, 1981).

Herbert, Trevor a Jones, Gareth Elwyn, *Wales Between the Wars* (Caerdydd, 1988), t. 217.

Osmond, John, *Creative Conflict: The Politics of Welsh Devolution* (Llandysul a Llundain, 1977).

Parry, Cyril, *The Radical Tradition in Welsh Politics: a Study of Liberal and Labour Politics in Gwynedd 1900–20* (Hull, 1970).

Philip, Alan Butt, *The Welsh Question: Nationalism in Welsh Politics 1945–1970* (Caerdydd, Gwasg y Brifysgol, 1975).

Price, Emyr, *Cymru a'r Byd Modern ers 1918* (Caerdydd, 1979), t. 217.

Rees, D. Ben, 'Portread o John Morris', *Barn*, Rhif 153, Hydref 1975, tt. 832–3.

Trevor, Herbert a Jones, Gareth Elwyn, *Post-War Wales* (Caerdydd, 1995), tt. 1–94.

Wallace, Ryland, The Women's Suffrage Movement in Wales (Caerdydd, 2004), XII, t. 333.

Williams, Gwyn A., *When Was Wales? A History of the Welsh* (Black Raven Press, 1985).

Gwleidyddiaeth Cymru

'Cymru 71', (gol.) D. Ben Rees, *Arolwg*, Cyf. 7, 1971 (Lerpwl a Pontypridd, 1972), t. 15.

Davies, Gwilym Prys, *Llafur y Blynyddoedd* (Dinbych, 1991).

Idem., 'Wedi'r IsEtholiadau', *Barn*, Gorffennaf 1967, tt. 224–5.

Deacon, Russell, *The Goverance of Wales* (Caerdydd, 2002), t. 279.

Emanuel, John a Rees, D. Ben, *Bywyd a Gwaith Syr Rhys Hopkin Morris* (Llandysul, 1980), t. 114.

Evans, Gwynfor, 'Hanes Twf Plaid Cymru 1925–1995' yn Geraint H. Jenkins (gol.), *Cof Cenedl*, X (Llandysul, 1995), tt. 154–84.

Jones, J. Graham, 'Welsh politics between the wars: the personnel of labour', *Trafodion Anrhydeddus Gymdeithas y Cymmrodorion* (1983), tt. 164–83.

Idem., 'The Cardiganshire election of 1959', *Ceredigion*, Cyfrol 12, rhif 2 (1994), tt. 84–105.

Idem., 'Every vote for Llewelyn Williams is a vote against Lloyd George', *Journal of Liberal Democrat History*, 37 (Winter 2002/2003), tt. 3–9.

Jones, Thomas, *Lloyd George* (Llundain, 1951), t. 330.

Jenkins, Clive, *All against the Collar: Struggles of a White Collar Union Leader* (Llundain, 1990).

Harries, David Marsden, *Carmarthen Politics: the struggle between Liberals and Labour 1918–60*, Traethawd MA anghyhoeddedig Prifysgol Cymru, 1980.

Lord Morris of Aberavon, *Fifty Years in Politics and the Law* (Caerdydd, 2011).

Lord Roberts of Conwy, *Right from the Start: The Memoirs of Sir Wyn Roberts* (Caerdydd, 2006).

Lloyd, D. Tecwyn, 'Amser i ddysgu', *Barn*, Rhif 119, Medi 1972, tt. 294–6.

Morgan, Kenneth O., 'Gwleidyddiaeth Cymru yn 1970' yn D. Ben Rees (gol.), *Arolwg*, Cyf. 6, 1970 (Lerpwl a Phontypridd, 1971), tt. 27–31.

Idem., 'Leaders and Led In the Labour Movement: The Labour Experience,', *Llafur*, Cyfrol 6, Rhif 3 (1994), tt. 109–19.

Morgan, Derec Llwyd (gol.), *Adnabod Deg* (Dinbych, 1977), tt. 1–153.

O'Leary, Paul, 'The Problems of Political Biography: The Lives of George Thomas, Viscount Tonypandy (1909–1997)', *Trafodion Anrhydeddus Gymdeithas y Cymmrodorion* 2007, Cyf. 14, 2008, tt. 162–74.

Smith, David (gol.), *A People and a Proletariat: Essays in the History of Wales 1780–1980* (Llundain, 1980).

Smith, Robert, 'In the Direct and Homily Speech of the Worker', *Llais Llafur 1898–1915* (Aberystwyth, 2000).

Thomas, Ned, *The Welsh Extremist: a Culture in Crisis* (Llundain, Gollancz, 1971).

Williams, Emyr Wyn, *The Politics of Welsh Home Rule 1886–1929: A Sociological Study*, Traethawd PhD anghyhoeddedig Prifysgol Cymru, 1986.

Diwylliant Cymru a'r Iaith Gymraeg

Betts, Clive, *Culture in Crisis: The Future of the Welsh Language* (Upton, The Ffynnon Press, 1976), t. 243.

Chapman, T. Robin, *Un Bywyd o Blith Nifer: Cofiant Saunders Lewis* (Llandysul, Gwasg Gomer, 2006), t. 402.

Davies, Gwilym Prys, 'Statws Cyfreithiol yr Iaith Gymraeg yn yr Ugeinfed Ganrif' yn Geraint H. Jenkins a Mari A. Williams (goln), *Eu Hiaith a Gadwant* (Caerdydd, Gwasg Prifysgol Cymru 2000), tt. 207–38.

Hopkin, Deian, 'Llafur a Diwylliant Cymreig, 1900–1940', *Trafodion Anrhydeddus Gymdeithas y Cymmrodorion*, 2001, tt. 128–48.

Jones, J. Graham, 'The National Petition on the Legal Status of the Welsh Language,1938–42', *Welsh History Review*, Cyfrol 18, rhif 1 (Mehefin, 1996), tt. 92–124.

Jones, Richard Wyn, *Rhoi Cymru'n Gyntaf*, Cyfrol 1 (Caerdydd, Gwasg Prifysgol Cymru, 2007), XVII.

Lewis, Saunders, 'Tynged' (Darlith), *Barn*, Mawrth 1963, t. 143.

Morgan, T. J., *Diwylliant Gwerin ac Ysgrifau Eraill* (Llandysul, Gwasg Gomer, 1972).

Datganoli

Bogdanor, Vernon, *Devolution* (Rhydychen, Gwasg Prifysgol, 1979).

Coupland, Sir Reginald, *Welsh and Scottish Nationalism: a study* (London, 1954), t. 426.

Evans, Gwynfor, *The Labour Party and Welsh Home Rule* (Caerdydd, 1954), tt. 1–12.

Evans, John Gilbert, *Devolution in Wales: Claims and Responses, 1937–1979* (Caerdydd, 2000).

Jones, J. Graham, 'The Parliament for Wales Campaign 1950–1956', *Welsh History Review*, XVI/2 (1992).

Jones, J. Graham, 'Early campaigns to secure a Secretary of State for Wales, 1890–1939', *Trafodion Anrhydeddus Gymdeithas y Cymmrodorion*, 1988, tt. 153–75.

Jones, J. Graham, 'Socialism, Devolution and a Secretary of State for Wales', *Trafodion Anrhydeddus Gymdeithas y Cymmrodorion*, 1989, tt. 140–64.

Idem., 'E. T. John and the Welsh Home Rule, 1910–14', *Welsh History Review*, Cyfrol 13, rhif 4 (Rhagfyr 1987), tt. 453–67.

Jones, J. Graham, 'Y Blaid Lafur, Datganoli a Chymru, 1900–1979' yn Geraint H. Jenkins (gol.), *Cof Cenedl*, VII (Llandysul, 1992), tt. 167–200.

Jones, J. Graham, 'S. O. Davies and the Government for Wales Bill,1955', *Llafur*, Cyfrol 8, rhif 3 (2002), tt. 67–78.

Jones, R. Merfyn a Jones, Ioan Rhys, 'Labour and Nation' yn Duncan Tanner, Chris Williams a Deian Hopkin (goln), *The Labour Party in Wales 1900–2000* (Caerdydd, 2000), tt. 241–63.

McAllister, Laura, 'The Welsh devolution referendum: definitely, maybe?', *Parliamentary Affairs*, L/2 (1998), tt. 149–65.

Morgan, Kenneth O., *The Red Dragon and the Red Flag: the Cases of James Griffiths and Aneurin Bevan* (Aberystwyth, 1989).

Pennant, John, 'Attlee's no to Wales will be remembered', *Western Mail*, Mehefin 26 1943, t. 2.

Idem., 'Could "L. G." have done more for Wales?', *Western Mail*, Hydref 2 1943, t. 2.

Price, Emyr, *Lloyd George Y Cenedlaetholwr Cymreig: Arwr ynteu Bradwr* (Llandysul, 1999), t. 203.

Thomas, David, *Llafur a Senedd i Gymru* (Bangor, 1954), tt. 1–28.

Idem., *Diolch am Gael Byw* (Lerpwl, 1968).

Arloeswyr y Mudiad Llafur ym Mhrydain

Blatchford, Robert, *My 80 Years* (Llundain, Cassell, 1931), t. 284.

Blaxland, G., *J. H. Thomas: a Life for Unity* (Muller, 1964).

Cole, G. D. H., *The Life of Robert Owen* (Cass, 1965) (arg. cyntaf 1925).

Davies, Syr Alfred T., *Robert Owen (1771–1858), Pioneer, Social Reformer and Philanthropist* (Manceinion, CWS, 1948).

Davies, A. J., *To Build a New Jerusalem: The British Labour Party from Keir Hardie to Tony Blair* (Llundain, 1996).

Ellis, Peter Beresford, *A History of the Irish Working Class* (Llundain a Sydney, 1985).

Glasier, J. Bruce, *The Meaning of Socialism* (Manceinion, 1919).

Morton, A. L., *The Life and Ideas of Robert Owen* (Lawrence and Wishart, 1969).

Nicholas, T. E., 'R. J. Derfel: y gwrthryfelwr Cymreig', *Y Genhinen*, xxxii (Gŵyl Ddewi), tt. 59–62.

Rhys, Garmon, 'Plaid beirdd a llenorion', *Golwg*, Cyfrol 2, rhif 48, Awst 10 2000, t. 12.

Roberts, Arthur Meirion, 'R. J. Derfel 1824–1905', *Y Traethodydd*, clxv (Ionawr, 2009), tt. 34–54.

Taylor, Antony, 'The Old Chartist': Radical Veterans on the Late Nineteenth and Early Twentieth Century Political Platform', *History*, Cyf. 95, Rhif 320, Hydref 2010, tt. 458–76.

Ward, Paul a Wright, Martin, 'Mirrors of Wales – Life Story as National Metaphor: Case Studies of R. J. Derfel (1824–1905) and Huw T. Edwards (1892–1970)', *History*, Cyf. 95, Rhif 317, Ionawr 2010, tt. 45–63.

Webb, Harri, *Dic Penderyn and the Merthyr Rising of 1831* (Abertawe, 1956), tt. 1–16.

Williams, Gwyn A., 'The Merthyr of Dic Penderyn', yn Glanmor Williams (gol.), *Merthyr Politics: the Making of a Working-class Tradition* (Caerdydd, 1966), tt. 9–27.

Williams, Gwyn A., 'The emergence of a working-class movement' yn A. J. Roderick (gol.), *Wales Through the Ages*, Cyf. 2 (Llandybïe, 1971, trydydd arg.), tt. 140–6.

Arloeswyr y Mudiad Llafur yng Nghymru

Ablett, Noah

Bellamy, Joyce a Saville, John, 'Noah Ablett (1883–1935)' yn *Dictionary of Labour Biography*, Cyf. 3 (Basingstoke, 1976), tt. 1–3.

Egan, David, 'Noah Ablett, 1883–1935', *Llafur*, 2, Rhif 3 (1978), tt. 64–80.

Abraham, William

Evans, E. W., *Mabon (William Abraham, 1842–1922): A study in Trade Union Leadership* (Caerdydd, 1959).

Idem., 'Mabon and Trade Unionism in the South Wales Coalfield', yn Goronwy Alun Hughes (gol.), *Men of No Property: Historical Studies of Welsh Trade Unions* (Caerwys, 1971), tt. 51–8.

Andrews, Eleanor

Andrews, E., *A woman's Wwork is Never Done: Being the Recollections of a Childhood and Upbringing Amongst the South Wales Miners and a Lifetime of Service to the Labour Movement in Wales* (Rhondda, 1940), tt. 1–51.

Cook, Arthur James

Desmaris, Ralph H. a Saville, John, 'Arthur James Cook (1883–1931) yn *Dictionary of Labour Biography*, Cyf. 3 (Basingstoke, 1976), tt. 38–49.

Davies, John

Davies, John, 'John Davies (1882–1937)', *Atodiad i'r Bywgraffiadur Cymreig 1951–1970* (Llundain, 1997), t. 253.

Edwards, Huw Thomas

Edwards, Huw T., *Tros y Tresi* (Dinbych, Gwasg Gee, 1956), tt. 1–133.

Idem., *Hewn from the Rock: the Autobiography of Huw T. Edwards* (Caerdydd, 1967), tt. 1–238.

Jenkins, Gwyn, *Prif Weinidog Answyddogol Cymru: Cofiant Huw T. Edwards* (Talybont, Y Lolfa, 2007), tt. 1–271.

Jones, J. Graham, 'Huw Thomas Edwards (1892–1970)', yn E. D. Jones a Brynley F. Roberts (goln), *Atodiad i'r Bywgraffiadur Cymreig 1951–1970* (Llundain, 1997), tt. 44–5.

Edwards, W. J.

Edwards, W. J., *From the Valley I Came* (Llundain, 1956), tt. 1–271.

Hardie, James Keir

Hughes, Emrys, *Keir Hardie* (Llundain, 1956), tt. 1–248.

Morgan, Kenneth O., *Keir Hardie: Radical and Socialist* (Llundain, 1997), tt. 1–343.

Hartshorn, Vernon

Richard, Tom, 'Vernon Hartshorn (1872–1931)', *Y Bywgraffiadur Cymreig hyd 1940*, t. 323.

Stead, Peter, 'Vernon Hartshorn: miners' agent and Cabinet Minister' yn Stewart Williams (gol.) *Glamorgan Historian*, VI (Bontfaen, 1969), tt. 83–94.

Horner, Arthur

Horner, A. *Incorrigible Rebel* (Llundain, 1960).

Paynter, W., 'Tribute to Arthur Horner, 1894–1968', *Labour Monthly*, Hydref 1968, 50 (10), tt. 469–70.

Jenkins, John Gwili

Jenkins, R. T., 'John Gwili Jenkins (1872–1936)', *Y Bywgraffiadur Cymreig hyd 1940* (Llundain, 1953), t. 410.

Smith, J. Beverley, 'John Gwili Jenkins', *Trafodion Anrhydeddus Gymdeithas y Cymmrodorion*, 1974–75, tt. 191–214.

Jones, Thomas (Tom)

Gildart, Keith, 'Thomas (Tom) Jones (1908–90)' yn Keith Gildart, David Howell a Neville Kirk (goln), *Dictionary of Labour Biography*, Cyf. XI (Basingstoke, 2003), tt. 159–66.

Jones, Thomas Gwynn

Amryw, *T. Gwynn Jones: a great Welshman*, Teyrngedau gan Idris Bell, J. Ellis Williams, T. E. Nicholas, Keidrych Rhys, W. J. Rees, D. Gwenallt Jones, Dilys Cadwaladr, D. Tecwyn Lloyd, Idris Cox. (Pwyllgor Cymreig y Blaid Comiwnyddol, 1945).

Gwyn, Arthur ap Jones a Francis Wyn, 'Thomas Gwynn Jones (1871–1949)', *Atodiad i'r Bywgraffiadur Cymreig 1951–1970*, tt. 33–4.

Jones, J. W., 'Thomas Gwynn Jones: atgofion chwarelwr', *Eurgrawn*, CXIL, tt. 153–6, 186–7.

Thomas, David, 'Nodiadau'r Golygydd', *Lleufer*, XIV, 105–7, a 'Cofio Thomas Gwynn Jones

Nicholas, T. E.

Rees, D. Ben, 'Thomas Evan Nicholas (Niclas y Glais) 1879–1971' yn Keith Gildart a David Howell (goln), *Dictionary of Labour Biography* (Basingstoke, 2010), tt. 182–292.

Roberts, R. Silyn

Thomas, Ffion Mai, R. Silyn Roberts, *Y Traethodydd*, Cyfrol XCVII, 1942, tt. 79–94.

Thomas, David, *Silyn* (Lerpwl, 1956).

Thomas, David

Tomos, Angharad, *Hiraeth am Yfory: Hanes David Thomas a Mudiad Llafur Gogledd Cymru* (Llandysul, 2001).

Rees, D. Ben, 'David Thomas (1880–1967), Labour Pioneer in Wales' yn Keith Gildart a David Howell (goln), *Dictionary of Labour Biography*, Cyfrol XIII (Basingstoke, 2010), tt. 362–72.

Cyfoeswyr James Griffiths yn Senedd San Steffan

Attlee, Clement R.

Jenkins, Roy, *Mr Attlee: an Interim Biography* (Heinemann, 1948).

Bevan, Aneurin

Brome, V., *Aneurin Bevan* (Longmans, 1953).

Foot, Michael, *Aneurin Bevan: a Biography*, Cyf. 1: 1897–1945 (MacGibbon and Kee, 1962).

Morgan, Kenneth O., 'Aneurin Bevan 1897–1969' yn Founders of the Welfare State (London and Portsmouth, 1963), tt. 105–13.

Krug, M. M., *Aneurin Bevan: Cautious Rebel* (Efrog Newydd, 1961).

Llewellyn, D., *Nye: the Beloved Patrician, Glimpses of the Greatness of Aneurin Bevan* (Caerdydd, *Western Mail* and *Echo*, 1960).

Bevin, Ernest

Bullock, Alan, *The Life and Times of Ernest Bevin*, Cyf. 1, Trade Union Leader 1881–1940 (Llundain, 1960), Cyf. 2 Minister of Labour 1940–45 (Heinemann, 1968).

Crossman, R. H. S., 'Ernest Bevin's Loyalty', *The Charm: Politics and Other Essays in Political Criticism* (Hamilton, 1958), tt. 75–7.

William, Francis, *Ernest Bevin: Portrait of a Great Englishman* (Hutchinson, 1952).

Jones, J. Graham, 'Ernest Bevin and the General Strike', *Llafur*, Cyfrol 8, rhif 2 (2001), tt. 97–103.

Braddock, Bessie

Braddock, John and Bessie, *The Braddocks* (Macdonald, 1963).

D. Ben Rees, *A Portrait of Battling Bessie: Life and Work of Bessie Braddock, a Liverpool M.P.* (Nottingham, 2011).

Idem., 'Bessie Braddock AS', yn *Cwmni Deg Dawnus* (Lerpwl, Cyhoeddiadau Modern Cymreig, 2003), tt. 42–61.

Toole, M., *Mrs Bessie Braddock MP: A Biography* (Hale, 1957).

Brockway, Fenner

Brockway, F., *Inside the Left: Thirty Years of Platform, Press, Prison and Parliament* (Allen and Unwin, 1947, arg. cyntaf, 1942).

Idem., *Outside the Right: a Sequel to 'Inside the Left'* (Allen and Unwin, 1963).

Brown, George

Brown, George, *My Way* (Harmondsworth, 1971).

Harris, K., 'George Brown 1966', *Conversations* (Hodder, 1967), tt. 89–95.

Castle, Barbara

Martineau, Lisa, *Politics and Power: Barbara Castle: a Biography* (London, 2000).

Cousins, Frank

Goodman, G. *Brother Frank: the Man and his Union* (Panther, 1969).

Stewart, M., *Frank Cousins: a Study* (Hutchinson, 1968).

Cripps, Richard Stafford

Cooke, C., *The Life of Richard Stafford Cripps* (Hodder, 1957).

Estorick, E., *Stafford Cripps: a Biography* (Heinemann, 1949).

Dalton, Hugh

Dalton, H., *Call Back Yesterday: Memoirs 1887–1931* (Muller, 1953).

Idem., *The Fateful Years: Memoirs 1931–45* (Muller, 1957).

Idem., *High Tide and After: Memoirs 1945–60* (Muller, 1962).

Davies, Clement

Jones, J. Graham, 'The reminscences of Clement Davies, MP', *Cylchgrawn Llyfrgell Genedlaethol Cymru*, Cyf 28, rhif 4 (Gaeaf 1994), tt. 405–17.

Idem., 'The political baptism of E. Clement Davies', *Montgomeryshire Collections*, Cyfrol 94 (2006), tt. 143–55.

Davies, S. O.

Griffiths, Robert, *S. O. Davies – A Socialist Faith* (Llandysul, 1983).

Donnelly, Desmond

Jones, J. Graham, 'Desmond Donnelly and Pembrokeshire Politics 1964–70', *Journal of the Pembrokeshire Historical Society*, Cyfrol 12 (2003), tt. 67–102.

Driberg, Tom

Driberg, T., *The Best of Both Worlds: a Personal Diary* (Phoenix House, 1953).

Edwards, Ness

David, Wayne, *Remaining True: a Biography of Ness Edwards* (Cymdeithas Hanes Lleol Caerffili, 2006).

Finch, Harold

Finch, Harold, *Memoirs of a Bedwellty MP* (Risca, 1972), tt. 1–206.

Foot, Michael

Morgan, Kenneth O., *Michael Foot* (Llundain, 2007), tt. XX, 568.

Gaitskell, Hugh

Rodgers, W. T. (gol.), *Hugh Gaitskell 1906–63* (Thames and Hudson, 1964).

Gallacher, William

Gallacher, William, *Rise Like Lions* (Lawrence and Wishart, 1951).

Idem., *The Last Memoirs of William Gallacher* (Lawrence and Wishart, 1966).

George, David Lloyd

Hattersley, Roy, *David Lloyd George: the Great Outsider* (Llundain, 2010), t. 710.

Healey, Denis

Williams, Geoffrey a Reed, Bruce, *Denis Healey and the Policies of Power* (Llundain, 1971).

Hooson, Emlyn

Jones, J. Graham, 'Emlyn Hooson and Montgomeryshire Politics, 1962–1970', *Montgomeryshire Collections*, Cyfrol 97 (2009), tt. 165–204.

Jay, Douglas

Jay, Douglas, *Change and Record: A Political Record* (Llundain, 1980).

Jones, Henry Haydn

Jones, J. Graham, 'Sir Henry Haydn Jones, MP (1863–1950)', *Cylchgrawn Cymdeithas Hanes a Chofnodion Sir Feirionnydd,* Cyfrol 15, Rhif 3 (2008), tt. 293–316.

Jones, T. W.

Arglwydd Maelor, *Fel Hyn y Bu* (Dinbych, 1970).

Lansbury, George

Postgate, Raymond, *The Life of George Lansbury* (Longmans, 1951), t. xiii.

Lee, Jennie

Lee, Jennie, *The Great Journey: a Volume of Autobiography, 1904–45* (MacGibbon and Kee, 1963) (cyhoeddwyd yn 1940 o dan y teitl *Tomorrow is a New Day*).

Morgan, D. Elystan

Jones, J. Graham, 'D. Elystan Morgan and Cardiganshire Politics', *Welsh History Review*, Cyfrol 22, rhif 4 (Rhagfyr 2005), tt. 730–61.

Rathbone, Eleanor

Pederson, Susan, *Eleanor Rathbone and the Politics of Conscience* (Gwasg Prifysgol Yale, 2004).

Shore, Peter

Shore, Peter, *Leading the Left* (Llundain, 1993), t. 218.

Taylor, Bernard

Taylor, Lord, *Uphill All The Way: A Miner's Struggle* (Llundain, 1972), t. 200.

Thomas, George

Robertson, Edwin H., *George: A Biography of Viscount Tonypandy* (Marshall Pickering, 1992).

Wilson, Harold

Morgan, Austen, *Harold Wilson* (Llundain, 1992), tt. 1–458.

Pimlott, Ben, *Harold Wilson* (Llundain, 1993).

Wigg, George

Wigg, Lord, *George Wigg* (Llundain, 1972), t. 384.

Y Blaid Lafur Seneddol

Brookes, P., *Women at Westminster: an Account of Women in the British Parliament 1918–1966* (Davies, 1967).

Dale, Iain (gol.), *Labour Party General Election Manifestos 1900–1997* (Llundain ac Efrog Newydd, 2000), t. 396.

Harris, Jose, *William Beveridge: a Biography* (Rhydychen,1997).

Hughes, E. 'The Revolt in Parliament', *Labour Monthly*, Mawrth 1968, 50 (3): tt. 111–12.

Jackson, R. J., *Rebels and Whips: an Analysis of Dissension, Discipline and Cohesion in British Political Parties* (Macmillan, 1968).

Miliband, Ralph, *Parliamentary Socialism: a Study in the Politics of Labour* (Llundain, 1979, ail arg.).

Morgan, Janet (gol.), *The Backbench Diaries of Richard Crossman* (Hamish Hamilton and Jonathan Cape, 1981).

Punnett, R. M., 'The Labour Shadow Cabinet 1955–64', *Parliamentary Affairs*, Gaeaf 1964, 18 (1), tt. 61–70.

Undebau Llafur

Allen, V. L., *Power in Trade Unions: a Study of their Organisation in Great Britain*, (Longmans, 1954).

Idem., *Trade Union Leadership, Based on a Study of Arthur Deakin* (Longmans, 1957).

Chaloner, W. H., 'The British miners and the coal industry between the Wars', *History Today*, Mehefin 1964, 14 (6), tt. 418–26.

Gregory, R., *The Miners and British Politics 1906–14* (Rhydychen, 1968).

Jones, Tom, 'Trade Unions and the New Society', *Aneurin*, Cyfrol 1, Rhif 4, tt. 14–17.

Pelling, H., *A History of British Trade Unionism* (Macmillan, 1966, arg. cyntaf 1963).

Pugh, Sir Arthur, *Men of Steel: by One of Them, a Chronicle of Eighty-eight Years of Trade Unionism in the British Iron and Steel Industry* (Llundain, 1951).

Zweig, F., *Men in the Pits* (Gollancz, 1948).

Cymdeithas y Ffabiaid

Cole, Margaret, *The Story of Fabian Socialism* (Heinemann, 1963).

Crosland, C. A. R., 'The Transition from Capitalism' yn R. H. S. Crossman (gol.), *New Fabian Essays* (Llundain, 1952), tt. 35–52.

Milburn, J. F., 'The Fabian Society and the British Labour Party', *Western Political Quarterly*, Mehefin 1955, 11 (2): tt. 319–39.

Y Blaid Lafur Annibynnol

Dowse, R. E., *Left in the Centre: the Independent Labour Party 1893–1940* (Longmans, 1966).

Marwick, A., 'The Independent Labour Party in the Nineteen Twenties', *Bulletin Institute of Historical Research*, Mai 1962, 35 (91), tt. 62–74.

Parry, Cyril, 'The Independent Labour Party and Gwynedd Politics 1900–20', *Cylchgrawn Hanes Cymru*, Mehefin 1968, 4 (1), tt. 47–66.

Y Blaid Lafur

Abrams, M. a Rose, R., *Must Labour Lose?* (Harmondsworth, 1960).

Adams, W. S., 'Lloyd George and the Labour movement', *Past and Present*, Chwefror 1953, 3, tt. 55–64.

Attlee, C. R., *Mr Attlee Replies to Lady Megan Lloyd George* (Llundain, 1945), tt. 1–2.

Idem., *The Labour Party in Perspective – and Twelve Years Later* (Cyflwyniad gan Francis Williams), (Llundain, 1949), cyhoeddwyd cyfrol dan y teitl, *The Labour Party in Perspective* yn 1937).

Idem., *As it happened* (Llundain, 1956).

Bevan, Aneurin, *In Place of Fear* (cyflwyniad gan Jennie Lee), (Llundain, 1961).

Idem., *The Defence of Our Liberties* (Llundain, 1951), tt. 1–4.

Cole, C. D. H., *A History of the Labour Party from 1914* (Llundain, 1969, arg. cyntaf 1948).

Idem., 'The Labour Party and the Trade Unions', *Political Quarterly*, Ionawr–Mawrth, 1953, 24 (1), tt. 18–27.

Cronin, James E., *New Labour's Pasts: The Labour Party and its Discontents* (Llundain, 2004).

Crosland, A., *Can Labour Win?* (Y Ffabiaid, 1960), tt. 1–24.

Davies, A. J., *To build a New Jerusalem: The British Labour Party from Keir Hardie to Tony Blair* (Llundain, 1996).

Davies, Mary, *Comrade or Brother? The History of the British Labour Movement 1789–1951* (Llundain, 1993).

Dagger, George, *Has Labour Redeemed its Pledges?* (Abertileri, 1949), tt. 1–35.

Davies, S. O., 'Labour and the War', *Labour Monthly*, Medi 1950, 32 (9), tt. 400–4.

Idem., 'Labour and re-armament', *Labour Monthly*, Mehefin 1951, 33 (6), tt. 253–6.

Durbin, Elizabeth, *New Jerusalem, The Labour Party and the Economics of Democratic Socialism* (Llundain, 1985).

Dutt, R. Palme, 'Crisis of the Labour Party', *Labour Monthly*, Ebrill 1955, 37 (10), tt. 433–46.

Dowse, R. E., 'The entry of the Liberals into the Labour Party 1910–20', *Yorkshire Bulletin of Economics and Social Research*, Tachwedd, 1961, 13 (2), tt. 78–87.

Donnelly, Desmond, *Gadarene '68: the Crime, Follies and Misfortunes of the Wilson Government* (Llundain, 1968).

Gupta, Paratha Sarathi, 'Imperialism and the Labour Government of 1945–51' yn Jay Winter (gol.), *The Working Class in Modern British History: Essays in Honour of Henry Pelling* (Caergrawnt, 1983), tt. 99–121.

Idem., *Imperialism and the British Labour Movement 1914–1964* (Llundain, 1975), tt. 1–454.

Jones, J. Graham, 'Rift and conflict within the Labour Party in the 1950's', *Llafur,* Cyfrol 7, rhif 2 (1997), tt. 31–40.

Jeffreys-Jones, T. I., 'The Rise of Labour' yn A. J. Roderick (gol.), *Wales Through the Ages*, Cyf. 2 (Llandybïe, Christopher Davies, 1971), tt. 201–8.

Howard, Christopher, 'Expectations born to death' yn Jay Winter (gol.), *The Working Class in Modern British History: Essays in Honour of Henry Pelling*, tt. 65–81.

Lapping, B., *The Labour Government 1964–70* (Harmondsworth, 1970).

Laski, Harold J., *The Secret Battalion: an Examination of the Communist Attitude to the Labour Party* (Llundain, 1946).

Miliband, Ralph, 'The Labour Government and Beyond', *Socialist Register*, 1966, 3, tt. 11–26.

Idem., *Parliamentary Socialism: A Study in the Politics of Labour* (Llundain, 1979).

McAllister, Ian, 'The Labour Party in Wales: The Dynamics of One-Partyism', *Llafur*, 3, Rhif 2 (1981), tt. 79–89.

Pimlott, Ben, *Labour and the Left in the 1930s* (Rhydychen, 1977).

Prothero, Cliff, *Recount* (Omskirk, 1982).

Pugh, Martin, *Speak for Britain: A New History of the Labour Party* (Llundain, 2011).

Redman, Joseph (ffugenw Brian Pearce) *The Communist Party and the Labour Left, 1925–1929* (Hull, 1957).

Saville, John, 'Labourism and the Labour Government', *Socialist Register,* 1967, 4, tt. 43–7.

Shrimsley, Anthony, *The First Hundred Days of Harold Wilson* (Llundain, 1968).

Wilson, Harold, *The Labour Government 1964–1970: A Personal Record* (Llundain, 1971).

White, John Baker, *The Red Network* (Caergaint, 1953).

Winter, J. M., Arthur Henderson, 'The Russian Revolution, and the Reconstruction of the Labour Party', *Historical Journal* (1972), 15 (4), tt. 753–73.

Wyatt, Woodrow, *The Peril in our Midst* (Llundain, 1956).

Y Blaid Lafur yng Nghymru

Hain, Peter, *A Welsh Third Way* (Llundain, 1999), tt. 1–28.

Idem., *A Road Map for Labour* (ail Ddarlith Goffa Aneurin Bevan) (Tredegar, 2003), tt. 1–16.

Hopkin, Deian, 'The Rise of Labour: Llanelli, 1890–1922' yn Geraint H. Jenkins a J. Beverley Smith (goln), *Politics and Society in Wales 1840–1922* (Caerdydd, Gwasg Prifysgol Cymru, 1988), tt. 161–82.

Idem., 'The Rise of Labour in Wales, 1890–1914', *Llafur*, cyfrol 6, rhif 3 (1994), tt. 120–141.

Labour is Building a New Wales (Caerdydd, 1950).

Jones, Carwyn, *The Future of Welsh Labour* (Caerdydd, 2004), t. 41.

Jones, J. Graham, 'Wales and the "New Socialism", 1926–1929', *Welsh History Review*, Cyfrol 11, Rhif 2 (Rhagfyr 1982), tt. 173–99.

Morgan, Kenneth O., 'Post-war reconstruction in Wales, 1918 and 1945' yn Jay Winter (gol.), *The Working Class in Modern British History: Essays in Honour of Henry Pelling* (Caergrawnt, 1983), tt. 82–98.

Pelling, Henry, 'The Politics of the Osborne Judgement', *Historical Journal*, 25 (1982), tt. 889–909.

Stead, Peter, 'The Labour Party and the claims of Wales' yn John Osmond (gol.), *The National Question Again: Welsh Political Identity in the 1980s* (Llandysul, 1985), tt. 99–123.

Idem., 'Working Class Leadership in South Wales 1900–1920', *Welsh History Review*, 6, Rhif 3 (1973), tt. 329–53.

Idem., 'Establishing a Heartland: The Labour Party in Wales' yn K. D. Brown (gol.), *The First Labour Party 1906–1914* (Beckenham, 1985), tt. 64–88.

Tanner, Duncan, Chris Williams a Deian Hopkin (goln), *The Labour Party in Wales 1900–1920* (Caerdydd, 2000).

Turner, Christopher, 'Conflict of Faith: Religion and Labour in Wales, 1890–1914' yn Deian R. Hopkin a Gregory S. Kealey (goln), *Class Community and the Labour Movement: Wales and Canada, 1850–1930* (Aberystwyth, 1989), tt. 67–85.

Williams, Chris, 'The South Wales Miners' Federation', *Llafur*, 5, Rhif 3 (1990), tt. 45–56.

Idem., *Democratic Rhondda: Politics and Society 1865–1951* (Caerdydd, 1996), t. 304.

Idem., 'Democracy and Nationalism in Wales: the Lib-Lab enigma', yn Robert Straddling, Scott Newton a David Bates (goln), *Conflict and Coexistence: Nationalism and Democracy in Modern Europe: Essays in Honour of Harry Hearder* (Caerdydd, 1997), tt. 107–31.

Y Blaid Lafur a'r Arweinwyr Cymreig (yn Gymraeg)

Atodiad i'r Bywgraffiadur Cymreig 1951–1970 (Llundain, 1997) dan enwau:

Watkin William Price (1873–1967), t. 165; Edmund William Stonelake (1873–1960), tt. 197–8; Ness Edwards (1897–1968), t. 46; John Davies (1882–1937), t. 253; Stanley Stephen Awbery (1888–1969), tt. 4–5; Gordon Macdonald (1888–1966), t. 137; Aneurin Bevan (1897–1960), tt. 10–11; Arthur Deakin (1890–1955), t. 40; Huw Thomas Edwards (1892–1970), tt. 44–5; Emrys Daniel Hughes (1894–1969), t. 76; Thomas Isaac Mardy-Jones (1879–1970), t. 138; Ronald Cavill Mathias (1912–1968), t. 138; Iwan James Morgan (1904–1966), t. 141; Carl August Hanson (1872–1961), t. 70; Morgan Walter Phillips (1902–63), t. 162; Arthur Bryn Roberts (1897–1964), tt. 199–200; David Thomas (1880–1967), t. 173; Rhys John Davies (1877–1954), tt. 35–6; Thomas Evans (1897–1963), t. 56; George Henry Hall (1881–1965), t. 69; David Rees (Amanwy, 1882–1953), t. 65; Thomas Nefyn Williams (Tom Nefyn, 1895–1958), tt. 240–1; James Henry Howard (1876–1947), t. 263; David Emlyn Thomas (1892–1954), t. 200; Iorwerth Rhys Thomas (1895–1966), tt. 203–4; Syr Edward Jones (Ted, 1890–1963), t. 230; Llywelyn Williams (1911–65), t. 238; Ebenezer Rees (1848–1908), tt. 286–7.

D. Ben Rees, *Cymry Adnabyddus 1952–1972* (Lerpwl a Phontypridd, 1978) dan enwau:

Syr John Bailey, t. 18; Aneurin Bevan, tt. 22–4; David Jones Davies, t. 33; Stephen Owen Davies, t. 40; Huw Thomas Edwards, tt. 47–9; John Evans, t. 64; y Fonesig Megan Lloyd George, tt. 74–5; David Rhys Grenfell, t. 83; David Rees Griffiths (Amanwy), tt. 84–6; Thomas Hudson-Williams, t. 90; Emrys Hughes, t. 93; Ronw Moelwyn-Hughes, t. 94; Thomas Ieuan Jeffreys-Jones, tt. 101–2; William John, t. 108, Arthur George Llewellyn, t. 141; Ronald (Ron) Mathias, t. 148, Thomas Evan Nicholas, tt. 153–4; Syr James Frederick Rees, tt. 166–7; Bryn Roberts, t. 170; John Roberts (Caerdydd), tt. 172–3; David Thomas, tt. 178–180; John Alun Nicholas Thomas, t. 181; David Emrys Williams (Tregarth), t. 186; Llywelyn Williams, t. 194; Thomas Nefyn Williams, t. 198.

Davies, Ifor (1910–1982), Y Bywgraffiadur Ar-lein.

Davies, Gwilym Elfed, Barwn Davies o Benrhys (1913–1992), Y Bywgraffiadur Ar-lein.

Hopkin, Deian, 'Y Werin a'i Theyrnas: ymateb sosialaeth i genedlaetholdeb 1880–1920' yn Geraint H. Jenkins (gol.), *Cof Cenedl*, VI (Llandysul, 1991), tt. 63–192.

Jenkins, William, 'Delfrydau', *Labour Voice*, 1 Rhagfyr 1923, t. 4.

Rees, D. Ben, yn holi 'Y Gŵr Gwadd: David Thomas (Golygydd y Lleufer)', *Aneurin*, Cyf. 1, Rhif 4, tt. 48–51.

Llanelli a'i Diwydiant

Davies, Byron, 'The Construction of the Trostre Works', *Amrywiaeth Llanelli*, Rhif 13 (1999–2000), tt. 43–8.

Jones, Graham, 'Cwmaman and the port of Llanelli', *Amman Valley History Society Newsletter*, Rhif 13 (1991), tt. 1–2.

Jones, Robert Protheroe, 'Vanished industries of Machynys', *Amrywiaeth Llanelli*, Rhif 10, 1995 a 1996 (Llanelli, 1996), tt. 68–72.

Mynegai